巴金纪念集

上海巴金文学研究会 编

上海文艺出版社

巴金的主要著作

家
巴金

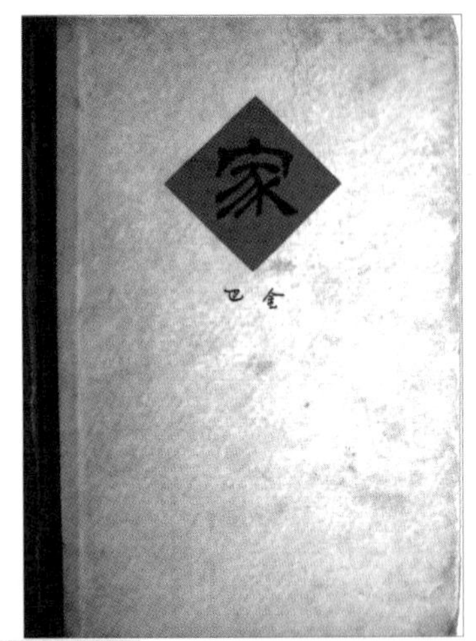

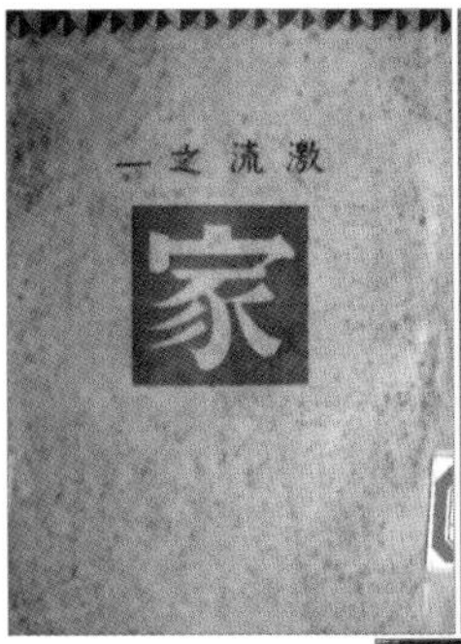
激流之一
家

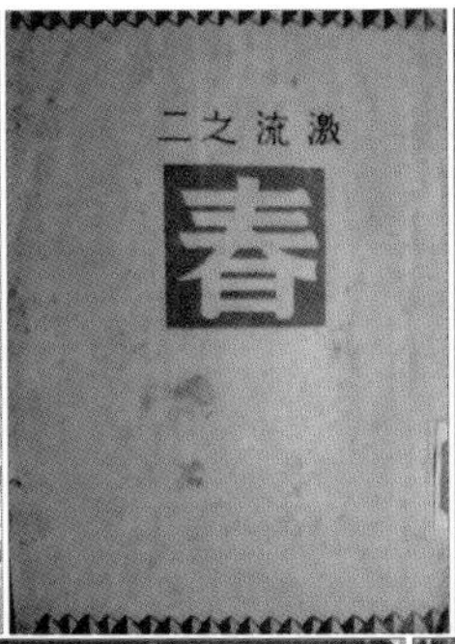
激流之二
春

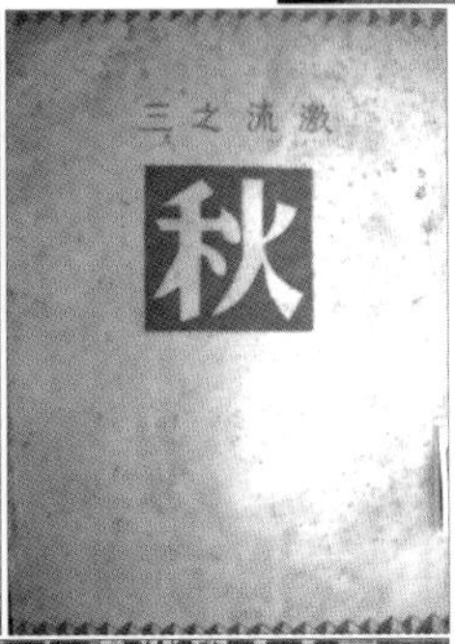
激流之三
秋

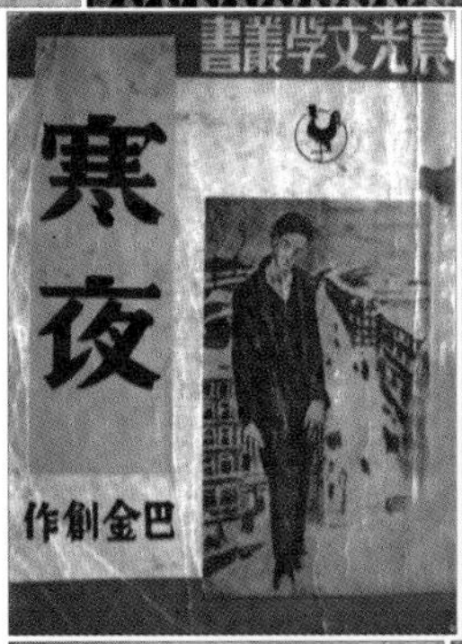
晨光文學叢書
寒夜
巴金創作

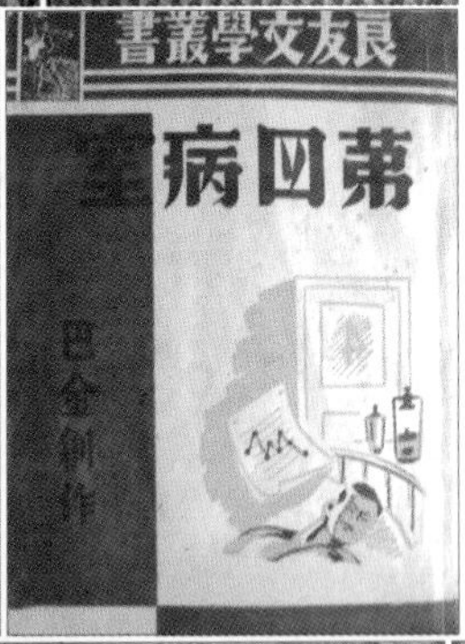
良友文學叢書
第四病室
巴金創作

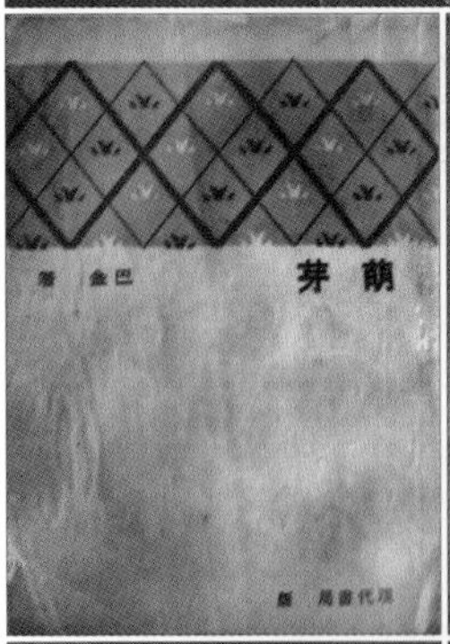
萌芽
巴金著

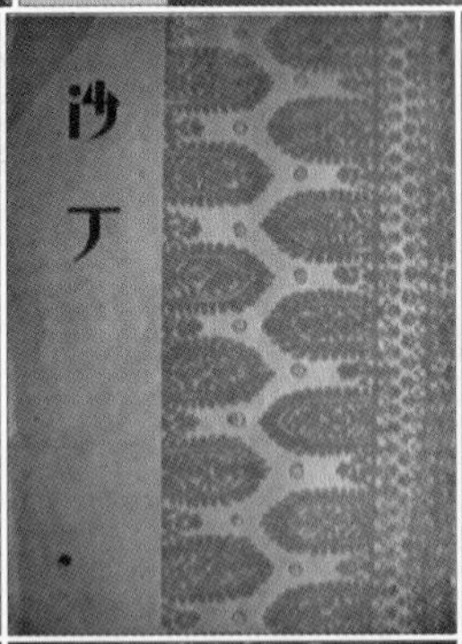
沙丁

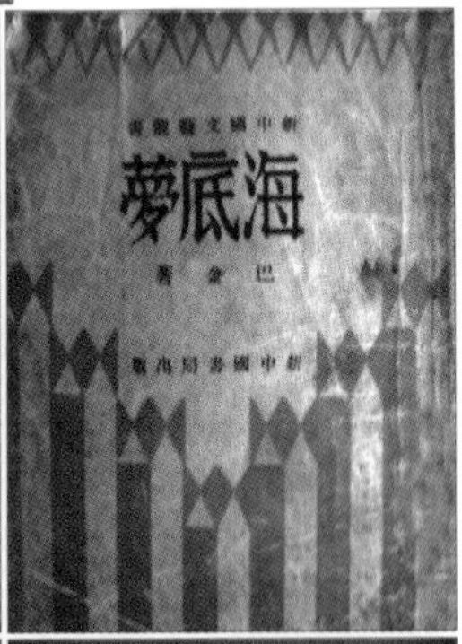
海底夢
巴金著

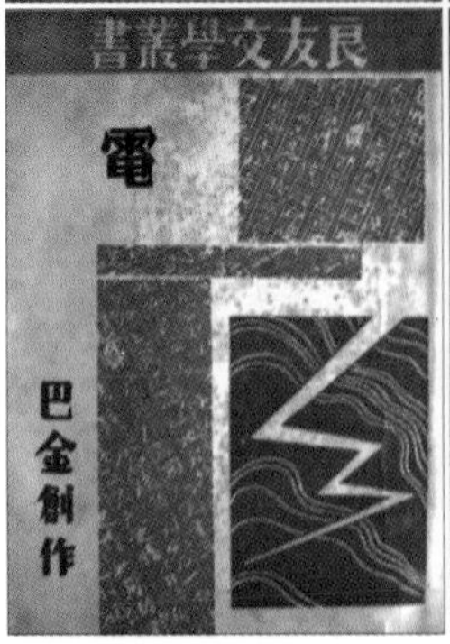
良友文學叢書
電
巴金創作

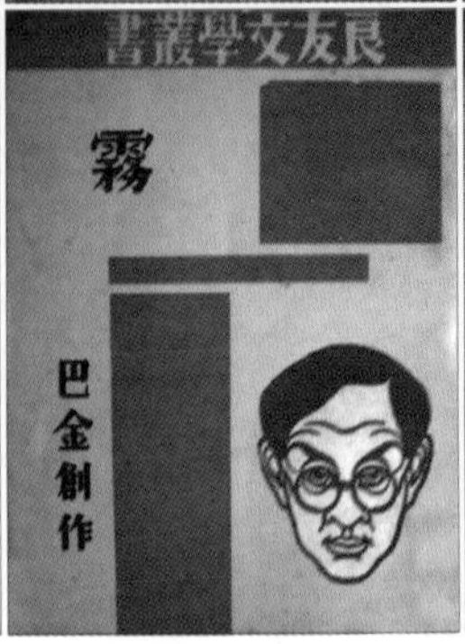
良友文學叢書
霧
巴金創作

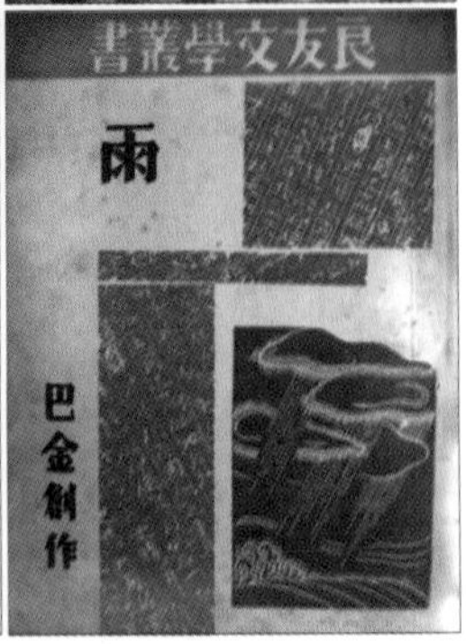
良友文學叢書
雨
巴金創作

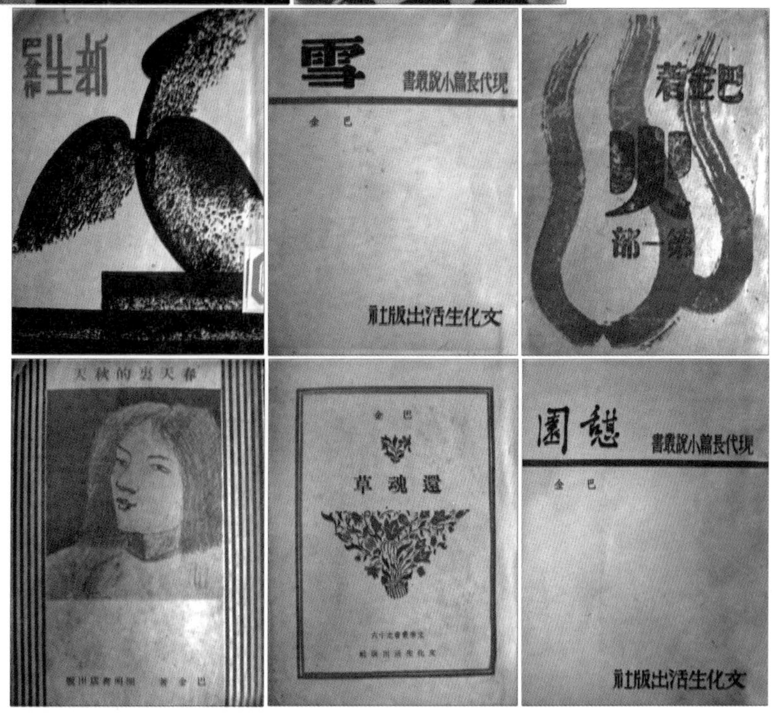

巴金的主要著作

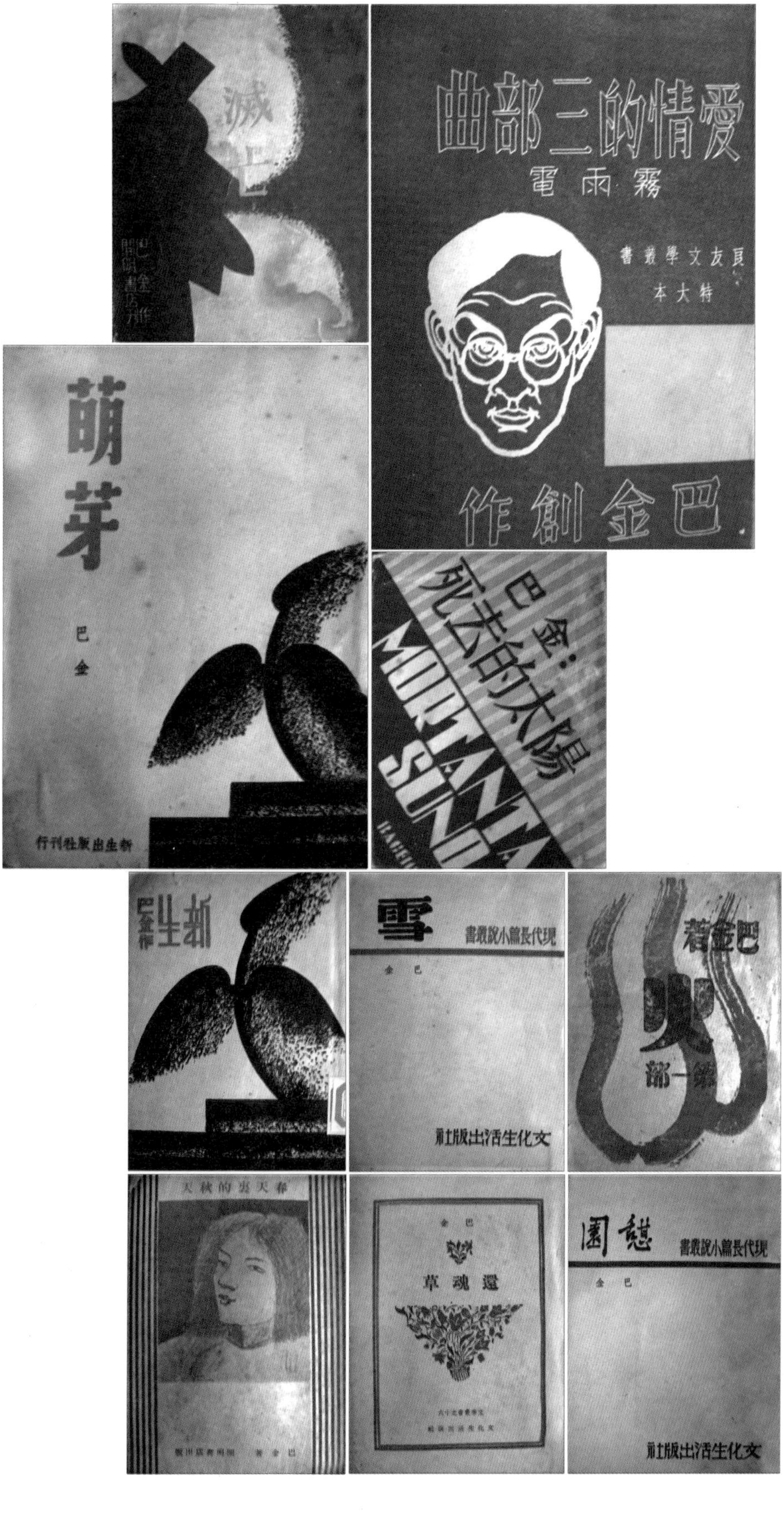

滅亡
巴金作
開明書店刊
愛情的三部曲
霧 雨 電
良友文學叢書
特大本
巴金創作
萌芽
巴金
新生出版社刊行
巴金：死去的太陽
新生
巴金作
雪
現代長篇小說叢書
巴金
文化生活出版社
巴金著
火
第一部
春天裏的秋天
巴金著
開明書店出版
巴金
還魂草
憩園
現代長篇小說叢書
巴金
文化生活出版社

巴金的主要著作

随想录
花城文库
序跋集
巴金
花城出版社
某夫妇
英雄的故事
長生塔
海行雜記
夢与醉
海行雜記
點滴
病中集
真話集
探索集
病中集
新声集
友誼集
旅途隨筆

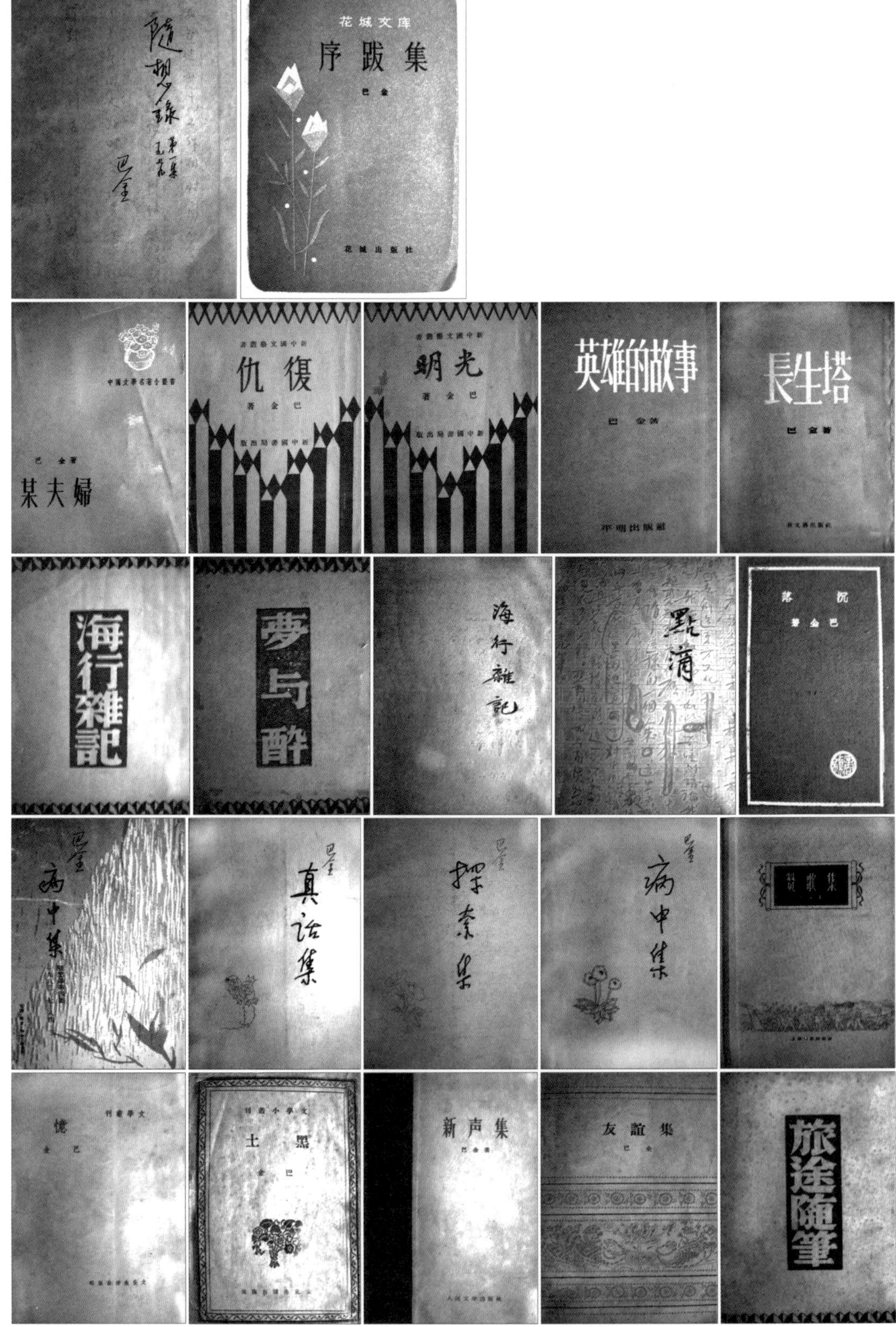

巴金的主要著作

巴金部分著作的外文译本

求。我终于明白生命的意义在于奉献，而不在享受。人活着正是为了给我们生活在其中的社会添一点光彩，这我们能做到，因为我们每个人都有更多的爱、更多的同情、更多的精力、更多的时间，比用来维持我们个人的生存所需要的多得多，为别人花费了它们，我们的生命才会开花结果，否则我们将憔悴地死去。我仍在思考，仍在探索，仍在追求。我不断地自问：我的生命什么时候开花？那么就让我再活一次吧，再活一次，再活一次！

九一年二月十四日

巴金谈人生

前言

巴金

一九二八年在巴黎我对一位朋友说："我只想活到四十。"过了六十二年，我在回答家乡小学生的信中又说："我愿意再活一次，重新学习，重新工作，让我的生命开花结果。"八十七岁的老人回顾过去，没有得到成功，也没有得到失败。我老老实实地走过了这一生，有时而向前，时而后退，有时走得快，有时走得慢，无论是在生活中或者在写作上，我都认真地对待自己。我欺骗过自己，也因此受到了惩罚。我不曾玩弄人生，也不曾美化人生。我思考，我探索，我追

1958—1962 年出版的十四卷本《巴金文集》。(左下)
巴金一生笔耕的结晶:《巴金全集》、《巴金译文全集》。(上、右下)

小林同志：

惊悉巴金老去世，深感悲痛。巴金老是位爱祖国、爱人民、爱真理、爱正义、爱生活、爱世间一切美好事物的人，他的精神、品格、作品永远活在人们心里。我因工作繁忙，不能親視为老人家送别，请你代致悼意。我是他萬千讀者中的一个，也是敬爱他的人。希望你和家人为国自珍。

温家寶 二〇〇五年十月廿日

温家宝总理致函李小林哀悼巴金先生逝世

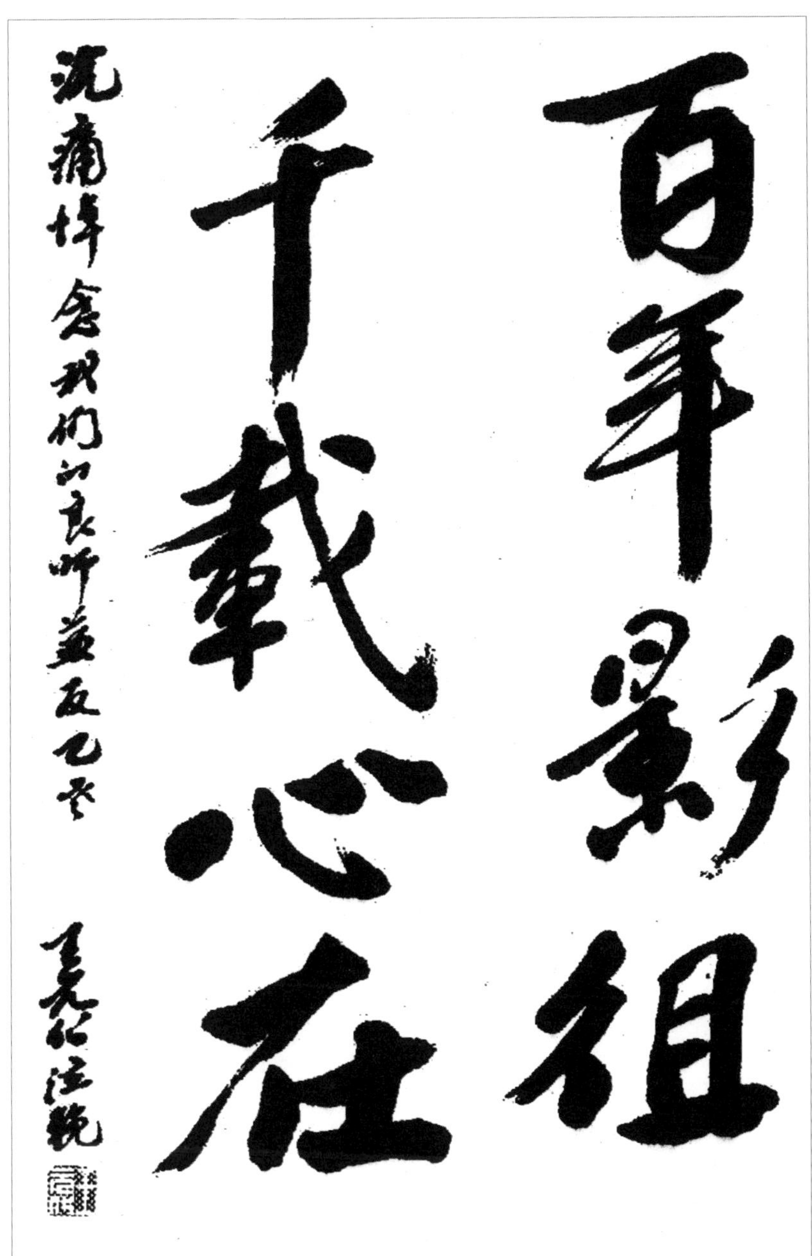

王元化先生为巴金逝世所书挽联

人生旅程：从外婆怀中的孩童到历经风雨的中年人。（上）
1937年，巴金与萧珊摄于苏州青阳港。（下）

1951年，巴金、萧珊带女儿小林、儿子小棠游上海复兴公园。（上）
1962年，巴金、萧珊与女儿小林、儿子小棠摄于上海寓所书房。（下）

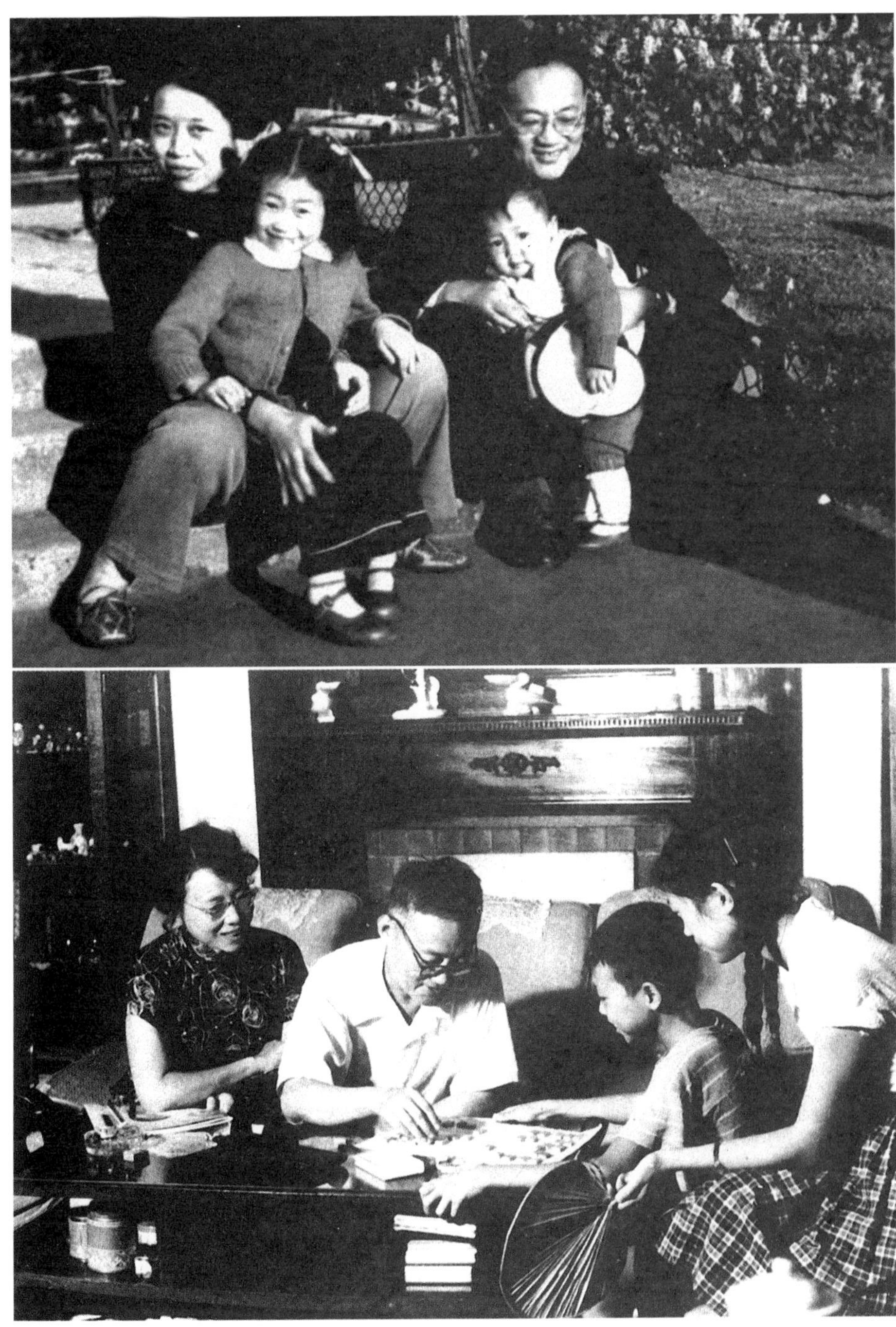

1977年与外孙女端端在寓所花园中

与孩子们在一起总是很开心

巴金与儿子小棠、女儿小林摄于上世纪九十年代。(上)

1994 年巴金与侄女李国煣、女婿祝鸿生、女儿李小林(后排从左至右)参观杨浦大桥。(下)

在书房中的巴金

写作《随想录》时期的巴金

没有神　　巴金

我明明记得我曾经由人变兽，有人告诉我这不过是十年一梦。还会再做梦吗？为什么不会呢？我的心还在发痛，它还在出血。但是我不要再做梦了。我不会忘记自己是一个人，也下定决心不再变为兽，无论谁拿着鞭子在我背上鞭打，我也不再进入梦乡。当然我也不再相信梦话！没有神，也就没有兽。大家都是人。

七月六日

写于1993年的《没有神》手迹。（上）
晚年巴金仍笔耕不辍。（下）

静思中的巴金

工作中的巴金

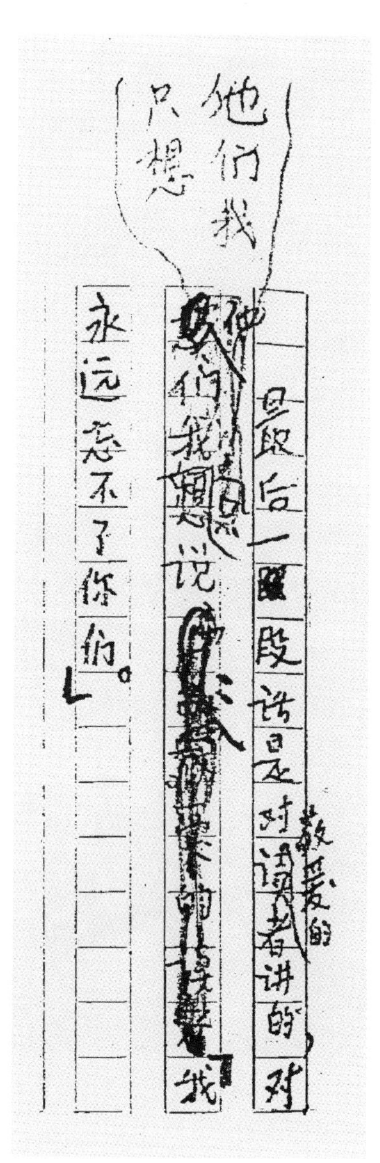

最后一段话是对敬爱的读者讲的，对
他们我只想说
我
永远忘不了你们。

在题为《最后的话》的《巴金全集》后记中，巴金深情地向读者告别。

10月17日巴金先生逝世，在北京，由他倡议创建的中国现代文学馆内，中国作家协会连夜搭设灵堂，于次日清晨开放供读者吊唁。（上）

上海市作家协会为纪念巴金先生举办了巴金生平图片和手稿展。（下）

四川省巴金文学院悼念巴金先生。(左上)

儿时玩耍的双眼井前，故乡百姓寄哀思。(左二)

在成都，东城根小学学生悼念曾与他们通信的巴金爷爷。(左三)

巴金寓所内亲人以最简朴的形式表达哀思。(右下)

享誉海内外的文学大师
第六、七、八、九、十届全国政协副主席

巴金同志逝世

新华社北京十月十七日电 享誉海内外的文学大师，杰出的社会活动家，著名的无党派爱国民主人士，中国共产党的亲密朋友，中国人民政治协商会议第六、七、八、九、十届全国委员会副主席，中国作家协会主席巴金同志，因病于二〇〇五年十月十七日十九时〇六分在上海逝世，享年一百零一岁。

巴金先生を悼む

日本中国文化交流協会会長
辻井　喬

巴金先生が逝去されたと聞いて私たちは深い悲しみのなかにいます。巴金先生の存在は平和を願い国家の枠組を超えて世界の友好を願う人々にとって大きな精神的な支えでありました。私たちは、一九八四年「核状況下における文学・なぜわれわれは書くのか」と題された、東京における国際ペン大会に参加され「平和建設の文学」というテーマで講演された先生の姿を忘れることができません。その際の力強い、切々と響く先生のお話を私もよく覚えています。

一九〇四年生まれの巴金先生が文学者として歩まれた年月はそのまま中国の人々の苦難と勇気と解放の歴史でありました。私たちはその一世紀を生き抜かれた先生の文学者としての歩みがそのまま中国人民の良心の歩みであったことを知っています。

理想と現実の乖離、思想の有効性をめぐって大きな悩みを胸中に抱えて先生がフランスに渡られたのは一九二七年でした。封建的な家に生まれた兄弟姉妹が新しい思想に触れて人間として成長する過程を描いた『激流三部作』（三三年～四〇年）は近代中国の目覚めそのものでありました。しかし抗日戦争下の苦悩、その勝利は、そのままでは民衆の解放に結びつかなかったのです。それから革命の勝利までの時期に書かれた『寒夜』。そうして沈黙を強いられた十年にわたる文革時代について、先生は自分を単純に被害者の立場に安住させることを拒否し、文学者として個人崇拝や教条主義を防ぐことができなかった悔いを「私は加害者」という言葉で表現する姿勢を貫かれました。これは社会の大きな変動のなかで文学者の在るべき

《人民日报》(上)、《日中文化交流》等海内外报刊媒体纷纷刊文悼念巴金先生逝世。

上海书城特设巴金图书专柜和读者留言板，表达对作家的怀念。

冰心女儿吴青、女婿陈恕（左二、左一）到寓所吊唁巴金舅舅。右一至右四为巴金的亲人李国煣、唐宁、李小棠、李小林。（上）
华东医院的医务人员送别巴金先生。（下）

中国作家协会主席团及书记处成员在巴金先生的客厅中。(上)
作家冯骥才与李辉在寓所追念巴老。(下)

巴金去世后，北京、上海、成都等地纷纷召开追思会，缅怀前辈风范。此为故乡成都慧园管理处追思会场。（上）

移灵。（下）

灵堂。（上）
灵车开出龙华殡仪馆。（下）

为巴

11 月 24 日，上海龙华殡仪馆，一代代读者辞别心爱的作家。

“百年大师寒夜里点亮心灵明灯，世纪文学激流中勇谱忠实人生”，读者的喜爱是巴老一生最高的荣誉。

解放画刊
巴老，一路走好

一百零二支红红的玫瑰撒向大海，铺就了一条长长的海上花路。
“爸爸，再见。妈妈，再见。”亲人们向巴金、萧珊作最后的告别。

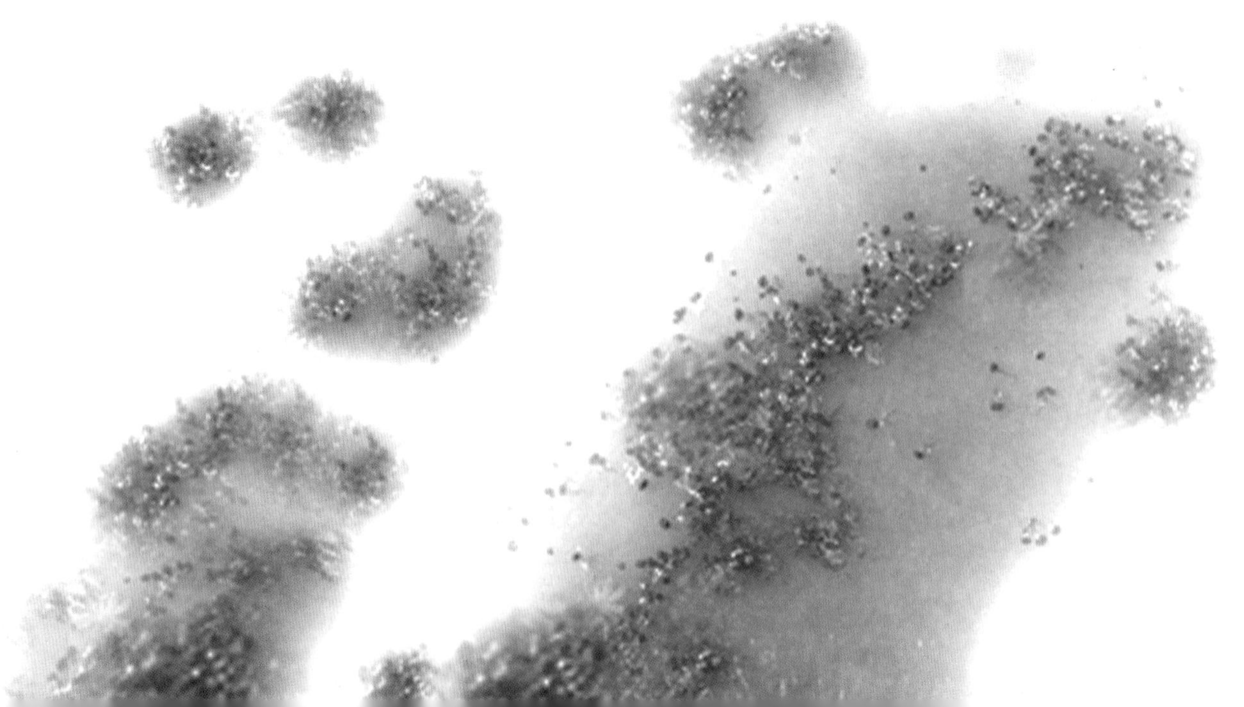

目录

纪事…………

(2005年10月17日—11月25日)

目录

追思…………

目录

目录

评说…………

目录

纪事

（2005 年 10 月 17 日—11 月 25 日）

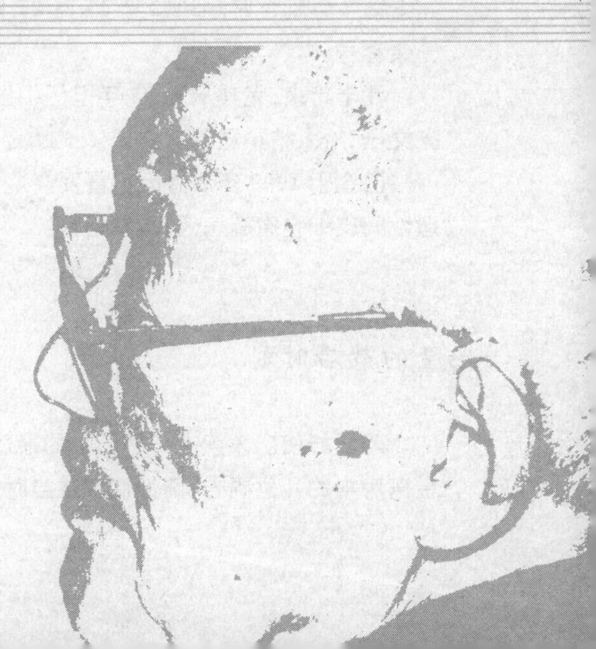

10月17日

享誉海内外的文学大师　第六、七、八、九、十届全国政协副主席　巴金同志逝世

新华社北京十月十七日电　享誉海内外的文学大师，杰出的社会活动家，著名的无党派爱国民主人士，中国共产党的亲密朋友，中国人民政治协商会议第六、七、八、九、十届全国委员会副主席，中国作家协会主席巴金同志，因病于二〇〇五年十月十七日十九时〇六分在上海逝世，享年一百零一岁。

《人民日报》2005年10月18日　第一版

一代文学巨匠巴金逝世

新华社上海10月17日电　（记者赵兰英）2005年10月17日19时06分，一代文学巨匠巴金永远离开了我们。

巴金，原名李尧棠，字芾甘，1904年11月25日出生于四川成都正通顺街。从1921年公开发表第一篇文章，到1999年2月续写《怀念振铎》一文，巴金一生中创作与翻译了1300万字的作品。他的《激流三部曲》（《家》《春》《秋》）《爱情的三部曲》（《雾》《雨》《电》）《寒夜》《憩园》《第四病室》等文学作品，是中国文学的丰碑。

巴金还是杰出的出版家、编辑家。上世纪三四十年代，他曾任上海文化生活出版社总编辑十四年之久，培育了大批文学青年。巴金晚年奉献社会的伟大之作是：五卷本的《随想录》和一座中国现代文学馆。

巴金是第一、二、三、四届全国人大代表，第五届全国人大常委会委员，第六、七、八、九、十届全国政协副主席。2003年11月25日，巴金百岁生日，国务院在上海授予巴金“人民作家”光荣称号。

几十年来，尤其从1981年担任中国作家协会主席起，巴金在人们心中如一盏长明灯，照亮文坛，给人精神慰藉。

巴金于1999年2月因感冒发高烧，六年多来，病情反反复复，党和国家尽全力救治，终因恶性间皮细胞瘤等病因，不幸逝世。

巴金的最后时刻

为了能使广大读者了解巴金的最后时刻，作家陈村近日发E-mail给10月17日下午在巴金病房中的几位同志，请他们叙述当时的有关情况。现将其中三位的回复刊登如下——

赵长天：

我是国庆长假之后，到作协来上班，听说巴老病危，说是10月3日开始的。10月13日，我到了华东医院，李小林告诉我们，巴老因为肚子里长了一个瘤，出血不止，曾经很危险。后来医生用血透的办法，现在血止住了，病情稳定了。14日、15日我打听，都说病情稳定。小林说巴老还有意识，喊他，他的头会转过来。17日下午，宗福先给我电话，说巴老不好。我就赶到医院去了，大约下午3时左右。病房外面人很多。有中国作协党组书记金炳华，还有上海作协的宗福先、陈思和、徐钤、陆正伟，中国作协的陈丹晨、吴殿西。巴老的儿子、女儿等亲属也都在。我们都在病房外面的大阳台上，隔着落地玻璃可以看到病房全景。华东医院院长一直在现场。当时在场的人告诉我，巴老心跳还很正常，有七十跳，但血压很低，上面四十几，下面二十几。家属意见不要采取特别的抢救措施了，但输液、呼吸机等常规的医疗措施还有。我看到巴老的嘴巴张得很大，在吃力地呼吸。5点多，听说心跳只有五十多了，血压也在继续下降。后来又说血氧度测不出了。我发现巴老嘴还是张得很大，但没有呼吸的动作了。胸部还有起伏，但不知是他自己的呼吸还是呼吸机的作用。院长说大概还能维持一个来小时。到7时06分，心跳停止，俞卓伟院长宣布巴老去世。

赵丽宏：

在他去世前两天，就听说他病危，在抢救。10月17日下午，我在作协办公室。宗福先从医院打电话来，告诉我巴老情况不好，让我赶快去医院。我到医院是下午4点左右。我到医院后，先进巴老的病房，在他身边站了片刻。那时他病床边没有人，巴老很平静，是睡眠状态。李小林和李小棠在病房门口招呼探望者。巴老的其他亲人都在病房隔壁的休息室。然后我经过休息室，走到病房外面的阳台上，在阳台上从窗外看着巴老。那里离巴老的病床不到两公尺。我的视野中，可以看到巴老，以及在床边的医生护士，还有后来走进来在他床边坐着或站着的他的亲人们。病房里，有中国作协党组书记金炳华。大约7点，陈至立和殷一璀来了。6分钟后，巴金去世。她们两位和金炳华，是和大家一起在病房送别巴金的。在场的巴金的亲人：李小林和女儿端端，李小棠和妻子唐宁，巴金侄女李国煣，从四川赶来的巴金的侄子，还有几位男士我叫不出名字。上海作协有关人士：孙颙、赵长天、宗福先、陈思和、臧建民、冯沛龄、李业芳、陆正伟、徐钤、周立民。中国作协的陈丹晨、吴殿熙。新闻界人士：赵兰英。华东医院院长俞卓伟和五六个医务人员。

7点06分时，一直在病房里指挥抢救的俞卓伟看着显示巴金心跳的仪器屏幕，宣布道："7点06分，心脏停止跳动。"坐在巴金床头边的李小林悲伤地痛哭。但是，这时巴金看上去仍在很有节奏地呼吸，似乎还活着。小林发现了，一边哭一边喊："爸爸还在呼吸啊！"俞院长解释道："这是呼吸器在工作。"一位医生关上呼吸器，巴金才停止呼吸。

自巴金1999年住院后，我曾多次看望他。尽管他不能说话，不能动作，但他还有意识，他还在思想。他能听到别人对他说的话。"植物人"是指脑死亡的人，巴金绝对不是。

宗福先：

我是10月15日下午知道巴老病危并到病房探望的。10月17日中午从家里出发，一点半到达巴老病房。我到医院后直至巴老逝世，绝大部分时间都在巴老病房外的阳台上，隔着落地纱门和玻璃门（玻璃门并未关上），注视着距离我大约两米、静静地躺着的巴老，目送他直到最后的时刻。

在现场的除了他上海以及四川赶回来的亲人外，还有参与抢救的医护人员、各级领导、中国作家协会与上海作家协会的干部，长年在他身边的工作人员徐钤、陆正伟，新华社记者赵兰英，在场的作家有孙颙、陈丹晨、陈思和、赵长天、赵丽宏、彭新琪、周立民等。

当时，巴老的血压一直在下降，升压药已经用到了几乎是极限，还是拉不上去。但是巴老的心脏却完全健康，一直强劲有力地跳动着。华东医院的俞卓伟院长说：巴老的心脏已经跳了一百多年了，还是那么好！另外一位抢救医生说：巴老到最后还在为医学做贡献，我们得到许多百岁老人的医学数据。最后，血压已经跌到极低极低了，巴老的心脏依然维持在五十多跳很长的时间。7点06分，监护仪显示巴老的心脏停止了跳动。

晚上9点多钟。此时抢救现场已经清理完了，他的家人和医护人员也为巴老换好了衣服。巴老身上盖着白被单、放着鲜花，面容特别地慈祥、宁静。我向巴老的遗体鞠躬告别以后，离开了医院。

我每年都去探望巴老，每次过春节初一的上午，我都要给巴老拜年。他绝对不是植物人。前两年我去看他，和他握手，他两眼看着我，握住我的手紧紧不放，力气很大。近两年，因为怕把外面的细菌带到他的病房里，我每次都是在外间、在门口探望他。但是我确凿地知道，一直到最后两天病危昏迷前，他的意识是清醒的。

巴老走了，这个世界少了一个罕见的伟人、少了一个罕见的好人。

《文汇读书周报》2005年10月28日

有一种怀念融化在血液中

——巴金子女深情追忆父亲

当巴金心脏停止跳动的那一刻，小林扑在父亲的身上，哭喊道："爸爸，你不是说陪陪我的么，你怎么走了呢？"这一刻，在场的很多人流下了热泪。

没有多少人知道，小林这句话的含义。1996年，小林正当中年的爱人不幸逝世。那一天，巴金久久不语。但是，他关切的目光，一直没有离开过女儿。在父亲面前，小林尽量不露伤感之情。巴金却看得清楚，痛在心里。有一天，他对身边的工作人员说："小林心里很苦，我要争取多活几年，陪陪她。"正是这样，他们的父女之情，不在言表，在于心灵的互通。

性格内向的小棠，在父亲病危的时候，就常常独自在一边，默默地流着泪。"老巴金"，小棠这样称呼自己的父亲。20世纪90年代中期，巴金去杭州疗养，小棠隔三差五去看望。有一次，小棠的钱包在火车上被偷了。到了居住地，小棠开玩笑地手一伸，对父亲说："老巴金，你赔我钱。"巴金"不示弱"地回击道："你的钱被别人偷了，为啥子要我赔。"小棠说："我是来看你的嘛，你得赔我钱。"巴金又"回敬"道："我赔你什么钱，你多写几部电视剧，钱就有了。"他们的父子之情，更在于这种平等、随和、亲切。

有一种怀念，不在于言论，更不在于高调，在于心底，在于血液中。对于小林姐弟，对父亲的怀念，属于后者。而这种怀念，更使人感动，更让人敬仰。

巴金高尚的人文精神和道德品格，其实一直在影响着家人。从1972年母亲病逝，小林就成了内当家。她又是《收获》杂志的常务副主编。她的业务水平和敬业精神，在文学界有口皆碑。1999年，巴金病重后，父亲的每一笔捐款，都是从小林手中出去的。她也像父亲那样，常常收到钱后，点也不点，就让捐出去了。有好几次，她对记者说："爸爸的内心很博大，他的境界很多人都做不到。"她自责自己，没有能够走进父亲的心灵。她后悔自己，与父亲的交谈太少了。

小棠大学毕业后，一直在上海市政协工作。有一年，市政协主席来看望巴金，看到小棠后奇怪地问："你怎么在这里？"原来，她不知道小棠就是巴金的儿子。不事张扬，不自以为是，不以名人之后为傲，这就是小棠。小棠还是一个蛮出色的作家。他的短篇小说《正在操练》，获得过全国短篇小说奖。张艺谋的一部以旧上海为题材的电影，改编自小棠的小说。在很多人眼里，端端也是一个名人了。巴金在《随想录》中，有三篇是专写端端的。外公心疼她的小外孙女,从小就被学业所累,是全家最辛苦的人。1994 年 5 月 20 日,巴金在给端端的信中写道:“我是这样想的:字越少,感情越深。我不是写这些话向你告别,我要告诉你:祖父的爱,外公的爱是不要报偿的,是无穷无尽的,它永远在你身边,保护着你。”在端端身上,看不到“骄、娇”二气。有很长一段时间,巴金的一些生活琐事,都是端端帮助料理的。比如帮助外公起床,帮助外公剪指甲等等。巴金病重后,端端每天守在病房,默默地看着外公,默默地祈祷上天不要让她的敬爱的外公走。

很多读者奇怪,巴金去世多日,媒介以最大的热情怀念这位受人尊敬的老人,但是没有读到巴金子女的一些怀念字句。可以说,这就是巴金子女的风格:他们只想以自己的行为,怀念父亲、纪念父亲。

10 月 16 日晚 10 时许,小棠给记者打来电话,问道:“怎样评价我父亲比较好?”记者立即回答:“一代文学巨匠。”电话那边,小棠顿了顿说道:“他连自己是作家都不承认,说文学巨匠太高了吧。我的意思就写著名作家吧。”听到这里,记者心里好一阵感动:这就是巴金,这就是巴金子女。在他们的身上,可以看到巴金的许多品格。

巴金生前尊重每一个人。在他病逝后,小林姐弟想得最多的是,不要忘记通知任何曾在巴金身边工作过的人。包括已经退休的医护人员、司机等等。小林对记者说:“等爸爸的事办完后,我要请所有的医护人员到杭州去休养一下。他们多年来照顾爸爸,非常辛苦。这也是爸爸的意思。”真的,有一种怀念,它融化在人的血液中,体现在人的行为上,这恐怕是人间最为重要的怀念。

新华社 2005 年 10 月 21 日电,赵兰英

巴金病史

巴金逝世,引起全国人民的悲痛。关于巴金的病情,海内外读者都很关注。记者对此跟踪采访多年,现将情况报告如下:

巴金年轻时患过肺结核。1925 年,巴金从江苏东南大学附中毕业后,北上北京,报考北京大学。谁知在体格检查时,被认为肺部有病,为之,放弃了报考机会。1927 年,巴金赴法国,有一阶段,也因肺部不适,在一座美丽的小镇休养。从 1954 年起,巴金在华东医院看病。1965 年,巴金发现有高血压倾向。1979 年发现隐性冠心病。

1981 年,巴金动作开始有些迟钝,1983 年确定为帕金森症。这是一种中枢神经系统变性疾病。主要症状是:震颤,四肢远端和舌、唇、下颌等出现有节律的颤动。僵硬,肌张力增高,关节活动不灵活,行动困难,面部表情减少等等。这年 10 月起,巴金每月来医院两次,做帕金森检查与治疗。1987 年 10 月起加大这方面的用药。可以说,至 1993 年,巴金的主要疾病是帕金森症。20 年来,巴金的帕金森症,应该说是控制得比较好的。但是,这个病还是发展了。他后来说话困难,手颤抖,写字困难,行动不便等,都与这个病有关。

1993 年,巴金身体的主要问题由帕金森症转为内科。这年 2 月,巴金出现晕厥症状:站起来后,突然眼睛凝滞、流口水、面色苍白、嘴唇发紫、神志不清、血压降至 0—60。以后又发生过多次。这种情况如不很快控制,会造成脑供血不足,心肌梗塞,非常危险。有时候尤其是早晨,巴金还会出现高血压症状。无论是低血压还是高血压,医院都不轻易给药,主要靠物理办法治疗。巴金的植物神经功能一直不平衡。1952 年,他在朝鲜战场时,也晕厥过。那是太紧

张、太劳累造成的。

慢性支气管炎,是巴金的又一主要疾病。这个病造成他肺部反复感染,尤其是晚年后,一不小心就感染,多痰,痰内有各种杂菌。因为帕金森病,巴金吞咽困难,很容易将残留的饭食吸入肺内。这样,大约从1979年开始,医院采取了多种护理办法:喂食、口腔清洁、吸痰、超声物化等等。同时,间断使用抗菌素。

骨质疏松,是老年人的常见病。巴金也不例外。最典型的就是1994年那次,为取一本书,造成第8节胸椎压迫性骨折。为此,采取支持性治疗,提高蛋白。

1993年后,医院大胆对巴金实行半治疗,半疗养的办法。即同意他在4至10月间去杭州疗养。这样,使他有离开医院的感觉,放松神经。同时,呼吸更多的新鲜空气。巴金在杭州,浙江医学院经常派人探视。华东医院崔主任等医生也时常去。事实表明,这是一个积极的治疗好方法。巴金每次去杭州,回来时体重有所增加,心情也好多了。

1999年,巴金病情急转直下。2月5日,巴金感冒。2月8日早晨,巴金开始发烧,体温摄氏38度。中午,崔主任向医院汇报了巴金的病况。医院非常重视,立即组织会诊,认为是呼吸道感染。下午,巴金体温仍没有下来。晚上8点,巴金体温升到摄氏39度,呼吸也加快了。做血清等检查,发现缺氧,呼吸衰竭。医院又组织会诊,并成立抢救小组,认为巴金因痰咳不出来,易感染,热度退不下来,需引流,用机器把痰吸出来。11点钟,崔主任告诉巴金:"需要气管插管,把痰引出来,这样会舒服些。"巴金说:"好。"11点半,管子插好,吸出好多痰。下半夜,体温有所下降。第二天,上午10点,巴金被转入重症监护室。

2月14日,医疗组考虑,呼吸器重,长期插用不行,因此做了气管切开手术。之后,巴金出现低钠综合症。身体浮肿,反应淡漠。经过治疗,有所好转。22日中午,突然心律失常,左心室心衰,经过抢救后平稳下来。3月1号,巴金从重症监护室转回病房。5月31日,体质有所恢复,重又下床坐到轮椅上,约1小时。以后又有2次下床坐在轮椅上。

从1999年2月病重到2004年2月,巴金的病时有反复,但主要是呼吸道疾病,反复感染。2004年2月,巴金肾衰竭,病情危重。经过治疗,闯过难关。2005年4月,发现巴金腹部腹水。经过反复会诊、检查,诊断为腹腔间皮细胞瘤。10月3日,胃部出血。10月13日腹腔大量出血,确诊为恶性间皮细胞瘤。10月17日,一代文学巨匠巴金永远离开了我们。

新华网上海频道 2005年10月17日　赵兰英

巴金:巨星陨落,光还亮着

2005年,10月17日,星期一,晚7时06分。巴金老人停止了心跳。一颗文坛巨星陨落了。

再过一个多月,11月25日就是巴金101周岁华诞。但他没有等到这一天来临,他从病魔痛苦的折磨中解脱了。

几天前,得知巴金病危的消息,记者打通巴老女儿李小林的电话,她告诉记者:"爸爸昨天突然状态特别好,拼命想说话的样子……"

"生之目标就是丰富的、横溢的生命"

虽然早有思想准备,但巴金的去世仍令作家王蒙感到悲痛。他说:"去年3月,听到过巴老病情不好的消息,后来,老人家转危为安了,大家相信也祝愿,巴老不会有事,巴老永在,巴老的健在是我们的使命感和力量的源头之一。但是噩耗终于传来,巴老走了。早晨刚刚为神舟六号的胜利归来而狂喜,晚间便传来了这样的消息。一面旗帜降落了,一个老人老师闭上了眼睛,一个好人好友永别。一曲悲歌从心头响起。"

年届90岁的老画家丁聪,早在上世纪30年代就认识巴金。抗战期间,曹禺将《家》改编成话剧,在四川上演时,就是由丁聪负责舞美设计。后来,他还给巴金的作品配过插图,上世纪80年代,他还画过写作《随想录》时的巴金肖像。在熟悉巴金的人看来,丁聪笔下痛苦地沉思的神情,准确地刻画出了巴金的特点。在得知巴金去世的消息后,他对记者说:"他是一个伟大的作家,他的去世是文学事业的巨大损失。"

作为与晚年巴金交往甚多、与巴金主编的刊物《收获》关系密切的一位作家,冯骥才显得沉郁。"'文革'结束后不久,我开始文学创作,从《铺花的歧路》开始,《收获》发表了我的主要作品。当时,是巴老亲自决定发表我的作品,他的培养和影响,我终生难忘。"几天来,他一直在关心着病危中的巴金,不停地打电话询问。他说,巴金的逝世让他难过,但也为老人摆脱痛苦而宽慰。他说,巴金永远不会离开我们:"一个伟大的心停止了跳动。从'五四'到'文革',再到改革开放,巴金都是中国作家良心的代表,他的精神影响了一代又一代的作家。他把一切都留给了我们,时代良心、社会责任、火一样的情感、悲天悯人的精神,好像一样也没有带走。"

作家池莉则愿意以她的方式,送一个生命的远去。她在电话里平静地对记者说:"在这样的时刻,对一位高寿的作家的去世,我想以静默的方式送他远行。一个生命的自然过程,会带给我们更深的感悟。"

早在70年前,年轻的巴金就这样感受过生命的运动:"我常将生命比之于水流。这股水流从生命的源头流下来,永远在动荡,在创造它的道路,通过乱山碎石中间,以达到那唯一的生命之海。没有东西可以阻止它。在它的途中它还射出种种的水花,这就是我们生活的爱和恨,欢乐和痛苦,这些都跟着那水流不停地向大海流去。我们每个人从小到老,到死,都朝着一个方向走,这是生之目标。不管我们会不会走到,或者我们在中途走入了迷径,看错了方向。生之目标就是丰富的、横溢的生命。"

"理想,是的,我又看见了理想"

1985年,年过八旬的巴金,收到了江苏农村10位小学生的来信,他们向敬重的巴金老人询问"寻找理想"的问题。虽然年老体衰,巴金仍如当年一样对理想充满激情。"理想,是的,我又看见了理想。我指的不是化妆品,不是空谈,也不是挂在人们嘴上的口头禅。理想是那么鲜明,看得见,而且同我们血肉相连。它是海洋,我好比一小滴水;它是大山,我不过一粒泥沙。不管我多么渺小,从它那里我可以吸取无穷无尽的力量。"

他承认自己人生的坎坷和艰难,但支撑他与命运抗衡、执著地走向生命终点的,永远是对理想的热爱和坚信。理想和信仰是火,点燃巴金心中的激情,也点燃巴金的道德勇气。年轻时如此,年老后仍然如此。没有一种对美好理想的追求,没有一种对完美人格的追求,老年巴金就不会写下巨著《随想录》。他在《随想录》中痛苦回忆;他在《随想录》中深刻反思;他在《随想录》中重新开始青年时代的追求;他在《随想录》中完成了一个真实人格的塑造。

巴金说过,他为读者而写,为读者而活着。其实,他也是为历史而活着。

于是,历史的风风雨雨,一个个朋友的坎坷命运,自己人生的复杂体验,在他的笔下一一呈现。他不再人云亦云，不再丧失自我。他直面“文革”给民族带来的浩劫，直面自己人格曾经出现的扭曲。他愿意用真实的写作，填补一度出现的精神空白。他终于以在当代中国产生巨大影响的《随想录》，履行着一个知识分子，一个作家应尽的历史责任，达到了他的文学和思想的最后高峰。

走得很累，却很执著。有过苦闷，有过失误，也不断被人误解，但他始终把握着人生的走向，把生命的意义写得无比美丽。

人们以敬重的目光凝望他，更有人把他称为“世纪良知”、“知识分子的良心”。不是溢美之词，而是人们的真实感受。中国文化界、思想界应该为拥有巴金而骄傲。有《家》，有《寒夜》，有《随想录》，有真实的人格，这样的生命，永远与历史同在。

“化作泥土，留在人们温暖的脚印里”

年过 90 之后，巴金一直经受着病魔的折磨。他的生命在病房里艰难地延续着。

写作过程常常艰难而痛苦。他说他有许多话要说，有许多文章要写，却力不从心。字越写越大，手也抖得越来越厉害，一次记者看到，他给萧乾写封信，两页纸写了几天，还没有写完。尽管早就说过要封笔，但是，他却从来没有做到。像他这样一个把创作视为生命的作家，只要身体状况允许，是不可能放下手中的笔的。1997 年，他完成了译文全集的所有序跋，接着对曹禺的怀念，又占据了他的心。

1998 年年初，记者去上海华东医院看望巴金，他说他正在写一篇怀念曹禺的文章。说是写，不如说是“说”。他写字很吃力，只得每天口述几句，由女儿小林记下，再念给他听，加以补充。他用了两个星期时间，刚刚完成前面一个部分，大约几百字。他说还要继续写下去。

一个月后，记者再去看望巴金，他已经完成了这篇《怀念曹禺》。似乎想说的话很多，老人留恋的往事也很多。令人惊奇的是，靠每天一句一句续写而成的文章，仍如他过去的作品一样浑然一体，流淌着动人情感。还是那种真诚，似乎平淡的表述，却又分明有着意犹未尽的深沉。读它，完全可以感受到这位 94 岁高龄的老人，思想还依然活跃，还在用笔倾诉着心中的感情。他同意将这篇《怀念曹禺》交给《人民日报》副刊发表。

写完这篇《怀念曹禺》，巴金还想继续写下去。然而，一篇已经动笔的文章，再也没有写完。这样，《怀念曹禺》也就成了写作生涯将近 80 年的巴金最后完成的作品。

病中的巴金还是一团火，用他的真诚用他的爱感染读者、感染周围的人。每当看到有哪个地方受灾，第二天就会吩咐家人到邮局去，化名给受灾地区寄钱。对于巴金，想做的就是献出他对这个世界的全部的爱。不求回报，不求张扬。从热情投入社会革命到勤奋创作一生，从 1983 年捐款 15 万元倡议建立中国现代文学馆，到不间断地资助贫困学生，他都在奉献着自己。上世纪 30 年代初他曾这样说过：“让我做一块木柴罢。我愿意把我从太阳那里受到的热放射出来，我愿意把自己烧得粉身碎骨给人间添一点温暖。”

巴金所经历的这一个百年，堪称中国历史上变化最为迅疾的百年。多少风云人物在百年历史舞台上走过。巴金以他自己的个人姿态走在历史画卷中。

很难用单一的比喻来概括巴金。有时他如电，如雷，如激流；有时又如阴云，如浓雾，如溪水。不同生命阶段，表现出不同的感情形态、生活形态。他就是这样以独特的生命方式走过了一百年。他为百年中国创造的一切，他的思想、精神、作品，以及他的复杂、矛盾的性格，都已成为巨大的存在，为我们解读百年中国的政治、思想、文化，提供了一个内涵丰富的范例。

“我唯一的心愿是：化作泥土，留在人们温暖的脚印里。”这是巴金晚年的心愿。这也是他的自信。

巴金,永远与读者同在。

《人民日报》2005年10月18日　李辉

最后的守望

2005年10月17日,普通的一天,因了巴金先生的去世而被刻入历史。

当晚,得知巴老去世消息的第一时间,我赶到上海华东医院,采访受阻,只能和同行一起等在医院大门外。晚上8时之后,记者越聚越多,引得路人好奇地窃窃私语。

他们一定会猜测,医院里会有娱乐明星吧?

心里很有些意外的感动:延安路上车水马龙飞驰而过,四周高楼五光十色霓虹闪耀,一路之隔的南京路更有热闹的时尚与演出——上海国际艺术节的序幕正在当晚拉开,却还是有那么多人赶来。在微凉的秋夜里,在这个文学、经典甚至阅读都已远离日常生活的浮躁时代里,在巴老安静地病卧医院多年、纪念的话已说过许多之后,仍有那么多人,伫立在空荡的医院大门口,安静地为一个文化老人送行。

在几天前,巴老已出现病危迹象。许多家人、亲友与文化艺术界人士都闻讯赶来,聚拢在他身边。对于一位为了大家而忍受疾病折磨、痛苦活着的101岁的老人,这样"家人"团圆的辞世,该是值得欣慰的。

我们可以将这为了告别的聚会,看作一个富有象征意味的场景:在一个伟大作家与思想者的床边,有那么多同行晚辈,怀着崇敬与痛楚,静静守望直到最后一刻,目送他的生命远行,追随他的灵魂飞升。

站在门外,也能想象到他病房里的情形。

因为采访关系,在他生命的最后几年,曾去过巴老在武康路的家,也曾去过医院探望。头脑中留下的,还是2002年11月巴老99岁生日前夕去医院探望时的印象:窗外草树青青,病房里悬挂着护士们制作的五彩拉花和大红丝绒"寿"字。巴老半躺半靠在病床上,十分安静。因担心带入病菌,进了门,记者便自觉地停步,凝望着老人。隔了一点距离,仍可以真切地感受到他的生命存在,如一片强大的磁场——的确,按主治医生的说法,虽然艰于表达,但他能听懂家人与护士的话,头脑中依然有清晰的意识和想法。

面对这样一位安静长者长久伫立,做这样除了默默祝愿无法交流的探望,其实早已是一种精神性的守望——是对一个时代、对我们心目中理想、信念、真理、激情与大爱的坚守和张望。

在老人身后,许多爱他的人都在发言时自觉不自觉地用了一个词:解脱。因为,被病痛折磨的老人,在表达安乐死愿望之后,在尘世间多驻留的这一段,确是实现了自己的承诺:为大家活着。期颐之年,那么苍老纤弱的一段生命,却依然不时带给人们思考与启示。

他,也是我们这个时代里清醒、倔强的精神守望者吧。在他身后,人们才忍不住要追随、守望。

曾经,贫乏的我们借用了巴老写给冰心老人的一句话来纪念老人——"有你在,灯亮着"。因为,用在他自己身上,再合适不过。

但愿,我们能不被身边太亮的霓虹遮挡了视线,在心底,长亮着那一盏灯。如此,这位"属于20世纪”的长者远行,就不会只是引起一阵喧闹,也不会如有网友断言的那样,意味着“一个时代结束”。

愿您安息。

也愿您长存于新的世纪。

《人民日报·华东新闻》2005年10月21日　姜泓冰

上海华东医院近百名记者守在医院门外

2005年10月17日,上海市延安西路221号华东医院门外一位现场警察这样感慨着:“‘神六’成功落地,青藏铁路通车,就这样一个普天同庆的日子,还是有这样令人哀伤的事情。”

仿佛是预示着一颗文坛巨星的陨落,10月17日晚间的上海,云层很厚,没有往昔的亮色,即使是在高空中。一得到巴老去世的消息,记者第一时间得到指令,紧急赶到成都双流机场,搭乘上最早的一班经停班机赶往上海,带去家乡人民、家乡媒体对巴老去世的哀悼,也将巴老离开人世之地所有的悲伤气氛用文字带回给家乡所有哀痛中的人们。

从浦东机场出来,高速公路出奇地堵,出租车司机接连说记者运气不好,记者心里隐隐有些作痛。晚上9时30分记者终于抵达了巴老生前养病和去世的医院——上海华东医院。附近还是有不少知道噩耗的群众来到华东医院外,不时听到几声长吁短叹:“巴老走好,希望有更多像他老人家那样讲真话的作家。”人群走过还能听到这样的话语。一个真诚的老人去了,昨晚在这里的所有人,哀伤之余都在这样慨叹。

位于延安西路221号的华东医院在夜色里显得安静而肃穆,两三个医院的保安在门口维持着秩序,阻挡靠近医院大门的车辆和人群靠近,大约二三十个扛着长枪短炮的记者守候在门口,希望得到有关巴老逝世的第一手消息,即使是到了深夜,还不断有记者从全国各地赶到上海,赶到医院。到晚上10时30分左右,医院门外已经有接近百名记者,分别来自北京、上海、成都、南京、广州、香港等地,由于上海方面的严密封锁,现场的所有媒体都一筹莫展。夜色里,所有媒体的记者们都缄默着,压抑着心中的悲痛,但又是那样急切地想知道关于巴老去世前的哪怕是丁点的消息。

出于一个新闻记者的职业责任,也为了尽早让《成都晚报》的读者知道最详细的现场情况,据《新民晚报》的同行介绍,巴老的儿媳妇唐宁就是该报社特稿部的记者,她也在现场,可能由于是上面的规定,她目前也不能透露正式发布消息前的任何事情。

在上海本地同行的帮助下,趁着夜色本报特派记者从医院门诊部溜进了医院的后院。在医院内部人士的帮助下,记者先找到医院的职工俱乐部,然后上一层台阶,从台阶上爬到一间临时工棚的屋顶上,然后顺着一段木梯下去,就到达了巴老临终前一直生活着的位于1号楼的病房窗户下。终于靠近了巴老的病房,1号楼3楼靠西南角的两间房,就是巴老最后的憩所。不太明亮的房间里,人影穿梭但悄无声息,里面都是巴老去世后前来探望的上海市领导以及巴老的亲属们,在巴老的房间门口摆满了鲜花和花篮。

晚上9时40分,守候在大门口的记者发现,在一群医生的引导下,一群人从1号楼出来,走向1号楼旁边的一座矮的平房建筑,但夜色里看不具体,有上海本地记者猜测是去太平间,记者在心里默默地祝福巴老能在天堂里平安。晚10时左右,守候在医院门口的记者陆续散去，大家有些依依不舍，很多人还习惯性地望了一眼医院正对门的上海市文联，那里是我们的乡人巴老生命中最后战斗的地方。

去了，一个真诚地面对人世的勇敢老人；去了，我们最值得钦佩的老乡；让我们默默地祝福巴老——一路走好！

《成都晚报》2005年10月18日　郭晓谅　余文静

成都市民双眼井下寄哀思

巴金曾在回忆儿时故居的文章中写道，对于儿时住过的那条街，他已经记不大清了，唯一记得的，是一口两只眼的井。在得悉巴老去世的消息后，17日晚起不断有成都市民自发来到双眼井前，点上红烛，为巴老默哀。

当晚10时许，在巴老去世3个小时后，记者来到巴金故居正通顺街，只见双眼井前的井台上已经摆放了一长串燃烧的、大小不一的红蜡烛。

76岁的黄文俊老人来到双眼井前，他径直走到附近一家香蜡店里，买了一对价值60元钱的大红蜡烛，蜡烛柄上还镌刻着“千古流芳”四个大字。他在井台前弯下腰，恭恭敬敬地点上蜡烛，然后很严肃地鞠了一躬。

一个长头发的年轻男子不知什么时候来到双眼井旁，在树下的阴影里默默站着。当记者采访他时，他说自已名叫崔兵，是画画的，家就住在双眼井旁的一幢高楼上，“我刚刚在电视上看到巴老离世的消息，想到这里来站一会儿”。

晚上10时25分，一位两鬓斑白的老人在双眼井前上了一炷香后，没有急着离开，而是又蹲下身烧了一大摞纸钱，老人自称名叫谢诗鉴，家就住在双眼井附近。“我一定要来给他上香，他影响了我的老师、我、我的儿女，还有我的子孙后代……”谢老先生说，他是四川大学中文系64级的学生，“我们上大学时恰逢文革时期，偷着掖着读巴金的小说，被他感染得热血沸腾。他教会我懂得了：青年人不要囿于旧东西的束缚，要向前看。这可让我受益终身啊！”

17日晚的双眼井前，要为巴老点红烛的市民排起了长队，他们全都是从成都各处自发前来祭奠巴老的。

新华网成都2005年10月18日　汪兰　潘鹞　宋黄

四川巴金文学院为巴老通宵守灵

文学泰斗巴金逝世的消息牵动着故乡人的心，作为全国唯一一家经过巴老同意并以他名字命名的文学专业机构——巴金文学院17日晚首次通宵向市民开放，成都上百市民前往巴金文学院深切哀悼巴老。

巴金去世的消息传到他的故乡四川后，巴金文学院紧急商量后决定：巴金文学院巴金陈列馆自当晚9时起至巴老葬礼结束，将为巴老持续守灵，接受热爱巴老的读者24小时祭奠。

巴金文学院巴金陈列馆的所有人员行动起来。工作人员连夜买来花圈摆放在巴老的铜像前，铜像前10根蜡烛灼灼燃烧，它们也仿佛在为巴老的过世而伤心流泪。巴金陈列馆首次深夜开门不到几分钟，从电视上、网络上知道了巴老去世消息的读者，纷纷赶往巴金陈列馆。

不到半小时,巴金陈列馆就接待了近百人祭奠。

巴老去世的消息传出后,巴金陈列馆纷纷收到了各单位和个人送去的挽联。四川省作家协会为巴金逝世题联:深切怀念人民作家——巴金;巴金文学院题联:巴金永远活在我们心中;四川省作协主席马识途题联:巴金,我们永远怀念您。

晚8时许,位于巴金文学院附近的天一学院师生在获悉巴金去世的消息后,整个校园顿时沉浸在一片悲痛的气氛中。晚上10时许,该校的部分师生,自发组织来到了学校旁边的巴金文学院巴金陈列馆。“我们希望给离自己最近的巴老鞠三个躬,感谢他的巨著给我们指引了人生前进的方向……”

“我们对巴老的作品虽然理解有限,但我们正在努力学习。”大学生邓涪文说。他说,祭奠巴老,怀念巴老,最好的方式就是:读巴老的书,学巴老做人。

新华网成都 2005 年 10 月 18 日　宋林风　黄旭阳　汪潘李

10月18日

温家宝总理悼念花圈摆进了北京巴金灵堂

昨日(18日)北京的中国现代文学馆内异常肃穆,巴金老人在北京的灵堂便设在此馆。下午6点半,记者在这里采访时恰逢温家宝总理和公安部长周永康敬献的花圈摆进了灵堂。据悉,巴金先生的追悼会将于24日在上海龙华殡仪馆举行。

记者在现场看到,中国现代文学馆的门口和灵堂内,"沉痛悼念巴金主席"的八个大字赫然在目。正中央的巨幅背景板上,戴着黑边眼镜的巴老正"回眸一笑",照片的周围配以高山、河流与蓝天的图案,寓意巴老广阔的胸怀。遗像下方,则摆放着女儿李小林的白色菊花花篮,端正地写着"爸爸,安息吧",让人很是悲痛。大厅右侧,王蒙、张抗抗、池莉、铁凝、陆天明等作家的花圈堆成山,王蒙用"一颗巨星陨落了,一面旗帜倒掉了"来表示对巴老仙逝的惋惜。

夜幕降临,巴金的友人、中国作家协会名誉副主席邓友梅先生来到文学馆。在巴老照片前,邓友梅深深地鞠了三次躬,一次比一次腰弯得更深,抬头看巴老的时间都更久,然后就是长时间的凝望和沉默。忽然,邓友梅用双手捂住脸,后背颤抖着。没有人知道此刻他与友人巴老交流了什么,或许这伤痛对一个有着太多默契的友人来说,是难以承受的。

据中国现代文学馆的馆长助理王治训对记者说:"中国现代文学馆是巴老在世时,三次上书江泽民同志后建成的,但遗憾的是,巴金自己却因为身体的原因从未到新馆参观过。"接到巴老逝世的消息后,中国作家协会就连夜在这里摆设灵堂,第二天便接待吊唁者,这个灵堂要连续设置三天。就在第一天,已经有近二百多人前来悼念。

《重庆晚报》2005年10月19日　秦小

文学馆内悼巴老

昨天,记者再次来到中国现代文学馆,发现文学馆外已经挂出横幅,上写"沉痛悼念巴金主席"。

进到馆内,巴老的微笑赫然映入眼帘。据文学馆馆长助理王治训介绍,这张巨幅照片摄于1987年,选择这幅照片是征求巴金老人的女儿李小林女士的意见。照片上方依然是"沉痛悼念巴金主席"八个大字,正下方摆放了一个略小的花篮,挽联上写着:"爸爸安息,小林、小棠哀挽"。右侧依次是温家宝总理等领导人和王蒙、陈忠实、张平、李存葆、铁凝、王安忆、池莉、张贤亮、张抗抗、陆天明等作家敬献的花篮和挽联。

哀乐声中,馆内工作人员默默地迎接着陆续前来吊唁巴老的市民。这些自发前来的市民,有的是特意坐车赶过来的,有的是特意过来看一眼的,但他们都表示喜欢巴老。62岁的卢女士对记者说:"我年轻的时候,读了好多好多巴金写的书,我太喜欢《家》、《春》、《秋》了。"

卢女士说着说着声音哽咽了……夜幕降临，前来吊唁巴老的人越来越多。

“巴老是中国作家协会的主席，灵堂设在现代文学馆本身对巴老就很有意义，这是在他建议下才成立的馆。”现代文学馆馆长助理王治训称，文学馆将为巴老设三天(18日、19日、20日)灵堂，每天早8时至22时对前来吊唁的市民开放。

《北京晨报》2005年10月19日　蔡代征

现代文学馆连夜设灵堂悼巴金

“他很了不起!”一位步履蹒跚的82岁老人竖起大拇指，他说这就是他对他的校友巴金的评价。昨天下午1时，现代文学馆设立的巴金灵堂内，这位名叫王竹琴的老人特意赶来吊唁刚刚逝世的文学巨匠。像王竹琴这样，听闻巴金去世消息赶来吊唁的读者很多，他们陆续地来到现代文学馆为巴金带来最后的祝福。而王蒙、铁凝、王安忆等各地作家也委托人送来了花圈，表达对巴金的哀思。

文学馆巴金灵堂对外开放四天

记者一进现代文学馆的正门，就看见文学馆的大厅外挂着黑色的挽联，上面写着“沉痛悼念巴金主席”几个大字。迈进大厅，映入眼帘的便是一幅巨大的巴金侧脸照片，照片上的巴金笑容灿烂，这个笑容似乎让整个悼念大厅充满温暖。大厅摆放着各界人士送来的花圈，在大厅中央放着一小束菊花，上面写着：“爸爸安息，小林、小棠敬挽”；放在大厅左侧的花圈则是中国作协各个机关单位赶早送来的，而大厅右侧整齐地摆放着王蒙、王安忆、铁凝、韩少功等十几位作家托人送来的花圈。

现代文学馆是在巴金的倡导下建立的，因此在听说巴金去世的消息之后，现代文学馆的工作人员就开始在馆里为巴金设置灵堂，既表达对他的哀悼，又让普通的读者能够有一个地方悼念巴金。据现代文学馆馆长助理王治训介绍，在听说巴金去世的消息之后，现代文学馆馆长、中国作协副主席陈建功立即从江西飞回北京，开始组织现代文学馆的员工设置灵堂，直到昨日凌晨3时多整个灵堂才布置完成。“18日至20日，这里会从早上8时左右一直开放到晚上10时。想吊唁巴老的读者都可以到这里来。”王治训说。

“他能坚持到今天太不容易了!”

据文学馆工作人员介绍，昨日上午10时左右，读者开始陆续地来到灵堂现场，有白发苍苍的老人，也有相伴而来的夫妻，还有大学新生……这些来吊唁的读者都把巴金亲切地称作巴老，他们大多都是在早上听广播或看报纸知道巴金去世的消息，而且听说在现代文学馆可以吊唁巴金，因此便在第一时间赶来。

“走吧，我在这里待着心里觉得难受。”一位婆婆拉着她的老伴说，说完她轻轻用手揉了揉眼睛，她的眼眶突然红了。她告诉记者，她的老伴是巴金的忠实读者。“巴老真的很不容易!我们看过他的《随想录》，我们知道他在‘文革’的时候一定过得很痛苦，知识分子在那个时候都是不受重视的，他能坚持到今天太不容易了!”

巴金后事主要由政协操办

中午12时,记者在现代文学馆看到了陈建功,他告诉记者关于巴金后事的一些具体问题稍后作协将召开党组会议讨论,会议之后才会有相关的措施。另外他还表示,因巴金还是全国政协副主席,所以巴金的后事主要还是由政协操办。

“双眼井”前摆满鲜花蜡烛

昨日,四川各界纷纷举行了吊唁活动,纪念巴金这位从四川走出去的文学巨匠。巴金位于正通顺街旁的故居已经不复存在,只剩下一口“双眼井”,在巴金逝世的消息传到四川之后,就不断有成都市民自发前往此处悼念,“双眼井”前摆满了鲜花和蜡烛。

与此同时,位于四川省龙泉驿的巴金文学院接连举行了两场巴金追悼会:下午3时,四川省作家协会举行追悼会;6时,原本正在外地考察的全国文学院院长联席会也赶回巴金文学院举行了吊唁活动。据悉,四川省委宣传部等部门也组团赶往了上海,四川的西南书城、成都购书中心、天府书城等几大书城都在醒目的位置摆设了巴金作品专柜。

巴金陈列馆首次24小时开放

101支蜡烛于昨日3时在巴金文学院点燃。90岁高龄的四川省作家协会主席马识途带领部分作协成员,坐了四十多里路的车从四川赶到龙泉驿的巴金文学院举行追悼会。马识途曾经说过:“巴老是我一生中最为崇敬的一位中国作家。假如说鲁迅是我们中国的灵魂或者脊梁骨的话,那么巴金就是我们中国的良心。”据悉,马识途在确认巴金逝世的消息之后就拒绝了一切采访。

巴金文学院副院长傅恒告诉记者,巴金文学院巴金陈列馆接到巴金去世的消息之后,迅速在巴金雕像前布置了吊唁灵堂,陈列馆自17日晚7时50分起首次深夜对外开放,接受热爱巴老的读者24小时祭奠。

巴金母校欲更名为“巴金小学”

另据悉,作为巴金的母校,成都市东城根街小学一直想更名为“巴金小学”①,巴金的话“学习的时候认真学习,玩耍时放心玩耍,说话要说真话,做人得做好人”也已经成为了该学校的校训。但是巴金一直不肯同意这个更名,该校校长陈思廉表示将继续申请更改校名为“巴金小学”。

东城根街小学连夜印制名为《永远的巴金》的纪念明信片,还开始制作小白花,并于昨日上午举行了悼念活动。

网络博客寄哀思　新浪建“纪念巴金”永久博客

应网友要求,新浪网于前日晚10时便成立了一个“纪念巴金”的永久性专题博客,陆天

---

① 此说不实,巴老曾给该校学生写过信,但该校并非其母校,他少年时在家中私塾读的书。——编者注

明、余华、刘醒龙等作家都在这个博客上留下了自己对巴金的纪念话语。

记者在这个名为 miss _ bajin 的博客上看到,里面已经贴了二十余篇与巴金有关的文章,包括巴金生平及文学活动事略、巴金与萧珊的传奇婚恋“这辈子只爱过一个女人”、巴金如是说“巴金自述 100 条”等文章,还有诸多文学圈内名人对巴金的缅怀。新浪网负责人告诉记者,新浪网希望用这样安静的方式来纪念巴金,温暖老人前行的路。目前网站还在搜集网友的相关文章,并将陆续上传。

在这个纪念博客里,陆天明说:“他用自己的死,留下了一笔不容后人稍有轻忽,也无法回避的精神财富。”余华评价道:“巴金是文坛的良心。”老愚说:“以感恩的心送巴金远行。”刘醒龙喟叹:“祈望天空那颗最大的月亮成为巴金老人的永生!”此外,在巴金逝世后,各大网站上均有不少网友自发撰写悼念文章,这是网友“半个诗人 555”在新浪上为巴金逝世写的小诗:“哭巴金一片温情雾雨电,一腔心血家春秋。一番忏悔随想录,一个遗愿国人羞。”

《新京报》2005 年 10 月 19 日 甘丹 刘晋锋 姜妍 曹欢欢

现代文学馆内悼念巴金先生者留言如海

昨天北京朝阳区的文学馆路上像往常一样车来车往,与往常不同的是,当路人看到文学馆门口“沉痛悼念巴金主席”的横幅时,都惊呼一声:“巴金去世了!”

中国现代文学馆是在巴金先生倡导下兴建的中国现代文学的宝库。在现代文学馆门口的一块巨石上刻着巴金先生的一段话:“我们有一个多么丰富的文学宝库,那就是多少作家留下来的杰作,它们支持我们、教育我们、鼓励我们,使自己变得更善良更纯洁,对别人更有用。”昨天,这段话被前来吊唁巴金先生的人们念了一遍又一遍,从清晨直到黄昏……

前天下午,收到巴金先生去世的消息后,中国现代文学馆的工作人员连夜布置了吊唁厅,昨天一早,很多群众自发来到这里悼念这位令人崇敬的文学巨匠。

步入吊唁堂,迎面正中央是一幅巴金先生的巨型照片,这张照片是 1987 年在上海拍摄的。照片中,巴金慈祥地微笑着,宽边眼镜后面一双清澈的眼眸透出慈祥的目光。照片下方,一个写着“爸爸安息”的花篮摆放在正中间。照片的左侧写着“1904”,右侧写着“2005”,这两个数字间相隔整整一个世纪,不仅道出了作家的生辰,还折射出这位世纪老人走过的历程。在吊唁厅两侧,摆满了中国作家协会、作家出版社、鲁迅文学院等单位以及很多著名作家敬献的花篮。在花篮的挽联上,记者看到了很多著名作家的名字,有王蒙、陈建功、陈忠实、蒋子龙、叶辛、王安忆、铁凝、池莉、张贤亮、张抗抗、张笑天、张平、叶文玲、舒婷……

王蒙说:“巴老是中国作家的一面旗帜,是我们这一代人的老师、最好的朋友。我们会永远记住他的身影、教诲和他为中国现当代文学做出的贡献。”

蒋子龙说:“巴老是当今文坛的寿星、福星。巴老的存在对中国文坛具有非同寻常的意义。巴老的辞世给当今文坛带来的损失是无法估量的。巴老以等身的著作,书写时代风雨飘摇中大家庭的春秋,刻画了国难当头时普通百姓的悲欢冷暖。巴老一生波澜壮阔,多姿多彩。巴老倡导讲真话、做真人,体现了一位伟大作家的真性情。愿巴老走好!”

中国现代文学馆是为巴老在北京设立的唯一一处吊唁堂,从昨天一早,自发前来吊唁巴老的人就络绎不绝。有耄耋老人,也有三尺童稚。每一位走进吊唁厅的人都在巴老的巨幅遗像前鞠躬致敬。

一位中年人领着五岁的儿子走进吊唁厅，父子二人向巴老的相片鞠躬，而后，父亲对年幼的孩子说："这就是巴金老爷爷，我就是读他的书长大的，你以后识字了也要读巴金老爷爷的书。"

一位前来吊唁巴金的老者还专门带来了一幅刚刚写好的字和一枚连夜篆刻的印章，印章上刻着"巴金先生永垂不朽"。

还有一位老者说他是听广播才知道巴老逝世的消息的，巴老也是他最尊敬的作家。"鲁郭茅巴老曹"中的最后一位文学巨匠离我们远去了。

很多北京的大学生也纷纷来吊唁，北京对外经济贸易大学的几名学生对记者说："我们是自发来这里悼念巴金先生的，我们小时候就学习过巴老的作品，我读过巴老所有的文章，《家》、《春》、《秋》让我热血沸腾，我还时常读《随想录》来理性地反思自己。"

门口的留言本上，写满了人们对这位伟大作家的怀念和尊敬。"真实的一生，讲真话的人。""人民作家爱人民，人民爱人民作家。""先生之风，山高水长。"……

据有关工作人员介绍，现代文学馆将连续三天从早上八点到晚上十点全天接受广大人民群众对巴老的悼念。巴老为文学馆题写的馆名，留下的手模、文库和散步沉思状的青铜雕像，也将被观众永远铭记在心中。据中国现代文学馆的馆长助理王治训介绍，对于巴老的离开我们是有一定思想准备的。巴老卧床四年来，现代文学馆一直有工作人员在他身边。虽然巴老不能讲话，但是神志一直清醒，能用点头、眼神表达自己的意思。前天晚上七点半得到巴金离开的消息后，从当晚八点到昨天凌晨三点，共有三四十人一直在布置灵堂。昨天早上八点开始就陆陆续续地有人来悼念。

巴金与现代文学馆紧密相连，1981 年他就公开倡议建立现代文学馆。十一年前巴金又和冰心一同倡建中国现代文学馆新舍。他说建设现代文学馆是他一生中的最后一件大事，这比写五本、十本创作回忆录还重要。巴金先生为中国现代文学馆捐赠书籍七千七百多册、稿费约二十五万。现在馆内共有藏品三十万件、五十五个作家文库，真正成为了二十世纪中国文学的宝库。

记者还获悉，昨天下午，国家有关部门的负责同志已经齐聚上海，与巴金先生的家人一起商议巴老的后事。据知情人透露，巴老的葬礼会在上海举行，巴老一生简朴，估计巴老的葬礼也会比较简朴。

《每日新报》2005 年 10 月 19 日　马健龙

巴老家中

上海市武康路 113 号，一扇绿色的大门。昨天，在巴老的家中，一间小小的灵堂设在此。

灵堂正中挂着巴老黑白照片

在巴老的家中，家人为他布置了一个小小的灵堂。灵堂的正中挂着巴老一张放大的黑白照片，灵堂中充溢着鲜花的芳香。

巴老生前亲友，一一前来拜别。绿色的大门一直有人进进出出。门口的墙上有一道石牌，"上海市重点保护单位优秀近代建筑"。大门口没有什么特别的布置，一切都很低调。

巴老的侄孙女婿汪致正告诉记者:“巴老为人一向低调,他生前也主张自己丧事从简。他小的时候就不喜欢在别人的告别仪式前鞠躬,老了以后也不希望别人这样给他鞠躬。他的告别仪式家人希望按照他的意思从简。”

邻居把鲜花放在巴老院中

得知巴老去世,邻居们有的来到巴老门前,把鲜花默默地放在院中。邻居们说,以前巴老过生日的时候,很多人都送来蛋糕。我们邻居经常会来到巴老的院子里,给巴老鞠上一躬,然后带走一块蛋糕。

巴老的门牌号是113号,住在巴老隔壁115号的薛先生告诉记者,得知巴老去世的消息,邻居们都很难过。“我在这里住了有四五十年了,小时候经常和巴老的儿子小棠一起玩,巴老的两个妹妹也住在这里,是看着我长大的,我一直随着小棠叫她们九姑妈、娘娘。”

薛先生说,小时候我常常到他们家花园里玩,经常能看见巴老,他不怎么爱讲话,总是笑眯眯地看着我们这些孩子。我印象特别深刻的是,在巴老七十多岁的时候,每天早晨大约六点多,巴老就在花园里读日文。他读得声音很大,我有时候在家中都能听到。那时候他可能专门在锻炼自己的记忆。

《北京晨报》2005年10月19日　代小琳

美报报道巴金逝世　称赞他是中国文学巨人

美国《纽约时报》18日报道:百岁巴金,中国的著名小说家。

巴金在长期住院治疗后于10月17日逝世,享年101岁。他是中国最受爱戴的作家之一,写过数部影响广泛的小说,揭露了中国封建家族生活的冷酷无情。

巴金被普遍认为是中国的文学巨人,是一位激励了数代作家的小说家。许多中国人认为,他的声誉早就应该为他赢得诺贝尔文学奖。凭借数十部长篇小说、随笔集、短篇小说集和翻译著作,巴金早在几十年前就确立了自己作为中国现代最伟大作家之一的地位。他与鲁迅、茅盾和老舍共同描绘和展现了现代中国在20世纪早期的觉醒和剧变。

早在1931年,巴金就因被视为其代表作的《家》而声名大振。这部作品用严酷的笔调描绘了20世纪初一个封建大家族的崩溃。

美国《洛杉矶时报》网站18日文章:巴金是20世纪中国文坛的巨人和坚定的无政府主义者,他的作品激励了一代青年人参加共产主义革命。巴金毕生的目标就是用良心说话,但健康状况恶化使他在生命的最后几年中无法说话或写作。巴金曾获得诺贝尔文学奖提名。但作为作家,他的作品比不上鲁迅那种辛辣的讽刺或者老舍那种质朴的幽默。

新华网2005年10月20日

法国《费加罗报》:中国最伟大的作家巴金逝世

中国文坛巨匠巴金,其作品已在全世界翻译介绍,昨天在上海逝世,享年101岁。六年以来,他一直和一种恶性肿瘤和其他多种疾病进行斗争。

1904年,他出生在中国西南部的四川省成都市,一个封建地主的大家庭里。巴金的原名是李芾甘,他很早就要摆脱家庭的桎梏。他沉浸在俄国作品当中,尤其热衷于无政府主义的思想。他发现了克鲁泡特金,并且出于对巴枯宁的敬佩,选择了“巴金”作为自己的笔名。他的政治投入使他在国内碰到了困难,这促使他动身去了法国。1927年,他在巴黎写出了第一本小说《灭亡》,后来发表在一本中国杂志上。那时候,他更加积极地为无政府主义的事业而奋斗,竭力营救两位意大利移民到美国的无政府主义者萨珂和凡宰特,使其免受坐电椅的死刑。然而,这两位还是于1920年被宣判死刑,于1927年被处以极刑。

巴金翻译成中文的俄罗斯伟大作家的作品在他的创作中留下了痕迹,他巧妙地把俄国的小说观和中国的传统小说结合了起来。

上世纪三十年代是这位作家丰收的时期。他写了大量的自传体小说,反映了青年知识分子反抗中国传统家庭的等级制度,以及孔夫子的清规戒律。小说《家》在法国最出名。作家曾经表明:“当我写这本小说的时候,我好像打开了自己记忆的坟墓。”我们还可以列举《秋》、《憩园》和《寒夜》,今天这些作品均已成为经典著作,在中国被广泛阅读,甚至进入海外华人居住的地区。在世界上也被翻译成多种外国语言。

“文化大革命”中(1966—1976年),巴金曾经被当作“反革命”,遭到迫害和折磨。但是,“四人帮”倒台以后,他变成了中国的领导人物。十年“文化大革命”,巴金在一部作品中曾经以一系列长长的忏悔再现出来。

在漫长生命的最后十年,他是在医院病榻上以人工喂食度过的。1994年,他曾经要求安乐死。在他百岁华诞的时候,他可能对他的亲人说过:“长寿是一种惩罚。”

作者吉优铎,刘秉文译自法国《费加罗报》19037期,2005年10月18日

法国《人道报》:巴金与世长辞

中国当代最伟大的作家巴金在上海逝世,享年百岁。巴金出生于四川省成都市。中国当局和作家把他看作是现代中国最伟大的作家。他的主要作品,其中有《家》、《春》、《秋》,几乎都是自传体的小说,发表在上世纪三十年代。这些作品抨击了中国传统家庭的等级制度。

由于对旧中国的批判,巴金受到了推崇。“文革”(1966—1976年)当中,他又被当作“反革命”遭到了迫害。1977年,他终于获得了平反,恢复了名誉。

刘秉文译自《人道报》2005年10月19日

法国《世界报》:中国二十世纪文学的伟人仙逝

中国作家巴金10月17日星期一在上海逝世,享年101岁。巴金可以和老舍、鲁迅齐名,是二十世纪中国文学的伟大人物。他一直有望获得诺贝尔文学奖,但始终没有如愿以偿。最后几年,他一直躺在上海医院的病榻上,经历了生与死的悲怆的结局……

两部三部曲

一位未来的作家诞生了。尤其是一个名字出现了:李芾甘。他选择了巴金作为自己的笔名。“金”是为了向克鲁泡特金致敬。和人们的传说正好相反,“巴”和巴枯宁毫无关系,它是取自沙多—吉里的一个中国朋友巴恩波的姓。这位朋友此前投河自杀了。巴金的小说在上海一经发表,就立即取得了成功,并且受到绝大多数青年的青睐。

回到国内,巴金从此就专心致志于写作。1928 年到 1948 年期间,他取得了创作的丰收,其中尤其突出的是两部三部曲:“爱情的三部曲”《雾》(1931 年)、《雨》(1932 年)、《雷》(1933 年),以及后来构成一体的《电》(1934 年)。第二部就是“激流三部曲”:《家》(1931 年)、《春》(1938 年)、《秋》(1940 年)。后来还有两部小说:《憩园》(1944 年)和《寒夜》(1946 年)。

这些小说的主题都是描写青年反抗家庭的压迫和单纯的心的自我牺牲。这反映了一个悲剧的时代,在战争的背景下,新与旧进行着碰撞。《家》很可能是巴金最圆满的小说,是自传性最强的作品。在高老爷统治的禁闭家族中,孤独的灵魂在黑夜中呜咽哭泣,三兄弟试着摆脱封建传统的暴虐统治;与此同时,外界已经刮起了自由之风。然而,所有正直的心除了屈服,或者外逃,别无其他的选择。

在“文化大革命”中,巴金受到了一系列的侮辱。1976 年“四人帮”垮台以后,他重新成为文学界的显著人物,但他不断地努力要从“文化大革命”的这场浩劫中吸取教训。

作者包宾福,刘秉文译自法国《世界报》,2005 年 10 月 19 日

在俄罗斯读者心中　巴金有着神圣位置

10 月 18 日从中国传来巴金老人在上海病逝的消息后,本报记者随即约访了几位与巴金老人在不同时期有过多次接触的俄罗斯朋友,听取了他们对中国文学巨匠巴金的评价、追思以及发自内心的悼念之情。

俄罗斯科学院远东研究所高级研究员、中国文学问题专家索罗金先生,他与巴金老人曾经有过多次近距离接触,曾亲自担任主编并翻译出版了巴金作品集,这是目前俄罗斯最新的一套介绍巴金老人文学创作生涯和作品的书,在俄罗斯读者中非常受欢迎。索罗金告诉记者:巴金生前曾经 5 次访问前苏联,是前苏联人民非常尊敬和喜爱的中国作家。“我认为可以用这样的语言来评价巴金的地位——巴金是中国屈指可数的最伟大的作家,巴金早已经跻身于世界文学巨匠的行列。”

索罗金老人对记者坦言:“我们非常清楚,自上个世纪 90 年代以来,巴金先生的身体状况不佳,很少再有会见外国友人的机会,但是我们都希望奇迹能够发生,希望巴金先生还能像过去一样,与我们这些热爱他的人进行倾心的交谈……巴金是一位伟大的爱国者,伟大的国际主义者,我们俄罗斯人为巴金的逝世感到无比痛苦。”

当年曾经担任《苏联妇女》主编的克留奇科娃老人,听到巴金老人驾鹤而去的消息后,在电话里沉默了良久,声音里饱含痛苦地对记者说:“当年的《苏联妇女》杂志,几乎每一期都有介绍中国作家的文章发表,其中由列宁格勒大学著名的汉学家、巴金问题专家彼特罗夫教授所撰写的介绍巴金和巴金作品的文章,曾经受到很多苏联读者的欢迎。我至今保留着曾经介

绍巴金作品的《苏联妇女》杂志，那是我心中的最爱，是我最宝贵的财产。我可以告诉你的是，当年苏联的大学里，大学生都是通过阅读巴金等人的作品，开始了解中国社会、了解中国人民的……巴金和他的作品是连接俄中人民友谊的纽带，巴金在俄罗斯读者的心目中，有着不可动摇的神圣的位置。”

俄罗斯著名的中国文学问题专家利弗金老人告诉记者，2004 年 6 月 22 日至 28 日，俄罗斯各地的汉学家曾经汇合在圣彼得堡大学的东方学中心，举行了一次国际研讨会，同时纪念中国文学大师巴金诞辰 100 周年。巴金的写作风格文字简约，饱含丰富的人文主义色彩，从中可以清晰地体察出屠格涅夫、托尔斯泰、赫尔岑的影响，这与巴金当年从翻译这些文学巨匠的作品开始走上文学之路，有着千丝万缕的联系。巴金曾经说过：“赫尔岑是我的老师，他的回忆是我最爱读的书。”巴金晚年所写的《随想录》，其书名就是来自赫尔岑的《往事与随想》。巴金不仅仅是中国现代文学的大师，同时也是推进俄罗斯文学与中国文学联系的集大成者。

《文汇报》2005 年 10 月 20 日　驻莫斯科记者姜辛

六次访日牵起文学纽带

——日本媒体惋惜巴金老人逝世

10 月 17 日晚，日本《朝日新闻》、共同社等主要媒体纷纷转发新华社的消息，报道中国文坛巨匠——巴金老人逝世的消息，并表示惋惜。《朝日新闻》在报道中以较大的篇幅描述了巴金老人不平凡的一生，对其代表作《家》《春》《秋》给予了高度的评价，并称巴金老人晚年笔耕不辍，撰写《随想录》，并最终完成了集成中国“五四”运动以来所有文学资料的中国现代文学馆新馆的建设工作。

巴金先生曾先后六次到日本访问，结识了许多日本朋友，他最后一次访日是 1984 年 5 月 15 日，到东京参加第四十七届国际笔会，并发表了题为《核时代的文学——我们为什么写作？》的讲演，引起了与会者热烈的讨论。1934 年 11 月 21 日，已是著名青年作家的巴金化名“黎德瑞”去日本留学，时年三十岁，然而由于日本警察的无礼对待，巴金仅在日本待了十个月，就愤然回国，这是他与日本的第一次接触，不过在日期间，巴金先生根据这几个月的经历写了三个短篇《神·鬼·人》，还写了不少散文寄回国内发表，后编成散文集《点滴》。

时隔二十六年之后，即 1961 年 3 月，巴金作为中国作家代表团团长，率领中国作家去东京参加亚非作家紧急会议。在这次访问中，他结识了著名评论家、致力于日中友好事业的中岛健藏先生；第一次到井上靖先生家里作客，开始了与井上先生二十多年的友谊，成为中日两国友好历史中的一段佳话。巴金同时还会见了川端康成等作家。巴金还于 1962 年 8 月、1963 年 11 月、1980 年春、1984 年 5 月四次访问日本。

巴金一直关心中外文学交流，特别是中日两国的文学交流，巴金在《随想录》合订本新记中说：“我的《随想录》是从两篇谈《望乡》（日本影片）的文章开始的。”对于中日文学交流，巴金老人表示：“我怀着以文会友的心东渡，每次访问都结交了不少真诚的朋友，文学的纽带把我们联系起来。”

《文汇报》2005 年 10 月 20 日　驻东京记者丛云峰

中国文坛巨匠　中国作家协会主席巴金逝世

中国文坛巨匠巴金(中国作家协会主席、中国人民政治协商会议副主席)于10月17日下午7时06分因病在上海华东医院逝世,享年101岁。

巴金1904年生于四川省成都市。受"五四"运动民主主义思想影响,入成都外语专科学校学英语。1924年入南京东南大学附属中学,毕业后,于1927年赴法国留学,在巴黎,写了以无政府主义者为主人公的中篇小说《灭亡》,登上文坛。归国后,开始文笔生涯。三十年代,活跃在上海,"激流三部曲"确立了作家地位。1934年,为学日语赴日本留学,溥仪来日时,被关在神田警察署,在日本逗留十个月,愤然回国。抗日战争时期,辗转于上海、广州、桂林、重庆等地,开展抗日文化活动。新中国成立后,历任中国文学艺术联合会副主席、中国作家协会副主席等。"文化大革命"中受迫害,被剥夺了创作自由,1977年恢复名誉,其后,在创作不朽名著《随想录》的同时,倡议建立中国现代文学馆,并积极参加社会活动。晚年,任中国作家协会主席、中国人民政治协商会议副主席。百岁华诞的2003年,中国政府授其"人民作家"称号。

巴金是"五四"运动开始的新文学时代的最后一位大作家,其逝世令人惋惜。

代表作有:"激流三部曲"——《家》、《春》、《秋》;"爱情的三部曲"——《雾》、《雨》、《电》;"抗战三部曲"——《火》之一至之三;《寒夜》、《憩园》、《第四病室》、《随想录》(五卷)等。从最初1921年至1999年2月共发表创作、译作1300万字。

战后,巴金应日本中国文化交流协会等邀请,于1961年、1962年、1963年、1980年、1984年访日,与我会领导人中岛健藏、龟井胜一郎、井上靖、水上勉等文化界人士亲切交流,为日中文化交流,特别是文学交流做出了贡献。

陈喜儒译自《日中文化交流》第713号,2005年12月1日

巴金精神永驻人间

一代文坛巨匠巴金先生与世长辞,在上海社会各界引起强烈反响,人们自发地以各种形式表达对这位一个时代伟大代表的文学家深深的怀念。

"历经百年'雾雨电',至今仍忆'家春秋'",这是上海书城18日早晨在一层大厅悬挂出的一幅高2米、宽1米5的读者留言板。书城一开门,人们就聚集在这里,把心中的追思之情倾泻在这上面:"巴金千古,德范永垂"、"最好的怀念是继承"、"让我们永远怀念巴老,发展我们时代的新文化"。

书城企划部部长江利告诉记者,17日晚当听到巴老先生逝世的消息后,心情非常沉痛,书城的员工们立即与配送仓库联系,紧急调配巴金作品等方面的书籍。18日在书城摆放出巴金全集、巴金"激流三部曲"《家·春·秋》、"爱情的三部曲"《雾·雨·电》以及其他代表作,同时还有巴金生平介绍、传记、画册等共计近百种。

一本精装本的《百年巴金》画册,今天在书城热销。书城的一位老读者赵键先生,专门到这里选购了这本画册,他将这部记录了巴金一生创作经历、人生历程的画册作为珍藏资料。他说,巴金是以他卓越的人品、文品,屹立在中国文坛,存活于人们心中的,他给我们留下了宝

贵的精神财富。这位老读者动情地在留言板上写下:“文馨史乘,德重千秋”。

上海社会科学院文学研究所副研究员、上海作家协会理事、中国作家协会会员王周生女士最后一次见到巴老大约在四年前,她认为,对巴老最好的纪念就是说真话,而且不要只在没有危险的时候才说真话。这是我们做人的根本。她告诉记者,四年前在华东医院的病房里,我陪家人探视巴老,我的公公周而复和他是几十年的老朋友。和从前几次他们在巴老家客厅里愉快交谈不同的是,这次,他们只能一个站着,一个躺着,一个大声地问候,一个仔细地听。他们的眼睛久久对视。巴老虽然不能说话,但他儿子李晓说,父亲能听清。告别时,两双手相握。巴老的手竟然紧紧抓住不放。从上世纪三十年代一路走来,他们有太多的回忆从脑海涌出,他们真是依依不舍。当周而复终于抽出手,走到病房门口,巴老的手还在轻轻地挥。我的眼泪一下子涌了上来。此情此景,在我脑海永远定格。那是两位老人人生路途上的最后一次会面。

作为一位女作家,王周生今天的心情特别沉重,她说看到报上纪念巴老的文章,最引起共鸣的就是王安忆说的“在他身后,我们不再是孩子”。她重复着王安忆的话说,“巴老像五四时期压阵的文坛巨匠,以前有他这样的前辈在,好像我们永远是孩子,我们可以任性、可以不讲理、可以不负责任,而现在前辈走了,我们被推到了前沿,我们应该怎么样?”王周生说,这确实值得我们深思,我们应该怎样挑起这份重任?

复旦大学中文系2003级学生翟庆瑞用悲痛和悲叹来描述他的心情,他说,读巴金的作品最激励他的就是“激流三部曲”和“爱情的三部曲”,他的作品中闪耀着精神和信仰的力量。“爱情的三部曲”中展示的青年一代的风采,他们有理想、有个性,而我们当代青年也崇尚个性张扬,但是缺乏理想和信仰,这正是巴金作品带给我们的思考。翟庆瑞认为,巴金的精神就是一个世纪以来以爱国主义为基础,坚持不懈地追求光明,追求真理;以人道主义为基础,激烈持久地反对封建专制礼教;以自我灵魂为基础,毫不留情地忏悔和剖析。

“你是光,你是热,你是二十世纪的良心。”十年前,曹禺先生这样称赞巴金。今天在怀念巴老的人群中,记者听到最多的话是“巴金精神永驻人间”。

新华网 2005 年 10 月 18 日　王蔚

记者特许进入巴老家献花

已经是深秋了,上海的天气还那样热,一路梧桐一路阳光。走进武康路的时候记者隐约还听到几声蝉鸣——繁华大上海的马路居然像乡间小路般不沾染一丝喧嚣和浮华,这或许正是巴金精神的一个侧面。

本报记者走进巴老家

昨日下午,记者来到武康路113号门外的时候,见到有好几家报社的记者等候在大门外,因为有重要的人物前来吊唁巴老,也因为巴老家属的悲痛心情难以接待太多的来人,巴老家暂时还没有设置灵堂,更多的人转向上海作协参加吊唁。但巴老生前的居所是我们更关注的地方,带着成都家乡人对巴老辞世的哀悼之情,本报记者捧着一束白色的百合花敲开了这座牵动过成千上万中外读者之心的小院大门。

此前，不少媒体记者都来献花，哀痛中的巴老亲属很客气地打开门缝，将花接了进去，婉拒了记者想进去的要求。尽管这样，本报记者还是客气地将名片递了上去——“我们是《成都晚报》的记者，我们是带着家乡人民对巴老的怀念之情而来的……”铁门意外地打开了，一位中年人将记者引进了院子。这是一栋精致的小楼，巴老在上海的后期写作基本是在这里完成的。院子里满是盆栽，红花绿叶，前院两棵玉兰和与之相向的两株红色枫树象征着巴老鲜明的个性。接待记者的巴老亲属握着记者的手，连连说：“巴老特别思念家乡，家乡人牵挂他，他也牵挂家乡父老。谢谢晚报，谢谢晚报的读者……”

因为有重要人物在内，记者无法走进小楼将鲜花送进巴老生前的书房，只好把百合花束留在小楼的窗台，留给我们敬爱的巴老！

追悼会可能于24日举行

昨日，据上海作协副主席赵丽宏透露，今日“巴金照片和手稿展”将在上海展出并向市民开放，悼念这位文学巨匠。

“文革”后，巴金曾任上海作家协会主席，现在老人家走了，整个上海作协都沉浸在巨大的悲痛之中。今日，上海作协将以举办“巴金照片和手稿展”的形式，深切缅怀这位文坛老前辈。

据赵丽宏介绍，“巴金照片和手稿展”展出的照片都是巴金在不同生活时期拍摄的，其中尤以巴金担任中国作协主席之后的照片为主。除了工作照之外，展览还将展出巴金的许多生活照，他与妻子萧珊，他与孙女端端的合影，都是难得一见的精品。手稿展将展出巴金重要作品的原稿或原稿照片，从其中删改的笔迹里，观众将能发现巴金创作思考的轨迹。赵丽宏还表示，巴金后事具体事宜现还未最后确定，巴金追悼会可能定于10月24日举行。

《寒夜》手稿本本周面世

记者昨日从上海文艺出版社了解到，该社将在本周内推出《寒夜》手稿本，这是出版人对巴老最好的缅怀方式。《寒夜》手稿本的样本曾经在今年上海书展最后一天亮相，但实际推出的版本在封面上是有所改动的。原本是准备本月25日于嘉兴举行的巴金国际学术研讨会上正式推出的，但现在巴老辞世，文艺出版社正在加紧印刷，希望能够在本周内推出。

《寒夜》是巴金最后一部长篇小说，也是他小说创作的巅峰之作。小说发表后，巴金曾经做过两次较大的文字修改。解放后，巴金先生将这部手稿捐赠给北京图书馆，即现在的国家图书馆。记者还了解到，上海巴金文学研究会和上海文艺出版社共同策划出版“巴金手稿集”，目前将推出巴老的三部重要小说《寒夜》《憩园》和《第四病室》，以后还将分期分批出版能搜集到的巴老手稿。

临终前为“希望工程”捐款

记者昨日再次来到巴老最后的离开之地——华东医院，想了各种办法也没能见到一直负责为巴老治疗的专家组长，但很偶然遇上了一位一直护理巴老的护士，这位不愿意透露姓名的护士告诉记者：巴老临终前的一个月还为“希望工程”捐出了一笔两万元的善款。

在巴老的一生中，为慈善事业捐出了多少笔款项已经很难有人能够计算清楚，但记者昨日晚间从有关方面得到证实，巴老在9月13日捐出的这笔善款是他生前最后的一笔捐款。

而就在今年年初,他还委托身边工作人员,以"李尧棠"的名义向红十字会捐赠了两笔共6万元的捐款。

《成都晚报》2005年10月19日　郭晓谅　余文静

巴金母校的思念

1991年,巴金老人曾经给母校——成都市东城根小学的"小校友"们回了一封信,鼓励同学们奋发向上,这封信至今镌刻在成都市东城根街小学门口。巴老逝世的消息传来,学校的师生从凌晨起就开始在校门口忙碌着张挂白花。

心,已为巴老揪紧了三次

东城根小学副校长金波告诉记者,学校最近还正在商量出版有关巴金的书。去年暑假巴老病重,全校900多名师生每人写了一句祝福的话语,编织成一个巨大的"心语结",让校长陈思廉带上专程飞往上海华东医院看望巴老。今年9月份,巴老逐渐病重的消息传来,巴老每危急一次,大家的心便随之紧张一次,算起来这已经是第三次了。昨日,巴老真的走了……17日晚,"巴金爷爷,您的孩子想念您"的横幅以及巴老与师生们往来的大幅回忆照片,摆放在了校园门口。

巴老深情寄语:"让生命开花"

东城根小学陈校长回忆到,学校师生与巴金先生的情缘,始于上世纪90年代初学校"爱家乡"系列少先队活动。孩子们在自发寻访家乡名人的过程中,走近了巴金,认识了巴金,爱上了巴金。出于对巴金先生的崇敬,孩子们第一次给巴老写信。没想到巴老竟在重病中,捏着有些不听指挥的笔,给孩子们回信了。这封饱含着巴老对家乡、对家乡孩子深情厚谊的来信现已被镌刻在学校正门大厅,信中"让生命开花"的话语早已成为每个东小师生的座右铭。

十几年中,巴金先生曾先后9次给学校孩子们写信、赠送礼物。巴老来信和《巴金和儿童文学》《巴金文选》等礼物,一起被珍藏在学校荣誉室。巴老的爱,如春风、春雨滋润着师生们的心田,使大家一次次深受教育和鼓舞;与巴老的交流,酿造了一个又一个教育良机,教会师生如何做人做事。

《安魂曲》纪念巴老

巴老逝世前,似乎对自己的病情已有所觉察,他最牵挂的就是这些家乡的孩子。这些年来,东城根小学在与巴老的交往中跟他的侄子李致也结下了深厚的情谊。一个月前,李致受巴老专门嘱托赶来学校,勉励大家并赠送了诸多礼物。几天前,陈校长曾多次向李致及巴老女儿李小林家中拨打电话询问病情,但均无人接听。

在18日纪念巴老的全校大会上,老师们选用了肖邦的《安魂曲》作为大会哀乐。

陈校长说,巴老的渊博学识和崇高品格的影响作用并不会随着他的逝世而消散。

新华网 2005 年 10 月 18 日　潘鹞　汪澜　黄宋邓

成都上千市民齐聚百花潭慧园悼巴金

18 日,上千市民齐聚 1987 年巴老曾经到过的百花潭慧园,瞻仰着巴老随性的手稿,聆听着巴老"把心交给读者"的诺言,心里涌动着如秋雨般绵长的哀念。市民手捧的一束束鲜花,在秋雨的轻拂下,安详地簇拥在巴老雕塑的脚下……

市民:旧地重游满心感怀

记者一早赶到慧园时,已有市民在巴老雕塑面前敬献了鲜花。"人民作家——巴金　家乡人民永远怀念你"和"巴金是中国的骄傲,你走了灯还亮着"两幅挽联,庄重地悬挂在巴老雕塑两旁。在刻有冰心题词的"名园觉慧"旁边,园区工作人员认真地向市民介绍:"冰心的女儿叫巴老舅舅,他们是以姐弟相称的文坛好友……您可以在慧园看到巴老的手稿,巴老在 1928 年伏案创作《家》的前半段的桌子、台灯、圆木凳……"园区工作人员张燕告诉记者:"天刚亮还在下雨那会儿,就已经有很多市民来了。最大的这束白色香水百合,是一个姓杨的走不动路的母亲,托她女儿送来的,说是住在巴老故居一带。"

在巴老实物纪念馆中,参观者络绎不绝。其中,不少市民曾经多次到慧园。一位叫高鹏的川剧爱好者沉痛地说:"和朋友一起来看看,来了很多次了,这次的感觉不一样。我们也觉得今天应该来吧,看看我们从十几岁就开始被他文字感动的巴老。回头让孙女也来看看,她小时候念的'巴校'(巴金作文培训班),她喜欢巴金。"

工作人员:一面之缘一晃 18 年

看着巴老为《家》作的小序手稿,勾起了张燕 18 年前的一段回忆:"大概是 1987 年初,定下了以巴老著作的形式修建慧园,还给巴老取得了联系。他非常高兴,1987 年的 10 月 18 日,就是 18 年前的今天,巴老在百花潭公园……"说到这里,张燕不由得眨了眨微润的眼眶:"1989 年 8 月 30 日,我坐火车到了上海,巴老当时把腿摔了,住在华东医院。本来精神不是太好,听到家乡来人了,他高兴得不得了!我见到他比较紧张,说的普通话。他看着我说:'我想听四川话,听听乡音!'我当时觉得他很亲切,一点都没有泰斗的架势。我把在慧园修建时拍摄的图片给他看,讲了很多成都的变化,他听得很高兴。把他的手稿,整整一个皮箱给了我们带回慧园。坐在回成都的火车上,我抱着皮箱整夜都没合眼。"

园方:悼念巴老彻夜开园

下午 5 点,记者拨通张燕电话时,她沉痛地说:"园区现在还陆陆续续有前来哀悼巴老的市民,在巴老火化之前,慧园都会通宵向市民开放。"此外,张燕透露:"从 1990 年开始,91、92 年巴老侄子李致受巴老的委托,有上千盘唱片和磁带送到了慧园,他的很多手稿,因为年代久远,有的都有一点脆了,手稿现在住在有空调、除湿药片的保险柜里。但因为巴老的离开,可能会把这些之前保护封存起来的实物和手稿,向市民展现。希望能通过这些巴老留下的东西,给成都的市民留下永远的怀念。”

《财经时报》2005年10月20日　成彭邓　胡劲华　许兰武

巴金走了,那盏灯仍在!

——文化界人士深情怀念巴金

在2005年初秋,巴金安静地走了,翻过了整整一个时代,却竖起了一面永远的旗帜。在它的飘扬下,文学的坚持成为责任和良知的标志。他留下拷问心灵的文字,激起的是一个知识分子理想的愿望,他竭尽全力坚持到底的努力,活出的是一个生命的完整和理想的辛苦坚韧。他的生命和他的文字对于中国文学来说,是一个坐标,一个象征。

昨天,中国著名的作家学者纷纷接受了本报记者的采访,在他们的叙述中,我们再一次走近了巴金,走近了那面飘扬的旗帜……

中国作协党组书记、副主席金炳华——中国文学界的骄傲

这几天一直守护在巴金主席病榻旁的中国作协党组书记、副主席金炳华沉痛地对记者说,巴老是我们中国作协主席,是一代文学巨匠,是名副其实的人民作家,是中国文学界的骄傲。巴老一生热爱祖国,热爱人民,紧跟时代,追求真理,创作勤奋,著作等身。他以自己的人品文品确立了在人民群众心目中的崇高地位,他的文学成就是中国现当代文学史上的一座丰碑,他的创作思想和人生道路,反映了一代知识分子在党的领导下探求真理的历程。巴老的逝世,使中国作协失去了一位好主席,是我国文学界的巨大损失。我们将永远铭记他为我国文学事业做出的卓越贡献!

中国文联主席周巍峙——真话真情真心

我从年轻的时候就爱看巴老的书,特别是新中国成立后,巴老的作品催人奋进,令人敬仰。每次去看巴老,他都很关心文艺界的状况,特别是知识分子的生存状况。听说文艺界的繁荣景象,巴金很高兴,虽然他话语不多,但是从他的笑容神态上可感受到老人的真挚热情。去医院探望巴老,贴近老人耳边说上几句慰问的话,巴老总是握紧着我的手久久不放。巴金一辈子说真话,他的人格力量是呼啦啦的一面旗帜,永远给我们以力量。

学者王元化——一个内心有激情的人

我7点多的时候得知巴老去世了,这个消息勾起了我的回忆。巴老是我十分十分尊敬的作家,他的文学对中国文坛有极大的影响,他的人格有极大的魅力。我和他同在上海,对他有亲切的感觉。我第一次遇见巴金是上世纪50年代初,当时他住在淮海坊,他的房间十分简朴,书桌和床上都堆了书。作为名家,他对我非常热情,还拿出大瓶的罗宋汽水给我喝,让我

感受到如同朋友般亲切的风度。

自从他生病，我多次去看望他。在杭州看过他，在华东医院时，我们还一起合了张影，那是在阳台上，巴老坐着轮椅，我站在他的身后。巴老是一个内心有激情，但不轻易表露的人。少年巴金说："我得到了一个小孩子的幻梦，相信万人享乐的社会就和明天的太阳同升起来。"作为和鲁迅、郭沫若、茅盾、曹禺等同时代的作家，巴金是最长寿的一个，安葬鲁迅时，他是为鲁迅先生抬棺的人。然后，那些与他相交甚笃的知识分子一个一个地远去。1999年，冰心去世。巴金将冰心视作知己，晚年写信给她，"有你在，灯亮着；我们不在黑暗中，我们放心了……"2003年，上海的另一位文学老人施蛰存也走了。最后几年，巴老活得很痛苦，他活着，像一盏灯一样照着我们继续前进，勤奋写作，现在巴老"终于"走了，他的去世标志着他身后那个伟大时代的结束。

作家王蒙——中国作家的一面旗帜

巴金是中国作家的一面旗帜，是我们这一代作家的良师益友，他一直很重视文学对社会的作用，认为文学应该推动社会的进步，他一直提倡作家应该讲真话，把心交给读者，他一直很关心青年作家的成长，寄希望于青年，寄希望于文学。

巴老虽然高龄，但他的存在始终是我们的力量源泉，他的身影会让我们永远怀念。

中国文联副主席、作家冯骥才——把"五四"精神带到今天

一颗伟大的心停止了跳动，中国文坛为之悲痛。

这几年来，我和巴老的亲属经常保持联系，对巴老的生活现状是了解的，我敬佩这位与疾病搏斗、生命力十分顽强的坚强战士，虽然对他一旦病情危急有心理准备，但噩耗传来，我仍然接受不了。

从"五四运动"、全国解放、"文革"到改革开放，巴老始终代表中国作家的良心和责任，他将自己的全部热情和毕生精力倾注于我国的文学事业，他的精神像火炬，引导着中国文坛的作家。一代代的作家受他深刻的影响，把"五四"精神带到今天。

巴老是我文学人生的领路人，我一直得到巴老的关心和勉励，我的主要作品发表在《收获》上，我对巴老感激不尽。

巴老走了，但我觉得他的强烈的社会良心，他的悲天悯人，他的文学精神，都留下来了。他的作品留在世间，他的精神留在我们的心中。

评论家李子云——一座永远的丰碑

巴老走了，他是一座永远的丰碑。我们这代人，几乎都是读着巴老的书成长的。他的作品，不但是我的文学启蒙，更是直接影响了我的一生。他还是一个无私的园丁，一个伟大的编辑。巴老把自己一生中最宝贵的年华奉献给了编辑出版事业，虽然自身的创作因此少了很多，但他为我们创造了更多更为丰富的精神财富，在中国现代出版史上留下了光辉的一页。在我的学生时代，他创办和主编的《文化生活丛刊》真正是每个青年人的精神食粮。正是这套丛刊，让我读到了大量进步的新文学作品和外国文学名著，从而懂得生命的意义。粉碎"四人帮"后，我在《上海文学》工作，多次向巴老求教。他是一位极其正直、善良的长者，总是仔细了解我们工作的情况，热心地帮助我们解决问题。尊重每一个作者，一切为了读者，巴老真正身

体力行,他让我们受益终身。

学者贾植芳——思想的追求者和探索者

我在中学时候就读过的《灭亡》,“倒霉”的时候编辑过三册有关巴金的研究,对巴老的文学、人品、思想有过更深的了解。去年,我买了十卷本的巴金译文集,真的翻译得好!巴老不仅仅是文学创作好,对世界文学的翻译也有特殊贡献。他是可以存在下去的作家,是思想的追求者和探索者。

作家余华——中国文学的良心

最大的遗憾就是没有见过巴老,我一直不好意思向李小林提出去看看巴老,感觉自己不够格。读了《随想录》,感到巴金是中国文学的良心。巴老的去世让人难过也让人欣慰,因为他写完了别人没有写完的人生的小说。

评论家许子东——他的影响超过了文学界

巴金的影响超过了文学界。他是 20 世纪中国知识分子的代表之一。他的作品虽然属于那个年代,但每个人都会遇到这种选择。

歌唱家王昆——曾为他唱《南泥湾》

我这一生中给两个人开过一个观众的音乐会。其中一次就是 1998 年和周巍峙一起去看望巴金。我感到带任何礼物都不能表达自己对巴老的尊敬,身为歌唱家只有给老人唱几首他爱听的歌才能表达内心的敬仰。那天巴老坐在矮椅上,我蹲下身子,贴着巴老的耳朵,轻轻地唱起了歌剧《白毛女》选段《北风吹》,还唱了《南泥湾》。我对巴老说:“我再用你家乡的四川话唱你的家乡民歌《槐花几时开》,您看像不像?”巴老听完脸上的皱纹全笑成了花,兴奋地用力吐出两个字:“好!像!”

作家吴泰昌——一个爱做梦的巨人

巴金是用文字影响中国的巨人,他的高风亮节赢得了世人的尊重。

巴老爱做梦,他说梦见自己几次站在文学馆门前,看见人们有说有笑地进进出出。他在《真话集》中写着:“醒来时我把梦境当成现实,一个人在床上笑。”有一次巴老来到文学馆,从怀中掏出钱来,说:“这是我最近收到的一笔稿费,一百二十元,交给你们吧。”自从 1982 年他向文学馆捐赠十五万元稿费作为建馆基金以来,每发表一篇文章,每重印一册旧作,所得的稿费和版税,他全部寄给了文学馆。他说:“我愿意把我最后的精力贡献给中国现代文学馆。”他是在默默地朴实地实现自己的心愿。

作家陈丹晨——他是重情义的好人

从最初作为记者采访巴金到今年,我们认识已经整整四十二年了。当年,我只是一个普通记者,但和巴老打交道丝毫不觉得他有架子,他是很平易近人的。虽然他偶尔会有拘谨,话不多,但不管我问什么,他都会认真回答。最让我感动的是,巴老是不审稿的,他说:“那是你写的文章,不需要我审了通过。”

或许,每个时代都有特定的读者,或许今天的读者不会像我们那时那样着迷于巴金的作品了。但是总有一些作品历经时代的淘洗,成为让后人汲取养分的瑰宝,那么,巴金的《家》、《春》、《秋》、《寒夜》和《随想录》,都是当得起瑰宝的。而他在《随想录》中强调的、在给萧乾的信中强调的“说真话”这三个字,可以当作是他留下的遗嘱。

冰心女儿吴青——“巴金舅舅”是液态火焰

“巴金舅舅”更像液态的火焰,外面看不到熊熊的热焰,但里面却是滚烫的液体。“巴金舅舅”热爱民族、热爱国家、热爱人民的心永远不会停止跳动。

虽然已经记不清和“巴金舅舅”交往的点点滴滴,但是我对“巴金舅舅”的笑容印象最深。“‘巴金舅舅’笑起来很可爱。他笑的声音很大,嘴是裂开的,眼睛是眯着的。”尽管相片上的“巴金舅舅”总是沉默地若有所思,但是我印象里的“巴金舅舅”是另一副样子,“他很健谈,也很幽默,一点也不多愁善感,和他的文字反差很大。”“巴金舅舅”和母亲都追求“说真话”,在晚年,他们老而弥坚的声音,振聋发聩。

《文汇报》2005 年 10 月 18 日　陈熙涵、王磊、陈晓黎、周毅、周玉明、刘栋

追忆巴金

“近两年我经常在想一件事,创办一所现代文学资料馆,甚至在梦里我也几次站在文学馆的门前,看见人们有说有笑地进进出出。醒过来时,我还把梦境当作现实,一个人在床上微笑。”这是巴金先生写在《随想录·现代文学资料馆》里的一段话,手稿现存于中国现代文学馆内。

10 月 18 日,很多人来到了中国现代文学馆,他们没有说,也没有笑,他们不是来此参观,而是来悼念巴金先生。前一天,在得知巴金先生与世长辞的消息后,中国现代文学馆连夜设立了吊唁厅。吊唁厅正中间挂有巴金先生的巨幅照片,两侧是两排长长的花篮向外延伸。负责接待的工作人员告诉记者,从 18 日早晨开始,陆续有北京市民闻讯前来悼念。

来悼念巴金先生的英莲君今年 64 岁,家住现代文学馆附近,退休前是一位中文教师。他说,他从小爱好文学,很崇拜巴金,《家》、《春》、《秋》等先生的作品他都阅读过不止一遍。他说,巴金的作品无论思想性,还是艺术性都达到了很高的境界,他从中受益匪浅。

王禹庭家住在北京西郊,早晨看报纸知道了巴金先生逝世的消息后,特地赶来悼念,在吊唁厅的留言簿上他特别注明,自己是一个普通人。王禹庭对于巴金先生的《家》一书记忆特别深刻,在与记者的交谈中,他又津津有味地谈起了书中的情节,仿佛再次沉醉于其中。

巴金先生是中国现代文学馆的名誉馆长,也是现代文学馆最早的倡建者,这里留有很多先生的印迹。在现代文学馆正门的巨型花岗岩上刻着巴金先生的两段话,正面是:我们有一个多么丰富的文学宝库,那就是多少作家留下来的杰作,它们支持我们、教育我们、鼓励我们,使自己变得更善良,更纯洁,对别人更有用。背面是:我们的新文学是表现我国人民心灵美的

丰富矿藏,是塑造青年灵魂的工厂,是培养革命战士的学校。我们的新文学是散播火种的文学,我从它得到温暖,也把火种传给别人。

中国现代文学馆副馆长刘泽林说,听到巴金先生逝世的消息,整个文学馆十分悲痛。巴金先生是文学巨匠,他的作品影响了几代中国人,特别是青年人。中国现代文学馆是巴金先生的一个成就,能够看到这个成就,先生应该很欣慰。他表示,巴金先生的精神将继续激励着全体馆员们。

目前,中国现代文学馆的一层展厅正展出“二十世纪文学大师风采展”,当记者赶到属于巴金先生的展区时,讲解员正在向两位来自毛里求斯的客人讲述着巴金先生的事迹。

展区里,摆放着许多代表巴金先生生前所获荣誉的徽章和证书——

1982 年 8 月,巴金获得意大利“但丁国际奖”,奖章的一面为但丁像,另一面刻着巴金的名字。

1983 年 5 月 7 日,法国总统密特朗在上海授予巴金“荣誉军团指挥官”勋章。

1984 年,巴金获得日本福冈亚洲文化奖特别奖。

1984 年 10 月 18 日,巴金获香港中文大学荣誉文学博士学位。

1985 年 5 月,巴金获美国文学艺术研究院名誉外国院士称号的证书。

1999 年 7 月,中国科学院北京天文台将 1997 年 11 月 25 日发现的一颗小行星命名为“巴金”星。

客人离开了,在安静的展厅里依稀能听到吊唁厅传来的哀乐声。在三层展厅,记者看到一副老舍当年赠给巴金的对联,“云水巴山雨,文章金石声”。巴金先生远去了,但是他所留下的著作,将如金石之声继续启示后人。

一如他的散文名篇《愿化泥土》中所言:“我的脚不能动,我的心不能飞。我的思想……但是我的思想会冲破一切阻碍,会闯过一切难关,会到我怀念的一切地方,它们会像一股烈火把我的心烧成灰,使我的私心杂念化成灰烬。

“我家乡的泥土,我祖国的土地,我永远同你们在一起接受阳光雨露,与花树、禾苗一同生长。

“我唯一的心愿是:化作泥土,留在人们温暖的脚印里。”

《人民政协报》2005 年 10 月 19 日　路强　雷新

后辈文人追忆巴老出版《随想录》、倡立现代文学馆等事迹

郑敏(九叶派老诗人):巴金一直特别扶持年轻人

巴金的夫人是我的同学,但我只是远远看见过巴金。上世纪四十年代,我在南京的中央通讯社作翻译时,经常会写一些诗发表在《大公报》的副刊上,1947 年,巴金托人找我整理自己的诗歌,我把稿子邮寄给他,后来这些诗歌被收入巴金所编的文学丛刊第十辑,书名为《诗集 1942—1947》。

1948 年我就出国了,在国外的七年间一直没有写诗的心境,有一天却突然收到他们从国内邮寄来的《诗集 1942—1947》,感到特别惊讶,但是我知道巴金一直都是特别扶持年轻人的。

任溶溶(翻译家):“文革”时,巴老被称为“黑老 K”

“文革”后期,巴金下放到我们上海人民出版社,我不敢叫他巴老,因为那个时候巴金被称为“黑老 K”,我称呼他为李老。每次开完会,我都会陪他走一段路,但大家都只会谈谈家常的事,其他事没法谈。八十年代,我经常要接待外宾。每个外宾来了总是要求见一见巴金,特别是日本人见到巴金之后都会一个一个地请求与巴金合影,巴金对人很慈祥,但是其实巴金不太会讲话的,发言时都结结巴巴的。巴金去世,我感到很可惜,但是他已经活过了 100 岁,活着也很累。

丁聪(漫画家):我给他的作品画过插图

我在上个世纪四十年代就认识巴金了,但和他不是很熟。我给他的作品画过插图,后来曹禺改编他的《家》为话剧,我为他们搭过布景,后来我又给他画过一些肖像。巴金写过很多很好的作品,他的去世对中国文学事业来说是很大损失,我感到很难过。

范用(《随想录》出版人,三联书店前总经理):《随想录》出版,没做任何删节

范用向记者回忆了《随想录》的出版过程。“《随想录》先是在香港《大公报》的副刊连载。我看到了,觉得巴金是讲真话。在陆续发表的时候,听说有人说三道四,以至于有人对《大公报》方面施加压力,企图腰斩《随想录》。后来正好巴老来京,住在民族饭店,我打电话问候巴老,同时请求将《随想录》交三联书店出版,可以一字不改。巴老很高兴地把书稿交给我,同意了,于是《随想录》先由香港三联书店分册出版,就是《随想录》、《探索集》、《真话集》、《病中集》、《无题集》。”1987 年,范用还亲自设计了版式、封面和包封出版了《随想录》精装合订本,另外还加印了 150 本编号特装本,供巴老赠送之用。

《随想录》合订本样本出来以后,巴金给范用发信表示感谢:“真是第一流的纸张,第一流的装帧!是你们用辉煌的灯火把我的这部多灾多难的小著引进‘文明’的书市。”

作为一位出版家,范用对巴金这位前辈非常尊敬,他介绍:“三十年代,巴老和吴朗西先生在上海创办文化生活出版社,出版‘文学丛刊’、‘文化生活丛刊’和‘译文丛书’,出版纯创作月刊《文丛》,都影响很大,一直到现在,也还觉得非常好。”

“除了出版《随想录》,我们交往不多,但是有一年去上海的时候我去看过他。当时巴老还能说话,神志还清醒,我们还照了一张照片。后来他的女儿李小林就劝我们不要去医院了,他插满管子也不能说话了。”

《新京报》2005 年 10 月 18 日　周文翰　刘晋锋　甘丹

“有你在,灯亮着;你不在,心亮着。”

——数万青年网上悼巴金

有的人总在不经意间走了之后,才教人突地痛起来。17 日晚,巴金离世的消息,就这样

突然而至。

18 日,国内各大网站连夜开辟了悼念巴金专版。数以万计的年轻人难抑悲绪,纷纷上网,沉痛追思国人永远的大师。截至 18 时,新浪的网友悼念超过了 9000 条,搜狐也达到8700 多条,还有新华网……

我们欣慰地看到,当今时代的青年也会因一位照亮他们心灯的老者的逝去而深深追念,铭记时代重任的呼唤,捡拾起内心严肃的人生思索。

"昨晚,正在看重播'神六'飞天归来的画面,当电视下面的滚动新闻播出这条消息的时候,我不知是喜是悲。在举国欢庆的日子,你却走了。请前往天堂看看中国的成就,孩子永远怀念您!"

"我是读着您的书长大的,我拥有您的全部书籍。那一刻,我的心里一沉。又一段历史远去了,教我们怎么不怀念您!"

"一早醒来打开电视,得知巴老死了。至今,我还没有看过他的书。我默然地走在上班的路上,默然地坐在上班的车上,默然地走进办公室,默然地打开电脑,默然地告诉上班的同事。我怎么来不及看一看他的诗,我怎么来不及看一看他的书……"

"您牵着我们的手,带我们走入文学的殿堂。不经意间,您竟已撒开我们的手,永远地离开了,留下一份沉沉的文化遗产,带走我们无限的怀念。"

"神舟落地,巨匠升天。怀念! 怀念! 再怀念!"

"'激流三部曲''爱情的三部曲'《灭亡》《海的梦》《砂丁》《新生》《随想录》……这就是您生命的意义! 您是星空中耀眼的一颗!"

"巴老,没有鲁迅的忧愤深广,也没有茅盾的鞭辟入里,但以自己的激情、自白式写作,感动了一代又一代的中国青年,《家》《春》《秋》风行数十年。面对一位世纪老人的离去,我们唯有真挚的祝愿——有你在,灯亮着。"

"巴山长江水,文章金石声。巴老走好,您的文学已经飘散在中国的每一寸土地上!"

"一代宗师,百年老者。在我心中,先生就是文学的化身。在激流与爱情中,见证先生的伟大,也激起了我的文学信仰,向文坛伟人致敬!"

"巨匠仙去万马喑,山河悲咽泪空垂。蓬山此去多珍重,望帝春心杜鹃痕。——当我们还沉浸在'神六'的喜悦中,中国文坛上一颗耀眼的明星却划过天际,永远地辞去了。巴老的逝去,既是文坛难以弥补的损失,也是我们精神生活中的一大损失。"

"说良心话的老人,请安眠。"

"不会忘记巴金先生带给我们那个时代热火朝天的生活,不会忘记他教我们要做说真话的人。您走后,我情谁寄?"

"您的《家》让我感动不已,《随想录》里,您更自剖自己,尽管您'文革'的伤口还在汩汩冒血。可敬的老人,那是时代的错误,不该由您一人承担!"

"'我手写我心!'文学不是抚慰品,不是按摩椅,文学是言为心声的人生见证。讲自己心里的话,讲自己相信的话,讲自己思考过的话。在这种意义上来理解巴金,他永远值得我们敬重。"

"读先生的文章,感先生的为人。愿大家:读《随想录》,做诚实人。让巴老的后生晚辈,继承他的仁爱、忠诚、正义、自律,在这个充满功利色彩的时代,涤荡出一片精神的净土。如此,想必巴老也可以安眠于天堂。"

"一颗现代中国的良心停止了跳动,留下了一个复兴中的民族的沧桑记忆。"

"巴老的一生,让我们意识到作为人,时时处处应说真话不说假话,能做到这一点,是对巴老的最好纪念。"

"'尽可能多说真话,尽可能少做违心的事',这是我儿时看到的巴金先生说的一段话。这些话影响了我一生的许多抉择,教我勇敢地面对复杂的生活！谢谢巴老,您是我永恒的邻居,师长,明灯！晚学跪拜!"

"精神的舵手,晚辈们永远的明灯。"

"'有你在,灯亮着',这是您的话语。可是,如今您也辞世离去,让我们如何去找寻那盏真善美的明灯?"

"巴老,我是读着您的书长大的,还记得年少时读你的《鸟的天堂》,千言万语道不尽,愿您走好!"

"听到您离开的消息,眼泪一下子涌上来。你的散文、小说给了我寻找梦想的激情,也给了我认识生活的理智,发自内心地向您说一声:谢谢您!"

"巴老说自己虽是一个悲观苦闷的人,但光明是他唯一的追求,他说:我不怕,因为我有追求。我们也不会倒下,因为身后有您这个坚强的精神支撑!"

"您走得悄无声息,但您留下的依然会汹涌澎湃。您把一个多世纪的历程,用心血和高尚的人格,镌刻成一卷卷厚重的历史,让后来的我们冲破迷茫,心有明灯。"

"您是我们几代人慈祥的爷爷。您的话语如此谆谆,虽然素昧平生,但是心灵的感应神交已深。我们侧耳聆听您的细语叮咛,您深情的嘱咐,我们将永远追寻。"

"巴山夜雨阶前流,金辉自在家春秋。千鹤送主至瑶台,古今回看美名留。没有为别人写过这样的文字,独独为您写了,只因看过您的《家》、《春》、《秋》,只因读过您的那盏《灯》,您的在天之灵,会永点那盏心灯,照我们前行。"

"如椽巨笔,为文可书家春秋;铮铮铁骨,立世无愧天地人。——学生跪悼。巴老的精神永存!"

…………

一幅幅挽联,一段段普通而真挚的文字,传递着无限的哀思。在青年们的心中,巴金爷爷就像故乡那片土地,厚实、温暖、深切。夜未央,灯犹明。巴金先生,静安!

新华网 2005 年 10 月 18 日　高路

10 月 19 日

上海举办图片展"诉说"巴金晚年岁月

朗诵巴老作品的深情男中音在室内回荡，鲜花绿草间，四十多张大幅黑白照片无语地诉说着巴老的晚年岁月。19 日，上海市作协在办公楼一号楼里举办了巴金晚年图片展。读者从四面赶来，从巴老留给世界的影像中读取一个伟大生命的真诚。

布置图片展的屋子约有五六十平方米，居中的木制底座上，安放着巴老的头像雕塑。在屋子两角，辟有专柜，陈列巴老的手稿和出版的著作。

来自卢湾区的陈先生看着巴老的雕塑说："巴老在晚年的《随想录》里，对自己的内心作了解剖，说了许多别人不敢说的真话。对于一个大作家来讲，太不容易了。我们普通市民要向他学习，敢于说真话。"

屋子四壁张贴着巴老的大幅照片，共有四十八幅，主要反映了"文革"以后巴老工作和生活的许多场景，包括他和冰心、张光年、徐迟、萧乾、艾青、夏衍、沙汀以及女儿李小林、外孙女端端等家人与亲朋的合影，照片中的巴老常常笑着，透着一种历经大苦大痛之后才有的淡定和执著。

蒋一女士在这些照片面前流连忘返。家住宝山的她，上午从广播里听到市区有巴金的图片展时，立刻动身，坐了两个半小时的车子赶来。她在留言本上写道："我深信，有您在，灯亮着，您远去了，您这盏明灯依然照耀着我们永远前进，前进。"

上海市作协副主席赵丽宏在现场留下诗句："……在激流中探求幸福，在寒夜中追寻光明，他告诉历史，敢说真话，才是大写的人。"

一号楼门外两侧摆放着十多个花篮，主要来自于政府部门和全国多家媒体，还有几位不留名的读者。现场的工作人员说，这是他们一早就送来的。

截至记者下午离开，仅在留言本上留言的读者已超过五十人。工作人员介绍，图片展将会一直开放到 10 月底。

新华网 2005 年 10 月 19 日　叶锋　魏玉栋

天津人艺改编巴金《家》一剧即将演出

在曹禺将巴金的名著《家》搬上话剧舞台之后，天津人民艺术剧院于 2001 年第二次将话剧《家》重新改编演出，由许瑞生导演的"津版"《家》当年在上海演出立刻引起轰动，在巴老诞辰 100 周年之际，《家》再次在北京成功上演。天津人艺副院长席德敏得知了巴老去世的消息后，向记者讲述了巴老和人艺的故事。不为人知的是，巴老为人豁达，对于自己的经典作品的改编没有一丝的不放心，为了让自己的作品能以更丰富的艺术形式让更多的观众看见，他仅仅象征性地收取了天津人艺一万元的改编版权费。

席德敏告诉记者:“2001年,天津人艺决定改编后将巴金的《家》搬上话剧舞台。因为我和巴金的女儿、《收获》的主编李小林是上海戏剧学院戏文系的同学,所以我和导演许瑞生一起到上海征求巴老和他女儿的意见。当时巴老已经生病住进了医院,我们很遗憾没有见到他。但他通过女儿表示,自己的作品改编成话剧是一件好事,自己没有什么意见。但谈到话剧的改编版权的问题时,更是得到了一个‘优惠价’——一万元,大家都知道这些只是象征性的费用,巴老希望能够让更多观众以更多的形式看到他的作品,我们都很感动。”

买下版权之后,话剧《家》剧组特意在成都体验生活,恰恰就住在成都北门正通顺街——巴金出生的小院中,这样对于巴金作品中的意境又有了新的体会。在排练完成后在上海进行了系列演出,获得了巨大成功。席院长表示:“当时我们也给李小林送了票请她来看话剧。但由于种种原因,她和其他巴金的家人都没有能看到《家》,这也成了我们深深的遗憾。”席德敏表示,自己会尽量联系巴金家人,带去天津人艺对老人的哀思和对家人的问候。

天津人民艺术剧院的导演许瑞生也接受了记者的采访,他说:“巴老是一位对后辈非常豁达的人,当时我们虽然没有见到他,但他间接表示,在保持原作大体方向的情况下,可以大胆地改编。这样宽容的态度确实是文学大师的风范。”

《每日新报》2005年10月19日　王轶斐

巴金女儿李小林拒绝设立“巴金文学奖”

记者昨天获悉,巴金的女儿李小林已经明确拒绝上海作协关于设立“巴金文学奖”的提议。

巴老去世后,上海作家协会有关人员为纪念巴金,提出两个建议:一是把“上海文学发展基金会”改名为“巴金基金会”;二是设立“巴金文学奖”。上海市作家协会副主席赵长天告诉记者,巴金女儿李小林对前者没有表态,但对“巴金文学奖”明确表示反对。“李小林说,一方面巴老生前为人非常低调,不喜欢如此张扬;另一方面巴金清醒时就表达过,认为国内文学奖项已经有点太多。”

1990年,由巴老和另外两人提议成立的上海文学发展基金会成立,巴金任会长。当时巴老将自己在日本获得“国际著名文化人士奖”所得的500万元奖金都捐给了基金会。赵长天说,当时巴老在设置这个基金会时就说过,我们的工作不是锦上添花,而是拾遗补阙,要通过一些实际的工作切实地帮助作家,尤其是生活苦难的作家解决一些问题。15年来基金会围绕这一方向开展了许多工作。

巴金图片展被鲜花包围

昨天上午,巴金图片展在上海作家协会静静开展。一天内,前来参观的上海市民络绎不绝,在回顾巴金一生足迹的同时,也奉上怀念之情。本报记者代读者留言:“《北京娱乐信报》读者祝巴老一路走好。”而且还献上由101朵红玫瑰扎成的大花篮,用他最喜爱的花朵表达敬意与哀思。

《信报》101朵红玫瑰寄哀思

“有您在,灯亮着;您远去了,您这盏明灯依然照耀着我们永远前进前进”,“巴老的人格魅力已经和正在影响着几代人，并将继续与世永存”……这些文字是参观巴金图片展的上海市民写下的对巴老的怀念之词。在图片展现场，众多上海市民来到这里，瞻仰巴老数十幅照片，并仔细观看了部分巴老创作的图书以及创作手稿。图片展的门口几乎被鲜花包围，其中有不少北京、湖南、四川等地读者委托鲜花店送来的花篮。

本报特意定制了一个由 101 朵鲜艳的红玫瑰组成的大花篮。巴老生前最喜爱的花朵就是红玫瑰，冰心甚至与他达成默契，在每年巴老生日时都会送上红玫瑰。

巴金邻居第一个赶到现场

在图片展现场，人们可以看到巴老愉悦地与女儿和外孙女在一起留影、开心地与萧乾在一起聊天、创作中凝思的神情……这些照片生动地展现了巴老一生中的多个瞬间。此外还有他 1986 年写《随想录》的手稿、1979 年 10 月 22 日至 10 月 30 日的日记……现场展出的巴金手稿更是吸引了不少读者隔着玻璃仔细阅读。

第一个来到现场的是一位姓徐的女士，她说自己是巴金的邻居。她告诉记者，她是读着巴金的作品长大的。巴老去世当晚她通过网络得知巴老去世的新闻后，立即在网上留言，表达了对巴老的怀念之情。得知上海作协举办巴金图片展，她就特地代表全家前来敬献鲜花。

老读者曾万元买下《随想录》

记者在现场还遇到一位特别的读者。14 年前，月收入 70 多元的上海文学爱好者吴淑芳，以 1.3 万元买下 088 号特种本巴金《随想录》，轰动一时；14 年后，她带着花篮来到巴金图片展悼念巴金。

吴淑芳告诉记者，虽然她当时只是油漆工，但特别喜爱《家》《春》《秋》三部曲等巴金的作品。当年她东拼西凑的 1.3 万元用好几年才还清，但她从没后悔过当年的举动。现在这本书被她保存在银行保险箱中。她说：“巴老是文坛巨匠，能收藏他的东西我觉得十分自豪。有不少人想以高价买走这本书，都被我拒绝了。这是我留给儿子最好的财富。”

据悉，巴金图片展的举办目的是为上海市民提供凭吊巴金的场所，因此将一直持续到巴金追悼会举行前。

《北京娱乐信报》2005 年 10 月 20 日　赵明宇

成都市档案馆将首次公布巴金珍贵档案

巴老最喜欢成都的小吃！记者昨日从市档案馆获悉，1989 年，巴老曾委托其侄子李致向成都市档案馆捐赠了自己的百余张照片和部分手稿等物品。据市档案馆负责人透露，由于这是个人捐赠行为，所以巴老捐赠一事从未向外界公开，而捐赠物的“真容”更是鲜为人知。而在巴老的捐赠物中，包括了他写于 1960 年末的日记。当时，时任中国作协副主席的巴金在成都学道街住了 4 个月，这期间，巴金修改了《寒夜》等小说，日记记录了时年 56 岁的巴金的作息情况，其中一段反映出了巴老对成都小吃的喜爱：“8 时 30 分吃赖汤圆一碗，散步，9 时后看稿、读报、作文。12 时吃龙抄手、钟水饺各一碗，鲜锅魁一个（下夫妻肺片）。”

昨日下午，经过多方联系，记者见到了巴老向市档案馆捐赠的四大本相册和两册手稿。在相册中不仅收藏了巴老的全家福、与冰心等著名作家朋友们的合影，在巴老的捐赠物中，记者还见到了《译文选集》小序手稿，小序写于 1988 年 4 月 22 日，巴老在其中写到："我写文章，发表作品，因为我有话要说，我希望我的笔对我生活在其中的社会起一点作用。我翻译外国前辈的作品，也不过是用别人的口讲自己的心里话。所以我只介绍我喜欢的文章……我喜欢一篇作品，总想理解它多一些，深一些，常常反复背诵，不断思考，根据自己的理解，用自己的文笔表达原作者的思想感情。别人的文章打动了我的心，我也想用我的译文打动更多人的心。"

近期，市档案馆将在征得巴老家人的同意的前提下，把这些珍贵档案向市民展出。

《成都晚报》2005 年 10 月 19 日　邓秋

成都市文联举行活动纪念巴金

没有悲伤的哀乐，取而代之的是悠扬的《天府是故乡》，那一句"李杜的诗篇，巴金的文章"，现在听来格外感人。19 日下午，成都市文联的作家们带着花篮，来到慧园为巴老送上最后一程。作协、音协、书协等各界代表，在巴老的铜像面前鞠躬默哀，表达着后辈们对他的爱戴。

特别是位于正通顺街 98 号的战旗歌舞团的代表，他们表示，自己是巴老故居里成长起来的艺术家，一定要将巴老的精神传承下去，为大家献上更好的文艺作品。

市音协的代表告诉记者，那首《天府是故乡》的 MTV 已经委托省作协的人带去给巴老的家人，希望他们能接受家乡人的一点心意。此外，音协的人正在准备写几首纪念巴老的歌曲，表达家乡人的尊敬和怀念。

在慧园，记者还见到了一位来自南京师范大学附中校友会成都分会的老人，老人为巴老献上一个花篮，并将巴老的一份手书复印件放在花篮上，上面写着"青春是美丽的　巴金"。老人表示，巴老是南京师大附中的，每年巴老过生，校友们都会到慧园来送花。"现在巴老去世了，但他的精神还在！我们要继承他讲真话的精神，这是最重要的！"

"激流三部曲"最畅销

书城第一时间特设巴金作品专柜纪念巴老。19 日，记者从西南书城、成都购书中心、天府书城等各大书城获悉，两天以来大量成都读者前往书柜表达思念，其中《家》、《春》、《秋》三部小说销量最高，而《讲真话的书》仅随其后。

记者发现，三大书城不仅挂出悼念横幅，而书柜也布置得极有哀思效果。书店工作人员告诉记者，两天来多有读者来到书柜前面鞠躬，中老年读者偏多。而重新阅读经典也成了不少读者进行哀悼的方式。正在书柜前认真阅读作品的刘先生表示，巴老的书自己都看过，这次也不是特意来买书，但就是想在哀悼巴老的时候和其作品在一起。

《财经时报》2005 年 10 月 20 日　邓秋　胡劲华　许兰武

超四成网友认为巴金最大贡献是"说真话"

一代文学巨匠巴金去世的消息在广大网友中引发广泛的反响。昨天在国内某知名门户网站关于“你认为巴金一生最大的贡献是什么”的调查,近一半的网友选择“说了真话”。

截至昨天下午止,两万余人参加了本次调查。调查显示,巴金的作品一直享有较高的欢迎度,74.52%的参与调查的网友读过一些巴金的著作,其成名作“激流三部曲”最受读者追捧,近八成网友把这视为“最喜欢的作品”。

在回答关于巴金作品影响力的问题时,超过一半的网友认为“追求自由”是其作品至今影响国人的内容,其他排位比较靠前的依次为“理想主义”、“反叛精神”和“世俗关怀”。在回答“你认为巴金一生最大的贡献是什么”时,44.62%的网友选择“说出了真话”,其余依次为“使万千青年走上进步道路”和“写出了伟大的文学作品”。

另外,七成网友认为巴金是20世纪中国知识分子的典型代表。42.74%的网友认为巴金去世后,“文坛再无大师”,34.84%的网友表示“新文化时代彻底结束”。

《北京晨报》2005年10月19日　罗德宏

10月20日

阅读巴金就是最好的纪念

文坛巨匠巴金逝世的消息传出后，引起各界的极大反响，文化、出版界人士在最短的时间内组织力量，精心策划，以各种方式纪念这位“把心交给读者”的人民作家。

新华书店：设巴金著作专柜

为了缅怀世纪老人巴金，上海新华发行集团在第一时间组织“讲真话，把心交给读者”——文学巨匠巴金作品回顾展，精心准备了一批有关巴老作品、传记、评论的书籍。其中包括人民文学出版社《巴金全集》(1—26)、《巴金选集》，生活·读书·新知三联书店《我的四爸巴金》、《随想录选集》，吉林文史出版社《巴金散文》，浙江文艺出版社《巴金小说》，少年儿童出版社《巴金对你说》等。昨天，很多读者来到书店选购了巴金的《家》、《随想录》等书籍，一些读者说，阅读巴金著作，也是对这位世纪老人的一种怀念。

上海书城：读者说“心里话”

上海书城的职工前天晚上8点关门后，又连续作战，精心布置“巴金专柜”，并从配送仓库紧急调配书源，确保100种巴老的各类书籍与读者见面。昨天开门后，又在门口架起了一块“书城读者送巴老”的赠言板，上面写着：历经百年“雾雨电”，至今仍忆“家春秋”。而读者也纷纷在上面写下了自己想对巴老说的“心里话”：一个正直的作家，永恒的真善美；文馨史乘，德垂千秋；最好的怀念是继承……

上图、作协：手稿作品展

上海作协党组书记孙颙告诉记者，作协是巴老的另一个“家”，他们将以自己独特的方式表达对巴老的追思。现在，作家王安忆、赵长天、赵丽宏、陈思和等已经在撰写纪念的文章；此外，作协已着手在底楼大厅布置一个小型的展览，除展出巴老生平图片、手稿以及各种珍贵出版物的版本外，也为上海以及外地赶来的读者提供一个追思巴老的场所。此外，如果没有特殊情况，原定的“巴金国际研讨会”也将如期举办。

上海图书馆缪其浩副馆长也告诉记者，他们将在上海图书馆的目录大厅布置一个“巴金图书资料展”，除展出巴老各种版本的著作外，还有部分巴老生前捐赠的手稿、珍贵文献，以及巴老生前的照片。

出版社：加紧出版巴老遗著

作家出版社新版巴金晚年最重要作品《随想录》印制完毕，即将面世之际，巴金却因病辞世,从而使得这本收入 1—5 卷合集的新版《随想录》成了巴老有生之年的最后一本书。巴老专门把他在上世纪九十年代写的《没有神》作为这个新版本《随想录》的代序。

上海文艺出版社正紧急赶制巴老最后一部长篇小说《寒夜》手稿本,希望能在本周推出。

《解放日报》2005 年 10 月 20 日　姜小玲

继承他始终表达良心的不朽精神

巴金逝世后的第二天,北京师范大学附属实验中学高三的一位男生一大早就跑来把这个消息告诉了语文老师。有 18 年教龄的资深教师滕淑玲随即在课上给学生们出了一个题目:以“不朽”为题写一篇作文。

一位叫金蕊的学生写道:巴金先生“用他的一生穿越了整个 20 世纪,他用他的生命见证了一个世纪的沧桑苦难。而我们所要做的,就是领略那‘真’‘爱’两字的意义,继承和发扬他始终表达着良心的不朽精神。”

今天青少年对巴金的印象,主要是基于这些编入教科书中的巴金散文

在中国新一代青少年的心目中,巴金的形象是怎样的?这是一个耐人寻味的话题。在中国中小学的教科书中,收录了《海上日出》、《繁星》、《索桥的故事》、《爱尔克的灯光》等多篇巴金作品,从文化传承的角度看,这是很有意义的。今天青少年对巴金的印象,主要是基于这些编入教科书中的巴金散文。

滕老师介绍说,为了让学生们加深对课文的理解,她总是布置学生课下或假期阅读巴金的作品,如《家》《春》《秋》等。她说:“让现在的孩子理解‘巴金式的激情’并不是一件容易的事,我们所要做的主要是激发学生探究这位作家的愿望,通过指导他们进一步阅读作家作品,产生共鸣。”

一位高二的女生说:“巴金作品最能打动我的是他作品中人与社会的矛盾,人与人之间的矛盾,还有人物自身的矛盾。作品中有许多性格各异的人,他们所经历的事情可以引起读者的思考。很多人物表面看来是不可理解的,但若我们站在他的角度看,我们会觉得他有他的道理。这种与作品中人物的共鸣是很难得的,有时作品中人物的所作所为会给人一种震撼。”

一位叫那达翔的男生说:“巴金的《怀念萧珊》我看了好几遍,觉得巴金先生总是像青年一样充满热情。在历史的长河中,有人被冲垮了,有人却如礁石。不知这种灯塔式的人物这个百年还会不会出现。”

学生们对巴金的理解也是感性的,一个叫孟辰的女孩回忆说,记得有一次语文考试,一位同学不服试卷上的标准答案,写信给巴金,巴金还给他回了信,并说明了他的观点。孟辰说:“我感觉他是可亲的,也是可敬的。”

学生需要的,是站在当时的角度去看巴金,站在现在的角度去学巴金

在四川成都市东城根街小学,副校长金波老师介绍说,为了增进学生对于巴金的了解,学

校编制了《巴金校本教材集》，把巴金的作品摘录，按照难度分为三个等级，分别面向不同年级的学生。

金波说：小学生如何来读巴金？他们不一定理解巴金，但可以通过讲解来增进了解。学生需要的，是站在当时的角度去看巴金，站在现在的角度去学巴金。

由于巴金和东小的特殊关系，东小的学生对于巴金都略知一二，起码能从巴金曾写给他们的信中感觉巴金。从采访中可以看出，巴金对于孩子们来说是一位和蔼慈祥的老人。小女生潘垣杉欣喜地在巴金的作品中发现了成都的影子。她认为巴金作品里最能打动她的是巴金对祖国和同胞的爱。

成都玉林中学的何昌裕老师认为，巴金的作品今天的中学生理解起来有一定难度，主要是因为他们对巴金所处的时代感觉很隔膜，另一个原因是现在的学生比较浮躁，他们的眼光和价值观也随着社会移动和变化。或许在这个狂躁的时代过去之后，社会应该有一种价值观的回归吧。

采访中，也有的学生表示："巴金在我心目中的形象并不十分清晰，因为我们现在的生活状态和思想与巴金所处的时代有很大的不同，所以有时候我们并不能理解文章背后的感情，我们对巴金的理解主要来自课本上的背景介绍。虽然如此，我还是认为巴金先生是中国文坛上一颗璀璨的明珠。"

北京大学中文系教授张颐武认为，巴金的理想精神是对消费文化的平面化和简单化的参照和反思。"他可以让我们认识到我们精神生活的某些片面的因素，他对于'庸俗'的批判，追求一种不断提升自己的价值的努力仍然是我们所需要的。"

新华社 2005 年 10 月 20 日　闵捷　赵博　陈济月

巴金故土学生折千纸鹤送老乡

文坛巨匠巴金老人去世的消息在巴金老人故居——正通顺街双眼井引来市民的吊唁。昨日，双眼井外早早就摆满了花圈以及正通顺街小学师生们折的纸鹤，不时有市民前来凭吊，成为了普通市民追思巴金这位令人尊敬作家的"圣地"之一。

故居成凭吊"圣地"

据悉，以前巴金儿时居住的房子已经在时代的变迁中消失了，唯一健在的就是这口双眼井，它见证了巴金老人的成都岁月。昨日，当记者赶到正通顺街双眼井的时候，双眼井外放着一幅巨大的巴金老人的照片，现场摆满了草市街办事处、网友川籍版友、东珍豆品全体员工、正通顺小学师生等各种组织送来的花圈，正通顺街上的一位商家称："大家都是自发前来纪念巴金的，从昨天晚上就有人陆陆续续地到双眼井来。"而在双眼井的纪念碑上可以醒目地看到由本报特别推出的"巴金逝世号外"。双眼井纪念碑上放的是正通顺街小学师生赠送的花篮，花篮上还挂有条幅，上面写着，"乡里乡亲思巴金，如今凭吊双眼井"。整整一天，双眼井迎接了不少前来凭吊的市民，成为追思巴金这位令人尊敬作家的"圣地"之一。

"邻居"学校折纸鹤

正通顺街小学校长陈杨告诉记者，昨天一大早，当同学们来到学校知道巴金爷爷去世的消息后非常伤心:“我们特地把双眼井布置了一下,正面这幅大照片就是我们学校珍藏的,我们敬献了花篮,花圈,你看,我们的小学生还折了很多的白色纸鹤,以寄托我们无尽的哀思。”只见那些白色的小纸鹤上面写满了同学们对于巴金爷爷的思念的话语,比如“巴金爷爷永远活在我们心中”,“巴金爷爷一路走好”等。这时候,三个正通顺街小学的学生还在双眼井前鞠躬行礼,其中叫陈世话的小朋友说:“我读过巴金爷爷的文章,他是我们成都人,我非常敬爱他。”一位叫刘荐凡的老人也手拿苹果来到双眼井前,她将苹果放到双眼井前。她告诉记者:“我一直住在正通顺街,我是巴金的邻居,以前巴金住的房子没有拆的时候,我应该算是住在他们家的后院的。希望这个邻居一路走好!”

《财经时报》2005 年 10 月 20 日　成彭邓　胡劲华　许兰武

难忘巴老:一位护工的深情回忆

“我现在一闭眼,看到的就是爷爷坐在藤椅上,在户外边晒太阳边思考的模样。”娓娓道来的这个人叫吴光强。他今年 30 岁出头,1.72 米左右,四川南充人,是巴金的小老乡。不过他还有另外一个身份——跟随巴金先生时间最长的护工,从 1992 年算起,已经 13 年了。

前天在中国现代文学馆灵堂,记者偶遇这位在巴金身边最近的人,吴光强向记者独家披露了巴老最后 13 年的饮食起居。

“我叫他爷爷”

“1992 年,我十多岁,在杭州作家协会下属的创作之家打工。那年冬天,爷爷来杭州疗养,我就被推荐做他的护工了。”吴光强很小的时候就读过巴金的《家》、《春》、《秋》,“见到巴金的时候,从他身上散发出来的气质,就不会让人害怕。后来我们还经常用家乡话唠家常,他就是我的一个长辈。”

家里起床最早的人

巴金的日常生活非常简单,据吴光强介绍,在他看护的十多年里,1998 年之前,他都能下地活动。平常,巴金是家里起床最早的人,6 点 30 准时起床,起床后,吴光强帮助他洗漱,听广播、吃早餐。

“爷爷最爱吃面食,早餐经常是面条,鸡蛋面、炸酱面什么都可以。早餐过后,他或者休息一下,或者开始写作,平时说话很少,有时甚至会磕巴。由于身体的问题,有段时间,他一天最多能写 100 字左右,就用普通的签字笔写。而我就在他的身边铺纸、拿东西。晚饭过后,他从 18 点 30 的《上海新闻》一直到《焦点访谈》一路看下去。”

爷爷也爱看《还珠格格》

爷爷日常看得最多的还是文学类书籍,有时候也看看杂志《收获》。随着病情逐渐发展,爷爷几乎很少下地活动。这个时候,正在热播《还珠格格》,为了解闷,爷爷也挺喜欢看这部电视剧的。

身体好的时候，爷爷没事最喜欢听贝多芬的《悲怆交响曲》和柴可夫斯基的作品。几乎天天都会有音乐在家里弥漫。

他是个活字典

吴光强说，爷爷是个活字典，经常有一些我们不认识的怪僻字，他连字典都不看，张嘴就能读，还能告诉我们字的意思和出处。

爷爷在杭州疗养的时候，自己背鲁迅诗词，让我们背唐诗。有的时候我背不出来，他就随时提醒我，也不用看书。我偶尔翻了一下鲁迅的诗词，太拗口了，他那么大的年纪还在背。

最喜欢一个人听《怀念萧珊》

在吴光强的记忆中，爷爷平时话很少，“他很少跟我们提萧珊，但是他特别喜欢听一盘别人送给他的磁带。那是杭州一个人朗诵的爷爷写的《怀念萧珊》和《再忆萧珊》。他经常一个人静静地听，不需要任何人打扰。家里随处可见萧珊的照片，而她的骨灰就放在爷爷的床头，直到我回北京的时候，还在。”

爷爷走时我没在他身边

吴光强是9月30日回到北京的，“我和另外一个曾经护理过曹禺的护工轮流护理爷爷。这个月轮我在北京上班。回北京之前，爷爷的病情就一直在走下坡路。”

“虽然身体不能动，但是爷爷一直是清醒的。有的时候，一些熟人来看他，我们还能看见他的眼睛在动。他都明白，只是不能表达而已。”

“17日晚上7点多一点，我正在家里，接到了电话，说爷爷已经过世了。我其实一点也不惊讶，但是我没在他的身边，心里非常难过。”

采访完毕，记者看到吴光强走到巴金老人的遗像前，又深深地鞠了三个躬，再起身的时候，眼睛已经有些泛红。记者目送吴光强穿过巴金老人的灵堂，一直保持高度警觉的记者们，谁都没有对这个与他们擦肩而过的工作人员稍加注意，因为，他们都不知道，这个人，就是与巴金老人朝夕相处13年的护工。

《扬子晚报》2005年10月20日　高鸽

巴金绝笔作序　新版《随想录》面世

20日上午10点50分，北京市朝阳区金台路，图书批发市场。250包新版《随想录》从货箱卸下，撕开牛皮包装纸，深蓝封面上橘红色的“巴金”签名映入眼帘。

“我明明记得我曾经由人变兽，有人告诉我这不过是十年一梦。……没有神，也就没有兽。大家都是人。”120多字的代序《没有神》手迹，赫然表达巴金的坦诚和勇敢。46万字的新书捧在手里有一种厚实的触觉，150篇文章，每一篇都是巴金对于“文革”深刻的忏悔和反思。

《随想录》曾经在上世纪八十年代后期的中国文坛引发了一场历史回顾与反思的热潮,使“讲真话”成为全社会奉行与呼唤的人格品质。巴金先生离开人世这个不平凡的时刻,阅读这部被认为凝聚了巴金伟大精神的经典作品,成为人们追忆巴金的一个重要活动。

“可等到了!这几天好多书店打电话来问,光是订单就下了将近1000册。”卸完书,作家出版社门市部朱经理擦着额头的汗,长长松了口气。和图书批发市场一样急切,西单图书大厦和王府井新华书店也早已安排好专柜,虚席以待。

年轻读者小邓在图书大厦附近上班,午休时间,他再次前来寻找《随想录》。得知下午就能运到,小邓难以掩饰自己的激动。他告诉记者,从小学读《繁星》、《鸟的天堂》开始,他接触了巴金的很多作品,最喜欢的还数先生晚年撰写的《随想录》。

“他让我明白,文学不是抚慰品,而应该是言为心声的人生见证。讲自己心里的话,讲自己相信的话,讲自己思考的话。”

1978年12月开始动笔的《随想录》,在香港《大公报》副刊上陆续发表,期间受到不少非议。加上长时期的疾病缠身,以及担心报纸编辑面临的压力,巴金感到窘困。

但先生讲真话的决心是坚定的,他在《随想录》的序言里写道:“我不曾搁笔,因为我一直得到读者热情的鼓励,更多的人给我送来同情和支持……”这些支持中就有原三联书店总经理范用。

据范用回忆,1984年,他向巴金提出分册出版《随想录》的建议,“巴老很是高兴”。三年后,书一字不改地出版了,共有五册:《随想录》、《探索集》、《真话集》、《病中集》和《无题集》。

巴金研究者普遍认为,《随想录》名称由来与俄国作家赫尔岑有关。根据《巴金自传:文学生活五十年》记载,1973年,被打成“黑老K”的巴金得到允许,“搞点翻译”,他便开始翻译赫尔岑的回忆录《往事与随想》。正是这本他从三十年代就开始喜爱的作品给了他重见光明的信心。

北京学者李辉撰文悼念巴金先生,特别提到了《随想录》巨大的精神价值。他说:“我们必须看到《随想录》发表的具体历史环境,在乍暖还寒时节,中国思想界仍处在徘徊、迟疑的阶段,起伏不定、忽紧忽松的局势,使许多人无所适从,往往以缄口不语为上策。但巴金没有沉默。他坚持发出自己的声音。”

新版《随想录》的出版者——作家出版社是第一次购买到巴金作品的版权,总编室主任刘方告诉记者,这次出书大家都怀着悲痛和崇敬的心情。经过沟通,巴金同意将写于1993年的《没有神》作为新版本的代序,加在三联版的序之前。没想到书还没有印完,这篇代序成了巴老的绝笔。

金台路市场的门市部,《随想录》摆上书铺,小小的店面顿时热闹起来。发行部副总经理董汶说,这次本来要1000册,现在紧急加印20000册,争取下周二面世。

新华网 2005年10月20日 闵捷 赵博

10 月 21 日

巴金手稿今起在国家图书馆公展

十二种巴金先生亲笔手稿今天起在国家图书馆举办的“永远的巴金——巴金生平著述展”上公开展出，同时展出的还包括巴金收藏的其他作家手稿五种以及巴金先生著作和翻译的印刷书籍七十余种。

在国家图书馆馆藏珍品展示室举办的这一展览，共展出了国家图书馆珍藏的巴金作品手稿十二种，包括巴金各时代具有代表性的亲笔书稿《家》、《春》、《秋》、《雾》、《雨》、《电》、《憩园》、《寒夜》、《随想录》等以及建国后撰写的《我们会见了彭德怀司令员》、《富士山和樱花》等单篇散文手稿。巴金晚年曾经向国家图书馆捐赠了大量中外书刊，这次展出的俄文本《浮士德》、《男人和女人》十分精美，都是收藏在国图善本库中的珍品。此次还展出了英、法、德、俄、日、西班牙、罗马尼亚、匈牙利、捷克、波兰、世界语等各种文字的巴金作品以及革新书局、启智书局、开明书店、文化生活出版社、上海良友图书印刷公司、中华书局、商务印书馆、平明书店等出版机构出版的巴金作品的初版和早期印本。

巴金生前向国图捐赠的其他作家和翻译家的手稿也在展览上亮相，其中包括茅盾的《关于〈报告文学〉》、曹禺的《〈雷雨〉初版序》、傅雷的《邦斯舅舅》、凌叔华《千代子》和靳以的《大官人》等。这些珍贵手稿与巴金手稿一起收藏在国家图书馆名家手稿文库中。据悉，此次展览将于 30 日结束，手稿展截止到 24 日。

《北京晚报》2005 年 10 月 21 日　丁肇文

“我们不会只有一个巴金”

“80 后”大学生对巴金了解不多，对他的作品，也仅止于《家》中人物的爱情纠葛。但在这个特别时刻，他们仍能感受到巴金的真诚和影响力。

“那一代知识分子真了不起！”哲学系研究生小马说，“从五四到抗日，到内战，为国为民，做了多少贡献啊！可到‘反右’、‘文革’，又吃尽了苦头，命运多舛。我看过一张巴金先生在‘文革’中挑粪的照片，是他吗？对我这种读了大量西学的人而言，对巴老的作品感受也许不那么深刻，但他的人格，那种真诚的忏悔精神，足以使我们汗颜。巴老的忏悔是一种精神资源，应该发扬光大。当代知识分子浮躁着呢，很难像巴老那样认真反思自己了。做学问的人应该照照巴老这面镜子。惭愧，我自己毛病就很多，好在还有像巴老这样的知识分子不时让我反思，感谢他们使我清醒。”

生物系大三女生小姚希望“巴金爷爷是微笑着、平平静静地走的”，“巴金爷爷是一个容易受伤的人，他很敏感，很热情，也很忧郁。我喜欢巴金爷爷”。

中文系研究生小罗则认为：“别以为他是大名鼎鼎的文学家，相干不相干的人都来写关于他的文章，看上去热热闹闹的，其实他很寂寞。他说过，作家应该把心交给读者，但有几个读者真正理解他呢！他的作品畅销，是因为其中有大众喜好的因素，有青春爱情的痛苦。而他孜孜以求的理想，却从来应者寥寥。在巴金的书里，有一种高贵的献身精神，不为别的，只求理想之实现。”

在小罗看来，巴金先生是个谭嗣同式的仁人志士，“像他这样高贵的人，不需要鲜花的包围、掌声的追随这些世俗廉价的赞赏。在众声喧哗之中，反而更深刻地凸现他的孤独与悲哀。经历了‘文革’浩劫之后残存的巴金，用最真诚的心、焚身一般的忏悔激情解剖自己，忍受病痛折磨，拼命写下《随想录》和《再思录》。但是，他想建立‘文革’博物馆的愿望，终究没有实现。解脱，是巴金先生的幸事。他岂是贪恋长寿的人？在他活着时，有人当他早已死去；当他死去后，有人当他永远活着。不过，我们不会只有一个巴金的，我相信！”

《人民日报》华东新闻 2005 年 10 月 21 日　张昊

“希望巴老在天堂感受快乐”

——来自南京高校的报道

“让我做一块木柴吧。我愿意把我从太阳那里受到的热放散出来，我愿意把自己烧得粉身碎骨给人间添一点点温暖。”这是南京师范大学新闻专业学生吴建记得的、巴金先生最感动人的一句话。

“可是，看看现在书店的位置，有多少是留给‘真正的文学作品’的？太多人在为市场写书，像巴金那样，为大众写作，为自己的坚持著书的，现在又有几位？”

吴建说：“暑假在北京中国现代文学馆采访茅盾文学奖展览，巧遇老作家魏巍。85 岁的魏老手拿拐杖指着一个个作家的画像，‘这个已经死了，这个好像也走了，现在就剩下我们几个老不死的了……’爽朗的笑声在空旷的展厅内回荡。老一辈作家没有风烛残年的感伤，更多的是直面人生的豪迈。巴老走了，也许就像他说的那样，‘我睁开了眼睛，开始看到了一个崭新的世界’。”

很多“80 后”大学生对于巴金的认识，始于小学课本中的《鸟的天堂》和《海上日出》。而接受巴金文学思想，则从中学课本中的《灯》开始。

“《灯》让我第一次静下心认识了巴金：只要远方有一盏灯，就有一个信念，有一个希望，就可以坚持下去。”南京大学计算机学院 02 级学生陈超说。

而在陈超看来，巴老的去世意味着一个文学时代的结束，“鲁郭茅、巴老曹”，这是现当代文学课上最流行的一句话。“只希望巴老在天堂里能感受到快乐！”

《人民日报》华东新闻 2005 年 10 月 21 日　张昊

“请不要带走心里的宝贝”

10 月 17 日晚 19 时许，巴金辞世。浙江大学新闻系学生周晓静上网时浏览到这条消息，黯然神伤。小学时作文出众的她，就在老师的推荐下，捧起巴金的《家》，从此成了巴金的忠实“粉丝”。

“光《家》,我就读了整整四遍。”周晓静说,“巴金没有沈从文的婉转细腻,没有老舍的幽默风趣,但是他在用‘心’写作。与其说他在创作,不如说他在思考,在用文字寻找人生的出路。”

杭州电子工业大学国际贸易专业学生符旭东将阅读巴金作品比作“奇特的经历”:“好像在一层一层剥掉人性的外衣,我的脑海中出现一个作家和蔼的脸庞,他的目光很亲切,仿佛在告诫着我们要永远诚实。”

南京大学、浙江大学等高校的BBS引发了“我们敢讲真话吗?——纪念巴金”、“巴金给了我们什么?”等主题讨论。网友“细雨清风”认为,巴金逝世宣告一个时代的结束,一个说真话的时代。“巴金、冰心、夏衍……这一代人代表了中国文学界的良心。现在,最后一个良心也走了。”

“最令人敬仰的是他的忏悔。”大二学生袁望高中时从电视中看到巴金当选“2003年感动中国十大杰出人士”,就找了《随想录》来读。“一个人晚年而且是在颇有成就的时候剖析自己,需要很大勇气。”袁望说,“比起那些文笔犀利、剖析社会激烈、但始终不敢正视自己的作家,巴金令人尊敬。”

在深切的怀想之外,淡漠,也不是没有。一位即将保送进入北大读研的文科生闻讯后反问:“巴金还活着吗?”

一位学生干部认为,没多少人关注这件事,“看巴金作品不能对就业产生直接的利益”。他强调,这是整个社会的浮躁造成的。对比父亲当年在图书馆博览群书的经历,他很无奈:“我想看书都没时间,要发论文,要作课题,要准备就业,谁还有心思去读巴金?”

刚毕业的吴瑕在自己的博客里写着:“这么多年了,我们接触了太多垃圾的东西。而《家》、《春》、《秋》,却似乎变成了一个遥远的记忆,我熟悉的是那些‘80后’的颓废,是网络写手的呻吟,是木子美、芙蓉的毒……巴老走了,请不要带走他心里的宝贝——那些被我们丢失的、对我们最重要的宝贝。”

《人民日报》华东新闻 2005年10月21日　余靖静　梁波

巴金心系希望工程　11年来以李尧棠本名捐款56万

据《文汇报》报道,文坛泰斗巴金静静地走了。上海市希望工程办公室工作人员在追忆巴老时说:“他虽然离开了我们,却把心留给了希望小学的小读者。”在“希望办”的登记册上显示着以下一些数字:11年来,巴金托身边的工作人员或家人,以“李尧棠”的本名先后27次将其稿酬捐赠给希望工程,捐款总额高达565734元,其中1996年5月6日捐赠的一笔稿酬是3.4万元港币。

自上海希望工程办公室于1994年3月21日成立以来,就受到了巴金的亲切关怀。每年的学校开学前后、新春佳节,或者每逢贫困地区遭遇自然灾害,他都会情不自禁地想起希望小学的孩童。

去年8月,从报纸上看到浙江闹水灾的消息,已经重病缠身的巴老立即要求工作人员将2万元稿酬送到“希望办”,帮助受灾地区的40名经济困难的中小学生。今年9月12日,从《文汇报》上得知“上海党团员援建百所希望小学”的倡议书后,又捐赠了2万元,这是他一生中的最后一笔捐赠款。

每一次捐款,巴金老人不图任何回报,只是提出一项“三不”要求:不留名、不宣传、不报道。2004 年 3 月,上海希望工程实施 10 周年之际,要表彰一批对希望工程做出突出贡献的人员,当 001 号奖励证书交给巴金时,他再三推辞,后来经身边人员再三做工作,才收下了这份颇为珍贵的“纪念”。

中新网 2005 年 10 月 21 日　王宝来

10月22日

巴金遗体昨日14时55分起灵

新华社电 （记者　赵兰英)黑白两色在这一刻组成特别的历史图景:14点55分,安睡5天的巴金,在亲属、华东医院医护人员和工作人员悲痛的目光中起灵。这意味着一代文学巨匠将走向更远的地方。

送行的家属和工作人员几乎都穿着黑色制服,神色庄严。身穿白色工作服的医护人员,泪眼模糊,列队送行。6名工作人员抬着巴金的遗体缓缓走出。小棠上前,将一束鲜花放在父亲的身上。

黑色灵车,缓缓驶向殡仪馆。这一路,走得异常沉重。汽车让道,行人驻足,似乎都在为巴金送行,都在企望他一路走好。车到殡仪馆,6名工作人员庄严地接灵。守灵室蓝色幕布上,挂着巴金露着灿烂笑容的遗像。灵前,摆放着一排排鲜艳的玫瑰。玫瑰漂亮,但又带刺,它象征着一个人不屈的性格。巴金生前独爱玫瑰。

所有的送行人向遗体三鞠躬。再见了,巴老。这时,大约15点25分。

《北京晨报》2005年10月23日

巴金遗体昨日起灵　故居院落里满是红玫瑰

昨日14点55分,安睡5天的巴金,在亲属、华东医院医护人员和工作人员悲痛的目光中起灵。身穿白色工作服的医护人员,泪眼花花,列队送行。6名工作人员抬着巴金的遗体,缓缓走出。黑色灵车,缓缓驶向殡仪馆。

马识途亲笔写挽联

在巴老去世的第5天,悲痛万分的巴金老朋友、92岁高龄的马识途老先生派女儿专程送来挽联“磊落坦诚讲真话,冰心玉骨著文章”。包括巴老一直非常关心的成都市东城根街小学的老师和学生代表、巴金文学院等在内的成都代表团一行近30人也于昨日来到了巴金位于上海武康路113号的故居。

在上海作协的巴金图片展处,马识途的女儿深情地为巴金献上父亲亲笔所书的挽联“磊落坦诚讲真话,冰心玉骨著文章”,这十几个字是几十年来马识途老先生对巴老的感悟。

院落里满是红玫瑰

下午4点左右,马女士和前来凭吊的家乡人一行数十人来到了巴老位于武康路113号的故居。在这座始建于1923年的老式花园住宅里,巴金和女儿李小林一家居住了40多年。由于家人悲痛万分,近日来,这里除了接待一些前来悼念的友人和政府领导,平日总是大门紧闭,李小林也闭门不出。但由于马女士的到来和千里迢迢赶来的家乡的小学生、大学生代表,大门终于打开了。

记者也作为一名重庆读者首次踏进了这个巴老曾经生活多年的地方。这是绿树葱葱的幽雅院落,记者首先看到了几十个高低错落的花篮堆满了院子,最抢眼的是,除了常送的百合、菊花,还有众多鲜艳欲滴的红玫瑰摇曳在花篮里,刚刚开门的那位头发花白貌似管家的老者告诉记者,这是因为巴老最喜欢红玫瑰,最喜欢火红的激情。

巴金老屋墙漆斑驳

这是一幢三层的石砖老洋楼,大门右手边的一面墙上还全是斑驳的墙漆,由此也看出了巴老的俭朴。迎出院子的除了全身黑衣,眼睛红肿不堪的李小林,还有她的弟弟李小棠和巴老的孙女端端等六七个人。木楼、木梯,房间里全是老家具,基本没有怎么装修。没有灵堂,只是有一张巴老的彩色相片摆放在小厅的正面墙上,照片下面摆放着全国政协秘书长郑万通赠送的花篮。照片上白发苍苍、戴着眼镜的巴老微侧脸庞,满面慈祥。

记者代表重庆读者鞠躬

虽然巴老的家人们婉拒记者,但本报记者却作为一名非常喜欢巴老作品的重庆读者进入到了大厅里。重庆可以说是巴老的第二个故乡,重庆也有众多的读者非常喜爱巴老,从小就开始读巴老的作品,望着墙上巴老的慈祥眼神,记者也泪眼模糊起来。站在巴老的照片前,记者深深地鞠了一躬,代表重庆读者,代表本报所有热爱巴老的人。"巴老,一路走好。"记者在心里默念着。

《重庆晨报》2005年10月23日　许征

他把"五四精神"坚持到最后

巴金可以说是"五四"新文学时代的最后一位大师,最后一位文学巨匠,他的逝世标志着中国文学一个时代的终结。对巴金及其作品的研究,不仅仅局限于巴金的文学成就,他对过去的反思、他"说真话"的勇气,他追求真理的精神赢得了中国文化界的尊敬。由学者来评说巴金对中国的影响,更加深刻且发人深省。

"他不是把理论上想好的东西化成故事和人物,而是一边挖掘生活一边写作"

"巴金是把'五四'个性解放、自由、平等、博爱的精神贯穿在创作始终的,他坚持得最久,并且一直坚持到最后。"清华大学文学研究所蓝棣之教授说。

上世纪80年代北京师范大学图书馆曾经做过统计,巴金的《家》是出借率最高的书,可见其受青年读者喜爱的程度。在评价巴金的文学成就时,蓝棣之认为,巴金是典型的小说家,他的"小说思维"是在创作中用人物和情节来思维的,而不是根据事先确定的主题、情节和提纲来写,"他不是把理论上想好的东西化成故事和人物,而是一边挖掘生活一边写作"。

上海复旦大学人文学院副院长、上海巴金文学研究会会长陈思和认为,巴金的早期文字营造了一个"青春的世界",单纯、朴素、流畅,充满了激情,他善于用充满感情色彩的词汇和动势强烈的句式造成一种浓烈的审美氛围,极易抓住读者,尤其是青年读者。而一旦剥离巴金小说里所谓"反封建"的装饰性外表,我们不难发现,巴金早期著作里隐含着反对一切形式的强权压迫,维护个性的绝对自由的内涵,而这些即使在今天也没有真正过时,仍然能感动今天和未来的人们。

"不仅仅是一个文学家,更是一位敢于直面真相的勇士"

曾经因主持评选"20世纪中国小说大师"而名噪一时的北京师范大学文学院教授王一川说,巴金走了,但这位小说大师给我们留下了20世纪中国文学现代性的不朽的精神路标。

他解释说,这个路标上清晰地铭刻着文学现代性依次呈现的三种精神状态:首先是"激流三部曲"——《家》、《春》、《秋》所标明的20世纪20年代至30年代知识界的充溢的激情及其盛衰轨迹,那是一个激情的年代;其次是《寒夜》、《憩园》等标志的曾在40年代闪现而后来又一再复现的现实的沉郁心态,那是激情喷射殆尽后的理智的年代,是知识分子人到中年更富于理性地面对现实的时代;最后是《随想录》等所凸现的80年代以来的自我反思、自我批判的心境,那是继激情年代和理智年代之后的更加深沉的反思的年代,是激情在兴衰中升华、理智在沉淀中成熟的通达睿智的时节。

中国现代文学馆研究员傅光明说,在我心目中一直有两个巴金的形象:一个是《雾》《雨》《电》《家》《春》《秋》《寒夜》的作者——小说家形象的巴金,他代表了20世纪中国文学创作的最高成就,对中国文坛而言有着不可替代的意义和价值;另一个是作为觉醒者、忏悔者形象的巴金,其代表作是晚年"讲真话的大书"——《随想录》。"巴金是文革后最早站出来讲真话,反省自己的知识分子。正是有了这部《随想录》,普通中国民众心目中的巴金不仅仅是一个文学家,更是一位敢于直面真相的勇士。"

"不仅仅是文字的魅力,更是思想与精神的力量"

作为"时代的书写者"、"执著的思想者",巴金是一代知识分子的象征。陈思和认为,巴金的作品凸显了知识分子的良知与精神作用。"他不是人云亦云,屈服在时代话语之下作鹦鹉学舌,而是真正地感受着这个活生生的世界,真诚地表达自己的心声。从这一层面说,巴金作品显现的不仅仅是文字的魅力,更是思想与精神的力量。"

北京大学中文系教授张颐武撰文认为,"巴金精神"对于今天的全球化时代具有两个方面的意义:一是他的追求和探索为社会生活的多元化提供了前提和条件,"巴金的努力可能正是今天我们拥有的多元生活的开端";二是巴金的理想精神也是对消费文化的平面化和简单化的参照和反思,他让我们认识到我们精神生活的某些片面的因素,他对于"庸俗"的批判,追求一种不断提升自己价值的努力仍然是我们所需要的。

中国人民大学中文系教授、博士生导师程光炜说,"巴金所走过的文学创作道路实际上是中国现当代文学百年历史的一个缩影。对于中国文坛而言,他有着巨大的象征意义。"

新华社2005年10月21日电　闵捷　赵兰英　孙晓胜

10 月 23 日

杭州举行巴金先生追思会

10 月 23 日,在杭州参加巴金先生追思会的各界人士在巴金先生画像前献上鲜花。当日,杭州文化界名人及社会各界人士在汪庄举行巴金先生追思会,缅怀巴老生平事迹,沉痛悼念这位文化界泰斗。据介绍,自 1993 年 9 月至 1998 年 10 月期间,巴金先生每年都会来到杭州汪庄住上一到两个月,这里被巴老称为他的"第二个家",汪庄的不少工作人员也与巴老结下不解之缘。

新华网 2005 年 10 月 23 日

澳门作家景仰巴金的高尚人品和创作成就

巴金先生走了,一颗"中国文学的良心"唤起亿万颗良心的悸动。澳门的作家纷纷表达景仰与怀念之情,誓言要"留住中国文学的良心"。

同为中国作家协会会员的澳门日报董事长李成俊、社长兼总编辑李鹏翥联名向巴老家属发出唁电,对巴老的辞世表示深切哀悼。唁电说,巴老走过丰富充实的生活道路,他的高尚人品和文学创作,点燃着光和热,将永远是后世者奋发前进的动力。

澳门女作家汤梅笑在接受新华社记者采访时说:"巴金先生说过,作家的写作不应是为名利,而是为了改善周围的生活,使生活变得美好;作家要使自己对社会和人民更有用。他一生遵从着这高尚的宗旨创作。巴金先生是一位伟大的人民作家。晚年的巴金先生经历十载'文革'后,出于对国家、人民的满腔热爱,以病弱之躯发出'多说真话,少做违心事'的呼声,写下大量的随笔杂感。他深刻反思,针砭现实人生,并自我解剖,在'文革'后的中国文坛里扬起一面旗帜,为人们点燃心灵的火把,显示了一位人民作家的良知和道德勇气。"

青年作家廖子馨告诉记者,甫闻巴老辞世的消息,她清晰地忆起少年时首次读《家》被挑起的激情和叛逆。她坦言,在后来的思想成长和文学写作中都或多或少地受到巴老潜移默化的影响。她说,许多作家的影响力通常只局限于某个创作时期,而巴老的影响力却在不同的历史时期以文字延续着。后世者对他最好的怀念,就是留住中国文学的良心。

为缅怀一代文学巨匠巴金,澳门教育暨青年局与澳门文学团体澳门笔会将于近期联合举办一系列纪念活动,包括在中小学进行"世纪巴金"巡回图文展览,举行"巴金与文学理想主义"专题演讲等。另外,为了让澳门的青年学生多角度了解巴金作品,教育暨青年局还将开设电影专场,组织学生观看由巴金作品改编的电影,包括《家》、《寒夜》、《英雄儿女》等。

新华网 2005 年 10 月 23 日　王红玉

“巴金感谢你们”

23日,记者见到了巴金写于1994年5月11日的手迹:“巴金感谢你们”。巴金子女对记者说:“这是父亲生前最想说的话。此时此刻也最能代表我们全家的心情。”

“巴金感谢你们”,是巴金写给杭州汪庄服务员的。那年,巴金在众人的劝说下,在这里半治疗半休养。临别,汪庄的服务员拿出纸和笔,希望巴老为他们题几个字。巴金略思索了一下,写下这6个字。巴金曾经说,他写作是因为有感情要抒发。“巴金感谢你们”,是那一刻巴金心的吐露。

1986年,巴金完成《随想录》的写作,家中的房屋也需要大修,因此来到杭州创作之家。走进大门,看到工作人员忙碌的身影,巴金连连说道:“谢谢大家,谢谢大家。”每天一早,巴金就伏在小桌上写啊,写啊。这时,服务员轻手轻脚进来打扫卫生。巴金总是抬起头说一声:“你好,谢谢。”服务员感动地对别人说:“想不到这样的大文豪,这么亲切,没有架子。”临别,巴金在留言簿上写下这样一段话:“这真是我的家。我忘不了在这里过的愉快的两星期,谢谢你们。”

1999年2月,巴金从病危中脱险。已经十多天没说话的巴金,开口说的第一句话就是:“谢谢大家。我为大家活着。”“谢谢!”对华东医院的医护人员,巴金不知说过多少遍。又何止他们呢?在巴金身边工作过的人,都曾不知多少次感受巴金出自肺腑的谢意。所以,他曾多次表示,要请他们出去玩玩,好好休息休息。

“谢谢。”在巴金心中,最要感谢的还是读者。他多次说,读者是他的衣食父母,他靠读者养活。他总觉得自己欠读者的,旧债没还清,新债又上来了。1991年夏季,长江洪水泛滥,上海作家协会举行签名本义卖活动,一位女工以13000元买了巴金的特装编号本《随想录》。巴金闻知后,非常不安,决定再向这名女工送一本签名书。几天后,这名女工被请到巴金家中。巴金在送她的《巴金文选》中写下一段充满感情的话:“我不是文学家,我写作不是我有才华,而是我有感情,对我的国家和人民,我有无限的爱,我用作品来表达我无穷无尽的感情。”1996年,巴金编完最后一部《译文集》,在《告别读者》一文中写道:“最近,我常常半夜醒来,想起几十年来给我厚爱的读者,就无法再睡下去,我欠读者的债太多了!我的作品还不清我的欠债。病夺走了我的笔,我还有一颗心,它还在燃烧,它要永远燃烧。我把它奉献给读者。”

自巴金去世以来,全国各地读者以种种方式表达哀思。“巴金感谢你们”,巴金家人以公布巴金的这幅手迹,表达对人们的谢意。

新华社记者　赵兰英

10月24日

巴金同志遗体在沪火化

新华社上海10月24日电 享誉海内外的文学大师,杰出的社会活动家,著名的无党派爱国民主人士,中国共产党的亲密朋友,中国人民政治协商会议第六、七、八、九、十届全国委员会副主席,中国作家协会主席巴金遗体,24日在上海龙华殡仪馆火化。

巴金因病于2005年10月17日19时06分在上海逝世,享年101岁。

巴金病重期间和逝世后,胡锦涛、江泽民、吴邦国、温家宝、贾庆林、曾庆红、黄菊、吴官正、李长春、罗干等同志,前往医院看望或通过各种形式对巴金逝世表示沉痛哀悼并向其亲属表示深切慰问。

受中共中央委托,中共中央政治局常委、全国政协主席贾庆林,中共中央政治局委员、上海市委书记陈良宇,国务委员陈至立,全国政协副主席、中央统战部部长刘延东24日专程前往上海龙华殡仪馆为巴金送别,并慰问其亲属。

24日下午的龙华殡仪馆庄严肃穆,巴金生前最喜欢听的柴可夫斯基第六交响曲《悲怆》在大厅哀婉地回响着。正厅上方悬挂着巴金遗像,巴金遗体安放在鲜花丛中。

下午约2时,贾庆林、陈良宇、陈至立、刘延东在哀乐声中缓步来到巴金遗体前肃立默哀,向巴金遗体三鞠躬,并与亲属一一握手。贾庆林转达了胡锦涛总书记等中央领导同志对巴金亲属的深切慰问。

中共中央办公厅、全国政协办公厅、中央和国家机关有关部门、中国作家协会、上海市等单位负责同志,以及巴金生前友好和家乡的代表也前往送别。

巴金病重期间和逝世后,前往医院看望或通过各种形式对巴金逝世表示沉痛哀悼并向其亲属表示慰问的还有:王乐泉、王兆国、回良玉、刘淇、刘云山、吴仪、张立昌、张德江、周永康、俞正声、贺国强、郭伯雄、曹刚川、曾培炎、王刚、李鹏、万里、乔石、朱镕基、李瑞环、宋平、刘华清、尉健行、李岚清、荣毅仁、薄一波、徐才厚、何勇、李铁映、司马义·艾买提、何鲁丽、丁石孙、成思危、许嘉璐、蒋正华、顾秀莲、热地、盛华仁、路甬祥、乌云其木格、韩启德、傅铁山、唐家璇、华建敏、肖扬、贾春旺、王忠禹、廖晖、阿沛·阿旺晋美、帕巴拉·格列朗杰、李贵鲜、张思卿、丁光训、霍英东、马万祺、白立忱、罗豪才、张克辉、周铁农、郝建秀、陈奎元、阿不来提·阿不都热西提、徐匡迪、李兆焯、黄孟复、王选、张怀西、李蒙、董建华、张梅颖、张榕明和李德生、肖克、张劲夫、黄华、彭冲、廖汉生、王芳、谷牧、吕正操、郑天翔、刘复之、杨白冰、丁关根、田纪云、迟浩田、张万年、姜春云、钱其琛、王汉斌、张震、倪志福、陈慕华、孙起孟、雷洁琼、李锡铭、王丙乾、邹家华、王光英、布赫、铁木尔·达瓦买提、吴阶平、彭珮云、周光召、曹志、韩杼滨、吴学谦、洪学智、钱学森、董寅初、叶选平、杨汝岱、钱伟长、任建新、宋健、钱正英、孙孚凌、朱光亚、万国权、胡启立、陈锦华、赵南起、毛致用、经叔平、王文元、邓力群、张廷发、韩光等。

《人民日报》2005年10月25日 第一版

巴金同志生平

新华社上海10月24日电 享誉海内外的文学大师,杰出的社会活动家,著名的无党派爱国民主人士,中国共产党的亲密朋友,中国人民政治协商会议第六、七、八、九、十届全国委员会副主席,中国作家协会主席巴金同志,因病于2005年10月17日在上海逝世,享年101岁。

巴金同志,原名李尧棠,字芾甘,笔名有王文慧、欧阳镜蓉、黄树辉、余一等。1904年11月25日出生于四川成都。在1919年爆发的伟大的"五四"运动影响下,他开始大量阅读《新青年》等进步书刊,逐步接受反帝反封建、科学民主等进步思想。1920年进入成都外国语专门学校学习,广泛接触西方文学及社会科学著作,并参加了《半月》杂志的工作和一些进步社会活动。1922年2月在《文学旬刊》上发表诗歌《被虐待者底哭声》12首,从此开始了辉煌的文学创作生涯。1922年冬,于成都外国语专门学校预科和本科班(英文)肄业。1923年到上海求学,1924年考入南京东南大学附中,1925年高中毕业后在上海从事社会活动和编译工作。1927年1月赴法国巴黎求学。在法期间,一方面大量阅读西方哲学和文学作品;另一方面,时时关心着祖国的命运,思念着苦难中的国家和人民。他怀着这份深厚的感情,写下了反抗黑暗势力的第一部长篇小说《灭亡》,1929年第一次以"巴金"的笔名在《小说月报》发表,引起文坛内外的普遍关注。1928年12月,他从法国回到上海。在这期间,翻译了克鲁泡特金的《伦理学》、托尔斯泰的《丹东之死》、高尔基的《草原的故事》等大量外国文学、思想文化作品;随后,以极大的热情投身于文学创作之中,写下了长篇小说《家》、《春》、"爱情的三部曲"、中篇小说《死去的太阳》,出版了《复仇集》、《光明》等多部短篇小说集。1933年参与《文学季刊》的工作。1934年至1935年在日本学习日文。回国后在上海担任文化生活出版社总编辑。他把大量的时间和精力用在编辑和出版工作上,支持许多进步作家的创作,为发展进步文艺事业做出了不可磨灭的贡献。1937年抗日战争全面爆发后,他担任郭沫若主持的《救亡日报》的编委,并和茅盾共同主编《呐喊》(后改名《烽火》)杂志,其间写下不少充满爱国激情的诗文。1938年后,他在广州、上海、昆明、重庆、桂林、成都等地从事出版工作,并发表了宣传抗战的小说《火》(三部曲),完成了长篇小说《秋》、《憩园》、《第四病室》、《寒夜》等的创作。抗战胜利后,他回到上海,继续在文化生活出版社从事出版和翻译工作。1949年7月,他参加了在北京召开的中华全国文学艺术工作者代表大会,并被选为全国文联委员。新中国成立前夕,他作为中华全国文学艺术界联合会的代表,出席了中国人民政治协商会议第一届全体会议。

新中国成立后,巴金同志历任平明出版社总编辑,《文艺月报》、《收获》、《上海文学》主编,上海市文联副主席、主席、名誉主席,华东作家协会副主席,上海市作家协会主席、名誉主席,上海市政协副主席,中国作家协会副主席、主席,中国文联副主席、荣誉委员。他是第一、二、三届全国人大代表,第五届全国人大常委会委员,第一届全国政协代表,第六、七、八、九、十届全国政协副主席。

巴金同志是我国"五四"新文化运动以来最有影响的文学大师之一,也是举世公认的杰出的小说家、散文家和出色的翻译家、卓越的编辑家、出版家。他先后创作了《灭亡》、《新生》、"激流三部曲"(《家》、《春》、《秋》)、"爱情的三部曲"(《雾》、《雨》、《电》)、《火》、《憩园》、《寒夜》、《第四病室》等长篇、中篇小说以及为数众多的短篇小说、散文、报告特写、游记、童话等等。他通晓英、法、俄、德、世界语等多种语言文字,翻译了十几部世界名著。《家》对中国封建专制家庭罪恶的强烈控诉与反抗,曾经引起无数青年的共鸣,激励他们走出封建牢笼,参加革命和社会进步运动。《寒夜》反映抗战最困难时期底层知识分子及其家庭的悲惨命运，为被践踏被蹂躏的小人物申诉，表达了一个有社会责任感的作家的良知。1958年至1962年，人民文学出版社出版了十四卷《巴金文集》，这是他解放前创作成就的结晶。新中国成立后，他多次深入到工厂、农村和革命老区体验生活，两次到战火纷飞的朝鲜战场，创作了大量的报告特写、散文随笔，出版了反映朝鲜战争的短篇小说集《英雄的故事》、《李大海》等。根据他的小说《团圆》改编的电影《英雄儿女》，在观众中引起热烈的反响。他与靳以创办、主编了大型文学刊物《收获》，是国内最有影响的文学杂志之一，数十年间推出了一大批优秀的作家作品，对中国当代文学的发展产生了深远影响。在他年近八旬的时候，仍克服巨大的病痛，用坚强的毅力写完了五卷《随想录》，使他的散文创作在思想艺术上达到了一个高峰。90年代后又出版随笔集《再思录》，编辑出版了《巴金全集》(二十六卷)等。他以一部部饱含激情的作品和一颗挚爱祖国人民的赤子之心饮誉海内外，他创作的大量优秀作品是我国现当代文学史上的宝贵财富。他的许多作品先后被译成英、俄、日、法、德、意、瑞典、朝鲜和世界语等近30种文字，在全世界广为传播。巴金同志长期担任中国作家协会的重要领导，重视团结广大作家，关心作家队伍建设，推动优秀作品不断涌现，为繁荣社会主义文学做出了卓越贡献。

巴金同志是杰出的社会活动家。全国解放后，他作为民间的外交使者多次出国访问，参加国际文化交流等活动。1950年11月，他参加了华沙第二次世界保卫和平大会。后又五次访问前苏联。1961年4月，出席亚洲作家东京紧急会议，并担任中国代表团团长。1962年8月，率团参加了在日本东京召开的第八届禁止原子弹、氢弹世界大会，以后又多次去日本访问。1979年4月，他率中国作家代表团首次访问法国，在巴黎掀起了一股“巴金热”，极大地促进了中法两国的文化交流。1980年春，他率代表团出席在瑞典召开的世界语代表大会。次年参加了国际笔会里昂——巴黎大会。1984年5月，作为世界七大文化名人之一，应邀参加了在日本东京召开的第四十七届国际笔会大会。他为促进世界和平、发展中国与世界各国的友好合作和国际文化交流做出了积极贡献。他在海内外获得了多种荣誉称号。1982年获意大利“但丁国际奖”，1983年获法国“荣誉军团勋章”，1984年获香港中文大学荣誉文学博士学位，1985年获美国文学艺术研究院外国名誉院士称号，1990年获前苏联“人民友谊勋章”、日本福冈“亚洲文化奖特别奖”，1993年获亚洲华文作家文艺基金会“资深作家敬慰奖”，1998年获上海文学艺术奖杰出贡献奖，2003年国务院授予他“人民作家”荣誉称号。

巴金同志是中国共产党的亲密朋友、著名的无党派爱国民主人士。几十年来，他与中国共产党肝胆相照、风雨同舟。民主革命时期，他积极参加进步社会活动。“九一八”事变后，他热情投身抗日救亡运动，抗战全面爆发后任中华全国文艺界抗敌协会理事。皖南事变后，他参加签名反对国民党独裁统治。他积极拥护毛泽东主席提出的建立联合政府的主张。作为中国人民政治协商会议第一届全体会议的代表，参与了中华人民共和国成立的伟大历史过程。新中国成立后，他拥护中国共产党的领导，拥护社会主义，为新中国的文学事业做出了重大的贡献。进入改革开放新时期后，他衷心拥护中国共产党十一届三中全会以来的路线方针政策，为我国经济建设和社会发展所取得的巨大成就感到由衷的高兴。晚年虽病魔缠身，仍十分关心国家大事。他积极呼吁和组织建设中国现代文学馆，并将自己几十万元的积蓄、稿酬和8000多册藏书捐赠给文学馆。他参与创建中华文学基金会，并一直担任会长。还多次为希望工程、社会慈善事业捐款。因其特殊贡献，1999年经国际天文学联合会下属的小天体命名委员会批准，8315号小行星被命名为巴金星。他连续五届担任全国政协副主席，关心我国的改革开放和现代化建设，关心人民政协的工作，积极建言献策，为坚持和完善中国共产党领导的多党合作和政治协商制度，为人民政协事业的发展，为建设中国特色社会主义做出了重要贡献。

巴金同志的一生，是不断追求真理、追求进步的一生，是对国家和人民忠心耿耿、为文学事业奋斗不息的一生。他秉性耿直，识大体、顾大局。他生活朴素，平易近人。他把整个身心交给了人民，赢得了人民的爱戴和尊敬。巴金同志的爱国情操和高尚品德以及他为我国现当代文学事业所做出的杰出贡献，永远值得我们尊敬和怀念。

《人民日报》2005年10月25日　第四版

留下一片良心　带走一个时代

文坛世纪老人巴金的遗体告别仪式，24日下午3时在上海龙华殡仪馆举行。这位备受人们尊敬和爱戴的文学大师，用他的文学作品和人格力量深深感染和鼓舞了几代读者，就在这一天，来自祖国各地的人们以各种方式表达了对他的崇敬和怀念之情。

11时40分，殡仪馆大门前出现了一位拉着手提箱的中年男子，他从箱子里拿出一个用头巾包着的口袋，里面有一本《我亲历的巴金往事》和一叠写着密密麻麻字迹的纸。他从中抽出几页纸，走到人群前，含着眼泪朗诵起他写的长诗:《十月的哀思》。

这位来自宁夏回族自治区中卫市的文学爱好者马克先生告诉记者，他是借了两千元钱，18日乘火车赶往上海的。他动情地说，巴金的书教会了我们如何做好人，巴老曾说:“人应该是大写的”，他总在作品中向读者展示信仰的力量。我到这里来就是想告诉他老人家:“巴老，您慢些走，你是我们心中一盏永不会熄灭的明灯，照亮我们前行。”

66岁的杨健行老人，坐着轮椅，在家人的陪同下中午就赶到了殡仪馆。这一趟来得不容易，早晨6时从金山区出发，期间乘公交车换乘地铁，都要将轮椅搬上搬下，到达时已是12时。他怕警察不让他进去，身边带着上世纪90年代在巴金家他与巴老的合影。

这位老人告诉记者，巴金晚年由于疾病行走不便，1990年，他所在的上海金海康复器械厂专门为巴老做了一部助步车，巴老看到很喜欢，但坚持要付钱，最后花了两百多元钱买下。杨健行说，巴老特别平易近人，还专门送给我一套《家》《春》《秋》，这是我在中学时代就读过的书，它曾经非常激励我。

“巴老，一路走好，人民永远怀念你。”陈先生是读着巴老的书长大的，特别赶来送巴老最后一程。他告诉记者，巴老对自己的影响很难用简单的几句话来表达清楚。巴老的作品有着心系天下的情怀，它深入其里的忧患意识是那么的充盈丰沛。

今年已经70岁的王海，是一位农民作家，一大早，就从上海郊区奉贤出发，赶往龙华殡仪馆，希望能见到巴老的最后一面。他说:“巴老是难得的敢于说真话的人，我们都应该向他学习。”

来自英国的上海华东师范大学留学生 Pual Mitchell 告诉记者:“我读过巴金的《春》，由于中文能力有限，也许并不能很好地领会其中的精神内涵，但我从主人公身上看到了叛逆、出走、不屈、抗争，这些对自由的向往令我十分震撼，我想无论人的社会和文化差异有多大，都可能会被那些展示了人性的东西所打动。”

家住附近的张先生手捧着巴老的作品，久久伫立在龙华殡仪馆的门口，他说，我们纪念巴金，继承他的精神遗产，接受他留给我们的这笔财富，有形的纪念当然是需要的，但最重要的是无形的纪念,就是看他的书、重读他的作品。

下午3时后,殡仪馆对外开放,人流从四面八方涌来。殡仪馆院内、灵堂里响起巴老生前最喜欢的《悲怆》奏鸣曲,在松柏与屋宇间低回,人们在一片肃穆中像暗涌的潮水。白发老人拄着拐杖抬头凝望,稚气未脱的孩子戴着红领巾低头不语,有人举着鲜花,有人捧着照片……人们沉默着排着队走进灵堂瞻仰巴老的遗容,出来的时候许多人红着眼圈,更有人痛哭失声。

人无语,心有声。人们脚步低沉,不断地涌来,涌来,似乎都在说:巴老,您慢些走!

新华网 2005年10月24日　王蔚　朱雯迪　叶锋

别巴金

2005年10月24日16时,一代文学大师巴金的遗体,在接受了五百多名群众的告别后,被推进灵柩。"爸爸,你看看我呀!"女儿小林撕心裂肺地哭喊着,场内一片哭声。一条红色绸缎覆盖在灵柩上。四个大字:"音容宛在",更使人难以抹去心头的悲哀。

静卧在鲜花丛中的巴金,一如以往,穿着他出门时喜欢穿的西服,鼻梁上架着老式眼镜。亲人们送的花篮围在他的身边。从中央到地方,从文化学者到普通百姓,敬送的花圈难以数清。从大厅到广场,层层叠叠的花圈,每一个上都挂着四五条挽联。太多太多的群众,都想表达心中的哀思呀。

别巴金,是有何等的不舍。读者曹达是巴金几十年的老读者了。今天,在家人的搀扶下,他颤巍巍地来到现场,在巴金的遗体前转了一圈后,不顾工作人员的阻拦,又上前行礼,再告别后,才依依不舍地离开。

别巴金,泪满襟。华东医院曾在巴金身边工作过的医护人员来了。深深地,他们鞠了一躬又一躬。都已年迈的崔主任,邵主任,相拥而哭。太舍不得了,他们都在巴老身边工作了几十年呀。几块湿毛巾,虽不值几个钱,可是它表达的是读者那颗善良的心呀,这是一位不知名的读者,悄悄地在现场送到巴金女儿小林手中的。

别巴金,望不尽的告别队伍,表不尽的哀思情。一条长10米、宽2米的白色挽幛,是无锡市钱桥中心小学学生送来的。挽幛上,"巴金爷爷我们永远怀念您"十一个大字下,签满了钱桥中心小学全体师生的名字。今天,他们虽然只来了几个人,但是代表的却是多少孩子的心啊。

成都东城根小学的四名小朋友,也来为巴金爷爷送行。10月17日当晚,全校师生听到巴金爷爷逝世的消息,不约而同聚集到学校来了。在巴金爷爷写给他们信的橱窗前,孩子们点燃101枝蜡烛,一声、一声地呼唤着巴金爷爷的名字。

下午3点45分,在送完最后一名悼念者后,巴金的亲人和友人、工作人员,手持101枝红色玫瑰,轻轻地放在巴金的遗体上。肃穆的大厅内,又一次传来小林的哭喊声:"爸爸,你不要离开我呀。"端端和她的舅舅,手扶巴金遗像,缓缓走出大厅。六名工作人员庄严地抬着巴金灵柩,紧随其后。

远去了,灵车。远去了,一代文学巨匠。两旁,不忍离去的群众,拭着泪,默默送行。

别了,巴老。您那颗燃烧的心,永不会熄灭。

新华网 2005年10月24日　赵兰英

巴金遗体告别仪式今日在上海举行　骨灰将撒东海

昨日上海阳光灿烂,但在所有热爱巴金的人心里都是阴雨绵绵。在巴金遗体告别仪式举行的前一天,巴老女儿李小林、儿子李小棠等亲人来到了龙华殡仪馆即将举行巴老遗体告别仪式的大厅。一走进大厅,眼泪立马滚出女儿李小林的双眼,虽然悲痛,但她依然坚定地告诉记者:“我们一定会遵从父亲遗愿,把他和母亲的骨灰一起,撒向东海。”告别仪式结束后,巴老的遗体将进行火化。

不用哀乐用《悲怆》

今日,巴金遗体告别仪式就将在离巴金故居不远的上海龙华殡仪馆举行。

昨日记者第二次来到殡仪馆最大的告别大厅前,只见大厅门外两旁摆满了几十个白色花圈,大厅正门上高高悬挂着几个黑色大字“为巴老送行”。满是鲜花的大厅内也基本准备就绪,工作人员正在挂上巴老的遗像。呈放遗体的灵台已经满是鲜花,四周更是用巴老最喜欢的红玫瑰满满围了一整圈,灵台正面,鲜艳欲滴的红玫瑰更簇成了一个心形花环,似乎也让人看到了巴老那颗一生为读者而活的火热的心。

下午3点左右,女儿李小林、儿子李小棠等亲人专门来到了举行遗体告别仪式的大厅,女儿李小林立刻眼圈发红,泪水闪烁。

大厅里飘起了贝多芬的交响乐《悲怆》,据有关负责人介绍,今日,在告别巴老的最后时刻,陪伴巴老的将不是哀乐,而是巴老最喜欢的交响乐。

目前大厅里已经摆放了五六百个政府领导、亲友的花圈和挽联,民间读者的花圈则将放在大厅外面。

告别仪式对读者开放

昨日,虽然巴老遗体告别仪式还没有举行,但已经有很多群众前来看望巴老。他们站在正在忙碌布置的送别大厅门前,望着墙上慈祥的巴老,眼睛发红,万般不舍。据现场的一位上海市政府机关管理局的负责人介绍,今日,整个上海龙华殡仪馆其他送别厅将停止举行一切告别活动,整个殡仪馆只为巴老开放。该负责人告诉记者,巴老一生为读者而活,所以告别仪式今日下午3点开始会对读者开放,并尽量满足读者、市民为巴老送行的愿望。

巴老骨灰撒向东海

前日巴老的遗体从华东医院起灵,被送往了龙华殡仪馆。昨日记者了解到,到达殡仪馆后,巴老的遗体就一直存放在瞻苑厅内。昨日下午,记者来到瞻苑厅,在古色古香的院落门前,七八个保安把守了大门,据透露,巴老的亲人们现在都守在巴老身边。不一会儿,女儿李小林、儿子李小棠、孙女端端,还有专程从四川赶来拄着拐杖的侄子李致等近十位亲人神色忧伤地走了出来,走进了外面挂着“上海特殊遗体处理中心”牌子的大门内。

虽然巴老早有遗愿,希望将自己和夫人的骨灰一起撒向大海,但家人们能否接受一直还是个谜。十分钟后,在李小林从“上海特殊遗体处理中心”走出来的时候,记者上前询问李小林，她很认真而且很坚定地告诉记者："会，一定会！我们会遵循父亲的遗愿，把父亲和母亲的骨灰一起撒向东海！"

棺木普通价格1200元

那他们去"上海特殊遗体处理中心"干什么呢？据工作人员介绍，亲人们刚刚为巴老选择了棺木。巴老一生俭朴，亲人们遵循遗愿坚决不用红木棺，为巴老选择了一副最普通不过的竹制加格板的，价格为1200元，完全和普通人一样。而据了解，曾经为陈逸飞、柯受良化过遗妆的特级化妆师将为巴老进行最后的美容，让巴老走得美丽，这是所有亲人、朋友和读者的心愿。

《新闻晨报》2005年10月24日　许征

一代文学巨匠巴金将与我们作最后告别

历经百年雾雨电，而今泪洒家春秋。今天下午3点，一代文学巨匠巴金，将与我们作最后的告别。

今天上午8点半，当记者赶到龙华殡仪馆门口时，发现已经有三三两两的普通读者，在这里伫立和等待了。这其中，有跟巴金通过信的热心读者，有教过一代又一代学生巴金作品的中学教师，更多的，则是跟巴金素昧平生、却不约而同告诉记者"我们看着巴老的小说长大"的普通市民。

在龙华殡仪馆的告别大厅，黑色的横幅上，赫然写着"为巴金先生送行"七个肃穆的大字。大厅正面的墙上，鲜花丛中的大幅遗像，巴金开心地、灿烂地笑着。

"玫瑰心"——他的热情和忠诚

灵堂正中央，是鲜花编织的灵床。灵床正对大门的方向，是一个由红玫瑰组成的心形图案。每个熟悉巴金的人都知道，象征着热情和忠诚的红玫瑰，正是老人家生前最喜爱的花；而巴金，也以自己长达一个多世纪的生命，向我们完美地演绎了热情和忠诚的玫瑰花语。

普通棺木——他的质朴和温厚

昨天下午3点多，包括女儿李小林在内的巴金亲友，在龙华殡仪馆为巴金挑选棺木。随后据工作人员透露，巴金子女最后定下来的，是其中最普通而简单的一款。我们完全可以理解，这位一生朴素而真挚的老人，更愿意以这样朴素而真挚的方式，离开。

大海——他的爱情和归宿

1936年8月，在上海的新雅酒家，32岁的巴金与18岁的萧珊一见钟情。"给——我敬爱的先生留个纪念"，萧珊在赠巴金的第一张照片上，就写下这样热切的话语。随后，是他们长达三十多年的相亲相爱，携手并肩。1972年8月，萧珊病逝，这成了巴金心中永远的痛。萧珊的骨灰盒一直放在巴金房间,他们一次次在梦中相见,他在《怀念萧珊》一文中这样写道:“每夜每夜,我都听见床前骨灰盒里她的小声呼唤,她的低声哭泣。……骨灰盒还放在我的家中,亲爱的面容还印在我的心上,她不会离开我,也从未离开我。”生前,巴金就说,他的骨灰要与萧珊的骨灰一起,洒向大海。巴金的家人表示,他们一定会为老人了却这个心愿。

《新闻晚报》2005 年 10 月 24 日　孙立梅

送巴老

——读者的敬爱和追忆

早上 8 点半,已经有普通读者赶到龙华殡仪馆门口了。一位手捧花篮而来的读者引起了记者的注意,花篮的两条白色挽联上,分别写着“人品文品都好,人格风格皆佳”和“巴金先生,读者曹国法今天为您送行”。曹先生向记者讲述了与巴金的一段“神交”。“十多年前,我听说巴老提议建立现代文学馆,就想把自己收藏的原苏联出版的俄文版《家》、《秋》送给他,充实文学馆的内容。但是当我前去拜访的时候,巴老正好在杭州休养,工作人员给他打电话,他表示一定要好好接待每位来访的读者。后来,工作人员遵照巴老的意思,留下了这两本书,并送给我一套有巴老亲笔签名和盖章的《随想录》。”虽然没有见到巴老本人,但这次经历,更加深了曹先生对巴金的热爱和敬重。

今天上午,曹先生特意从闵行赶到龙华殡仪馆,在殡仪馆旁边的花店里订制了花篮,并亲自写下这对挽联。虽然暂时还不能进馆,但曹先生说,他会一直等到下午 3 点。

更多的上海市民,以各自最纯朴的形式,送别巴金。昨天下午,当工作人员还在布置灵堂时,每个经过大厅的普通人,不管是特意而来还是无意路过,都会在这里,静静地站上一会儿。今天早上,7 点多,记者乘出租车前往龙华殡仪馆时,司机一听到目的地,第一个反应就是:“龙华殡仪馆啊,今天是不是要送巴金?”

以“爱和美”的文字影响过一代又一代青年、一生都在坚持“把心交给读者”的巴金,在他逝世后的一周内,也收获了来自读者最深刻的追思、最深情的怀念、最滚烫的热泪。这种情形,忽然让记者想起那句脍炙人口的歌词——“鲜花曾告诉我你怎样走过,大地知道你心中的每一个角落”。

《新闻晚报》2005 年 10 月 24 日　孙立梅

大师驾鹤去　众人送巴金

在红艳艳的玫瑰花和婉转低回的交响乐声中,一代文学巨匠巴金今天下午在上海龙华殡仪馆和数千名中外人士作最后的告别。

简洁布置合巴金心愿

下午 1 点半,记者早早来到龙华殡仪馆,这里已聚集起许多胸戴白花的市民,他们站在殡仪馆大厅门口静静等待着,默默凝视着。

记者在现场看到,整个灵堂素雅、简洁,门口挂着黑色背景的横幅:“为巴金先生送行”。六百多只中外人士送来的花篮整齐林立一旁,记者看到花圈上的署名包括黄宗英、谌容、魏巍、张抗抗、赵丽宏、王安忆等各界名人。据有关工作人员介绍,现场的每一个细节都是按照巴金先生生前的情趣爱好操办的,巴老一生简朴,走也走得如此简单。

今天特意乘飞机从北京赶来为巴金先生送行的王先生对记者说,没想到一代文学巨匠的告别仪式竟是这样朴素,他的为人和他的作品一样令人感动。

玫瑰丛中的最后告别

顺着长长的人流,记者进入巴金先生的灵堂。身穿浅灰色西服,打着鲜红领带的巴金先生安详地躺在灵床上,仿佛刚刚入眠。他的身旁花团锦簇,最引人注目的是灵床正中央面向门外的心形玫瑰,近百支红玫瑰争相怒放,格外鲜红耀眼。

熟悉巴金的人都知道,他最爱玫瑰。晚年住院期间巴金的病房几乎常年盛开着玫瑰,而今天巴金的遗体也被层层玫瑰所包围,他生前最爱的那一抹艳红陪着他一起与人们作最后深情的告别。

巴金的女儿李小林和儿子李小棠以及巴老的孙辈们身着黑衣,面对前来送别的民众们,他们一一回礼。在巴金灵床旁边,记者还看到了巴金女儿李小林向父亲献上的花圈,上面写着“爸爸:安心上路吧。”

京沪渝三地众人送行

记者现场看到,今天特意前来为巴金先生送行的有巴老的亲属、乡亲、朋友和读者们,他们有的来自上海,有的从北京、四川等地赶来。人数虽多,现场却格外庄严。人们自觉排好长队陆续进入殡仪馆大厅,在巴老遗体前三鞠躬,衷心地祝福巴老一路走好。

来自成都市正通顺街小学的六年级小学生李祎,千里迢迢地带着同学折的千纸鹤送到巴老灵前。用玫瑰红色纸折成的千纸鹤与火红的玫瑰一样映红了素雅的灵堂,人们用最深切的纪念挥别这位中国文坛的巨匠。

中新社 2005 年 10 月 24 日　孙璐

他走过的每个地方,都有读者的鲜花和泪水

除了在龙华殡仪馆与巴金告别外,在上海巴金工作和生活过的每个地方,都成了普通读者寄托哀思的去处。

“留言本”:给巴老留下最后的话

位于巨鹿路上的上海作协门口早已悬挂起告别巴老的花牌,走入曲径,为巴金设的灵堂放满了各界人士送来的花圈,作协还准备了联系本和留言本,为每一个前来悼唁的普通读者

提供诉说哀思的空间，而今天，这个特殊的日子里，比往日更早，已经络绎有人前来，本报记者也特地留下对巴老的尊敬与怀念。

早上九点半，一位特殊的老人在亲属的扶持下，缓缓走向签到本。他就是李致，巴金最钟爱的侄子，颤巍巍地写下留言："巴老，您的侄孙儿、重孙女从美国回来看望您。"原来，搀扶着李致进来的小辈，正是他的儿孙，这次巴老过世，长途跋涉，回来见上心里最尊敬的长辈最后一眼，他们也一一留下各自的纪念。

"对联"：十年前的对联是他所爱

"巴山蜀水育方寸，金笔巨著照玉寰"——在作协设置的巴金灵堂前悬挂的这副对联，十年前由巴金的忘年交陈韬写就，陈韬回忆："当时我把这对联交给巴金的时候，他显得十分高兴，他说，他也不知道这对联写得好不好，因为他自己并不懂得这门艺术。"

这次巴老过世，陈韬又重新书写了对联，为老人的喜好尽最后一份心。

家：只收哀思，少收鲜花

平凡无奇的护栏，斑驳的外墙，大门紧锁着，门内，巴金亲手种下的广玉兰静静开放，在这个小小而安静的院落里，巴金与家人度过了最幸福的时光。这两天来，巴金寓所时不时闯进一些热情的读者，而巴老的家人，也都热情地接待了他们，只是一再劝谏读者：收下了你们的哀思，留下了你们的纪念，而鲜花，却不必太多，因为巴老生前，是那样朴素的一个人。

《新闻晚报》2005 年 10 月 24 日　谢正宜

"巴老，一路走好！"　上海上千民众为巴金送行

"用忏悔拒绝遗忘，以真话抗拒谎言"、"人品文品都好，人格风格皆佳"……一副副挽联道不尽追思之情，今天下午，上千民众自发汇聚在上海龙华殡仪馆内外，痛悼巴金逝世，送这位中国文坛巨匠最后一程。

悼念人群绵延数百米，其中有普通的上海市民，也有远道从成都赶来的巴金的老乡，还有海外忠实的"巴金迷"。人们似有千言万语要向这位百岁老人诉说，而记者听到最多的一句就是："巴金，您一路走好！"

"家乡人民想念您"

"巴老走好，家乡人民想念你！"二十余位成都市民代表在"公祭仪式"前两个小时就来到追悼会现场，庄严地打开蓝底白字的悼念横幅。

记者见到一位捧上了白色康乃馨的小女孩向巴金遗体深深三鞠躬。这位在成都巴金故居旁的小学就读的小女孩说："读巴金爷爷的书，是我们每周的习惯，他写的《灯》，让我忘不了……他告诉我们最多的是，人的一生在于奉献！"

“巴老,一路走好!”

上海南洋中学校长王以权今天代表巴金在沪“中学校友”献上了“一路走好!”的挽联。据悉,巴金1923年自成都迁至上海后,唯一在上海就读过的学校就是百年名校南洋中学。王以权说,巴老在校读书期间,思维非常活跃,写下《一生寂寞》、《黑夜行舟》等三首诗,如今这些手稿都被校方一一找回。据王校长介绍,巴金在南洋中学住过的宿舍迄今保存完好,学生们得知巴老驾鹤的消息,连日来举行了各种悼念活动,希望继承其精神。

“韩国人民的朋友——巴金千古!”

在“为巴金先生送行”的黑底横幅下,来自韩国的朴女士神情肃穆。她深情地展开挽联:“韩国人民的朋友——巴金千古!”

朴女士曾深入研读过巴金的多部著作,是韩国的“巴金迷”。她用流利的中文告知记者,她正在中国攻读博士学位,得知巴金先生逝世的消息,一定要来送先生最后一程。

中国网 2005年10月25日　许晓青

《悲怆》声中,送巴老远行

“巴老,您慢些走,您是我们心中一盏永不熄灭的明灯……”

昨天,一代文学巨匠巴金在他生前最爱的红玫瑰和交响乐中远行,这一天,来自全国各地千余人自发来到上海龙华殡仪馆,送巴老最后一程。

拄着拐杖白发苍苍的老人来了,穿着校服的学生来了,操着乡音风尘仆仆的家乡人来了……他们虽然以不同的方式表达着对巴金的崇敬和怀念之情,但都有一个共同的心声——“他是我们的楷模,他永远活在我们心中。”

在告别仪式后,巴老的遗体将被送去火化。遵其遗愿,巴金和其夫人萧珊的骨灰将一起撒向大海。

交响乐与玫瑰相伴

昨天下午3时,上海龙华殡仪馆对外开放,人流从四面八方涌来。殡仪馆院内、灵堂里响起巴老生前最喜欢的贝多芬的交响乐《悲怆》。灵堂下午3时对外开放,不到中午,人们就已经在告别大厅前排起了长龙,大厅门外两旁摆满了花圈,大厅内呈放遗体的灵台已经满是鲜花,灵台正面,鲜艳欲滴的红玫瑰更簇成了一个心形花环,让人看到了巴老那颗一生为读者而活的火热的心。

文坛后辈几乎不落

记者现场看到,特意前来为巴金先生送行的千余人中有巴老的亲属、乡亲、朋友和读者,他们有的来自上海，有的从北京、四川等地赶来。

在昨天的巴老告别仪式上，文学界几乎是全部出动。王蒙、铁凝、蒋子龙、周梅森、张贤亮、邓友梅、张平、李存葆等作家都从各地赶来，上海文学界也是全体出动，赵长天、赵丽宏、王安忆、叶辛、陈村、宗福先、王小鹰等也纷纷来到现场。

巴迷 “只想和他再握一次手”

“提起一代大师的英名/双眼里饱含着热泪/你勤奋笔耕的身影/是我心中巍峨的丰碑……”一位五十多岁的男子在龙华殡仪馆门口大声朗诵自己写的诗歌。此人名叫马克，是位图书管理员。他特意从宁夏辗转坐了五十多个小时的车来到上海。

昨日12时，上海龙华殡仪馆的门前已经守候着许多像马克这样提早赶来想为巴老送行的人。其中，有一位坐在轮椅上的杨先生，早上6时就从上海金山出发。行动不便的他换了几趟公交线路才于中午到达这里。

此后，记者又遇到从灵堂走出的这位老先生，他含泪喃喃而语：“我又和巴老握手了，这是十几年后的第二次握手啊。”

晚辈 “他是一个了不起的人！”

巴金前辈们的孩子来了。下午2点半，鲁迅先生的儿子周海婴缓步走进大厅，他在巴老的遗体前深深鞠了三个躬，表情很悲痛。1936年，巴金是鲁迅的抬棺人之一，周海婴当时还是个孩子，时光荏苒，现在白发苍苍的周海婴来为已百岁的巴金送别，自然别有一番滋味在心头。蔡元培先生的女儿蔡睟盎来了，78岁的蔡女士悲痛得直不起腰，需要两个人搀扶行走，但她表示一定要送巴金最后一程。蔡女士告诉记者，她初中时就读巴老的作品，“文革”后又常在全国政协会议上见到巴老，与巴老有过一些交往，“巴老晚年写《随想录》让我很佩服。”蔡女士说，“他是一个了不起的人！”

家乡小学生带千纸鹤来送行

来自成都市正通顺街小学的六年级学生李祎告诉记者，她所在的小学与巴老的故居，只有一墙之隔。“我们学校的每一个学生都是巴金的读者，我们学校的校训就是：‘说真话，做好人’。”

李祎还拿出同学送给巴老的千纸鹤，千纸鹤是用玫瑰红色的纸折成的，上面用铅笔写着：“巴金爷爷你走好安息吧。我一定要向您学习，不说假话，要说真话，好好学习。”

七旬老人曾千里单骑看巴老

今年74岁的周锡光老先生，也是上午专程从成都赶来的。他说，他代表家乡人民再来送巴老最后一程。

这是他第三次来上海看望巴老，也是最后一次。

他回忆起第一次来看望巴老，还是在1990年。“当时，成都组成了一个十人自行车俱乐部，大家约好，骑单车来上海看望巴老。一路上，穿越了几十个县市。巴老那时身体也不是很好。但一听说家乡有人来，马上说‘我要接见’。”周锡光现场展示了巴老当年与他们的合影。

当时,他们还与巴金相约,十年后再相见。

第二次来沪看巴金,是在2002年。还是当年的那个自行车俱乐部,骑着车再度从家乡出发,来给巴老祝贺百岁寿辰。

周锡光说:“巴老走了,我们一定要赶过来,送他最后一程。”

巴老与夫人骨灰将撒入大海

昨天下午告别仪式结束后,巴金的遗体立即被送往老沪闵路火化。巴老与夫人骨灰将一同撒入大海。

巴老的亲人透露,巴老的骨灰将撒向大海。“这是遵照父亲的遗愿。”巴金的女儿李小林说。

据了解,1972年巴金夫人萧珊病逝后,萧珊的骨灰一直放在巴金的床前。巴金生前曾表示,希望自己去世后家人将自己的骨灰与萧珊的骨灰一起撒入大海。

《艺术人生》近日推出追思会

央视《艺术人生》制片人王峥昨天专程赶到上海送别巴金。她向记者透露,《艺术人生》正在策划一档追思巴老的节目于近日播出,录制地点将选择在由巴老一手创立的中国现代文学馆中举行,节目形式是一个全民参与的朗诵会。

据悉,这场朗诵会,除了邀请作家、演员来朗诵巴金的作品外,社会各界人士都可以报名参加节目,朗诵作品主要出自《随想录》。

《北京娱乐信报》2005年10月25日,《新闻晨报》、《新闻午报》、《东方早报》、《上海青年报》供稿

悲怆曲中玫瑰开——数千读者汇聚上海送巴金

历经百年雾、雨、电,而今泪洒家、春、秋。今天下午,来自全国各地的数千名读者来到上海龙华殡仪馆,为一代文学巨匠巴金送行。

与一般的遗体告别仪式不同的是,在龙华殡仪馆的告别大厅门口悬挂的黑色横幅上,只有“为巴金先生送行”7个大字,仿佛巴老只是一次远行而已。今天,龙华殡仪馆其他送别厅停止举行一切告别活动,整个殡仪馆只为巴老开放。

巴老的灵堂并没有惯常的沉重,正中间的灵床上花团锦簇,巴老静卧其中。由101朵红玫瑰组成的心形图案,给肃穆的气氛平添了一丝生气,好像巴老并没有离我们而去。每个熟悉巴金的人都知道,象征着热情和忠诚的红玫瑰,正是老人家生前最喜爱的花。根据巴老的生前意愿,在告别仪式上不放哀乐,代之以大师生前最喜欢听的柴可夫斯基第六交响曲《悲怆》。

大厅正面的墙上挂着一张大幅彩色照片,照片里的巴金开心地、灿烂地笑着。这幅照片摄于1995年的夏秋之交,作者是《文学报》的摄影记者徐福生。1995年的夏秋之交,巴金照例来到杭州西湖边上的汪庄小住。有一天,巴金的老朋友杜宣先生在女儿的陪同下,前去探望巴金。时任《文学报》摄影记者的徐福生也随同前往,并为巴金抓拍了这张照片。同年巴金生日那天,徐福生和报社领导赶到华东医院为巴老祝寿,特意把这张照片放大送给了巴老。巴金非常高兴,说这张照片拍得好。在筹备父亲的遗体送别仪式时,女儿李小林想到了这张照片。

巴老的告别仪式原定于下午3时向公众开放，不到下午2时，殡仪馆内已经聚集了近千名前来向巴老告别的群众。

南京师范大学附中校长王占宝和校友一起来送别巴老。他们带来了一幅1985年拍摄的巴老的照片，照片里的巴老正在阅读小校友陈粤秀的作文集。巴金曾于1924年至1925年在南京东南大学附中求学。南师附中上海校友会原会长吕鸣亚告诉记者，他从1980年开始寻找巴金，先给上海市作协写信，但没有结果，后来又写了一封信，信封上写着"上海市巴金先生收"，没想到3天后就收到了巴老的回信。吕鸣亚从1981年开始曾经13次到上海看望巴金，"巴老给我印象最深的一句话就是'青春是美丽的'。"

南洋中学是巴老1923年从成都到上海后的第一个落脚点。上海南洋中学校长王以权也来为巴金送行。他说，巴金当时在校读书期间，生活内容很丰富，期间发表过《一生寂寞》、《黑夜行舟》等3首诗。巴老对于南洋中学的生活记忆犹新，90周岁生日的时候，他还十分喜悦地讲到这段经历。

《于无声处》的作者、著名作家宗福先也来送别巴老。他告诉记者，巴老去世的那一天，走得非常平静。"那天我看到一种非常圣洁的东西。老人的生命可以维持到101岁，真是太伟大了！衷心为他感到高兴。"他觉得巴金的文学成就和思想都达到了高峰，他把智慧和力量传递给了后人。

著名作家陈村虽然身体不好，但还是拄着拐杖来为巴金送行："巴老该做的事情都做了，他可以安心地走了。"

《收获》杂志的副主编肖元敏是哭着走出告别大厅的。"巴老走了，对我们来说是巨大的损失。"她说，《收获》将在11月中旬出版的杂志上刊登巴金纪念专集，"内容由读者决定，有巴老的一些文章，也会有一些读者的纪念文章，因为巴老最重视读者。"

马克的家在宁夏回族自治区，他是巴金的忠实读者。听到巴老去世的消息后，马克10月18日就从家乡出发，10月21日到达上海，到处收集各界人士为巴老的题词，目前已经收集到三百多人的题词或签名，他准备将这些题词赠送给博物馆。

成都市正通顺街小学六年级学生今天早上刚刚赶到上海，参加完巴老的告别仪式后就要赶回成都。她告诉记者，正通顺街小学紧靠着巴老的故居，自己已经看过巴金的《灯》、《寒夜》、《家》等作品，她现在还是学校巴金儿童文学社的会员。她还带来了同学们折的千纸鹤，把它们送到了巴老的灵前。

下午4时许，巴老的灵车缓缓驶出龙华殡仪馆，数百名群众默默伫立在道路两旁，目送敬爱的巴金远去。

据了解，巴金家属已决定将巴金的骨灰撒向大海。1972年，巴金夫人萧珊病逝后，萧珊的骨灰一直放在巴金的床前。巴金生前表示，希望自己去世后，家人将自己的骨灰与萧珊的骨灰一起撒向大海。因此，巴金家人决定无论如何都要为老人了却心愿。

《中国青年报》10月24日　周凯

玫瑰《悲怆》　五千人排队送巴金

遗体周围摆满玫瑰花，《悲怆》交响乐代替了哀乐。昨日下午，巴金遗体告别仪式在上海市龙华殡仪馆举行，5000余人排百米长队前来吊唁。胡锦涛等国家领导人送来花圈，贾庆林等亲往送行。巴金女儿李小林日前表示:一定会遵循父亲的遗愿,把父亲和母亲的骨灰一起撒向东海。

下午3时前没有通行证不得进入

记者昨日上午10时赶到殡仪馆,殡仪馆门口有七八名保安负责看守,没有通行证的人一律要等到下午3时后方可进入。通往殡仪馆的路上也有警察封路。昨日,整个上海龙华殡仪馆只为巴金开放。

11时后,陆续有群众到达殡仪馆等待见巴金最后一面,但是都被拦在了门外。原定于下午3时开始的追悼会,在人们的期盼中提前开始,约1时50分左右,国家领导人开始进行遗体告别仪式,面对大众开放的时间由3时提前到了2时20分左右。5000余名敬仰巴老的民众排起长队等待见上巴老最后一面。

每个细节都按巴金生前爱好操办

殡仪馆灵堂外上方悬挂写有"沉痛悼念巴金先生"几个肃穆大字的黑底白字条幅,条幅的两旁是几朵黑边黄芯的布花。通往灵堂的道路两旁灵堂两边堆满了社会各界送来的花圈约50个,通向灵堂的台阶往里的道路铺上了绿色的地毯。躺在花丛中的巴老穿着黑色的西服,里面是一件灰色的毛衫,打了红色的领带,还戴了个黑边大眼镜,神色安详。灵台正面,鲜艳欲滴的红玫瑰簇成了一个心形花环,呈放遗体的灵台也满是鲜花,四周更是用巴金最喜欢的红玫瑰满满围了一整圈。

巴金的女儿李小林和儿子李小棠以及巴老的孙辈们身着黑衣,面对前来送别的民众们,他们一一回礼。在巴金灵床旁边,记者还看到了巴金女儿李小林向父亲献上的花圈,上面写着"爸爸:安心上路吧"。巴金早有遗愿,希望将自己和夫人的骨灰一起撒向大海。对此,巴金女儿李小林日前很坚定地表示:一定会遵循父亲的遗愿,把父亲和母亲的骨灰一起撒向东海。据殡仪馆工作人员介绍,巴老一生俭朴,现场的每一个细节都是按照巴金生前的情趣爱好操办的。遗体告别仪式上通常播放的哀乐也换成了《悲怆》交响曲。他的亲人们遵循遗愿坚决不用红木棺,为巴老选择了一副最普通的竹制加格板的棺材,价格为1200元,完全和普通人一样。

没赶上参加的人跪送巴金灵车

整个吊唁活动持续约2个小时,下午3时45分警察开始清场,这时很多刚刚下班赶来的市民由于还没有见到巴老最后一面而非常伤感,有些市民表示之前一直说3时才开始,却提前开始了仪式,自己没有见到巴老最后一面实在是很可惜。4时整,装着巴金遗体的灵车缓缓开出殡仪馆开向火葬场,这时有人默默给巴老下跪,深深磕了好几个头。

另据悉,成都将建巴金文化博物馆,巴老的部分遗物将从上海运回成都,安放在成都百花潭公园内的慧园。

现 场 速 写

记者现场看到,今天特意前来为巴金送行的有巴老的亲属、乡亲、朋友和读者们,他们有的来自上海，有的从北京、四川等地赶来。特地从宁夏赶过来的马克告诉记者，巴金的书影响了他半辈子，一听说巴老去世了，他想着无论如何也要来送巴老最后一程。由于家里生活拮据，这次来上海他特地向别人借了2000块钱。为了纪念巴老他还特地写了一首12页约1800字的长诗，题目是《十月的哀思》，当场朗诵给巴老的家人。马克表示，自己打算写篇文章，题目就叫做《我参加了巴金的追悼会》。

巴老的老邻居，92岁高龄的倪炎伯英是现场记者见到的年纪最大的吊唁群众。而现场年纪最小的孩子尚不足10岁。

《新京报》2005年10月25日　姜妍

人走了　灯还亮着

——记巴金家乡人民深切追思巴金

一株株金黄色的菊花寄托着家乡人民深切的哀悼之情，一只只千纸鹤承载着学子们对中国文坛巨匠无比崇敬之情。

西南交通大学的学生们穿着深蓝色的衣服来了，成都中医药大学的学生来了，成都百花潭公园的全体工作人员来了，外地的游人来了，远在成都市东郊的工人来了，巴金在家乡的生前好友和亲属来了……

今天，深秋的蓉城告别了几天的秋雨，久违的阳光洒在百花潭公园的广场上。上午10时，以巴金“激流三部曲”生活原型而修建命名的成都百花潭公园“慧园”内，纪念巴金追思会在这里开始了，广播里播放着巴金十八年前回家探亲访友时低沉的乡音。“人民作家——家乡人民永远怀念您”的黑底白字巨幅横联挂在了巴金全身铜像的正中，铜像右侧的巨幅横联上写着“巴金是中国人的骄傲，您走了灯还亮着”。

庄严肃穆的氛围弥漫在“慧园”的广场上，敬仰悲痛的心情写在每个人的脸上，晶莹的泪水挂在人们的眼角上。花圈、花篮、千纸鹤、挽联寄托着人们对巴老的悼念和缅怀之情，“巴金四舅安息”，“尧棠四哥安息”，“巴金四伯千古”，巴金在成都家乡的亲属敬献的花圈摆放在巴金铜像的两侧，“巴金爷爷您走好”，巴金母校成都东城根街小学的学生敬献的花篮摆放在巴金铜像正中。

巴金生前好友、四川省政府文史馆馆员蓝菊荪教授在追思会现场拿着昔日巴金为他题写的“百家齐放”题字，追忆着巴金与他的往事。西南交通大学人文学院大一女学生唐荣对记者说：“巴金的‘激流三部曲’我至今没有读懂，这是因为时代的局限，但他的精神、人品，我们懂了。”

1923年4月，春天里一个早晨，成都望江楼下码头，江水滔滔。十九岁的巴金和二十岁的三哥李尧林，乘舟东下，外出求学深造。八十二年来，巴山蜀水的父老乡亲们，时刻牵挂着这位离家八十二年的游子。

巴金逝世后，家乡民众举行了各种形式的悼念活动。22日上午，四川省政协主席秦玉琴受中共四川省委书记、省人大常委会主任张学忠和省委副书记、省长张中伟的委托，前往上海武康路巴金的家中，代表四川省委、省人大、省政府、省政协及主要领导和八千七百多万四川人民，哀悼巴金逝世，对巴金家人表示亲切慰问。巴金子女李小林、李小棠代表家人，对来自家乡的慰问表示感谢。巴金生前十分关爱的母校成都东城根街小学的几个学生代表，来到巴金上海住所,向巴金爷爷道一声最后的祝福,并看望巴金的亲属,巴金的女儿李小林脸贴着孩子们的脸,浓浓乡情催人泪下……

西南交通大学人文学院衡道学社是西南交通大学一个以文学为主的综合性社团,他们在巴老逝世后举办了"我对巴老说最后一句话","巴金电影展播"等活动,广大的学子争先恐后地在签字簿上写下了自己最想对巴老说的心里话。青年学子没有一个不为他的文学造诣所倾倒,没有一个不为他的敢于说真话的气魄所感动。他们真诚地、郑重地签下了自己的名字、写下了自己最想说的话,其中,有人写道:"巴老您走了,您的光辉不减,您去了,您的精神永存,灯灭了,光还在。"

中国新闻网 2005 年 10 月 24 日　肖龙联

他代表中国文学界的良知

——港各界缅怀巴金

一代文学巨匠巴金遗体 24 日在上海龙华殡仪馆火化,一生淡看生死的巴老在其生前最爱的红玫瑰和交响乐中离去,近万名中外人士与这位一生追求讲真话的著名作家告别。香港各界也纷纷以自己的方式表达哀思,他们认为,巴金离去令人痛惜,巴金的精神让人永怀。

巴金,原名李尧棠,字芾甘。四川成都人。1921 年肄业于成都外语专门学校,1984 年获颁香港中文大学荣誉文学博士学位。其一生创作硕果累累,著有长篇小说《灭亡》,激流三部曲《家》、《春》、《秋》,爱情三部曲《雾》、《雨》、《电》,短篇小说集《英雄的故事》、《明珠和玉姬》、《李大海》、《寒夜》、《火》、《憩园》、《第四病室》,中篇小说《春天里的秋天》,散文集《随想录》等。2003 年 11 月,国务院授予巴金先生"人民作家"荣誉称号。巴金 10 月 17 日病逝,享年 101 岁。

巴老晚年在《随想录》中用生命力量喊出的"讲真话",已成了一句划时代的、震撼人心的名言。

巴老逝世后,各地悼念活动不断,修葺故居、兴建纪念馆、设立基金等议也不绝。不过,巴金一生追求俭朴。他生前在给亲友的信中拒绝出版其日记时说:"日记只是我的备忘录,没有理由出了又出、印了又印,浪费纸张。"对修葺故乡旧居之议,巴金生前也明确谢绝,他在给故乡家人的信中清楚表示:"不要重建我的故居,不要花国家的钱搞我的纪念……,我的一切都不值得宣传、表扬。"因此 24 日在上海举行的巴老丧礼,仪式简单,气氛肃穆,人们以深沉的怀念代替了大量的赞颂之词。这样的丧礼,相信是巴金先生所愿意接受的。然而"灯灭了,心亮着",香港各界对这位文学大师的离去也寄予了无限的哀思与怀念。

正在英国康桥大学学习的香港著名作家金庸日前得知巴金病逝后,发表题为《正直精神,永为激励》的悼念文章,表达对巴金先生辞世的哀悼。他指出,巴金先生"文革"时苦受批判,幸而精神坚毅,得保性命,巴金先生坚持到今日,写了一部掷地作金石声、惊天动地的《随想录》,他多活了三十几年,实在是中国文学界的大幸事。

金庸说,巴金先生是他十分敬佩的文人。这不但由于他文字优美,风格醇雅,更由于他晚年所表现的凛然正气,巨大的正义感。"读小说常常引入自己的观念,这是天下小说读者常有的习惯。我当时最爱读的是武侠小说,因此觉得《家》《春》《秋》《春天里的秋天》这一类小说读来还不够过瘾。直到自己也写了小说,才明白巴金先生功力之深,才把他和鲁迅、沈从文三位先生列为我近代最佩服的文人。”

金庸一直想到上海医院去看望这位他从小到大都钦佩的人,但想到他老人家病中不宜劳神,这才就此永远失去了机会。金庸最后不无欣慰地透露,巴金女儿李小林曾送他一张印有巴金肖像的瓷碟,他将之放在书房的架上,一转头就可见到巴老慈祥的笑容。“巴金先生正直的精神永远是我的激励!”

香港作家联会副会长张诗剑今日对本社记者表示,巴金是中国最重要的作家之一,他的创作思想代表着文学界的良知,他与香港渊源深厚,晚年在香港大公报发表脍炙人口的《随想录》,并曾来港不下十次,如能在香港建立一所文学馆展出像巴金这样的文学巨匠作品,当是香港读者之福。他透露,香港几份有影响力的文学刊物如《香港作家》、《香港文学》等都将发表悼念巴老的专题。

巴老已经离去,敬重巴金、怀念巴金,最好的方式就是认真重读一下他的作品,多思考一下晚年大声疾呼的“讲真话”精神。今日香港的评论指出,今天“讲真话”已经成了巴金的同义词,人们在怀念、推崇巴金的时候,总要反复提到“讲真话”,并以此来概括其一生达到的最高成就。这是值得发人深省的。评论说,巴金一生反封建高压,提倡自由、善良和真实,写真感情、讲真话,其核心就是建设一个平等、富强、法治的中国,其意义正如为巴金送上最后一程的民众在挽联上所写:“用忏悔拒绝遗忘,以真话抗拒谎言。”每一位巴老的读者仍需努力。

《中国新闻网》2005 年 10 月 26 日　晓萍

巴金逝世引起海外文学爱好者的共同追思

当黑头发黑眼睛的华人读者缅怀一位文学大师的逝去时,这颗闪耀在天际的“巴金星”也引起了金发碧眼的海外文学爱好者的共同追思。

在上海书城的巴金专柜前,一位叫艾米莉的法国女孩说:“我从中国朋友那儿听到巴金过世,感到非常意外。我在法国读过他作品的法文版,这次想买巴金的中文版著作作为留念。”

正如萧乾的夫人文洁若所说:“当尘埃落定,后世重新审视他时,会发现,……他在 20 世纪的中国,犹如卢梭在 18 世纪的法国,列夫·托尔斯泰在 19 世纪的俄国。”如同卢梭,如同列夫·托尔斯泰,巴金不仅仅属于自己的国家,他是“人类精神世界的纯金”。

法国:他从这里走向文坛

1927 年,24 岁的巴金来到法国。顿时,巴尔扎克、托尔斯泰、莎士比亚……各种文学巨匠的作品填满了他的脑海,各种思想冲击着他年轻的心。从此,这个原本准备学习经济、外表忧郁而内心火热的青年彻底改变了人生的方向。在巴黎拉丁区的一家旧旅馆里,巴金用笔开始宣泄他的爱与恨、悲哀与欢乐、受苦与同情、希望和挣扎。第一部小说《灭亡》问世,巴金也踏上了他一生为之奋斗的文学之路。

时隔 52 年,1979 年春天,巴金重返法国,而他晚年最为重要的作品《随想录》正好在 1978 年 12 月开始动笔。巴金此番故地重游,不仅仅是为了发“思古之幽情”,而是怀着当年写作《灭亡》时同样的热情,用文化良心开始了对历史的反思。

巴金的文学成就得到了法国人民的承认与尊敬。巴金的作品被翻译为法文广为流传,他出访法国期间,巴黎专门出售中国书籍的凤凰书店里巴金作品销售一空。1983年,当时的法国总统密特朗专程来到上海,将金光闪闪的"法国荣誉勋章"佩戴在了巴金胸前。

日本:他搭起友谊的桥梁

巴金与日本作家的友谊,开始于1961年。那时的巴金作为中国作家代表团团长,率领中国作家去东京参加亚非作家紧急会议,之后他与许多日本作家结下深厚的友谊。正如诺贝尔文学奖获得者大江健三郎悼念巴金时所说:"先生的《随想录》树立了一个永恒的典范——在时代的大潮中,作家、知识分子应当如何生活。我会仰视着这个典范来回顾自身。"

日本著名评论家、日中文化交流协会理事长中岛健藏晚年致力于中日人民友好事业。与他结下深厚友情的巴金把中岛健藏的这一工作誉为"天鹅之歌"。1984年,当巴金受井上靖特邀出席东京的国际笔会时,向东道主提出唯一一个要求:到几年前去世的中岛健藏墓前祭扫。他在《随想录》里写下这样一句话:"难道这就是结局?不,不可能!死绝不能结束我们之间的友谊。"

日本作家池田大作曾接受过巴金赠送的《巴金全集》。他还记得巴金在日本演讲的情形:"在日本,他有很多读者。1980年的时候,76岁高龄的他再次来到日本,还破例在东京和京都分别作了《文学生活五十年》和《我和文学》的两次演讲。当时偌大的讲堂座无虚席,后来者只能坐在中间的过道上,会场上不时响起热烈的雷鸣般的掌声。每次想到这些,我眼前好像浮现出巴金先生每天以'笔为武器'而不断苦斗的形象,那种感动是任何语言也无法说得出来的。"

世界:他用大爱拥抱人类

从巴黎街头到华沙广场,从日本广岛到莫斯科剧场,巴金走到哪里,就将他的文字、他的思想、他对人类的博爱带到哪里。无论是他在文坛的初试啼声,还是他之后的创作道路以及晚年深刻思想的辐射,巴金的一生都用自己的大爱关注着人类的精神世界。

晚年的巴金一直笼罩在各国人民授予他的荣誉与奖项的光环中。但老人的双眼没有被闪烁得看不清方向,而是继续用自由的心灵和炽热的激情写下了一篇篇深情的文章。有人将巴金比喻为"人类精神世界的纯金"。这块纯金光芒四射,与文学同在,更与良心同在。

《解放日报》2005年10月24日　韩璟　李君娜

民意调查:公众为何推崇巴金

他代表着"知识分子的良心"和"敢讲真话的精神"

本报社会调查中心与搜狐新闻中心合作,于10月18日开始实施了一项题为"你欣赏巴金身上哪些气质"的调查。截至20日16时,共有超过4000名公众投了票。

这项调查发现,巴金被阅读最多的作品是他的代表作《家》、《春》、《秋》,公众对他的了解主要是通过语文课本,其次是他的小说。巴金身上所体现出来的“知识分子的良心”和“敢讲真话的精神”,受到公众的最高推崇。

“我不是战士!我能活到今天,并非我的勇敢,只是我相信一个真理:任何梦都是会醒的。”在调查列举的巴金说过的话中,这句话被大家选为“最令人感动的声音”。

以下巴金的代表作,你读过哪些?

《激流三部曲》(《家》、《春》、《秋》)	44.4%
《寒夜》	12.1%
《爱情的三部曲》(《雾》、《雨》、《电》)	12.0%
《随想录》	10.5%
都没读过	8.4%
其他	7.7%
《新生》	4.9%

你是通过什么方式了解巴金的?

语文课本	32.4%
小说	30.8%
报纸	13.3%
杂志	9.1%
影视剧	7.6%
其他	6.8%

你欣赏巴金身上的哪些气质?

知识分子的良心	26.9%
敢讲真话	22.0%
追求自由的精神	19.6%
执著	12.9%
理想主义	11.4%
浪漫	7.2%

以下巴金生活的片段,哪个给你留下的印象最深?

跨世纪的文学巨匠	57.1%
与萧珊28年相濡以沫的爱情故事	29.6%
晚年与病魔抗争	8.0%
作为文化使者出访各国	3.4%
80岁获得荣誉博士学位	1.8%

以下是巴金曾经说过的话,其中哪一句最让你感动?

我不是战士!我能活到今天,并非我的勇敢,只是我相信一个真理:任何梦都是会醒的。 21.7%

爱真理,忠实地生活,这是至上的生活态度。没有一点虚伪,没有一点宽恕,对自己忠实,对别人也忠实,你就可以做你自己的行为的裁判官。 21.3%

她的骨灰里有我的泪和血。(指夫人萧珊) 19.3%

是什么东西把我养育大?首先在我头脑里浮动的就是一个“爱”字。父母的爱,骨肉的爱,人间的爱,家庭生活的温暖。 11.3%

我最不高兴的是被人当作“名人”,仿佛很了不起,其实空无所有。好像很多人尊敬,其实

谁也不了解你。 11.1%

我的每篇文章都是有所为而写作的，我从未有过无病呻吟的时候。 9.8%

我们活着要给我们生活在其中的社会添一点光彩。只有为别人花费了它们，我们的生命才会开花。 5.6%

《中国青年报》2005年10月24日 方奕晗

10 月 25 日

第八届巴金国际研讨会即将召开

10 月 25 日至 27 日,全球八十多位研究巴金的学者将出席在浙江省嘉兴市举行的第八届巴金国际学术研讨会。其中包括邵燕祥、丁聪、黄苗子、郁风,以及韩国的李喜卿、日本的山口守、俄罗斯的罗季奥诺夫等。本届研讨会特设青年论坛,从文本入手深入研究《随想录》。

据主办方上海巴金文学研究会有关负责人介绍,研究议题之一是探讨“新发现的巴金文献资料与当代思想文化关系”。其中,较有代表性的是复旦大学中文系文艺学 2004 级硕士研究生刘涛的论文,名为《巴金先生的真话、身体和疾病——〈随想录〉研究》,以疾病的隐喻开掘“文革时期的巴金”的研究。

巴金文学研究会副秘书长周立民称,之前对巴金以及《随想录》的叙述多局限于巴金自身的叙述,此次研讨会的相关议题从文本入手,解读巴金的心迹。与会专家中,学者李辉搜集了林林总总的“文革”小报对巴金的批判。“文革中知识分子的软弱与集体失语”将是此次研讨会的延伸议题。

“巴金的信仰”也是研讨会的另一个重点议题。巴金早年信仰无政府主义。韩国学者朴兰英通过反思巴金早期作品指出:巴金是反对民族主义的,巴金并不同意为了国家而去战斗,因为国家本身就是一个空泛的概念,是人为制造的意识形态。

研讨会由上海巴金文学研究会会长陈思和主持,他向记者表示,不管发生什么情况,研讨会都将如期举行。

《新京报》2005 年 10 月 18 日　曹雪萍

点起红蜡烛　告别一个时代

——来自第八届巴金国际学术研讨会的报道

10 月 24 日下午,一批海内外学者和巴老生前友好在上海龙华殡仪馆送别巴金,当晚他们急急赶往 80 公里外的浙江嘉兴,参加 25 日上午开幕的第八届巴金国际学术研讨会。

这个研讨会,早在今年上半年就筹划好,要在 10 月底召开,不曾想噩耗降临,会上弥漫着追思及悲伤的空气——

“巴老在的时候,这个时代还有声有息的;现在巴老走了,这个时代就变成了一种记忆。我们这些人好像一下子没有前辈了……”作家王安忆说。

“一个时代结束了。作为一名中国新文学的研习者,在得到巴老的噩耗之后,我反思自己对这位在诸种中国现代文学史教程中被专章叙述的‘最后一位大师’的认识,也惟有深觉歉意,感到过去对他的重视和研习远远不够。”复旦大学中文系教授张业松说。

本次巴金国际学术研讨会的主题是“巴金和当代”,嘉兴是作为巴金的祖籍地参与主办的。1923年、1924年巴金两次到位于嘉兴塘汇镇的李氏宗祠拜祖。

作为从10月16日开幕、11月8日才结束的“嘉兴江南文化节”的子项目，今年上半年就确定下来的第八届巴金国际学术研讨会，不但在时间安排上靠后，而且预想的规模也不大——与会的代表和记者预计不过80人，吃住和会议都安排在嘉兴市区阳光大酒店，而此前举行的另一场有著名作家冯骥才出席的“江南民间文化艺术保护与发展论坛”，尽管预计的与会者只有60人，会场却布置在现代、气派的嘉兴市行政中心大会议室。

然而，10月17日，巴金以101岁的高龄辞世，使为期3天的巴金国际学术研讨会立即引起国内外学术界的瞩目。研讨会不仅网罗了国内知名的老中青三代巴金研究专家，还有来自法国、俄罗斯、韩国、日本等国家的学者和30多位记者，更引人注目的，当然是耄耋之年的著名文化人丁聪、黄苗子、郁风等与会。

10月24日上午的开幕式上，在主席台上就座的还有中国作家协会党组书记、副主席金炳华，浙江省委常委、宣传部长陈敏尔，上海市委宣传部副部长陈东等，使这次会议成为自1985年以来规格最高、代表面最广、公众关注程度最高的巴金国际学术研讨会。

研讨会是在金炳华提议“为巴老默哀一分钟”的氛围中开始的。

“昨天，我们刚刚参加了为巴金先生送行的仪式，今天，我们来到嘉兴参加第八届巴金国际学术研讨会。有这么多海内外巴金研究的专家学者到这里，共同研讨巴金先生的学术成就，总结巴金先生文学道路和文学创作在中国现当代文学发展的意义。这充分体现了巴老杰出的文学成就和崇高的文学地位，体现了巴金先生高尚的学术精神，我们以这样的方式来缅怀刚刚去世的文学大师，就更加有学术意义。”金炳华说。

陈敏尔、陈东等也高度评价巴金的文学成就，认为“巴金的文学精神就是现代中国文学史一个缩影，他以丰富的、充满感染力的作品影响和鼓励了一代又一代的中国人”，“巴金以自己的人品、人格和文品确定了他在人们心目中的崇高地位，他的文学成就是我国现代文学史上的一座丰碑”。

“他就是我们大家的良心，想到他，就要扪心自问：我做了什么？”

研讨会正式开幕前，与会者还参观了由嘉兴市节庆组委会、上海图书馆和上海巴金文学研究会共同主办的“奔腾的激流——巴金生平大型图片展”。展出的151幅图片分成4个部分，分别为“把心交给读者”、“一双美丽的眼睛”、“生命的开花”、“巴金与嘉兴”。除了巴金生平各个时期的照片外，还有巴金生前和好友之间的书信往来，著名画家丁聪、郁风为巴金作的画像等。站在20年前为巴金画的头像前，已经90岁的“小丁”久久伫立，感慨万千。黄苗子夫妇则被人快速引导到有关他俩的书画旁，刚拍完照片，就有人小声提醒道：“改天安排时间再来吧，研讨会要开幕了。”

“巴老撒手而去，坐在这里就像是带来了一束鲜花却无处献的心情。”开幕式上，郁风的发言很低缓。8分钟长的发言，几次哽咽说不下去。

“我是受巴老的影响和鼓励成长起来的。现在我们对巴老的纪念，千言万语不如一句最简单的话——他就是我们大家的良心。我们想到他，就要扪心自问：我做了什么好事、坏事；他是我们民族的良心——想到他，我们就会更热爱我们的父母、我们的孩子，热爱我们的朋友；想到他，我们就不会、不敢做坏事。所以，今天我们纪念他，会想到很多，但是我什么都说不出来……”郁风追忆，她从七八岁就开始接触创造社编印的书刊，十四五岁就阅读巴金的作品。原先是打算到上海的枫泾镇上参加完丁聪漫画陈列馆开幕就回北京的，如今坐在巴金研讨会的现场,很意外。回忆自己在"文革"中的7年监狱生活,郁风深有感触地说:"读了他的《随想录》,谁都会很……我不敢、不好用任何一个形容词,那是一部伟大的作品,一个代表我们时代痛苦的伟大的作品。所以,我相信这个研讨会是非常有价值的。"

"巴金老人以101岁的高龄进入历史,应该给他点红蜡烛"

"巴金,一个世纪的见证者,留下了他真实的证言,一个真理的追求者,留下了他不断追求包括走弯路的记录给历史、给后人。"著名作家、诗人邵燕祥以诗一般的语言说,"巴金老人以101岁的高龄进入历史,回归自然,到先他而去的夫人萧珊那里去了。这符合古人所说的'喜丧',是应该给他点红蜡烛的。"

邵燕祥说,他从小学生的时候就接触巴金的小说散文童话,六十多年来,随着时代曲折变迁的影响,在认识巴金上,他自己也经历了一个不断深化的过程。上世纪20年代,巴金在五四精神的感召下积极从事社会改造运动。30年代以来积极投入文学写作和文学出版事业,可以说,他这一生都是在理想主义的热情鼓舞下,批判不合理的两极分化的社会现象,揭穿强权政治和金元帝国的虚伪面目,永远站在弱势群体的一边,强调个人抗争邪恶势力的勇气,强调合乎人性的伦理道德修炼。所有这一切都是与中国的现实发展休戚相关的,都是与中国的未来的命运休戚相关。这也是巴金作品得以保持持久生命力的原因所在。

巴金的文学需要青年来理解,巴金的思想需要有当代的阐释

"巴金的去世标志着一个文学时代的彻底结束,是五四新文学所创造的一个时代的结束。我们跟巴老告别,仿佛在跟一个文学时代告别。"在来自国内的一百多位专家中,有许多人以不同的言语来表达类似张业松有关"一个时代结束了"的观点。

上海巴金文学研究会副秘书长周立民解释说,所谓"一个时代",就是五四运动以来的中国新文学时代。鲁迅是中国新文学运动的"旗手"和"主将",巴金则是鲁迅精神在当代传承的代表。"69年前,巴金是鲁迅葬礼上的抬棺者之一。作为文化界最后一位健在的抬棺者,巴金的逝世意味着那个文学时代的结束,那个时代特有的狂飙精神和对现实的极度敏感反映,都可能事过境迁了!"在研讨会上,不少学者担心,尽管巴金的许多作品都在我国现、当代文学史上被视为扛鼎之作,但无论是早期的"激流三部曲"《家》、《春》、《秋》,还是写于1978年至1986年间的《随想录》,都是特定时代背景下的产物,对于"80后"来说,反帝反封建的历史已经十分遥远,给一代人身心带来严重伤害的"文革",也很模糊,阅读巴金有"代沟"。如何让这些经典作品传下去,是值得学界认真回答的问题。

据复旦大学中文系主任、上海巴金文学研究会会长陈思和观察,10月24日龙华殡仪馆的送别仪式上,5000多人的送别队伍中,大都是中老年人,年轻人很少。而据为研讨会提供支援服务的嘉兴学院中文系03级的同学介绍,几乎没有同学通读过"激流三部曲"等巴金著作。

为此,本届研讨会特别开辟"青年论坛",邀请全国知名大学的在校学生参加研讨。据与会的江苏省无锡市钱桥中心小学的负责人介绍,该校还结合新课程改革,编写了《巴金伴我行》教材,让文学与孩子们的生活、生存、生命紧密结合,激发他们爱读书、爱写作的热情。"巴金的全部思想、文学、事业都不仅仅属于少数研究者,而是属于大多数的青年。"陈思和说,"巴金的文学需要青年来理解,巴金的思想需要有当代的阐释。为此,我们期待展览能够沟通巴

金与青年读者的情感,能够引起人们对更多问题的反思,让生命的急流在每个人的心中奔腾。”

《人民日报》华东新闻 2005 年 10 月 28 日 邓建胜

巴金与当代国际学术研讨会上,学者纷纷指出——

如何重新认识巴金,是当前最重要的问题

10 月 25 日,第八届“巴金与当代”国际学术研讨会在巴金祖籍嘉兴举行。研讨会上,学者纷纷指出,如何重新认识巴金、用新的角度和眼光深入解读巴金作品,是当前最重要的问题。

复旦大学中文系教授陈思和在发言中指出,在巴金遗体告别仪式上,明显看到以中年人居多,青少年读者相对较少。一个作家作品能否流传下来,是靠代代读者的阐释。如果我们对巴金作品的阐释都停留在反帝反封建、爱祖国爱人民这一层面上,很难为现在的青年读者所接受。

作为唯一一个连续八届参加巴金学术研究会的与会学者,日本一桥大学教授坂井洋史直言:“近年来,中国的巴金研究队伍有青黄不接现象。”“现在许多批评家指责巴金的作品‘不够深刻’,但解读者自身有无深刻的思想,是一大疑问。”

俄罗斯彼得堡大学东方系教授罗季奥诺夫指出,《家》是该校学生的必读书,目前俄罗斯汉学面临着空前的研究巴金的机遇。

《文汇读书周报》2005 年 10 月 28 日 朱自奋

11月8日

日本学者怀念巴金

巴金逝世时,日本的朝日、读卖和共同等新闻社都发布了消息,许多的媒体都有关于巴金的报道,知道巴金的人都为之惋惜。我正在日本大阪的关西大学做访问学者,为了表示心中的纪念,除向研究生们介绍巴金外,还与日本的一些学者交谈,有的则通过第三者的关系,了解日本学者对巴金的真实感受。

日本人有个习惯,不轻易对一个已故之人谈出自己的想法,但对巴金有些例外。关西大学文学部教授、中国现代文学研究专家萩野脩二先生,在巴金逝世后的第二天(10月18日)便在他的《秋凉》网页上贴出悼念文章。上世纪60年代,学生时代的萩野脩二曾听过巴金在京都所作的文学讲座,临别时还与巴金握过手,当时的感觉是巴金的手是那样的温暖,所以他说,巴金给他留下最深的印象是“一个手很温暖的人”。80年代初,巴金陆续发表他的《随想录》,开始中国国内有不少的微词,远在京都的萩野脩二敏锐地感觉到这部作品的意义,写了评论文章,高度评价巴金的爱国之心。巴金访问日本时,有人将文章赠与巴金,1984年10月7日,巴金在给冰心的信中提到这件事,说:“日本京都有个萩野脩二评论《真话集》,称我为‘真正的爱国者’,倒比某些厌恶我的同胞更了解我。”(《巴金书信集》第20页,人民文学出版社1991年版)他多次和我谈到这件事情,感到巴金与冰心谈到“京都有个萩野脩二”,是他一生的骄傲!现在“日本京都有个萩野脩二”表示哀悼!

另一位从60年代至80年代多次参与接待巴金的吉田富夫先生认为:“巴老给我的印象是和蔼可亲但有信念的老人。从《家》到《随想录》,巴老一贯追求人性。他的追求给后人反而带来新的信念和勇气。尤其是贯穿《随想录》的强烈的自审意识,是除了鲁迅以外,其他的文学家所没有的,可以说是20世纪中国文学遗留下来的最宝贵的精神财富。”吉田富夫先生是大阪佛教大学教授、日本中国现代文学研究会会长,著名的汉学家与翻译家,莫言的《檀香刑》等都是由他翻译成日文的。他还回忆到1961年春天,巴老作为中国作家代表团团长参加了亚非作家会议东京紧急会议后访问过京都,时在京都大学中文系念硕士一年级的吉田富夫参与了接待工作。“当时我国政府对新中国采取敌视政策,警察到处刁难,情况比较严重”,但他却为接待巴金感到荣幸。

名古屋南山大学的中裕史副教授,虽然未曾与巴金有过谋面,但他读过巴金大部分著作,对巴金有较深刻的理解,他认为:“巴金先生是一位20世纪的时代亲历者与20世纪中国文学的见证人。巴金先生在文学创作上做出巨大的贡献。他根据自己的生活体验而写作的《家》是读者最熟悉的,影响最深远的长篇小说。在晚年还完成了《随想录》。巴金先生也在文学研究上做出杰出的贡献。由于他的倡议和努力,中国现代文学馆在北京开馆。巴金先生的仙逝意味着20世纪中国文学告一段落。”富山大学历史学家涩谷由里先生则从历史的角度解读巴金,他在学生时代便读过《家》,认为巴金是一个在历史上产生过重要影响的作家,新旧价值观在作品中得到了充分的展示与描写,有一种永存的魅力保留在记忆中。最近,他写作了从历史的视角研究《家》的论文《家的历史,情景的记忆》,将发表在山川出版社《历史地理世界史研究》杂志上。我所在的关西大学，校长河田悌一博士是研究中国思想史的著名专家，他用了四个字概括巴金的逝世："巨星坠落"。

《人民日报》海外版 2005 年 11 月 8 日　王炳根

11 月 17 日

香港高校举行活动纪念文坛巨人巴金

香港大学通识教育部和香港电影资料馆 17 日联合举行“激流 · 随想——不老的巴金”活动,纪念已故文坛巨匠巴金。

据介绍,一连九日的活动内容包括放映《家》《春》《秋》三部电影,举行研讨会、座谈会和书展。

大会邀请了香港岭南大学中文系副教授许子东、联合出版集团董事长赵斌等作研讨会嘉宾,和参与者一同通过讨论,从多个角度怀念这位文学家和其作品所展现的人文精神。

另外,香港公共图书馆在此间正举行“中国文坛巨匠:巴金”书籍展览。图书馆预备了有关书目、视听资料、期刊文章和网上资源等,供市民参考。

新华网 2005 年 11 月 17 日

比时间更长久的纪念

今明陆续在各书报亭亮相的《收获》第六期,特设“读者送别巴金”特别专题,以来自普通读者的充满诗意的温情与怀念,向《收获》主编、一代文学巨匠巴老的离去作最后的告别。

巴老的一生都在为读者写作,他的作品影响了几代人。而在读者心目中,巴金既是他们可亲可敬的兄长,更是点亮心灵的灯火。广大读者用发自肺腑的文字为巴金送行,是对他的最大告慰,就像《收获》为这个独特的送别仪式所取的标题那样,是“比时间更长久……”的心灵深处的纪念。

这些送别文字,出自各种年龄和职业的读者,他们都是在得知巴老去世后,自发在网上和各种纪念场所写下的,有些还用传真和书信发到《收获》杂志社,这些情不自禁的倾诉,最真切地表达了千千万万读者的心声。

真诚的标尺和心灵的明灯

“巴老,他在世的时候是一把真诚的标尺和一盏心灵的明灯,是一种意义和精神之乡。”朴素真诚的话语,贴切地表达了读者与巴老的关系。一位来自四川的读者说:“巴老爱国、爱民族,忧心如焚,竭尽全力。怀念他,就像怀念我的父亲。”一位文学青年则这样写道:“曾经想去上海的医院每天守候在巴金的身旁,为他读一段文字,和他探讨他小说中一个个鲜活的人物。”因为“每当想想巴金先生仍然健在,时刻可以在心中感受到动荡岁月中文学大家的心跳和声音……”

从作品中感受巴老的人格魅力

而更多的读者从巴老的作品中感受到了人格精神的伟大和对自己的激励:“巴老已去了,再次捧起他的书,哀思中仿佛别有一样寂寞与沉重,因为捧着的是一颗寄予文字之中的赤诚之心。巴老离去对我们沉溺其中的时代是一次惊醒,如何做人?如何作文?如何珍惜把握我们身处的这个燃烧的时代而不令老一辈人失望叹息?又如何将我们的智慧结晶与丰硕创造移交于后人造福后人?让我们的生命,不妨多一份清冷与寂寞中的执著,多一份浮华喧嚣下的沉潜与厚重……”

这些跟巴老道别的读者中,还有一些民工。一个民工充满深情地写道:“巴老,三年了,你的《家》《春》《秋》我一直带在身边。我只是个民工,你的这本书一直是我的最爱。虽是上个世纪的产物,感情却延伸到现在。因为里面有我的影子——觉新。读完整本书后,你的觉民、觉慧给了我希望,让我重新认识了自己。巴老,谢谢你!”

这期《收获》杂志的封二上印着巴老“最后的话”,分明是巴老向每一位读者告别:“最后一段话是对敬爱的读者讲的,对他们我只要说:‘我爱你们。’是的,我永远忘不了他们。不需要千言万语,让我们紧紧地握一次手无言地告别吧。”读者说,巴老永远活在大家的心中,巴老的离去不是永别,而是回家,回到千千万万读者组成的大家庭。

《解放日报》2005 年 11 月 17 日　姜小玲

11月22日

追思一个人和一个时代的关系

——上海文联和市作协昨召开“巴金先生追思会”

记者昨天获悉,根据巴金生前遗愿,他的骨灰将于25日撒入东海。昨天下午,上海文学艺术界联合会和上海市作协联合召开“巴金先生追思会”。沪上老中青三代各个领域的文学艺术家汇聚一堂,共同缅怀追思在一个月前离开我们的巴金老人。

巴金文章现在依然年轻

上海作协主席王安忆说:“今天我们聚在这里,缅怀巴老,我们可以沿着巴金的思想一直追溯到一百年前。从此,我们大概很难再有这样的机会,能够将一个人和一个时代的关系,连绵不断地追寻这样长的路途。”王安忆说,借这个机会我准备谈两点:一是重新想象上世纪初知识分子的处境,他的生活和思想;二是重新建设我们与“五四”文学的关系。沈从文曾经对他的儿子说:“有些文章很年轻,到你成大人时,文章还很年轻。”巴老的文章就是这样,一个作家,文章就是他的人,所以,巴老虽然已经不在,可一想起来,他还是一个年轻的人。今天的世界在外部特征上越来越接近我们理想的社会,比如开放、自由等等,但在内部,这些概念都在悄悄地变质,精神的内涵被经济所取代,我们应当警惕,在追溯巴老思想道路的时刻,我们要对自己作个提醒。

歌唱家周小燕因为一次偶然的机会得以和巴金相识。她回忆说:“巴金曾跟我说,我们都很喜欢听你唱歌。他的语气是真挚和平和的,完全不像一个大文豪的样子,令我记忆犹新。”周小燕说,直到现在我还经常翻看《巴金文集》,就像一个课本,从中可以学习怎样做人。巴金虽然走了,但是他的精神还会留存在几代人心里。

预示着一种精神的延续

翻译家草婴说,巴金的藏书中最珍贵的就是俄文版的《托尔斯泰全集》(1916年版),里面有很多俄罗斯画家的插图。这是巴金在莫斯科旧书摊上找到的。当时整个中国只有一套半这书,一套是巴金收藏的,还有就是冯雪峰陆续收集的,是残缺不全的。巴金听说我要翻译了,就主动拿这套书借给我,还替我翻拍了里面的插图。

导演谢晋对巴老的了解更多的是通过自己的老师曹禺先生了解的,因为曹禺和巴老是很好的朋友。令他印象深刻的是,巴老对别人改编他的作品都是说:“随你们弄吧。”而从来没发表不同的意见。拍戏,编导发生争执是常事,从来没见过一个这么伟大的作家如此宽容。

巴金研究会会长、复旦大学教授陈思和说,巴老去世一个多月了,大家都在悼念他。他的追悼会的场景,在中国现代文学史上还有一个鲁迅。从文学史角度看,鲁迅的去世是一个重要事件，标志了一个时代的结束，但也预示着一种精神的延续。巴金既是作家也是编辑，他通过出版社、办刊物把很大一部分作家团结起来，他在弘扬和继承新文学传统方面做得很出色，因而获得了别人无法取代的地位。

《文汇报》2005年11月23日　陈熙涵

11 月 23 日

人格魅力感动后来者

巴金老人坚定微笑着的脸似乎并未离开，昨天，在中国现代文学馆，全国政协、中宣部、中央统战部、中国文联等有关单位领导及首都文学界代表一百五十余人一起出席了巴金追思会，不少人念起巴老旧事，都禁不住热泪盈眶。

现场：很多人热泪盈眶

追思会由中国作协副主席、中国现代文学馆馆长陈建功主持。记者注意到，在场的不少人都在发言或倾听时热泪盈眶，有的人从追思会一开始，就不时地擦拭眼角，直到大会结束。

中国作家协会党组书记、副主席金炳华沉痛地说："巴金的文学成就是中国现当代文学史上的一座丰碑。巴金向往光明、追求真理，关心祖国和人民命运，与中国共产党肝胆相照，积极扶持文学新人的崇高境界和奋斗足迹，是后来者的杰出典范。"

王蒙：巴金提倡讲真话

"正是巴金的《灭亡》、《新生》等早期作品激荡起了无数人非革命不可的信念。我们家更是从父辈起就读巴金先生的作品，我的父母、姨妈等谈到巴金的作品都无不如数家珍，他的作品如火般燃烧在每个人的心中。"中国作协副主席王蒙在发言中回忆了和巴金交往的经历，他说巴金并非一个善于言谈的人，总是用朴素的语言对中国文学和中国作家提出自己的期望，每句都透着他沉甸甸的思考，"我记忆中巴老最常说的就是：要讲真话；要把自己的心掏给读者。巴金先生非常重视总结历史，敢于正视历史的经验教训；多次鼓励和嘱咐作家珍惜来之不易的机遇，总说要多写点东西，他希望作家都把写作当主业，他知道有书桌写自己喜欢的东西有多么不容易。"

邓友梅：佩服巴老人格魅力

著名作家邓友梅坦言，想到巴金的离去，自己心情有些乱，他深情地讲述了自己受巴金作品影响走上革命和文学创作道路的经历。

邓友梅动情地说："我们有几个人做到了巴老那样？有几个人能严格地要求自己，坦诚地解剖自己的精神？抛开他的文学成就不谈，单是巴老的人格魅力就让我佩服得五体投地。"

张锲：巴老不许我女儿下跪

张锲先生泪光闪闪，他说："尤其让我难忘的是巴老同我女儿的交往。有一次我要去探望巴老,我只有几岁的女儿非让我跟巴老要个题字回来。我女儿后来就常跟巴老通信,她八岁那年跟我一起去看巴老,当时巴老已经九十多岁了。她说:巴金爷爷,我的同学们都说我长得丑,您看是吗?巴老立即说你一点也不丑啊,很漂亮。我女儿立即跪下给巴老磕头称谢,巴老立即阻止她,还说他小时候就从来不愿意下跪,为此还挨过家长的责骂,但要记住,以后不管遇到什么事情你都不要下跪……"

《扬子晚报》2005 年 11 月 24 日　李冰

11月25日

海的梦

——巴金骨灰撒入大海祭

我常将生比之水流。这股水流从生命的源头下来，永远在动荡，在创造它的道路，通过乱山碎石中间，以达到那唯一的生命之海……

——巴金

生前，你爱海、爱梦。年轻时，你以《海的梦》这个名字，写过中篇小说，后来又写过散文。今天——2005年11月25日——在你的一百零一岁生日之际，你坦然地、义无反顾地走向大海了。在海的梦乡，你会安然吗？

巴老，今天天气晴朗。清晨，有点薄薄的雾。上午8点钟，你和萧珊，在小林、小棠的怀抱里，离开家门，走上踏海之路。车稳稳地驶过你熟悉的武康路，驶上延安路高架，拐进成都路高架，再驶向内环高架，转入逸仙高架……巴老，沿途的景观，你看到了吗？也许，这一切对于你这个生活在上海半个多世纪的“老上海”来说，还是挺陌生的。上海的变化，还是很大的。端端、国煣、李致、绍弥、唐宁等你的亲人，都陪伴在你的身边。你疼爱和牵挂的孙女晅晅，特意从美国赶来。全国政协、中国作协、上海市委的领导也来送行了。还有，曾经在你身边工作多年的老徐、小陆、小吴、小张、殿熙、邵主任、谭护士、张护士等等，也都从四面八方赶来，送你最后一程。

8点30分，车至吴淞码头。白色的沪航3号轮，泊在岸边等着你。江水，拍着堤岸，卷起白色的水花，仿佛在迎接你。时光，在这一刻似乎也倒流了。1927年1月15日，早晨，寒风中，黄浦江上，你登上“昂热”号邮轮，踏上赴法的旅程。一碧如洗的印度洋、深蓝色的红海、风吼浪啸的地中海，三十五天的航程，层层碧水在将你送往法国时，催生了中国一位伟大的文学巨匠。你是在巴黎拉丁区一间充满洋葱味的小屋里开始第一篇小说《灭亡》的创作的。那时，巴黎圣母院的钟声，沉重地打在你的心上。你想起过去的一切，心就像被刀割着痛。于是，每晚，你将感情倾注在笔端，将爱憎展露在纸上。你尽情描绘了一群勇于献身的热血青年的形象，揭示了封建军阀的丑行。从大洋那边飞来的你的这篇作品，热闹了文坛，更将一个“将来当更有受到热烈的评赞的机会”的文学青年，推向了社会。巴金，这一名字，从此无比鲜亮。

并没有特意安排，只是一种巧合。沪航3号，承担海葬任务，今天是第八十八次。三楼船舱内，高悬着你生前喜欢的那张有着灿烂笑容的照片。天蓝色幕布上一行黑字：巴金、萧珊骨灰撒放仪式。祭坛是用红色玫瑰缀成的，前面有两个用白色玫瑰勾成的“心”的图案。这是你和萧珊，两颗燃烧的始终不灭的心。两旁立着四只同样用玫瑰扎成的花篮。甲板上，四周摆满玫瑰花篮，扶栏上挽着深蓝色布。你喜欢的柴可夫斯基的《悲怆》，回响在船舱内。全体送行人员，深深地向你鞠躬，摄影留念。

沪航3号犁过黄绿色的江水，迎着朝阳驶去。还记得第一次出海吗？一路上历尽颠簸，你的心一直不能平静。《海行杂记》就是你当时写下的日记。凡三十九篇，你在将沿途风情告诉你最想告知的两个哥哥以外,更将自己那颗燃烧的心,坦诚地告诉读者。《再见罢,我不幸的乡土哟!》,是你在海上航程中写的第二篇日记。站在甲板上,你任自己的身影后退,一直看着外滩高大的建筑和黄浦江上的船舰,到无法看清,才转过身来。这时,你的双眼装满了泪水,从心底说出这样一句话:“再见罢,我不幸的乡土哟!”你写道:“这二十二年来你养育了我。我无日不在你的怀抱中,我无日不受你的扶持。我的衣食取给于你。我的苦乐也是你的赐予。我的亲人生长在这里,我的朋友也散布在这里……这里有美丽的山水,肥沃的田畴,同时又有黑暗的监狱和刑场。在这里,坏人得志,好人受苦,正义受到摧残。在这里,人们为了争取自由,不得不从事残酷的斗争……哟,雄伟的黄河,神秘的扬子江哟,你们的伟大的历史哪里去了?这样的国土!这样的人民!我的心怎么能够离开你们!再见罢,我不幸的乡土哟!我恨你,我又不得不爱你。”你炽热的爱国情怀,是你一个世纪乐章中,高亢的一章。

9点55分,船至东海口。默哀毕。小林、小棠解开你和萧珊骨灰盒上的红色绸缎。他们轻轻地将母亲的骨灰和你的合在一起。巴老,你也许已经感觉到了,在天堂的那一边,萧珊向你走来了。1944年,在花溪,你们在热恋了八年后旅行结婚。没有一桌酒席,没有任何礼仪,只有你们的心心相印。三天后,你们在重庆文化生活出版社楼梯下一间七八平方米的小屋里,萧珊买来四只玻璃杯,组建起你们的新家。萧珊小你十三岁。你说过,你要爱护她一辈子,对她的成长负责。然而在那个动乱年代,她却因了你饱受屈辱和摧残。病后,又得不到及时治疗,凄凉地离开人世。你的心碎了,拍打着被白布单裹着的萧珊尸体,一声一声地哭喊着她的名字。三十多年了,萧珊的骨灰盒一直放在你的房间。常常,在夜里,你听到她的呼叫声,她的哭泣声。和萧珊的骨灰一起撒入大海,是你在年迈和病重后最大的心愿。10月15日,重病的你,精神似乎比前几天好些。上午,小林走近你的床边。你的双眼怔怔地看着小林,嘴巴艰难地张着,想说话。小林凑上前去,听到了你从心底发出的那个“我”字。她马上说:“爸爸,我晓得,你的心愿,我们一定会去办的。”一滴泪水,从你的眼角流出。从你去了后,亲人们一直在按你的心愿处理后事。巴老,现在你安心了吧。

在瓣瓣玫瑰花的陪伴下,巴老,你和萧珊一起,“飘”入大海。“爸爸,你放心地走。妈妈,你放心地走。我们会很好的。”小林撒着亲人的骨灰,哭着说道。“爸爸,我晓得,你会一直看着我们的。”“爸爸,再见。妈妈,再见。”船行过后,鲜花伴着骨灰,形成一条长线,从从容容,向着太阳,向着深海流去、流去、流去。

巴老,你在1932年写的小说《海的梦》,虽然是给一个女孩的童话,其实,那就是你的梦:消灭那丑恶的,为正义而斗争,而献身。在小说的“序言”中,你开篇就点到:“我爱海,我也爱梦。”1934年,你在横滨又做起“海的梦”来。这是一篇散文,你在给表妹的信中,抒发了自己爱海的情感。你写道:“可惜你从来没有见过海。海是那么大,那么深。它包藏了那么多的没有人知道过的秘密,它可以教给你许多东西,尤其是在它起浪的时候。”你在文章的最后写道:“带着这样坚决的自信,我掉头往四面看,周围是一片黑暗。但是不久一线微光在天边出现了。”你是将你许许多多的美好愿望,许许多多的美好祝福,寄托在海与梦中。你的好多文章都提到“梦”这个字。在20世纪80年代,呼吁建造中国现代文学馆。结果,你也是在梦中看到自己站在文学馆的门前,微笑着看着大家走出走进。醒来后,还一个人躺在床上乐了好一阵子。

巴老,我理解,你的梦,就是你的理想。你为之追求和奋斗了一辈子:每个人都有住房,每个口都有饱饭,每颗心都得到温暖。我要揩干净每个人的眼泪,不让任何人拉掉别人的一根头发。

现在,阳光十分温和。10点10分,要返航了。向着东方,向着太阳,全体人员又一次三鞠躬,将一百零二支红红的玫瑰,撒向大海。就让它们,去追随和相伴你和萧珊的灵与魂吧。这时候,沪航3号鸣起了长笛。相距不远的一艘中国海事船,也鸣笛向你致礼。

关于生与死,巴老,其实,你早就看得明明白白。你说道:“没有一个生物是不乐生的,而且这中间有一个法则支配着,这就是生的法则。社会的进化,民族的盛衰,人类的繁荣都是依据这个法则而行的。这个法则是‘互助’,是‘团结’。人类靠了这个才能够不为大自然的力量所摧毁,反而把它征服,才建立了今日的文明。一个民族靠了这个才能够抵抗他民族的侵略而维持自己的生存。”你还说:“我常将生比之水流。这股水流从生命的源头下来,永远在动荡,在创造它的道路,通过乱山碎石中间,以达到那唯一的生命之海……”

别了,巴老!你和萧珊的骨灰盒将被中国现代文学馆保存。你会永久地活在人们的心中。在海的梦乡,巴老,你会安然吗?对了,就像小林说的,你会看着我们的,我们也会很好的,你放心吧。

“爸爸,你放心地走。妈妈,你放心地走。我们会很好的。”小林撒着亲人的骨灰,哭着说道,“爸爸,我晓得,你会一直看着我们的。”

二〇〇五年十一月二十五日·东海

《文汇读书周报》2005年12月2日　赵兰英

有你在灯亮着　你不在心亮着

今天是巴金102岁诞辰日,上午,这位文学巨匠那余温尚留的骨灰,伴着夫人萧珊的骨灰,随滔滔海水远行去了。他真的走了,但他的作品,他的思想却永远留在读者的心里。

“有你在,灯亮着;你不在,心亮着”。昨天下午,南洋中学校园里,传出阵阵朗诵声,师生们聚在一起表达着对老校友巴金的无限怀念。叶辛来了,赵丽宏来了,奚美娟来了,巴老胞弟也来了……人们不只为了送别,更是为了再次感受巴老的精神和人格,他高大无私的形象不断撞击着每个人的心灵。

1923年,年轻的巴金由蜀入沪,南洋中学是他在上海求学的地方。在此地,他开始了文学创作。1993年,巴金担任南洋中学校友会名誉会长,并为百年校庆题词。此后,巴老几度向南洋中学捐赠书稿,他的作品成了该校的精神财富。

巴金说过:“把我和这个社会连起来的也正是这个‘爱’字,这是我全部性格的根底。”今天,南洋学子传承了巴老的爱,表达着自己最真实的感动:校合唱团排演了根据巴金小说《团圆》改编的电影《英雄儿女》主题歌;文学社社员集体创作了诗歌;话剧社社员创作小品再现了巴金和萧珊分别的那一刻;校电视台制作了专题片《走近巴老》,他们用自己的热情谱写着一曲曲赞歌。

《新民晚报》2005年11月25日　雍榕

今晨巴金与夫人的骨灰一起撒入东海

今天是巴金诞辰102周年的日子。早上8点,位于武康路113号的巴金家门口,一身素装的李小林面色凝重,巴金的骨灰,和着一直摆放在巴金床头的爱妻萧珊的骨灰,从这里出发,开始他们撒向东海、永远融合在一起的旅程。

吴淞口码头早已戒备森严。8点35分,车队载着面色凝重的巴金家属,缓缓驶入。

码头2号出入口今天暂时停止了往来游轮的上下客,一艘名为“沪航三号”的普通游轮早已静静等候在码头,没有装饰,甚至没有明显的标记,朴素一如生前的巴金,除了家属和作协有关人士外,更多的记者和得知消息前来的群众被拦在了门外。

8点50分,“沪航三号”开始起航,向着东海方向慢慢前行,一个小时后,巴金家属将这对终身爱侣的骨灰,从东海口撒入大海。从今以后,巴金的爱将长眠在此,与自然同在。

《新闻晚报》2005年11月25日

金秋的西湖怀念巴金

怀念“人民作家”巴金

今天,巴金诞辰102周年;也是今天,按照他生前的遗愿,巴金和妻子萧珊的骨灰一起撒向大海;还是今天,在巴金最爱的西子湖畔,一个名为“巴金与西湖”的展览已经布展完毕,明天将正式开幕,让杭州读者能有机会在家门口感受到巴金的人生光辉。

昨天下午,位于杭州北山路穗庐的江南文学会馆里,工作人员一片忙碌,他们把一幅幅巴金各个时期的珍贵资料照片和手稿展示出来,甚至把巴金在创作之家时使用的生活用品也搬来了。26日开展时,一个巴金房间的原貌将呈现在参观者面前。昨天,江南文学馆副馆长吴一舟告诉记者,他们准备通宵工作完成布展。

据了解,这次展览将展出三百多幅图片以及众多的书信原件、巴金题词、巴金赠送给作家的签名图书。展览的很多资料都来自巴金研究会,但为了突出巴金与西湖,与杭州的渊源,展览也特别从浙江的作家手中,收集了很多珍贵的实物。作家盛钟健等人慷慨地拿出了自己的珍藏;作家薛家柱把很多年前巴金写给他的书信也拿了出来;而《江南》主编袁敏则把巴金女儿李小林赠与她的珍贵的巴金手模与大家分享。

明天,中国作协副主席、中国现代文学馆馆长陈建功、巴金研究会会长陈思和、《巴金全传》作者陈丹晨、巴金研究者李辉等都将来到西湖边,其中陈思和、李辉将进行“走近巴金”的文学讲座。昨天,早报记者通过电话连线采访了这些著名的作家和学者,通过他们,也许读者能了解更多关于巴金的点点滴滴,走近这位文学巨匠。

陈丹晨——《巴金全传》作者:他与杭州有特别的缘分

今天,陈丹晨将来杭州参加“巴金与西湖”的展览,昨天,说起这次的杭州之行,他立刻激动起来:“巴老和杭州有着特别的缘分,他曾经跟我说过他有三个‘家’,一个是成都,那是他的故乡;一个是上海,他二十多岁时就开始在那里定居,是他的第二故乡;另外一个就是杭州。”

这位被巴金的女儿李小林称为巴金的“小朋友”的学者,曾经和巴老有过多次的促膝谈心,其中最让他难忘的莫过于1993年,他与巴金在杭州的会面。“当时,巴老写信给我,想和我谈谈,我也正巧有话想和他说,于是我们两个就有意识地去谈话,没有想到,在西湖边一谈就谈了十二天。”

据陈丹晨透露,巴老之所以这么热爱西湖,主要是被西湖的“三好”所打动。首先是山水风景好,上世纪三四十年代,在上海忙于写作和出版工作的巴金喜欢在春天到杭州玩,在美丽的西湖山水中修身养性。

其次,西湖是一个激发创作灵感的好地方。陈丹晨举了个例子,巴老曾与陆蠡、丽尼等好友结伴在九溪十八涧游玩,清新的空气让大家感觉很惬意,于是突发奇想,决定翻译著名作家屠格涅夫的六部作品——《罗亭》、《贵族之家》、《父与子》、《前夜》、《烟》、《处女地》,每人两篇的份额,很快,巴老就完成了自己的任务《父与子》和《处女地》。

再次,西湖的人文环境给巴老留下了非常好的印象。无论是岳坟还是秋瑾墓,巴老对这些特别有感情,认为他们虽然已经远去,但永远活在人们的心里。

写过很多有关巴老故事的陈丹晨即将要出版一本回忆录《走近巴金四十年》。在这本十五万字的书中,他花了两万字叙述他和巴金在杭州会谈的内容,又因为巴金对西湖的情有独钟,他用整整一个章节讲述了巴金的“西湖之梦”。

李辉——巴金研究者:比较才能凸显他的独特

当我们纪念巴金的时候,我们都在说,巴金对于近百年的中国文学史有多么重要,为什么重要?明天,巴金研究者、《人民日报》编辑李辉将在“走近巴金”的讲座上,为杭州读者解答这个问题。

昨天,李辉告诉记者,他演讲的主题是“巴金和他的同时代人——从沈从文、曹禺、萧乾说起”。为什么在这次演讲中,要拿巴金和他同时代的作家进行比较呢?李辉说:“巴金的这种重要性,正是要把他放在大的社会范围内,拿他和其他大作家相比较才能够更好地体现出来,只有通过比较,巴金的独特性、丰富性才能突显出来。”

李辉要谈的沈从文、曹禺、萧乾这三位作家是巴金认为在他的好朋友中最有才气的。李辉将分析巴金和他的朋友们各自在创作上的特点、每个人不同的性格以及他们在社会变革中各自不同的政治取向。因为李辉和巴金的这几位朋友曾经都有过接触,他的讲座中将穿插很多生动的小故事。在李辉看来,他和杭州读者所进行的讲座更像是一次漫谈。

李辉曾经推荐说,巴金的《随想录》是可以一读再读的书。自巴金逝世以来,《随想录》再次成为人们阅读的热点。昨天,作为巴金研究者,李辉为不同的读者打造了不同的《随想录》阅读路径。

李辉认为,通过阅读《随想录》来了解巴金个人这是次要的,重要的是,《随想录》是巴金的心灵变化史,它记录了巴金对历史的思考和批判。阅读《随想录》,我们就能对上世纪 80 年代的思想解放运动有一个全面的了解。

李辉说,如果喜欢阅读情感类散文的读者,就可以读读《随想录》中《怀念萧珊》和《小狗包弟》等文章;当然,《随想录》中有很多历史的思考值得一读;那些年轻的读者或许会对那个年代产生隔膜,通过《随想录》,他们能够了解自己不知道的情况,了解巴金同时代的知识分子是如何走过来的,又是如何进行创作的……总之,在李辉看来,读者可以在《随想录》中读到的东西很多很多。

陈思和——巴金文学研究会会长:唯有阅读才能感受他

“一切爆发都有片刻的宁静,一切死亡都有冗长的回声”,一代文学巨匠巴金给我们留下了1500万字的文学作品。在陈思和看来,追寻和纪念巴金的最好方式就是阅读他的作品,因为唯有阅读,才能让我们感受到那属于巴金的永恒的青春。

昨天,身在上海的陈思和接受了记者的采访,在这位一直致力于研究巴金文学的专家眼中,将大师的作品介绍给普通的老百姓是当务之急。明天下午,陈思和将在杭州,以"巴金与文学史"为主要内容,让杭州的读者走近巴金,了解巴金。

在巴金去世后的这一个月里,一本旨在推广巴金文学作品和思想的丛书"你我巴金"正在紧锣密鼓的编撰中。"我们已陆续整理出一批数量相当可观的巴金日记、书信和有关档案资料。目前,巴老的名作《寒夜》的手稿本已经出版了。"陈思和的语气中流露着期待,他希望这套为普及巴金作品而诞生的丛书能够让普通读者亲近巴金,理解他的思想。

这次的丛书由陈思和、周立民主编,目前设有"新编文丛"、"手札"、"大家谈"和"巴金藏书图录"四个系列。首次推出的图书包括:"你我巴金新编文丛系列"的《海外行记——1979年至1984年出访日记及随想》等;"你我巴金大家谈系列"的《巴老与一个世纪——"走近巴金"系列文化演讲集》。

谈到后人应如何解读巴老的文学作品,陈思和表示:"巴老曾经多次说过,作家是以作品与读者交流的,他通过创作与翻译来完成自己的人格塑造,所以要认识巴金、学习巴金、评价巴金,都应该从巴金的写作实践出发,通过对他的作品的研读与阐发,来了解这位作家的伟大人格力量。"巴金走后,他留下的作品是否还能够拥有以前的影响力?陈思和坚定地回答:"巴金的影响对于后人是不会磨灭的,因为只要有人需要青春、需要友谊、需要爱情、需要正义、需要梦想,他们都会想起巴金。"

《今日早报》2005年11月25日

追思

悼 巴 老

——季羡林——

巴金老人离开我们,走了,永远永远地走了。此事本在意内,因为他因病卧床不起有年矣。但又极出意外,因为,只要他还有一口气活着,一盏明灯就会照亮中国的文坛,鼓励人们前进,鼓励人们向上。

论资排辈,巴老是我的师辈,同我的老师郑振铎是一辈人。我在清华读书时,就已经读过他的作品,并且认识了他本人。当时,他是一个大作家,我是一个穷学生。然而他却一点架子都没有,不多言多语,给人一个老实巴交的印象。这更引起了我的敬重。

我觉得,一个作家最重要的品质是爱祖国,爱人民,爱人类。在这三爱的基础上,那些皇皇巨著才能有益于人,无愧于己。

巴老一生创作了大量的作品,在国内外广泛流传,特别是他晚年那些随笔,爱国爱民的激情,炽燃心中,而笔锋又足以力透纸背,更引起了广泛的注意和反响。

巴老!你永远永远地走了。你的作品和人格都会永远永远地留下来。在学习你的作品时,有一个人决不会掉队,这就是九十五岁的季羡林。

《人民日报》2005 年 10 月 25 日

伤 逝——怀念巴金老人

——黄 裳——

10 月 17 日晚饭后,我正在电视机前观看神舟六号飞船胜利返回的新闻。电话传来了巴老逝世的消息。我没有吃惊,依旧平静地看完电视。可是上床休息却一夜无眠,六十年来与巴老往还的往事,纷至沓来,次第上心,不能自已。真是没有法子。想想只有将这些如尘的记忆片断,捉到纸面上来,作为对老人的纪念,才能获得心的平静。

我最早见到巴金,是 1942 年冬,在重庆。当时我只身入蜀,举目无亲,只带了他的三哥、我的老师李林的一纸便条,把我介绍给他。便条上什么都不敢写,只报告平安而已。巴金的话不多,但却热情地接待了我。记得曾介绍我去吴朗西在沙坪坝开的一家寄售商行,卖去了一件大衣,作为生活费。他还将我所写的旅行记事散文,介绍给“旅行杂志”。得到在重庆的第一笔稿费。

我们见面不多,不过两三次。谈话也简短。这以后,我就走到军中,当一名翻译官。在昆明、贵阳、印度都曾收到他的来信,都是商量把我发表过的散文收集起来的事。他也真不怕麻烦,为一个年轻人做这些琐碎的事。最后编辑成书,就是由他以编委身份,收入中华书局的“中华文艺丛刊”的《锦帆集》,时在 1946 年。这是我的第一本书。没有他,我不会走上文坛。

这以后,就是编入文化生活出版社的“文学丛刊”的《锦帆集外》,他是出版社的总编辑。取回原稿一看,着实令我吃惊而脸红。那些零乱的底稿,一一都由他用红笔改定,连标点也不放过。例如我喜欢写的“里”字,也一一改成“裏”字。从此我才懂得做编辑工作的责任与辛苦。当时他已是名作家,却肯埋头做这些“小事”。想来从他身上受到的教育、影响又何只此一端。他是大作家,又是伟大的组织者,从他手中推荐了多少新人,为文坛添加了如许新生力量,这许多,都是在默默无言中完成的。

1946 年后,他定居上海卢湾区的淮海坊 59 号。这时我已成为他家的常客。因工作忙碌,我不常回家吃饭,经常在他家晚餐,几如家人。饭后聊天,往往至夜深。女主人萧珊好客,59 号简直成了一处沙龙。文艺界的朋友络绎不断,在他家可以遇到五湖四海不同流派、不同地域的作家,作为小字辈,我认识了不少前辈作家。所谓"小字辈",是指萧珊西南联大的一群同学,如穆旦、汪曾祺、刘北汜等。巴金工作忙,总躲在三楼卧室里译作,只在饭时才由萧珊叫他下来。我们当面都称他为"李先生"或"巴先生",背后则叫他"老巴"。"小字辈"们有时请萧珊出去看电影、坐 DD'S,靳以就说我们是萧珊的卫星。我还曾约他们全家到嘉兴、苏州去玩过,巴金高兴地参加。1956 年我重访重庆,在米亭子书摊上买得巴金祖父的木刻本诗集,回沪后送给他,他十分高兴。巴金是喜欢旅游的,不只是对杭州情有独钟。

巴金也喜欢坐咖啡馆,随意聊天。没有什么郑重的话题。他没有宣传过什么"主义",对文学批评也并不看重,虽然他和李健吾有深挚的友谊。他也偶尔对某些作品作些评价。我问过他,最出色的译本是哪一部,他脱口而出地答道,"鲁迅译的《死魂灵》"。他还说过胡适的白话文写得好,一清如水。他对徐懋庸是有意见的,但从未听他背后的议论。

巴金也有激动的时候。一次他和吴朗西、朱洗等在家里讨论什么问题,大概是有关文化生活出版社,大声争论,我枯坐一旁,听不懂也无从插嘴。

他还关心过我的恋爱生活,出谋划策。后来先室之丧,在告别仪式上,我发现有一只署名"老友巴金"的花圈,着实令我感动,其时他住在医院已好几年了。

为李林墓碑设计,我曾提出请马夷初写墓碑,被他立即否决了。后来是请钱君匋设计的。

他喜欢买书,也喜欢赠书。我陪他走过不少西文旧书店,店夥都和他熟识,有好书都留给他。他的版税收入,大半都花在买书上。他喜欢将新出的书送给朋友,不论是自著还是别人的作品。因为经常见面,所以得到他签赠的书很多,有些是新刊的小册子,后来很难搜全了。至于大部头如"全集""选集",更是高兴地持赠,仿佛是夸示自己新生的孩子似的递过来。他的译文集曾有香港三联版,印得很精致。后来又出了台湾版,大本精装一叠,又欢喜地取来相赠。最后是"人文"本的译文全集。他实在又是一位出色的、成果累累的大翻译家。我最喜读的是他译的赫尔岑的《一个家庭的戏剧》,是一部难得的译品。我喜欢搜集亲近师友的著作,力求其全。不知何以不为某些人理解,加以讥嘲,真不可解。他迁居武康路宅时,我曾帮他搬过书,一束束洋书,搬上二楼他的书房,吃力得很。他真是位大藏书家,浩如烟海的卷册,生前多已捐赠各大图书馆。他还有个遗愿,想完成一座"尧林图书馆",纪念三哥。我多次看到新华书店按时给他送来新出的图书,一次就是几十百册。可见他爱书的豪情。

有人认为,巴金当了好几届政协副主席,又当了多年作家协会主席,就认为他当了官。其实我觉得他对当官毫无兴趣。虽然在医院病房门口总有几位战士在卫护,出游时有车队,浩浩荡荡,对这些他都觉得没有什么意思。平常闲谈,也从不涉及官场。在我的记忆中,只记得他曾提起周扬曾劝他入党,也就是闲谈中的一句话,没有深论。他多次去北京,也会见过高端政要,他都没有细说,只有胡耀邦请他吃饭,他说得较详,也有兴趣。

他喜欢西湖,晚年曾多次到杭州休养。1983 年秋,还从杭州到鲁迅的故乡绍兴去过一次,我与内人陪同前去,黄河清(源)也同行。他的兴致好得很,虽腿脚不便,也还到了禹陵;在三味书屋坐进鲁迅当年读书桌的小凳子,顽态可掬。在百草园照了相,是他晚年最从容、最健康,也照得最好的一帧。

一次单位搞个人鉴定,我请他给我提意见,他指出我"拼命要钱"是大缺点。这批评是确切的。因为买旧书,钱总是不够用。于是预支版税算稿费,编书也要编辑费(如《新时代文丛》),无所不用其极。为了买书,一次还向萧珊借过三百元,自然没几天就还了。可见他对我的批评也是说真话的。大型文学刊物《收获》一直是他主持着,八十年代我给《收获》写稿,没有一次退稿。但有两次小事可以看出他的处事风格。我有一篇《过去的足迹》,是写吴晗的。篇末有许多文字被他一刀砍掉了。还有一篇当中有对老友不敬的话,也被他删去了。两次都没有同我商量,只是由编辑转告,对第二篇的处理,说明将来编集时可以补入。我非常佩服他这种处事风格。觉得有如在大树密荫之下安坐,是一种幸福。

他总是劝朋友多写,多留下些东西。他苦口婆心地劝曹禺完成剧本《桥》,在病房里也是如此。他对我也总是勉励,每次见面几乎都希望我多写。回思往事,至今不敢懈怠。

他晚年完成的巨作《随想录》,在香港《大公报》的副刊"大公园"连载,曾引起一些流言蜚语。我也在"大公园"上写了一篇读后感(收入《榆下说书》),他曾当面称赞我说得好。这是少见的夸奖。不是说文章写得如何好,只是可见一时舆论风气而已。《随想录》陆续发表,不同意见也层出不穷。一时风云雷雨,作者的感受就像在太空飞行的航空员一般。但我在闲谈中从未见他有任何表露,沉着得可惊。所有细节我都是从侧面了解的。

写到这里,来了一位记者,问起许多古怪的问题,小故事,关于巴金的"小故事",我回答不出,手足无措。好容易送走了客人,拿起一本《随想录》来读,随手一翻,翻到一篇《大镜子》,读罢身心通泰,写得好,是上好的散文,也是上好的杂文。文章中有这样几句话,"我不需要悼词,我不愿意听别人对着我的骨灰盒讲好话"。好像正像两天前他讲的话。我记起他曾对我说,《随想录》就是当作遗嘱来写的。当时着实吃了一惊,觉得刺耳,也手足无措过。现在想来,他并不曾说谎。《随想录》就是一本讲真话的书,虽然有的人读了不舒服,但她要存在下去,直到谎言绝迹那一天为止,她也就自然灭亡了。

"文革"后期我陪黄永玉到武康路访问过一次巴金,这是暌隔了十多年后第一次相见,使我出惊的是,他的头发全白了。永玉是带了沈从文的问候来的。他一家都住在楼下的客厅里,别的房间全封了。萧珊不久前过世,他的神情落寞得很,话更少了。我们坐了一会就告辞了。得以从容访问长谈则是八十年代初期前后。

巴老逝世,是中国文学界的大损失,损失了一位领军的人物。他享年 101 岁,但依然站在时代前面。记得过去谈天时,我曾对新出现的作者文字不讲究,不够洗练、不够纯熟而不满,他立即反驳,为新生力量辩护,像老母鸡保护鸡雏似的。他是新生者的保护者,是前进道路上的领路人。他的两项遗愿,一是现代文学馆的建立,现在已初步建成,日益壮大;另一项是"文革博物馆"的实现,倡议已得到广泛的拥护、认同。应可无憾。匆匆急就,写此小文,以为巴老纪念。掷笔惘然。

2005 年 10 月 19 日

《文汇读书周报》2005 年 10 月 28 日

Adieu! 敬爱的先生!

——杨 苡——

虽说是早有服从自然规律的心理准备,但毕竟一次次被宣告病危之后却又抢救过来了。巴金老人总是像奇迹一样地死而复生!我在嘲笑我自已,是否有些侥幸心理呢?甚至还痴痴地想象着、等待着。我们的巴金先生会不会也在暗自笑着。虽然他多想笑出声来,用他浓重的四川话说:我还活着。你们说是奇迹,我只能忍耐!

过早逝世的大哥、三哥,被那个时代摧毁了的萧珊,他们的寿命全在他身上弥补过来,他顽强地活下来了。躺在那白色洁净的病房里,心上掠过这个那个影子,脑海里绝不会是一片空白!坚持下去就算是胜利吧,可也是101岁的高寿了。活得太累、太苦!曾经被人泼过污水,被人詈骂、侮辱、推搡过,可都挺过来了。这么多年又有谁能这样忍受着病魔百般欺凌,又有谁能如此平静又温顺地接受医护人员的呵护和治疗!他心中永远洋溢着爱,他爱他周围的亲人、朋友和外面所有的读者,他得到了同样的爱。这正是他一生中执著追求的!

就让他安心地离去吧!老人的亲友们眼中含着泪水送他。这难以割舍的亲情、友情,撕裂着所有牵挂着他的心。真的不希望再给他增加一分痛苦了,为他着想一下吧,他太需要休息了!很长一个时期,我们都懂得说真话是很累人的,敢于倾吐真情几乎是一种奢侈,可是在巴金能用笔的时候,他笔下的文字却像飞镖一样向种种不合理的现象掷去。完全不是为了自己鸣冤叫屈,更不是为了报复,只是为了揭穿那些封建的、丑恶的却用漂亮的言语遮盖着的行为!

那些亲热地唤他"老巴"的老友都早已作古,他们在静静地等着他。称他为"巴先生"的又一代恐怕也只有两三个人了,也许只有黄裳和我,我们也拖不动脚步,无法走向巴金老人的病床前!漫长的一生走到了尽头,风里雨里也就这样闯过来了。我们从三十年代就喜欢说的 Life is to give, not to take,做起来是很难的,但是巴金先生始终记得给予而不是索取!

Adieu!敬爱的先生!

Adieu!我们那一段开着粉红花朵的绿色年华!

我的眼前呈现了这样掷地有声的誓言:

"对一切旧的传统观念,
一切阻止社会进化和人性发展的不合理的制度,
一切摧毁爱的势力,
我决不妥协,我控诉!"

"我的爱,我的感情不会在人间消失!"

2005年10月17日急就

注:Adieu,法语,永别了。

《文汇读书周报》2005年10月21日

死亡绝对不会战胜——纪念巴金先生

——巫宁坤——

巴金先生多年卧病,谢绝亲友探视,这是媒体早已报道的。今年10月,我和妻子从华盛顿回天津探亲,10月7日飞往上海,心里惦念着巴老的近况。因为知道不便去医院探视,我们便在10月8日上午专程前往武康路巴老家中,探望多年不见的巴金和萧珊的爱女李小林。

小林用相当平静的语调给我们讲了巴老近日来每况愈下的病情,感到万般无奈;又回顾了父母在"文革"期间遭受无比残酷的迫害,尤其是萧珊被迫害致死的情况。虽然她竭力控制自己的感情,我们却已感到惨不忍闻了。

后来,小林又陪我们到楼后的花园去看看。碧草如荫,可惜主人已不见。我自然回想起十年浩劫之后,我曾来上海探望巴老,陪他在草坪上散步谈天,主要是谈到一些老朋友不幸凋零或者九死一生。我们当然都痛感到萧珊已不在眼前……

我们匆匆告别小林,心里有一种不祥的预感,我们只能为巴老祈祷了,可也不知道应祝愿他再次战胜病魔,还是祈求让他从多年的病痛煎熬中解脱。

10 月 17 日晚间,面对死亡终于夺走巴老生命的残酷现实,我既感到悲伤,也感到宽慰,巴老终于从九死一生的苦难中解脱了,更重要的是我想起了英国诗人狄伦·托马斯那首名诗《死亡也一定不会战胜》,其中每一个诗句,都是讴歌巴金绚丽多彩的一生,讴歌他为真理献身的不折不挠的斗志。

巴金先生,安息吧。死亡夺走了您和萧珊的凡躯,你俩生死不渝的爱情,却超越了生与死的魔障,您在千百万字的作品中倾吐了对人类的爱,也一定会永存。

死亡绝对不会战胜。

2005 年 10 月 18 日

附:死亡也一定不会战胜

(And Death Shall Have No Dominion)

——[英]狄伦·托马斯作　巫宁坤译——

死亡也一定不会战胜。
赤条条的死人一定会
和风中的人西天的月合为一体;
等他们的骨头被剔净而干净的骨头又消灭,
他们的臂肘和脚下一定会有星星;
他们虽然发疯却一定会清醒,
他们虽然沉沦沧海却一定会复生,
虽然情人会泯灭爱情却一定长存;
死亡也一定不会战胜。

死亡也一定不会战胜。
在大海的曲折迂回下面久卧
他们决不会像风一样消逝;
当筋疲腱松时在拉肢刑架上挣扎,
虽然绑在刑车上,他们却一定不会屈服;
信仰在他们手中一定会折断,
双角兽般的邪恶也一定会把他们穿刺;
纵使四分五裂他们也决不会屈服;
死亡也一定不会战胜。

死亡也一定不会战胜。
海鸥不会再在他们耳边啼
波涛也不会再在海岸上喧哗冲击；
一朵花开处也不会再有
一朵花迎着风雨招展；
虽然他们又疯又僵死，
人物的头角将从雏菊中崭露；
在太阳中碎裂直到太阳崩溃，
死亡也一定不会战胜。

《文汇读书周报》2005年10月21日

祭吾师巴金

——黄宗江——

巴金终于走了，弃世而去了；其实他早就难言难语了，象征性地活了多日多月多年，但他一生的言语使他永生。

人常妄言永生，永恒，狂呼“万岁”，其实没那么八宗事。尤其“万岁”一词源出封建王朝的山呼，多少人上人，如希特勒，乃至超希特勒之流，自期“流芳千古”，却遗臭都难，人们、人民、人类一提他们就烦，不能不一提他们只为警惕各种类型祸害人世的恐怖主义。

所以我是同意少喊或免喊“万岁”的，无论对人物或事物。然而对巴金的亡故，我怎么最想高呼哀呼的却是“说真话者万岁”呢？因为吾师正是一位伟大的说真话者。巴金常说他自己是个普通人，的确普通，并且他的普通话说不好，总是带着四川味，如他书中的人物觉新、觉慧……如他的哥哥尧枚、尧林……但是他决心说真话，尤其在劫后余生中，在《随想录》中。

说真话就这么重要吗？就是！说真话就是说人话，说真话才通达到真正的人际交流。说真话不一定说的就是真理，然而唯说真话才能达到真理，人民人类所憧憬的自由、民主、平等、博爱……世间各种教派、政派各所呼唤的世界和平、世界大同、英特纳雄耐尔……人间天堂才能出现于宇宙。

值此时刻，我想起了苦难，苦难中的巴金。他以及比他小近20岁的我，都是生长在苦难的时代，国耻重重、忧患重重的时代。我最初读到他的作品，是在上世纪三十年代初期，我正在青岛上初中。家门口有个“荒岛书店”，是地下共产党人开的，我或站或坐、或搬回家来读的书，就有冰心的《春水》、《繁星》，鲁迅的《呐喊》、《彷徨》，周作人的《自己的园地》，还有苏联的《铁流》、《毁灭》……此中最使我触目惊心的是巴金的《灭亡》与《新生》，还有他译的《夜未央》。那里面火热地提到革命，提到生死搏斗，虽然我也闹不清是什么样的革命，总之是推翻不合理、压榨人的社会，呼吁着旧的“灭亡”，新的“新生”。总之我是在这“荒岛”的丛书中听到了人的呼声。

随后，我到了天津。上了南开高中，遇到了我的一位恩师，英语老师李尧林，他是李尧棠（即巴金）的三哥。他使我解读了雨果《悲惨世界》里的警句：“生命不是取，而是予。”（“Life is to give, not to take.”）尧林师又使我解读了王尔德的原文《快乐王子》，叙述立在街头的一个王子的铜像，其身上的华丽金片，乃至最后的宝石眼睛，都请一个小燕子啄去，送达了王子伫立街头望到的不幸人家。最后王子只剩下一身破铜烂铁，为王子奔走的小燕子也疲惫地倒在了王子脚下……后来我又见到了巴金的译文。当巴金的《家》出现的时候，我和同班同学黄裳不禁总在尧林老师的身上寻找“觉民”的影子，当然地没寻到什么，或说想象地寻到了许多。后来和巴老通信成集，成为知交的杨苡姐也屡屡提到巴金特喜爱的《快乐王子》和雨果的取与予的警句。我师，我姐，我们均可说没什么宗教信仰乃至政治信条，但我们所宗都是斯时斯地以人为本的人本主义、人文主义、人道主义。

上世纪四十年代初期，我在上海做话剧演员，常去尧林师住的霞飞坊，也就是巴金在上海的旧居。我望着满壁的图书，虽无入庙堂之感，却有得入“陋室”之幸。我是怎样初见巴金本人的，记不得了。只记得已是抗日胜利后的上海，黄裳带我去的，他早就以尧林弟子的身份拜识，巴金已帮他出了不止一本书。解放前夕，我写出了自己第一部成型的话剧《大团圆》，是巴金为我出的我的第一本书。时我正肺病卧床近两载，黄裳送书来，对我说：“老巴说他北京话不行(我的剧本写的是北京人讲的北京话)，可能错校不少。”多年来，我不止一次翻阅，未见一字之错。巴老不但是一位了不起的作家、翻译家，还是一位了不起的编辑家。他从来不是一位社会活动家、文坛活动家，却做了最重大的活动——为年轻人出书，出第一本书，甚至亲自校对。这些人包括后来大大知名的曹禺、李健吾、刘白羽……，还有失名而又复出的七叶诗人、无名夭折却在为数不多的读者中仍有记忆的如郑逸文……巴金做了多少好事！

“相濡以沫”的时代过去了，进入了“明朗的天”。我只是个很少出席大场面的部队准作家，但我记得最清楚的，是一日晴空无云，亦无敌机，在朝鲜战场上，巴金乘了一辆吉普找到了我，双方并未讲多少豪语，却是感动于并未“相忘于江湖”。多少年过去了，抗美援朝过去了，有多少记载往事的作品，能像以巴金小说《团圆》为蓝本的影片《英雄儿女》那样被人反复观看？“向我开炮！”当然巴金不是王成，但是巴金写了王成。

又多少年过去了。另一个极不相称的镜头，也使我永难相忘。又一日晴空明朗，“文革”后期，我和小妹宗英均已“按人民内部矛盾处理”，“监督使用”，我们行走在上海淮海中路上，宗英忽停步，低声顿呼：“大哥，巴——”又多年后，我问宗英，你是唤了声“巴——”，是巴金，巴老？……宗英说不记得了，也许什么都没喊。巴和我们只注目相视无语，我们只有相视无语。宗英和他似还常见，或在过一个“学习班”之类，二人说了几句还好吧之类。不像在朝鲜我们那样说个没完没了，我只见到一位白发苍苍瘦骨嶙峋的老者，似曾相识恍如隔世。那时我还不知道萧珊已去。

我尤记得一日萧珊请我吃晚饭，巴金当然坐陪。是在淮海中路上白俄开的餐馆“Renaissance”，是否标明中译“文艺复兴”记不清了，却还记得吃的是荤素均宜的奶油烤蔬菜，是生平所仅尝的美味。归营(那时我在军中一文艺团体故可称营)，团长和教导员对我说，一文化首长来访，我未能迎候，他听说是巴金请我吃饭去了，撂下了一句“不知道黄宗江今后会怎么发展……”

我总要发展的。后来我去援越抗美敌后活动，游击队里和越南诗人江南共饭。斯时《人民文学》上发表了相互并不相识的江南与巴金的通信。我向江南偶然说起，巴金不是中共党员，江南沉吟片时，严肃地说：“这样的人在越南早就入党了。听你说了，我们更尊敬中国共产党了……”进入“文革”，我在多种感慨中有这样一感：这样我们是不是难被尊敬了？

难被尊敬的日子终于过去了。毛主席纪念堂开放，我在列队中等待进入。我旁边是一位至高的文化首长，过去我是很难和他列在一起的，现在倒平等列队了。等候的时间甚长乃作闲谈，我告诉该首长，我最近去过上海，见过老巴。他问：“他在做什么？”我答：“还在写吧。”“写什么？”我随口而答：“回忆录之类吧。”他说“他没什么可写的……”！！！近年来常见首长笔下言及他如何无言垂泪于巴金病榻前，可见并未忘也是巴金为他出的第一本书，我不免钦佩这种良知的显现。

我们应有良知。我们——不少的作者群与广大而又广大的读者群是不会忘记巴金的。日来常有人提到巴金梦寐思之的愿望,建立现代文学馆终于实现了。还有一个愿望——文革博物馆,我们是不能忘记的,“前事不忘,后事之师”。我人微言轻,唯有力学巴金师说真话。

巴金亡也,再无语言、再无岁月,但我想山呼:说真话者长青!

《光明日报》2005 年 10 月 21 日

一点记忆　一点感想

——贾植芳——

巴金以 101 岁高龄告别人世,不少媒体来电采访。我读巴金的书很早——还是上世纪二十年代末,我和哥哥在太原读中学一年级时,我哥哥回家结婚,走前给我留下二十块钱,我除了在小饭馆改善生活和吃零嘴之外,到一个体育用品公司去胡乱买书,那时候对新文学一点都不了解,只是盲目买书,在买朱光潜的《给青年的十封信》时,看见巴金的《灭亡》——小开本,封面是黑、白、红三种颜色,因为封面对照分明,书名也很醒目,我便花七毛钱买了一本。我自青年时代以后,便被卷入时代的风浪中,颠沛流离,屡陷囹圄,饱经忧患,自顾不暇,尤其在 1955 年的“胡风冤案”后,被监察及监督劳动二十余年,当年读《灭亡》的什么印象,也全都忘了。

“文革”结束之后,“胡风集团”冤案尚未彻底平反,但我已被解除监督,恩准回复旦中文系,发配资料室,在监督下工作。这时中国社科院牵头要编辑一套中国现代文学资料丛书,复旦承担了其中的《巴金研究资料》,由我主编。在编辑过程中,巴金著译目录中二三十年代的有些宣传“安那其”的文章是否收入,不得不当心——因为当时“文革”刚结束,人们对现代历史的复杂性还没有那么高的认识水平,多少年的老习惯更养成一批专门找茬的人。在这种情况下,我们系的总支负责人同意以不收为宜,但为了尊重历史,我想还是请巴金自己决定,于是由当时在复旦中文系读书的巴金的儿子——后来也成为作家的李晓,联系好见面的时间,去武康路巴金的寓所拜访。

翻翻日记,这次会面是 1980 年 3 月 13 日。那天下午,我冒雨偕两位年轻同事坐公共汽车去武康路巴金的寓所访问。巴金住的是一座花园洋房,我们进门时,他已在门厅相候,见到我首先说:“多少年不见了。”坐定后,我问候了他的健康,他说:“我身体不如你。”巴金家的客厅很大,他妹妹为我们倒上茶。我当时抽烟,巴金看我拿出香烟,说:“你看,我现在不抽烟,忘了给你准备烟了。”于是招呼他妹妹拿了一包当时的高级香烟——中华烟下来,而我那时只抽得起一毛二分钱的勇士牌。他说起“文革”中的 1967 年,他被揪到复旦批斗,住在六号楼。他把被批时间、开批斗大会时间、准许回家时间都记得很清楚。对收他的早期政治理论文章,他说怕有人又说他宣扬什么主义。说起 1962 年他写的《作家的勇气和责任心》,他说“文革”开始,他就把它烧了,但在写字间烧错了,把他在上海文代会上的开幕词当作这篇文章烧了。后来稿被抄出,被当作他的罪证到处印发。他也赞成在专集中收原文。他谈了关于他的一些书的译本问题,表示愿意把外文译本借给我们,说着就动身去楼上捧出一叠书,共五本,三本法文,一本英文,一本德文。他那月 20 日去日本,4 月底回来,约好回来时再看他的著译书籍部分的目录。这次访问约费时一时许,我们告辞而去。此后在八十年代中,我们夫妇到华东医院看望施蛰存、陈子展两位先生,听说巴金也在医院疗养,便赶去探望。巴金的弟弟陪着他,对他说:“老哥,你不要担心,人家知识分子照样写作、教书。”但巴金心事很重的样子,一直沉默,一言不发。告辞时我说:“李先生,我走了。”他想起来,但站不起来。他弟弟和侄女把他扶起,把我们送到门口。

说起来，我和巴金也就这么两次直接交往。巴金辞世，我也收到了讣闻，但我年已九十，不能去参加追悼会。一些年轻朋友说，就写篇文章作为悼念吧。但写什么呢？我的日记在1981年6月2日记着，我的一位青年朋友当天下午送来一张当年5月25日的日本《朝日新闻》(夕刊)，那上面有该报上海特派员田所的巴金访问记。其中巴金对记者说："批判胡风那时，由于自己的'人云亦云'，才站在指责胡为反革命的一边。现在他已恢复了名誉，并没有所谓反革命的事实。我对于自己当时的言行进行了反省。必须明白真相才能行动。"这是我见到的第一个为自己在"反胡风"运动中的错误向国外发表声明的中国作家，其实运动当时，那样的人在中国如恒河沙数也。

十卷本的《巴金译文集》出版后，我特意去买了一套。这里面收有巴金未译完的赫尔岑的不朽巨著《往事与随想》。赫尔岑的这部回忆录，是一部名副其实的真实的书，不朽的书，它将永远存在——巴金就是在这部书的启发下，写出了晚年的主要作品《随想录》，在这部书里，他把自己多年的曲折经历和痛苦忏悔写了下来。关于这本书，我在1987年为《巴金年谱》写的序言中这么说过：

> 老托尔斯泰说："人一生的幸福是能为人类写一部书。"我在生命的暮年时刻，有幸读到巴金先生用他颤抖的手，蘸着自己的血和泪所写的那部大书——《随想录》，——这部在内容和意境上远远超过了卢梭的《忏悔录》的巨著，感到无比的慰藉和兴奋。因为我看到了一个灵魂里淌着血的负伤的中国知识分子的形象，它既是中国良心的真实表露，也是人类理性胜利的生动记录。

如今巴金已经告别人世，人世的是是非非、纷纷扰扰已经不能再打扰他分毫，愿他的灵魂安息吧！

2005.10.22

《文汇报》2005年11月7日

我们很想念他

——周巍峙——

我年轻的时候，在上海就读过巴老的小说，后来又看到由他作品改编的电影、话剧等，深感到他对进步社会的执著追求和对旧社会的强烈憎恨。

我与巴老的接触更多是在"文革"之后，他勇于讲真话，《随想录》出版后，他送了一套给我。讲真话应该是做人的基本态度，但在特定条件下，是需要勇气的，从一定意义上说，讲真话也是寻求真理、坚持真理的基础。他的《随想录》也是他多年的经验之谈。他的作品，他的为人，令人佩服，尤其是在讲真话、交心方面。他的作品很伟大，人品很高尚，洋溢着浓浓的民族情、爱国情。曾有电视台给他拍专题片，他请我题词。我写了"真话、真心、真情"，我认为这三点最能代表巴金。巴老很高兴，就将此作为片名。

这些年来，我每到上海出差开会，都要去看望一些老人，如贺(绿汀)老、巴老。我去巴老那里至少有八次，每次去看望他，都感到很亲切，大家随便聊天，巴老对中国文艺界的情况，对北京的情况都很关心。

1998年的一天，我和王昆一起去看他。他坐在一张小凳子上，王昆为他唱歌，唱《北风吹》，唱《南泥湾》，王昆还用四川方言唱了首四川民歌《槐花几时开》，他听得很高兴，话不多，只说：

"好","像",笑容满面。我说:"你一天天好起来。"他对我笑,是很天真、很憨厚的笑。

他住院期间,我还看望过他两次,他不能讲话,我在他耳边讲王昆为他唱歌的事,他把我的手握得更紧了,他是有知觉的,那一刻让我非常感动。他想念着许许多多的朋友,我们也很想念他。

巴老的作品,巴老的为人,让人佩服,让人崇敬。他虽然走了,但他和人民永远心连心,他永远和人民在一起。

《中国艺术报》2005 年 10 月 21 日

和巴老同醉

——秦　怡——

我和巴老在上世纪六十年代接触得比较多。那时,我们电影厂要拍他的作品《家》,所以我同他以及他的夫人都有所接触。当时,他家离我们家很近,因此我也去过他的家几回。他夫人经常为作协举行文学作品的欣赏会或座谈会。以后,有一段时间,我先生和巴老恰好都在黄山休养,因此我们与巴老夫妇有较多的往来,他的夫人萧珊还经常为我们烧制黄山的特色菜肴。巴老给我的印象就是他非常平易近人,没有架子,虽然作为作协的领导,但是没有领导的架子,是一个彻彻底底的作家。

"文革"时,我在干校劳动的地方离他劳动的地方虽然很近,但是我们从没有见过面。"文革"以后,赵丹、巴老和我被先后释放出来了。由于我们都与日中友好协会的前任会长中岛健藏很熟,因此在接待外宾的时候,我们又接触过几次。我清楚地记得,1977 年,我们大家聚在了一起,中岛健藏先生也在场。因为刚刚获得了自由,因此大家就说:"我们为自由而生,从不会离开自由,今晚我们一定要喝点酒。"那天,我们都喝得比较多,巴老也有一点醉了。巴老平时给我们的印象是比较严肃的,可是那一天,他却像个孩子一样,也跟我们躺在了地上。

巴老的夫人萧珊是在"文革"中去世的,当时他很痛苦。即使是"四人帮"倒台了以后,巴老在怀念萧珊时仍感到痛苦。以后,他就很少出来了,或根本就不怎么出门了,而是呆在家里写作,直至后来病了。我曾经看过他写的纪念萧珊的文章,非常感人。萧珊去世时我也没有自由,所以也没能去看她,这是一种遗憾,尤其是看了巴老的纪念文章后,更是勾起了我对她深深的回忆。

巴老给我的印象是,他不多说话,总是微笑着听你说,然后乐呵呵地应着。他始终坚持着他的理想,做自己想做的事情,写自己想写的文章。他的文章非常有生活气息,非常吸引我们,很多从封建家庭出生的人看了他的文章都很有感触。他的心态很好,为人正直,不容易激动,能控制住自己的情感。巴老正义感很强,同时,巴老为人还非常谦虚。我们在一起讨论演戏的时候,他一般只是坐在一旁,不多说话。我们请他说几句,他总是谦虚地说:"我不懂,就听你们谈吧。"

不喜欢抛头露面,不喜欢被人奉承,不喜欢出风头,这就是巴老给我的印象。他始终坚持他的心愿,80 多岁了还在不断地耕耘。巴老的精神值得我们学习!巴老值得我们永远怀念!

《中国艺术报》2005 年 10 月 21 日

永远留在我们的记忆中——悼念巴金大师

——彭荆风——

巴金先生走了!

10月17日晚上,从昆明、上海、北京打来的电话,发来的短信不断,都是哀告这一噩耗;虽然巴金先生早就越过了百年高寿,如今又是久病之后远行,但是这位伟大文学巨匠的去世还是令我心神烦乱,长久黯然,窗外那水溶溶的月光,也突然变得如寒霜般冰冷……

我在电话里感伤地对朋友们说,我这个很少服用镇静剂的人,今晚不吃安眠药是不行了;但一颗两颗下去,还是思绪烦乱头脑涨痛,长久难以入眠地想起许多与巴金先生有关的事,特别是1956年在上海、1985年在北京的两次与他见面,虽然过去了许多年,大师的音容仍然宛在。

我少年时代就爱好文学,接触中国新文学都是从鲁迅、茅盾、巴金、沈从文……这些文学大师的作品开始的,我还记得抗日战争时期,还是初中学生的我,在星期天、在晚自习时悄悄放下作业如醉如痴地读着巴金先生的《灭亡》、《寒夜》、《家》、《春》、《秋》、《雾》、《雨》、《电》、《火》……

抗战时期物资匮乏,在大后方印行的书籍都是用草浆制成的又脆又黄的土纸印刷,一不注意就会卷边破碎,但我这个平日处事大大咧咧、被人看作有些顽皮的少年,出于对作家的尊敬、崇拜,却十分小心地捧读着这些从图书馆借来的书,唯恐稍有破损、污染,以后再也借阅不成……

在当时,巴金先生是我们这些文学少年心中崇拜的对象,特别是得知巴金先生才24岁就写出了中篇小说《灭亡》,28岁又写出了经典之作《家》,我更是惊讶、佩服,也深感我那时已是十四五岁、快接近青年了,还在作文本上被国文(语文)老师严厉地批点,深感无能、有愧。我该努力、更努力!

像我这样一个初中二年级还没有读完就家贫失学的人,后来能在艰难的生活中闯荡,走上革命道路,并百折不挠地走下去,成为一名作家,虽然有诸多因素,更多的是从少年时代就受到鲁迅、茅盾、巴金、沈从文等文学先辈的熏陶,特别是巴金先生作品中所塑造的那些有血有肉有个性,有革命倾向,敢于与恶势力作斗争的人物深为我热爱,也愿对文学执著地追求!

那份尊崇之情,现在想来还很动人!

新中国成立后,由于时代的大变迁,许多来自旧社会的作家因为一时间不适应,或被人误解而黯然失色,不少人不得不放下手中的笔,但心中时时烧着一团火的巴金先生却能够勇于迎着汹涌的潮流而上。上世纪五十年代初,朝鲜半岛战事一起,他就毅然脱下西装身着军服前往朝鲜战场;他不是去参观,而是不惧危险深入炮火密集的前线,把自己完全融入了战斗者当中,也深得战士们的喜爱、尊敬,写出了那么多描述英雄事迹的散文、报告文学,特别是那篇充满了激情、诗意和战地情调的散文《我们会见了彭德怀司令员》,在当时更是成了家喻户晓的作品,今天仍然是中国军事文学宝库中的不朽经典!

上世纪六十年代抗美援越战事一起,他又是身着戎装远赴那亚热带南方战地。那场战争,双方使用的武器比从前更先进,伤亡的危险也更大,但巴金先生仍然是那样从容镇定地投入;那时候,巴金先生早就年过花甲,但他仍然如一团火般愿为世界和平和正义的战争献身献力。这份激情,使得多少中青年作家为之感动并愿勇敢相随!

正如他在《我们会见了彭德怀司令员》一文中所说:“我们文艺工作者也是有感情的人,接触到这样伟大的心灵以后,难道还不能交出个人的一切吗?”

他就是这样以他的作品、人格、行动影响着一代又一代的作家、读者；正如我们所真切感受的，近当代中国有了巴金这位大师，文学更闪光了，也是我们的光荣、榜样、骄傲！他这一辈子都是如他所说："我的每一篇作品都是我追求光明的呼声！"

一个追求光明、创造光明的人，有如古希腊传说中夺火的勇士那样，是要勇敢、智慧和不怕牺牲的！

巴金先生为文学的兴旺，为人类的光明所付出的牺牲也确实太多！

十年"文革"期间，巴金先生受够了"四人帮"的折磨、凌辱，几至于死，正如他后来悲愤的倾诉："我被打翻在地，还有一只脚踏在我的身上，叫人动弹不得。"那些被巴金先生斥之为"借了没落意识之尸接踵还魂"的丑类，那样狠毒地迫害他，正是因为他憎恨假、恶、丑，敢于说真话！

敢于说真话的作家，对于"四人帮"来说，不仅是撕掉了他们的伪装，还如同剥掉了他们的皮。他们怎么肯放过？

"文革"后，巴金先生虽然已是古稀老人，又被折磨得一身是病，夫人萧珊在"文革"中被迫害致死，更是使他揪心地痛苦。但他没有放弃战斗，又以多病之身用患下了帕金森病的颤抖的手，在病房里写了对"文革"、对世事、对假、恶、丑的抨击，对构建美好未来深思的五卷《随想录》，再一次用他那充满勇敢和智慧的心灵之火，在中国文坛点燃了一团又一团明亮的大火，引导、鼓励人们去反思过去，去勇敢战斗！

这当然会引来那些顽固地信守着极左思潮的人们的不满，又在明里暗里攻击他，但巴金先生并不退缩、停歇，还是一篇又一篇，一本又一本地写下去。

我 1985 年 3 月 31 日在北京看望他时，虽然比 1956 年 9 月我在上海第一次见他时苍老了许多，但思路还是那样清晰，对事物的判断依然是那样深刻准确，而对我们这些文学晚辈更是亲切关心，而他那大师风范的谦逊则更是令人感动！

那天我握着他那温暖的大手，长久激动不已，这是无私无畏战斗者的手，是产生出了一部又一部经典著作、战斗檄文的文学大师的手；在他面前我深感自己的乏力，不能从他这双手上完全接过他的勇敢、智慧、才华。但我要努力！

如今，巴金先生走了，正如他自己所说，是"只想把自己的全部感情，全部爱憎消耗干净，然后问心无愧地离开人世"。他走得光明磊落、坦然，他是无愧于祖国、民族、人生的！只是我们失去了这位文学巨匠太难受了，但，火种是不会灭的，他留下的作品，他的言行永远是我们的楷模，并将一代又一代传下去！

1983 年，病中的巴金先生曾说："我唯一的心愿是：化作泥土，留在人们温暖的脚印里！"

化作春泥更护花，这是巴金先生的伟大情操！

2005 年 10 月 18 日上午于哀痛中急草

《春城晚报》2005 年 10 月 19 日

悄声向巴金先生送别

——白　桦——

我知道，近十几年您都一直躺在上海华东医院的一间设备齐全的监护病房里，靠医疗器械维持着必要而痛苦的呼吸。您离我居住的地方很近，离我的心更近。我已经有十几年没有见到您了，因为我觉得在您不得不活着的时候去看您，是对您的折磨，也是莫大的罪过。但所有的中国人都知道您默默坚持着的是什么。的确,在声学意义上,您早就没有声音了。而在有良知者的耳际,您的声音却强若雷鸣。您的心愿是要讲真话,在我们这个习惯于“指鹿为马”的人境里去还原马的真相,实在是太难太难了。

10月17日20点15分,一位记者通过电话告诉我,巴金先生已经永远闭上了眼睛。我立即想起您那双智慧、明亮、诚恳并充满悲悯的眼睛。我的眼泪随即夺眶而出,之后就是一声悠长的叹息:您终于安息了!这些年您真累、真苦!良知极度清醒而躯体却早已麻木。您张不开嘴,没办法说出您要说的话;您抬不起手,没办法写出您想写的字。虽然有时别人代您起草应该由您来说的话,也没法得到您的首肯。痛苦莫过于此了!当然,即使在您没有生病的时候,您也曾宣读过一些对您来说很陌生的文字,在客观上造成不应有的错觉。例如1981年10月,您在法国参加国际笔会的年会,您的讲稿就是别人为您起草的,某些在国内惯用的政治词语就曾经引起过欧洲知识界对您很深的误解。

我曾经是一个因重创而敏感的孩子,在日本侵略者的铁蹄下的漫漫长夜里,就开始阅读您的长篇巨著了。您的“激流三部曲”让我感动而振奋,虽然那时我还不到十岁,因为您生活过的“家”也是许多中国人生活过的“家”。从您的书里我感知到我们民族心灵上的沉重负担和羁绊,从此,我的哭泣已不再是为我自己了。后来走上战场的勇气也源于您的激励。

我第一次走近您和您对话,说来已经也有五十年了,那是全国批判“胡风反革命集团”之后的第二年,也就是1956年。作家们就像枪声刚刚响过以后的鸟儿,又振翅歌唱起来。当《文艺报》编辑部听说我要从北京到上海,便委托我去看望您。一个春天的上午,在门前迎着我的是萧珊夫人,她笑容可掬地带我穿过绿阴覆盖的小院,走进小楼底层的客厅。对于您来说,我只是一个陌生的年轻作家、军官,您却把我当作一个贵客。拉着我,相向坐在沙发上娓娓倾谈,您向我说完了您的创作情况之后就把话题转向了我。您用您自己年轻时代的写作经验提醒我,要多写!您直言不讳地说:你们这一代年轻作家写得不够多,比我年轻时候差得很远。说到胡风问题的时候,你只说了一句话:那件事已经过去了!因为您当时不可能知道那是一桩惊天冤案,甚至还以为文学界从此就天下太平了。更不知道您在暮年身患帕金森氏病以后,还要艰难地用手“推”出一篇《纪念胡风》的长文来,那是一篇真诚而又沉重的忏悔。您太善良了,即使像您这样智慧的哲人,也没想到中国知识分子的浩劫在“胡风事件”发生的时候也才刚刚开始,更大、更深重的灾难还在后头。

第二次见到您的时候已是1957年的夏天了,又一场针对知识界的“反右派运动”正在全国更猛烈地展开。有一天,我去巨鹿路上海作家协会看望吴强先生。在大厅里,怒发冲冠的姚文元正在声嘶力竭地批判一位“右派作家”。批斗会中间的休息时间里,我在走廊上看见您,您正在和那个被批判的作家谈话。您看见我,和我握了一下手就继续用惋惜的语气对那位“右派作家”说:您受党的教育这么多年,怎么能对党这样子呢?要认真检讨,要吸取教训,要洗心革面……您以为这场运动真的只是对“右派作家”在进行善意的“帮助”。不久,我在北京也被定成“右派”。直到1979年冬天,在第四次文代会上才再次见到您。作家代表大会的第一天,我在会上做了一个题为《没有突破就没有文学》的发言。我惶恐地看见您从头至尾听完了我的发言,下来以后,您还给予了我极其热情的赞许。我也注意到有一两位在反右斗争中非常尽责的“左派作家”听到一半就拂袖而去了。二十多年过去了,他们仍然认为允许我发言就是允许“右派”翻天。

1981年您率团参加了在里昂—巴黎召开的国际笔会,又结束了对瑞士的访问。10月7日回国。13日在北京主持中国作协主席团会议。会议做出了年内举行第二次中国作协理事会全会的决定;恢复胡风的作协会籍;确定“茅盾文学奖”首届评奖的范围;听取筹备建立中国现代文学馆的报告。那天,胡耀邦还在中南海勤政殿会见了您。您对他说:“文艺家受了多年的磨难,应该多鼓励,少批评。特别是对中青年作家,例如对白桦。"这时,正在用电影摄影机采访的新闻记者祁鸣眼前的取景框模糊了,他发现自己在流泪。祁鸣事后对我说:"按过去多年来的习惯,不管你是多么有名的文艺家,在倾听中央高层领导人说话的时候,都不太敢表达自己的观点,巴金却在批《苦恋》的大潮中,胸怀坦荡地为作家们大声疾呼。"至今祁鸣提起来依然热泪盈眶。

我知道,您一直都在坚持着,即使在病榻上。为了避免民族悲剧的重演,您坚持呼吁国人建立一座文化大革命博物馆,您坚持着。为了文学的自由,您坚持要说真话,您坚持着。否则……宁肯沉默。今天,您沉默了!但仍然坚持着,您的坚持已经越过生死的界限!您的坚持如您一般永恒!您坚持着……

凤凰读书俱乐部编《开卷》2005年第69期

百岁巴老,永远不朽

——王　火——

上世纪二十年代起,巴金就在中国文坛上不倦地做出贡献,他是一位伟大的作家。作为后生晚辈,我从他的作品中不断吸收过营养。

巴老的作品是他在人生中所见到、经验到、想到和感觉到的生活纪录、生活领悟和生活哲理,给予我们最直接最永久的兴味和启示,扣动我们的心弦,与我们同呼吸,使我们的心与他一同跳动。

巴老最爱的一直是祖国、是人民、是他的读者。巴老最可贵的,是他的热情、他的热血和他的热心。巴老是我们文学大军前边一面呼喇喇飘扬的旗帜。巴老是站在文坛上的一个鲜活高大的榜样。

101岁的巴老西行了,使我们依依不舍。但他的讲真话的、富有传世价值的作品会永远发挥作用;灿烂的"巴金星"会永远在天上发出耀眼的光芒;那撒在大海里的他的骨灰会永远随波激荡。巴金的光辉名字和沉思的形象会永远活在人们心上。

10月17日夜得知巴金去世的噩耗,我曾想写些什么悼念巴老,但只写了四句:"讲真话的人走了/你叫我说什么好/说假话的人那么多/你叫我又怎么说/……"由于激动哽咽,终未成篇。

此刻,请允许我在此向巴老致敬!虔诚地为老人家送行,深深地缅怀……

2005年10月22日

《银河系》杂志52—53期合刊　2005年12月

告　灵

——马识途——

巴老:

您走了,举国同悲,我作为您的同乡后学,更觉伤痛。本想到上海来给您送行,因身体不适,难以如愿,特派我的女儿送来我的挽联,以表我悼念之情。秋雨淋淋,苦坐斗室,悲思不已。想起过去我们在历次作代会上的相遇,1992 年到上海您家为您祝九十大寿,特别是 1987 年您回到成都的十几天,和张秀老、沙汀、艾芜和我相处,所谓"五老相聚"的日子,恍如昨日。然而你们四位都先后走了,留下我一个人,情何以堪。

我把您签名送我的几本书找出来,其中有老版的《家》和线装珍藏本《随想录》一函,看到您那粗重的签字,浮想联翩。特别是把您在杭州养病时特意托您的侄儿李致带回送我的一本弥足珍贵的近著《再思录》打开来看。据李致同志回来说,当时您已无力握笔写字,但还是勉力为我签名,令我感动不已。因此,我特意托李致同志回送一本我的杂文集《盛世微言》。并在扉页上题了几句话。我说:"巴老:这是一本学着你说真话的书。过去我说真话,有时也说假话,现在我在您的面前说,从今以后,我一定要努力说真话,不管为此我将付出什么代价。"现在看到这底稿,更加感慨,因为我的确因为说真话而付出过惨重的代价。今天我在您的灵前仍然说,而今而后,我仍然要努力说真话,不说假话,即使要付出生命的代价。真话不一定是真理,但是是走向真理的必由之路,说假话永远不能接近真理。

这两天来找我的记者,问起对巴老您的看法,我只回答一句:"假如说鲁迅是中国的脊梁的话,我说巴金就是中国的良心。"也许您不同意这个话,但是今天《光明日报》刊出通栏标题:"巴金:中国知识分子的良心"。可见人同此心,您至少是中国知识分子的良心呵。

巴老,您走好。

2005 年 10 月 21 日于成都

巴老为我的画签名

——王　琦——

我第一次见到巴老是在 1945 年 8 月,北平的孙伏园先生创办了一个《新星画报》,请我担任驻重庆的特约编辑。我到文化生活出版社去拜访巴金先生。那是一天晚上,出版社没有会客室,一间大屋子排满了书架,在书架的靠墙一端有两把藤椅,大概这就是巴金先生经常接待客人的地方。出版社的工作人员上楼去告诉他有客人来了。一会儿巴金先生走下楼来。我见他个子不高,身穿一件蓝色中式长袍,戴着深度眼镜,动作和说话都是那样缓慢而沉着,待人彬彬有礼,这便是我久已仰慕的大作家出现在我眼前的第一印象。我向他说明来意并送给他一本新出版的画报。告辞后,他很礼貌地送我走出出版社的门口。后来他未有寄文稿来,我也没有再去催问他,以免增加他的精神负担。

解放后,二十世纪五十年代初,我和巴金先生都在上海,他当时是上海市文联副主席、上海市作协主席,因此,我在多次文艺界的集会上都见到他的身影。特别是 1951 年上海举行的"反对美帝武装日本"的文化界大集会,有好几百人参加,文艺界的代表都坐在一起。在美术界代表一排座位的对面便是文学界代表,恰巧巴金先生就坐在我的正对面。在休息的间歇中,其他部门的许多代表都走到文艺界代表席位上来,每人拿着小小的纪念册要求大家签名或作画。纪念册在桌上排成长长的行列,我用钢笔以一根流畅的线条把和平鸽的形象在纪念册上勾画出来,迅速而又出效果,巴金先生在对面看了十分欣赏,当代表们要作家签名时,巴金先生便在纪念册的另一面用钢笔写上"我们热爱和平"几个字,然后签上自己的名字,与我画的和平鸽互相映衬,我当时看了感到一种莫大的荣幸。几十年过去了,今天当我再阅读他的《随想录》时,看到他在文章多处的自白,那样正直、善良、讲真话、动真情、做实事、表里如一、言行一致……这些不正是一位真正称得上是“作家”的人应该具有的基本素质吗?巴金先生正是以他本人高尚的情操和人格力量来对待他的作品和他的读者,他的名字和“人类灵魂工程师”的光辉称号是划等号的。

《中国艺术报》2005年10月21日

仁者巴金

——孟伟哉——

巴金老人走了,媒体报道中,对他的文学成就、历史地位、个人品格有多种提法。巴老无疑是文学大师、历史巨人,我感受到的是仁,是仁者巴金。

在巴金面前我是晚辈甚至晚晚辈,又不专门从事文学史研究,只是从一些事情感受着他的仁。

作为读者,18岁读到巴老第一篇作品:《我们会见了彭德怀司令员》。那时,我是一个兵,是在《人民日报》上、在朝鲜战场的掩蔽部里读的。此前,已知巴金之名,知道他是一位大作家,未读过他别的作品,军旅征途中也没有条件读他别的作品。然而,他与我们的战场统帅会见的这篇战地通讯,却成为我对他最亲切最美好的感受和记忆。亲切,因为他描绘了一个功勋卓著的伟大军人——彭德怀,那是我们的司令;美好,因为通过他的笔,让我们这些普通兵员对自己的统帅如闻其声,如见其人,让我们在精神上受到大鼓舞,心理上得到大满足。这篇通讯篇幅短小,分量实重,它朴素的文字,它真挚的情感,一下子使巴老成为我们心目中可亲可敬的人。

战争结束上了南开大学中文系,读巴老的小说《家》,看曹禺改编的话剧《家》的演出,深感巴老是揭露封建专制和封建礼教罪恶的勇士。同时,也在那个年代一篇很“权威”很有影响的大文章中看到,巴老被与巴枯宁和克鲁泡特金的名字连在一起,谓巴老的世界观与无政府主义有关而遭数落。这涉及中国现代思想史,一个普通学生,当时既不了解巴枯宁,也不了解克鲁泡特金,更不了解巴老思想的发展变化历程,心中困惑。只觉得,写出反封建小说的巴老,以一腔爱国热情深入战斗前线,写出一篇篇战地通讯的巴老,与无政府主义牵连不上。那时的感觉是,巴老消息不多,在文坛不甚活跃。这是巴老的仁,也是巴老的自信。

“文化大革命”,我有过激情拥护(反修防修嘛),也有过疑问和它将走向自己反面之感(如不许申辩的批斗和无限上纲上线以及打砸抢等等),渐渐变为在恐怖和惊惧中真真假假度日,直到自己也失去自由受到审查和批斗(我也批斗过别人),以至于“文革”结束还不敢否定“文革”。想说的是,1969年3月我与一个同志受命外调诗人(中宣部文艺处长)袁水拍的情况,到过上海嘉定一个文艺界人士聚集的地方找作家徐迟,令我惊讶不已的是,这些被赶出上海市区的文艺人,住在一大片猪舍里(我们中宣部几百名工作人员稍后则被下放到宁夏一个劳改农场及其附近)。巴老在“文革”中受到大伤害。我曾以为他也在这些猪舍里,从《文艺报》发表的他的“年表”得知,他先后被遣送到松江、辰山、奉贤“劳动”。他在上海文化系统全市电视大会上挨批斗,其惨痛远超过猪舍牛棚。但“文革”浩劫过后,巴老不是计较与某些个人的恩怨,而是希望将这一段痛史昭知后世,以免悲剧重演。这是巴老的仁心。

1977年下半年,巴老女儿李小林以《浙江文艺》编辑身份,在北京向我组稿,我第一次结识了巴老的一位亲属。约七十年代末,在北京一次活动中见到巴老,我提起这件事,巴老连说“我知道我知道”。亲切的相会，巴老以他仁爱、慈祥、长者的容颜，进入我心。这次见面后，我将自己的小说《昨天的战争》第一部寄赠巴老，巴老很快回信，说他拟在那一年9月阅读。那时我在人民文学出版社工作，曾出差去过上海，与巴老通过电话。我表示来去匆匆，不敢打扰他，失礼；巴老说，知道你们忙，通个电话就好……他柔和的声音仿佛犹在耳际。

十一届三中全会拨乱反正，启发我们对历史逐渐反思，与友人说到巴老时，我的观点是：“无论人们曾怎样评断，巴金都是一个巨大的存在。”当时，人民大学一位女教授要为巴老写传，让我写推荐介绍信去见巴老，由于总感到巴老平易可亲，仁者心胸，我斗胆写了信，那位教授还真的持信赴上海拜访了巴老。

1984年下半年至1985年上半年，在青海省委支持下，我于西宁创办大型文学杂志《现代人》，意在推动西部边远地区文学创作，给巴老发电报请求指导和支持，巴老热情回复，认为在青海办这样一份期刊很有必要。他的仁爱以及丁玲、冯牧诸前辈的支持、鼓励，坚定了我们创办《现代人》的决心和信心，刊物顺利问世。

大约上世纪九十年代初，巴老签名赠我一部他的《巴金六十年文选》，完全意外。当拆开包装看到他的签赠文字时，深深感动，使我坐在书案前长时间静默——谢谢你啊，巴老！愧疚的是，当时因自己生活中的诸多艰难，竟没有给巴老写信示谢。如今，这部文选耸立于我的书架，而我阅读它的感悟是，这是巴老思想之流、情感之河及人生轨迹的缩影，我这样的晚辈应从中体味巴老的仁者襟怀。

非常喜欢巴老翻译的俄罗斯文学家、思想家赫尔岑的《往事与随想》，其对十九世纪俄罗斯社会洞察之深刻可谓入木三分。巴老自己的散文议论文总体风格平实素朴，而这部巨著的译笔却十分优美。一次同刘白羽同志谈起此事，白羽同志也说原作深刻，译文精彩。巴老晚年写《随想录》，想必早与赫尔岑有相似心志，为了未来，要真实地讲出对自己时代的种种痛苦思索。这再次表明巴老有一颗大仁之心。

正写此文，收到“巴金同志办公室”21日发自上海的讣告，谓24日送别，仍因个人的艰难，不能赴沪为巴老送行，谨以文志哀——

仁者巴金，精神不逝！

《今晚报·今晚副刊》2005年11月2日

永远的巴金

——王　蒙——

在这个星空之夜，巴金走了。

如果设想一下近百年来最受欢迎和影响最大的一部长篇小说，我想应该是巴金的《家》。早在小时候，我的母亲与姨母就在议论鸣凤和觉慧，梅表姐和琴，觉新觉民高老太爷和老不死的冯乐山，且议且叹，如数家珍。

而等到我自己迷于阅读的时候，我宁愿读《灭亡》和《新生》，因为这两本书里写了革命，哪怕是幻想中的革命，写了牺牲，写了被压迫者的苦难和统治者的罪恶。我还记得《灭亡》的扉页上写的取自《圣经》上的一句话，说是一粒种子只是一粒种子，但是如果把它放到泥土里，它自身死了，却会结出千百万粒种子。这话使我十分震动，使我向往泥土，也向往并且震动于献身和牺牲的价值。

“文革”开始以后，我在伊犁，同院有一对工人夫妇，他们找了一本《家》偷偷阅读，读得津津有味，放低了声音告诉我他们阅读的感想。他们现在才知道《家》？这使我觉得他们未免少见多怪。到现在《家》仍然感染着征服着年轻的读者，这又使我赞叹感奋不已。然后我和妻把书拿过来，重新读一遍，仍然像读一本新书一样地心潮澎湃。

我也读过巴金写的与译的《春天里的秋天》《秋天里的春天》还有《寒夜》《憩园》等等，我深深感到了巴金的热烈的情思，哪怕这种情是用无望的寒冷色调来表现的。甚至在他晚年以后，他写什么都是那样的充沛、细密、水滴石穿，火灼心肺。巴金的书永远像火炬一样地燃烧，巴金的心永远为青春、为爱、为人民而淌血。

只是在“文革”以后我才有机会见到老人，他忧心忡忡，他言之谆谆，他反思历史，他保护青年，他永远寄希望于未来。他远远不像许多作家那样善于辞令，善于表演，善于抖机灵式地卖弄。作为一个作家他太老实，太朴实无华，对不起，我要说是太呆气啦。

他在关于《家》的文字中一次又一次地书写：“青春是美丽的。”所以他特别痛恨那些戕害青年、压迫人性、敌视文学艺术、维护封建道统的顽固派。他看到了太多的不应该不幸的人却遭到了不幸，他充满了感情的郁积。直到晚年，在建国五十周年的前夕，他与张光年同志一起泛舟杭州西湖的时候，他才表示，(由于国家的发展)“现在中国人能够直起点腰来了！”我在一次又一次的交往中，还从来没有听他老人家讲过一句这种欣慰的话。他太苦了。我从前说过，当代中国至少有两个痛苦的作家，一个是巴金，一个是张承志。这也是先天下之忧而忧，后天下之乐而乐吧。

巴金的作品其实一向直言不讳，拥护什么，同情什么，反对什么，都清晰强烈。一个爱国主义，一个人道主义，是他终生的信仰——这是他在迎接第五次作家代表大会的时候说的。他甚至于讲得有点极端，因为在另一个场合他曾经说自己不是文学家，他拿起笔来只是为了呼唤光明与驱逐黑暗。他喜欢在高尔基的作品中描写过的俄罗斯民间故事，有一个英雄叫丹柯，他为了率领人们走出黑暗的树林，掏出了自己的心脏，作为火炬，照亮了夜路。所以他一辈子说是要把心交给读者，他是这样说的，也是这样做的。他是一个用心用自己的全部生命来写作，来做人的人。所以提起历史教训来他永远是念念于心，他太了解历史的代价了，他不希望看到历史的曲折重演。在他的倡议下，世界一流的现代文学馆终于建成了，这是“五四”以来的现代文学的丰碑，也永远是巴金老人的纪念馆。没有巴金就没有现代文学馆。他还想纪念与记住一些远为沉重的东西，那样的记忆已经凝固在他的晚年巨著《随想录》里，把记忆和反思镌刻在人们的心底了。

“我已经快要走到生命的尽头了，但是我并不悲观，我把希望寄托在青年人身上……”在他年老以后，他一次又一次地这样说。他像老母鸡一样地用自己的翅膀庇护着年轻人。他与女儿李小林主编的《收获》本身就是勤于耕耘、勇于创新、尊重传统、推举新秀的园地。“要多写，要多写一点……”他一次又一次地对我说。在他还能行动的时候，每次我去看望他，他老人家总要边叮嘱边站立着……走出房门相送，而当我紧张劝阻的时候，他与女儿小林都解释说他也需要活动活动。我们握手，他的手常常冰凉，小林说他的习惯是体温维持较低，然而他的心永远火烫。他不怎么笑，有时候想说两句笑话，如说到张洁的一篇荒诞讽刺小说，但是他的神情仍然认真而且苦涩、无奈。有一次，我看他老态沉重了，便信口开河起来，我说作家之间的无穷内斗可以组织麻将大赛决定输赢，青年热血过度沸腾可以组织摇滚或秧歌大赛，优胜者可以免费环球旅行。他笑了。他用执著的四川口音重复我的话说：“呵？这就是你的救世良策？”他每一个字都吐得那样认真，使我惶恐觳觫无地。事后我愈想愈悔，便打电话给小林致歉并检讨自己的放肆，但是小林说那次见面是他老一些日子以来最高兴的一次。唉，他总是那样诚实、谦虚、质朴、无私。他永远踏踏实实地活在中国的土地上。他提倡讲真话提倡了一生，却遭到过诋毁，曰：“真话不等于真理”，倒像是假话更接近真理。现在,这种雄辩的嚼舌已经不怎么行时了,巴金的矗立是真诚的真实的与真挚的文学对于假大空伪文学的胜出。

想一想他,我们刚刚有一点懈怠轻狂,迅速变成了汗流浃背。

《解放日报》2005年10月19日

献给读者的一生

——李子云——

巴老终于离我们而去了。虽然众人用心用力地企图挽留住他的生命,但仍无法逆转生命的这一自然规律。

对于我们这一代人来说,几乎是从与文字结缘开始,就认识、热爱而且崇敬巴老了。在我的少年时代,巴老曾是我心目中的偶像之一。无论是他的热情奔放地抒发年轻人对于封建专制家庭的反抗和为争取自由的献身精神的"激流三部曲",还是那些充满温情的歌颂母爱的散文短帙,都常常让我们感动得热泪满眶。巴老的书最容易激动当年少年们的心,最容易让少年从感情上接近他。可以说,是冰心和巴老为我们许多少年开启了文学的大门。由此,我们才逐步接触到茅盾、郭沫若、鲁迅……

巴老对于我们的意义,还不仅限于以他自己的文字向我们进行启蒙,而且还不断地将一批又一批的国内后起的优秀作家介绍给我们,同时还将我们引领进更广阔的外国文学的世界。从少年到迈进青年的时代——一整个的四十年代,我从文学上得到的滋养绝大部分来自巴老主编、出版的那一套套的《文学丛刊》、《文化生活丛刊》和《译文丛刊》。很奇怪,那一时期,我很少得到过文化生活出版社之外的文学书籍。不知这是由于整个的抗日战争沦陷这一条件的限制,还是我所接触范围的局限,或者是出于自己趣味的选择,加以对于出版社的信任,尽管四十年代的后期,我已开始阅读一些当时地下流传的革命书籍,诸如《大众哲学》、《新民主主义论》、《共产党宣言》等等,但在文学方面,最主要的几乎都来自巴老主编的这些丛书。由此,我认识了曹禺、荒煤、丽尼、陆蠡、何其芳、李健吾……。我不但从这套丛书里读到了曹禺的所有剧本,而且从此爱上了话剧。对于丽尼、何其芳的散文、散文诗(还有后来读到的屠格涅夫的一些作品),我不仅做过认真的笔记(这些笔记在"文革"抄家时才全部被扫荡),还几乎能够成段成段地背诵。那些优美而略带忧郁的文字,而且对我的文字书写也产生了一定的影响,尽管愚拙如我是难以望这些大家项背的。

至于在外国文学方面,我所受到《丛书》的影响就更深广了。今天回顾,我在文学道路上接受最多的是俄罗斯文学。不管后来由于职业的需要,阅读过多少其他国家、不同时代的作品,但至今为止我最热爱的仍然是契诃夫。文化大革命中,我被反复抄家抄得几乎片纸无存,平明出版社出版的汝龙翻译的《契诃夫全集》却得以漏网保存下来真是一个奇迹。这套书在我每次由干校回家时曾给我了最大的精神享受。这时我才读懂在过去只知道欣赏的所谓契诃夫式的淡淡的忧郁的深处所蕴含的那种在绝望中仍充满着的对于生活的热爱,那种对于不幸的人的悲悯、理解和温情,那种宽厚包容的人生智慧。今天这套发黄变脆的书我仍珍贵地保存着。托尔斯泰的几部经典代表作,我首先读到的也是《丛书》中高植的译本。它们至今和《红楼梦》一样是我经常翻读的作品。我少年时代心仪崇拜的女英雄形象是屠格涅夫《门槛》中所塑造的民粹派女英雄薇拉。这本书也来自《丛书》。而车尔尼雪夫斯基的《怎么办》和赫尔岑的《家庭的戏剧》(这本书后来似乎巴老又亲自重译过)则第一次让我感受到精神上的震撼,第一次让我认识到人格的力量和魅力。它(他)让我知道什么是高尚。它(他)们教我做人应该坦诚、公正。尽管我后来读到的现代派诸家作品,其中的杰作所揭示剖析出的人性中的复杂和幽暗的方面,也曾屡屡令我震动并惊叹,但是,对于我来说,巴老主编出版的那几套丛书仍然是我终身的人生“百宝全书”,它们毕竟在我的青少年时期帮助我建立起自己的价值观念、为人操守、道德原则,这些规范常常在关键时刻决定我的行为。

作家巴老当然令人敬重,我同样尊敬编辑家、出版家巴老。他操持出版的那些书和他本人的作品一样都将垂之永久。那些书,不单单是内容,包括它们的装帧,甚至包括它们的价格,都体现着他永远将心交给读者的终身诺言。那种简约而精致的装帧版式,不仅散发一种朴素的美,使人感到亲切,而且,它大大降低了书的定价,让当时大多数读者买得起。

今天我们告别了书刊的贫瘠时代,各种各样的出版物以极快的速度铺天盖地而来,这种局面虽然显得丰富多彩,却又鱼龙混杂,虽然给人以宽阔的选择余地,但也增加了选择的困难。每当我们面对大量装帧豪华、而其中大多数的内容或苍白或无聊的书的海洋,费力地寻找自己所需要的书籍时,总会想起巴老的那一套套让人感到信任,读来必有所得的书。据说因为我国今天已经进入了市场经济的商业社会,作为商品的书籍,也必须调动各种手段来促进销售,争取最高利润。然而,书籍除去商品的品格之外,不还承担着人类的文化传承,为人们提供精神食粮的作用?在巴老编辑出版那批书的三十年代、四十年代的当年,市场化的程度不是比今天更为充分更为纯粹?但是在当年,也仍然有巴老主持的这种不单纯以利润为主要追求目标,而是以人类的文化积累、文明传播为最高目的的出版社存在(而且,还不仅巴老一人,当时还有一批这样的文化前辈存在)。它们在商业化的书海中,形成一个个文化绿洲。甚至在经历了将近半个世纪的世事沧桑之后,进入了改革开放时代之后,巴老主持复刊的《收获》,仍然坚持着巴老一贯的办刊、出版风格,不登商业性广告,不藉评奖进行炒作,内容仍坚持既大力推出新人,又不间断地向年轻读者介绍前辈作家,连封面也保持着一贯的朴素。但是,在当前的熙熙攘攘的众多文学刊物之中,它仍稳稳地居于首位。

巴老虽然去了,巴老的精神在今天更具有鼓舞人心的力量。让巴老他们所建起的这类绿洲发扬光大,在消费文化的汪洋大海中不被淹没,显眼些,更显眼些,我想这也是对巴老的一种最好的纪念!

2005年10月18日

《文汇报》2005年10月26日

“巴金星”的光辉

——从维熙——

10月17日晚,几家媒体先后打来电话,说是巴金走了。听到这个消息之后,我没有过于悲恸。因为中华一代文圣巴金,已然像植物人那般躺在病榻上几个年头了。记得,面对真实人生的巴金,从1999年他重新住进华东医院后,已然多次表达过愿意安乐死、早进天国去会见萧珊的心愿,只是上苍偏不让善良而又执著的老人,在百岁之前走完他的人生长途,直到他活到101岁,才让老人离开人世驾鹤西归。生命对于任何人都只有一次,唯其只有一次,人间芸芸众生多以追求长寿为最终心愿；而巴老并无意追求“人瑞”的晚年，而重在对人间真情的终极追寻，这面耸立起的人生明镜，无异于巴老最后的一声绝响，让无数后来人的心田，无不升腾起对老人深深的敬意。因而，凝聚在我心头的一句话是：“巴老，您一路走好！早在2003年初，天穹上就有一颗以巴金命名的行星了，那就是您要归位的璀璨而耀眼的文曲星座！”

要以说真话为标尺

巴老远在上海，多年来几乎没有什么接触。还是在中国历史新时期的开端，与巴老有过几次心灵交融，虽然那都是偶然的瞬间，但给我留下深邃而难忘的记忆，时至今日仍然鲜活如初。1983年初，巴老让我的儿子从众由上海给我带来了他的赠书《真话集》。当时，巴老因折断腿骨，在华东医院卧床，毕业于中央美术学院雕塑系的从众，去上海为老人完成了面部肖像的雕塑，因而有缘在华东医院与半坐半卧于病榻上的巴老，相处了几天的宝贵时光。头部雕像完成得十分顺利，上海油雕室的同行，将其泥模翻制成了铜雕（即今天现代文学馆、巴老展厅内那尊黑色的头像铜雕）；巴老出于对隔代人的关爱，在我儿子告别上海前，特意把他刚刚出版的一至四卷《随想录》题赠给了从众——老人叮咛他，其中第三卷是题赠送给我的——那就是我一直置于案头并熟读过了的《真话集》。其用意我全然明白：让我在作品和人文行为中，都要以说真话为标尺。

其实，早在1982年的秋天，我已然聆听过巴老讲真话的教诲了。当时，他参加完在法国举办的国际笔会归来，在停留于北京的短暂时间内，我去了他和小林下榻的燕京饭店，去看望巴金老人。记得，巴老因长途飞行，那天的精神显得十分疲惫，但他还是靠在沙发上对我表达了如下的心语：“我们这一代人都老了，读过你们这一代倾吐真情的文字，我常常为之感慨。你平反回来以后迈出的步子不错，一定要坚持下去。”我说了些什么，因年代久远已然无从记忆，但巴老这几句十分平凡而又非常深邃的话，我是时刻反复咀嚼其意的，因而直到今天，那平缓而又安详的音容，仍鲜亮地活在我的心扉之中。

说起来也是一个机缘，当时正值我描写劳改生活的悲情中篇小说《远去的白帆》遭受到封杀的时候。当时一家大型期刊向我约稿，将我的小说《远去的白帆》拿走之后，久久不见回音；待我询问该刊原因时，主编以“细节过于严酷，吃不准上边精神”为由，让我删除小说中一些所谓“敏感”的情节。我当即拒绝了，因为那是我劳改生活的真实，那是我囹圄期中多年的灵肉感应，要抽掉这些东西，就等于断其小说的筋骨，让它成了一具无灵魂的行尸走肉，彻底背离了文学反映社会真实这一文学的根本理念。那天，我将这部中篇小说的遭遇，讲给巴老和小林听了，并将其文稿交给了巴老和小林。据小林事后告诉我，巴老不顾长途飞行的疲劳，连夜审读了我的小说，并对小林说下如是的话：“小说展示了历史的严酷，在严酷的主题中，展示了生活最底层的人性之美，不管别的刊物什么态度，我们需要这样的作品，回去我们发表它。”因而，这部遭到封杀的中篇小说，不久就在《收获》上发表了——事实证明了巴老预言的准确，在1984年全国第二届小说评奖中，一度成为死胎的《远去的白帆》，以接近全票的票数，获得了该届优秀中篇小说文学奖。

“百无禁忌更进一步”

过去，我一直认为巴老年事已高，自己又埋头于创作，未必亲自过目《收获》的作品，事实证明我的认知错了，小林在电话中告诉我，许多重头作品，都是交巴老亲自过目后拍板发表问世的。当时巴老已年过七旬，不知疲惫地读上几万字的长卷，并不顾可能惹来的麻烦，将描写知识分子沉沦于苦难生活的作品披露于世，这本身就是对文学表现生活真实的张扬。其实，巴老从1978

年写《真话集》开始，不仅写下讲真话的承诺，并以身体力行为写真实的作品鸣锣开道。记得，1979年夏天我应上影之邀，在上海改编《大墙下的红玉兰》电影剧本的时候，《收获》的一位编辑，去上影招待所与我说起《收获》发表《大墙下的红玉兰》的情况时，就提到巴老对此"大墙文学"开山之作的态度：当时，党的十一届三中全会刚刚召开，"两个凡是"正在与"实事求是"殊死一搏的日子，面对我寄来的这部描写监狱生活的小说，如果没有巴老坚决的支持，在那个特定的政治环境下，怕是难以问世的——正是巴老义无反顾，编辑部才把它以最快的速度和头题的位置发表出来。当时，我就曾设想，如果我的这部中篇小说，不是投胎于巴老主持的《收获》，而是寄给了别家刊物，这篇大墙文学的命运，能不能问世、我能不能复出于新时期的中国文坛，真是一个数学中的未知数X！小说发表后，麻烦曾接踵而来，有的匿名信指责《收获》为"解冻文学"开路，有的则以赤裸裸的"两个凡是"，质疑编辑部的政治走向——就连我为囚时驻足过的劳改农场，也写来批判信函，说小说攻击了"无产阶级专政"云云。一时之间，风声鹤唳，大有反水覆舟之势！在那段难忘的日子里，巴老不仅与《收获》编辑部同仁一起经受了黎明的五更之寒，巴老还要求刊物"百无禁忌更进一步"，因而使当年的《收获》，成了历史新时期解放思想的一面文学旗帜。如果说《远去的白帆》死而后生的一例，还不足以说明问题的话，与《帆》共同遭遇的另一作品——曾被一家刊物判了死刑的、后来获得全国中篇小说奖的张一弓的《犯人李铜钟的故事》，也是在《收获》死而后生的，这又是巴老在文学新时期勇往直前、义无反顾的一个佐证。

1984年底，中国第四届作家代表大会闭幕之后，新一届作协领导班子与文坛元老在新侨饭店欢聚。在这次聚会中的间隙，我向巴金表示了一个后来人的诚挚敬意。巴老坦诚地对我说："这要感谢'文革'，如果没有'文革'的十年浩劫，我也许不会急于动手写《真话集》；对待文稿，怕也难以走出过去的思维定势。"记得，巴老在讲述他的心声时，吴强同志还在旁边插了话，他说："噩梦过去是早晨，现在不仅巴老醒过来了，有良知的作家都喜逢一个历史新时期的早晨。"当时，会场上的人虽然很多，但是巴老没有忘记为他雕塑头像的从众，老人关切地询问起从众的情况，并告诉我他个人十分喜欢从众的那件雕塑作品，让我代他向从众问好。之后，巴老飞回了上海，可能是巴老朴素无华的气质，对我影响太深刻之故，在那年冬天，我借上海《新民晚报》一角，写了《思念梧桐》一文，文中对轻飘追风的杨柳与庄重安然的梧桐，作了哲理性的文字表达。文中写到了身在北国的我，夜梦巴金在冰雪中巍然前行。这既是我对巴老的感情倾诉，又是我对巴老理性的人文诠释。因而，当老人到了生命晚年，面对夕阳静思其苦乐人生时，老人情不自禁地呼吁文人的真话，而不是违背心意的连篇假话。我在巴老赠我的《真话集》的后记中，听到了老人晚年的心语，他引证了人人皆知、但未必人人都能理解的安徒生《皇帝的新衣》的典故，回眸流逝过去的年代。他的文章中是这么写的："在群臣皆说'皇帝新衣真好看'的时候，只有一个小孩子，高声喊出真理：'他什么衣服也没穿！'"这是巴老晚年借安徒生的那则童话，留给人世的一部醒世箴言。尽管进入老年后的巴金，写字的手开始了颤动，但是巴金老而弥坚的心田，却比任何时期都要挺拔而深邃——老人一部接一部《随想录》的出版面世，就是最好的证明。

……

一个人活在人世间，心灵最大的承载就是道义二字，在历史新时期之初，巴老从道义上为写真实的作品鸣锣开道，力挽狂澜于既倒，已然抒写出历史新时期的人文华章；到了黄昏夕阳的年纪，这位体态瘦骨嶙峋、走过一个完整世纪的文学大师，又以铁肩担道义的无畏精神，居安思危地写出一篇篇醒世箴言，其心何其美哉！其志又何其壮哉！其文学箴言蕴藏于他的长卷之中，是含蓄而厚重的；其历史箴言，则倾吐于黄昏夕阳年纪，文字的经纬之中，蕴藏着的是一颗民族的忠魂。枫叶红于二月花。枫叶经过风霜的洗礼，色泽更加艳丽——这是巴老在人生秋季演绎出来的交响乐章。因而，这位生命晚年在病榻上苦熬了六年多的文学泰斗，其人文精神必将像世界天文组织以他名字命名的那颗星星一样，与天宇并存，并永远闪烁着圣洁而明亮的光辉！

2005 年 10 月 18 日于北京

《深圳商报》2005 年 10 月 21 日

恭送一代文学伟人！

——邓友梅——

1980 年巴老率团访问日本，我任秘书。到东京后日本首相大平正芳要亲自接见巴老和全团，表示破格地尊重，这是我第一次聆听巴老和外国政界要人的交谈。为其真诚与善意而震惊。他没讲太多外交场合的客套话应酬话，而以尊敬友好，真挚热诚，敦厚祥和的口吻回顾了几千年来两国友好相处共同发展的珍贵历史；为近百年间日本帝国主义者给两国人民造成的灾难表示痛心；表达了正视历史开创未来的愿望。充满善意而又机智敏锐。在座主人都频频点头，连连称是。第二天报纸一发表，在日本全国引起了共鸣。

《朝日新闻》请巴老到该社去演讲，并现场广播。巴老认真作了准备。讲稿写好后请日方翻译小八木译成日文，要她明天照稿子读。小八木是在中国长大的姑娘，这对她不难。谁知她译完后却表示不肯明天到台上念。我问为什么？她说："巴老谈中日两国历史悠久的友谊和帝国主义者给两国人民造成灾难，谈作家对人民对和平的责任，说的都是心里话，重要的话，我怕读得不好，对不起大家。"女作家丰田正子听后自告奋勇由她来念，她怕小八木的字认不清，晚上把稿拿去重抄一份。第二天早上我见丰田的两眼又红又肿，一脸疲惫相。我问："您是不是昨天睡得太晚了？"她说："我一边抄一边哭。哪里还能睡？这样真诚热情而又自律的文章真少见。"

开会时，巴老讲完，丰田女士上台朗读译文。随着她的声音，台下越来越多的人拿手帕擦起眼泪来。巴老演讲是由电台直播的。散会后马上又有人打电话来，请求电视台将巴老的演讲和丰田女士的朗读明天在电视台上重播一遍。后来我们到奈良时，奈良市长一见面就说："我从电视中听了巴金先生的讲话深为感动。中国是母亲。日本是吃母亲的奶长大的。尽管儿子有时会超过母亲，但儿子终究是儿子。"

过了两年，日本作家水上勉、黑井千次、井出孙六等到中国来，我陪他们，我问水上勉最想看的地方是哪里。他说："别处都由你决定，但巴金先生在成都的故居我一定要去。"他还说他是佛教徒，信仰禅宗坛经，他又是作家，崇敬人格的高尚，所以来中国有两个地方必须去，一是六祖慧能接受衣钵的黄梅。他已去过，并在黄梅捡起一粒菩提子带回去种在了自己窗前。二就是要到巴金先生的故里，瞻仰一下产生这一伟大作家的土地。他说"从前辈作家手中接下来的火炬，有责任把它再传给后人"，这是我们作家都应履行的职责。到成都后，才知道巴老旧宅已变成某军文艺团体的驻地，几经联系，回答都是"军事重地，严禁外国人进入"，我想劝水上勉改变行程，下次来华再去，他却坚持不改。没奈何只好电告中国作协，中国作协又报告军委总政。总政再按系统给以通知，费了九牛二虎之力才算获准参观其中部分地方。我赌气拒绝入内，站在门外等候。即使这样水上勉先生出来时脸上还是露出欣慰感，到上海见了巴老，还感谢他的谦虚大度。

此后几年巴老的身体日渐衰弱，到 1984 年国际笔会在东京召开时。他正住医院，已不便也不愿再去了。不料日本笔会负责人井上靖先生特意赶到上海，亲自恳请他去赴会，他立即答应了。我们劝他考虑身体情况,不要勉强。他笑着说:“交朋友就要交心,就该交到底,去!”这样我第二次随巴老去了东京。

巴老在大会上有个重点发言,在谈到“文革”的教训时,对自己在那特殊时期的一些思想和言行,作了无情的剖析,令在座的人非常震惊。这时中国比四年前开放多了,控诉“文化大革命”中受迫害的文章已经发表很多,连原来的“大批判斗士”都换套打扮转跟人“伤痕”队伍了,但自省自责的文字却未见过。巴老一讲完,有位日本作家就跑上前来激动地说:“说受害人对那场灾难也负有一定责任。我还是第一次听见人这样讲,别人都是把责任完全推给‘四人帮’。”巴老说:“我认为那十年浩劫在人类历史上是一件大事,不仅和我们有关,我看和全体人类都有关,要是它当时不在中国发生,它以后也会在别处发生……”

散会后回到宾馆,我对巴老说:“您的话叫人感动。那个日本人说的是心里话。”巴老说:“他的话是我没料到的。我只是轻轻地碰了一下自己的良心,离解剖自己还差得很远。要继续向前,还得走漫长的路。”

这是巴老最触及我良心的一句话!面对巴老的所言所行,能不良心发现吗?

我多少有了一点长进。至少在复杂的事物面前,宁可保持沉默也不跟风盲从了。

巴老是我诚心仰望但永远也追不上去的人格坐标。

大江健三郎说:“我以为《家》《春》《秋》是亚洲最宏大的三部曲……先生的《随想录》树立了一个永恒的典范——在时代的大潮中,作家知识分子应当如何生活?我会仰视这个典范来回顾自己。”

《文学报》2005 年 11 月 17 日

怀 念 巴 金

——李国文——

巴金老人离开我们而去,一代文学巨人的音容笑貌,便定格于历史的长河之中,成为记忆,他的文学精神,是他最宝贵的遗产,将永远留存在人们心中。

人的生命,总有终止的一天,人的价值,却常常要延长到生命终结以后,要对这个世界持续地发挥着作用。他所创造的价值愈大,延续的岁月愈久,他所创造的价值,具有永恒的意义,那就是不朽。巴金老人的一生,为中国文学所做出的贡献,便是属于难以磨灭,会被人永志不忘的历史功绩。

他的贡献,主要表现在全身心地热爱这块灾难深重的土地,这个饱尽忧患的国家,以及生息在这块土地上,这个国家中,那些茹苦含辛的,最广大的人民群众。他的全部文学生涯,就抱定这个宗旨,要为他们呐喊鼓呼,在他全部的文学作品里,始终贯穿着这位伟大作家的悲悯感情,觉醒心声,自省意识,纯净精神,这也是这位文学巨匠,给后来人遗留下来的一笔最有价值的财富。

一个作家,要不把自己融入土地、国家、民族、人民之中,也很难写出我们这个伟大的时代。对中国作家来说,巴金老人所做过的一切,是我们的路标,他所未做完的一切,也将是我们接着需要努力的方向。因此,巴金,这个名字,在文学史上,意味着中国作家最真挚、最真诚的写作良心,中国作家要为大多数中国老百姓写作和服务,他为人为文的高境界,也是我们后人用以借鉴的一面镜子。

在现当代中国作家的队伍里，这位百岁老人，承前启后，继往开来，为中国新文学运动的发展，毕生奋斗，孜孜不息，是值得我们永远纪念的。他捍卫真理的坚定，追求人格的完善，扶掖后辈的不遗余力，开创潮流的率先精神，也是我们永远学习的榜样。

《深圳特区报》2005 年 10 月 24 日

大行无愧天地人

——叶文玲——

接到电话的那一刻，所有的知觉骤然麻木，所有的语言都离我而去，胸中突起的钝痛却在刹那间迅速蔓延……最怕接的就是这样的电话，最怕听到的就是这样直击心锤的消息！

我忘了放下话筒，我不知道该去做什么，恍恍惚惚，好一阵，思维几近空白。

虽然知道这一天于每个人早晚会到来，虽然知道这一天，这消息于我们大家都将是无可言喻的沉重，可是，当它真正到来时，还是不由得怀疑它的真实，还是生出了莫名的怨尤：为什么要有这个电话？为什么它就不可避免？

我知道，我的怀疑不合人情，我的怨尤几近自私。难道都不想想？他在六年前就说过："我是为了你们大家活着……"

难道还不明白？他说的这个"你们"不只是他的儿女，而是文学，他说的大家，不只是他的亲属，而是整个中国文坛，是久久依凭着这棵大树呼吸和生长的我们大家。

那么，我们是不是太自私了？我们是不是太过分了？病魔已经折磨了他这么久，他已经坚强无比地忍受了这么久，这位向来话语轻悄、神容慈祥，这位对于我们是那样亲切那样熟悉的身躯瘦弱的"小老头"！

在握着话筒愣了半天不知所以的时刻，在脑子几近空白胸腔隐隐钝痛的时刻，我终于醒悟：我们不能再如此自私地要求，我们不能再如此固执地奢望：现代科技纵然能教人上天入地，现代先进的医疗还无法创造人的躯体永生的奇迹。

如火肝胆钢气节，朗月胸怀如椽笔！人走了，灯依然亮着，纵然清泪千行，我们应该让他轻松离去！

他的躯体已经离去，他的灵魂早已永生。从他的作品像种子般撒在我们心头开始，从他的书籍像一棵大树庇护我们歆享凉荫开始，从他的思想像一支真理的火炬高高举起开始，他的灵魂就在我们心中、就在人民大众心中永生！

我恍恍惚惚地想：难道，这也是冥冥中的神示？巴老他可能谛听了举国同庆的欢笑，他选择了中国人欢庆"神六"着陆之际悄悄离去，因为，他是那么神往能使理想之翼更加浪漫飞翔的宇宙，因为他是那么热爱苍茫太空无所羁绊的自由，这个热爱自由思想浪漫一生坦荡无瑕的"平民"，这个从来为百姓大众的苦难焦虑忧愤、这个一向为江山社稷牵肠挂肚的"书写者"，他又一次听闻了令中国人扬眉吐气的好消息，他开怀微笑了，他彻底放心了，他想回归大地，只愿身躯化为一缕青烟，只愿一颗灵魂也像"神舟"一样遨游无极太空！

这样一想之后，我终于渐渐恢复了常智，巴老的音容笑貌顿时更加鲜明，所有的思念所有的感恩，所有的回忆所有的缅想，都化作连天之波，在心湖中起伏翻腾！

"我们这代人吮吸的，是传统的文学营养，我们这一代人，没有人没读过巴金的书。"——记不清多少次说过这样的话，记不清多少次这样对听课者讲过。

难道不是这样吗？从初迷文学开始，《家》《春》《秋》就像一股股冲撞心灵的“激流”，成为对我文学启蒙的“三部曲”；而《雾》《雨》《电》这“爱情三部曲”则深化了我对文学的爱恋；自此后，《灭亡》、《寒夜》、《憩园》、《春天里的秋天》……自此后，一见署着巴金名字的作品，就入迷就捧读；自此后，教我忧伤教我流泪、教我与书中的人一起叹息一起愤怒的，是巴金的书……那就是我的青少年时代，巴金的书滋润了我艰难、失意、布满荆棘的青少年时代。很多很多时候，读着他的书，我觉得他在谛听我的泣诉，他在感应我的苦难，他在与我一同流泪，于是，我年轻的心呼应了他的慰藉，我失意的心重新布满希望，我的心头轰然矗出一棵虬枝苍翠的大树，这棵大树就是巴金。巴金，他是作家的标杆，文学的巨人，他一颗丹心似火，一支硬笔如钢；巴金，他是思想的大纛，良知的符号，直言真话《随想录》，九天九渊少颜色！

我没有想到的是，在自己“长大成人”之后，能够有幸亲见巴金。

那是1979年，全国第四次文代会，中国作家协会第三次代表大会。作为河南省文联的作家代表，我是入选主席团的最年轻的成员之一。虽然，这一迟来的幸福和这个因为浩劫而迟开的大会一样，渗透着文艺家们那么多的痛苦和血泪，虽然劫后重逢的作家们每每上台发言就激动得泣不成声，但是，春天毕竟来临，江河终于开闸！像我这样一片也曾被孤零在生活边缘、被极“左”错误践踏的“小叶”，也有了可依傍的大树，而且，这大树不只是一棵，而是一片森林。

中国作家协会，好大一片森林！

在大会召开的日子里，那时的我，和年轻的同行一起，亲见了作为大会执行主席之一的巴金，怎样与主席团的全体成员，为会议的各项事务忙碌，我亲见了被大家一起唤作“巴老”的他，处事待人的温厚和绵细，巴老说话总是那么温言细语，对一切人都是那样笑容可掬。

夜深了，为主席团选举的选票计票，我们不知不觉工作到十二点。

“你们不要搞得太累了，年轻人要当心身体……”啊，是巴老，是他走来对我们悄言嘱咐。一头华发，一件藏蓝卡其的中山装，语声那么轻柔，笑容那么慈祥，那时，我们丝毫没有觉着与我们说话的巴老，是这个庄严会议的领导人物，是文名赫赫的作家协会主席，只觉得他的话语他的声音他的笑容，就像一位慈祥非常的父执……

我没有想到自己能在尔后复刊的《收获》，发表了短篇小说《毋忘草》；又发表了中篇小说《小溪九道弯》。我更没有想到的是，巴老当《收获》主编不是挂名而是亲躬亲顾——“那时的作品，父亲每期都看……”小林的证实使我更加诚惶诚恐。这句话使我自此之后也更加自律：如果没有令自己特别满意的作品，我不敢寄给《收获》……

我没有想到我能两次走进上海武康路113号，走进这座住着一代文豪的小院。

我走进这座小院时不由得屏住了心气，放轻了脚步。尽管来之前得了主人的诚邀，尽管电话里的小林是那么热情，我还是羞怯于自己的浅陋，更生怕自己带来了太多的来自中原的风尘……但是，一进屋坐定，我马上就觉得我不是在拜访一位大作家，而是像小林小棠的同龄人一样，在节假日坦然无拘地走进了一个要好同学的家。

因为，在这个家中，我见到了巴老怎样与他两位长期生活在一起的妹妹说着家常话，又怎样让放学回家的外孙女小端端依着他的肩膀撒娇……我根本忘了应该按怎样的礼节开始我的问候，我只觉得在这样可敬然而又十分随和的长辈面前，任何矫饰客套都是不必要的……

1982年秋，幸运又一次降临于我——那时，每从河南风尘仆仆回故乡——到我的创作根据地浙江玉环时，杭州是必经之地。当时，中国灵隐创作之家还没修建，正在杭州休养的巴老住在杭州饭店。当得到了“欢迎来”的回话时，我又一次大喜过望。

小林将两把椅子搬在了阳台上。我至今没有忘记那天午后的阳光，是如何的灿烂而温煦。

“叶文玲,你是浙江人,为什么会到河南去了呢?”巴老这声问话,仍旧那么轻而温和,一头银丝下,关切的目光更加慈祥。

这声轻轻的问话,又一次勾起我连天心潮。于是,我就将这“为什么”向巴老诉说。我的诉说,不能不牵涉到25年前——1957年所受的错案株连和一连串往事,当然也不能不讲到因错案发配河南的复旦毕业的兄长叶鹏……

巴老安静而专注地听完我的诉说,在一声长长的叹息以后,他说:“叶文玲,你很勤奋,写了很多作品,可是,为什么不写写这些事呢?你和你哥哥的经历,也是我们中国一代知识分子的命运写照……”

就在这时,就在秋日的阳光下,我看见了,两滴清泪在巴老的眼眶里闪烁!

真正是醍醐灌顶!我呆了,说不出一句话,模糊的泪眼,只映着他一头银丝,滚烫烫的耳畔,只响着这几句热烘烘的话,而心头注满的是那派温煦无限的阳光!

1994年,历时8年终于完稿的长篇小说《无梦谷》,由人民文学出版社出版,在杭州、北京两地举行的有多名前辈参加的讨论会以后,引起了相当反响。第二年冬天,纽约国际文化艺术中心,因为这部书的创作为我颁发了奖项,我也为此第一次飞抵了美国。

我迟迟没有向巴老汇报这一切情况,就是怕打扰他惜日如金的写作。但我心里,永远铭记他老人家语重心长的提示,在这部书再版时,我写了以《过时的话语》为题的后记,我永远感激巴老耳提面命的启发。这份充满难言感激的当面汇报,直到三年后才得以实现。

巴老使我铭记和感激的事,又何止这一件?

记得那次在他的寓所,我曾听他真诚地感叹我们那耗时太多的不必要的会议:“我们有很多时间浪费在开会中了,其实,有些会议是没有必要开的,不必浪费时间的,时间是生命,浪费时间真是太可惜呀……”

于是,我便想起来,除了第六届全国政协的第二次大会,除了中国作协的第三次、第四次作代会,巴老曾经亲临外,他果然很少为可去可不去的会议浪费宝贵的时间……

也是在那次造访时,我还听得他再次这样评价曹禺:“我不是什么大作家,要说真正的作家,曹禺才是。曹禺比我有才华,他是个才子,写得又快又好,他是真正有才华的人,而我是靠笨办法写作的,曹禺要比我有才华多了……”

我同样记得,他是第二次这样真诚地夸奖老朋友曹禺。第一次是在什么时候?是在第三次作代会中,在与我们闲谈间。当然,夸奖一个人并不在于次数,而是真诚。对朋友,巴老永远如此谦虚,如此真诚。

1986年初春,也是从河南回浙路经上海,我闻讯巴老患病住在华东医院,便赶去探望。巴老穿着病号服,但精神尚好,他问了我有关河南文坛的一些事。当我后来无意间说起四年前在杭州饭店看他时,小林为我们拍的那张照片,被约稿的编辑弄丢了因而惋惜不已时,善解人意的巴老,马上让小林再次为我们拍了一张照片。这张瞬间摄珍,总算被我悉心保存,在1996年出版的《影记》中,留下了宝贵的纪念。

巴老曾送给我一本初版的亲自签名的《真话集》,送书的同时,还送了我一份《文汇读书周报》。当时没顾得细看,回到住地,我才细细读了那份报纸——原来,那上面有一篇:《怀念从文》。这篇字里行间处处满溢着深情厚意的文章,共一个半版,至此,我才又一次默然领会了巴老对老友诚挚不渝的友谊。

1986年初夏,我终于如愿调回故乡。自此后,只觉得与每年必来杭州喜欢住在灵隐创作之家的巴老越发亲近。但是,就像近乡情更怯一样,我从此绝对遵循规定,给自己也给所有和我们同此心情的文朋艺友订了一条不成文的约定:如果没有特别的理由,如果不是北京或文艺界的领导前辈来了一定要去看望而奉命作陪，我们绝对不肯去打扰巴老。

我们深知时间对于巴老的宝贵，更知道一个清静的环境对于他健康的重要，因此无论是灵隐创作之家还是后来他住了六年之久的汪庄（西子宾馆二号楼，而今已改称“巴金楼”），我倒比以前去得稀少。即使不能常见，我却更感觉着巴老的存在，因为在心里，我总是无时不感觉着有双温厚慈爱的眼睛在注视着我们，他一直在注视并关怀着我们这代作家的一切。所以，当我在工作和创作中有了疑虑，当我遭遇困顿、遭遇飞短流长的伤害懊恼不已而萌生向父执般的巴老一诉委屈的念头时，只要脑子里闪现他的神容，只要想起那字字千钧的《随想录》，我就俗念顿消：因为，只消想一想那些澄明如水铁骨铮铮的话语，生活的尘污就好似被那面思想的“金筛子”霍然廓清；而在这位思想和文学的圣者面前，一切世俗的烦忧噪扰，都是那么卑微琐屑，那么微不足道！

1998年秋，巴老最喜欢的丹桂又一次在西子湖畔飘香时，他也又一次住进了二号楼。

带着由作家出版社出版的文集（《文集》之七是第三版的《无梦谷》）——我打心底高兴，我终于可以向巴老汇报五年前就该汇报、就该表达的心意和感激了。

行前我给自己约法三章：逗留五分钟，只问一声好；来不及言说的话语，就由这套八卷本的书籍代叙，毋庸言说的感激，就由这束鲜花表达……

还是满头雪发，还是满脸慈祥，巴老还是父执般的巴老，可是，被病魔常袭的他，毕竟比从前衰弱多了，坐在轮椅中的巴老，虽然笑容依然，虽然他那从不昏澹的眼神一眼就认出了来者是谁，可是，他说话的声气却比从前喑哑，语调也更加缓慢，是的，他是大病在身的九旬老人啊！

听着他颤颤的声音，我忽然觉得：哪怕仅仅“侵占”他五分钟，也是不该的……

“没有关系，你来看我，我很高兴，我不能出去，听听你们来说说话，很好……”

我在路上就想好的简洁有条理的话，此刻又全然乱了套，我一面恼恨着自己在表达心意时总是那么笨拙，一面忽然觉得：其实，我什么都不用说，什么都不必说。听听，巴老这句话，就是最大的勉励，巴老他接着对我说的，不还是对每个作家都可用作座右铭、不还是被我们早就牢记在心的金玉良言吗？

“祝贺你出了新作，作家就是要努力写作，作家能勤奋创作，这就好，这很好……”话语颤颤，余音却似绕梁的黄钟大吕！

作家就是要努力写作，就是要勤奋创作。在“墨磨人”的一生中，只需谨记这句话，就够了，只需按这句话做，我们就可以望着他的肩头集合在他的身后了。

不不，仅仅这样还不够，我们无论如何不能忘记：当我们抚摸着大门上的手模，走进中国现代文学馆时，巴老他倾一生心血创建的这个文学殿堂，在我们眼前訇然大开，当我们为中国现代文学的辉煌人物辉煌景象目不暇接时，我们无论如何不能忘了受泽得惠的我们，还有我们的一代又一代，从此从中领受的，是何等丰富的文学营养，是何等宝贵的为文为人的教诲……

“热情是火，痛苦是云，云与火的景象下，走着一个真实的人。”

对于巴老，这是最贴切的话语，巴金就是这样一个将心完全交给读者的真实的人！

“……云与火的景象下，走着一个真实的人……”

是的，我们无论如何不能忘记：这个真实的人高举的，是一面“讲真话”的大纛！

在这面大纛的呼啸声中，我望见了集结而来的人群，这人群中有年轻和已非年轻的人，这人群中有文坛也有文坛外的人，今天，这些男女老少，默默地集结在送别巴老的行列中，他们都和我们一样，是读着《家》《春》《秋》、是读着《随想录》成长的一代又一代的人……

听着这面大纛的呼啸，遥望着堆成雪山的白花，遥望着金黄的秋菊和火红的丹桂，我觉得所有的思念所有的敬意都在花中盛开……

又一次想起三年前。在应上海文艺出版社老编辑左泥同志之邀——为《百年巴金》一书写一句心里话时，我曾不假思索地撰写过一联：

“讲真话大行无愧天地人，写众生小说不朽家春秋。”

巴老：在你远行之日，没能亲到灵前献花的我，唯以此联，再次表达永远的敬意！

《江南》2006 年第 2 期

聆教五十年——忆念巴金先生

——徐开垒——

巴金先生在今年 10 月 17 日晚上 7 时 06 分逝世。在这以前一周，我曾不断接到不少友人和不相识的读者电话，问巴老病情，因为那时许多人已听到了巴金病危的消息。就在他去世的那天上午，我还接到香港作家联会创会会长曾敏之电话，说他由香港到北京后听说他的老友巴金病危消息，问我究竟情况怎样，我也只能根据巴金胞弟李济生告诉我的话转告他：巴老心脏衰竭，左腹肿瘤破裂，确在病危中，现正在会诊抢救……哪知就在这一天傍晚，巴老离开我们走了。

“巴金先生活着是一种力量，走了也还是我们的一个榜样。”《解放日报》把巴金逝世当天在电话中向我采访时我说的这句话发表在第二天的报纸上。说实在，这句话真是从我生活经历中体验出来的。我在抗日战争前在宁波翰香小学读高小，在效实中学读初中时，就开始读巴金作品，不但读了他的小说《灭亡》和《家》，还在上海开明书店出版的《新少年》半月刊上读了他写的童话《能言树》，并由此开始走上文学写作的道路，在《新少年》“少年习作”专栏上先后发表我的最初两篇作品《读〈宝岛〉》和《两个泥水匠》。巴金的小说和童话，都充满了深厚的感情，他使我在生活中也禁不住“有感而发”。到了抗日战争开始，在 1937 年 11 月，我随父母逃难到上海，住在福煦路（现称延安中路）四明村家里，最初在南阳路复旦实验中学读初中三年级，初中毕业后，每天到南京路慈淑大楼（当时称大陆商场）三楼东吴大学附中读高中，也还是以巴金等作家的作品作为主要课余读物。在 1940 年初夏，当巴金的“激流三部曲”最后一部《秋》在开明书店出版时，我也买了来把它很快读完，在当年 6 月 1 日《申报》副刊《自由谈》发表了一篇读后感，不但对这部小说进行了评论，更主要的是表示了对巴金先生作品的向往，因为它给我很大的力量。

抗战胜利后不但继续不断地读巴金的新作，还读了大量由巴金主持编发的文化生活出版社出版的书，这里不但有鲁迅、茅盾等人的著作，更多的是战前受巴金鼓励、发掘的作家曹禺、卞之琳、何其芳、陆蠡等人的作品。当我在 1949 年 9 月进入《文汇报》工作，并在 1951 年 2 月新闻版上发表《日寇杀害了我们优秀作家陆蠡》一文后，陆蠡家乡的民政部门来了信，要求我提供更多的资料，以便追忆陆蠡为烈士。我就写信求助于巴金先生。信寄出后，我担心巴金能不能及时复我，不料仅仅相隔一天的时间，他的回信就来了，不仅热情地介绍了陆蠡的情况，并提供了解放前他写的有关陆蠡的文章资料。我立即把他的信和这些资料转了去，这对陆蠡家乡无疑是一个强有力的支持。从这个时期开始，我就与巴老有了直接联系。对他为人处世，有了更多了解。

巴金对读者服务一向十分热情，特别对一些有困难的读者，他总是尽可能帮助人家。三十年代，他曾收到一个青年来信，与有同样热情的作家靳以一起去杭州，把一个受拐骗的青年营救脱险。平时对一般读者写给他的信，他也总是给予答复。有的外地读者甚至因书买不到，写信汇款给他来要求他代为买书，他也总是尽力满足人家要求，有时自己还亲自上街，替读者跑书店，进邮局代为邮寄，甚至代为打包，用尽力气。

最近北京大象出版社出版的一本《巴金日记》,发表了巴金在1962年11月以后到1965年底为止的日记,其中有七八处提到在这个时期他给我转来读者来信来稿,和我几次上门去向他约稿等事情。其实,自从1956年我参加《文汇报·笔会》副刊编辑工作以后,我就开始常到他家中向他请教问候和约稿了。大家知道《文汇报》曾在几次政治运动包括思想改造运动以后,在1956年初停刊,由徐铸成率领全报社人员搬迁到北京办《教师报》,后因党中央提出"双百"政策,毛泽东说《文汇报》应该恢复出版,这样同年9月我们又从北京迁回上海,在当年10月1日把报纸恢复出版,并同时恢复解放前副刊名称"笔会",并把我从记者岗位上调到副刊编辑室,参与主持。巴金十分支持我们《文汇报》迁回上海复刊,不但一开始就接受了我的访问,参加我们的座谈会,还为我们写了杂文《秋夜杂感》。我在这个时期写过几篇访问记,在《笔会》发表。第一篇就是访问巴金,他在这个时期已经意识到如果不把极左思想去除,"双百"政策是无法真正贯彻的。所以他不但在我们《文汇报》笔会副刊上发表《秋夜杂感》,主张"鸣"一定要有独立思考精神,对问题的讨论一定要认真,而且他还在《人民日报》发表《独立思考》说:"有些人自己不习惯独立思考,也不让别人独立思考。他们把自己装在套子里面,也喜欢把别人装在套子里面。他们拿起教条的棍子到处巡逻,要是看见有人从套子里钻出来,他们就给他一闷棍。"巴金还对当时戏曲界某些人把观众所喜爱的传统剧目进行大刀阔斧的删改,进行批评,他说:"有人说改戏是工作的必要,却似乎忘记了多年来我们许多优秀的艺人就一直在改戏,像梅兰芳、周信芳这些大艺术家就是戏曲艺术的革新者。戏曲改革并不是从最近几年,也不是从演员以外的人开始的。……用大刀阔斧把剧本斩来砍去,……我却不能赞美他们工作的成绩。"(《观众的声音》)这些都再一次证实巴金确是一个既热情又关心祖国关心人民事业,与我们平民老百姓同一条心的人。

出人意料的是正当我们争取到像巴金这样的作家为我们写杂文,丰子恺这样的作家为我们重新提起笔来写缘缘堂随笔,傅雷这样的翻译家为我们写散文随笔的时候,"反右"运动开始了。《文汇报》首当其冲,说是犯了"方向性错误",《笔会》是它的副刊,难免池鱼之殃。京沪杭三地,许多专家被错划为右派分子,其中不少人在我们副刊上发表过文章,这些文章即使没有错误,作者单位为了批评他,也要把它上纲上线。《笔会》一时被认作"毒草窝"。这样,在"反右"斗争开始后,《笔会》副刊就被归属到报社新成立的文艺部里。文艺部的正副主任,都是新调进来的党员(我在1980年才入党)。那时巴金跟我们一样,虽不曾被公开戴上右派帽子,却受到很大打击,直到六十年代,特别是1961年前后,因中央的"七千人大会"和科学工作会议召开,"双百"政策被再一次郑重提出来,《笔会》又恢复到1956年刚复刊时那样,得到巴金先生等作家的热情支持,不但亲自为我们写稿,还给我们出主意,让我们副刊不但针对现实中存在的问题,接受青年作者提问,请茅盾、柳青等人作答,还增设"年轻的时候"栏目,让沈尹默、贺天健、高盛麟等现身说法,提倡做学问要勤学苦练,还开辟"国外归来"专栏,请一些刚从海外回来的专家谈出国见闻,帮助读者开拓视野。最近我从巴金六十年代的日记中,还看到他多次类似这样的记述:"上午十时,徐开垒来谈了三刻钟","打电话给徐开垒,把杨扬的文章介绍给他","徐开垒来信,附寄王大兆诗稿小样"……可见当时我不但多方约稿,还承巴金等作家经常支援。可惜的是好景不长,到1965年"阶级斗争"形势越来越紧张,《海瑞罢官》问题"讨论"一展开,报社把文艺部中《笔会》编辑室里的几个人分割出来,另成立副刊部,说"文艺部战线太长,海瑞罢官问题有许多机密,传达你们不能听,只能让搞文艺理论和搞文艺采访的人来管,《笔会》的人还是搞副刊。"到1966年"文革"一开始,除了个别人,我们《笔会》的人就全部靠边,受审查,半年以后还去干校"大班子"劳动,并继续低头认错写检查。我直到1971年才被调回报社做夜班一年,然后又回到文艺部,直到1976年秋"四人帮"粉碎,1977年初,我才恢复副刊主编工作。就在这一年5月,我与刘火子征得当时报社领导同意,到巴金家里,请他写停笔十年后的第一篇作品,巴老犹豫了一下,我说:"那么多年你在报上没有讯息，读者多么想念你，你就用写信的形式，写一篇吧。”他终于答应了。这就是发表在这一年5月21日的《一封信》。大家知道当时粉碎“四人帮”才六个月，“四人帮”虽然在政治上垮台，但他们长期留在一部分人头脑中的假象还没有完全去掉，特别是在文艺上的各种看法和极“左”思想留在文坛上还是冰河一片，丝毫不曾触动。巴金的这篇散文给我带来了几十年副刊编辑工作经历从来不曾有过的景象，这就是只半个月时间，就引来了国内外几百封读者来信，表示对这篇文章的赞扬和肯定，并抒发了对巴金的感情，单是要我们直接转给巴金的信就多达一百五十多封。其中还有何其芳、胡愈之等作者老友，他们中有的人以为巴金早就被批斗致死；有的人知道了巴金还健在，禁不住兴奋得直接找上门去，沙汀甚至从四川成都赶到上海去和他共叙旧情。连身在美国的前辈女作家凌叔华也要求我们把她充满着感情的信转给巴金。当然，极大部分来信的读者并不认识巴金，但对巴金的作品十分熟悉。他们中有的人过去通过读《家》《春》《秋》和“爱情三部曲”，甚至比巴金的许多老友更感到巴金的可亲。他们见到巴金又在报上写文章，感到比什么事都使人兴奋，有个读者整夜不睡，写了一份一万字的信，希望巴金再写一部长篇小说，让他和他的孩子一起来读。

一向重视读者来信的巴金，这次仍像过去那样一封封细读，从不轻易放弃不看，但这次数量惊人。除了我们转给他的一百五十多封信之外，还有信请上海作家协会转给他的，更有直接寄到他家中的。巴金当时也已有73岁，他还是尽可能对来信一一作复，但究竟信件太多，即使几天几夜不睡也难做到每信都复，有时就只好请家属和作协干部帮忙。当时，我曾劝巴老注意保重身体，他却说：“我的身体很好，没有慢性病，写到八十岁，我是有把握的。”

巴金的《一封信》不但引来了大量读者来信，同时我也收到叶圣陶从北京寄来的一首诗，赠给巴金：

诵君文，莫计篇，交不浅，五十年。
平时未必常晤叙，十载契阔心怅然。
今春《文汇》刊书翰，识与不识众口传。
挥洒雄健犹往昔，蜂虿于君何有焉。
杜云古稀今曰壮，伫看新作涌如泉。

这首诗我曾把它拼入副刊大样，临时因故不曾刊出，直到第二年即1978年春天，领导思想进一步解放，我用“立羽”笔名再写了一篇巴金访问记，把叶圣老这首诗作为内容介绍进去，这才没有被抽换。

巴金受到读者爱戴和朋友们的尊敬，而他从不高人一等，骄傲自大，更不“一阔脸就变”。他的《一封信》，在当时影响确是很大的。应该说，它是我们文坛在粉碎“四人帮”后的第一声春雷。两年后，到1979年秋天，我们的文学冰河开始解冻，我们的报纸为组织庆祝国庆三十周年文章，我曾打算写一篇《三访巴金》，因为我感到我在1956年和1978年所写的巴金访问记内容还没有做到畅所欲言，但没有得到巴金的同意。他说一个作家没有新作，老是在新闻版上见到名字，发表谈话是没有意义的。

直到十年以后，即1988年12月，他不但让我应上海文艺出版社之邀，开始写《巴金传》，还让我在离休以后，写了一篇对他的第三次访问记，这就是我们两人共同署名的，发表在《文汇月刊》1989年1月号上的《作家靠读者养活——关于传记及某些文艺现象的谈话》，这篇两人对话还同时在沪港两地《文汇报》同一时期刊出。这是我为巴金写的最后一篇访问记，也是我作为新闻工作者写的最后一次人物访问记。巴金在1993年写的《最后的话》一文中，曾说：“我为什么坚持在十四卷末作为附录插进与徐开垒同志的对谈呢？我想让读者明白一件事情，我不能离开人民……”

在这篇“对谈”中，巴金出自肺腑之言，确曾十分感动过我。他在事后也曾对我说过：“这次谈话，比较解决问题。”我记得是我首先抒发自己对无政府主义的看法，我说：“巴老，我们对无政府主义问题是否可以这样看：它比共产主义更早传入中国，由于它反对权力和权威，主张个人绝对自由，所以当时一些在旧中国对封建主义、帝国主义统治感到不满的青年，都欢迎它。但无政府主义既无严密组织，又无明确教义，各人理解也并不相同。而中国无政府主义与欧洲也不完全相同，更是各有各的认识。我觉得你在青年时代对无政府主义的了解，也仅仅是从克鲁泡特金的一本小册子开始，没有经过系统学习，所以你那时虽自称无政府主义者，却从没有宣扬过无政府主义最根本的实质问题，这就是厌弃工业化，要求回到农村自然中去。你受到的教育，给你更多的是人道主义、民主主义和爱国主义，所以你的作品反映出来的，即使早期，也还是这方面的思想感情多。不知道我这样理解，是否正确？”

我想我这样的讲法，巴金一定表示同意。谁知巴老为人真诚，对这件事的看法实事求是，竟与我说的并不一样。他说：“这也很难说。思想随着现实的考验，总有变化，发展。我的思想不但几十年来在不断变化，即使最近十年来，在我开始写《随想录》时，对有些问题的看法，到目前也有所不同了。所以我总劝别人读《随想录》，最好能作为整体来看。我对自己的思想，一时也难用几句话来说清楚。我为自己思想做总结，也只能根据自己的认识，一点一滴来做。做一点，是一点。我总希望把思想挖得深一些，看得深一些。比如我对国家的认识，就有错误，有改正，有发展，有变化，也有进步。我希望能把我们社会建设好。但到现在，我对有些问题的看法是否成熟，是否完全正确，那也难说。对无政府主义我信仰过，但在认识过程中，一接触实际，就逐渐发觉它不能解决问题，所以常有苦闷，有矛盾，有烦恼。这样我才从事文学创作。要是我的信仰能解决我的思想问题，那我的心头就没有苦闷，没有矛盾，没有烦恼，我早就去参加实际工作，去参加革命了。但是实际上不是如此。这样我才把文学创作作为我自己主要的工作，由此来抒发自己的感情，在我的思想中有人道主义、民主主义和爱国主义，那是经过人们的分析，我才认识的。这些思想显然不是根据自己主观要求而出现的。比如爱国主义，过去无政府主义反对爱国主义，但是我后来又是一个爱国主义者，看到帝国主义对我们的侵略，人民受到欺侮，自己也深受其害，才意识到原来中国人连最起码的权利都没有，这样就觉得要爱护自己的祖国，要反抗外敌的入侵。”巴金这样明确地表达自己一生在政治上的主要心路历程，对我说来还是第一次听到，而且还是在他身边直接听到，我感到十分高兴，也觉得非常荣幸。

这次谈话还谈到文学创作问题，我受到他的鼓舞，也禁不住十分直率地向他提问：“解放以后的十七年中，我们的许多作家，如茅盾、叶圣陶、冰心、沈从文、曹禺、夏衍、钱钟书等，也包括你和老舍，在解放前有很高成就，为什么在解放后在创作上都进入了一个低潮？”他回答说：“现在看来，以‘你出主意，我写作’这样的方式从事创作，总是要失败的。解放初期，我不过四十出头，正当壮年，总想写出点东西来，但总是写不好。可以说我在十七年中，没有写出一篇使自己满意的作品，这是因为我写不好自己不熟悉的生活。”……

此次访问还谈到那时的某些文艺现象，巴金也有不少精辟见解，当时我们的谈话是用录音机录下的。我根据录音写成文章，原稿请人誊清后送巴老修改，他在原稿上作了不少改动，还增加了不少文字，如有些话：“有了生活，才有作品，才做作家。生活培养作家，不是职称培养作家，作家靠读者养活，不是靠领导养活。”这些都是他动笔增添进去的。所以这篇“对话”在发表时由我们两人共同署名，是十分合理的。我当然十分珍惜这次访问，因为它不仅是我从事新闻工作的最后一篇人物访问记，同时也为我当时写《巴金传》下半部充实了思想和内容。我的《巴金传》是1988年开始在《小说界》连载的。我每写好一章，就去武康路巴金先生家中把文章交给他，然后由他转给这本书的责任编辑李济生。济生兄是巴金的胞弟，他是上海文艺出版社的资深编审，记得当初他来我家向我约写这本传记时，曾告诉我事先已经得到巴老同意，我第二天即去巴老家向他汇报,巴老送了我一本他的著作,对我说:"用我的材料,去写你自己的文章吧!"这句话言简意赅,引领了我写这本书的道路。所以每当我把文章送去时,巴老从不向我指手画脚,要求怎么描,怎么写。只是在出书前,让他女儿李小林向他通读了一遍,指出个别事实出入,然后加以改正而已。

2005 年 10 月 23 日上海荧荧楼

《上海文艺界》2005 年第 4 期

人民的作家　永远的缅怀

——金炳华——

我们景仰的文学巨匠、人民作家、全国政协副主席、中国作家协会主席巴金先生,走完了他一百零一年的人生历程,永远地离开了我们,离开了他心爱的读者。巴金先生逝世后,文学界和广大读者以各种方式表达了对这位人民作家的怀念和敬仰,充分体现了巴金先生卓越的创作成就和文学地位,体现了巴金先生的人格魅力。巴金先生是一位把身心献给祖国和人民的文学大师,一位给读者带来温暖的人民作家,他的创作成就是中国现当代文学史上的一座丰碑。

巴金的一生,与祖国的命运紧紧联系在一起。巴金是在五四新文化运动感召下成长起来的作家。他从青年时代起,就开始了追求真理、向往光明、为祖国和人民不懈奋斗的人生历程。抗日战争期间,巴金辗转于香港、广州、汉口、桂林和上海之间,以高昂的热情,从事抗日救亡的文化宣传活动。新中国成立后,他奔赴抗美援朝的前线采访,写下大量小说和文艺通讯,用亲切感人的笔触描绘广大志愿军战士的英雄气概。进入新时期以来,他仍然笔耕不辍,活跃于当代文坛。他的人生历程,就是中国现当代文学发展史的一个缩影。

巴金以丰富的、充满进步思想和艺术感染力的作品,影响和激励了一代又一代中国人。七十多年来,他创作勤奋,著作等身,许多作品是中国现代文学史上的扛鼎之作。"激流三部曲"《家》《春》《秋》、"爱情三部曲"《雾》《雨》《电》和《寒夜》《火》《憩园》《第四病室》等长篇作品,《英雄的故事》等多部短篇小说集,以及五卷本的《随想录》等。巴金的作品在不同时期被搬上银幕、舞台和荧屏,奠定了他在中国现当代文学史上的崇高地位,在读者观众中具有广泛而深远的影响。他的创作思想和人生道路,反映了一代知识分子在中国共产党的领导下,在曲折的历史发展中追求光明、追求真理的历程。

巴金把自己的一生都奉献给了祖国和人民,奉献给了他钟爱的文学事业,在编辑、出版、翻译以及文化事业建设等方面做出了重要贡献。二十世纪三四十年代,巴金担任文化生活出版社总编辑,先后组织推出了《文化生活丛刊》《文学丛刊》和《译文丛书》等影响很大的丛书,对展现新文学的实绩和促进新文学的发展,做出了重要贡献。巴金热心投入文学杂志的编辑出版工作,参与创办了大型文学刊物《文季月刊》。新中国成立后,他长期担任《上海文学》《收获》等刊物的主编,为发现和培养青年作家,推出更多更好的文学精品做了大量卓有成效的工作。他翻译和介绍外国文学,尽心竭力地为中国新文学的发展和繁荣提供新的艺术养分。他善于团结广大作家,与多位文学大家结下了深厚友谊。他长期担任中国作家协会主席,多年来为团结作家队伍、繁荣文学创作,付出了大量精力和心血,为广大作家和文学工作者所崇敬。巴金先生晚年最大的心愿是建立中国现代文学馆。为此,他不遗余力地向文学界和全社会发出热切呼吁,并以身作则,率先垂范,捐献了稿费、书刊、文稿等宝贵资料。在中央领导的高度重视和关心支持下,中国现代文学馆新馆于 2000 年

5 月建成开馆。现在已成为重要的文化活动场所和国家文学资料收藏、研究和展示中心。这座文学殿堂凝结着这位文学老人的心血和愿望，在建设社会主义先进文化中正发挥着重要作用。

巴金先生同时是杰出的社会活动家。全国解放后，他作为民间的外交使者多次出国访问，参加国际文化交流等活动。为促进世界和平、发展中国与世界各国的友好合作和国际文化交流做出了积极贡献。巴金先生是中国共产党的亲密朋友、著名的爱国主义者。几十年来，他与中国共产党肝胆相照、风雨同舟。他连续五届当选全国政协副主席，先后担任中国作协、中国文联、上海作协、上海文联的领导职务，赢得海内外广大作家、艺术家普遍的崇敬、爱戴和赞誉。巴金先生先后被授予意大利但丁国际文学奖、法国荣誉军团勋章、美国文学艺术研究院名誉外国院士称号、前苏联人民友谊勋章。1999 年，国际天文联合会下属小天体命名委员会批准“巴金星”的命名，授予巴金崇高的国际性永久荣誉。特别令人振奋的是，2003 年 12 月，在巴金先生百岁华诞之际，国务院授予巴金先生“人民作家”荣誉称号。这充分体现了党中央、国务院对巴金先生的亲切关怀，对巴金先生文学成就的高度评价。这一荣誉称号，是巴金先生的骄傲，也是广大中国作家和文学工作者的骄傲。

多年来，我无论是在上海市委工作还是在中国作协工作，有机会多次看望巴老，聆听他的指教，与他老人家结下深厚友情。他慈祥的面容，亲切的话语，宽阔的胸怀，崇高的境界，至今深深地留在我的心间。巴金先生的一生，是近代中国爱国知识分子不断追求真理、追求进步的一生，是对国家和人民忠心耿耿、为文学事业奋斗不息的一生。他秉性耿直，识大体、顾大局。他生活简朴，平易近人。他把整个身心交给了人民，赢得了人民的感谢和尊敬。

我们景仰巴金，是因为他始终紧跟时代步伐，为追求真理而奋斗不息，不断前进。从积极投身五四新文化运动，到奔走呼号在抗日救亡第一线，从新中国成立后讴歌新时代、新生活，到改革开放时期对历史的深刻反思，巴金始终把自己的艺术追求同民族命运紧紧联系在一起。他明确提出：“要全社会得着解放，得着幸福，个人才有自由和幸福之可言。”

我们景仰巴金，是因为他始终深爱自己的祖国和人民，深爱着他的读者。他的赤子之心令人感佩，他曾深情地说：“对我的国家和人民，我有无限的爱。我用作品来表达我的无穷无尽的感情。”“我生长在中国，我的一切都属于中国人民。”“我在任何时候都是一个爱国者。”谈到自己的文学创作，他这样说道：“我写作只是为了一个目标，对我生活其中的社会有所贡献，对读者尽一个同胞的责任。我从未中断与读者的联系，一直把读者的期望看成对我的鞭策。我常说，如果我的作品能够给读者带来温暖，在他们步履艰难的时候能够做一根拐杖给他们加一点力，我就十分满意了。”他自己的创作总是“掏出自己的心”，来表达自己对祖国和人民的深厚感情。

我们景仰巴金，是因为他始终坚持深入生活，贴近人民。文学的生命力在于保持同人民的血肉联系，伟大的作家首先是时代生活的积极参与者，并在这种参与中独特地观察和思考，形象地表现生活，艺术地反映时代最本质和最深刻的内容。巴金曾语重心长地对青年作家说过，“生活培养作家”，“作家必须对自己熟悉的生活进行深入的思考，要善于从生活中挖掘和发现”。早在二十世纪三十年代，青年巴金就主动到工地，下矿井，体验普通工人的生活，写出一批反映工人悲惨生活状况的小说。抗美援朝期间，他不避战火，先后两次到朝鲜前线，在志愿军中深入生活。在亲身经历了“文革”十年浩劫后，他以痛切的心情进行了深刻而坦诚的自省和反思，在广大读者中产生强烈反响。

我们景仰巴金，是因为他始终有一颗博大正直的心。他热情关心和培养青年作家成长，善于团结广大作家，凝聚多方面的文学力量。巴金与许许多多作家结下了深厚友情。他以诚待人，提倡“讲真话”，敢于自我剖析的高尚品格，赢得了老中青作家的广泛尊敬。

巴金先生曾不止一次地说过，他以作为一名生活在今天的中国作家而感到无比光荣和自豪。今天的中国正阔步前进在全面建设小康社会、实现中华民族伟大复兴的广阔道路上。与这个伟大历史进程一道前进的中国当代文学,也处在前所未有的最好发展时期。我们要紧密团结在以胡锦涛同志为总书记的党中央周围,高举邓小平理论和“三个代表”重要思想伟大旗帜,以科学发展观为指导,遵循先进文化前进方向,坚持贴近实际,贴近生活,贴近群众,努力为我们这个伟大时代和人民奉献更多更好的精神食粮,创造新世纪中国文学的新辉煌,以中国文学的新实绩告慰巴金先生。

《文艺报》2005 年 10 月 25 日

“应该有理想”

——陈丹晨——

1993 年秋,巴金老人在杭州休养,我去探望他,在灵隐创作之家(与白乐桥很近)住了十几天。每逢巴老独自坐在藤椅休息时,或在庭院的樟树下,或在客厅里,我就陪伴他闲聊天。我们的谈话没有题目,没有中心,漫无边际,说到哪儿是哪儿,但也可以说有一个主题,就是巴老。围绕巴老的生平、思想随意而谈。

这许多次谈话中,有一点使我感受特别深;巴老对社会现实生活的关注,对商业大潮中出现的拜金主义风气和人性的畸变、道德的沦落,充满着忧虑。这时,他会谈到理想的重要。他说:“应该有理想。当然,实现理想是有过程的。历史总是在前进,会有弯路……过去,人们追求理想,有道义上的自我约束。现在有些人没有什么理想,觉得不值得去追求进步的高尚的理想。只为自己,自私自利……”“我想起年轻时候,很多朋友受理想的鼓舞,只想对社会做些工作,有点好处。(我们常常是自己)掏钱出来(做文化工作),不是想从中赚钱。我也常放弃稿费版税,用来支持朋友从事文化工作。(香港)余思牧编(我的)书,来问我,我不要钱。钱多没有用处。(人们的)想法不同,有的人觉得不拿钱是傻瓜,我觉得拿钱是傻瓜。”

“现在风气太坏,只想钱,变态!就像《白痴》里的烧钞票,不是什么都可以用钱买到的。”《白痴》是俄国陀思妥耶夫斯基的名作,曾写到一个受侮辱的女子娜斯泰谢把卖身所得的十万卢布当众烧掉,表现了对一群卑鄙贪婪之徒的轻蔑,表现了她的尊严和不可侮。巴老说到这里时,显得有点激愤。他举这个例子,不只是为了说明俄罗斯作家对金钱的态度,更多的是对被金钱锈蚀了的人性的批判。这时,巴老对我们讲了一些他年轻时的小故事。

“我从前(年轻时),写几个月文章,其他时间(有时到外地)看看朋友,或者朋友请我去住住,玩玩。我没有家,活得很好。”巴老这番话,使我想起当年他与萧珊(巴老夫人)相识不久,萧珊觉得他生活得太苦,他却回信说:“我宁愿一个人孤独地去经历人世的风波,去尝一切生活的苦味,我不要安慰和同情,我却想把安慰和同情给别的人。我已经这样地过了几年,这种生活不一定是愉快的,但我过得还好。”这都可以印证他的人生态度。这次,他还说:“我去法国之前,也就是1925—1926 年间,我在上海靠写文章维持生活。那时,朋友们在一起,常常是谁有钱就拿出来大家花。我们的生活很简单:在小饭馆里,两碗饭,一碗豆腐汤,就解决问题了。1928 年底,(我从法国)回国后,朋友(朱永邦)办自由书店,聘我当编辑,一个月给八十大洋。我说:我用不了那么多,四十块就够了!我回国的路费,是一位在美国做工的华侨朋友刘钟时寄给我的。我与钟时几年来有通讯联系,但我们从来没有见过面。”

巴老讲的这些往事,我们听了为之神往:那么单纯,那么淳朴,但离我们似乎是多么遥远啊!

须知,那还是处在军阀统治、贫富对立的黑暗社会环境中,他们却立志改造社会,把心思都放在对理想的探索和追求上;至于物质、金钱、个人享受,则看得很淡泊。如今,经过半个多世纪的曲折经历,看到这种恶俗的风气又卷土重来,以至于更甚,巴老怎么能不感慨激动呢?

1985 年,巴老在回答江苏某小学的学生的信中说:“在这一场理想与金钱的斗争中我们绝不是旁观者,斗争的胜败关系到我们每个人的命运。”那么巴老说的理想又是什么呢?早在上个世纪三十年代,巴老就引用法国哲学家居友的话说过,理想就是:“个人的生命应该为他人放散,在必要的时候还应该为他人牺牲。”巴老多么希望人们都能有一个美好的理想,都能追求自我的道德的完善,人格的提升。这样,个人的生命之花才是美丽的。

巴老一生都是在践行自己的理想。他写作是为了“怎样让人生活得更美好,怎样做一个更好的人,怎样对读者有帮助,对社会、对人民有贡献……”直到晚年,他带着病痛还坚持写作。哪怕手再颤抖,一个字一个字勉强划出来,他也还要顽强地写。他在日常生活中喜欢帮助别人,包括经济上,包括不相识的人,不知帮助过多少人。他乐于当义工,以前在文化生活出版社做不领工资的义务总编辑,可不是挂个虚名,而是踏踏实实、日日夜夜地做实事:编稿、补书、校对、打包等等,十几年如一日,这已是众所周知的事了。晚年他把存款、稿费几乎是近于悉数捐赠给各种公益事业,包括建立文学馆、希望工程、水灾赈济等等。他把数十年苦心收集积聚的数万册珍贵的中外图书刊物赠送给各公共图书馆……

关于巴老,这类事是说不完的。他让我有一种强烈的印象:他真的是要赤条条来,赤条条去啊!他一再说过:“我一生始终保持这样一个信念:生命的意义在于付出,在于给予,而不是在于接受,也不是在于索取。”巴老几乎像一个虔诚的宗教徒那样用自己的言行践行这样的理想和信念。

《新民晚报》2005 年 11 月 7 日

怀念巴老,永记《随想录》

——屠　岸——

10 月 16 日,我在上海,孙颙(上海作家协会党组书记)告诉我:巴老病危。我心头一震!17 日,中国文坛巨擘、文学巨匠巴金同志逝世。举国志哀!我按计划于 21 日回到北京,来不及参加巴老的遗体告别式,遗憾!当天接受《文艺报》记者采访。22 日《文艺报》发表作家们悼念巴老的谈话,其中有:“诗人屠岸说:巴金老人是我心中的一座巨碑。我将和千千万万读者一样,永远怀念他。巴金把整个一生奉献给了文学事业。《巴金全集》和《巴金译文全集》是他留给我们的最大精神财富。我想,巴金的全部思想的精髓,也许可以凝结在他的两句话中:‘讲真话’,‘生命的意义在于奉献’。巴金的文学遗产超过一千万字,我们不可能全部记住。但如果我们牢牢地记住了这两句话,那么,也许我们就抓住了巴金精神的核心。”22 日,我在中国现代文学馆举行的国际汉语诗歌协会新闻发布会上,以会长身份动议:全体与会者起立,为我们敬爱的巴金同志逝世默哀。24 日,我到中国现代文学馆巴金同志灵堂向巴老遗像行三鞠躬礼,并题字以寄托哀思。11 月 23 日,我参加了中国作家协会主办的“巴金同志追思会”。巴老的形象,言谈,教诲,始终萦绕在我的心中,甚至在梦里也出现巴老亲切慈祥的目光。

我在小学高年级和初中当学生时,就开始阅读巴金的小说。我在大学里参加进步的学生运动、走上革命的道路,是社会现实的教育和进步书刊对我起了引导作用,其中就有巴金的小说

《家》。巴金不是中共党员,但我知道,许多青年参加共产党,是巴金小说影响了他们。巴金是以他的一部又一部小说如《灭亡》、《新生》、“爱情的三部曲”、《家》、《春》、《秋》、《憩园》、《第四病室》、《寒夜》等,建立起他在读者中的声望,奠定了他在中国文坛的崇高地位的。这些小说都写于他的前半生。“文革”之后,巴老没有再写小说。但是,没有复出的巴金,是不完整的巴金。巴金的伟大人格力量,最突出地表现在“文革”结束之后。他的自我解剖和历史反思,对我,对广大读者,起到了震聋发聩的作用。而这,集中地表现在他晚年的杰作《随想录》里。

1993 年 6 月 26 日,我和章世鸿(《人民日报》记者)到巴老家中向他预祝九十大寿。那是位于上海武康路的一处住宅。巴老坐在有玻璃长窗的走廊里,身穿白色短袖衫,灿烂的阳光透过窗外的树叶照射到他身上。他面色健康,精神矍铄,思维敏捷。另有三位客人在座。大家一起舒畅地交谈着。当谈到巴老的《随想录》时,巴老笑着说:“这本书原答应给‘三联’,后来被他们三个人抢去了。”客人问是哪三人,巴老说:“一个是韦君宜,一个是他(指指我),一个是季涤尘。”说着,巴老又笑了。

回想起来,那也不算“抢”,这是巴老幽默了。当年“人文”和“三联”作为兄弟出版社,关系很好,经过协商,各出各的版本。我记得在阅稿(我不敢称“审稿”)过程中使我印象深刻的是巴老提出了“讲真话”,在十年浩劫的阴影还未完全退去、假话废话套话骗人的话还在漫天飞舞的时候,这一声呐喊真是何等地动人心魄呵!这部书出版后社会反响如此强烈,连当时作为出版者的我们也觉得不曾料到。巴老提出“讲真话”,并不是专门要求别人,他首先是恳切地、真实地、痛彻肺腑地解剖自己。巴老说,要把心交给读者,他自己真正做到了这一点。一位日本朋友对巴老说:“您批评了自己,我是头一次听见人这样讲。别人都是把责任推给‘四人帮’。”这样讲真话实在意义重大,这是一次新的启蒙,新的觉醒。后来韦君宜写《思痛录》,许多人著书写文章进行自我解剖和反省,都是由于巴老的《随想录》开了先河。巴老提出“讲真话”的意义,也不仅仅局限于对“文革”的反思,它是对今人和后人的长远的启示,是立身处世做人的基本原则,这句话具有恒久的价值。

写到这里,我想起了一件与这本书有关的事。1993 年 12 月,中国最高级别的图书奖项“国家图书奖”第一届评奖工作启动。我被主办者中华人民共和国新闻出版署聘为评委会委员,参加文学组工作。评委会副主任兼文学组召集人是季羡林先生。文学组评委还有张炯、谢冕、柳鸣九、袁行霈、叶麟鎏。这个组的任务是进行复评。评奖工作第一阶段是初评,只有通过初评而入围的图书,才能进入复评。文学组对初评入围的文学书进行审读,经过讨论,协商,投票,选出文学类书籍十四种(包括提名奖候选书)以参加终评。复评是关键。这十四种书中有《随想录》,排名第二,在《管锥编》之后。这一天是 1993 年 12 月 29 日,开会地点是北京亮马路二十一世纪饭店。上午复评通过的书籍名单出炉,下午就要进行终评。午休时,我睡不着,反复思考着一个问题:《随想录》和《管锥编》,作为文学书籍,哪一部对读者的影响更大?更能影响人的灵魂?我对钱锺书先生不仅佩服,而且尊敬。他的杰出的学术成就,举世公认,无可挑剔。但是,《随想录》的思想力量,触动人们灵魂的力量,教人如何做个真正的人的力量,又是何等强大!它是不可替代的!《管锥编》突现出一位超群的学者,而《随想录》体现的是一个伟大的人格!想到这里,我决心要把书的排名次序改一改。下午大会开始前,我分别找了季羡林、张炯、谢冕等所有文学组的评委,建议把复评通过的书目开头两部的次序颠倒一下,并充分陈述了我的理由。季老被我说服,表示同意。其他评委也都不持异议。按评奖规则,终评须经全体评委(包括其他各组如社科组、科技组、艺术组、少儿组、民族组、教育组、辞书组的评委)用无记名投票方式进行。这天下午,全体评委参加的大会开始。张炯代表文学组向大会介绍文学组评审经过,并把复评结果宣布:第一部是《随想录》,第二部是《管锥编》……大会经过讨论,进行终评选举。全体评委共六十六名。选举结果,《随想录》得六十六票,《管锥编》得六十五票,《莎士比亚全集》(译本)得六十四票,《罗摩衍那》(译本)得六十三票,《新时期中篇小说名作丛书》得六十票。共五部作品登上第一届国家图书奖(文学类)获奖书名单(另有国家图书奖荣誉奖授予《鲁迅全集》,以及国家图书奖提名奖若干)。大会在热烈的掌声中结束。不久,评奖结果向全社会公布。1994 年 1 月 30 日,第一届国家图书奖颁奖大会在人民大会堂举行。

终评的结果使大家都满意。巴老获得过许多奖,许多国际荣誉,他绝不会计较获奖与否,更不会计较名次(其实国家图书奖并不分名次,只是公布时总有排名先后,是按得票多少排列)。但这个奖项,代表着公众的承认,人民的承认,国家的承认。而且,从投票结果来看,《随想录》是文学类书籍中唯一获得全票的书,它受到全体评委的拥护。这绝不是偶然的。因为,这是一部说真话的大书,它已深入人心,有着伟大的力量。

巴老已经离开了我们。但他的人格力量永远不会离开我们,他的讲真话的大书永远不会离开我们。这样,巴老也永远不会离开我们。

2005 年 11 月 24 日

南京凤凰读书俱乐部编《开卷》第 71 期

巴金最后的工作——忆中国现代文学馆建立始末

——周　明——

巴金先生的吁请

“倘使我能够在北京看到这样一所资料馆,这将是我晚年的莫大幸福,我愿意尽最大的努力促成它的出现,这个工作比写五本、十本《创作回忆录》更有意义。”(《创作回忆录·关于〈寒夜〉》)

中国现代文学馆的组建是由巴金先生在 1981 年倡议的,1985 年宣告建立,办公地点暂设北京西郊万寿寺西院。这个西院是晚清时慈禧往颐和园的“中转站”。她从故宫出来,在这儿休息,再去颐和园。休息的时间有长有短,久而久之,这里便成了她的行宫,故称京西小故宫。这其实是一座庭院深深、花木葱茏、环境幽雅的好地方。但它毕竟是文物单位,不能随意装修,不能打破固有的格局,自然就不适应文学馆的设施要求了。

作为倡议者和名誉馆长,又是中国作家协会主席的巴金先生,于 1993 年初提笔上书时任中共中央总书记的江泽民,提议建立新馆。他在信中列举了文学馆面临的无数困难之后,恳切地说:“我为中国现代文学馆目前遇到的困境感到不安,归结起来最迫切是建馆舍的问题,希望能提到议事日程上来并获得批准。”他称这件事是他“一生最后一件工作,绝不是为我自己。我愿意把我最后的精力贡献给中国现代文学馆,它的前途非常广阔,它是表现中国人民美好心灵的丰富矿藏”。

1993 年 4 月 9 日,江泽民总书记对巴金先生的吁请给予支持,同意建立现代文学馆新馆,并作了重要批示。

开馆典礼即席捐献

而在这之前,为了现代文学馆的建立,巴金先生牵肠挂肚、奔走呼吁,不止一次向国家领导人呼吁和提议此事。实际上早在 1979 年巴金先生就已开始萌生建立中国现代文学馆的念头。此后,1985 年 11 月,他曾跟时任国家领导人的习仲勋、乔石谈过,1986 年四月又跟胡启立谈过,直到 1993 年初,年近 90 的巴金先生终于提笔给江泽民总书记写了上述那封求援信。接着 93 岁的冰心也给副总理邹家华写信，还郑重其事地用荣宝斋的信纸写，那是她病中头一回用毛笔写信。

此后，巴金先生便用自己的行动支持建馆工作，不久便做了以下三项大事：

第一、他从自己的稿费中拿出十五万元(人民币，下同)作为文学馆的开办基金；

第二、他所有的旧作自己不再收稿费，都转赠给文学馆；

第三、将他的藏书，属于中国现代文学部分的，都捐赠给文学馆。

除了已经捐出的十五万元作建馆基金外，巴金先生后来又陆续捐出自己的再版稿费。1985年3月，文学馆举行开馆典礼，多年未到北京的巴老亲临会场。那天，在会议室，他坐下后，一言未发，便开始掏兜儿，掏出一个旧报纸包，里面装有五万块钱，是出版社刚刚才送给他的一笔稿费，里面还有钢镚呢！他又捐了五万元！巴老的举动，感人至深。他在前后十来年里，带头捐了几批藏书和资料近万册(件)呢！而每册、每件都是他亲自精心挑选的上佳珍品。其中，仅是同代人的签名本，就有四五柜，珍贵版本的现代文学出版物更是不计其数。看着那些泛黄的书页和扉页上的大师手迹，怎能不令人激动、以及敬佩和感谢巴金先生！

冰心遗赠珍藏于新馆

冰心是巴金先生倡议建立现代文学馆的有力支持者。她说："中国现代文学馆是我的老朋友巴金先生倡议的，我是他热情的支持者，我已把我的大部分藏书和文稿捐给了现代文学馆。文学馆很需要一个新馆来收藏五四运动以来所有我国现代作家的创作成果。这是我们国家和民族的重要文化窗口，需要国家的支持和社会广泛的帮助。"她称："文学馆就是作家的家。作家一切心爱的东西文学馆都应收藏。"因此在巴金先生捐了大批东西后不久，冰心也捐出了自己六大类收藏，其中有五十七幅贵重的字画。除了家中墙上挂着的三幅字画(吴作人的画、梁启超和赵朴初的书法)以外，其他毫无保留。同时她告诉我们，她还有遗赠，已写进了遗嘱，并且还幽默地说："将来，你们一听到我死，马上就来，肯定有很多是给你们的。"

当1999年2月28日冰心老人逝世后，家人打开她的遗嘱时，其中就有一条，除了子女们需要保留的小量她的藏书外，其余"都捐给现代文学馆"，"我身后要有稿费寄来，都捐给现代文学馆"。这又是多么令人深深感动的事！

凡宰特的亲笔信

为了不断丰富现代文学馆的收藏，巴金先生又于1994年4月8日特别委托弟弟李济生送给文学馆五种珍贵文学期刊和手稿，其中有凡宰特(Bartolomeo Vanzetti)的两封亲笔信。起初我们并不了解凡宰特为何许人，自然也就不知道这两封信的意义。后来才明白这两封信的重大价值。

幸好，日本学者山口守是研究巴金的专家，对此有深入研究。根据山口守的介绍，我们方才了解到上世纪二十年代那一幕人间悲剧。

那是1920年4月15日，美国麻省发生一宗五人强盗团伙抢劫杀人事件。一家制鞋公司的会计与警卫遭枪杀，一万五千美元遭抢劫，事发20天之后，制鞋工人萨珂(Nicola Sacco)与鱼贩子凡宰特作为人犯被逮捕。这两个人都是贫苦的意大利移民，都是无政府主义的信徒；尤其凡宰特，是位积极的社会活动家，还指导过罢工运动。审判没有任何具体物证，是在彻头彻尾的臆测与偏见下进行的。1921年7月14日，陪审团作出第一杀人罪的有罪判决，两人被判处死刑。二人不服，上告、申诉，却无济于事，竟在狱中度过了六年。1927年4月9日波士顿高等法院宣布"7月10日开始的一周内送上电椅执行死刑"。由于坚信二人无罪，抗议审判不公的群众运动在美国国内外掀起高潮，致使死刑两次延期。但两人最终却于8月23日凌晨在森严的戒备中被执行死刑。五十年后，1977年7月19日，麻省州长正式宣布：当年的判决完全错误！给予沙柯与凡宰特平反昭雪。

在1927年营救运动一浪高过一浪之际，2月19日，巴金先生恰巧到达巴黎。这时候的巴金先生情绪很低落，精神上也很苦闷，“那无言的墙壁似乎也出现了痛苦的颜色，使人知道她心里有无穷的隐痛”。有一天，他忽然读到凡宰特自传中的一段话，很受启示和震动，心境豁然开朗。凡宰特说：“我希望每个家庭都有住宅，每张口都有面包，每个心灵都受到教育，每个人的智慧都有机会发展。”

在了解凡宰特之后，巴金先生参加了拯救沙柯、凡宰特的活动。大约在1927年5月17日凡宰特还在死刑狱牢时，巴金先生给樊氏写了第一封信，凡宰特6月9日回了信。约在7月11日巴金先生又写了第二封信，凡宰特在7月22日竟又回了信，不料，在一个月之后的8月23日凡宰特就被屈死了。然而他在信中并未怎样谈及自身的遭遇，而是面对不幸却依然关心他人的命运，关心自己的理想。这使巴金先生深受感动。可以说凡宰特以他的巨大精神力量，指引了青年巴金前进。面对这样的手迹，面对凡宰特，即使今天，凡宰特的精神岂不依然有着非凡的启示意义和鼓舞力量！

在巴金先生捐赠给现代文学馆众多的宝贵书籍、刊物和资料中，还有一件弥足珍贵的《北平笺谱》。这是鲁迅、西谛(郑振铎)合编印制的。现在这件珍贵的藏品也在文学馆展厅中展出，读者可以看到。

弥足珍贵的《北平笺谱》

所谓笺谱，即一批印有绘画的信笺。据杨义教授考证，这部《北平笺谱》的出版要追溯到1933年2月5日，鲁迅致函西谛云：“去年冬季回北平，在留黎(琉璃)厂得了一点笺纸，觉得画家与刻印之法，已比《文美斋笺谱》时代更佳，譬如陈师曾、齐白石所作诸笺，其刻法已在日本木刻专家之上，但此事恐怕不久也将消沉了。因思倘有人自备佳纸，向各纸铺择优(对于各派)各印数十至一百幅，纸为书叶形，色彩亦须更加浓厚，上加序目，订成一书，或先约同人，或成书后售之好事，实不独为文房清玩，亦中国木刻史上之一大纪念耳。”到同年12月，鲁迅、西谛合编的这种笺谱分六册，线装一函，自费印行。初版印一百部，由鲁迅、西谛亲笔签名编号，赠送友人。后面还有西谛万余字的“后记”，由王统照行书抄写，择良工刻印附录。这其中的第九十四套，便是鲁迅和西谛亲笔签名送给巴金先生的。你说这件藏品该有多么贵重！

“也把火传给别人”

巴金先生对于现代文学馆几乎倾其晚年的全部心力！他多次说：“建成文学馆是他今生最后一件工作，最后一个梦想。”他曾在《随想录》发表一篇名为“现代文学资料馆”的文章，他说：“近两年我经常在想一件事：创办一所现代文学资料馆。甚至在梦里我也几次站在文学馆的门前，看见人们有说有笑地进进出出。醒来时，我还把梦境当作现实，一个人在床上微笑。”他倡议建立现代文学馆，是因为经历了那人妖颠倒的十年“文革”岁月之后，他想“让大家看看我们这些搞文学工作的人究竟干了些什么事情”(《随想录·病中集·再说现代文学馆》)。当然，更深层的考虑是，“有了文学馆，可以给我国现代文学六十多年来的发展作一个总结”，能让以后“要研究中国现代文学不必再去东京、纽约、伦敦了，就到北京来吧”！

巴金先生曾说：“我们有一个多么丰富的文学宝库，那就是多少作家留下来的杰作，它们支持我们、教育我们、鼓励我们，使自己变得更善良，更纯洁，对别人更有用。”他对于新文学还深情地说：“我们的新文学是表现我国人民心灵美的丰富矿藏。是塑造青年灵魂的工厂，是培养革命战士的学校，我们的新文学是散播火种的文学，我从它得到温暖，也把火种传给别人。”我想，这两段精辟的话,应是巴金先生倡建现代文学馆的初衷。因此,这两段话如今便镌刻在新馆大门口一块樱花红的巨石上。

1995年春天,当现代文学馆新馆的初步设计方案出来后,趁着中国作协在上海召开主席团会议期间,舒乙在会上向巴金先生作了说明和汇报后,老人十分高兴,因为文学馆新馆总算有个眉目了。因此巴金先生在会议的开幕词中再次强调说:"我愿意把我最后的精力贡献给现代文学馆的建设和发展。我盼望在我有生之年,能亲眼看到中国现代文学馆新楼的建成。"他说:"我以前说过,建立文学馆,把五四以来的文学成就,中国人民的心灵美都展示出来,是件好事。"在筹备和建设新馆期间,中国作协的领导人,在现代文学馆负责工作的舒乙、吴福辉和我,都曾多次到上海、到杭州向巴金先生汇报工作,他都倾心听取,关心具体事项。几乎每次巴老都动情地说:"你们辛苦了,谢谢了,拜托了!我盼望现代文学馆早日建成。"

谁来剪彩?

对于中国现代文学馆,巴金、冰心及萧乾几位老人企盼早日建成,曾相约建成后共同剪彩。就在萧乾逝世前的90岁生日时,巴金先生在致萧乾的贺信中还说:"我现在唯一关心的是中国现代文学馆,我多么盼望,新馆开馆的那一天,你能陪我一道剪彩。新的世纪就在眼前,让我们共同迎接它。"而冰心也在给萧乾的贺信中说:"现在我们两人都在医院里,不知你有没有信心和我拉着手一起进入新世纪。"然而令我们悲伤和惋惜的是,萧乾、冰心两位巴金先生的老友均在新馆开幕前先后辞世。只有巴金先生亲眼看到了新馆的建成。但是巴金先生也因病住院,未能亲往北京剪彩,这自然是件十分遗憾的事。巴金先生如今仙游,令人神伤,但新馆终归是对巴金先生,也是对冰心、萧乾的在天之灵一个极大的安慰。

《明报月刊》2005年第11期

心的激流·巴金——我为巴金创作肖像油画

——王　晖——

一位眉宇凝重的老人,铜铸般伫立在飞腾直下的激流前俯首沉思。从他那飘舞的银发和绷紧的额筋上,可以窥见到他那汹涌澎湃的心潮。

这位老人就是我国文坛巨匠巴金。这是长年陈列在中国现代文学馆巴金展厅内的大幅肖像油画《心的激流·巴金》呈现给观众的画面。

斯人已去,往事历历。我是在1987年完成这幅油画创作的。我早就拜读过巴金的"激流三部曲"等作品,又从巴金的《随想录》中感受到他伟大人格的魅力,一直想为这位文学泰斗创作一幅纪念碑式的油画肖像。我的想法得到了时任中国现代文学馆副馆长舒乙先生的大力支持。经他的帮助与推荐,我于1986年夏天到上海拜访了巴金老人。

那天,风和日丽,我走进巴老家的客厅。巴老心情很好,热情地招呼我坐下,那满头银白下慈祥的目光在对我微笑:真抱歉,因为事太多排不开,让你等了好几天我们才见面。巴老诚恳的话语,顿时在我心中涌起一股热流。八十多高龄的老人,饱受帕金森症困扰,却仍顽强地坚持创作《随想录》,每天十分繁忙,实在是不忍心打扰。他却对打扰他的后生晚辈那么真诚地表示歉意。这是一位品格多么高尚的老人啊!

巴金和我亲切地交谈。我拿出初步构思的创作草图,一边解说一边征询他的意见。他非常认真地端详着草图,仔细听完我说的每一句话,沉思良久,然后平静地说:艺术创作,仁者见仁,智者见智,我提不出什么意见。我尊重你的艺术,你尽管按照你的追求去创作好了。我只是一个小老头,千万别把我画得那么高大就好。这话语出自一位大家、一位文学巨擘之口,饱含着真诚的谦逊和对晚辈艺术工作者的信任、勉励和期望。这语重心长的话令我感动不已,对我后来成功地创作巴金油画肖像产生了决定性的影响,引导我始终着意于塑造他平凡的外表和伟大的内心的统一。

我在拜访巴金期间,画了一些速写,拍下了一些他生活工作的珍贵照片,使我从理性到感性一步步接近了最真实最本质最具个性的巴金。临别时,巴老主动赠送我一本他创作的《随想录》,他十分专注地一笔一画地颤巍巍地在书的扉页上写下给我的赠言。我双手接过这本珍贵的《随想录》,眼睛湿润了。这是巴金晚年心血的结晶,也正是我创作巴金肖像所要体现的根本。

从巴金年轻时创作"激流三部曲",到老年时勇于剖析自己、剖析社会,勇于说真话,克服重重困难创作《随想录》。追求真理、追求真善美的激流,始终在他的心中汹涌地奔腾着。"心的激流"——这幅油画创作的主题和构思,猛然间就像决堤的洪水一样从我的头脑中涌现出来、迸发开来。

我仿佛看到了中华民族两大母亲河——长江和黄河——汇聚成气势磅礴的激流,一位低头拄杖的老人伫立在激流前陷入紧张的沉思中,他的内心正如这飞腾直下的激流一样汹涌澎湃。这就是我后来完成的画面。我在画面上着重刻画了巴金高凸的额角、扭动的双眉、微眯的双眼、紧绷的嘴角、飞舞的银发,还有那夸张的棱角分明的用力按杖的大手。这些都是为了凸显他内心的激荡。画面刻意地突出了两大动与静的强烈对照:一是背景的激流奔腾与静态巴金形成的强烈对照;二是巴金的静态外表与汹涌澎湃的内心活动形成的强烈对照。通过这两大强烈对照,形成画面的艺术张力与视觉震撼力,引导观者深入领悟画面的主题与内涵。

拜访巴老后,我进入创作的巅峰状态,夜以继日地创作、修改、加工……历时一年多,终于在1987年10月,完成了这幅凝聚巴老和我的心血的纪念碑式的大幅油画《心的激流·巴金》。此画高152厘米,宽107厘米,半身像比真人还大,给人以近在咫尺的迫近感。这是我运用油画艺术语言创作肖像画达到的一个新的高峰。我通过对这位文学巨匠的长期深入研究和直面接触,经过反复构思,捕捉他最具个性的神态和细节,突出强化其本质的性格特征,塑造出与写生或照相式肖像迥然不同的纪念碑式的油画"雕像"。这幅油画1987年入选第七届全国美展。在中国现代文学馆长年展示期间,受到冰心、艾青、萧乾、李準、陈建功、从维熙等中国著名文学家、作家及国外文化友人的赞赏。在中国美术馆举办画展时,受到党和国家领导人及文化部、美术界人士的一致好评,他们认为这是国家的宝贵财富。

今天,睹画思人。巴金老人虽然走远了,但他心中追求真理的激流仍在永不休止地奔腾着。我心中的激流,我们中华民族的激流,也将永久地向前奔腾!

2005年10月23日

《北京晚报》2005年10月27日

"少说空言,多做实事"

——吴泰昌——

晚年的巴金,除了长期抱病坚持写完四十万言的《随想录》巨著,还以巨大热情不时关心指导新时期文学的兴起、发展。我想起了一件小事,至今记忆深刻。

1984 年 12 月,第四次全国作代会前夕,中国作协党组已决定《文艺报》由月刊先改成周报,1985 年 4 月 20 日出试刊号,7 月正式出报。作为全国政协副主席和中国作协主席的巴金 1985 年 3 月 23 日来京参加全国政协会议。除了会议安排之外,他还抽空看望一些老友,出席中国现代文学馆开馆活动,日程安排非常紧。这期间《文艺报》非常希望他能为报纸试刊号赐文。4 月 7 日下午 5 时半左右,我去北京饭店他的住处,他正与曹禺夫妇在交谈,我转告了编辑部的这个希望。巴老说,我这些年讲了不少,也写了不少,没有什么新鲜的话为你们再写。况且,我 10 号就要返沪,这些天人来人往不断,不能静下心来为你们写。我理解巴老当时的处境,我提出是否可以将他关于全国中篇小说评奖活动的几次谈话的部分内容整理成一篇短文?

1981 年起,中国作协举办了四届全国优秀中篇小说评奖,巴老均是评委会主任,我亦参加或具体负责过这项评奖活动。在数次向巴老汇报评奖情况时,他都谈了不少精辟的意见。他望着我说:我讲的你还记得?我说:我当时作了记录,并且回京后还向其他评委汇报过。这样他才点点头,同意我们先将他当年的有关谈话内容整理出来,由他改定。

9 日上午我将整理稿送给他,他叫我下午晚些时来取。晚饭前我去时,他屋里有客人,巴老笑嘻嘻地对我说,对不起,下午改了一部分,就有朋友来了,看来今天你拿不走,等我明天回上海后,尽快改出来给你们,不会耽误你们的事。果然不几天,巴老将他认真修改的文章寄来,并拟定了文章的题目。这就是《文艺报》报纸版试刊号头版右上角上发表的巴金《少说空言,多做实事》一文。

巴老在文章中说:"现在不少人在谈论我们的文学创作'攀高峰'问题。'攀高峰',这很难说。我觉得作家还是应该少发空言,多做实事。过去我们空话说得太多,这有什么意思?我们现在空话还是太多,这是个大问题,写文章也是套话不少。我个人的意思,不要讲什么'攀高峰',每个人把自己想写的写出来,认真地写出来,很好地写出来,是不是高峰,读者会评论的。

"我们说我们要走在世界前列,要面向世界,向世界宣传中国现代文学。现代文学是一股强大的力量,要实事求是地宣传,要让别人知道,别人了解,所以,我们首先自己要重视,自己要尊重它,重视它。

"整个社会要爱惜作家,要造成一种空气。这同我们整个社会重人才的空气是一致的。作家也要意识到自己的责任。还有评奖问题。评奖是个好办法,对鼓励创作,促进繁荣有好处。但要把评奖的威严树立起来。评奖就是奖励好作品,多就多奖,少就少奖,实事求是,注重质量。不一定要平衡,更不要照顾,要严、要精。我特别感到高兴的,是青年作家一个个出来,一批批地出来,形成了一个竞赛的局面。这不是哪个人培养的,这是生活本身培养出来的。"

巴老在寄回文章的同时还给我一封短信:"泰昌同志:信悉。讲话稿改好寄上,请你们审阅。我们全家问您好!巴金十七日。"

《新民晚报》2005 年 10 月 22 日

巴老,一路走好

——张 锲——

巴老,亲爱的巴老!尽管我们都知道这一天终会来临,但是,当我得知您已经撒手人寰,回到了九天之上的茫茫宇宙之中,仍然被震惊得目瞪口呆,止不住痛彻肝肺,泪如雨下。

巴老!您对于我们,不是普通的文学前辈!您是我们飘扬着的旗帜,是燃烧着的火炬,是照耀着我们前进的不灭的明灯!从上个世纪到本世纪之初,一代又一代中国青年,吮吸着您用心血和汗水创作出来的精神乳汁,阅读着您一部部、一卷卷脍炙人口的皇皇大著,蹒跚学步逐渐成长走向社会;在改革开放的这二十几年时间里,您作为中国作家协会的老主席,作为中华文学基金会的创始者和老会长,用您巨大的人格魅力和崇高威望,感召着、带领着我们这些文学战线的小兵,为了中国文学的持久繁荣冲锋陷阵,越过一个个艰难险阻奋力前行,其间有多少感人的事迹和动人的场面,让我们回忆不完,抒写不尽。您不愧是一位文学的巨匠、作家的楷模;一位人民的良心、历史的代言人;一位我们这个时代高举着继往开来旗帜的擎旗手!

还记得:1995 年 3 月 25 日的那天上午,在上海的一家宾馆里,您坐着手推车出席中国作协四届主席团第九次会议,那是一次已经停了六七年没有召开的主席团会议。您虽然已年过九十,又疾病缠身,为了促进作家之间的团结,仍然精神饱满地出席了会议,并且在会上做了《创造出更辉煌的明天》的讲话。您说:"我赞成'团结、鼓劲、活跃、繁荣'作为会议主题的提法。一般老百姓都希望有个安定团结的局面。现在的稳定局面来得不容易,我们要珍惜。我们大家的目标是一致的,应该在这个大目标下团结起来。我希望作家们团结,团结才能稳定。有一个和谐、宽松的气氛,我们的文学事业才能发展,文学创作才能繁荣。"

在那次会议上,您还说:"作协要多做服务工作,多做实事、好事。要尽量为作家们创造一个良好的写作环境,提供更多的有利条件。只有把服务工作做好,作家协会才有生命力,才有凝聚力。"在说到世纪交替,应该有更多的好作品出现时,您语重心长地告诫大家:"我们的作家要有更大的勇气,更多的责任心,要有良知,讲真话,努力用自己的笔,真实地反映现实,为我们的读者创造更丰富的精神食粮。读者养活了作家,我们要珍惜'作家'的称号。"

巴老,亲爱的巴老!从那次会议之后,您由于受到病魔的困扰,再也没有这么集中、这么系统地说过这么多话。因此,从某种意义上说,这也是您对于中国作协和中国文学界的最后遗言。今天,我们回忆起那次会议的情况,您的音容笑貌,依稀又出现在眼前。重温您这些充满期待和关切的话语,真感到一字字、一句句都有很重的分量。

亲爱的巴老!您从 1904 年在四川出生,越过整个二十世纪,在人生的旅途上已经走过了一百零一年的路程。您经历了那么多雨雪风霜,遭受过那么多冷暖沉浮;而我只是在您生命最后的近三十年间,有幸拜识了您,并且得以在创作上和工作上接受您的教诲。如今,这一切的一切,都已经成为最珍贵的记忆,每一个场景都给我留下了无穷的回味。

巴老!我知道您喜欢杭州。您最喜爱的城市,除了上海,就是杭州。在您的一生中,已经数不清您究竟去过多少次杭州了。上个世纪的九十年代之初,您每到桂花飘香的夏秋之间,都要去杭州休息疗养一段时间。您说:"我是一个作协会员。我到杭州,最愿住的地方,就是灵隐寺下的作协创作之家。"最使我们难以忘记的,是 1990 年中秋前夕,您和我们一行人去游杭州的植物园。那天,您的女婿祝鸿生用手推车推着您,小林和您的外孙女端端以及我和几位创作之家的工作人员随侍在后。我们边走边说笑着,在有两千多株桂树的桂树林中的一家茶社前,您提议大家稍事休息。服务员为我们每人送来了一小碗桂花莲子羹,端端把莲子羹放在桌上,静等着从头顶上落下的桂花落进她的碗里。大家也学她的样儿,共同细数着落进碗里的桂花的数目,用来预测谁能得到最多的幸运。周围的游人围拢在我们身边,人群中不时爆发出一阵阵笑声,您也和我们一同开怀大笑。那时候,我注意到:在您那慈祥的脸上,不仅流露出温馨,流露出喜悦,甚至还流露出几分顽皮的神情。

亲爱的巴老!人到老年,有时会有返老还童的现象。这些年,我们还注意到:您越来越喜爱回忆自己的童年,回忆您青年、中年时代的好友,回忆您那些逝去的亲人,也更加喜爱孩子。我的小女儿苗苗,由于受家庭的影响,她还在很小的时候,就十分崇拜您、仰慕您。1990年秋天,我到杭州看望您时,她一再恳求要我请您给她题上几句话,没想到您竟然非常认真地写了一段文学箴言给她,那段箴言是:"我们有一个丰富的文学宝库,那就是多少代作家留下的杰作,它们教育我们,鼓励我们,要我们变得更好,更纯洁,更善良,对别人更有用。文学的目的就是要人变得更好。"从此,你们这一老一小就成了朋友。现在,苗苗已经长大了,在人大附中上高中二年级,她完全理解了您当年写的那些话。她知道您去世的消息后,心情十分悲痛。傍晚从学校回来,立即去商店买了鲜花,连夜赶到现代文学馆为您布置的灵堂里给您送行,她噙着眼泪在您的遗像前默默祷告:"巴金爷爷,我们永远怀念您!祝您一路走好!"

巴老,亲爱的巴老!在今天的北京,今天的中国,今天的世界上,有成千上万像苗苗一样的孩子,以及他们的爸爸、妈妈、爷爷、奶奶们,在为您祈祷,在祝您一路走好!我们知道,经过长时间的缠绵病榻,您的去世对您未必不是一种解脱。您早已说过:"我是在为大家活着!"蓝天上有以您的名字命名的星星,那里还有和您在生前相濡以沫的爱妻萧珊和您的女婿祝鸿生,您的大哥、三哥,以及您的一些老朋友、好朋友,他们都在等待着您!

巴老,亲爱的巴老!祝您一路走好!一路走好!……

《人民日报》2005年10月25日

一次难忘的会见——悼念巴老

——程树榛——

我一直是巴金作品的崇拜者。小学时,便开始阅读《家》《春》《秋》("激流三部曲"),而且一下子着了迷。当时虽然年少学低,有点儿囫囵吞枣,但却津津有味,手不释卷。其中有一个特殊原因,就是我那个封建大家庭很早就为我包办订了婚,我对此非常反感。因此,那"三部曲"中的主人公觉民和觉慧对"家"的反抗,就成为我学习的"榜样";后来,我也确实是从书中获取了精神力量,挣脱了封建婚姻的枷锁,成了"自由人"的。从此,我便如饥似渴地阅读了我所能得到的巴金的其他作品。因文及人,我也就成为巴金的崇拜者;及至读了他晚年写的《随想录》,则更加倾慕他伟大的人格了,因为那不仅是他个人的反躬自省,而且是对我们整个民族的提醒。

但是,由于我正式步入文坛很晚,又长期蛰居边疆,故一直无缘和巴金先生本人见面;待我奉调来京主持《人民文学》工作后,虽直属他的"部下",可巴金先生(那时人们已经习惯地称他为"巴老")因健康关系,已不能到京理事,因此,我还是难以见到这位尊敬的长者。直到1997年的10月,老作家刘白羽同志因思念老友心切,专程去杭州看望巴金老人,我有幸全程陪同,才得以和巴老见面,补偿了我几十年的渴望;同时亲眼看到两位文坛老前辈深厚的友谊,令我庆幸,也使我深受感动。

我因在刘白羽同志直接领导下工作较长时间,相互非常和谐,以致无话不谈。在聊天中,他经常回忆半个多世纪所经历的文坛往事。当谈起他的文学起步的时候,总是深切地说:是巴金同志扶持我走进文学这个终生无悔的人生长途的。

事情的经过是这样的:1936年,刚满20岁的刘白羽,将他的处女作《冰天》,寄给巴老主编的《文学》季刊,不久便发表了,后来又陆续发表了几篇习作;该年年底,白羽初次来到大上海,在北四川路的一家广东小饭馆里，由靳以先生引荐，第一次见到了他久仰的巴金先生。这位年龄大他一旬、文坛上已久负盛名的大作家，一点也没有他想象中的威严和架子，而是非常平易近人、和蔼可亲；更出他意外的是，巴金先生说：他主持的文化生活出版社想要出版白羽的一本小说集，问他同意不同意？

白羽一听喜出望外，这样的好事哪有不同意之理？不过，在高兴之余，他又有点着急地说：我身边连一篇现成的稿子都没带来，怎么出书呀？而巴金却不慌不忙地从身边取出一个纸包，递给白羽说：我已经给你编好了，你只要自己再看一遍，看看有没有要修改的地方。白羽拿过来打开一看，原是他近一年来发表的六篇小说，已经剪贴得整整齐齐。这就是鼎鼎大名的大作家对一个文学青年的扶持与爱护！此情此景令白羽终生不忘。白羽因此对我说道：无论是作为作家和作为编辑，他都是我们的楷模，更值得永远学习！

斗转星移，一晃六十多年过去了，越过长长的时间隧道，而今都成为耄耋老人。但时间的长河，并未能冲淡他们的情谊，相反地，却像陈年老酒那样，时间越久，其味越醇。因此，白羽一心要去上海一趟，专门看望巴老，叙一叙世纪深情；而他也深知我仰慕巴老已久，所以让我陪同前往。就在赴沪前夕，突然又收到了巴老从杭州托人专门带给他的一束鲜花，这就更增加了他对巴老的怀念和见面的心切。他觉得巴老正在杭州向他招手。

在去杭州的途中，白羽同志又和我们讲起了和巴老结识的那些难忘的时日。除了深情地忆念巴老为他选编第一本小说集的动人情景外，还叙述了几十年来他们亲切相处的种种往事。其中有解放初期他们为繁荣新中国文学事业一同呕心沥血的谋划；有共同发起创办大型文学期刊《收获》的初衷；有在历次国际作家会议中并肩作战的默契；有在荒唐岁月中身陷囹圄时彼此刻骨铭心的思念；有共赴东瀛时为维护祖国统一、坚持一个中国的微妙斗争的配合。他还特别动情地谈到了他的爱子因患不治之症来沪求医时巴老和他的夫人萧珊所给他们全家的无微不至的亲切关怀……当他叙说这些往事时，感情是那样的投入，那样的深挚，以致珠泪盈盈。

抵达杭州，未及休息，白羽同志便急切地带着我前往西湖的汪庄，看望巴老。小车沿着绿阴夹道的湖滨马路，来到了丛林滴翠、菊花吐秀、丹桂余香未尽的汪庄。这是一个幽静而美丽的大院落，秋日的阳光温暖地照耀着浓密的林木和碧毯般的草坪，巴老居住的小楼沐浴在绿树浓阴之中。我们乘坐的小车一直开到小楼的门口。楼门敞开着，巴老精神矍铄地端坐在轮椅上，雪白的头发覆盖着黑红的面孔，亲切地望着远道而来的老友。白羽同志迅速走了过去，紧紧地握住巴老的双手，亲切地叫了声："巴金同志，我看您来了，您好吗？"巴老连声说："谢谢你，这么老远来看我，我很好！"之后，白羽同志又把我介绍给巴老。老人似乎知道我的一点情况，握着我的手说：还年轻嘛，很好。要下工夫把《人民文学》办好！我连忙说：我一定努力！这时，我心里感到火辣辣的，充满幸福的激动。

我和白羽同志一同在巴老身旁坐下来，白羽侧着身子紧挨着巴老，亲切地叙谈起来。我肃穆地恭听着这两位文坛老前辈友情的交流。只听白羽说道："我们相交整整六十年了，给我留下的都是美好的记忆。"巴老频频点头，表示赞同。随之，他们似乎一同浸沉在悠远的岁月长河中，回味着那些共同度过的愉快时光。深情的话语，像潺潺流水从他们的心头轻轻流过，笑意不断地荡漾在他们的脸上，不时发出会心的笑声。看见他们这样敞开心扉、倾心交流着沉积在心灵深处久远绵长的浓浓友情，我感动得眼角有些儿湿润了。

原定只会晤半小时，可是过了一个钟头两人仍话犹未尽，考虑到巴老的身体状况，我们不得不站起身来告别，相约明天再来辞行。

在回宾馆的路上，白羽同志和我未交一语，他仍然沉湎于与巴老重逢的激动中，我自己也在回味与巴老见面的幸福心情。晚饭后，我们在西湖边上散步。此时已夕阳西下，夜光如黛，柳丝低垂,远眺苏堤和断桥的迷蒙暗影,真是如诗如画。面对如此美景,竟未能冲淡白羽深远的思绪,只听他自语般地对我说:“九十多岁的人了,记忆还是那样的好,思路还是那样的清晰……”

次日,在返京之前,我们又去和巴老告别。巴老坐着轮椅迎了出来,拉着白羽的手久久不放,一副依依不舍的模样。只听巴老说:今天握别,不知何时再见面?白羽朗声答道:相会在二十一世纪!巴老高兴地笑了。在充满了浓浓友情的叙话之后,白羽便要告辞了,巴老坚持要送出门外。我们簇拥着他的轮椅,把他推出到楼门外的院子里。这时,阳光灿烂,照耀着西子湖,水光山色,斑斓多姿,令人心旷神怡。白羽傍着巴老,沿着湖滨小道,边谈边走,长长的路,绵绵的话,把两位文坛老人的友情,融成一幅动人的图画。

这是我第一次和巴老见面,也是最后一次见面,但这个幸福的情景,永远留在我的记忆中;如今二老均相继作古,愿他们的在天之灵一同遨游于友谊的王国。

《文艺报》2005 年 11 月 5 日

哀悼,在东京!

——顾　骧——

18 日,是我们中国作家代表团由仙台到东京的第三天,一大早,日中文化交流协会的秘书山野微,就把从广播中收听到的巴老昨晚去世的消息告诉我们。这天下午 3 时,日中文化交流协会在东京会馆为我们举办大型招待会,这是我们这次访日的一场重头戏。出席招待会的日本文学艺术界名流约 200 人。会上致词的辻井乔会长,首先向与会者通报了中国文坛巨匠、日本人民的好朋友巴金先生逝世的噩耗,并提议默哀。巴老在日本文学界有着广泛的影响,受到日本友人普遍尊敬。招待会上,日本朋友与我们碰杯,都首先神色凝重地向我表达了对巴金先生逝世的哀悼,对巴金先生家人的慰问。

巴老上世纪六十年代曾接连三年访问日本,“文革”结束后的 1980 年、1984 年又两度访日。巴老曾访问了遭受原子弹灾害的广岛、长崎,对由于日本军国主义分子的罪恶而带来的苦难,他发出沉痛的人道主义呼吁:“悲剧,不准重演!”岁月流逝,他当年结识的老朋友、中国文艺界熟识的友好使者井上靖、宫川寅雄、千田是也、中岛健藏等都已先后凋谢;已经访问过中国达 100 余次的白土吾夫先生正在病中,缠绵病榻。现在实际上主持日中文化交流协会工作的专务理事佐藤纯子女士深情地向我回忆起,1984 年巴老与周扬同志联袂访日的盛况。“历经劫波兄弟在”,那是中日两国文艺界友人历史上空前的大聚会。机场上的欢迎,招待会的盛大,场面的热烈,佐藤如今述及,仍然溢满深情。佐藤在上个世纪五十年代中期大学毕业,投身中日文化交流,参加协会工作;明年是协会成立五十周年,佐藤将她的青春,她的全部生命,都献给了中日两国人民友好的事业。如今年逾古稀、满头银丝、仪态高雅的佐藤,对中国文坛上的人和事,谈起来如数家珍,对巴老、对周扬同志印象和感情尤深。

辻井乔会长除了向我们表示对巴老悼念之忱,还提到打算到中国参加巴老的追悼会。

也是协会的代表理事、日本著名电影演员栗原小卷已息影多年,很少参加社会活动;这次特地出席了招待会。她文静,不肆张扬,她向我叙说了 1984 年巴老与周扬同志访日的情景与两位文学前辈对她的教诲。

一生热爱中国，有着很深的中国情结并在中国辞世的日本大音乐家、文学家团伊玖磨先生的儿子团纪彦，现在已经接班参与了协会工作。他对我们诉说，他父亲对巴老十分敬仰，他父亲会在天堂恭迎巴老一同安息。

招待会成了日本友人对巴老的追思会。

这天，东京下着小雨，天气微凉。

《新民晚报》2005 年 10 月 27 日

仁者巴金　智者巴金

——徐俊西——

巴金终于心安理得地离开我们而去了。但当我在外地得到这一消息时，心中还是涌动着一种沉重和哀思。

我第一次见到巴老，是上个世纪五十年代我还在复旦大学中文系读书的时候。现在已记不起是因为参加什么活动，在上海作家协会主楼的大厅里——大概是休息的时间吧，见到一个似曾相识的中年人站在那里，一面吃着手里的蛋糕，一面和周围的人谈笑风生。这时有人告诉我说，那个吃蛋糕的人就是巴金。可能我们的议论和目光已被他感觉到了，他便走过来对我说："你要吃点心吗？东厅的台子上有，再迟就没有了"。

后来回想起来，这大概是"三年自然灾害"的时期吧？从此以后，我就觉得名列"鲁、郭、茅，巴、老、曹"的大作家巴金，原来是这样随便可亲的人；也从此以后，我就更加喜欢读巴金的作品了。

后来，等到我有机会常常和巴老见面时，那已是上个世纪八十年代以后的事了。这时他虽然已是满头白发、步履维艰的老人，但每当我逢年过节或因其他事情到武康路 113 号去探望他的时候，他总是热情诚恳地接待我，和我交谈。其间除了有时说点"正事"以外，一般他总是以拉家常的方式，和我说一些身边琐事或随意想到的话题，让我感到亲切随便；但是每次在我告辞的时候，他一定非要用两手支撑着从座椅上慢慢站起来，艰难地移动着脚步，一直要送到大门口看着我离去。

记得我第一次拜访他的时候，他曾对我说："要做好文艺工作，就是要让作家能够写出好作品来，其他都不重要。"也许由于他对我国现当代文学史上干涉和破坏文学创作的恶果感受太深切了，所以当我后来回到上海作协工作时，他又郑重地对我说："作家协会就是要创造条件让作家好好写作，不然要作协干什么？"还有一次是在 1996 年的全国作家代表大会结束后，我和市委的一位领导同志去华东医院看望巴老，临走时，那位领导问他对上海的文艺工作和如何贯彻全国作代会精神有什么意见，他还是说了些希望要吸取过去的教训，多为作家办实事，让他们安心写作之类的话。

但是，在我和巴老的交往中，更多的还是一些随意的交谈。而正是在这些随意的交谈中，往往蕴涵和体现着巴金的一些感人的人格力量和真诚的仁爱之心。

记得有一年的夏天，我到杭州的疗养地去探望病中的巴老，这时他已不能自己行走，只得坐在轮椅上让人推着在湖边"散步"，而我们往往也就趁着这个时候一边推着他，一边有一句没一句地与他说着话。一天下午因为湖边的风比较大，医生说今天就不要出去散步了，大家早点休息吧。巴老想想还是说:“没关系,他们明天就要回去了,还是让他们跟我一起到外面去看看风景吧。”当时我心头不觉一热,在这种小事上,病中的巴金还总是在为别人着想啊。于是我和小林都劝他,今天就不要出去了,就在家里说说话,明天再去散步吧。

第二天一早,太阳刚刚露面,湖面上一片静曦,巴老坐在特制的轮椅上,穿着长袖衬衫,还在胸口围上一条白色的毛巾被,我们又一边推着他散步,一边一同欣赏着西湖的湖光山色。临别时问他还有什么事情要交代的,他嘴巴动了几下才说出声来:“没有别的事,听说柯灵发烧,他年纪大了,你们要多照顾他……”这使我马上想起不久前李子云曾对我说过,巴老让人带信来说,赵清阁年纪大了,一个人生活有困难,作协的基金会(巴老是会长)能不能给点帮助。这不禁使我产生了一种愧疚之感,心想,巴老已是九十多岁的老人了,而且重病缠身,还这样关心着别人,而我们这些整天喊着为人民服务的“公仆”,又做得如何呢? 另外,我后来还知道,就在巴老生病住院的这些日子里,他还用自己的稿费积蓄做了许多帮助别人的慈善事业。如单是捐赠“希望工程”这一项,先后就有五十七万多元。这对于那些只想着用别人的钱财来沽名钓誉的人来说,岂不是更加“榨出”自己的“小”来了么?

我最后一次去杭州看望巴老,见他的精神气色似乎还不错,就说:“巴老现在的气色比在上海时好多了,可以在这里多住些时候再回去。”可是他却叹息地说:“我现在的身体又不如从前了,现在的样子,是靠最近打了二十多针补药换来的。”后来我们就知道,他当时已经完全丧失了自理的能力,穿衣、吃饭、睡觉、大小便……一举手,一投足,都离不开家人和医务人员的照料。而每天的日程,差不多都是在一会儿打针、一会儿吃药、一会儿按摩、一会儿量血压、一会儿吸氧气……的过程中度过的。所以巴老曾不无悲哀地对我说:“我让你们来看我,就是要你们来看看我现在是怎么‘生活’的。”

听了这样的话,我深深地感受到一个伟大智者的内心深处的莫大无奈和悲哀。当然,在当今我国的许多缺医少药的人们看来,你有福了,得到了特殊的待遇,可以延年益寿。但是对于一个一贯把艺术的创造和精神的生命看得比肉体的存在更为重要的智者来说,这无疑是一种很大的痛苦和折磨。而这,就是为什么在几年后的一次病危时,他拒绝抢救的原因——后来在家人、医生和好友的一再劝说恳求下,才终于随了大家的心愿,但却说了一句意味深长的话:“从此我就为你们活着了。”

仁者巴金,智者巴金。

《文艺报》2005 年 10 月 25 日

执 绋 者 哀

——王安忆——

这是一个人,这是一个时代。

这时代里,有着许多许诺,总是由一个年轻人告诉另一个年轻人。比如周冲告诉四凤;或者“过水”的女学生透露给潇潇;再抑或是涓生和子君一同憧憬;还有觉慧和鸣凤……结果都是不成,非但没有拯救,反而使其更陷于无望。但是我们绝不能将这看作轻许,它无疑是严肃和郑重的,并且许诺者寄予了自己一生的命运。巴老,您,就是其中的一个。虽然您不说,可是有您在,那时代就横陈在我们中间,携着它的声息,它就是可以追溯梭行,可用来教育我们,不许忘记责任。有您在，还不止是这些，更是——您标识出由那时代出发，路经的种种关隘。

那时代里，有一些人，就好像得了忘乡病，纷纷从生于斯、长于斯的故乡走出来。沈从文从湘西走出来；萧红从呼兰河走出来；丁玲去往延安；郁达夫游走南洋；您，走出巴山蜀水。这大约是出于一种朦胧的本能，要挣扎出灰暗的宿命，像您说的："我祖父在我15岁时神经失常，患病死去，我大哥在我27岁时破产自杀，那么我怎样活下去呢？"这苦闷的生活经验，却没有让您变成《寒夜》里那个委琐的小知识分子，而是养成一种激昂的性格："我有感情必须倾吐，有爱憎必须倾吐，否则我这颗年轻的心就会枯死。"我想，除去天赋于个人的气质之外，还是出于那时代的一种性情，这"必须倾吐"几乎是"五四"鲜明的表情。多少压抑着的痛楚被清亮的歌喉叫嚷出来，然后期许着幸福。就像是一个从未享受过幸福的人所期许的一样，我觉得"五四"描绘的幸福景象多少带有空想成分。鲁迅先生的小说《幸福家庭》里面，那个写作的青年所勾勒的安乐，很快就被"白菜"的现实击破，是不是就指的这个？而即便洞察如鲁迅先生，大约也不能料及，"五四"的理想在后来几十年里的遭际。

后来，您说："我错就错在我想写我自己不熟悉的生活"，这种"错"源于"我要歌颂新人新事"，于是，自1949年后，您没有写作出更多的小说。这检讨何止是在艺术规律，您在《随想录》中写到无数次的批斗会上，您喊着打倒自己的口号，记录造反派的批判词，然后再交上"思想汇报"，您是这样说："六七、六八年两年中间我多么愿意能够把自己那一点点'知识'挖空，挖得干干净净，就像扫除尘土那样。"这心情很奇异地保持有"五四"的纯真，那就是您写于上世纪三十年代的《旅途随笔》中的一句话："就让我做一块木柴吧。我愿意把自己烧得粉身碎骨给人间添一点点温暖。"您，你们，一整个"五四"，就是如此急迫地要将自己献出去，献给你们期许过的、乌托邦式的幸福，不惜屈抑和压缩自己，但等发现这种收缩已经伤及你们信奉的理想，猛醒过来，你们便不留情地指向了自己。您用了一个词，"奴在心者"，说的人和听的人都是极痛的。再后来，您说到了丹麦安徒生的童话《皇帝的新衣》——"大家都说：'皇帝陛下的新衣真漂亮。'只有一个小孩子讲出真话来：他什么衣服也没有穿。"巴老，您是不是想做回小孩子，直率地说出一个简单的真理？然而，事情就是这么不顺遂，我们走过这么长的路，吃这么多的苦，才又贴近理想的初衷。可是在您，这理想依然保持着鲜活，您说："一个中国人什么时候都要想到自己是一个人。"相比较，我们却好像是倦怠了，不知是急于成熟导致的早衰，还是——我以为多少还是另有一种时代病症，冷漠在侵蚀我们的性格，我们好像羞于那么热情了，觉得所有的希望都不免是幼稚的。而，只要您在，就可以像一面镜子，照出我们的颓唐。

其实您已经说了很多，可我们都是不警醒的懵懂的人，又被今天的时代惯坏了性子——今天，时代渐渐地有些接近你们的期许，人们自由地恋爱，思想，和写作，对幸福的憧憬也渐渐合乎现实。可是，我们难免忘了来历，忘了先行者的牺牲；我们摘取前人思想的果实，将内瓤耗尽，空壳留下；我们自大地以为进步是从我们开始的，因为局限在自己的视野里，便觉得自己的生活最合理。那也是因为您在，我们才可能放心地任性地去背叛，去割绝，不必忧虑传承中断，无往可继。现在，我们要孤寂了，那一个时代逐渐成了追忆，没有依傍，要由我们独自担纲起自己的日子。我们能担纲得起吗？我们能像您那样自省，以告诫来者？我们孱弱的精神能承起您的热情，以传给来者？

我看见过鲁迅先生出殡的照片，您为先生抬棺，您是那么年轻，而且幸运。今天我，早已过了您为先生执绋的年龄，我不知道我能不能有这样的幸运，就是为您执绋，送您！

2005年10月17日晚

《文汇报》2005年10月19日

九思九叹九歌

——张抗抗——

二十世纪八十年代我曾有幸在李小林(巴老之女)的安排下,在上海巴老的寓所拜见过巴老。紧张忐忑的心情在巴老那样亲切平易的四川口音中渐渐化解,成为后来的日子里受用不尽的力气。1983 年巴老的《随想录》前三集,在三联书店首次出版,巴老还曾亲笔题赠予我,成为我最珍贵的藏书。至今能背出"后记"中巴老的那句话:"《随想录》是我一生的总结,一生的收支总账。"这部被海内外文化人士称为"力透纸背、情透纸背、热透纸背"的巴老晚年之作,怀着炽热的爱心吐尽心中肺腑之言。1997 年我在杭州,曾有幸陪同冯亦代老先生,去巴老养病的西子宾馆探望巴老。那年巴老已是高龄 94 岁的老人,每天仍然让家人为他选择诵读当代文学中的作品,听到有意思的描述,巴老还会加以点评。那一个阳光灿烂的下午,巴老对我们说了不少话。在碧绿的湖水与葱郁的桂花树下,轮椅上巴老安详平静的神态,被定格在我的记忆深处,只是时而被泪水轻轻淹没。从此后再回杭州故乡,走在湖边,会觉得巴老仍然坐在草坪那端默默地注视着我。我听见烟波浩淼的湖面上回荡着那个声音:"作为作家,就应当对人民、对历史负责。我绝不是鼠目寸光、胆小怕事的人。"

巴老一生九思九叹九歌——《论语·季氏》曰:"君子有九思:视思明、听思聪、色思温、貌思恭、言思忠、事思敬、疑思问、贫思难、见得思义。"尽管巴老不会赞赏"言思忠",但疑思问与见得思义,是绝不会有错的。这位走过了整整一个世纪历程的睿智老人,一生中为世间苦难奋笔疾书,激浊扬清,如屈原的《九歌》那般忧怀苦毒、哀愁沸郁,又何止是九思九叹呢。

一个时时审视自己、检省自己内心的人,那心里始终被注入着新鲜的活血,是永不会老去的。

面对已将自己的全部感情、全部爱憎"消耗干净"的百岁巴老,我们会懂得,有一种东西将比他宝贵的生命更为久远地存在并流传下去,那就是一个人格独立的知识分子的人文关怀与批判精神。

《黑龙江日报》2005 年 10 月 25 日

悼 巴 金

——贾平凹——

鲁郭茅巴老曹,我只见过巴金。现在巴金去世了,文学的一个时代结束了。巴金说过,为什么需要文学?需要它来扫除我们心灵中的垃圾,需要它给我们带来希望,带来勇气,带来力量。这是巴金的文学观,他的作品无论三四十年代的《家》、《春》、《秋》,还是七八十年代的《随想录》,一直在震撼着文坛,成为中国文学的一面旗帜。几代文学人都受到他的影响,我也是熟读他的作品走上文坛的。

古人有"游名山,读奇书,见伟人,以养浩然气"之说。1995 年,我去了杭州,偶尔得知巴金在西湖边疗养,便想去看望他。但那时他说话已含糊,行动不便,一般不见人的,当我被允许后,我推着坐在轮椅上的巴金在园子里转了一圈,那天阳光非常好,满园子的绿树红花,我想,巴金属龙,我也属龙,他整整大我四轮,是爷爷的一辈,这个衰弱的老人,翻江倒海了一生,他是我的导师,我推动的是文学之车。

以后的这么多年,我们一直关注着巴金的身体,各种消息不断从上海传来。我也曾被邀请去庆祝他百岁生日的集会,送上了“耸瞻震旦”的条幅。我之所以每写完一部长篇就交给《收获》发表,也都是因为巴金是《收获》的主编,虽然他已只是名誉性主编,但他的文学精神依然是《收获》的灵魂。

巴金的人格非常高贵,他一生激情、坦率、真诚、善良,是他敢在二十世纪八十年代初对历史回顾与反思,是他敢出面保护年轻的作家,是他建议和促成了中国现代文学馆建成。他是道德文章的典范,是当代文学的良心。巴金现在大行而去,愿他的灵魂安息,他的精神会得以长传,中国文学也必将得到繁荣进步。

2005 年 10 月 18 日　西　安

《美文》2005 年 12 月上半月刊

巴老如是说

——陈思和——

作者说明:昨天巴金先生去世,《新民周刊》要我为之提供有关巴金先生的资料。我从笔记本上找出一段于 1990 年初与巴金先生的谈话内容,是当时我所写的《人格的发展——巴金传》出版不久,巴金先生阅读了该书后,针对书里所提到的一些问题所作的回答。巴金先生事先是作了准备的,所以我一进去,他就根据我所拟的问题作解答,基本上是他说我记录,偶尔有些插话。我记录下来是为了以后修改这本传记时用的,后来有一家杂志做“世纪印象”专栏,要去发表过。但好像巴金先生的文集里都没有收录,新近再版的《再思录》里也没有收录。但我觉得里面说到的内容,对于理解巴金先生的生平和创作是很有新意的。所以交由《新民周刊》重新发表。巴金先生的原话我没有改动,但对我的说明和插话却有所更动。特此说明。

1. 问:我在《人格的发展》中有一段话是想描述您在 30 年代选择人生道路的困难和痛苦,我说:“1930 年以后,他成为一个多产作家而蜚声文坛,拥有了许许多多相识与不相识的年轻崇拜者,但这种魅力不是来自他生命的圆满,恰恰是来自人格的分裂:他想做的事业已无法做成,不想做的事业却一步步诱得他功成名就,他的痛苦、矛盾、焦虑……这种情绪用文学语言宣泄出来以后,唤醒了因为各种缘故陷入同样感情困境的中国知识青年枯寂的心灵,这才成了一种青年的偶像。巴金的痛苦就是巴金的魅力,巴金的失败就是巴金的成功。”不知道这样说对不对?

巴金:我常说自己是一个充满矛盾的人。我对自己所走的道路,一直不满意。我在年轻的时候,常常想搞社会革命,希望对人类有比较大的好处。但有时想想,还是做一个作家,用笔写出自己心里的感情。我说过我不是个文学家,也不懂艺术,这是说真话。我拿起笔写东西,就是因为对社会不满,肚子里有感情要倾吐,有爱憎要发泄,我才写东西。但是有一点我没想到,我成为一个作家也许比较符合我的性格,所以是意外的顺利。

2. 问:我觉得您创作《激流》等自传性小说时,是夸张了少年时代家庭的封建专制性,而不是您童年时代的实际的状况。

巴金:你说到我写作的“夸张”问题。其实我写小说与真实情况不完全一样。我接受了“五四”反封建的思想，用反封建的眼光去看家庭。譬如我的祖父，你有些想法很好。（指我在《人格的发展》中分析了巴金祖父其实是个思想开明的绅士——思和附记）不过我小时候从眼睛里看出去，祖父的权威是不可动摇的，在旧家庭中家长与子孙辈感情隔得很远，我只有每天请安时看到他，所以我把他当作封建的代表去写。还有我大哥，他在这个家庭里发了神经病，一个人坐在轿子里，把玻璃都砸碎。我那时一个人深夜在房里，听着这样的声音，心里很激动，我就是在那个时候开始认识家庭的真相，开始学会把愤怒写下来，就是这样走上写作道路的。我大哥后来病一直没有好，他最后的自杀也与病有关系。我创作《家》的时候，大哥正好自杀。所以我写《家》就是反封建，并没有考虑其他问题。

但是写小说与写真人真事是不一样的。我在小说里攻击的是旧制度，不是对个人。我在小说里把二叔写成高克明，是个守旧派，其实我二叔对我们不错，他给我们讲解过《春秋左传》，讲过《聊斋》中的《席方平》，也是教我讲真话的一位老师。我在《怀念二叔》里说过，在我们老家找不到一个老顽固了。

我写《家》最初是在报上连载，还没有什么压迫，但到写《春》的时候，国民党的控制就严了，如果再写《灭亡》这样的题材要被禁止，那时靳以创办《文季》，我就接着写封建家庭的东西，比较容易通过。

3. 问：您好像翻译过蒲鲁东的《何谓财产》，但我一直没有找到这本书。

巴金：1929年，我从法国回来，译了两部东西，先是译克鲁泡特金的自传（即《我的自传》，这是巴金译的第三部克氏的著作，前面两部是《面包与自由》和《伦理学的起源与发展》，都由自由书店出版——思和附记），最初是由新民书局出的，接着就翻译了蒲鲁东的《何谓财产》，当时有个留法的朋友朱永邦，他回国后主持自由书店工作，我也在那里当编辑。他译了一部蒲鲁东的著作，吴克刚也译了一部。朱永邦建议我们把这三部译稿交给商务印书馆一起出，由他负责联系。我们就把译稿交给他去处理，可是交出去后就没有下文了。不久，“一·二八”战事爆发，商务印书馆遭受炮火，许多书稿都被烧毁了。我有一部小说稿，也被烧掉。大约这三部译稿就此不存在了。《何谓财产》的前半部译稿，在《民钟》上连载过一些，我后来还为它写过一篇书评。

4. 问：您与萧珊在抗战中走了很多地方，我写这一段时特别没有把握，不知道写得对不对？

巴金：萧珊在抗战时候三次到桂林。我们在1936年认识。抗战爆发后，我在广州编《烽火》，她也在那儿，我们一起在广州沦陷前夕逃出来，这是第一次到桂林。那是1938年11月。第二年我和她经过金华温州回到上海，我主持文化生活出版社，她复习功课，不久就南下，与朋友抱朴的妹妹秦淼清一块到香港，转道越南进入云南，到昆明上大学。她先考上中山大学外文系，读了不到一年，就转到西南联大外文系，我在1940年去昆明看她，然后回到四川故乡。第二年暑假，我再次去昆明看萧珊，我们一起由昆明到桂林，还有一个男生王文涛在一起，这是第二次到桂林。我主要负责文生社桂林办事处工作，王文涛也留在那儿工作。萧珊在开学时又回昆明去继续读书。不过没过几个月，她第三次来桂林，再也没有去昆明，一直到1944年我们结婚。所以她大学没有毕业。

5. 问：能否请您谈谈市场经济与文化出版工作的关系。现在商品经济对于文化出版的冲击很大，许多严肃的出版物都面临难以维持的问题，您在1935年与朋友办文化生活出版社时是怎样面对这些问题的？这也是文化出版与知识分子的人文理想的问题。

巴金：文化生活出版社是在1935年办起来的。那时也有商品经济和文化市场的矛盾。出版不景气，文艺书籍，特别是翻译的文艺书籍，都找不到出版社印。人家都说现在没有人看文艺作品，我就不相信。后来编了《文学丛刊》、《译文丛书》，销路都不错。局面也打开了。现在出版碰到的问题主要是体制的问题。现在出版社人多，开销就大，那时人少，而且我们几个人都是义务的，没有人想赚出书的钱，一本书初版800本、1000本，本钱就不亏了。抗战时期我在上海，出版情况不好，印刷厂都很空闲，只要有稿子，排印很快，我那时编了好几本书，像艾芜、屈曲夫、罗淑的作品，都是那时编的。书印出后到大后方去卖，销路都很好。在广州时期，飞机每天在头上轰炸，我们照样搞出版工作，那时只要是对抗战有利，我们什么也不在乎。后来在大后方就困难一些，主要是邮寄不方便，但严肃的文艺作品还是受欢迎的。我的《憩园》卖得好些，其他的书大约也是初版1000本。那时出版物也混杂了许多色情的无聊的读物，我们出严肃文艺就是跟它们斗争。在《第四病室》里写到过这些。（巴金在《第四病室》的《小引》里说："在这纸张缺乏的时期中，我们多耗费一些印书纸，使色情读物的产量减少一分，让我们的兄弟子侄多得到一点新鲜空气呼吸，我们也算是报答了父母养育之恩，或者照另一些人的说法，是积了阴德了。"——思和附记）我自己一生写文章，从来没有为了钱写过文章，可以说没有一篇是当商品卖的。

6. 问：您一直说自己是个业余作者，这"业余"是什么意思？

巴金：我写文章也是有矛盾的，有时也很痛苦，过去批判我没有在小说里为读者指出一条道路。其实我自己也想给读者指出道路的，只是没有办法，指不出道路，所以很痛苦。我在解放后的大批判面前投降过。所以，现在我走成这个样子，并不是我的本意。（插话："那么您在年轻时，有没有想象您到了90岁以后，应该成为一个怎样的人？"）我希望搞实际事业，对人类更有好处。（插话："那么，按您的个性，假如您参加了实际的革命活动，您的结果可能会怎样呢？"巴金笑了。）所以，我说我充满矛盾呢，知识分子么。

《新民周刊》2005年10月23日

送别巴老

——赵长天——

我们在病房外的阳台上，隔着落地玻璃门，巴老躺着。一个杰出的灵魂游走在生命的刀刃上。天渐渐暗下来，心也随着黯淡。今天是2005年10月17日，再过28天就是巴老101周岁的生日。医生本来说可能会维持到老人的生日，现在看来不行了。其实我们的心情是很矛盾的。当然希望巴老能继续和我们在一起，我们以当代作家中有巴老而骄傲。但巴老这样活着，太痛苦了！1999年巴老就曾经病危，虽然抢救过来，但从此不能起来了。他不能行动，不能表达，思维却是清晰的；五六年时间，就是这样度过的，于巴老，实在太残酷了。今天他的远去，也可以说是解脱。

我1985年到上海作协，因为工作上的缘故，有幸和巴老接触。他是我们的长辈，又是大师级的作家，但对人特别和蔼周到谦恭。在八十年代他身体还比较健康的时候，每次到他家，告别的时候，不管我们怎么说，他都要坚持送到大门口。后来身体不好了，拄着拐杖，他还是要送到房门口。再后来，实在走不动了，不能送客了，他则会表示非常的歉意。

他不是个爱说话的人，他的话好像都变成了文字。但他喜欢听别人说话。进入老境以后，我们去看望他，他爱听我们说话，无论什么话题，他都充满着兴趣，笑眯眯地看着我们，听着，偶尔插句话。他渴望了解社会，他是个关心社会的人。他经常说我不是个作家。他是中国作家协会主席，怎么会不是作家呢？我想，巴老的意思是，是不是作家并不重要，他看重你做的事情对人民，对民族，对国家有什么意义。从巴老早期的作品《家》，反对封建专制，提倡个性解放；到晚年的《随想录》，提倡说真话，以严酷剖析自己来表达总结历史的意义，无不贯注着他对国家民族命运的关心。直到他病重,无法起床了,他还是每天要收看中央电视台的新闻节目。他无法分割自己和民族的命运。

在上世纪九十年代,他的手已经抖动得无法写字了。但他还在思考,还有很多话要说。许多人建议他口述,由他人笔录成文。他说他做不到,他不习惯,他一定要自己写。有一次他在杭州疗养,我去看望他,看到他在写作。他实在控制不了自己的手,写一个字,大概要用一两分钟的时间,字很大,已经不成型了,一般人都看不懂。在这样的情况下,他还在写作。我看到一个作家是怎样把自己的生命和写作联系在一起的。写作,就是巴老活着的意义。

夜深了。我们在巴老遗体前鞠躬,向巴老作最后的告别。从华东医院出来,门口挤满了记者。在路上,回家以后,接连不断接到电话,都是记者询问有关巴老的消息。据说网上已经有铺天盖地的文章。巴老是人民的作家,人民崇敬巴老、爱戴巴老、关心巴老。在文学式微的当下,一个文学老人,获得这样的关注,可以说是奇迹,也可以说是必然。巴老是当代中国文学的标杆、旗帜。但愿我们能在他的引导下,继续前行。

《上海作家》2005 年第 4 期

明灯永不熄

——赵丽宏——

10 月 17 日是一个悲伤的日子。晚上 7 时 06 分,我们敬爱的巴金先生,在医院里静静地离开了这个世界,走完了他的百年人生。他和病魔搏斗了很多年,他卧病在床的日子里,我们默默地为他祈福,祝他健康。他顽强的生命力,创造了一个现代奇迹,也延长了一个新文学的时代。

然而巴金是不死的!他的品格,他的生命和精神,像一盏明灯,曾在漫长的岁月中燃烧,在黑暗中,在泥沼中,在冬夜和春日,这盏明灯始终燃烧着、亮着,温暖着无数人的心。他的思想,他的情感,他的故事和文字,将成为我们民族的精神财富,永远留下来。

最初认识巴金,是读他的小说。他的《家》《春》《秋》,他的《寒夜》和《憩园》,曾经把我带进那些我不熟悉的时代,但却让我感动。在我的少年时代,巴金的名字,几乎就是文学在我心中的象征。在"文革"的劫难中,巴金和他的作品曾经遭到最野蛮的批判,然而,他却没有因此放弃崇高的理想。"文革"结束后,巴金重回文坛,他的《随想录》,是一部说真话的大书,凝聚着深挚的真情,凝聚着他一生的智慧,是我们这个时代良心的结晶。巴金,是中国作家的骄傲,是中国知识分子的光荣。

此刻,在我眼前,关于巴金的记忆一幕幕重现……

1977 年春天,在上海展览馆开文艺座谈会,巴金在"文革"结束后第一次出现在公开场合,我看到他站在广场一角,他的几个好朋友黄佐临、柯灵、王西彦等围绕在他的周围说话,他的白发如雪,脸上洋溢着由衷的欢笑。那天,《文汇报》发表了他的《一封信》,这是他历尽劫难后公开发表的第一篇文章,热爱他的读者为之争相传阅。

在我的记忆中,巴金先生是一个慈祥、温和、亲切的老人。我永远不会忘记和他曾有过的交往。1984 年春天,我给巴金写了一封信,表示我对他的敬仰,并寄去一本书,希望得到他的签名题词。信发出后,有点后悔,觉得自己太冒失,不该这样烦扰他老人家。两天后,我收到一封挂号信,信封的落款上写着"巴金",信封里装着一本《序跋集》,书的扉页上,写着两行字:"写自己最熟悉的,写自己感受最深的"。我当时的感动,是难以言喻的,他这样认真地对待一个年轻人的要求,一点也没有文豪的架子。他为我题写的这两句话,我一直将它们视为座右铭。这是我第一次和巴金的交往。在这之前,巴金对我来说犹如天上的星辰,虽然灿烂明亮,但遥不可及。看着他赠我的书和题词,我真切地感觉到了他的谦和亲近。这以后,有不少机会看望他,面聆他的教诲。我把我的书送给他,他总是用他的书回赠给我。在我的书架上,除了那本《序跋集》,还有他先后题签赠我的《屠格涅夫散文诗》《随想录》《说真话的书》。翻开这些书,凝视他写在扉页上的那些笔力苍劲的字,我感觉他离我很近。

1988 年 1 月 28 日,我们上海的一批年轻作家结伴一起去看望他,同去的有王安忆、王小鹰、赵长天、宗福先、陈村、程乃珊等人。巴金喜欢和年轻人交往,我们坐在他的客厅里,毫无顾忌地谈天说地,他坐在沙发上,静静地听我们说话,用含笑的眼神注视着每一个说话的人。那天,巴金谈了他写作的状况,谈了他年轻时写作编书的往事。记得有人问:"您为什么不对着录音机讲,请别人为你整理呢?"他笑着回答:"我这个人不喜欢多说话,也不会说话。假如对着一台录音机,我就什么话也说不出来了。"回想起来,他说的都是些随意平常的话,就像一个平和亲切的长辈和自己的孩子们交谈,这就是真实的巴金。

此后我曾多次单独拜访他,面聆他的教诲。他从来没有摆过大文豪的架子,对我这样的年轻后辈,他同样真诚相待。1994 年除夕,我曾经带着九岁的儿子去看望他,儿子为他画了一幅画。他喜欢那幅充满童趣的画,还问了儿子关于图画的一些问题。他笑着对孩子说:"我比你大八十一岁,我很羡慕你。你还可以活很多很多年,可以做很多很多事情。"而在我儿子的眼里,比他大八十一岁的巴金爷爷并不老,因为他懂得孩子的心。

这五六年中,看望巴金都是在医院里。他躺在病床上,被病魔折磨着,使所有热爱他的人心痛,却爱莫能助。我记得 2000 年 4 月 19 日,我去医院看望他,送给他一束牡丹花。我和他说话,他张着嘴,喉咙里发出响声,却说不出话来,他看着我,把我的手握得很紧很紧,好长时间不放开。每次看望巴金,看他痛苦的样子,我都会难过很久。17 日晚上,站在他的病床前,看着他用生命最后的一点力量呼吸,直到心脏停止跳动,我无法抑制悲伤的泪水……

巴金走了,天上的巴金星永远亮着。

巴金走了,他点燃的明灯永远不会熄灭。

《新民晚报》2005 年 10 月 19 日

同巴老在一起的日子

——水运宪——

有感于生活积累对自己心灵的撞击,1980 年时,我写出了生平第一部中篇小说《祸起萧墙》。我写得很投入,情感相当冲动,自我感觉也还可以,就以初生牛犊之胆量贸然地寄给了《收获》杂志社。

初稿寄走之后,又感到非常冒失。我的几个要好的同学说,《收获》杂志本身的约稿和名家的稿子都看不过来,像你这种"自由来稿"人家根本就没有时间拆开。我觉得他们的话很有道理,于是心里更加忐忑惶恐了。

不料半个月不到我就接到了《收获》杂志一位女同志的电话。她说她叫李小林,《收获》已经收到了我的稿子,看过以后觉得还不错,准备马上采用。因为发稿的时间很紧,希望我赶快到上海来一趟。

在那以前我从没有到过上海。李小林大概也知道我对上海陌生,就同她先生祝鸿生一起到火车站接我。我过去不认识李小林,当时的刊物都不登负责人的名字,我因此也不知道她在《收获》编辑部担任什么职务,只是凭感觉她好像是一位负责人。

第二天李小林专门来同我谈稿子的事,谈了两个来小时。她告诉我说,我的作品写得很有生活功底,思想比较深邃,作品也有悬念,比较引人入胜。不足之处也不少,她一连说了十六处地方,供我斟酌修改。我觉得她提的意见很中肯,确实针针见血,让人心服。尤其她提那些意见的时候都附上了她的修改建议,让我感到豁亮,觉得改起来并不难。我这才知道《收获》看稿子的水平之高,特别是看得那么仔细,那么用心,丝毫不亚于作者对自己稿子的关爱。我把李小林提的意见都在笔记本上作了详细记录,准备逐一进行修改。

当时我很想知道巴老看没看过我的这部作品,李小林对这件事情却只字不提,我当然也不好唐突地问。

两天之后,李小林夫妇特意请我到上海"红房子"吃法式西餐,让我平生第一次开了个洋荤。那天李小林带了两只饭盒去,说是顺便给她爸爸带点回去吃。午餐后,有一部小车来接我们,我和他们一起上车,到了一个梧桐丁香掩映着的小院子里。下车之后,才恍悟到我已经来到了一代文学巨匠巴老的身旁。李小林根本就没有向我讲过她的父亲是谁,她大概以为我不至于那么孤陋寡闻。或者她知道我不了解这层关系,却不好怎么对我说。当时我相当紧张,的确有些手足无措了。

第一眼见到巴老,我的拘谨就很自然地消除了不少。他老人家静静地坐在客厅的藤椅上,非常随和而又很认真地听我说我的经历,听我给他描述基层百姓的普通生活。他对这些都有浓厚的兴趣,边听边点头,还不时地问一两句。然后说,难怪你的东西写得很深厚,生活底子厚嘛。我一听便知道巴老已经看过我的稿子了,而且看法还不错。于是我赶快对巴老说,我完全是凭感觉写的,写作功力还很不够,正在按李小林谈的意见修改。巴老当时就说,你自己觉得要不要改嘛?如果你觉得不必改,那就不要改。各人有各人的体会,不可能都一致的。还是作者自己来把握。改多了就没有自己的个性了。

那天我有三大意外。第一是没有想到李小林和巴老的关系;第二是没有想到我初次步入文坛的殿堂大门就见到了景仰已久的巴老。第三个意外,我刚写完第一篇不成熟的稿子,巴老就对我说,如果觉得不必改就可以不改。由此我悟到了巴老的本意是希望我在今后的创作中要注重自己的创作个性。他的话是广义的,给我的印象至关深刻,让我在以后的写作中受益匪浅。

第二年,我们一批在《收获》发表过作品的作者陪同巴老到杭州莫干山休假,交流创作体会。在回上海的火车上,我和张欣辛、李小林陪巴老坐在一个包厢里。我给大家讲了我的一位亲戚从50年代到80年代的人生经历,大家听得非常感动,巴老也很感动。张欣辛就问巴老说:巴老,如果把这些写出来,您觉得应该怎么去结构才好呢?巴老回答说:你听得感不感动嘛?如果听得感动,这就是结构嘛。怎么让人感动就怎么去写嘛。这几句话也使我后来受用无穷。当时我读过巴老和日本著名作家水上勉的一次对话,水上勉问巴老文学的最高境界是什么,巴老说:文学的最高境界就是无技巧。我理解巴老的所谓"无技巧"实际上指的是一种炉火纯青的文学境界。大概"怎么让人感动就怎么去写"正是通向这种境界的一条创作之路吧?巴老把这条看似无华却又充满了无穷奥妙的路指给了我们。这是一条永无止境的路。

巴老堪称一代宗师,于我来说,他又是我的恩师。生命中有这么一段同巴老相处的日子,这是我终身最宝贵的一笔财富。

《文学界》2005年11月

永远是参天的文学大树

——汪浙成——

想象中的龙华是个看桃花的美丽地方。然而今天绿阴丛中，"悲怆"低回，花光辉映着泪光，来自全国各地的吊唁者们静候在大厅外，长长的队伍像一缕绵延不尽的哀思，为着大厅内那颗伟大的民族良心在缓缓向前移动。

透过泪光，终于看到了躺在鲜花丛中巴老那张熟悉的面容，您依旧是那样慈祥，安详，我的第一感觉是您没有离开我们，稍稍有点特别的是，觉得您不像平时穿着那件我们眼熟的蓝布上装，却换上了一套深色西服，还郑重其事地打了一条颜色鲜红的领带，仿佛出访参加某个国际笔会前在这里稍事憩息。

那天傍晚得知您病情恶化，以为仍能转危为安。因为类似情况此前曾多次出现过，都化险为夷了。谁知这次奇迹却没有出现，夜里电视上打出消息来，才知道您远行了！

最初见到这一噩耗仍感到巨大震撼。因为在我的心里，尽管我们已无法走近您，看上您老人家一眼，甚至听您对我们说一个字，但只要您心脏仍在跳动，那便是一种慰藉，一种标志：您仍和我们在一起，没有离开我们。可如今，您却走了，永远地离开了我们！

在沉痛的日子里，我一次次想起您生前对我和温小钰无微不至的种种帮助和关怀，依旧强烈地感受到您老人家无私博大的爱！

那是三十年前"四人帮"粉碎不久，我和温小钰在时代的感召下，与许多文艺界同行一样，心中有太多的压抑着的话想说。可先前的短篇小说容量，显然已难以承载，便试着写中篇。第一个中篇小说《土壤》写成后，抱着试试看的态度寄给了您主编的《收获》。没过多久，收到编辑部一个沉甸甸的挂号大信封。我俩当时第一感觉是凶多吉少，稿子退回来了！没想打开一看，竟是一封热情的信，说小说基础不错，前半部写得流畅，后半部分比较薄弱，改后务必寄回云云，落款是李小林。后来我们才知道这是您的女儿。更没想到的是，我们这第一个中篇，竟得到像您这样的文学大师亲自过目，当然那是后来在浙江莫干山上才知道的。

1981 年夏，《土壤》虽已获得全国第一届优秀中篇小说奖，但我们有自知之明，这与《收获》的帮助分不开。我们唯有更加努力写作，写好作品，来回报编辑部的厚爱。出于这种考虑，那段日子我们躲在内蒙古大学自己一间十多平方米的家里艰苦奋斗。一天，校院里高音喇叭突然十万火急地喊我俩名字，叫去总机室接长途电话。那个年代，长途电话对普通人来说还是十分奢侈的事物，非到万不得已时才动用它。我们一边气喘咻咻向办公楼里的总机室跑去，一边担心着怕是自己老家父母发生了什么意外。等接过电话，弄清楚是李小林通知我们，您邀请我们和谌容、叶蔚林、张欣辛、水运宪等去浙江莫干山消夏，便一屁股坐在了凳子上，觉得事情来得太突然了，好像做梦一样。草原与上海远隔千山万水，更主要还是在心理距离上，您是我们景仰的文坛泰斗，与我们隔着一段神圣的距离，我们总是仰起头来望着您。可现在，您竟向我们发出邀请，去我们小时听大人交谈中提过而又从未到过的家乡避暑胜地。这真是太意外了！

直到在莫干山上面对面走近您，才知道您是个极其平和，充满爱心，处处想着别人的慈祥长者。从上海集中出发时，我们发觉您身体已不是太好，走路步态不稳，但您还是和我们一起坐面包车上莫干山。到了山上，您住屋脊头三号楼楼上，我住楼下，每天上午见您独自一人，绕楼彳亍，从我窗前走过，一边走一边念念有词，像是在构思作品打着腹稿，我们都不敢出屋来打扰您。可山上路过的游客，一旦认出您来时都很想和您合影留念。我看您每次被陌生人拦住打断思路，都态度和蔼地停下来站在那里，等合完影又继续自己构思。也有个别不大自觉的人，自己照了又让孩子照，孩子照完还要让他全家老少和您合照，没完没了，我在房里看着真想冲出屋去干预。但您却自始至终态度和蔼，百依百顺，不忍心让别人失望。后来我发现，只要可能，您总是随时随地满足别人要求，让别人感到生活的愉快和温暖。

谈到文学，您有一次问我俩如何合作写小说，我们说，主要是自己水平不高，又是业余写作，时间上得不到保证，两人联手能进度快一点。即便如此，《土壤》在最后定稿阶段还全家总动员，把在内蒙古大学进修的妹妹妹夫都找来帮助誊写。您听后笑了，说这个作品前半部比后半部写得好，那个农场场长的形象别的小说里还不多见，结尾也不错。我听了心里咯噔了一下，没想到您这样的大师还看我们的作品！更没想到的是，您不仅看过《土壤》，还看过我们发在《收获》上的另一小说《积蓄》。您指出，那个作品结尾有点画蛇添足，鼓励我们以后要尽可能多写。话不多，但深中肯綮，句句切中要害。

告别莫干山前夕，您宴请大家。经过一段时间相处，大家对您更加敬重，席间说话都比较放松，不时还发生争论。您高兴地看大家吃着，自己却几乎不动筷子，像个慈祥的长者静静听着，画龙点睛地插上一两句话。我和温小钰突然觉得您好像一棵参天的文学大树，在追求火与热的艰涩中伸展根须和枝叶，我们在树下呼吸感悟，灵魂中因此也弥漫着爱，不由得站起来向您敬酒，祝福您这棵文学大树根深叶茂，永远常青！那天晚上气氛极其欢乐融洽。几年后，听莫干山管理局负责人说，那晚宴请是巴老个人花的钱。他认为既是个人请客，就不要转嫁到公家名下。

回到内蒙不久，传来消息，您被确诊为帕金森症。我们得悉后，一直牵挂着您的健康，希望您早日康复。后来我们从内蒙调回浙江，离您近了，以为能更多听到您的教诲。不料温小钰不久也被确诊为帕金森氏综合症。在跟病魔作斗争的日子里，是您给了我们巨大的鼓励和支持。尽管您自己也身染沉疴，可每次来杭州休养，都要让小林夫妇来家看望，关心着温小钰的病情，叮嘱她要坚持活动，每天都要走路，还用您自己跟帕金森症作斗争的成功经验，鼓励小钰战胜病魔的勇气。我有时去您下榻的地方看望，您也总忘不了要详细询问温的病情，语重心长地叮咛我们一边治病，一边还要坚持写作，不要放下。1991 年春天，您再次来杭州休养，我得悉后去中国作协灵隐创作之家看望。那天，院里那棵高大的广玉兰正繁花盛开，您坐在树下轮椅上，雪白的花朵辉映着您满头银发，显得精神格外矍铄。我知道您一直关心温小钰的病况，便说她病情近来出现反复，得不到有效控制。您特别问起走路情况，我说有些困难。您听了没再多说什么，只是提醒我要让她天天走路，活动对抑制这种毛病有着重要作用，然后安排小林替您和我合影。哪知道我走以后，您因为我说温小钰行走困难，要让小林把您正在使用的助步器送给我们。我和温得知后，犹如淹没在一阵爱的巨浪里，一时竟不知说什么好，您帮助起人来，从来不事张扬，总是在背后默默地做着这一切。至于助步器，我们哪接受得起！您和温小钰一样得的也是帕金森症，而且患病时间更长，您比我们更需要它！后来的事情，就更出我们意料了。您回上海后，仅仅过了一天，小林就来电话，说您已将温小钰的帕金森症情况，向您的保健医生华东医院神经内科主任邵殿月教授作了介绍。邵教授非常好，希望能直接见到患者。如果患者行动有困难，嘱家属将病历和有关检查报告径直送她。鉴于小钰这时已行动困难，只好由我将病历和有关资料送到华东医院，邵教授看了之后认为情况比较严重，当即表示，既然患者无法来上海，那她就亲自前往杭州出诊。就这样，由于您的关照，邵教授带着两名助手来杭州家里为小钰作了认真的检查和诊治。在我们最艰难困苦的时刻，是您，又一次向我们伸出了援助之手，让我们感受到人间的真情和温暖！

我们知道，您做这一切并不仅仅是对我们个人。您作为一代文学宗师，对新时期成长起来的许多作家都是这样，这是您作为文学前辈对后来人的呵护和关爱，也是您一生追求的燃烧自己、温暖别人的崇高思想品格和人格魅力的体现！今天，我们从西子湖畔风尘仆仆赶来，默立在您面前，只是想对您说：巴老，您安息吧！您播撒下的爱的种子，已成长壮大；您永远是耸立在我们心中一棵参天的文学大树！

《西湖》2005年第12期

有一种伟大叫巴金

——刘醒龙——

秋叶苍红。秋草苍黄。秋夜苍白。秋水苍茫。

我趴在塞外一张陌生的桌子上，好不容易写下"泪水清扬的满月"这一句。

头一天，在渤海大学音乐厅的讲台上发言，曾经脱口提及文学艺术的描写，从来都是黄昏之壮美远远胜过清晨的秀丽，在数量上，对黄昏的关注更是不成比例地远远超过清晨。10月17日，一大早就外出，赶在每个月的农历十五都免不了的大潮涨起淹没之前，经过那罕有的海底天桥，去到渤海中央的笔架山岛，尔后又忙忙碌碌地到了曾经名叫平远和威远的那座古城，看看天黑了才往住处赶。途经锦州城外一条宽阔的大河，望着河的西端尽是辉煌晚霞，车上有人说起我先前的话题，言语未定，蓦然间从河的东端升起一轮清清朗朗的满月。刹那间，所有人都屏住了呼吸，明明是35个座位坐着35个人的大客车，竟然一点动静也没有。塞外的天空让人惊讶，那种天空上的满月让人感受到的更是一种震撼。

塞外的黄昏总会来得早一些。然而，这一天，从不与满月争辉的黄昏落霞迟迟不肯抽身隐退。时近晚7点了，一行9人从住处出来，去到锦州大戏院看那东北二人转到底如何恶俗时，还能从炫目的霓虹灯旁找到依依不舍的许多碎片。晚8点刚过，《文学报》徐春萍突然打来电话说："巴老走了！19时06分！这一次是真的！"这后一句话里包含有一件旧事：去年冬天的一个深夜，本地一位记者打电话到我家里，也说是巴老走了。不记得当时曾如何表达自己的忧伤，只记得后来迅速打电话到上海，求证于正在生病的徐春萍，以及在《文汇报》供职的女作家潘向黎。现在，一年前的新闻终于不再假，那种难过，让电话里的我们说不成任何句子，除了寥寥无几的三五个字，其余全是空空的电磁声。这时候，潘向黎也发来相同内容的短信。我无心再看二人转了，孤单地回到房间，摊开纸，刚刚写出一行字，便被那止不住的泪水彻底模糊了双眼。

我晓得此时此刻自己需要一场刻骨铭心的伤痛。

我别无选择，只有将电话打回家，那是一个行将50岁的男人唯一能够彻底敞开胸怀的地方，也只有骨肉至爱的女人的怀抱，才能让早已心如止水的男人隔着千山万水放声大哭。平静了些，我才重新拿起笔来，匆匆写了一段无论如何也平静不下来的文字：

"是您自己的选择，还是上苍的安排，泪水清扬的满月，就这样载走了亲爱的巴金老人！从此后，谁堪做文学中国的良心？我唯有匍匐在山海关外的茫茫大地上，祈望天空那颗最大最圆的月亮成为您的永生！"

我还想说，从此后，谁堪矗立文学中国的脊梁？

我还想说，从此后，谁堪标志文学中国的清洁？

长夜难眠，这发自心灵的伤痛，其实早就深植在浅薄的年少时期。那时候，我生活着的小城，流行一种名为"文学青年"的毛病。就像传播非典型肺炎的蝙蝠与果子狸，最初传播这种毛病的不是一个人，而是两个人。每当他们外出参加各种文学活动归来，总要传播一些闻所未闻的小道消息或者是美其名曰的文学新观念。很多次,混迹在听众中的我,闻得种种对巴金老人的不敬,血肉之躯竟然能够产生阵阵莫名其妙的愤怒与激烈。世事如烟,所幸我还能及时看清楚,在谎言被重复千万次的那段时间里,真理并没有真的被淹没。只是以其沧桑历尽的姿态,耐心地等待着对方,用忏悔的耳光痛苦而幸福地抽打自己。年少并不等于无知。真无知是因为个人欲望太过强烈,看不到追名逐利背后的丑陋与肮脏,更看不到文学的真正巨人反而类似老父老母,从不在儿女面前,以哲人姿态散布那种语不惊人誓不休的大话,更不会利用各种方式将自己的书写无限夸张。

有一说法,远处的作家是天才,隔壁的作家是笑话。远处的巴金老人,越来越不被人当成是天才。在我成为一名真正的书写者,并将巴金老人当成动笔就能见到的邻居之后,老人拥有的全部朴实无华,都在证明,真是高僧,只说常话。所以,不将巴金老人当成天才是对的。天降大任于斯,为的就是让巴金老人与众多狂妄之辈的平实相处,及时地帮其来几颗救心丸,饮一剂还魂汤。

一位老人的远去,让一批后学长大许多。第二天的早上,大家又到了一起。回忆着1999年,老人在喉咙里插上两根导管之前,所说的最后一句话:“从现在起,是为你们活着!”我没有同意对老人最后言语的普遍说法,也没像从前那样只要求自己心里有数,不去触犯众怒。算不上挺身而出,我只是不再习惯从众,不再习惯洁身自好,不再习惯温良恭让。我想让大家同自己一起去触摸一个伟大的灵魂了。

虽然早已不是年轻,这个念头刚一出现,我就觉得肩头上一夜之间磨出了一层老茧。也只有这种老茧才有力量让我将心里的话当众掏出来。当然,这老茧也是老人离去后,我们这一代人必须担在肩上的责任。

在我的新长篇小说《圣天门口》中,我形容说,一盏灯最黑。那样的黑是众多逃避所导致的,不是不懂得,而是世界太聪明,非要等到唯一的灯熄灭之后,人们才开始点燃自己的心灵之火。这些年,有多少年轻人都不堪重负的责任,被强压在这位衰弱得无法做出任何行动的老人的肩上;有多少声名显赫位高权重者都三缄其口的话语,还在凭借连呼吸都不能自主的老人的名义发出。老人终其一生从不计较一己之利,不管世俗之眼如何相看,事实无可否认地摆在那里,没有老人的脊梁作为支撑,文学中国也许早就被一些三头六臂的怪物,幻化为出产种种丑陋私利的自家后院。巴金老人是定海神针,是镇宅宝镜。本可以早些仙去的老人,就连文学中国里最基本的良心,也还要以一己之力独自担当,直到悬于一线的生命最后一次搏动。

对巴金老人的尊敬和热爱,就像大树一样年年见长。却不然,这成长连一丝氧气、一只吊瓶都不如,救不回哪怕只需延续到102岁生日的一点点时光。虽然永生也是活着。虽然101岁也是永恒。

1991年春天,我去北京参加全国青年作家创作会议。

一个声音在冷清了许久的会场上响起:“说真话,把心交给读者!”

没有人不懂这声音的深刻性,如风暴一样的第一轮掌声,是那最好的证明。没有人不明白这声音的针对性,如雷鸣一样的第二轮掌声,是那最好的响应。没有人不听从这声音的号召,如天崩地裂般的第三轮掌声,更是那只为真理迸发的热情。巴金老人没有亲临会议,尽管那声音只是用书面形式发出来,仍然有足够力量撼动所有年轻的心。没有巴金老人的会场上,巴金老人却无所不在。巴金老人的无所不在一出现,那些同样无所不在的假话、空话和废话,顷刻之间就被荡涤得干干净净。迄今为止,这是我所见到的、用最貌不惊人的真相表达出来的文学的最精髓。

1994年11月,我去上海参加一个文学颁奖活动。周介人先生问我想不想去见巴金老人?在心里,我非常想见,说出来的话却变成不想打扰。后来听说有人去了,也没有生出多少后悔。有3年前巴金老人的耳提面命,得一箴言足矣。

我坚持着这种与巴金老人亲密接触的最好方式。

时至今日,它却成了天下之人的唯一形式。

在文学中国最危难的时刻,巴金老人以最坦荡的方式来到了我们当中。

而他自己却在文学中国春暖花开的时节,以一种最艰难的方式悄然离我们而去。

好在天空中有一轮最圆的月亮,还活着的失落之心才不至于像枯叶一样四处飘零。我寻找到一处网吧,将无论如何也难表达怀念的文字发送出去。塞外深秋不再是凉的,而是真实的冷。我不想马上回到住处,顺着漫长的街道往前走,不时地心中会怦然一动,以为自己接近了某种渴望。月光如雪水流遍,清冷浸透到灵魂深处。这时候,才想起在河流之上见到的落霞满月,真的是一种预兆。

天地留言,默默雾雨电;星月流响,朗朗家春秋。

好在这世界猛然惊醒过来,像我一样明白,有一种伟大叫巴金!

《光明时报》2005 年 10 月 21 日

巴金很好地走了

——余 华——

今天晚上,我在瑞典驻华大使馆的晚宴上知道巴金去世的消息,这个晚宴是为斯特林堡举行的,当我们坐在一起讨论这位一个世纪以前去世的作家时,巴金去世的消息传来。我首先是吃了一惊,因为事先没有任何迹象,然后我一个人坐到了角落里的沙发上,拿出手机,犹豫了一分钟,还是没有给李小林打电话,我想她现在可能不接听电话了。我给《收获》杂志的副主编程永新打电话,他不接听我的电话。我只好给上海文艺出版社的总编辑郑宗培打电话,他正在编辑巴金的书。在电话里,郑宗培向我证实了巴金去世的消息。我沉默了一会,不知道应该对李小林说些什么,最后请郑宗培找到机会转告李小林:我问候她。

我第一次读到巴金的作品是上世纪七十年代末,粉碎“四人帮”以后,很多中国现代文学作品和外国文学作品重新出版,当时的出版是求大于供,我所在的海盐县新华书店进的书不多,我是一早去书店门口排队领书票,领到书票以后才能买书,而且每张书票只能买两册书。我买了巴金的《家》,为什么?我少年时期曾经在电影的连环画上读过《家》,读完后我伤心了很长时间。当我读完真正的《家》以后,我再一次感动了。这部作品不仅写下了家庭中成员的个人命运,同时也写下了那个动荡时代的命运。这是我第一次注意到一部作品和一个时代的关系。

后来我自己写小说了,我也写下了几个家庭的故事。今天回想起来,我觉得这是巴金对我的影响,也是中国的历史和现实对我的影响。中国有着漫长的封建社会,中国人在这样的社会体制里是没有个人空间的,其个人空间只能在自己的家庭中表达出来,这就造成了长期以来中国的社会纽带不是人和人来连接的,是家庭和家庭来连接的。巴金的《家》永久地揭示了我们中国人的生存方式,不仅是过去的生存,也是今天的生存。到了八十年代,我又读了巴金的《随想录》,读完后我感慨万千,觉得巴金是我们中国文学的良心。

今天晚上,我得到巴金去世的消息后很难受,一家报纸的记者在给我打电话时都有哭泣的声音,这也是很多巴金的读者的反应。我留下了一个永远的遗憾,就是我从未见过巴金。其实我是有机会的,我只要对李小林说我想见见巴金,李小林肯定会带我去她家,可是我一直不好意思说,从八十年代一直到九十年代,我每次去上海,都有这样的愿望,可是一直没有说。后来巴金的身体状况越来越不好,我就更不能向李小林提这样的要求了。

李小林曾经说起过她父亲的一些事,比如最早让李小林阅读外国文学是大仲马的作品,中国文学是《封神演义》。李小林还说到她小时候学钢琴的事,她母亲逼她练习,她不愿意的时候就哭,这时候巴金就会默默地坐在女儿的身边。阅读巴金的作品,尤其是《随想录》,会觉得他是一个在精神上勇敢的人,也会觉得他是一个在生活中温和的人。

今天晚上,巴金离开了我们。我觉得在难受之后,我们还是应该感到欣慰,因为巴金该做的都做了,该留下的都留下了。想想鲁迅吧,他没有写完自己人生的小说就走了;巴金是写完了自己人生的小说才走的,而且是修改定稿以后才走的。我时常觉得《随想录》就是巴金对自己思想和生活最完美的修改。所以我要说:

"巴金很好地走了。"

2005 年 10 月 17 日深夜 11 时

《上海壹周》2005 年 10 月 19 日

一个激越不安的灵魂

——张　炜——

巴老一生都在追求之中、热爱之中、劳动之中。他对生活的巨大热情常常使人惊讶。文学使他付出了一生,他用近千万字的作品表达了自己激越不安的灵魂。这个灵魂承担的是沉重的社会责任。在世界文学史上、特别是中国文学史上,这样的例子并不多见。他的道路曲折漫长,经受的是真正严酷的考验。

读鲁迅的书,其中有关于巴老的文字,所以我常常想象他们,想象那样的一个文学时代。我对逝去的岁月充满了好奇与敬意。鲁迅先生当年赞许年轻的作家,爱护才华横溢的人。鲁迅先生和巴老有许多不同,也有许多相同。鲁迅先生剧烈燃烧,一生短促,温暖而冷峻。巴老则度过了坚韧的百年,顽强向前。他们都是对未来抱有希望的人,对罪恶充满仇视的人,对不公正耿耿于怀的人。他们都在寻求的愉快和痛苦中度过了一生。他们的所有文字都可以用真和善来概括,这正是他们作为一个作家的最伟大之处。

我回忆着自己最初读《家》《春》《秋》、读《寒夜》时,那种沉醉和感动。一直读下来,直到巴老晚年的《随想录》。对我而言,这是不会熄灭的精神之炬。

我在上个世纪八十年代末第一次见到巴老:一个下午,他和曹禺——两位文坛上的传奇老人,坐在客厅里交谈。当我握住他们的手时,马上感受到一种特别的柔软和温热。他们的手臂上仿佛滞留了另一个时代的文学能量。第二次是上个世纪九十年代初,巴老送了我刚刚出版的著作,并在扉页上一笔笔写下了鼓励。我记得他对我说出的两个难忘的词是"努力"和"多写"。再后来见到的巴老是在医院里:床上,轮椅上,借助步器在走廊上艰难挪动——然而就在这种境况之下,巴老仍然坚持写作。我能够从巴老身上感受一种深远持久的力量,它始终推动着我、吸引着我。

巴老作为一个杰出的文学家,给我诸多启示。我想,一个作家的善良和勤奋不仅是一种道德,而且直接就是——一种才华。

《大众日报》2005 年 10 月 21 日

巴老永生

——李伦新——

我年轻幼稚时以迷惘的目光读过巴金的《家》、《春》、《秋》等小说，看过根据他的小说拍摄的电影。作为一个喜欢文学的人，我敬佩他，但一直无缘当面向他请教。直到 1993 年春我奉调上海市文学艺术界联合会工作后，就到武康路登门拜访巴金先生。我记得巴老面容清癯，神情安然，谦和客气地接待了我和我的同事。他指着小书桌说，每天还要写一点，写得很慢，很少。当时巴老身体状况还可以，行走虽不轻便，但还不必他人搀扶，他很高兴地和我握手，同我面对面地亲切交谈，主要是讲了希望文联要为繁荣创作做好服务工作，要关心文艺家特别是年事已高的同志的生活。巴老亲笔题赠给我一本他的作品《家》，一定要送到门口握手道别。第一次见到巴老给我留下了难忘的印象，更增添了对这位慈祥、谦和、神清气朗的老者的敬重。

从此，我过段时间就去拜访一次巴老，逢年过节或巴老生日时，也和文联的工作同志一起去祝贺，他总是亲切接待。时间长了，次数多了，交谈的内容逐步深而且广了，我渐渐感觉到，巴老同我的距离在不知不觉中缩短，感情在自然而然地接近，谈话也越来越随意了。后来我去看他时，一走到门口，他就脸带笑容地喊道：李伦新，你来啦！我答应着走过去，走到他老人家身边，他就拉着我的手，又一次喊着我的名字，让我坐在他的旁边，随便而亲切地聊起来。这是一种微妙的感情变化，从开始时公务性质的去访问，到后来成为一个文学爱好者怀着对文学巨匠的敬仰心情去拜见，当然还带有一个文联工作人员的服务愿望。

令我特别感动的是，文联开展文化扶贫活动，向革命老区甘肃省会宁县赠送书籍，我去向住在华东医院病房里的巴老作了汇报，他连连点头说，好，这件事情好。巴老欣然捐赠了自己的作品，并用有些颤抖的手，签上了自己的名字。当上海作家艺术家捐赠的书送到黄土高原的会宁县城，在县图书馆内专设"上海文艺家捐赠图书陈列室"，我向当地干部群众讲了巴老亲笔签名赠书的情景时，在场的老区群众都很感动，有的再三要我转达对巴老的感谢，祝愿巴老健康长寿。

巴老毕竟年事渐高，后来就住在华东医院的病房里疗养。有次我去病房看他，谈起饮食起居情况，他说都蛮好，就是吃的东西不怎么合口味。我就说，想吃四川菜不？他笑笑，点了点头。当天，我们文联的同志一起商量决定，文艺宾馆就在华东医院对面，让厨师烧些川味菜、做点川帮特色点心送去给巴老吃很方便，要马上落实。文艺宾馆的杜力宁经理和厨师都很热情地承担了这项任务，按时给巴老送去点心和川菜。巴老很喜欢吃这家乡口味的菜和点心。过了一段时间，我去看望巴老，他问我送来的小菜点心都结了账、付了钱吗？我一时为难了，在主张讲真话的巴老面前，不应该对他讲假话，我格愣了一下，就说：您放心，我们会处理好的。巴老认真地说，一定要照付钱，否则，我就不吃了！这样，文艺宾馆就收了钱。大家都为巴老这种公私分明、洁身自好的精神所感动。

我去看望巴老时，他虽然行动不便，坐在轮椅上，但思路一直是清晰的，交谈时话语仍旧像他的文章一样准确、严密。记得有一次同他谈到身体情况，他明确地说：

健康情况下的长寿当然好，不健康的长寿，其实是一种惩罚。

不要给我再用这么多这么好的药了，不要为我花去人民这么多的钱了。

……

我常常接到询问巴老身体情况的电话，有外地打来的，也有从国外打来的，有次我接到从上海去美国定居了的许锦根先生打来的越洋电话，他说他从报上看到记者采访巴金先生后写的文章，其中有这样的对话：

记者问巴老，您现在最想见到的是什么人？巴老回答最想见到的人中有李伦新。

我当时并没有细问，觉得巴老这样的回答很自然，使我很感动，同时心里也很难过，因为我有一段时间没去看望巴老了，尽管心里常常想着巴老，可是去了只能离他远远地站着看看……我把对巴老的敬爱之情珍藏在心里，默默无语地祝他老人家如愿！我觉得这样的感情十分珍贵，我要非常珍惜。后来许锦根先生来上海，我们见面交谈时，又谈到他在报纸上看到记者采访巴老写的那篇文章。他毫不思索地说，肯定是《文汇读书周报》，但记不清是哪天的了，建议我去报社查查，一定能查到的。

《文汇读书周报》的褚钰泉同志也在场，他说是有记者采写过这样的文章，记得巴老说他当时最想见到的人可能不只一两个，我会帮助查查的。我想何必再去查呢？我相信巴老对我的真挚情意，我感激巴老对我的厚爱，做他的追随者，以他为楷模，学习他的为人和为文，是我的心愿和行为准则。

《文学报》2005 年 11 月 3 日

良师益友伴人生(节选)

——陈燮君——

上海市作家协会走过了五十个春秋，笔者的人生也已过了半个世纪。作协对人生之路影响最深的，莫过于不断走来良师益友，不断地在人生旅途中添加精神动力和智力支持。

文化老人巴金是值得敬仰的良师。他的作品可谓现代经典，他的为人可谓人文春风，他在文学道路上已是一座丰碑，他在知识分子的心目中已是一个"文化符号"。虽然自己在作为文学青年的时候，已系统地读过巴老的《灭亡》、"爱情三部曲"、"激流三部曲"、《英雄的故事》、《生活在英雄们中间》、《团圆》，以后又研究过《随想录》、《再思录》，然而，巴老有血有肉的形象的确立和走入我的生活画卷却是来自于童年时代的父母亲的百般诉说。

我的母亲有天然的叙述故事的能力。童年时代的盛夏的夜晚，户外纳凉是最令人向往的，母亲给我们兄弟姊妹讲得最多的是巴金伯伯和萧珊伯母的往事。每次自然都从萧珊伯母谈起。那时母亲住在宁波湖西，萧珊曾就读于对岸的宁波女中，几乎天天见面。每当这时，爸爸就会滔滔不绝：萧珊与我家既是老邻居，又是亲戚，同住宁波郎官巷。郎官巷在宁波西门之外，老房子连老房子，环境幽雅，书香人家，从这里走出不少志士名人，少说也有一二十个吧。萧珊从小接受同辈亲友的进步思想，很长时间与祖母住在一起。父亲因经常出入于她祖母的家，当然与萧珊有更多的接触。在我儿时的心灵中，巴金、萧珊、文学、人生……已留驻不可磨灭的印象。后来，在与洪泽伯伯、陈适五伯伯的交往中，他们又用喜闻乐见的故事和入木三分的人生哲理反复讲述巴金伯伯和萧珊伯母，让我切实感受到老人就在我的身旁。巴老和萧珊伯母的生活脉络和郎官巷的文脉交织在一起，息息相通。

巴金伯伯与祖系文脉的亲情，使我更加热爱他的作品。我曾抄录、背诵过《海上的日出》、《雷》、《雨》等著名作品中的文句，《怀念萧珊》、《再忆萧珊》则令我一读再读，巴金伯伯深情地写道："她是我的一个读者。一九三六年我在上海第一次同她见面。一九三八年和一九四一年我们两次在桂林像朋友似的住在一起。一九四四年我们在贵阳结婚。我认识她的时候，她还不到二十，对她的成长我应当负很大的责任。她读了我的小说，给我写信，后来见到了我，对我发生了感情。……”巴金伯伯和萧珊伯母的生活履痕与生离死别始终深深地感染着我。

巴金伯伯一辈子与书有缘，与图书馆有缘。1995 年，我去上海图书馆担任管理工作后，似乎与伯伯离得更近了。他曾向上海图书馆捐赠了手稿《第四病室》、《李大海》、《团圆》和《随想录》的部分手稿。他第一批捐赠的外文图书有七千余册，以后又陆续捐赠共计一万余册。每册扉页上几乎都有巴老的英文签名。巴金伯伯对上海图书馆与上海科学技术情报研究所合并，使上海图书馆的新馆建设具有较高的逻辑起点这一举措十分关注。他曾为上图新馆欣然挥笔：“散布知识，散布生命。”那几年的每年 11 月，我都和图书馆的同仁前往伯伯家或他住院的华东医院，祝贺他的生日，向他汇报上图的最新进展，每次我们都合影留念。上图是多么希望巴金伯伯前来视察新馆啊！上图与作家协会联系，我又向小林姐倾吐了“上图的奢望”。果然，我们如愿以偿。1997 年 5 月 6 日下午 4 时，小林姐、作协的同志陪着巴金伯伯来到了上图新馆。满头银发的巴金伯伯坐在轮椅上，观看了自动取书小车的灵巧运作，来到了目录大厅，最后参观了“中国文化名人手稿馆”。我们向巴老汇报，上图新馆馆所合并，跨出了体制改革的步伐，有效地促使图情管理向多功能转变，信息载体和内容向多元化转变，信息网络向电子化、增值化转变，信息服务向市场化、产业化转变。巴老听了频频点头，鼓励我们更好地为读者服务。郭沫若先生曾说过，巴金始终“是文坛上少数的有良心的作家。他始终站在反对暴力、表现正义的立场，决不同流合污，决不卖弄玄虚，勤勤恳恳地守着自己的岗位，努力于创作、翻译、出版事业，无论怎么说都是有助于文化的一位先觉者”。巴老激励着我在文学之旅和文化岗位上不断激扬文字，辛勤耕耘。

《巨鹿路 675 号》 上海文艺出版社 2004 年版

一颗爱心给读者——我对远行的巴金老说

——谭 谈——

总想有一天，能坐到您老的面前，看看你慈祥的面容，望望您睿智的目光，听听您的教诲啊！然而，这一天没有等来，您却远行了。

不过，这么些年来，我又总觉得，您就在我的身边，在深情地勉励着我：讲真话，把心交给读者。

那是 1993 年 11 月，湖南省准备召开第四次作家代表大会。进入新时期后，湖南的文学创作，是书写过火红的一页的，有“文学湘军”之誉。然而当时，由于这样那样的原因，孔雀东南飞，文学人才流失严重，全省的文学创作走入了低谷。于是有人说“文学湘军溃散了”。这时候，我们那么需要给自己鼓劲，给自己打气，提高全省作家的自信心。为此，我们决定在作代会期间，举办一个湖南新时期文学创作成果展。为了把这个展览办好，我们想请您、冰心、臧克家、艾青四位文学前辈、智者给我们湖南作家写一句鼓励的话语。于是，我给您写了一封信。不久，您的女儿小林同志寄来了您写的深含哲理、发人深思的一句话：“讲真话，把心交给读者。”您这句话，是一团火啊，燃烧在我们湖南作家的心头。一股“重振文学湘军雄风”的豪情，在湖南文学界勃然升起！

五年过去，1998 年春天来了。当时，我与两位作家朋友在一些贫困山区采访，目睹到山村青少年文化生活严重缺乏的景象，一种责任沉沉地压到了自己的肩头，决心借助天下朋友温暖的手，在贫困山区建一座“作家爱心书屋”。春风里，我放飞了五千多只爱的小鸽——给全国五千多名中国作协会员寄去了一封求援信。自然，有一只小鸽，也飞到了您——我们中国作协主席的身边。一个星期以后，南南北北的电话、信函来了，一摞一摞的书籍来了。有一天，我们解开一包包刚从邮局送来的书，逐一登记的时候，突然发现有一包书是您的《家》《春》《秋》和《随想录》等，我们翻开书页，扉页上有您用粗黑的签字笔写就的“巴金”两个大字。再一看，书中夹着一张书写纸，您应我的请求，为我们的“作家爱心书屋”题写了名字。顿时，一股暖流，涌上了我的心头。

媒体上很快登出了您为“作家爱心书屋”题名的消息和您的手迹，这极大地鼓舞了广大作家为贫困山乡读者献一片爱心的热情。短短两三个月时间，我们收到全国三四千位作家寄来的数万册图书，其中作家本人签了名的自己的著作近万册。“作家爱心书屋”很快在湖南涟源田心坪村建成了。接着，第二座、第三座“爱心书屋”也在湘南和湘中山村落成。继而，在涟源城区，建起了六层楼、建筑面积达四千八百平方米的“作家爱心书屋”中心馆。涟源，这个当时一直没有图书馆馆舍的县，有了全省最漂亮的、规模最大的县级图书馆。我们在这个“作家爱心书屋”中心馆里，设立了“作家签名书珍藏库”。如今，有一万多册作家本人签名的著作被珍藏在这里。巴老啊，这是您的人格的力量，在湖南一个山区的体现。远行的您听了后，也一定感到欣慰吧！

如今，您驾鹤远行了，而您留给我们的那句话，已深深地刻在我们湖南作家——不，我们全国广大的作家心里。我们将认真地在作品里、在行动上把心交给读者，把一颗爱心交给读者！

《人民日报》2005年10月25日

难忘的岁月（节选）

——燕　平——

在作协的那些日子里，前辈作家对我的关爱和影响，使我始终铭感难忘。我有幸先后在哈华和叶以群两位前辈的直接领导下工作多年。哈华对青年作者的热心扶植，对编辑事业的无私奉献；以群对青年理论工作者的关怀培养，对我本人在工作和写作上的栽培和关爱，都使我永记心间。对他们两位，我都写过专文记述过，此处不再重复。这里，我要着重记一下过去很少提及的我与巴老的一段经历以及给我留下的深刻印象。

在“大跃进”年代，文艺界掀起了一股师傅带徒弟的热潮。时为作协组联室负责人的沙金受到启发，把它引进作协，挑出了几位著名作家，分别带一个青年作者。具体要求是青年作者写出的稿子，先给有关作家过目，指出不足，然后修改再投稿，此外要求相互多接触，由作家传授创作经验等等。在一次作协讨论工作规划的会上，沙金就提出了这个方案，其中第一个就列出由巴金负责带我。我记得巴老当时就不太赞成“师傅带徒弟”这个提法，但他表示：看看稿子，交流交流，多谈谈，甚至有机会一起作些采访活动，他是非常乐意的。

巴老是我心仪已久的前辈，由他带领我写作，当然是求之不得的幸事。但我知道巴老身为作协主席，社会活动频繁，又要写作，我是不应该打扰他的，因此我从未拿习作去麻烦他，消磨他宝贵的时间。值得庆幸的是由此引发出的一段经历。

1958年3月18日,巴老在作协理事扩大会议上号召作家深入生活,参加劳动锻炼。之后不久,我受作协党组成员任干委派,负责陪同巴老下厂参加劳动锻炼。厂子选在徐家汇的一条小马路上(可惜厂名和路名都想不起来了),离巴老家不远。我的任务是每天早上到武康路巴老家,然后陪巴老一起走到厂里,一起劳动半天,中午下班后再陪巴老回家。前后大概有半个月光景,因巴老另有任务才未继续下去。就是这短短半个月的接触,巴老的一举一动、一言一行,给我留下了深刻的印象,使我终生受益。

比如说,他绝对认真,把方便留给别人。我每天大约七点半到达巴老家,巴老总是在我到达前已在门口的马路边候我。我对巴老说,您可以在家里等我,用不着早早候在这里。巴老总是说,没事,他顺便可以活动活动。所以在这半个月中,我几乎没有跨进过他家的院子。

他的劳动,并不像某些人那样做做样子,敷衍了事,而是真干实干,毫不马虎。开初,厂里领导知道有这样一位名作家来厂里劳动,以为是应景而已,因此第一天报到时,就把巴老引进办公室,倒茶递烟,像招待客人一样,而且想安排一份轻便的辅助工作。巴老一一谢绝,连坐都没坐下,并一再向厂领导声明:我们是来劳动锻炼的,请他们像对待一个普通工人一样严格要求,有不符合要求的地方及时指出。

在巴老的要求下,我们被分配到一部车床上劳动,由一位老师傅指导,车一些简单的零件。每天足足四个小时劳动,而且都是站着的,固定在一个位子上聚精会神,说实在的,像我这样的年轻人也有点吃不消,何况年已五十多岁的巴老呢!我和那位老师傅一再请巴老去休息一会儿,坐一下喝口水,可巴老始终坚守岗位,不肯离开半步。一直到下班前,老师傅为了照顾我们,叫我们提前洗手回去,但巴老不到下班时间是不肯走的。一直到下班铃响起,他才停止工作,但又马上找了一把扫帚,把车床四周打扫干净。老师傅说,不用扫,这些活他们在下午下班后会做的。可巴老每天坚持,从不间断。待一切收拾完毕,这才跑到水池边洗手,一些好心的工人兄弟主动让开位置,请他先洗,可他总是摆手表示谢谢,依次排在后面,决不占先。这些似乎都是微不足道的小事,但正是这些细枝末节的琐事,充分体现了巴老高尚的人格。作为作协主席,他丝毫没有半点官气和架子,平等待人,诚实劳动;作为著名作家,他从来不曾流露过任何优越感。他穿了一身褪色的中山装,态度谦和,逢人点头招呼,像一个普通的干部,所以一直到劳动结束,除了几位厂领导,没有人知道他就是大名鼎鼎的作家巴金,连指导我们干活的师傅,都一直以为我们是一般的干部劳动。

这期间,我们常常在上下班的途中随便聊上几句。我记得劳动了两三天后,我问过巴老累不累,巴老坦然承认是有点累,但他马上说,想想这些工人师傅真是辛苦,我们只是劳动半天,而他们是长年累月地干着,为社会创造财富,真不简单;他还表示今后有机会要反映反映他们的生活。在这之后的年月里,巴老先后写了被烧伤的钢铁工人邱财康的动人事迹(除了与他人合作写了《创造奇迹的时代》外,还单独写了一篇《一场挽救生命的战斗》),以及青年工人王林鹤创造发明的事迹。我不清楚这种反映工人生活的激情,是否同这半个月的劳动生活有着某种内在联系,但我相信,这段短暂的经历,增进了巴老对劳动的感受和对劳动人民的深厚感情,这是不容置疑的。

此外还值得一提的是在这段接触中,巴老始终未曾以一个导师的口吻,向我传授过什么创作经验,如该怎么写,不该怎么写之类的话题,尽管我是很希望能听到的。他注重的是如何以自己的行动来影响别人,身教重于言教。不仅这次劳动,在此后与巴老共同采访创作一篇报告文学《手》时,更是使我受益匪浅。

那是1963年8月的中下旬。上海市第六人民医院的医生以高超的医术和高度负责的医德,把一位青年工人已被机器轧断的右手,再植复活,创造了奇迹。一贯重视报告文学创作的以群,马上责成我组织几位作家集体采写,并提议请巴老、魏老(金枝)、茹志鹃和我一起参加,以老带新。巴老在这次集体采写过程中，再次使我受到教益。当时巴老刚从越南访问回国，社会活动很多，经以群一动员，毫不推辞，一口应承，并马上让在《上海文学》作义务编辑的夫人萧珊转告我，要我把采访的日程安排及时通知他。时值盛夏，酷热难当，巴老冒着高温，带领我们深入医院，先是听取医院领导和几位主治医生介绍全过程概况，然后再找重点人物逐个采访。在采访中，巴老始终聚精会神，边问边记，不放过每一个动人的细节。给我启发最大的是他除了对必要的医疗过程和关键性的医术技法进行了解外，更多的是关注人。无论是医生还是护士，要从他们每一个细微的治疗活动中，捉摸他们的性格特点、美丽的内心世界和一切为病人着想的敬业精神。在以后的构思、撰写过程中，我们都遵循了这些要领。这篇报告文学，巴老从采访、构思以至于最后的统稿、加工、润色，花了不少精力，可是当编辑部分付稿酬时，巴老却表示，他出力不多，不能接受稿酬，虽经以群一再劝说，他始终拒收。这就是我所接触的巴金！

岁月如流，如今我已年近八旬，回首往事，在作协的二十多年中，虽有坎坷曲折，悲剧迭起，但毕竟事过境迁，而值得怀恋的美好事物，是永远不会在心头消失的。

《巨鹿路 675 号》 上海文艺出版社 2004 年版

巴金的手温

——唐金海——

一直难忘重病在床的巴金先生那绵绵的、暖暖的手，那一次是那样轻轻地、久久地握着我的手——至今仍暖我心胸，但我同时也潸然泪下——巴金先生近日乘鹤西去了，如今那绵绵的、暖暖的手安在哉?!

1997 年我赴日讲学前夕，到华东医院向巴金先生辞行，临别时，已十分衰弱的老人，出人意外地从被子里伸出了手，绵绵地、暖暖地握住我放在他枕边的手，久久地不放……

一股暖流潜入我心田，倏地一股寒意又袭上心头，二十年间已拜会很多次，巴金先生从没有这样依依惜别过。这一次是否卧病在床的先生，见我将赴日一年，而心有诀别之情呢？还是已无力发声而又以此表示对我意欲有所谆谆叮嘱哩？“此时无声胜有声”啊，那绵绵、暖暖的手温，而今仍然温暖着我，那轻轻、久久的握别而今仍然让人念想。

巴金先生的“手温”是出自心田的，真诚而又慈爱。上世纪八九十年代，多少次，我们每次拜访，临别时，已届耄耋的老人，或是拄着拐杖，或是由家人搀扶着，总是颤颤巍巍地送行，而且坚持要送到大门口，然后轻摇绵绵的手，目送我们沿着花园的小径离去；多少次我们应约前往求教，老人家总是尽其所知一一回答，有时还上楼，拿着意、法、西班牙等出版的有关书籍，借给我们带回去查阅；有时遇到他新出版的作品《真话集》、《病中集》等，他总是亲笔签名赠送——那些书籍上还留着老人的手温。最令人动情的是，一次我们应出版社之约，为自己主编的《巴金年谱》写成了一万余字的《巴金访问荟萃》。其时，老人家正患帕金森氏症，手一直颤抖无力，而且正在以坚强的毅力一笔一画地撰写着尚未完成的“大书”《随想录》。老人家竟同意看稿，代我们订正长文的史实——那要费去耄耋老人多少精力和多少宝贵的时间啊——至今想起，仍自责自谴不已。

巴金先生的“手温”怎么能这么温暖？这样透人心脾？这样令人念想呢？我们又一次噙着泪花翻阅二十多年来与先生合影的数十张照片，听他那浓郁川音的采访录音，先生往日的音容笑貌又一一重视——在整洁明亮的客厅沙发上，在庭院前绿茵茵的草坪上，在病榻一侧，在手推轮椅边，在琳琅满目的书橱前……啊，我们豁然开朗，先生特有的“手温”，源于他热爱的生活，源于与他息息相通的广大读者，源于书架上千万册书籍——源于他念念不忘、时常提起、心存感激的几位“老师”：妈妈教他“爱人，帮助人”，轿夫等教他“忠实”，年轻时朋友们教他勤奋、热情和“牺牲”，中国的先贤和大诗人们教他“仁者爱人”，法国卢梭教他“自由、平等、博爱”、俄国克鲁泡特金等教他为信仰和事业献身，而他最难忘“最尊敬的老师还是鲁迅”，先生一本本散文里分明写着他时时聆听到“老师”鲁迅的声音：

“为了真理，要敢爱，敢恨，敢说，敢做，敢追求！”

二十年来与巴金先生合影的照片还是那样清晰，往日先生签名赠送我们的二十余部多种版本的珍贵书籍依然簇新——而今，先生已阖然长逝，早已泪眼朦胧的我们一次又一次地抚摩那些照片、那一本本先生的赠书、那一个个先生签署的“巴金”，分明感到了先生“手温”依旧，“手温”暖人。先生的音容笑貌又一次浮现，先生的话语又一次在我们心底回响：

“我家乡的泥土，我祖国的泥土，我永远同你们在一起，接受阳光雨露，与花树、禾苗一同生长。我唯一的心愿是：化作泥土，留在人们温暖的脚印里。”

2005 年 10 月 20 日　子夜，

星光点点，泪眼朦胧中急就于复旦园“苦乐斋”

《青年报》2005 年 10 月 24 日

巴老与我：四十二年间的忆念

——李存光——

今年我在韩国讲学。由于确定 10 月 25 日将在嘉兴举行第八届巴金国际学术研讨会，需商讨与会议有关的学术事宜，因此我与上海巴金文学研究会常有联系。10 月 16 日晚 11 点，周立民来信告诉我：“巴老这两天的情况极其不稳定，看样子这一关挺不过去。到目前为止，已经没有任何有效的医学措施可以挽救病症。经与小林老师商量，研讨会仍如期举行。”17 日晚，立民又告诉我：“巴老已经于今晚 7 时 06 分于华东医院去世，详情见面再谈。”在异国得到巴老逝世的消息，我既为老人得以解脱身心的苦痛而感宽慰，又为真的失去了老人而哀痛。带着复杂的心情，23 日我从韩国飞抵上海，次日与出席研讨会的同仁一道，乘车到龙华殡仪馆向巴老遗体告别。前往告别的人很多，我们在外等候了四十多分钟才进入灵堂。由于队伍很长，灵堂内的几位工作人员小声催促大家快走，不要停留。我排在邵燕祥先生和李辉后面。这是向老人作最后的告别，我们不理工作人员的劝阻，坚持向老人的遗体鞠躬，坚持与小林、小棠握手致意。出来后，便默默地上车去嘉兴参加学术研讨会。

紧张的学术研讨会结束后，我又回到韩国。这些日子，我一直断断续续地回忆着四十二年来老人与我有关的种种往事，种种情景……

我同巴老的直接接触并不多。从 1963 年起，通信只有两三次；在老人 80 岁之后，我才见到老人，在上海武康路寓所拜访过老人五六次，每次长则两三个小时，短则二三十分钟。1991 年 2 月，老人为我编选的《巴金谈人生》写过序言；1992 年老人审读了我为《巴金全集》撰写的《巴金著译年表》。每次致巴老的书信，都有令我感动的结果；每次与巴老的晤谈，都值得我咀嚼忆念。尽管每一次见到老人，我都有所获，有所感，有所思，但我认为实在无需用笔墨铺陈见面的情形，这是因为在我的眼中，他不是“首长”，不是“名流”，不是高高在上的圣人，更不是无所不能的神仙。

他只是一位诚挚、平易、谦虚的老人,一位爱憎分明、热情正直的战士,一位辛勤耕耘、硕果累累的作家。读他的作品,我像是在聆听长者促膝谈心;坐在他的对面或身旁,我眼前是一个真真实实的普普通通的老者。

1963 年 10 月 17 日:巴老给我写复信

1963 年秋,我给巴老写第一封信。当时,21 岁的我就读于四川大学中文系(五年制)。刚刚进入四年级,我便有一个颇大的构想:以巴老的创作道路为题,撰写当年的学年论文和一年后的毕业论文。9 月 23 日,我写完一封两千字的信,向巴老求教。这封信是由我的论文指导教师、巴老的朋友林如稷教授转寄给巴老的。我在信中表示,我敬佩他的作品体现出来的风格,我立志研究他的作品和创作道路,并不是出于个人的喜好,因为这"实际上关系到正确地批判继承五四以来新文学的进步传统,关系到如何掌握评价新文学史上一大批进步作家的标准,涉及到怎样用马克思主义的认识论、方法论去对客观事实作实事求是的分析等一系列重要问题"。我表示,目前国内有关他的论文,对他的论述和研究不够充分、全面和公正,对他的作品的评价不全然符合事实。我之所以写这些话,是因为我不满 1958 年至 1959 年全国范围内以"巴金作品讨论"为名对他的大规模批判,不满文学研究和评论中日见抬头的种种"左"的思潮。

10 月 29 日,林如稷教授转给我巴老的复信,还有一本我求借但巴老送我的《巴金的生活和著作》。巴老的信是 10 月 17 日写的,用毛笔竖写在《收获》信笺上。字迹流畅飞动,文句却颇多委婉。信中说:"说实话,我希望您最好不要研究我的作品。我过去写得多,但写得不好,现在社会活动较多,文章写得少,还是写得不好——自己看看,也不满意,何况别人!倘使我将来能写出好作品,我当然不反对人们谈论它。目前我害怕您会白白浪费了您的时间。"

我是一个不懂测风察云的书生,在"阶级斗争"风声日紧的 1963 年秋写信给巴老,表示要研究他的作品和创作道路,并表示出对"巴金作品讨论"和文学评论中"左"的思潮的质疑。这不能不使一年前因《作家的勇气和责任心》发言而受到指责的巴老感到忧虑,因此,他希望我"最好不要研究"他的作品,"害怕""白白浪费了"我的时间。当时我的确不明白形势的严峻,只把巴老的这些话看成作家的谦虚,未能理解老人的深意,仍坚持自己的选题。学年论文刚刚完成,上面派的工作组便进驻四川大学,学校开始了轰轰烈烈的"四清"运动,我被认为是"重专轻红"的学生干部,开始说要"洗手洗澡"、"下楼",后来新文件赦免学生干部,只靠边参加运动。运动期间停课,天天开"揭发会"、"斗争会",但毕业论文还要写,我不可能再写巴金,必须另选题目,已经写出的三万多字的文稿便束之高阁了。

1984 年 12 月 3 日:我第一次拜访巴老

1978 年秋,度过十年浩劫之后,我离开西北来到北京,带着保存了十四年的旧稿,重新踏上研究中国现代文学和巴老之路。为了抢回失去的时光,我整日遨游在书海之中,跑各家图书馆,查旧报旧刊,觅绝版书籍。此后六年间,我记得只给巴老写过一封问候信。直到我出版了论述巴老文学道路的小书并编成三卷研究资料后,才下决心去上海见巴老。1984 年 12 月 3 日下午,在巴老度过八十岁生日之后,陈思和带我第一次走进上海武康路巴老寓所。我带去一份复制件,这是 1948 年 12 月 29 日上海《大公报》以《巴金的心境》为题刊登的两行巴老的手迹:"我喜欢罗曼·罗兰的一句话,痛苦和战斗,这是支持宇宙的两根支柱。"其中"一句话"三字有脱笔,看不清是什么字,因此,先请巴老和小林同志辨认。

为了节省巴老的时间,两天前,我已将要谈的问题写在纸上,交小林同志转交巴老。我提出的问题主要是:三十年代对"鲁迅的道路"的认识,以及今天对"鲁迅的道路"的看法;二三十年代的文学运动、文学思潮,对自觉从事创作是否有影响;怎样确凿认识作家的社会理想、政治观点与小说的思想的关系;写一个作家的传记,最需要注意哪些方面的问题;怎样看待传记要写出“我眼中(或心目中)的×××”和写出“真实存在着的×××”这两种观点。

巴老依次谈了对我提出的五个问题的看法,又即席回答了我临时提出的一些具体问题。当时,巴老因摔跤骨折腿不大方便,但精神很好,回答我的问题时没有准备任何文字材料,还能整段背诵鲁迅的话。我们用四川话谈了两个小时,思和一直在旁边听我们谈话。谈话中间,作家师陀来坐了一会儿。八年后,我重新翻看这次谈话记录,愈觉巴老的谈话深具研究的价值和史料的价值,有必要让更多的人了解,便将谈话的主要部分整理出来,经巴老审订后以《巴金访谈录——关于“鲁迅的道路”、传记写作及其他》为题发表于 1992 年 9 月 12 日《文艺报》。

1989 年 11 月 23 日:我请求巴老与研究者见面

在第一次与巴老见面后,五年时间匆匆而过。1989 年 11 月,我去上海参加在市郊青浦举行的“首届巴金学术研讨会”。11 月 21 日,会议开幕,许多代表当场强烈要求探望巴老,会议主持者颇感为难,因为他们在开会前已与巴老联系过,未获同意。会议主持人再三解释,但要求仍源源不断。受会议之托,23 日下午,我同李济生老人、丹晨陪同与会的几位日本学者去巴老寓所,同时,代大家再向巴老陈情。进客厅后,同去的日本年轻学者新谷秀明有点胆怯,站在后面不语,巴老看见后对他说:你是新谷秀明,来过我家。我见新谷秀明听后连连点头,露出十分惊诧的神色。我对巴老说:有十几位研究者,也是几十年来读您的书的读者,现在来到您的门前,不见您心里实在过不去,五十岁的人说起这事都流泪,请巴老见见吧。巴老听后,立即说:“见一见,见一见。”这样,便约定第二天上午 10 点见面。第二天,我随过去已见过巴老的代表参观大观园,十几位从未与巴老谋面的代表,则乘车去武康路巴老寓所。会议闭幕后,28 日下午,我与思和又应约去巴老寓所,请教有关老人的集外佚文等问题。这两次见巴老,我明显地感到,老人的体力不如五年前,行动已很困难,但他那平易的风范、清晰的思路仍然如故,他思维的敏捷和记性的超常,更令我惊叹。

1991 年 2 月初:我又两次走进巴老的家

1991 年 2 月 1 日上午,为了解《巴金全集·集外集》拟收文章的情况,以及老人生平、创作中的有关问题,我同思和一道去巴老家。到的时候,老人正借助练步器在走廊上练习走路。这次见面,我还就回族作家、学者、社会活动家马宗融先生的有关情况,向巴老请教。趁便,我提出请巴老为我选编的《巴金谈人生》写几句话,巴老应允了,要我给他一份纲目看看。这次谈话近三小时,是时间最长的一次。

2 月 4 日我一个人又到巴老寓所,这次是专为送《巴金谈人生》纲目而来。这一天,家中只有巴老和他的九妹琼如老人,十分安静。满头银发的巴老,端坐在我对面的高背木椅上,双腿间架放着一根手杖,身着略显臃肿的栗色茄克式棉衣。老人举步维艰,但脸色红润,神态安详。我们在由阳台改成的狭长形房间里谈话。初春天气,乍暖还寒。阳光穿过婆娑的树叶,再透过门窗的玻璃,斑斑驳驳地洒进没有取暖设备的房内。阳光虽未增加多少暖意,却平添了几分明亮。我坐在老人对面,真真实实地感到一种宁静,一种镇定,一种充实,一种信任。老人对我说:前言一定写,只是身体不好,可能短一些。我说:哪怕只写一句话也好。接着,我又补充询问了有关马宗融先生的一些情况。说完“正事”,我又同老人谈了些别的事情。老人主动拿出两件材料给我看。一件是浙江嘉兴县志办公室据 1923 年手稿打印的《嘉兴杂忆》残稿,另一件是六十五年前写有《春梦》片断的练习簿。为了不多占老人的时间,我进屋后一直没有取下围巾,脱去大衣。翻看那极其珍贵的稿本时,我显得笨手笨脚。身旁的巴老慈祥地看着我,不时轻声说几句话。看着老人双腿间的手杖,身上的棉衣,我突然涌出一个念头:老人那衰老的身躯也需要支持,老人那燃烧的心也需要温暖。翻看材料的我有点走神了。我离开时,巴老交给我两包书,托我带到北京,一包转王仰晨先生,是编译文全集用的,另一包是送给马小弥的原版外文书。他为带书增加我的负担再三表示歉意。想不到这次难忘的谈话成了我与巴老生前的最后一次见面。

1991 年 2 月 14 日(农历除夕日):巴老为我编选的小书写《前言》

2 月 5 日,我离沪返京。19 日收到巴老来信。我急切地拆开老人亲笔写的信封,内中是老人一笔一画写成的两页《前言》。文末署“91 年 2 月 14 日”,这一天是农历庚午年的除夕日。《前言》的全文是:

> 一九二八年在巴黎,我对一位朋友说:“我只想活到四十。”过了六十二年,我在回答家乡小学生的信中又说:“我愿意再活一次,重新学习,重新工作,让我的生命开花结果。八十七岁的老人回顾过去,没有成功,也没有失败。我老老实实地走过了这一生,时而向前,时而后退,有时走得快,有时走得慢,无论是在生活中,或者在写作上,我都认真地对待自己。我欺骗过自己,也因此受到了惩罚。我不曾玩弄人生,也不曾美化人生。我思考,我探索,我追求。我终于明白生命的意义在于奉献,而不在享受。人活着正是为了给我们生活在其中的社会添一点光彩,这我们办得到,因为我们每个人都有更多的爱、更多的同情、更多的精力、更多的时间,比用来维持我们个人的生存所需要的多得多,为别人花费了它们,我们的生命才会开花结果,否则,我们将憔悴地死去。
>
> 我仍在思考,仍在探索,仍在追求。我不断地自问:我的生命什么时候开花?那么就让我再活一次吧,再活一次,再活一次!”

读罢在人生途程中跋涉八十七个春秋的老人的自白,面对工整而苍劲厚重的手迹,蓦地,我眼前化出一幅景象:在人们忙碌地准备迎接新岁的时候,巴老静静地坐在临窗的小桌前,手中那管显得万分沉重的笔,在纸上艰难地缓缓移动,移动……我的双眼模糊了。幻象消失了,眼前是实实在在的写着四百多字的两页稿纸。放下稿纸,我感奋,我崇敬,只是不知怎的,感奋中含着些许酸楚,崇敬中掺着几分感喟。我默默地对自己说:这就是巴金老人!这就是巴金的精神。

《巴金谈人生》是我为青年朋友选编的一本薄薄的小书。我力图通过书中精选的巴老有关人生的方方面面的言论,展现他数十年来所倡导和实践的一贯思想:人应该追求真诚的、充实的、有理想的、有奉献的生活。将巴老的手稿复印交出版社以后,我在《后记》中写了一段有感而发的话:“最有资格谈人生的人应该是严肃地对待人生的人。巴金就是这样一个人。他怎样说就怎样做,至少是努力这样去做。正因为这样,在八十岁的时候,他才能这样说:‘我绝不写文章劝人“公字当头”,而自己“一心为私”。自己不愿做的事我也决不宣传。我的座右铭就是“绝不舞文弄墨、盗名欺世”。’我们的确见过那种‘论’人生时头头是道,‘过’人生时则背道而驰的人。言行一致、身体力行与言善行恶、口是心非,其美与丑、高与低,真是泾渭分明。”我向青年读者们建议:“读巴金谈人生的书,还应了解巴金这个人。只有把书和人联系起来‘读’,才能真正认识巴金并理解他对人生所说的话语,受到更大的启迪和教益。对于其他谈人生的书和人,也应如此。”

1986—1993 年:巴老多次致信王仰晨先生要我和陈思和协助全集工作

八十年代初,巴老开始编辑自己的全集。在全集准备、编辑、出版过程中,巴老与责编王仰晨先生主要通过书信商讨交流,留下了二百多封谈有关全集事宜的信函。令我惭愧的是,在通信中,巴老十余次向王先生提到我的名字,要王先生找我和思和协助。在巴老的这些信中,第一次提到我是1986年1月。1981年,我发表了《巴金著译六十年目录》和考订巴老笔名的文章,又披露了巴老早期的一批新诗;1985年,出版了三卷本《巴金研究资料》。巴老显然注意到这些材料。因此,才对王先生多次提出让我和陈思和帮忙,出主意,提供线索,搜集集外文章。这些信件,我是在全集出版后才看到的。

令我惭愧的是,在全集编辑过程中,我帮忙不多。如果说做了一点事,主要是与思和一道搜集汇总集外佚文(即第十八、十九卷)。此外,协助征集了少量书信,代王先生查过一些人名注释所需的材料,回想起来,真的有愧于巴老的期待。我之所以说起这件事,是企望透过这一角,看一位文学老人、文学大师对自己、对文学、对读者高度负责的精神。我还编写了一份《巴金著译年表》附于全集骥尾。1993年4月16日巴老致王仰晨先生的信中说:"《年表》我提不出具体意见,我只改了几个与事实有出入的地方,我只能保证没有差错。但这是存光写的,我不能要他照我的意见写,我想在《全集》中收入《年表》是为了便利研究工作者,我只是同意借用它作为'附录'给读者一点方便。我还想将来《全集》再版,我或者自己写一篇类似《年表》的东西。"令人深深遗憾的是,由于身体的原因,巴老未能如愿写出自己的年表。

2003年底,一位记者向我提出过这样的问题:有人说巴金的一生,是二十世纪中国知识分子的缩影;同时有人说,巴金一生的追求,是二十世纪乃至现在,中华民族的追求的缩影。您认为这种说法准确么?我愿用我当时的回答来结束本文。

我说:二十世纪百年间,中国知识分子遭遇了种种重大的社会政治变迁,经历了多次升沉起浮,在每一次重大的变迁之后,总是有的高升,有的沉沦,有的叛逆,有的妥协;有的高升后沉沦,有的沉沦后高升,有的叛逆后妥协,有的妥协后叛逆……如此等等,不一而足。总之,二十世纪的中国知识分子有太多的苦难,太多的坎坷,太多的沉重,太多的无奈,太多的抗争。与其说巴金的一生,是二十世纪中国知识分子的缩影,不如说他是二十世纪中国正直的知识分子的缩影。我用的是"正直"这个词,而不是"优秀"或"精英"。所谓"正直",并不抽象,不管他们生活在哪个时期,居于什么地位,从事何种职业,隶属何种党派团体,秉持何种思想观点,他们能以天下之忧乐为忧乐,他们咀嚼的不仅仅是一己的悲欢,他们向往的不仅仅是个人的安乐,他们的物质生活可能贫乏但心灵永远丰富,他们愿意脚踏实地去做一些有益社会人生的事情。作为"缩影",巴金只是二十世纪中国这样的知识分子的缩影。巴金几乎亲历了20世纪中国所有的重大社会政治变迁,其间或升或沉、或"红"或"黑",或激烈反抗社会或委屈妥协,他经受过世间顺逆处境的种种揉搓磨炼,尝遍了人生酸甜苦辣各种况味,因此,在巴金的百年经历中,可以最充分地看到中国正直的知识分子曲折痛苦的人生之旅,更可以看到他们思想选择和心灵搏斗艰难悲壮的历程。

从青年时代起,巴金就追求祖国安定、繁荣、富强,世间平等、自由、幸福,人类善良、互助、和谐。他急切地接受外来思想,他渴望投身于实际斗争,他不顾健康夜以继日地写作,他呼号,他揭露,他控诉,他呐喊,他歌颂,都是为了追求和实现美好的理想。尽管他走过不少弯路,他有过诸多失误,但他从来没有放弃过理想追求。他的理想,难道不正是二十世纪以来中华民族无数志士仁人矢志不渝的理想吗?他追求理想的漫长过程和不懈精神,难道不正是二十世纪以来中华民族无数志士仁人追求理想的过程和精神吗?在这个意义上,说巴金的追求是中华民族追求的缩影,应该是确切的吧。

2005年11月7日写毕于韩国大邱

巴金,不能忘记的名字

——陶　然——

说实话,那时也就是中学生的模样吧,巴金的《家》《春》《秋》随便翻翻,并没有认真读过,也说不上喜欢不喜欢。印象最深的还是1946年写成的长篇小说《寒夜》,它好像还在香港拍成同名电影,由张活游主演。"文革"中的一个晚上,我们冒着寒风,在北京师范大学的西操场露天看这部被批判的电影;由于人太多,我们后到的人,只好跑到幕布的后面去,虽然投影出来的画面都成了反方向,却也没有减少我们看电影的兴趣。

《寒夜》是一部具强烈悲剧色彩的电影,我心中有些纳闷:这也是毒草吗?却不敢说出口。只是想:巴金都被批判成"黑老K"了,他的作品能给肯定么?

到了上世纪九十年代,巴金出文集,我在香港三联书店买了一套,当时自然也有通读的意思,但后来并没有读成,究其原因,是忙,踏入社会谋生,哪有时间看很多书?但后来的《随想录》、《再思录》我是看了,其中的《真话集》,在巴金于1984年应中文大学的邀请来港接受荣誉文学博士学位的时候,我曾请他在他的《真话集》的扉页上题签。本来我并不认识巴老,但事有凑巧,那时诗人周良沛正在香港,他与巴金相熟,约我一起去中文大学宾馆探望,既然有人引见,我何乐而不为?然而我也有自知之明,并不期望巴老会记得我,我只是作为一个读者,希望见他一下便满足了。那时,巴老已八十岁,而且舟车劳顿,刚刚到达香港,身体不好,休息不好,又忙,但反应却很敏锐,周良沛刚刚介绍,他一面伸出手来,一面说,知道,知道。原来,他在香港《文汇报·文艺》上看过一篇批评我反映当时香港市民对九七回归的心态的中篇小说《天平》的文章,他说:"不要紧嘛,各种意见都可以听一听。小说我没有看过,最重要的是作家自己要独立思考。"我完全没有想到香港文坛的一个小小动态,竟然还会引起他的注意,顿时有些不知所措,接着便感动起来。

这样也就算是认识了巴金先生。但我后来每次去上海,虽然想去看看巴老,但每次都没看成,因为我其实也没有什么事情,而且我知道他忙且身体不好,不必把宝贵的时间浪费在接待像我这样的闲人上。在心底,当然也还因为觉得他未必还记得我这样只有一面之缘的人,贸然去了,就算能够见到,也不免尴尬。现在想来,还真有些后悔。

没去见巴老,却在北京参观过巴老倡议、于1985年建立的中国现代文学馆。刚开始时,文学馆借居鸟语花香的万寿寺运转,巴老还参加了开馆典礼。我是在1992年秋天来到这座古建筑的,由文学馆的研究员李今引领参观;当时便觉得巴老的努力有了很大的成果。后来,占地面积极广的文学馆新馆于1999年国庆五十周年前夕建成,但一直到2000年10月,我才有参观的机会;也还是在李今博士的陪同下,我推开新馆的大门,那门把是按巴金的手模制成的,于是,每个走进去的人,便好像都和巴金握手了。我想,这是很有创意的设计:既让参观者感到温暖,又很含蓄地表达对文学馆的倡议者巴金的敬意。但即使没有这个门把,巴金也绝不会给人忘记的。

前年10月,是巴金虚龄百岁华诞,为了向德高望重的巴老致敬,我主编的《香港文学》推出了"巴金百岁华诞特辑",别的文学杂志也纷纷组织了专辑。特辑也好,专号也好,专辑也好,也都只是一种形式而已,最重要的是,他永远活在人们的心中。

2005年10月18日,巴金辞世次日

《香港文学》2005年11月号

作家主要靠作品说话——学习巴老

——木 斧——

什么是作家？这是一个不是问题的问题。通常的解释有两种：一是参加了中国作家协会或省市作家协会的人；二是在报刊上发表过一定数量作品的人。

巴金有巴金的看法，与众不同，自成一家，很简单：作家，不过就是写家罢了。他讲的是他自己："我不是艺术家，我只能说是文艺爱好者，其实严格地说，我也不能算是作家，说我是写家倒更恰当些。""一句话，我只是写写罢了。"

奇怪了！中国作家协会的主席都不是作家了，中国哪里还有作家呢？我看，巴金的这番话，既不是谦逊的话，也不是开玩笑的话，而是出自肺腑的真话。巴金没有把作家看得太高大，没有把作家看成是"人类灵魂的工程师"，那样的话，巴金觉得他还不算得个作家。"写写罢了"，是不是把作家看得太低了？巴金不曾低估过作家的作用，巴金认为，"作家是战士，是教员，是工程师，也是探路的人，他们并不是官，但也绝不比官低人一等"，所以巴金"只想做一个普通的作家"。可是巴金没有低估作品的作用，没有否认文学的宣传和教育作用。巴金认为，"文学有宣传的作用，但宣传不能代替文学；文学有教育的作用，但教育不能代替文学"。作家虽然不是直接的战士或者教员，但是写作，绝不是盲目的，"是为了安静自己的心，为了希望对国家、对人民有贡献，对读者有所帮助"。所以巴金的一生，都在"奋笔多写"。

巴金所强调的作家，应该是一个普通的人，一个具有人品的人，他应该同人民生活在一起，同作品中的善良的人生活在一起，"写作和生活是一致的，作家和人是一致的，人品和文品是分不开的"。巴金写作《寒夜》时，就有过这样的体会："我写《寒夜》可以说成在作品中生活，汪文宣仿佛就是与我们住在同样的大楼，走过同样的街道，听着同样的市声，接触同样的人物，银行、咖啡店、电影院、书店……我都熟悉。"最后，作家和人物融合在一起。"我钻进了小说里面生活下去，死去的亲人交替地来找我，我和他们混合在一起。"透过作品，可以窥见作者赤诚的心。是的，我对巴金的为人，都是通过他的作品读到的，我对巴金的认识，主要的也是通过他的作品来完成的。

强调做一个普通的作家，强调奋笔多写，是巴金一贯的主张。巴金多次讲过，作家主要靠作品讲话。"作家不是温室里的花朵，也不是翰林院中的学士，作家应当靠自己的作品生活，应当靠自己的辛勤劳动生活。"这一段话，把作家的职能讲透了。巴金深刻地阐述了他的看法："我从来没有把写作当做成名成家的道路，作家不过是一种职业，一个工作岗位，作家不是一种资格，不是一种地位，不是一种官衔。我重视、热爱这个职业，这个岗位，因为我可以用我的笔战斗，通过种种考验，为读者、为人民服务。我做梦也没有想到作家会是'社会名流'或者'太平绅士'或者'万应膏药'。我绝不相信作家可脱离作品而单独存在，可以用题字、用名字、用讲话代替自己的文章。我常常静夜深思，难道我当初拿笔写作就是为了个人的名利，我一切热情的语言都是欺骗读者的谎话？"作为作家，作为战士，这是一篇战斗的檄文，巴金慷慨激昂地、推心置腹地倾诉了他对作家殷切的期望。

巴金的话，在今天具有强烈的针对性。在作家协会中，除了从事文学组织工作的同志以外，都应该靠自己的作品讲话，而不是借此去追名逐利，借此去充当社会名流。对有责任感的中国作家来说，作家的职责是要去从事创作，写出无愧于我们时代的文学作品。"我相信只要不脱离社会，不忘记人民，只要真诚地追求，只要讲真话，把心交给读者，大家都会在创作上开花结果。"巴金总是鼓励作家多写，多练笔。记得 1989 年 11 月 6 日，为了筹备在上海青浦举行的巴金学术研究会,我去拜访了巴金,当时在座的还有老诗人辛笛等人。我是巴金研究专著的编辑,是张慧珠的《巴金创作论》和谭兴国的《巴金的生平和创作》的责任编辑,同巴金早有书信来往,我只谈编务,不谈别的,巴金对我这个编辑是比较熟悉的。这次去拜访巴金是谈筹备会的情况,巴金顺便问了我一句话:“你除了编书之外,还写点什么?”辛笛说:“他写得多呵!他是写诗的,他就是诗人木斧。”巴金“唔唔”地应声,让我坐到他的身边去,这时我感觉到,“写家”和“写诗的”心灵靠近了。我递给他一支圆珠笔,他毫不犹豫地迅速地写下了四个字的赠言:“奋勇前进!”巴金的意图很清楚,无非是勉励我多写多练笔。这也是他一贯的主张。

作家从事创作,需要有一个安静的环境,要耐得住寂寞,要尽力地排除身边的干扰,千万不要把作家当成一种头衔到处去游说,到处去吹吹拍拍,以致不能按照自己的计划写作,不能潜心地读书,不能深入基层去体验生活,这样对作家来说,就是一种干扰。巴金认为:“在重视等级的社会里,人们喜欢到处划分级别。有级别就有‘干扰’,级别越高,待遇越好,‘干扰’也越多,于是‘干扰’也成为一种荣誉,人们为争取‘干扰’而奋斗。”

应当承认,在今天的社会中,党和国家对作家是尊重的,对作家的成就给予了许多荣誉和奖励。然而,“干扰”仍然是难以避免的。有些人,老是喜欢给作家排名次、分等级,他们不懂得作品的社会效果从来是由人民由历史来鉴定的,而不是靠头衔的大小来划分作家的等级的。对于作家来说,这种争头衔、争地位的做法,本身就是一种“干扰”。排除“干扰”,主要是靠作家的自觉。作家除了作品以外,其他都是身外之物,何必要因此而苦恼呢?何况有些“干扰”并不是别人强加的,而是作家自己去“争取”的。如果作家不集中精力去从事创作,而是把作家当成是敲门砖,去敲打金钱和职务,或是当作兑换券,去换取名誉、地位和待遇,那就不堪设想了。作家一旦脱离了人民群众,还会写出什么样的作品来呢?巴金的话,对于作家说来,既是一种爱护,也是敲响了的警钟。

《浓浓乡情忆巴金》 成都天地出版社 2005年11月版

他真诚,讲真话,写真感情

——王 干——

巴金先生的去世,有些突兀,又有些意料之中。前一天接到《信报》赵明宇的短信,问我巴金家人的电话,我当时心里一愣,难道巴老……等我上网查询,没有查到有关巴金的新闻,我心里的一块石头落地了。然而,又是短信,我和余华、马悦然、李锐等人在瑞典大使馆聊天的时候,一个南京的朋友来短信:巴金去世了。我告诉他们几个人,余华不信,打电话问上海,得到证实。接着就陆续来电话采访,我们的聊天就此结束。

有幸见过巴金一面,那是1993年的11月25日。时间记得这么清楚的原因,因为那一天是巴金的90诞辰。那时候我在南京的《钟山》杂志工作,去上海参加全国文艺理论学会的年会,正好去看看李小林和李晓,李晓说王干你晚上九点来吧。我当时有些奇怪,等我九点钟进了巴老家的门,看到家中放满了花篮,花篮上还写着祝词,我明白李晓为什么让我九点去了。巴老当时坐在一张藤椅上,李小林对他说,爸,南京的王干来了。他微笑着对我点点头,我看到一位大师坐在鲜花丛中,很安详,很平和。之后我们就和小林、李晓到李晓房间里去了。等我出门的时候,他老人家已经休息,我骑着借来的自行车告别了李家,上海的夜风中我回忆着巴老的形象,没想到这最初的印象也是最后的印象,平和,安详,自然。我在写这篇文章的时候,心头浮起的就是这幅我记忆中的肖像。

我读巴金的作品最早是在“文革”的后期,在“知青屋”里读到的,是《雾》《雨》《电》三部曲,我不太明白小说中那些男女主人公为什么那么忧伤和郁闷,但它给我开启了一个新的文学窗口,小说还可以写得这么缠绵！当然,看的时候我心里是有些恐慌的,直觉告诉我,这就是被反复批判的小资产阶级文学。而我,居然不讨厌,甚至有些羡慕那些男女。

巴金对我们这一代人的影响,可能不是太具体的,比如我们读《家》《春》《秋》的时候,不会去直接学习小说的手法,读《寒夜》的时候,也不大容易把小说中人物的命运移植到现在的作品里。但巴老的文学精神和人格魅力像阳光一样照耀着我们,他讲真话的肺腑之言看似简朴甚至有些稚拙,却道出了一个时代的精神困惑。他心中的至爱至情,有时都已经超出了文学而进入宗教的境地。如果说上世纪三十年代的作家有幸沐浴到鲁迅先生的阳光的直接照射,我们这一代就直接呼吸、感受到巴金先生的文学精神,他是我们的文学先生。所以,2003 年度文学人物评选,我力主巴金荣任文学先生,这不仅是对他百年寿辰的庆贺,也是我们这一代人的由衷的爱戴。

如今,先生去矣,光华犹在,文学薪火,绵绵不绝。

《南方都市报》2005 年 10 月 19 日纪念巴金特刊

巴老给我温暖

——邹嘉骊——

打开记忆的闸门,发现我早在二十世纪四十年代,就是巴老亿万读者中的一员了。

时光倒流。1944 年,父亲邹韬奋带着无尽的留恋和遗憾走了。1946 年,他生前好友决定筹备建立韬奋图书馆,以志永久纪念。我和妈妈沈粹缜、生活书店的胡耐秋成为筹备组的第一批成员。开始在上海设点,开展征集图书等工作。蒋介石发动内战,上海白色恐怖严重,我和妈妈听从地下党的安排,去了香港。母女二人和徐伯昕、胡耐秋住在一起。狭小的卧室,却有一间三四十平方米大的客厅,四周竖立着大大小小的书架。我每天除了登记图书,整理图书,就是埋在书堆里看书。巴老的经典著作《家》《春》《秋》就在那时进入了我的生活。觉新、瑞珏、梅表姐、觉慧,他们的美丽,善良,无奈的忍耐,对压迫的反抗,给我这成长中的少女,注入了新的血液。他们至今活跃在我的人生画廊中。

在和巴老的交往中,也有凄苦心酸的时候。那是“文革”这场劫难。上世纪三四十年代的革命文化堡垒生活书店,变成了黑店;原来是烈士的父亲,变成了黑店老板;妈妈从领导岗位上下来,到里弄里传呼公用电话;大哥大嫂进了监狱;二哥一夜之间由革命军人变成“三反”分子,连轴“车轮大战”,批斗二百多次,精神近于崩溃,林彪一号令下,全家大小五人,被发配到贵阳空军五七干校(前身是劳改农场),我受的冲击最小,从造反派变成逍遥派。而巴老,从知名作家变成“黑老 K”。一天,我在淮海路湖南路口遇到巴老,两人都行色匆匆,猛一抬头,才彼此看到,谁都无法躲避,我作为小辈,轻轻脱口叫了一声“巴老”,他凝视着,没有回应我,也没有迈步离去。也许这声“巴老”让他觉得还生活在人间？看他瘦弱的身躯,架着一套单薄的中山装,晃荡晃荡的。那可是大冬天啊。不知哪里来的勇气,我用四川口音,轻声对巴老说:“不要走,等着我。”我返身快步朝上海新村跑去。妈妈一面听我说,一面很快找出一件棉衣,叮嘱我快去快回。巴老真的还站在路口。他接过棉衣,看了我一眼,脸上苦涩涩的,没有说话,走了。相似的遭遇不需要语言,棉衣就是心灵沟通的桥。

“文革”后,我荣幸地当过巴老《寒夜》的责任编辑。当我把出版社的打算转告他时,他那父辈一样亲切的四川语音回响在我的耳畔,他说:“好,好嘛,没有意见,没有意见。”他的平易,对青年编辑的关爱,给予我温暖和信心。

1985 年 10 月 31 日,为筹备中国韬奋基金会,我登门拜访他。他神情专注,听我讲述倡议经过,当我代表北京一些倡议人,提议请他支持时,他没有多话,当场在我递上的倡议书上留下了他的名字。我笑了,他也笑了。这是用心支持同一个事业的喜悦。

每年都和基金会的同志去巴老家祝贺他的生日。心情随着买鲜花,买蛋糕,自己也喜庆欢乐起来。心甘情愿为巴老服务,为他的健康,为他的长寿。岁月流逝,从到家里祝贺,转移到医院祝贺,巴老的健康在起着变化。又一年生日,巴老在病室里接待宾客,祝贺的人流涌动,声音嘈杂。我挤进人群,走近巴老。他握着我的手,朝身前拉了拉,看他想说话,我凑上前去,他用近似耳语的低声说:“今天来不好,人多,说不上话。平时来,人少,好说话。”我应他:“一定平时再来。”等我再去看望时,他已经不能说话了。巴老的女儿李小林陪我在病室门口,远远地看着巴老在艰难地呼吸着。我的心揪紧了。谁也不愿捅破那张令人心痛的纸。人类能延缓衰老,却不能违抗人类的终极。让我们为巴老的精神永存祈祷。

《解放日报》2005 年 10 月 19 日

开花的生命——怀念巴金

——彭　龄——

2005 年 10 月 17 日 19 时 06 分,被誉为“二十世纪的良心”的巴金老人在上海病逝,享年 101 岁。照亮中国文坛的长明灯熄灭了,虽然早有准备,但消息传来,依旧令我们不禁扼腕长叹。巴老留给我们的题词,就越发显得珍贵了。那题词是这样写的:

我愿化作泥土,留在前进者温暖的脚印里,(我说,温暖的脚印,因为那里有火种。)

巴金　八八年二月

我们向巴老索求题词源于另一个缘由。1987 年秋天,我从代职的保定某集团军回京度周末,在母亲病榻边同她聊起抗日战争期间在重庆沙坪坝嘉陵江边的生活。那时我只有四五岁,刚刚记事。我们住的地方,虽说是乡下,却不是农村。十多户人家分住在格式一样的两三排长条形的破旧平房里,听说早先是一个翻砂厂的住房。记不得住户里还有没有老翻砂厂的职工,只记得大多数同我们一样,是从全国各地“逃难”到重庆的“下江人”。从事的职业似乎也是五花八门,只有我们家旁边一个叫王天义的青年,种着一亩半亩薄田,就连他,也是外省来的“下江人”,大约还有些文化,时不时到家里找父母亲借书看。他很热情,谁家有事,特别是需要出力气的活儿,他都乐于相帮。那时,父亲在重庆中苏文化协会工作,照他自己的说法,“三天在城,处理协会日常工作;三天回乡,翻译苏联抗击法西斯文学作品”。父亲回乡的日子,自然是我最高兴的时候,夏天他空下来,常带我去嘉陵江边洗澡;秋天橘子熟了,他又领我沿江走到两三里外的磁器口的小码头上买橘子。

那时正是抗日战争最艰难的时期,日寇侵占了东北、华北之后,又攻占了武汉、长沙。由于日寇飞机轰炸,我们三天两头跑"警报"。防空洞紧挨着重庆大学,离我们住的地方,还有一段不近的山路,常常是顾不上吃饭,听见警报响出门,刚爬到半山坡,敌机就临空了。有时,更是前批未走,后批又至,连出防空洞回家做顿饭的工夫也没有,人人疲惫不堪,老百姓把它称作"疲劳轰炸"。平时,父亲在家时,警报响起,他总是催母亲带着我先走。有时,他来不及走了,便提着小藤箱,到离家不远的一个破砖窑,钻到里面继续译书。母亲见他没去防空洞,担心得不得了,他却总笑着说:"这里远离市区,没有关系,防空洞里漆黑一片,什么事也不能干,在砖窑里可以不耽误译书……"记得我曾问过藤箱里装的什么,他告诉我是稿纸和正翻译的书。长大了,从父亲的文章里得知,那里边除了书和稿纸之外,还有他看得"珍愈生命"的鲁迅先生给他的书信,所以他到哪里都提着小藤箱,"须臾不离身"。然而,"重庆大轰炸"期间,市内、市郊都挨了炸。一天,解除警报后,我们走出防空洞,看见我们住的那一片房子,几乎片瓦无存。原来村口落了三颗炸弹,把屋瓦全掀飞了。父亲在记述有关鲁迅书信的散文《无限沧桑话遗简》中,曾这样写道:

> 警报解除后,出洞一看,我的住所,成了一堆碎砖烂瓦。可是装着鲁迅先生手迹的提箱,却安然在我手中。还有什么能比这更使我心安呢!

我们那十几户人家住的房子上边,有一幢独立的青砖小楼,楼前有一个水池,池边大杨树下,一块石头上刻着"立园"两个字。我们去沙坪坝、重庆,以及每次去防空洞躲警报都要经过那里,所以给我留下了很深的印象。我问母亲可记得那幢小楼,是不是因为它,连我们住的这一片才也叫作立园?母亲自然记得那小楼,她说那原是什么人的别墅,后来被重庆大学一位教授买下。那时姐姐苏龄在南开中学读书,由于路远,每月只在周末才回家一两次,父亲"在城"时,家中只有母亲和我。由于附近没有小学,我的启蒙教育,全仗每日同我形影不离、相依为命的母亲。后来到我六七岁该上小学的时候,我们家才搬到离沙坪坝更近些的合作新村……

母亲股骨颈骨折后,一直卧床,我平时又不在身边,好不容易回来一次,总要陪她多聊聊。回忆往事,也常是我们闲谈的内容。正聊着,她忽然问:"你知道咱们住的立园那房子是谁的吗?"我摇摇头。她说:"那是问巴金借的。"她说,1940 年前后,我们一家初到重庆时,正是"下江人"骤增的时候,市内找不到房子,只好暂住在一位熟人家的过道里,同时设法托人在乡下找房。这时,有人说巴金在乡下有两间准备做书库的房子空着,不妨向他借借试试。抗战前,巴老在上海办文化生活出版社的时候,父亲便同他相识,在重庆时,又同是文艺界抗敌协会的成员,有时为了出版方面的事,也常有联系。于是父亲找到巴金,巴老说:"反正出版社暂时不用,你先住好了。"于是我们便搬到了立园……

我奇怪了,因为从来未听父亲讲过。我后悔父亲在世时,同他谈起重庆,很少谈到立园,谈得更多的是后来的合作新村。上世纪八十年代他有机会去重庆,特意到沙坪坝寻访旧居,去的也是合作新村。母亲说:"那时你小,当然不知道这许多。"她还说起:"巴金和萧珊还去过咱们家,不过那不是立园,是在我们搬到合作新村之后,你还记得不?"我又摇摇头。"你怎么什么都记不得!"母亲嗔怪地责备我一句。她也知道,我这个"川娃儿",那时只顾自己疯玩,对谁来家里做客从不关心。不过,这件事却从姐姐苏龄那里得到了证实。她说,她记得邻居们听说写《家》、《春》、《秋》的巴金和他新婚不久的妻子来到合作新村,都跑出来看。后来,他们又去了住在我们后边不远处的丰子恺家……我在巴老《随想录》《怀念丰先生》一文中,读到这样一段话,大约可以作为印证:

> ……抗战期间我在重庆开明书店遇见过他,谈过几句话,事后才想起这是丰先生。另一次我和一个朋友到他在沙坪坝的新居去看望他。记不起我们谈了些什么,时间并不长,但是我保留着很好的印象,他仍然是那样一个人:善良纯朴的心,简单朴素的生活,他始终愉快地、勤奋地从事他的工作。

有一次,我和同老一辈作家有密切关系,又熟悉文坛掌故的姜德明谈起沙坪坝立园的事,他说:“有意思,我没有听曹老讲过。现在,曹老不在了,你何不直接问问巴老呢?”姜德明的话提醒了我,后来,从学长吴泰昌那里得到巴老在上海的住址,便去信托巴老的女儿李小林代我们问问巴老,并托她在巴老方便时,为我们写几句话。大约十来天后,收到小林的回信:

彭龄同志:

你好!向您拜个晚年。

节前收到您的信,因为较忙,没有立即回信,请原谅。您的信,我给父亲看了,他说,关于四〇年你们全家到重庆的情况,可能你母亲回忆有误。他没有将房子借给你们过,他在重庆没有闲置的房子,他自己也住在文化生活出版社里。他无法提供更多的情况。您最好再向其他老前辈打听一下。

父亲给您写了几句。他现在写字困难,无法多写,望谅解。

祝

新春愉快!

李小林

八八·二·二二

我把巴老的答复告诉了母亲,母亲坚持说:“当时,重庆住房难找,房价又贵,大家都托人在乡下找房子,一为节省开支,二为避免轰炸。记不得是谁向我们提起,文化生活出版社在沙坪坝有两间空着的库房,不妨去向巴金借,巴金不会具体管库房的事,但须他点头,他同意了,由下边经管的人去办。这半个世纪以前的事,恐怕他早记不得了……”我们想,母亲说的,也并非没有道理。有时,做了一件事,做事的人早就忘了,而受惠的人,多少年之后却仍然记得。生活中不乏这样的事例。由于忙着别的事情,我们也未“再向其他老前辈打听”,便把这件事搁下了。如今,又这么多年过去,那一代“老前辈”都已先后作古,我们也无从“打听”了……

令我们感到万分庆幸的是,巴老从 1978 年 12 月至 1986 年 8 月将近八年时间,写完了由一百五十篇散文组成的五卷本《随想录》之后,尽管年迈体弱、疾病困扰,“写字困难,无法多写”,仍为我们两个晚辈留下了这样珍贵的手迹。我们一遍遍默诵着:“我愿化作泥土,留在前进者温暖的脚印里……”。巴老的话,曾在哪里读到过?我们忙翻开《随想录》,巴老在 1983 年 6 月 29 日写的《愿化泥土》一文结尾写道:

我家乡的泥土,我祖国的土地,我永远同你们在一起接受阳光雨露,与花树、禾苗一同生长。

我唯一的心愿是:化作泥土,留在人们温暖的脚印里。

这篇文章是巴老听到一首《那就是我》的歌曲,有感而发写的。巴老说那歌声就“像湖上的微风吹过我的心上,我的心随着它回到了我的童年,回到了我的家乡”。他不期然地回想起六七十年前,在家乡成都老公馆的马房和门房里,同轿夫老周、老任,门房听差赵大爷、老文一起度过的那“多少个夏日的夜晚和秋天的黄昏”。在与这些平凡的劳苦大众相处、交谈中,深切地感受到“心灵净化”的意义。从而更坚定了他的信念与决心:把在上世纪七十年代末、八十年代初,我国正处在经济转型,思想界却仍迟疑、徘徊,大多数人都缄口沉默之际,在《大公报》开设,并遭受种种非议的专栏《随想录》,义无反顾地写下去,写下去。去“说真话”,去“把心交给读者”,去“化作泥土,留在人们温暖的脚印里”……

我们注意到,巴老为我们题词时,并没有照引差不多五年前写的那篇文章的原话,而是作了一改动:将原话中“留在人们温暖的脚印里”,改为“留在前进者温暖的脚印里”。同时,还用括号加了一句旁注:“我说,温暖的脚印,因为那里有火种。”我们认为这绝非巴老随意改动和添加的。它说明尽管四十多万字的《随想录》已经完成,尽管巴老那时已是疾病缠身,但他依旧在不停地思考……

巴老走了,但他这盏“二十世纪的良心”的长明灯,仍将永远照亮一代代读者的心灵。1990年在给和平街小学学生的一封信中,他曾说:“我愿意再活一次,重新学习,重新工作,让我的生命开花结果。”巴老走了,不事张扬、不求回报地为读者、为社会、为祖国、为世界奉献了他全部的爱。巴老的生命便是他所说的开花的生命……

2005 年 10 月于北京“中灿苑”寓所

巴老博大的胸怀谦虚求真的品德永存

——陈亚男——

回想第一次见到巴金伯伯的情景,总是让人心里感到十分的温馨。上世纪六十年代初,我的母亲陈学昭从当时省文联党委书记叶克同志那里得知新上任的省文联主席方令孺同志是个能够接近的人,便利用星期日休息时间带我到灵隐白乐桥去看望她。方令孺长我母亲十岁,母亲让我称呼她“大大”。母亲与大大之间很快建立了友谊。那一日,好像是夏天,大大带我去城站火车站,她告诉我巴金要回上海,让我和她一起去为巴老送行(事后我才知道巴老与方令孺有深厚的友谊,每次全家到杭州总要与方令孺会会面)。在候车室我见到巴金伯伯,那时我是个二十岁才出头的大姑娘,当方令孺向巴老介绍我时,我像个不谙世事的小孩子大大咧咧地去握巴金伯伯伸出来的手,巴金伯伯非常和善地微笑着。我心里暗暗思忖:这就是那位大作家吗?《家》《春》《秋》的著作者?过了一会儿听到他对我说:“你母亲写的《陕北访问记》(即《延安访问记》)在日本已被翻译成日文,出版了。”在一旁的方令孺,及时地加了一句,让我回去赶快把这好消息告诉我母亲。这一幕情景——在城站候车室见到巴金伯伯,听到他告诉我的好消息,以及方令孺格外提醒我的话——永远刻在了我的脑海里。从巴老身上,从方令孺身上我看到文人身上闪耀的可敬的亮点;应该着重指出的是,当时我母亲的处境还是个刚刚摘去帽子的“右派分子”。谁说文人相轻,文人自有相亲处,只在不言中。

1978 年春末,编辑费淑芬、李小林(巴老的女儿)以及外地一些刊物的编辑,如上海的彭新琪,北京的牛汉,先后找到母亲家中前来约稿。那时,正式文件尚未下达,历年来冤假错案蒙受冤屈的人的问题都还没有给予改正,然而,走在落实政策的前面,给人的感觉是编辑们相当准确而适时地把握住时势的脉搏,沉寂二十二年之后,写出来的文章即可得到发表,给母亲精神上的鼓舞真不是用言语形容得了的。

“四人帮”被粉碎,祖国上下一片欢腾,文艺工作者也迎来了文艺繁荣的时代。很快便见到巴老的《随想录》,严酷的“文革”,巴老身心备受摧残,然而,并未摧残他顽强的意志,坚强的爱国心,他勤奋地书写着“忏悔录”——思想、精神、灵魂的真实披露。与浙江的文艺工作者有着深厚感情的巴老,虽然上了年纪,而且患有多种疾病,可是他仍关心着杭州的同行,写作间隙,在家人的陪伴下,他常到杭州,到杭州时他总要与大家聚一聚,母亲就曾由管明若、高光等接至大华饭店会晤巴老,大家共叙友情,合影留念。

1991 年 4 月,我母亲不慎在家中跌了一跤,头撞到书柜上,被缝了九针。5 月初,李小林有事路过杭州,到家中探望,关心地询问病情。1991 年 10 月母亲去世。巴金随即拍来唁电。巴老的女婿祝鸿生正值在杭州出差,听到噩耗,在第一时间赶至家中悼念,我知道,他是在百忙之中抽出时间前来吊唁的,这种真挚的情感让我感动!

这年的 11 月底,我去上海拜望了巴金伯伯,事隔三十年,再次见到巴老,见他的精神健康,两眼有神,端坐在椅子上,和善的面庞依旧,只是增添了岁月的沧桑,帕金森综合症使他讲话有困难,可他克服着,缓缓地但却准确清楚地表达他的想法。言谈之中,我深深为巴老的豁达大度,谦逊求真的高尚品德感动。

一代文学巨匠,给世人留下丰厚的财富。巴老崇高的爱国情感永远激励后人,高尚的人格品德永远是我们的楷模。

《西湖》2005 年第 12 期

假如我有翅膀

——赵 蘅——

这原本是篇草稿,写于上个世纪末的上海,那次沪上行,一些感触落在纸上,打算回到南京再定稿,这一搁下,五年过去了! 直到 2005 年 10 月 17 日的来临。我原以为自己能平静地接受这个被传统认为是喜丧的事实,但是当 15 号那天,我开着车走在北京三环路上,母亲在电话里的话缠绕着我:"李伯伯已处在轻度睡眠中,不是今天,就是明天……",想到五年前那次一见竟成诀别,我再也见不到鼓舞我"奋勇前进"的敬爱的李伯伯了,手握方向盘,泪水禁不住地往外淌。回家急忙翻出那篇草稿,才顿悟——它是我最后一次见到李伯伯的真实记录!

追述再次回到 2000 年,那个微寒多雨的 12 月,阔别上海七年,本来母亲是准备和我一起去的,不料我刚从北京来接她,她却因感冒诱发了眼疾复发无法成行。母亲的心事我自然心领神会,这是她的一个分量不轻的上海情结,落在我肩上则变成了一种责任。母亲要去的就那么几条街,但最熟悉的武康路 113 号不必去了,她最大的牵挂已转移到华东医院。多年来这家医院和一个作家的名字连在一起,母亲从 17 岁就写信向他倾诉一个爱国女青年在旧时代的种种苦闷,而后又是家庭和事业的矛盾,包括翻译的"信达雅"。她始终称他为"巴先生",让做儿女的叫他"李伯伯",家里的书柜里塞满了"激流三部曲"和《寒夜》等各种老版本,我们就这样读着听着渐渐长大了。

12 月 19 日上午,是预先和小林约定见面的时间,十七层病房区静悄悄,小林迎出来,我们有多少年不见了? 我感叹地说,上一次李伯伯还在家里过 90 岁生日,巨大红烛我第一次看到,老人的笑声朗朗。此刻,我知道,他就躺在病房的里间,隔着墙和门。小林招呼我走进去,嘱我不要靠太近,我当然知道探视不慎,曾带来一次次的抢救。我远远站着,右边靠墙摆着一张床,仰面躺着的李伯伯的样子却让我吃了一惊,印象里的伯伯原是小个子,白被单外的头却变得异常宽阔,一头浓密的白发整齐地垂在脑后。我隔了几米远轻声唤:"李伯伯!"小林怕父亲听不清,便趴在他耳边大声告诉他:"南京的杨阿姨叫女儿来看你了!"接着,母亲的所有问候只有通过小林一句一句转达了:"走进新世纪就是胜利,我希望春暖花开再见面时,你能坐在轮椅上……"

李伯伯动弹了一下,他一定听清楚了,我静候着,等着他像几年前、十几年前、三十年前、四十年前那样用慈爱关切的眼神看我。大约过了好一会儿,他才缓缓地转过头来,只朝我这边望了一眼,我又吃了一惊,记忆中伯伯的眼睛并不大,可现在却发现他的瞳仁又黑又亮。病魔让他无法显露表情,虽然没有声音,但我相信他已认出我是谁了。假如在以前,我会马上向他汇报自己做的事,特别是这年 10 月,我的一组散文又获得了冰心儿童文学新作大奖,颁奖那天我第一次走进李伯伯倡议下建成的中国现代文学馆。我还有情感上的伤痛事需要倾诉,就像当年母亲在25岁时写信给巴先生那样。巴金在一封回信中写道:"人不该单靠情感生活,女人自然也不例外。把精神一半寄托在工作上,让生命的花开在事业上面,也是美丽的。"母亲这么去做了,她后来写作翻译,把家庭管理得非常温暖。我也正在这么努力去做。

但是我什么也没说出来。我被悬挂在病床上方数不清的纸鹤吸引,粉的、白的、绿的。床对面的墙上装饰着纸花链和"2001"的字样,柴可夫斯基的《悲怆》交响曲在房间里低低地回荡。我突然感觉这里仿佛是一块圣地,从这里走出,我就会有力量摒弃一切因人生艰难带来的脆弱。小林送我到电梯口,久别后再见又待何时,在电梯门将要关闭的瞬间,一丝怅然留在彼此的脸上。

李伯伯百岁华诞时,我向北京读者回忆了1984年他为我题词的详情,不幸被压缩掉了。我写道:

> 李伯伯在翻看着我的笔记,我又向他道出苦衷:我是业余写作,时间很少,挺难的。他却马上表示了相反意见:"搞创作并不在乎业余不业余。"然后不带犹豫地提笔在本子上写下了"奋勇前进!"四个挺拔有力的大字。我愣住了,因为我只有在董存瑞舍命冲向敌人碉堡的最后一刻,听见过这样类似的呐喊:"为了新中国,前进!"李伯伯给我题上如此严肃的、几乎是一句口号的字句,他称我为同志,连年月日地点都写得清清楚楚。他分明是在给我鼓劲打气啊!人又何尝不是在奋勇前进中锤炼得坚强一些呢?正像李伯伯早年给我母亲的信中所写的那样:"不管环境如何困难,盼你坚持着你的主张,坚定你的决心和勇气……"而我因为有了李伯伯题词的照耀,这些年并没因困苦而退缩。

10月19日,我约了严欣久一起去现代文学馆鞠躬。预先我们订了一只花篮,我说你也随我叫李伯伯吧。她刚送走父亲两个月,我不能不质问苍天,这一年怎么啦?我捧着签有"奋勇前进"的笔记本和巨幅爽朗大笑的李伯伯相片合影,我想告诉他,请您放心,我会一直写下去,用真实的心写下去,永不搁笔!

但我怎么不早点想到可以去上海龙华送别呢?明明年迈的母亲动不了,我该代表她啊!我真是个后知后觉的愚人,俗事缠身,让我不得动弹!直到24号上午我还冲动地想去买机票,离集合的时间只有三小时了,我却执拗地认为还来得及。

假如我有对翅膀该多好!

24号下午,电视里出现千余人簇拥在上海龙华殡仪馆门前的情景,母亲说,后悔了吧?本来那里面应该有你。现在弥补的唯一办法就是写出你的心情,真实地写,不要做作文!

眼前再次浮现1956年和陈阿姨坐在廊下闲坐的美丽画面。巫宁坤叔叔写道:"小林又陪我们到楼后的花园去看看,碧草如茵,可惜主人已不见。"我的心情何尝不是这样呢?真的,我唯一能做的只有写出来这一件事了。

2005年10月26日于北京

《文汇读书周报》2005年11月4日

敬爱的巴金伯伯永远活在我们心中

——黄明明——

西湖的情缘

金秋十月,桂花飘香,美丽的西湖迎来了四方宾客,也企盼着偏爱西湖的巴金伯伯还能再来。

可是敬爱的巴金伯伯却离我们而去了,我悲痛万分。想起巴金伯伯和我父亲黄源相聚的日子,我无法克制自己的情感,那激动的场面,兴奋的笑脸,热情地交谈,时时展现在我的眼前。那时我扛着摄像机,挎着照相机穿梭在他们之间,那种激动的心情我无法忘怀。我拍了多盘录像和照片,看着伯伯赠我的十多本亲笔签名著作,翻着他们二老一百多封来往的书信,我感慨万千,这是他们留给我最珍贵的纪念,也是两位世纪文化老人的友谊见证。

巴金伯伯在《西湖之梦》里说,从 1930 年 10 月第一次游西湖,到 1937 年每年至少来西湖两次。以后,隔了二十二年在 1959 年又到了西湖,这一次是和他夫人萧珊同来的。1966 年 7 月,巴金伯伯第三次西湖之梦开始的时候,他已精疲力竭,只是坐在阳台上静静地遥望白堤、苏堤的绿阴花树。1981 年以后只要有可能,他几乎年年来湖边小住,他在湖边留下了一段段的往事和回忆。巴金伯伯在文章里写到"我爱西湖是把人和地连在一起,是把风景和历史人物连在一起……"。

给鲁迅抬棺的最后一人走了

巴金伯伯每次来杭州总要会会老朋友,黄源想着巴金,巴金也想着黄源。记得他们多次谈到现在还能见见面的三十年代的老朋友已经不多了。有许多老朋友都已去世,或不能出门了。1994 年 5 月他们在杭州见面时谈到,六十多年前那次共同与鲁迅、茅盾见面的情景,父亲回忆道:"我们共同与鲁迅见面是在 1933 年 7 月那一次吧?"伯伯清楚地讲:"1933 年文学社请客,我在文学第一期发表一篇叫《第一个女人》的文章,是作为作者代表出席的。那次我第一次看见鲁迅、茅盾,是您出面请的。"他俩回忆到 1936 年 10 月文学巨匠鲁迅去世抬灵柩的有鹿地亘、胡风、巴金、黄源、黎烈文、孟十还、靳以、张天翼、吴泠西、萧乾、聂绀弩、欧阳山、周文、曹白、萧军、姚克等十六人。九十年代后期只有巴金、黄源、萧乾、欧阳山还健在。但每年能见见面的也只有他们两人了。他们想起在鲁迅先生周围的那些日子,那种兴奋、热情,好像又回到了当年,多么值得怀念。进入二十一世纪只有他们两个人了,而 2003 年 1 月我父亲去世了,今天巴金伯伯也走了。

"文革"后"你是第一个来看我的人"

自 1937 年日军侵占上海后他俩分赴不同的战场,巴金伯伯赴广州、昆明编写《烽火》抗日杂志,用笔作武器投入抗日文化战线,我父亲参加了新四军投入武装抗日战线,一别十多年。1949 年我父亲参加解放上海战役,踏进上海的第二天,第一个就去看望久别的老朋友巴金伯伯。从我小时记事开始,就经常随父母亲去上海淮海路霞飞坊伯伯处,有时因玩得不愿回家,就躲进他家的桌子底下。1955 年我父亲调到杭州后就没有机会再去。直到 1973 年 7 月我去上海出差,父亲叫我去上海武康路的家看望他,带去一封信和一些茶叶,当时伯伯刚从干校回家,夫人萧珊阿姨患病去世不久,儿子李小棠去安徽插队,女儿李小林大学毕业后还在待分配。一天下午我找到了武康路,看见路两边墙上还残存着不少"打倒"的大标语,到了他家门口,按了电铃,他的妹妹出来开门,我问:"这里是李甘芾先生的住所吗?"一时心急把名字说颠倒了,他妹妹笑着说是李芾甘,又问我:"你是谁?"我说:"我是明明,我父亲黄源叫我来看望巴金伯伯。"随后我走进院子,老式的花园洋房显得有些陈旧,二楼的书房还贴着封条,他们一家主要在一楼生活。我看见伯伯坐在走廊的椅子上,"李伯伯您好!"这是我自己第一次单独来看望他。他身穿蓝色卡其布的中山装,头发开始花白了。我送上父亲的信和杭州西湖龙井茶叶,他连忙说:"不要带东西。"看了信后问了父亲的一些情况。我们谈着谈着已近黄昏了。伯伯又说:"在家里吃饭不方便,让小林陪你去外面吃饭。"说着把钱交给小林,并一直送我到门口讲:"你回去代我问候你爸爸!"后来听父亲讲当时"四人帮"一伙封存了他的全部书籍,还冻结了他全部存款,每个月只从他存款中拿出二百元作为全家六口人的生活费,这使我到今天还深深地感到内疚。现在当我翻开《巴金书信集》,看到伯伯在 1973 年 7 月 23 日给父亲的信中第一句就写到:“明明回家后一定告诉你我的情况了……”后来我每次去上海,总要看望伯伯,传递着两位老友的情感,直至四人帮粉碎后,伯伯每次看见我总是说:“文革后你是第一个来看我的。”

《巴金译文全集》的出版才是完整的

1994 年《巴金全集》二十六卷经过八年努力全部出版了。在 1990 年时伯伯已有编辑译文全集的计划。记得在 1994 年 5 月 6 日我陪父亲去看望在杭州休息的伯伯,他们就有过一段对话。伯伯讲:“原来想出《译文集》,但精力不够,不想搞了。”我父亲说:“您的翻译作品是您著作很重要的一部分,《巴金译文全集》应该出,中国不管哪个进步文学家都汲取外国文学的精华,鲁迅、茅盾、郭沫若……都是如此。译文都是他们文学著作的重要部分。”伯伯又讲:“那时中国是半封建、半殖民地社会,外国文学这些翻译著作有反封建的作用。我看了一些过去译的文章,有错的地方,我又不可能全部看一遍,看不动了,有些错误让它去吧。”父亲讲:“那不是什么错误,那些问题让历史和后来人去评说吧!历史就是这样发展的,您要保重身体,要多活几年,多来杭州几趟。”伯伯接着说:“你讲得对,让历史和后人去评说吧!”父亲又说:“您的译文全集要搞出来,没有读你的译文全集,很难全面理解巴金。巴金译文全集的出版才是一个完整的巴金。”他们说话时我都拍了照,过了几天我又专门为伯伯写《译文全集》序言拍了照。就因每天坐着写序文时间长达数小时,在 1994 年 12 月造成胸椎压缩性骨折。经过几年与病魔的抗争,1996 年 10 月他来杭州时告诉我,《巴金译文全集》共十卷 1997 年将要出版!1997 年 10 月 29 日,我陪父亲去看望住在杭州西子宾馆的他时,他将刚出版的十部《巴金译文全集》第一次样书赠送给了父亲。

最后的会面,最后一张贺卡

两位老人在杭州最后一次见面是在 1998 年 10 月 9 日,伯伯住在杭州西子宾馆,天凉了要回上海治疗休息,父亲去西子宾馆为伯伯送行,此后伯伯再也没有来过杭州,再也没有去过他喜爱的西湖,再也没有和老友黄源见过面。可是他俩心中始终深深地想念着对方,深深地记着七十四年珍贵诚挚的友谊,我父亲时常要我们打电话询问伯伯的身体情况,伯伯也叫女儿小林转达他的境况。在 2002 年的 11 月 25 日前,我父亲在弥留之际还念念不忘老友 99 岁的生日,但他自己已经不能写了,就口述叫儿子伊林记录,给伯伯发了最后一封生日贺电。临近 2003 年元旦,我们突然收到来自上海武康路有伯伯签名的一封贺年卡,我立即赶到病床前交给父亲,父亲用颤抖的手捧着贺卡看了很长时间,老泪纵横,说:“现在我俩都在病床上,我可能再也见不到巴金了,明明你给巴金回一封贺年卡去。”这也是我父亲对伯伯最后的告别。

今天巴金伯伯虽然走了,但是他那和蔼可亲的笑容,他那孜孜不倦的写作,他那坚持说真话的性格,他那心系国家和人民的精神将永远鼓舞激励着后人。巴金伯伯是“人民作家”,虽然他的生命结束了,但是他的文学生命将永远在人民心中闪光、延续!

《西湖》2005 年第 12 期

与巴金伯伯缘吝一面

——王小平——

其实我见过他。只是相关的记忆不是原生在自己头脑里,是爸爸嫁接给我的。

爸爸说在二十世纪六十年代初带我去看过巴金伯伯。那次巴金伯伯是来北京开会，下榻处似乎是在西单的民族饭店。爸爸说，在饭店的房间里，我一直在看一只信封上的邮票，后来巴金伯伯发现了，曾问过我是不是喜欢集邮。那时我应该是10岁或稍大一些，一张有彩色图案的邮票，显然比大人的谈话吸引我。事隔多年，爸爸再与我聊起这事的时候，我已经连那张相对有趣的邮票也不再记得，当然也不再记得两位长辈未必有趣的会面。

在七十年代后期，我比较勤奋地学习过日语。爸爸给我的支持之一，是托请巴金伯伯为我搜求学习教材。爸爸是个拘谨到古板的人，能够为了这件事向别人开口，说明他对我曾经很期待，也说明了他对巴金伯伯的信赖。那时社会开放程度有限，取得国外资料的渠道也有限，巴金伯伯利用出访的机会，为我带来过小学、中学到高等中学的日语教科书，因为第一批带来的全部是上半学年的课本，后来又带了一批下半学年的课本把它配齐，两批共二十余册。以后的两年我与这套书朝夕相伴，在学习中，也选译部分课文，试寄给不同的刊物，偶尔也得到采用。记得翻译过一篇课文《盼晴娘》，被《儿童时代》作为“小小说”采用了，编辑部还给我回复了短信，那位编辑就是当时刚在文坛崭露头角的王安忆。后来我也搞过一些其他各类翻译，但起步是从这套教科书开始的。这些年来常是心存旁骛，对于译事三心二意，对这套书却是一心一意地珍藏着。它们是我切实地受惠于巴金伯伯的纪念，使他在我心里变得比较具体，但是我没有再见过他。

八十年代和九十年代，各去过一次上海。

前一次正巧爸爸也出差，他已经先一步到了上海。去会合他的时候，见到巴金伯伯的女婿祝先生正在房里，他刚刚帮助爸爸从一个较差的住处调房过来。后来我们去访过巴金伯伯，记不得是什么原因未能相遇，家里只有两位老媪，猜得出就是长期与巴金伯伯同住的他的两位妹妹，她们和爸爸闲谈，并留我们用了午饭。那一餐不俭不奢，与我们的口味很相近。爸爸留在沪上时间较长，后来应该再度往访过，而我另有公务在身，第二日就离沪去了浙江。那次无缘见到巴金伯伯。

后一次是1997年巴金伯伯94岁寿辰的时候，文汇出版社出版了《巴金书简——致王仰晨》，这个集子收了巴金伯伯写给爸爸的三百多封信。社方请爸爸去上海参加有关活动，我也陪同去了。那时巴金伯伯已经住在医院的病房里，爸爸去看过他两次。前一次他是随主办单位《文汇报》去的，我在饭店房间里看到了电视报道；后一次我陪了他去，但在医院门口就止步了。那是一个下午，出门前爸爸面有难色地问我：“你是不是不去了？”我想他是不愿意别人有任何误会，其实这心思在我也一样，因为我不但没有工作上的名分，甚至不是巴金作品的热心读者。但那时爸爸年近八旬，我不放心他自己去，便陪他去了华东医院，约好了在外面等他。爸爸出来后对我说，小林姐姐问到了我，说应该让我同去。爸爸一生谨慎又自抑，他情愿显得不近人情，也不情愿被别人视为攀附，其谦卑之下的傲骨，是我看得清楚并且尊敬他的地方。这次我仍无缘见到巴金伯伯。

爸爸与巴金伯伯的友谊，持续了六十多年；爸爸做巴金作品的编辑工作，前后也有三十年的时间。《巴金全集》和《巴金译文全集》的编辑工作，爸爸是在离休后才开始做的，历时十余年；两部《全集》出版以后到他去世以前，他还在继续编辑一些未能收入《全集》的文稿。在作家生前出版其全集，似乎未闻先例，在外间也引发了不同意见。然而两位老人终能良好沟通与合作，比较圆满地完成了这项文化工程。一个编辑和一个作家，这种历久弥深的友谊，在文学史上也算得上是罕有之例了。

爸爸不大对家人讲他的工作和朋友，关于他与巴金伯伯的交往，也只听说过一些零星的小事。比如抗战胜利重回到上海后，他曾设宴款待过巴金伯伯，那是请了厨师到家里来张罗的，那种规格的宴客，他生平大约没搞过第二次，据说是雇了黄包车接送巴金伯伯往返。有个小插曲是：作陪者中有我的姑姑和姑夫，姑夫来时把汽车停在弄堂里，饭后出得门去，发现车上的油箱盖子不翼而飞了。有的回忆便没有什么细节，比如五十年代里巴金伯伯来北京公干，时而会约了爸爸外出吃饭，或去北海公园划船。妈妈说曾见过他们两人长谈，就站在西总布胡同三联书店总管理处的庭院里，巴金伯伯年长，可能先累了，就用一只手倚住树继续站在那里。写此文时，翻阅了《巴金文集》日记部分，在 1962 年 12 月 29 日项内记有，“去淮海路邮局取回王树基汇还的借款一百五十元，……复树基信”。经问妈妈得知，那时为了度过饥馑的日子，不得不请在家帮佣的董阿姨，分期分批地去乡间黑市“套购”鸡蛋，所以有借款一事。

爸爸与巴金伯伯一家过从较密，我却与巴金伯伯缘吝一面。记忆中仅与小林姐姐有过一面之缘，那是早年家住平房院落的时候，她来访过一次，是二十多年前的事了。她和爸爸谈话的时候，我回避了，只在她告辞时才去尽过礼数。小林姐姐的言谈和气质都是很温和很大方的，那次短暂见面，留给我的印象很分明。另外，与巴金伯伯情同父子的马绍弥大兄，是住在北京的，他多次来家里看望爸爸，我们碰过几次面，他也是一位朴实而谦和的人。爸爸在今年 6 月间去世，小林姐姐很快来了电话，她动情地说，想不到王叔叔会先走，真是想不到，也说了鉴于巴金伯伯的健康状况，不便将消息告诉给他。后来她又通过马大哥，对我的情况表示了关心。济生伯伯也有信来，并撰《好编辑，真君子》一文怀念爸爸，刊在《新民晚报》上。四个月后的秋天，巴金伯伯也去世了，虽然他是久病且已年逾百岁，仍然使我感觉意外与不可接受，闻讯后的第一件事，是写信表示自己的哀悼，并向他的家属表示慰问。

因为爸爸工作的关系，我比许多读者多了亲近巴金的可能，又因为爸爸个性的关系，使这个可能终未实现。这固然不无遗憾，不过既然这种可能的机会是爸爸带给我的，他把它收回去我也无可抱怨。我相信我已经从上辈人的友情中受益了，那种欲辨无形、不着痕迹的友情，其实是沛然存在也可以切实感受到的。它的意义在于，使我不致被尘世中不如人意的事情蒙住眼睛，看不到美好人性的光辉。此生虽然与巴金伯伯缘吝一面，而今而后在精神上与他会面，也许并不是不能期待的吧。

《美文》上半月刊 2006 年第 6 期

秋风秋雨悼巴老

——林文询——

2005 年 10 月 17 日夜，当哀乐在秋风中沉沉缓缓响起来的时候，悲凉之余，我的耳畔同时响起来的是另一种声音，大海波涛般汹涌不息的有力轰鸣——上千中国作家发自内心的真诚热烈的掌声。

那是在 1996 年底召开的第五届中国作家协会全国代表大会和 2001 年第六届全国作代会上的情景。这两次大会，巴老都因身体原因未能出席，但每当宣读他的致辞、宣布他仍然担任中国作协主席之时，会场上都会自发地爆发出极其热烈的掌声。过去新闻报道里惯用的“经久不息的长时间热烈鼓掌”一语，我在这两次会上算是亲身体验到了。

不要淡看了这掌声。要知道，这不是指挥棒调度起来的例行公事，不是愚昧之众的跟风捧场。代表，大都是有头脑有个性的角色，倨傲自负者也不少，但斯时斯刻几乎都无一例外地将最热烈最持久的掌声给予了巴老。这只能说明巴老在大家心目中的地位和分量，确实在当代中国文坛是无人能出其右的。人心向背，由此可知。

这道理很简单，巴老是大家公认的中国作家的良知的杰出代表。他长达一个世纪对光明、正义的追求和勤奋耕耘,他的"讲真话"、"把心交给读者"的真诚呐喊,正是这种良知的充分体现。良知,对一个作家来说,是太需要了;对这个时代来说,也太需要了。是否具有良知,是否能在任何情况下都坚守良知,可说是衡量判定真假作家的基本底线。纵观历史,文人的堕落、文化的堕落,以至于整个社会文明的堕落,无不从良知的沦丧开始。从这个意义上说,巴老对良知的坚守、张扬,对中国文坛以至于整个社会,功莫大焉。

坚守良知,这是需要真诚的心灵和大无畏的勇气的。巴老艰辛走过的每一步,可以说都是前有流矢、后有污水。远的不说,十几年前,那一场围绕巴老"讲真话"而掀起的风波,至今让人记忆犹新。无视"讲真话"是做人尤其是做真文人的必备品格,装作不知巴老力倡"讲真话"的深刻针对性,那些隐名埋姓、身份暧昧的"狙击手"们,显然是有来头有预谋的,言辞可笑而用心险恶,妄图借势开历史的倒车,让文化专制主义死灰复燃。然而,曾经"文化大革命"劫火熬炼的巴老挺住了,一切有良知的中国作家挺住了。"讲真话"的大旗不倒。这是历史的胜利。

如果说当年那些人是"左"的阴魂不散,妄图借尸还魂,我们还可以理解的话,那么,在巴老辞世、举国痛悼的今天,某些人阴悄悄发出的杂音就确实有些让人莫名其妙了。他们有的做出一副不屑的神情,说巴老的作品艺术性不强,没什么读头;有的说巴老的《随想录》是小学生水平,看不出有什么深刻之处,等等。这些人往往以"新生代"作家自居。这本身就有些荒唐可笑,作家是以作品说话的,作品可是没有长幼之分的。倒回去几十年,年轻的巴金不也是他们所谓的"新生代"吗?但那时有几个同龄人能像巴金那样,向着沉沉暗夜喷吐出激情洋溢的火焰?脱离了历史环境,还能奢谈什么评判的公允客观?不错,巴金早期小说中的人物形象是显得简单一些,但应该知道,那个时代的好些青年人本身就单纯一些,那个时代是爱与恨比较分明、对抗激烈的时代,有志青年因为爱而燃烧,因为信仰而燃烧,那火焰就是比较透明炽烈的。现在有些人,正是因为没有真诚心去爱,没有信仰,而混沌复杂,卑琐平庸。以己之心去度人之腹,安能不生错位?

至于放言《随想录》浅薄、提倡"讲真话"没什么了不起的人,更是无知或者健忘得可怕。试想,如果没有过去假话、谎话充斥的时代,没有对自己一生是是非非的真诚解剖和反省,巴老会十分果决鲜明地举起"讲真话"的旗帜吗?在那时,这可是要冒极大风险的,是要考验作家的良心和勇气的。现在有些人觉得讲真话没什么不得了,那是因为巴老这样无畏的巨人冲破了阴云,而这些人实际上是站在了巨人的肩上比较高矮。如果把他们放回地上,那就会现了小人的原形。这二者之间的差别,就好比一个是在真刀真枪的战场上拼死冲锋陷阵的真的战士,而另一个只不过是在舞台上挥舞塑料刀枪作英雄状的戏子。这些人与巴老,有什么好比呢?

我与巴老素昧平生,我的父亲林如稷虽然与巴金同是二三十年代的作家,但彼此也只有极浅的交往。我之所以要在十几年前写文章痛斥围剿巴老的"狙击手",之所以要在今天对那些发杂音的无知或别有用心者明示我的态度,不是因为别的,而是我内心存留的文人的良知的驱使。坚持"讲真话",坚守作家的良知,这便是我,一个巴老故乡的后辈,对他真诚的悼念。

《浓浓乡情忆巴金》 成都天地出版社 2005 年 11 月版

巴金的最后时日

——陆正伟——

2006 年初春,中国作协六届主席团第九次会议在上海锦江宾馆召开,休会时,中国作协副主席、中国现代文学馆馆长陈建功告诉我，他们把告别仪式上的那幅经历过数千读者挥泪送巴老，见证了这一历史性场景的巴老遗像和巴老、萧珊骨灰盒接到北京后，现陈列在展厅中，供参观者瞻仰。听后，悲喜交加，喜的是，我仿佛看到读者们握着大门上巴老的手模走进展厅，那幅巴老笑对读者的大照片面对着大门，我想，巴老生前虽然没亲临过文学馆新馆，但眼前的景象正像他在《随想录》中所说的那样："在梦里几次站在文学馆的门前，看见人们有说有笑地进进出出。"此景是多么让人感到亲切，好似巴老同我们在一起。悲的是，陈馆长的话把我的思绪重又牵回到了那段令人难忘的日子里，使我想起了巴老、萧珊走向大海那悲壮的一刻！在骨灰撒放仪式后的返航途中，小林、小棠将父母的骨灰盒郑重地交到了陈馆长的手上。让人凄然泪下的场景，在巴老去世前后的一个多月里，我亲身经历过好多次，每次对我来说都是刻骨铭心，永生难忘的。

病情加重开始血透

2005 年的天气一反常态，进入了深秋还丝毫不觉有一丝凉意。9 月 30 日那天的气温竟高达 32 摄氏度，这样的天气连我都感到难以忍受，更不用说已过百岁的巴老了。这天是周五，轮到我在巴老病房值班。负责三病区的焦主任查完房后，走到外间对我说："昨天我在外面会诊，没碰到小林，我想找她谈谈，根据巴老近来的病情，可能要做血透。"我听后，当即为她拨通了小林的电话。

等焦主任走后，就见医生推着医疗器械进病房给巴老做腹部 B 超。一会儿，丁护士长陪着从外院请来会诊的医学专家走了进来。刚忙完，营养科、皮肤科医生又分别来检查、询问病情。一上午，人来人往，川流不息，比前几天要忙得多。因我常在病房，所以也约摸着能看懂巴老床前的呼吸机和心脏监测仪上红红绿绿的各种基本数据，那天，我抬眼望去，仪器上显示的数据均在正常的范围之内。所以，在回作协的路上，我心里还在不停地嘀咕着："要做血透，有这么严重吗？"

夜晚，我再次来到病房，同护理员张志国在外间看完央视的《焦点访谈》后，见显示仪上的心律仍保持在 70 跳左右，血压在 120/50，氧饱和度为 100。从表象来看，很正常，也很平静。但从化验报告上能看出，巴老肾的肌酐、尿素氮的指标都已大大超出了正常范围，而且还在发展。由于腹中那可恶的间皮细胞瘤在作怪，不断地产生腹水，使巴老原本虚弱的身子更难以支撑了，虽然医生在调整药品和加大药剂量，但见效不大，病情越来越危重了。当天上午，院方向中央保健办等有关单位发出了"病危报告"。

翌日，是国庆节，华东医院俞卓伟院长知道中国作家协会党组书记金炳华要来医院探望巴老，便在病房等候了，在客厅里，俞院长给小林说着近一段时间巴老的病情，并商谈着院方采取的新治疗方案。小林告诉俞院长，昨天站在门口唤父亲时，见显示仪上的心律从 70 多跳一下升到 130 多跳，今天早上来时，我给他打招呼，爸爸也有反应。俞院长听后说，巴老那么大年纪，思维却很清楚，真不容易。没过一会，金炳华来到病房，他特意带来了一盆蝴蝶兰，摆放在客厅的花架前，使洁白的病室显出了几分生气，几只彩蝶好似在飞舞。过后，金炳华走到巴老的病床前握着巴老的手，向巴老致以节日的问候。

10 月 3 日，原定上午要给巴老做血透手术，医院为了慎重起见，后改为先请中山、瑞金、华山等医院的医学专家、教授来给巴老作一次全面的会诊，也就是通常所说的"大会诊"。下午 2:30，我从作协来到南三楼巴老的病房时，小林、端端、国煣已早早地在病房的外间等候了，里间正在给巴老会诊，不多时，小林、小棠被医生请到了会议室，听取医生们的会诊结果及下一步的治疗方案。还没等姐弟俩返回，护士把血滤机、急救、心脏监测仪一一推了进来，供血滤机用的专用水也一箱箱地搬进病室内，随即，俞院长、焦主任及四病区的潘主任和负责血透的孙建设主任、丁护士长、护士小蒋、小赵等数十人围在巴老的床边，小小的病房里站满了人，巴老的亲属都坐在外间的沙发上,静静地等候着,空气也好像逐渐凝固了起来。手术还算成功,只用了个把小时就做完了。接着,血滤机便开始工作了。我知道,病人一旦用上了血滤机,就难以去掉了,而且还有一定的风险性。随着机器动作时发出“吱,吱”声,我的心也好似被收得越来越紧了……

巴老的病情也牵动着中央领导的心。10 月 13 日,中央组织部部长贺国强受胡锦涛、曾庆红同志之托专程从北京飞抵上海。下午,贺国强部长在上海市委组织部长姜斯宪、市委秘书长范德官等陪同下来到医院探望病危中的巴老,他们听取了俞卓伟院长对巴老病情详细的介绍后,表示中央非常关心巴老目前的病情,希望医院尽力抢救,对医院先前采取的措施感到满意。最后,他还向小林、小棠表示了深切的慰问。

时间一天天地过去,巴老的病情却未见好转,时而会出现血压猛然下降心律突然加快的症状,危情随时会发生。原先,医院怕外人将病菌带进巴老的病房,使病人引发感染,在门口张贴着“闲人免进”的告示,因此,巴老的亲属平时也很少进入。小林有时也只能站在门口提着嗓音大声地与巴老说话,这几天,好似放松了许多。开始允许亲属们戴上口罩进屋看望。10 月 14 日是巴老病危的几天里精神最好的一天,双眼睁得大大的,明亮得很,此时,小林站在床边握住巴老的手来回地抚摸着,轻声地唤着:“爸爸、爸爸。”巴老听到后,看着小林,嘴张着,舌头在口中不住地嚅动着。正在边上给巴老做血透的孙主任见后,马上兴奋地说,巴老有话要说。在场的人中,可能只有与巴老朝夕相伴的小林才能从父亲的神态中知道他此时最想说的话,她看出了父亲因想讲话但又苦于发不出声来,时间一长,怕累着了,小林赶紧说:“爸爸,你不用再说了,我明白你的意思了。”说完,父女俩把手握得更紧了。

10 月 16 日,我一早来到医院。张志国对我说,巴老昨晚又出现了一阵心率和血压极度不正常的现象,而且,还伴有低烧。听后,我的心猛然一紧,有低热说明巴老又受感染了,这真是雪上加霜的消息。我急步走到病室门口,只见巴老正处于睡眠状态,他的额上放着医用冰袋,在做物理降温,原来,为了减缓巴老心律过快、气喘的病痛,医生在点滴中加了少量的“安定”药。俞院长同医疗小组都围坐在病室里,密切关注着巴老的病情,能看出,俞院长又一夜没合眼了,自巴老报病危后,他就全身心地投入到抢救工作中,说他“废寝忘食”我认为一点也不为过,所以,大家都称他有“特异功能”,是真正的“劳动模范”,他对巴老不仅有感情而且对病情也熟悉,发现有细微的变化,他就与巴老家人商量通气。那天夜晚,俞院长见小林多天来一直陪伴在她父亲身边,十分辛苦,就让小林的表弟陆盛华往家里打个电话,劝小林今晚不用再来医院了,如有情况再请她过来。但小林放心不下,在电话那头说,还是来一下,如没事再回去。晚饭后,她又匆匆赶到了医院。

告别心爱的读者

10 月 17 日清晨,我在华东医院见抢救小组的孙建设主任行色匆匆地从南楼病区往外走。看得出,他与其他医生从昨晚一直忙到现在。昨天深夜,巴老的病情出现了反复,我接到马绍弥从病房打来的电话后立刻赶到了医院,到时,小林、小棠、国煣、端端已先我而至。此时,夜深人静,巴老的病房里却灯火通明,我与殿熙、李舒站在阳台上透过落地长窗看到医生们个个神色严峻,全神贯注地注视着监测仪上的各种数据,护士川流不息,忙个不停。这样的情况,在巴老病重的这两年里常会发生,有时来得很凶险,也很危急,最后都被巴老旺盛的生命力化险为夷,连见多识广的医生们有时也感到不可思议,只能把它看作是“奇迹”,也许是心理上的缘故,每次我都要比别人乐观些,相信巴老总会渡过难关的,果不其然,凌晨 2 点,巴老的病情就逐渐地平稳了下来。

这时,我望着孙主任急急的背影,心想,巴老该不会有什么事情吧?当我急步跨进病房时,巴老仍处在睡眠状态，监测仪上的数据也在正常范围内，俞卓伟院长、焦主任等医生在病房里静静地观察着巴老的病情。只有血滤机在不停地工作着，不断地发出“吱，吱”的声响。小林和马绍弥坐在外间的沙发里，原来，他们深怕巴老的病情再次出现反复，没有回家，一直守候在旁。

中午，全国政协副主席王忠禹等一行到病房探望后离开不久，巴老的病情就发生了变化，血压在往下降，心律也开始不齐了。得到消息后，中国作家协会党组书记、副主席金炳华马上赶来了，他自国庆节那天来沪探望后，始终放不下心来，经常来电询问病情，当接到医院发出的“病危报告”后，他立即飞抵上海，在沪时，几乎天天到医院了解病情，有时一天跑上好几趟。随后，上海作协党组书记孙颙、赵长天、赵丽宏、宗福先、臧建民也来了；巴金文学研究会的陈思和、周立民、冯沛龄及徐钤、赵兰英、彭新琪等陆续赶来了。

巴老几度病危，小林、小棠不忍心再看着父亲受到病痛的折磨，数次向俞院长提出不要再采取抢救措施了，俞院长含着泪说，巴老的心脏还在顽强地跳动着，我们怎能忍心呢？只要有一丝希望，我们就会作百分之百的努力。此时，巴老病房里的医生也多了起来，血滤机在转动着，增压药的剂量也在增大。可见，监测仪上的心律、血压、氧饱和度继续在往下降，巴老的呼吸机也开始逐渐地减弱。小林、小棠、唐宁、端端、国煣、马绍弥、陈济、陆盛华、汪致正等亲属都默默地守在床旁，寂然无声。巴老一直处在安睡中。小林紧紧地握着巴老的手，虽然相对无声，但她在用心与父亲交流着，用血管里流动的热血交流着，这样的亲情抚慰恐怕比世间任何一样东西都来得纯洁和美丽！

天渐渐地黑了下来，人们焦虑地在阳台上朝着落地长窗站着，感到此时再说什么也是多余的了，心中只有祈祷着：减少巴老的病痛，转危为安。但事与愿违，18∶25，巴老的心律只有62次，血压也降至50/27，氧饱和度却出现了我从未见到过、也最不愿见到的那条直直的绿线了。见此，我立即把此情报告了刚外出办事的孙颙。不多时，他就赶了回来，与金炳华一同站在巴老亲属们身边，几十双眼睛都紧紧地盯着监测仪上不停跳动着的各种数据，眼睁睁地看着心律、血压缓缓地往下降，心急如焚。

18∶50，国务委员陈至立赶来了，她是来沪考察工作的，下了飞机，在途中听说巴老已在弥留之际，当即让驾驶员掉头直驶华东医院，她饱含着泪水同巴老的家属们一道守候在床前，与巴老作最后的诀别。19∶00，巴老的心律已降至54次，血压26/41，仅仅过了6分钟，监测仪上始终在起伏滚动前移的小亮点画上了一根直线，巴老这颗跳动了百余年的心脏停止了跳动，告别了他心爱的读者，远去了……

人们怎能接受得了这无情的事实呢，泪水夺眶而出，寂静的病房中立即传出了阵阵悲痛欲绝的哀哭声，这是多么让人悲切，撕心裂肺的一刻！

病室内的抢救器械都已撤离，丁护士长、护理员蒋老师、颜老师及护士小蒋、小栾给巴老换好了装，戴上了眼镜，床柜上摆放着一篮鲜花，长窗下排列着几盆蝴蝶兰。市里的有关领导也分别赶来，依次向巴老鞠躬志哀。

在病中，与巴老走得最近的要数谭老师、蒋老师和颜老师三位老护士了，她们有着丰富的护理经验，由于护理得当，没让长期卧床的巴老患上半丁点褥疮之类的创口，受到了大家交口称赞。三人中数谭老师在巴老身边工作最久，年岁也最大，本应在家安享晚年了，但她见巴老病情如此危重，多次表示，要为巴老护理到最后一刻。数月前，谭老师患了腰脊椎病，疼痛难忍，坐卧不安。医生同家人都劝她放下手中的工作卧床养伤，她不愿放下手中的工作另换别人，于是，她一边在医院接受治疗，一边用宽皮带扎在腰间坚持工作。这天，谭老师没在班上，闻讯后心急火燎地赶到病房，在床前面对着巴老悲戚地说道：“巴老，我来迟了。”说完，已泪流满面，泣不成声了。

当人们处在悲痛万分之际，有两辆汽车正风驰电掣般地从西子湖畔朝上海方向急驶，他们之间虽没有相约，但彼此要见巴老最后一面的心情是一致的。原来，在 18∶00，浙江警卫局的顾正兵处长收到了殷熙从华东医院发来“巴老危在旦夕”的短信，正在任务上的顾正兵立即向省公安厅黄庆河副厅长报告，黄副厅长马上让顾正兵把巴老在杭州汪庄养病时在他身边工作过的服务员小曹、小李、小高和厨师小来召集到一起，登车就往上海赶。当看到巴老已离他们而去时，都站立在床前泪如泉涌。

另一辆车上坐着的是曾被巴老称之为是“家”的杭州创作之家的小柯、小陈和小章。20∶30，他们作为送别巴老的最后一批友人赶到了华东医院。面对安卧在病床上的巴老，小柯主任悲痛不已地说，巴老为创作之家题下的“这真是我的家，我忘不了在这里过的愉快的两个星期”，我们计划着在创作之家整修一新后，把巴老的题词镌刻在大理石上，作为“镇家之宝”，永世流传，工作人员都期待着巴金爷爷能再次回到这个“家”住上几天。没想到……

夜晚，天色格外的阴暗，华东医院只有南三楼病区过道灯还亮着，赶来送别的人越聚越多，会议室、走廊中、客厅里、阳台上都站得满满的，巴老就要离开这间住了四年之久的病房了。四年前巴老从东楼搬来时，我为巴老来回搬运东西时的欢乐一刻仍记忆犹新。那天，我从小林口中得知巴老要搬到已整修好的南楼病区了。听了，心里甭提有多高兴，知道巴老虽然还得继续住院，但能换新病房，至少说明巴老的病情稳定和有所好转。搬进南楼 321 病房后，巴老的精神也特别的好，见我们都在忙乎，他几次张口想说话，但没发出声来。新病房前是医院花园里的大草坪，小林站在病床前对巴老说，待天气好些时，可坐上轮椅在阳台上晒晒太阳，呼吸新鲜空气。可是，这片近在咫尺的绿地，巴老终因病重，没能跨出病室一步，也没能在阳台上看上一眼，更不用说小坐片刻了……

送别的人都静静地等候着，好像谁也不愿惊扰熟睡中的巴老。此时，亲属们缓步来到床前，小林轻声地对巴老说：“爸爸，你休息吧。”随后，站立在一边的俞院长率医务人员向巴老深深地三鞠躬，上前为巴老蒙上了白布，然后抬上担架车。在俞院长的引领下，医务二处的李茹及颜老师、护士小栾、小蒋及家人扶着担架推车经过长廊，穿过底层大堂，医院的灵车已等候在南楼门口了，在去太平间的小道上，只见数百人的长队随着灵车缓步而行，一路上，有无数双手扶着车厢栏杆，在昏暗的灯光下只有低沉的抽泣和“沙、沙、沙”的走路声，一条百十米长的路走得沉沉的，长长的……

无限的悲伤　不尽的缅怀

噩耗通过电波很快传遍全国，乃至全球，无论在家乡成都故居的双眼井旁和百花谭公园“慧园”的巴老立像前及巴金文学院的展示大厅里，还是在巴老祖籍浙江嘉兴和他晚年居住过的杭州西湖边，都以瞻仰、献花、追思、座谈、吟诗、上网、朗诵、展览等形式表达着对一代文学巨匠离去的悲痛之情。

上海是巴老长期生活过的地方，无论是巴老早年就读过的南洋中学校园还是在武康路的寓所和淮海坊的旧居及巴老任主编的《收获》文学杂志社和上海图书馆、市政协等单位都无不布满怀念的鲜花，寄托着无尽的思念。在巴老长期工作过的上海市作家协会大院内失去了往日文友们相聚一起时的欢声笑语，气氛显得格外地沉闷。工作人员以最快的速度把作协大厅布置成“怀念巴老”的展览会，大厅中央安放着从未向读者公开展露过的由陶艺工艺大师徐秀棠创作的巴老半身紫砂塑像，像前摆放着用 101 朵红玫瑰扎成的 1.01 米高的大花篮，展厅四周布满了巴老在各个时期生活、工作时的大幅照片及他捐赠给作协的部分著作和珍贵的手稿实物。在展厅的一隅，还不间断地播映着巴老生活和工作时的电视片。读者来了一批又一批，他们在图片前流连忘返，在塑像前驻足默哀。

在每一个花篮、每一个留言的背后都有着一段动人的故事，展览会开幕的第一天，已92岁高龄的倪炎伯英骑着助动车就赶来了，他轻轻地抚摸着巴老的塑像，老泪纵横，还把一张写有“巴老，你永远活在我心中”的卡片放在像前。翌日，他又来到展厅，捧来了在过去几十年中巴老赠给他的签名本及在一起的合影照，让参观的读者共同分享。他动情地指着巴老的签名说，巴老晚年因手抖得厉害，每次送他书时，深表歉意地说，签的字太差了，巴老真是一个大好人。如今，我捧读他的书，好似巴老仍在我们身边，他没有离开。

我在签名簿上看到一则“巴老，你是探索真理的典范”的题词，落款人是：088号《随想录》拥有者吴淑芳。这名字对我来说再熟悉不过的了。14年前，我不仅亲历这场有着特殊意义的拍卖会，还拍下过吴淑芳喜得088号《随想录》时的照片呢。我还记得，在1991年8月30日南京东路新华书店举行的作家赈灾义卖活动上，巴老不仅从家里拿出了《巴金文选》(10卷本)，还把三联出版社出版编号为088号特装本《随想录》也拿出来参加义拍。拍卖前，自小喜爱文学的女工吴淑芳从报纸上得知消息后，便与丈夫商量用家中的一部分积蓄为10岁的儿子买一本巴金的书送给他，当作生日礼物。第二天一早，她就赶到了书店，在强手如林的拍卖现场，她毫不示弱，志在必得。最终以1.3万的价格拍下了这部《随想录》。每月工资只有60余元的吴素芳出门时只带着2000元。结果大大地超出了她的预算，为了能得到这部书，她倾其所有存款，又向兄弟借了4000元，才凑足了书款。

巴老得知一位普通女工用那么多钱买下了他的书，心里感到很不安，他连夜找出一本收录了序跋、散文集作品的《巴金文选》及一幅生活照片托人交给吴淑芳，并在书上亲笔题上：“我不是文学家。我写作，不是我有才华，而有感情。”

当吴淑芳从广播里听到巴老去世的消息后，十分悲痛，她取出珍藏了十多年的《随想录》摩挲再三，彻夜难眠。一早，她从七宝的家中赶到了作协大厅献上了花篮，并动情地说，今天上大学的儿子因读书不能来，但我会同他一起去参加巴金先生的告别会，送送巴老。有一只挽联上落款为“一位读者”的花篮颇为注目，经打听，是巴老百岁华诞时创意设计“世纪巴金”个性化邮票的出品人郑于康送的，他在筹划出版邮票时，细细地读了巴老的许多作品，还反复端详着我为他提供的巴老的各种照片。所以巴老用心与读者交流，用微笑面对读者的形象已深深地印刻在了心中，巴老逝世的当晚，他就向花店预订了一只用红玫瑰扎成的大花篮，第二天，以“一位读者”的名义送到作协门卫室，便悄然地离开了。这是作协收到的第一只悼念花篮，也是唯一没留下姓名的花篮。过后，他对父亲郑恩德说：“巴老最惦记的是读者，心中最存得下的也是读者。我感到以读者的身份给巴老送花篮是件非常有意义的事。”

像郑于康这样热爱巴老的读者接踵而至，密密匝匝的花篮在大厅前的平台放满后再延伸到石阶上，每面墙上都张挂着雪白的挽幛，后又陆续送来的挽幛只能整齐地折叠着摆放在一边，其中有几次给巴老写信并得到过巴老亲笔回信的无锡市钱桥镇中心小学6000余名师生在“巴金爷爷，您走好”挽幛上的签名；有常州机电职业技术学院5000多名师生自发地在“巴老，您慢走”白布上的签名，每个签名表达着无限的悲伤和不尽的缅怀。我想，矗立在作协大厅前喷水池中的那尊大理石爱神雕像面对如此动人的场景，如果有知，也一定会落下伤心的泪水的。

从展览会开始，作协安排了两名专门接听读者的来电和传真的工作人员，但面对着如雪片般飞来的唁电、唁函，只得再增加人手帮助整理和登录，我在国内外发来的唁电中看到了日本著名作家、诺贝尔文学奖获得者大江健三郎先生的唁电，他说道：“从今天早晨的报纸上惊悉巴金去世的噩耗，在感到深深悲哀的同时，对巴金先生再度产生巨大的敬意。我以为《家》、《春》、《秋》是亚洲最为宏大的三部曲。目前，我也完成了自己的三部曲，越发感到先生的伟大。先生的《随想录》树立了一个永恒的典范——在时代的大潮中，作家、知识分子应当如何生活。我会仰视着这个典范来回顾自身……”

10月21日，巴老的侄女国煣托我到华东医院给住院的柯灵夫人陈国容和曹禺夫人李玉茹送讣告。她俩虽不同住一个病区，但这几天的心情是相同的，见我后都仔细地询问着巴老的后事，都为因病不能给巴老送别深感遗憾。我无意间向李玉茹谈及明天下午将在医院为巴老起灵时，李玉茹听后即说，无论病得怎样，明天一定要下楼送巴老一程。

第二天14∶35，我随巴老亲属坐面包车来到华东医院，这时，医院大门口已聚集着许多闻讯赶来送行的人，医院门卫不得不关闭了移动大门。车直驶到南楼前，只见几十位医务人员早已等候在路旁，他们手拉着一幅十多米长的白布，上面书写着“巴老，医务人员永远怀念您!”的黑体大字。我望去，一张张都是我熟悉的面孔，所不同的是，此刻他们脸上都失去了昔日常有的微笑，个个神情黯然，十分悲伤。小林、小棠同亲属们下车后径直走到他们面前，与大家一一握手，流着眼泪连声说道：“谢谢你们，谢谢!”当走到蒋老师、颜老师跟前时，小林与她俩久久地相拥在一起。

丁护士长泪眼汪汪地对我说：“我们都是自发而来为巴老送行的，有的在班上离不开，心里还不高兴着呢。”在护士们的眼中巴老始终是一位能体谅别人的“模范病员”，在治疗时，他宁可自己忍着病痛，也不愿麻烦别人，巴老的静脉血管细而脆，吊针时往往要扎几针才能成功，手背上经常出现瘀血凝成的片片乌青，但他从不埋怨。所以，大家在他身边工作时都很舒心。在最后的几年中，巴老因病无法用语言来表达自己的感情时，医务人员仍像对待自己的爷爷一样，常与巴老说说心里话，握握巴老的手，有时还会亲昵地拉拉巴老的耳垂，病室里时不时会传出欢快的笑声，大家都想用自己的劳动使巴老身体早日康复，有的护士还从书店买来了巴老的作品，想等着巴老康复后请他在书上签个名呢。

巴老在华东医院住院的几年中，从北楼搬到东楼，又从东楼搬迁到南楼病区，在他身边工作过的医生护士换了一批又一批，每当离开巴老调到新的岗位工作时，恋恋不舍之情感人至深，我想，这大概就是巴老的人格魅力所致吧，也正是这无形的力量，把彼此的心凝聚在了一起，用自己的爱心，融成了人间美好的情愫，这在物欲横流，人心浮躁的现实生活中是多么的难能可贵啊。

14∶55，负责起灵工作的张学才正步走到全国政协副秘书长孙怀山面前立正报告：“为巴金先生起灵工作一切安排就绪，请首长指示。”孙怀山神色凝重地宣布：“起灵!”这时，只见六名身穿深藏青西服，系着深色领带戴着白色手套的工作人员抬着已安睡了五天的巴老缓缓地走过小道，走向灵车，经过亲属面前时，小棠将一束鲜花放在父亲身上，俞院长代表医院献上了鲜花，排列在一边的医务人员们见此都再也抑止不住心头的悲痛，热泪滚滚而下，大家知道，巴老此次真的要离开医院这个特殊的“家”了。在送别的人群边上，我看到了李玉茹，在寒风中，她裹着厚厚的冬衣坐在轮椅上，不住地用手巾擦拭着眼泪，在她不远处还站着泪流满面的著名越剧表演艺术家傅全香。她与李玉茹同住一室，得知此事后，与李玉茹早早地在花园边上等候了。

医院东楼门前的平台上站满了身穿病员服的老同志，见披着黑纱的灵车徐徐驶过时，有的弯腰鞠躬，也有的挥手道别。灵车出大门后，沿着延安路往西行驶，市民们站在路口驻足而视，目送着车队通过。牌号为沪D-G1966的灵车开着双跳灯上江苏路匝道后向西南方向，一路驶去……

10月23日，是巴老亲属为巴老守灵的日子。15∶00，在龙华殡仪馆守灵厅，巴老安睡在用鲜花围起的灵床上，身穿淡咖啡色的休闲服，戴着眼镜，眼镜盒放在枕边，神情十分地安详，好似看书累了正在小憩。我们都静静地站立在巴老床边，凝视着巴老安睡的面容。殡仪馆的工作人员吴晓刚向我介绍说，他们都是巴老的忠心读者，为了让读者能看到一个与巴老生前同样的神态，化妆师对着巴老的照片反复比对，精心化妆，他们与大家的心情都是一样的。在蓝色的幕布下安放着巴老的一幅黑白照片，画面上，巴老穿着中山制服，笑得很欢畅。那天下行，同巴老亲属一同守灵的还有中国作家协会副主席、中国现代文学馆馆长陈建功和作家李辉等。

其间，小林、小棠在吴晓刚的陪同下，到棺木陈列室为巴老选购了最为普通的棺木和骨灰盒，随后又一同来到大厅，此时，全国政协秘书长郑万通同有关部门负责人正在察看第二天将在这里举行的巴老告别会的准备工作。负责会务的张学才办事一贯认真，他见巴老家里提供的那幅70×90厘米的彩色照片在宽阔的大厅里明显小了，便与小林、小棠商量，决定再放大尺寸精放一幅。当王开照相馆的王总经理接到电话后，立即通知有关技术人员等候待命，拿到光盘连夜加班。第二天清晨，张学才派人拿上照片又赶到浦东恒大建材超市，在中外合资的角王镜框艺术品公司按原样式配上镜框。可是，照片的宽度仍未放到位，一张挂，给人有狭长之感，此时离规定时间只剩下三个小时了，怎么办？张学才果断地说："重新来，不能让巴老的家人和读者留有半点遗憾。"他一面通知王开照相馆，一面把照片放宽后的尺寸报给了角王公司。时间不等人，他派了最得力的助手路伟前往取照片，并关照他，首先要确保路上交通安全，争取时间，尽量地快，还要保证照片的质量。路伟领命后驾车从龙华殡仪馆直往王开照相馆。11∶30，取到照片后又一路赶往浦东，配上镜框后急急地往回赶，到龙华殡仪馆已是12∶40了，刚挂好照片，还没等张学才松口气，小林、小棠与亲属们就步入了大厅。

巴老，您一路走好

大厅里回荡着俄罗斯作曲家柴可夫斯基的《悲怆》交响，迎面展开的大幅挽幛上书写着"为巴金先生送行"，下方就是那幅笑对读者的彩色大照片了。巴老身穿一套深色西服，鲜艳的领带在白衬衣的映衬下很醒目，他安卧在鲜花丛中，灵床的正前方是用101朵红玫瑰和一圈白菊花扎成的心形花环，人们自然而然地联想到巴老的话：把心交给读者。小林、小棠敬献的花篮分置在花环的两侧，挽联上分别写着："爸爸，你安心地上路吧。""爸爸，你安息吧。"

原定14∶00开始进场，没想到，在数小时前就有人开始排队了，等到作协的大客车到达时，五六十米开外已长队迤逦，人头攒动了，但井然有序，十分地安静。甬道两边，层叠着几排素色花圈和花篮，每只花篮上都挂着六七条挽联，工作人员准备的几千朵白花没多时就分发完了。人流中，有坐着轮椅的残疾人，有拄着手杖、行动不便的老者，也有与父母同来的孩童和系着红领巾的学生，有国内各地赶来的，也有来自美国、英国、奥地利、澳大利亚及日本、韩国和港台地区的友人和读者。我还看到了蔡元培的女儿蔡睟盎、鲁迅之子周海婴、冰心的女儿吴青、黄源的儿子黄明明等名人之后，但更多的还是普通的读者。

巴老的家乡也来人了，不仅有与巴老通过信的东城根小学和与巴老旧居地为邻的正通顺街小学的学生，也有通过电话报名包了飞机赶来的市民代表。他们在广场上拉开了白色横幅"巴金走好，家乡人民想念你"。在他们中间，有一位我熟悉的老人，高举着当年与巴老一起合影的大照片，他叫周锡光。在1990年，他与九位成都老年体协骑游俱乐部老人骑着自行车从成都翻山越岭历时三个月到达上海，在上海作协的帮助下他们见到了巴老，在客厅里，满口乡音的巴老与大家谈天说地，情意融融。他此时手中的那幅大照片记载着当年难忘的一幕。2000年，巴老生日前夕，他与几位同行再次骑车来到上海，为的是代表成都老年体协2005名骑游老人向巴老送上一幅竹编的祝寿图和一幅"一片冰心在玉壶"的书法。巴老因病重无法见客，我把他们引领到《收获》编辑部，小林代父亲收下了礼物，并表示了谢意，还回赠了他几幅巴老的生活照片给他留念。这幅竹编祝寿图一直挂在巴老的病室里，直到巴老去世。92岁的老地下党员曹达拄着拐杖来了，他认识巴金时才17岁，三十年代住在闸北宝山路上，恰与巴金为邻。此后的半个多世纪中，两人交往不断。巴老重病后，曹达隔三差五就会到医院探望，他说："我不懂文学，和巴老在一起谈得最多的是生活小事和锻炼身体，但我知道他写《随想录》的经过，我敬慕他的正直、诚恳、重感情……”行动不便的曹达动情地说，这个告别会，我一定要来！

在殡仪馆大厅门口，我还遇到了现就读于中国人民大学附中的初二学生高天南，他只身一人坐了一夜火车刚从北京赶来，随身带着一封他写给巴金爷爷的信，并要亲手放在爷爷的身旁。上午，他来到武康路巴老的家，小林读完信后，流着泪对他说：“爷爷在天堂里会听到你的声音的。”在信中，他写道：“……在生命中，有一幅珍贵的照片将永远印在我的心底。那是一个明媚阳光的春天，在美丽的西子湖畔，您看上去心情好，气色也好，安详地坐在轮椅上，开心地微笑着；我依偎在您的身旁，一脸懂事、听话的样子，踏踏实实的像小树杈长在大树上……此时此刻，我和您的心灵是相通的，我和您的感情在无声地交流着。”看着高天南的信，我的心觉得温暖了起来，仿佛时间在倒流，回到了十多年前的那一天。那是1992年的秋天，在杭州创作之家的小院里，曾同小林共过事的袁敏领着只有两岁的儿子高天南看望巴老，似懂非懂的小天南手拿长毛绒熊猫献给巴金爷爷，他在老爷爷身上不停地攀爬着，巴老面对一脸稚气的小孩乐得合不拢嘴，我赶紧用手中的相机抓拍到了这动人的一瞬间。如今，这幅充满人间真爱的照片被我收入到大型画册《世纪巴金》之中，已成了永远的纪念了。

广场上，从四面八方赶来送行的人越聚越多，人流开始涌动起来，工作人员不得不采取措施，加速队伍的流量，但依旧源源不断望不到头。告别会大大地超出了预定的时间，却还有五六百名群众等候在大门外，两眼红肿的小林见此表示：让大家都进来，他们只是想最后看一看父亲。于是，长队重新排起，等候多时的人缓缓绕过灵床，对着那张苍老而安详的面容深深地三鞠躬……

16∶00，小棠与端端抚着巴老遗像缓步走出大厅，六名工作人员抬着灵柩跟随其后，然后慢慢地放进了灵车。车驱动了，不忍离去的人们在路旁排起了百米人墙，不知有多少人双眼红红的，也不知有多少人热泪纵横，有的尾追着灵车哭喊着，也有的跪拜在路边为巴老送行，千言万语汇成了一句：“巴老，您一路走好！”

20∶00许，华灯初上，小棠捧着用红绸布包裹着的巴老骨灰盒在亲属们的护送下上了面包车。返程途中，小棠捧着父亲的骨灰盒坐在巴老出门时常坐的第二排座位上，车上大家相对无言，两位交警骑着摩托车在灵车两旁来回穿插交替着维持路口的交通秩序，车速比来时明显快了许多，好似车上车下有着一种默契：让巴老尽快尽早地回家看看。20∶45，当车从淮海路弯进武康路时，我在车上远远望去，巴老家的两扇铁门早已敞开，围墙边影影绰绰已聚集着许多人。

这几天，巴老家的门铃和电话铃声此起彼伏响个不停，人来人往，十分忙碌，我看到有背双肩包手里拿着地图一路寻找而来的香港读者；有母亲牵着女儿小手噙着泪水只求进屋看一眼的；也有自费从成都赶来的学生为的是在巴老像前献上鲜花行个礼的……庭院里、台阶上、过道旁、门厅和客厅里都摆满了一篮篮、一束束的鲜花，最为引人注目的还是今天上午金炳华率中国作协党组、主席团敬献的两个足有一人多高的大花篮。在巴老告别会前，金炳华同作协党组副书记及从各地汇聚而来的副主席王蒙、丹增、叶辛、李存葆、张平、张炯、陈忠实、铁凝、黄亚洲、谭谈及名誉副主席邓友梅、张锲，主席团成员张贤亮，党组成员、书记处书记高洪波、吉狄马加、张胜友、田滋茂等齐齐地来到寓所。金炳华首先代表作协党组、主席团向小林、小棠表示了慰问，并追忆着主席巴金关心文学事业，为文学事业的繁荣所做的贡献，他欣慰地告诉大家，巴老病重期间，他把国家发展改革委员会刚批准的中国现代文学馆第二期工程目前正在筹建的情况告诉了巴老。那天我目睹了这一幕，巴老病情虽然十分危重，但思维仍十分清晰，金炳华在床前介绍时，他认真地听着，还拉着金炳华的手想说话，边上的人看了都为之动容，知道中国现代文学馆是他晚年最关心的几件大事之一啊。

大家在一起还追忆着十年前巴老抱病出席在上海召开的主席团四届九次会议时同代表们坐

在一起共商发展大计时的情景。在客厅中,叶辛触景生情地说道:“每次来探望巴老,总见他坐在落地窗边的木椅上,不是看书就是写作,他还常常勉励我,要多写,多出作品,巴老对年轻人始终寄予着厚望,他是一位有着长者风范值得尊敬的老人。”当金炳华来到内阳台里指着一张不起眼的小桌说,巴老的《随想录》就是在这张桌上完成的,身穿少将制服的军旅作家李存葆闻之即上前让我为他留下与小桌的合影作纪念,并感叹道:“如雷贯耳的名作竟在如此简陋的桌子上写成,真无法想象。”

夜幕下,已拂去了白天繁忙景象,人们都默不出声地迎候着,车门刚打开,大家自动地让出了一条通道,小林、唐宁、金炳华、孙怀山等迎了上去,此时此刻,望着巴老的骨灰盒按捺不住心中的悲痛流下了眼泪,有的在边上唏嘘不已。

小棠把父亲的骨灰盒安放在了客厅里的方桌上。我环顾四周,家中仍保存着巴老在家时的原貌,门边上的大书橱里排放着巴老常用的书,插满了笔的笔筒和查阅资料时用的放大镜仍摆放在那张六角形的茶几上,边上放着一把巴老惯坐的木椅,眼前的一切我既熟悉又亲切,巴老最后一次回家的情景渐渐地浮现在我的眼前……

1997 年 5 月 8 日,再过几天巴老要去杭州养病了,但他放心不下家中让人整理出来的那批书。两天前,小林陪着他到上海图书馆参观后,想回家的心情更为迫切了,遂向主治医生崔主任提出要求。崔主任考虑到巴老时年 94 岁了,血压很不稳定,一时也不敢答应,她向院方作了汇报,经医院研究,准了两个小时的假,并配备了医生和急救药品以防万一。

那天,天下着濛濛细雨,巴老坐着《收获》编辑部的面包车回到了已离别了三年的家。进门后,他让小吴推着轮椅穿过客厅,径直来到内阳台里的长沙发前。原来,这批捐书大都是外文画册,整齐地叠放在沙发里,书中有些是巴老出访时从国外买的;有些是外宾作为礼品相赠的,因此,无论从装帧还是印刷上都非常精美,再者画册上部已盖上了巴老的藏书章和他的亲笔签名,显得更加珍贵了。巴老看了一会没吱声,少倾,又让小吴推着他来到客厅里,坐在轮椅上一会儿让我打开这个书橱的门看看,一会儿又让打开另一扇橱门望望,若有所思。见此,小林问道:“爸爸,你在找什么?”巴老答道:“这些书不够,再增加些。”当小林说,再从三楼书房捐些外文图书时,巴老连连点头表示赞同。接着,我们几个从楼上抱着一摞摞书往下搬个不停。我见书中有《普希金全集》、《莎士比亚全集》、《托尔斯泰全集》等外文版的书,巴老见书渐渐地把楼道口堆满了,这才露出了微笑。

我们在搬书的忙乱中,不知情地把小棠存放在二楼的书也给搬了下来,过后,小棠问起,才知忙中出错,把他的书也捐了出去。我记得,那次还意外地发现了九叶派诗人穆旦早年寄给巴老的一份诗稿,巴老看过后托人捐赠给了中国现代文学馆。随去的医生邵殿月见巴老久坐劳累,便放下轮椅靠背让他躺下休息,不知怎的,那天巴老的精神特别好,毫无倦意,把双眼睁得大大的,望着天花板正思考着什么,我站在一边想,他心中一定还有许多事想做,或捐书?或捐物?……

我知道,巴老向弱势群体伸出援助之手的行动从未停止过,而且,巴老过世后,他的子女还继续着父亲生前喜爱做的事。10 月 28 日,上海各单位接到了募集冬衣和钱款支援贫困地区的通知,上海作协也不例外,当我正在登记捐款人的姓名时,《收获》编辑部的王继军送来了编辑同志的捐款,另外还有一沓崭新连号的百元币,足足 1 万元!他告诉我这是小林托他来捐的,仍按“李尧棠”之名登录。后我问小林才知,这 1 万元钱是父亲积蓄中的一部分,这次济贫对口地区是四川达州,正好是爸爸的家乡四川。她还说,家乡人民热爱他,爸爸生前也经常惦念着家乡,就让这笔钱发挥点作用吧。

我曾受巴老家人之托以“李尧棠”之名向有关单位捐款、捐物不知其数,可是,这笔钱捧在手上感到特别地沉,个中滋味难以名状,与一个月前小林托我向“希望工程”捐款时的心情迥然不同。9

月 13 日,市“希望工程”办公室举办“向老区捐献建百所希望小学”的活动。我将巴老的稿酬 2 万元交给了“希望工程”,接待我的吴主任感叹地对我说:“巴老真不容易,自己病得这样,还不忘别人,还不断地捐款,这样的好人世间有几个!”这是巴老 11 年来第 27 次向希望工程捐款,也是他生前最后一笔捐款,办公室为了纪念巴老对“希望工程”做出的杰出贡献,决定在巴老家乡四川建一所以“巴金”为校名的希望小学,让贫困地区的学生永远记住巴金给他们带来的希望。

“爸爸、妈妈,再见了!”

巴老历经沧桑,饱受磨难,在生活中将名利、地位看得十分淡薄,对待生老病死也很超然,他早已立下遗嘱:要化为泥土,回归自然,与大海在一起。我在他身边常听到他对人说:“十年‘文革’如此艰难的日子都熬过来了,还有什么苦不能吃呢?”他坦然地面对着一切。

11 月 24 日,我步入客厅,见一直安放在二楼巴老卧室中的萧珊骨灰盒已移到了客厅里,同巴老的骨灰盒摆放在一起。自 1972 年 8 月 13 日萧珊去世后,曾有人劝说过巴老,把萧珊的骨灰安葬了,巴老没同意,三十多年来,他把萧珊的遗像安置在床头,骨灰盒放在床边的五斗柜上,陪伴着萧珊度过了不知多少个不眠之夜!巴老有个习惯,当他有感情无处倾吐时就求助于纸和笔。可是,他提笔想写一篇怀念萧珊的文章时,面对摊开了的稿纸,脑子却一片空白,无从下笔。他足足等了三年,最后写出感人至深的《怀念萧珊》、《再忆萧珊》,在文中他说道:“……每夜,每夜,床前骨灰盒里,她的小声呼唤,她的低声哭泣……骨灰盒还放在我的家中,亲爱的面容,还印在我的心上,她不会离开我,也从未离开我。”巴老始终守护着这份纯洁的情。当他因病无法再握笔写字时,将著名播音员陈醇朗诵的《怀念萧珊》、《原化泥土》及《怀念从文》的录音带带在身边,无论是到杭州养病还是在医院中,一有空就会拿出录音机,坐在轮椅上独自反反复复地听,究竟听过多少遍,已无法统计出一个精确的数字了,但巴老双手微微举着录音机尽力往耳旁凑的情景,已深深地印刻在我的脑中。

我走到方桌前,向两位老人深深地鞠躬后,见桌上摆放着上海文艺出版社刚赶印出来的巴老生前最后一部长篇小说《寒夜》的手稿编号珍藏本(此书编号为 101 号),另一本是作家出版社出版的合集本《随想录》,这两部书原是准备给病中的巴老贺寿用的,没想到竟成为之送行的书了。边上还摆放着一本萧珊翻译的俄罗斯诗人普希金的《黑桃皇后及其他》,巴老爱读萧珊的译作,他曾说:“……我很喜欢她翻译的普希金和屠格涅夫的小说。虽然译文并不恰当,也不是普希金和屠格涅夫的风格,它们都是有创造性的文学作品,阅读它们对我是一种享受……在我丧失工作能力的时候,我希望病榻上有萧珊翻译的那几本小说。”书上还放着巴老的玳瑁眼镜,这副眼镜对我来说是既熟悉又亲切,在九十年代中期,随着年岁增高,巴老原来的眼镜已不适应日渐老花的眼睛了,吴良材眼镜公司闻讯后,让林技师专程到华东医院北楼配制,我常用手中的相机透过镜片摄下他老人家温煦沉静的眼神。眼镜旁放着一枝不锈钢笔杆带电子钟的圆珠笔,同我在一起的中国作协外联部副主任陈喜儒一眼就认了出来,并说出了它的来历。1980 年,巴老率中国作家代表团出访日本,陈喜儒任随团翻译,这支笔就是在此次出访时日本友人赠给巴老的,巴老握着它曾为读者写下过许多文章,同时,也记载着巴老与日本友人的一段佳话。桌上还放着两盒巴老爱吃的巧克力和一对已泡上“龙井”的瓷盖杯。巴老像旁的两篮艳丽的鲜花是小林、端端特意从花卉市场挑选而来的。桌边摆放的那架钢琴是萧珊用翻译屠格涅夫作品得来的稿酬买的,虽然事隔多年,女主人也早已离去,但钢琴仍保存得完好无缺。桌前摆放着巴老胞弟李济生刚送来的花篮,在白色缎带上用毛笔写着:“四哥、嫂嫂:明天东海之浪将把你们至真至诚至爱波传到大洋的滨遍,达四方,发芽、开花,为人类和平造福。”

几天前,小林托我在 11 月 25 日那天负责把邵主任、谭老师护送到她家,然后上车一同去吴淞码头。

邵主任原是华东医院神经内科资深医生，在上世纪八十年代初，是她诊断出巴老患上了帕金森氏症，经她多年的跟踪医治，病情得到了有效的控制，因此，巴老对邵主任的治疗非常满意。已退休多年的邵主任每次为巴老到杭州做例行检查后，巴老都要托我下火车后送她回家，并还要打电话告诉他，这才放心。两位与巴老交往多年的老人感动地说："巴老家里这几天已忙得团团转，还要来关心我们，这真是巴老家的遗风啊！"

当我们三人25日一早来到武康路巴老寓所门口时，院子里已站满了前来送行的友人、晚辈及在巴老身边工作过的人，前来为巴老送行的还有金炳华、孙怀山，上海市委副书记罗世谦、殷一璀等有关领导。

上午8：00，巴老和萧珊的骨灰撒放仪式的启程时间到了。小林、小棠神情哀伤，轻轻捧起父母亲的骨灰盒，那一刻，无人不为之动容。送行的人们分乘四辆面包车出发，最前的那辆车披着黑纱，每辆车都开启着双跳灯，途经路口时，行人和车辆都有序地靠在一边，注目着让车队缓缓通过，市民们就是用这样的方式，默默地为这位在上海生活了82年的文学老人送别！

8：40，车队抵达吴淞码头。在汽笛声中，小林、小棠手捧着骨灰盒向早已停泊在江边的"沪航3号"轮走去，亲属们陪伴在侧，其中有从四川成都老家赶来的76岁的侄子李致；有从北京来的巴老的养子马绍弥夫妇；有专程从美国飞来为爷爷送行的孙女小端端（巴老昵称她为"狗狗蛋"，现就读于哈佛大学），虽然行将毕业，学业繁重，但她要为爷爷、奶奶送一程。她知道爷爷非常爱她，只要有新书出版就会给她留上一份，还在给她的信上写道："……我答应送给端端的书（我的《全集》）留在客厅里，已经有十七卷了，它们也在等你……"

昨天下午，端端突然向她父亲小棠提出要看看爷爷给她的书，小棠遍寻无着，原来，小林姑妈早给她收好了，取出一看，足足一大纸箱，每本上都题写着"送端端"三字，并签着"巴金"和日期。端端看到爷爷在《巴金全集》的最后一卷扉页上写着"等你回来"，她马上神色黯然，把书捧在胸口说："这本书我要放在随身的包里……"我在边上对她说："爷爷对你真好。"她听了连连点头。望着她那天真烂漫的神态，使我想起了几年前巴老对她说过一番语重心长的话。在香港回归后的第二天，端端在小棠的陪同下从北京游览后来到杭州看望爷爷，巴老见后高兴地对她说："在华东医院见面后有三年不见了，端端长大了。"我们问她在北京参观哪些景点时，端端用生硬的普通话说："故宫。"然后又用手不停地比划着那个长长的东西，但无法表达出来，见此，我就说："是不是长城？"她听后马上边点头边说："是，是。"引得巴老直笑。巴老知道端端在美国学的是英语，现又在学法语，见孙女的中国话讲得不流利，便对她说："你不要忘记中国话，要知道你是一个中国人。"端端听懂了爷爷的话，又连连地点起了头。我发现，她此次回国，普通话说得比以往不仅标准，也流畅得多。可是，此时爷爷、奶奶只能在天国里听"狗狗蛋"的说话了。

近几天，大雾始终紧锁着江面，连气象预报也报出了因雾轮渡停航的消息，因此，负责骨灰撒放仪式工作的同志担心会因雾起不了航。可没想到，小林、小棠捧着父母亲的骨灰盒登船后，霎时间，艳阳高照，把连日来的大雾一扫而尽，见此，谭老师说，巴老真是个大好人，老天也有眼，出来帮忙了。航船拉响了汽笛，这艘有着几十年船行史的客轮，共分三层。工作人员专门在第三层船尾甲板的船舷上设置了一个用不锈钢制作的方形骨灰撒放台，围绕四周的红玫瑰显得分外鲜艳，甲板四周的护栏都用蓝色的丝绒围了起来，八个大花篮摆放在甲板上。三层船舱的正面是蓝色的底板。上方书写着黑体大字"巴金萧珊骨灰撒放仪式"，下方还设置了灵台，台上铺满了红玫瑰和满天星，上面安放着巴老的像，台的正面是用红、黄相间的玫瑰拼出的两颗紧挨着的心，四个花篮分置在灵台两边。

整个船舱布置得庄严、肃静。小林、小棠把父母亲的骨灰盒安放在灵台的鲜花上。

8∶50,伴随着一声悠长的汽笛声“沪航3号”载着巴金夫妇驶向浩瀚的东海。在途中,送行的人们争相在灵台前合影,我心中多么不愿举起相机,但还是把这令人心碎又难忘的镜头一次次地把它定格在了胶片上。船行约一小时,骨灰撒放仪式开始,大家向巴老萧珊鞠躬致意,随着柴可夫斯基第六交响曲《悲怆》的响起,小林、小棠双手戴起洁白的手套,将父母亲的骨灰盒打开,然后轻轻地移放到铺着红丝绒的方盒内。在巴老102岁生日这一天,终于实现了他的愿望:“……等到最后一息永远闭上眼睛,就让我的骨灰同她的掺合在一起。”当巴老和萧珊的骨灰合着玫瑰花瓣被一把把撒向大海的那一刻,李小棠用四川话呜咽着说:“爸爸、妈妈再见了!”李小林捧着骨灰已泣不成声,泪流满面地说道:“爸爸、妈妈你们放心吧,我们会很好的。”……

送行的友人、晚辈与船上的工作人员一起,含着热泪站在船边把准备好的玫瑰撒向海中。大家又把大花篮中的红玫瑰一枝枝地抛入大海,有的让片片花瓣放在手中让它们随风而去,远看好似下起了一场壮观的“花瓣雨”。

10∶10,“沪航3号”在中国海事1010号引领船的引领下返航了。当船掉过头后,我站在船尾向东望去,只见海面上出现了一道奇观——一条用红玫瑰铺成的“红地毯”随着波涛上下起伏,千转百回,向着东海滚滚而去。

此时,送行的人们在后甲板上齐齐地面向大海三鞠躬。《悲怆》的乐声,海的涛声和航船的汽笛声交织在一起,久久地在海上回荡着……

此情绵绵无尽期

——冯沛龄——

1994年3月21日,是个难忘的日子。这天下午,我和徐钤、温国光、陆正伟三位同事如约来到巴金寓所迎取他捐赠给上海作协的图书和手稿。走进大门,只见早春的茶花、杜鹃及樱花争相怒放,艳丽多姿。依旧是熟悉的庭院,依旧是熟悉的小径,大家的心情却别样激动。巴老曾向上海作协捐赠过数批珍本图书,但当面接受他的捐赠却是第一次。巴老已在客厅等候,见我们进门,亲切热情地和大家打着招呼,接着叫家人把早已准备好的图书及手稿取来。书是十四种不同版本的《随想录》(中文版),有一种仅剩一本了,他也毫不犹豫深情相赠。手稿是巴老1962年11月1日—1966年9月3日及1977年5月23日—1982年4月30日的日记原稿。1977年6月23日之前的日记,均用纤细漂亮的毛笔字书写在毛边纸信笺上,1977年6月24日—1979年10月21日改用钢笔字写,计有1042张。1979年10月22日—1982年4月30日的日记,用钢笔字记在一本硬面笔记本上,共52页。已届九十高龄的巴老,不顾体弱多病,亲自动手整理书及手稿。看着包扎得方方整整的书及手稿,我感动,热泪盈眶。望着面前白发苍苍、平易近人的巴老,我不由得在心里默默地为巴老祝福。

说到赠书,巴老自上世纪五十年代始即向作家协会上海分会资料室捐赠图书了。在资料室书库里,有两套俄国一家百科全书出版社出版的俄文版特精装选集。一套是1902年出版的《莎士比亚选集》,一套是1908年出版的《普希金选集》。灰色布面精装,装帧漂亮,印刷精美,插图华丽,见到的人,无不爱不释手。书籍出版至今已有一百多年历史了,十分珍贵。这两套书是巴老上世纪五十年代捐赠的。上世纪六十年代,巴老又捐赠了《巴金文集》等书。八十年代初,巴老特将自己珍藏多年解放前出版的著名作家张恨水的作品如《春明外史》、《落霞孤鹜》、《啼笑因缘》、《满城风雨》、《现代青年》、《热血之花》、《秦淮世家》、《蜀道难》、《平沪通车》、《山窗小品》、《到农村去》、《偶像》、

《大江东去》、《中原豪侠传》、《斯人记》等40余册图书捐赠给资料室。1931年5月世界书局出版的《春明外史》共12册，每一册都盖有“巴金”印章，想必巴老当年是十分珍爱的，这次也一并捐给了资料室。

巴老不仅捐书，还十分关心资料室的工作，希望我们保存好，利用好资料室的珍贵藏书。当他得知资料室年久失修，书库爆满，新书无法上架，工作人员还在危房中工作时，十分焦急，上书市领导，提出扩建的要求。如今，在巴老的呼吁下，领导的关心下，新的资料楼已在作协的花园中巍然屹立。当我们坐在窗明几净、环境幽雅的办公室里时，饮水思源，怎能忘记巴老的殷殷关切之情，我们发自肺腑，由衷地说一声：谢谢巴老！

巴老时时惦念着资料室的建设，自上世纪九十年代中期至2005年逝世时为止，又捐赠了一大批图书。捐赠的图书有《巴金全集》、《巴金译文选集》两套(台湾东华书局及三联书店香港有限公司出版的各一套，每套10册)，香港天地图书有限公司出版的《家》、《春》、《秋》，世界语版《家》、《胡风全集》、《中国抗日战争时期大后方文学书系》一套，《蒙古王府本石头记》、《中国共产党历届中央委员会大辞典》等。

巴老一生钟爱书，他不止一次说过，是读者养活了他，他的一切来自于书，也要还回给书。半个多世纪以来，巴老耗去大量心血和精力，搜集了数万册各种文学、各种版本的书籍。“文革”结束后，巴老深感“散播知识，散播生命”的重要。为了使藏书能充分发挥作用，在上世纪80年代初，不顾年迈体弱，作为“身后事”之一，亲手将劫后幸存的书刊一本本分门别类地整理出来赠送给中国现代文学馆、北京图书馆、上海图书馆、中国革命博物馆、南京师范学院附中(巴金的母校)、成都慧园、泉州黎明大学及上海作协资料室等处。

巴金说：“生命的意义在于付出，在于贡献；不在于接受，不在于获取。”巴金还说：“不管留给我的日子还有多少，不管我能不能再活一次，我默默地献出最后的一切，让我的生命也开一次花。”巴老是这样说，也是这样做的，这一切怎不令人肃然起敬，令人深长思之。

情深深，意切切，此情绵绵无尽期。巴金先生，我们永远思念您！

《文汇读书周报》2006年7月21日

同巴老的相识和相交

——徐　靖——

在高中一年级时，我有机会课余读了《家》《春》《秋》。读小说，我很少记住作者名字，可这次我牢牢记住了“巴金”这个名字。我觉得作者了不起，他的书能让我哭、让我笑、让我爱、让我恨，令我思索，使我去追求。虽然我没有生活在觉慧那个时代，生活在那样封建专制的家庭，但我却处在国民党统治最黑暗的时期——贪官污吏、腐化堕落、走门子、裙带关系、官场丑恶等等，比比皆是。那时，学生毕业即失业，广大人民群众处在被压迫、被剥削的苦难之中，街头巷尾怨声载道。为了救中国、求生存、寻出路，思索、寻求，成为我的必然之路。读高中二年级时，能接受地下党的教导和引路，由蒋管区投奔解放区参加革命，是我求索的必然之路。

说来也巧，1953年春，部队送我去考大学，为补习，我来到成都，住进了巴金的“家”——北门正通顺街的一个院子，是军区的一个招待所，后来成为战旗文工团的驻地。我在院内厨房旁边首先看到一口井。那井，使我想到淑贞的悲惨的命运。我又去寻那湖、那花园中的假山、那梅林……那里有觉慧、鸣凤、觉新和梅表姐的故事。高家这个没有了希望的家，逼得觉慧走出夔门，奔向上海，去了法国，走向天涯海角，寻找光明出路。本来我是补习功课准备参加高考的，触景生情，沉浸在对人物、对故事的回忆中，心中又默默地重温了一遍《家》《春》《秋》，对作品又有了深一步的领会和理解。从此以后，我特别爱读巴金的作品。读他的书，就如面对面地听他讲述，娓娓道来，备感亲切。

又是这么巧，真没想到上世纪七十年代末，我竟然见到巴老！因为工作关系，还同这位我所尊敬的作家有了交往，建立了友谊。

1979 年 3 月，是个风和日丽的春天，我随同全国诗歌作者学习访问团，访问了广州、海南远洋轮和海运公司码头后，来到上海。刚住下，巴金老人就赶到诗歌访问团的驻地，来看望大家。陪同他来的还有上海的两位诗人。没有介绍，我一眼就认出了巴金。他身着蓝色的中山装，中等个儿，虽有一头白发，但无老态，健步走来同大家一一握手。我望着他，宽宽的前额下面戴着一副黑边眼镜，镜片后是一双透着智慧而有神的眼睛。谁说巴老讲不好话？看，他在朋友们面前，开怀抒意，谈笑风生。这里有他二十多年或十多年未通信的老友艾青、邹荻帆、蔡其娇、吕剑、吴越等，还有较年轻的傅仇、雁翼、孙静轩、周良沛、胡昭、满锐等三十多位诗人朋友，这些人都是从苦难中走出来的。巴老在"文革"十年中，受尽折磨，还丧失了爱妻萧珊。话不但投机，还"心有灵犀"。整个房间，充满了真情话语和欢笑。我聚精会神地听着他们的交谈。为了记住这难遇的作家、诗人们的相会，我打开了录音机，并用照相机拍下难忘的场景。我将镜头对准巴老，摄下我首次见到的他的神情。当晚，巴老在锦江饭店宴请艾青夫妇和访问团的几位团长及四川来的全体团员，因而我也参加了宴会。宴会上祝福声干杯声声声不断，巴老每每举杯，都没忘记同我碰杯。我在自我介绍时，说明了我仅是随访问团的一名编辑，但巴老不仅请了我，并不因为我不是名人而冷落我、看轻我。这，就是巴老的为人风格吧！后来，巴老在人文社、在香港三联出的新书，都没有忘记签名送给我。

也真有缘，我调到四川人民出版社主编的第一套丛书就是老作家的《近作丛书》，《巴金近作》是丛书的第一本。——我和巴老成了编辑和作者的关系。打倒"四人帮"后，巴老创作胜似涌泉，每年都有十多万字问世。从 1977 年至 1986 年间，四川人民出版社文艺编辑室也就是现在的四川文艺出版社为巴老出版了四本近作集，即《巴金近作》、《巴金近作・二》、《探索与回忆》(《巴金近作・三》)《心里话》(《巴金近作・四》)，内含随想录、创作回忆、杂感、散文、序跋、书信。作为他的责任编辑，我一字一句读他的书，真是一种享受。有时竟然忘记了自己是编辑在看稿，像倾听一位知心好友的谈话，被他那真情实感所打动，有时又像听一位智者在讲课，课中的寓意给你以启迪，令你思索；有时像遇到一个勇者，面对荆棘丛生的丑恶，奋不顾身，抡起开山大斧，拼杀过去；又像是遇到一个长者，教你怎样做人，做一个讲真话办实事、踏踏实实为大众服务的人。他的作品是有感而发、应兴而作，思想既深刻而又平易，感情既浓烈而又朴实。言为心声，是洞幽察微的真话，表述了一代文学巨匠对他热爱生活、热爱人世、热爱社会的独特而宝贵的感受。所以，我常常将他书中的段落、警句抄录下来，作为我的座右铭。

1981 年 7 月，我去上海组稿。我知道巴老刚出医院并声明不会客，我也不想去打扰他。但来到上海，不去看看巴老，心中总觉得缺了点什么。于是我拿起电话，拨通了巴老家的电话。可能是他妹妹接的电话，我报了姓名，说明我的要求。电话放了一会儿，话筒传来"巴老叫你明天上午十点半来家"的允诺。

第二天即 1981 年 7 月 27 日，上午我准时来到巴老家。我被领进客厅，巴老的书房、卧房在二楼，他喊着我的名字，一步一步地走下楼梯。啊！快三年了，老人的记性这样好。我望着巴老，巴老病后痊愈，气色很好，不能说红光满面，但也是肌肤健康。巴老走下楼梯，我前去扶着他。我们一同坐下后，便谈了起来。巴老乡音朗朗，很关心四川的出版工作。我知道巴老的时间很宝贵，我将我脑子里的问题理了理，首先问巴老的生活与创作情况。巴老说："每天能写四五百字，包括写信在内。长篇《一双美丽的眼睛》已经动笔，但没有写好多。第三本《随想录》已编好，拟定明年再编一本近作集。"谈到《家》的再版、《家》的影响，巴老说："《家》到现在还有它的现实意义。恶多于善，善才受欺。"

谈到当时的买卖婚姻，巴老说："农村和城市都有以钱、权为婚姻条件的，使很多无钱无权的人结不了婚，出现了大男大女现象。"谈到"文革"后出现的一批作家，巴老说："他们的起点高，比我们当时的起点高，也比五六十年代出现的作家起点高。"同时，巴老也指出："有些作家的作品拔高了人物，欠真实。"谈到出选集时，巴老说："不能说这是炒陈饭，总结现代文字、当代文学，是很有必要的。这些作家的作品对人民是有贡献的。外国人在研究中国人的东西，却找不见作品。有的作品多年不再版。有的在'文革'中被烧了，出他们的选集是很有必要的，怎么能说是炒陈饭？"

第三次去巴老家，是 1986 年 3 月。同样是上午十点半，是我约请巴老弟弟李济生一起去的。那年巴老因摔断腿后身体刚恢复，谢绝会客。并早已声明不再为人写序、签字等。也许我是他家乡出版社来的人，也许是他弟弟陪着，也许我是他忠实的读者，也许我是他的书的责任编辑，有多年交往的友情，总之，巴老答应我去看他。我们去时，天气特别好。走进巴老的院子，那一片青青草地，树枝上挂着初生的嫩叶，在阳光照射下，给人一种生机盎然之感。当我们走进客厅时，巴老已经坐在那里了。见我们进来，他想站起来，济生和我紧走了几步，他笑着说："你们坐，茶泡好了，请喝茶！"我边喝茶，边望着巴老。巴老明显地比上次我见他时老了些，弱了些。巴老说，他在病床上躺了半年多，出院后，坚持行走锻炼，现在眼、腿、脚虽然不太灵便，但可以坚持自己上下楼梯，能绕院子走一圈，否则他将不会走路了。他说他又继续写《随想录》了。还说过两年再编一部近作集。我为巴老的现状和健笔感到高兴，热爱他的读者也会感到欢欣的。

我约请巴老写一部传记稿子。巴老说：我没有做资料准备，我的一些资料，"文革"中妹妹给烧啦，等我能活到九十岁时，我就写有关传记的稿子。我说："好，我等着！我们正在编辑一套《作家艺术家传记丛书》，你的传记将列入计划。"

我们出版社已经出版了巴老四本近作集了，我作为责任编辑，从中学到不少知识，并将我喜欢的至理名言抄录下来。我不知是怎么啦，竟请巴老在我本子上写下一段，巴老欣然同意。巴老见我抄录的一段一段的话语，笑了，并接过我拿出的另一个本子，照着我的请求写下他的一段话：

> 一个人倘使不用自己的脑子思索，一个作家倘使不照自己的思考写作，不写自己心里的话，那么他一定让位于机器人，这是可以断定的。

我双手接过他为我题字的本子，并说了句压在心头的话："说真话很难呀！因为说假话的人吃得开，混得好啊！"巴老说："难，是难！我要说真话，大家都要说真话。"大艺术家赵丹逝世前两天，在《人民日报》发表了他在病床上写的文章，其中说："管得太具体，文艺没有希望。"最后一句是："我没有什么可怕的了。"讲得多么坦率，多么简单明了。他多年管住自己不说，积压在心头的话临终还是倾吐了出来。他的意见也得到文艺界多数作家、艺术家称赞，认为说出了自己想说而不敢说的话。但事过不久，舆论界又批判赵丹了，大有降罪于这位大艺术家的气氛。"是啊，说真话是要勇气的。"后来巴金写文章回答舆论界："赵丹说出了我们一些人的心里话，可能他说得晚了些，但他是第一个讲真话的人，我提倡讲真话，倒是他在病榻上树立了一个榜样，我坦率承认，我同意赵丹遗言，'管得太紧，文艺界没有希望！'在闭上眼睛之前，我念念不忘是这样一件事：读者、后代，几十年、几百年后的年轻人，将怎样议论我呢？他们决不容忍一个说假话的骗子!”

在巴老离开我们之后,重温他的这段话,更觉得应该效行巴老这种精神!

《浓浓乡情忆巴金》 成都天地出版社 2005 年 11 月版

巴老的人品高度

——傅 恒——

巴老走了。还没从惊愕中回过神,家中的电话就开始一个接一个,除一些媒体,还有不少作家和读者,听说巴金陈列馆通宵开放,有人不顾天黑,立即赶往离城区二十多公里的陈列馆凭吊。到场的人中,竟有十多位小学生!一个八十多岁的读者给我们打来电话,要我们不要放哀乐,一定要放《命运交响曲》中的《英雄》乐章,他说,巴金是英雄!是我们心中伟大的英雄!他的话没说完,我这边已泪涌如泉。

从接触到的大量读者中,我们知道,巴老深受广大读者尊敬,一方面是他巨大的文学成就,另一方面是他的人品。在中国文学界,成就突出的人不少,人品好的也多,二者兼有并得到大家公认的却不多。这便是巴老得到人们广泛尊重的重要原因。

最早感受到巴老品格是在八十年代初期。当时我在一个地级市的文学刊物当编辑,那时候出版政策好像比较开放,我供职的刊物被批准公开发行,主编很兴奋,找大家商量请个“影响大”的人题写刊名。不约而同地都提到巴金,但又没有把握,毕竟只是一个地市级刊物。我们仗着与巴老同是一个省的家乡人,试着给巴老写了一封信,都估计这封信有百分之九十的可能是石沉大海。确实没有料到起作用的会是百分之百;巴老回信了,而且信上语气十分客气十分亲切,丝毫没有人们常见的“名人症”。巴老说他因年老手抖,无法写字,祝愿家乡的刊物越办越好。信是秘书写的,巴老亲笔签上名,那笔画,抖得像波浪,后来才听知情的人谈起,巴老早就不能握笔了。虽然没有得到题字,巴老的为人仍然让我们充满敬意。

近年由于工作原因,我十分荣幸地接触了许多关于巴老的资料,惊讶地发现,巴老的人品高度,绝对不是一般人能够想象得到的。巴老在写作的同时,还主持上海文化生活出版社工作,整整二十年,不拿一文报酬。是全国唯一的“义务主编”。巴老还担任《收获》杂志的主编,亲自阅读稿件,并亲笔给作家回信,即使对方是个毫不知名的文学新人也不例外。我们在征集巴老资料期间,都江堰市一位名叫夏时云的老人,冒着酷暑挤公共汽车,专程送来巴老四十一年前给他的来信。那时夏时云老人还是一个“文学青年”,有才气没有名气。他写了一部长诗寄往《收获》杂志,意外收到巴老亲笔回信。巴老的语气异常谦和,称“诗稿拜读”,很坦诚地说:“我不懂诗,提不出什么意见,不过,我觉得您(用的不是‘你’字)缺少生活体验,因此写得不深。结尾的悲剧也很不自然……太巧合了。没有安排这样一个结局的必然。”信是 1962 年 7 月 20 日写的,与夏时云老人四十一年后送资料给我们是同一个月。满头白发的夏时云老人谈起当年仍然满目深情,他说巴老的信极大地鼓舞了他,他按巴老的指点重新对生活反复思考,认真修改了作品,于次年再次寄去。不久又收到巴老 1963 年 4 月 9 日写给他的信。巴老说:“诗稿收到。我提不出更多意见,把它寄到作家出版社现代文学组去了,我希望编辑同志们给您帮忙。”

夏时云老人后来在创作上取得不小的成就,有作品被翻译介绍到国外,他说,如果不是巴老,他绝对走不出后面的路。两封信鼓励出一个作家。一个不领工资的“义务主编”,比许多拿高薪的主编干得更好。

这仅仅是巴老人品的一个侧面。我们在广泛征集巴老资料期间，听到的全是对他的赞扬和敬佩。他写的“说真话的书”和他的言行，强有力地征服了许许多多的人。1998 年，华东遭遇水灾，巴老正在外地，他从电视上看见有关消息，马上打电话叫家人捐款。当时他住在杭州汪庄，看见那里在动员职工捐款，巴老又以一个普通旅客身份主动捐款。后来见灾区孩子上学困难，巴老又将一笔刚刚收到的七万元稿费全部捐了出去。这些钱，每一分每一角，都是他一笔一画一字一句写出来的。若干年来，巴老多次向“希望工程”和慈善基金会捐款。他捐赠的已不是一个小数目。

2002 年 11 月，巴老 99 岁生日时，我有幸从一个侧面亲眼见识了人们对他的崇敬之情。按时下的某些价值观念，巴老已经不可能给谁带来什么直接“好处”，但他病房外长长的走廊上，人们自觉送来的鲜花和祝愿健康长寿的贺词，仍然多得让人惊叹。其中有一件不起眼的小礼品，尤其让我感慨。那是一个仅两三本杂志大的“四川竹编”，上面编的不是画，是几个字，做工平常，字及字的内容也平常。然而，真正打动人的不是这件小礼品本身，而是它的来历。这是二十多个家住在成都市的老人送的，他们中间年龄最小的也过了 60 岁。这些老人骑着自行车，从四川骑到上海，在路上整整骑了一个月时间，专程将这个普通的竹编送到巴老身边。他们送来的这份贺礼，绝对是很不平常，很不普通了。

如此受尊敬的人，绝不可能被淡忘，巴老永远活在人民心中。

10 月 18 日于成都

《文学报》2005 年 10 月 20 日巴金逝世纪念专刊

感谢巴老

——盛钟健——

10 月 17 日晚 8 时许，电话铃响，老友薛家柱告诉我巴金老人逝世的噩耗。中国文坛的一颗巨星陨落了。

巴老是早年成名的作家，我上初中时就读了他写的《家》，以后在大学读书又看了他的不少作品，是他的忠实读者。但我拜识巴老，并不是因为作者和读者的关系。1963 年，巴老的女儿李小林考入上海戏剧学院戏剧文学系，我当时是学院的助教，兼做李小林所在班级的政治辅导员。因为工作关系，系里党支部书记和我决定到李小林家去作次家访，特别想听听巴金先生对学院教学工作的意见。经电话联系，巴金先生慨然答允。第一次去见有声望的名人，我内心有点紧张，也颇为兴奋。巴金先生在楼下客厅里和萧珊女士一起接待我们。他衣着朴素，说话非常随和，一点架子也没有，这使我紧张的心情一下子松弛下来。那次谈话的内容，我现在已想不起来，只记得他说孩子进入大学后有进步，表明学院在教学上有成绩，以此来鼓励我们，提高我做好工作的信心。

十年动乱时期，巴老受到极大的冲击和迫害，家里被抄被封，妻子萧珊含冤弃世，他自己一直处于隔离状态，不便和别人打招呼。我偶尔去李小林家，见到巴老在楼下一个房间里，独自伏案写作，灯光照出他的满头白发。他在逆境中所表现出来的沉默和坚强，让我深怀敬意。以后“四人帮”被打倒，巴老的政治待遇有所好转。他曾来杭州小憩，住在浣纱路附近的一个老式洋楼里。那时恰巧我来杭州开会，李小林告诉了他，巴老特意叫女婿祝鸿生打电话给我，约我前往他住处吃晚饭。我不敢打扰他，自己吃罢晚饭后再去。我当时因为要解决和妻子两地分居的问题，已从上海戏剧学院调到宁波地区文化局工作,境遇并不顺利,情绪有些低沉。这次巴老亲切地和我谈话,使我在苦闷中受到精神的鼓舞。巴老知道我在大学里读的是古典文学专业,要送给我一部古籍。他拿出好几部有关古典文学方面的书让我挑选,我拣了一部清人万树编著的《词律》,线装本,一函十二册。当时李小林尚在没有恢复《东海》刊名的《浙江文艺》做编辑,不能随侍父亲身边,巴老日常生活得不到亲人的贴心照护,自己也还没有重新拿起笔来,在一切还待解冻的情况下,巴老却是处处关心别人,把温暖送给别人,连女儿的普通师友都想到。我对巴老的关怀,充满了感谢的心情。

我还应该感谢巴老的是,1979 年 12 月人民文学出版社重新再版了巴老名著《家》《春》《秋》。1980 年 1 月他就亲笔签名赠书于我。接着在 1980 年 8 月,巴老又签名惠赠刚出版的《随想录》第一集。使我更加感到意外的是,五集合订的《随想录》出版不久,我又收到巴老的厚赠。和以前一样,打开这本书的封面就有巴老的亲笔题字。书的装帧素雅、大方,书脊上没印出版单位,只在扉页上印有“生活·读书·新知三联书店”字样。这是精致的特装本,印数为 1—150 本,送我的这本书的编码为 43 号。《随想录》分集出版时,我已领受过巴老的惠赐,现在得此特装本,既是李小林的美意,又体现了巴老的垂爱。捧读这本大书,我心情激动。我认真阅读《随想录》里每一篇文章,叹服巴老的严于解剖自己和敢于说真话的精神。巴老在《随想录·合订本新记》里说自己写《随想录》是把笔当手术刀一下一下割自己的心,他又说:“要清除垃圾,净化空气,单单对我个人要求严格是不够的,大家都有责任。”面对巴老的箴言和完美的人格,我觉得自己的心灵在被净化,就凭这一点,我更要深深地感谢巴老。

巴老曾经说过:“讲出了真话,我可以心安理得地离开人世了。”现在巴老真的是永别了读者,永别了人世,但巴老洒向人间的爱不会消失,人们将会永远怀念这位可亲可敬的伟大的作家。

《西湖》2005 年第 12 期

面对巴金

——沙　牧——

巴金走了!

悲痛是难免的,但不必悲哀,因为人能活到百岁毕竟是一种福。何况,他的走,对文学界虽是一大损失,对他却是一大解脱。

也许,有人会说我不通人情,但我说的是真话,就不管别人如何作想了。

而倘若那些言“敬重巴老”而实为自己贴金的人也来责问我,那我就会反问一句:“难道我对巴老的敬爱不如你们?”

认识巴金这个名字,是在初中时期。因为我是从那时开始读他的作品的。记得有一次期终考试前一天,我深夜躲在被窝里看他的《家》,正看得泪流满面,不料被父亲发现。心想免不了一顿骂了,谁知父亲看到《家》,和颜悦色地拍拍我的头,只说了一句“早点睡吧”,竟没有严词训斥。第一次见到巴金是在电视上。大概是 1967 年四五月间,我在上海第二军医大学长海医院住院,一天电视直播上海召开批判文学界的黑线大会,批斗对象是贺绿汀和巴金。记得巴金是在贺绿汀之后被押上台的,当听到宣布“把文艺界的黑老 K 巴金押上台来”时,全场的人都站起来了。而从电视上收看的我们,更嫌那黑白的电视机画面不清,我想场内外的人们大多都是怀着一种“一睹风采”的心情吧。那时部队是不加入“文革”的,所以我对“文革”并无好恶,但看到我所崇拜的作家竟这样被押上台来,心中第一次对“文革”产生了反感,禁不住嘟囔一句:刚刚还是亚非拉作家大会的中国代表团团长,怎么又变成黑老 K 了? 忽地有人拍了一下我后肩,然后是一声压低的训斥:“别瞎扯!”回头一看,竟是陆军的某教导员,散场后,这位老新四军战士低声对我说,年轻人少说多看,巴金是打不倒的。

1976 年初,《浙江文艺》杂志在宁波鄞县鄞江桥举办了一次笔会,当时“反击右倾翻案风”已是山雨欲来风满楼。这次笔会其实是一次对运动的躲避,躲得远一点,也许能让心情好一点吧。但运动的矛头指向及其气势,大家还是明白的。一天,《浙江文艺》一位编务突然从杭州赶来,传达了局运动领导小组的意见,说是要与会者集中学习,并要人人表态。这一来大家的心情全被破坏了。巴金的女儿李小林当时是《浙江文艺》的诗歌兼小说编辑,言谈之间,我总能感觉到她是忧心忡忡的。虽说当时巴金已被“从宽发落”、“敌作内”(全称是“敌我矛盾作人民内部矛盾处理”)了,但这一场突如其来的“反击”,会不会又被拉出来当作“反面教材”呢? 一天晚饭后,我和《浙江文艺》的主编骆基、宁波地区文化局副局长赵士旺一起散步,不知怎样谈到了巴金,平素沉稳的骆基同志忽然情绪激动地说了一句:“巴金怎么啦? 我就是看了他的‘激流三部曲’才参加革命的!”听到这位抗美援朝时就是师政治部副主任的老作家说出这句话,我当时热血冲动、久而无语。

这次薛家柱先生在文中提及孙晓泉同志,说他也是因为读了巴金的《家》才参加革命的,这便证实了我曾有的一种想法,这就是:我的父辈们都有过同样的经历,大多是读了巴金的小说才投入反封建、争民主的洪流的。

在此,恕我作些补充,因为当年为了落实祝鸿生的工作,孙晓泉同志可是敢为时人之不敢为的,有些细节不能不说。

孙晓泉同志是我的老上级,这是一位温和敦厚的长者。1970 年我在《杭州日报》编副刊,他是分管我们这一摊子的报社党委副书记、革委会副主任。一次,我编发了绍兴诗人卢祥耀的一首题为《管水大伯》的诗,诗的内容是,管水大伯可以从蚂蚁搬家、泥鳅浮水、石板润湿等现象捕捉到天气变化。哪知诗一见报,报社楼梯旁的评报栏上就贴出了一张小字报,对此诗作了用语严厉的批判,说是“在中央领导(指姚文元)明确指出‘见微知著’是唯心主义的时候,本报竟有人发表此类文字,明目张胆与中央领导唱反调,这不是一种阶级斗争新动向又是什么?”我那时年轻,刚从部队回来,看到这种上纲上线的无端指责,一时愤懑就提交了辞职报告。对此,老孙让副刊所属的政法文教组开了一个小会,会上,老孙最后说的一番话,我至今难忘:“如果说农谚也是唯心主义的,那就是对唯物论的歪曲。小某同志,你安心工作,不要担心! 这首诗,如果有问题,主要责任在我,因为是我签发的。”他用这种大包大揽的勇气打消了一个年轻人的顾虑。后来听说,此诗牵涉到“阶级斗争”之说,是因我在报社印刷厂传达室旁的水池洗衣时,碰巧当时还在隔离审查的杭报原主编也来洗衣服,于是我低声对她说了一句:“某某同志,你好!”……自以为没人听到,谁知隔墙有耳啊。

所以提及此事,并非是我对那位评报的同志至今还耿耿于怀,而是想说明当时的政治已将人心扭曲到如何程度。但在那种情形下,孙晓泉同志还能坚持自己的信念,实在是太不容易了。《江南》杂志的老编辑何胜利也是上海戏剧学院毕业的,一天,已经分配在杭州工作的他,有事去上海锦江饭店分部找孙晓泉,看到上海戏剧学院的人事处长老曹正在和老孙商讨祝鸿生等人的分配问题。曹说:“现在不光是祝鸿生一个,我们还有不少学生不能分配!”孙反问说:“学生分配不出去? 他们是反革命?”曹说:“不是!”孙又问:“他们是地富反坏右?”曹说:“也不是!”孙晓泉于是呵呵一笑说:“那还有什么问题? 我全要了!”可以看出,为了一个祝鸿生,孙晓泉承揽了多少风险啊! 而此,就是缘于祝鸿生是巴金的女婿,就是缘于孙晓泉对巴金和巴金所代表的中国文学的爱戴。老孙,好人啊!

这就引出另一个话题。我们和我们的上一代虽都读过巴金的“激流三部曲”,但所受的影响却大为不同:父辈们因“激流”而投入激流,我们却至多因“激流”而泪流。时代毕竟不同了,父辈们身处其境,感受封建大家庭的压抑,进而产生对封建制度的不满而投身革命。而我们生在红旗下,封建大家庭早已不复存在,所以我们更多像是一群隔岸观花、因花落泪者。但倘若经过了“文革”的我们,竟不能感受封建余孽的危害存在,那我们这一代人算是白活了!银子可以白花花,青春也能白花花?而巴金正是在此时又为我们这一代高举起了一面旗帜,那就是他老人家的《真话集》,这是他带有血丝的呐喊,而主题仍与《家》相同:反封建!

如果说,“激流三部曲”给了当时众多的年轻人一种走上反封建道路的启迪;那么,《真话集》则是对新世纪的我们这代人的一种沉痛的呼唤!巴金是“五四”时代的作家。他当然也曾高喊过反对“孔孟之道”,但我却发现他的骨子里仍保留着儒家的温让敦厚、中庸之道。为此,当我听到有些人口口声声说巴金敢于讲真话,是中国文人的骨气,但他们自己说的却总是假话时;当我看到那些直到“文革”结束许久却还在因一己私利而竭力整人的人,在那儿义正词严地批判“文革”时,心里总不是一种滋味,真不知该哭还是该笑。想起那次批斗会,我曾盼望巴金也能像贺绿汀那样和主持人怒目相对,唇枪舌剑,但他却低着头默默地走了一圈,许是忍气吞声,许是忍辱负重,但无论何“忍”,都给人一种软弱厚道、逆来顺受的感觉。于是我想,他们这一代对孔孟之道的批判,与其说是一种反叛不如说是一种扬弃,因为对中华文化的“诚信礼义”,他们不但不曾放弃,更是有着一种新的继承。而老人家晚年之所以提倡“要讲真话”,这是他自己的一种反思,一种检讨,一种忏悔,一种剖析。而我们能像他那样作一次自我剖析吗?勇敢并不是一种忏悔,忏悔却是一种勇敢。那些溜须拍马、甚至踩着别人肩膀往上爬的人,你们敢忏悔吗?

于是在为大师送行的时候,我觉得我们都不能不面对一个严肃的问题,这就是:我们该如何面对巴金!

在一次追忆巴老的会议上,我感动于两位作家的话。一位是茅盾文学奖得主王旭烽,她说:巴金过去在我眼里,一直是一个人大于文的,直到人去世了,我突然意识到对他的文我还要有新的估量。一位是青年作家章轲,他说:当我在现代文学馆抚摸到巴金的手模,我仍然能感受到巴金的体温,我因此感到:巴金是不会死的!

巴金是不会死的。因为他不是封建的御用文人。我想起多年前冰心先生对福建省委书记说过的话:“我相信两句话:历史是人民写的,群众的眼睛是雪亮的。”如今就是人民给了巴金“人民作家”的称号,这就证实了冰心先生当年的论断!

2005 年 10 月 24 日,十多位浙江作家专程赴上海向巴金告别。当我握住李小林的手时,忽然想到她在老人去世后的一句话:“爸爸,我对不起你,让你多吃了那么多的药!”想到此刻静静躺在玫瑰花丛中的巴老,想到这位早就想选择走,但只因为人们舍不得他走、所以说了句“那我就为大家活着吧”便陪伴着他所爱着的和爱着他的人直到今天才走的老人,一种苦楚突然涌上胸口,禁不住哽咽出声。

啊,这是一位为别人而活着的老人,但谁又能知道他活着的痛苦?

但他老人家默默躺在病榻上的长长的八年,却是他对人类的一种无怨无悔的奉献:他用他生命最后的力量和精神写出了他最后一篇没有文字却感天地、泣鬼神的道德文章。

巴金是打不倒的!

巴金是不会死的!

如今他走了。但他让我们这些敬仰他的中国作家不能不扪心自问:面对巴金,我们该怎么活着?

《江南》2006 年第 1 期

上帝离我们远去

——陈 军——

也许世上本没有上帝,但对于我们而言,巴老,您就是上帝。记得每次在汪庄面对您日渐消瘦的病容,眼前拂不散的,总是老托尔斯泰在冰雪中出走时悲怆的身影……

尽管每次见您的时间是那么短,但我的灵魂,总像是仰视圣哲般沉浸在一种宗教的洗礼中。您那痛苦而高贵的眼神里,流露出的对人类悲天悯人的情感,那种发自内心的忏悔和救赎意识,是一种多么令人揪心的感动啊……

巴老,面对您的慈容,我始终暗藏着一份内疚。还记得十多年前的一次小事故吗?就在您生日的前夜,您的女婿来我家长谈,都怪我下楼道时忘了带手电,害他不小心摔坏了腿骨。当我忐忑不安地将他扶进您家时,我真是紧张得浑身冒汗,无地自容。他可是您主要的生活助手,难道这就是送您的"生日礼物"?您终于从书房里微颤着踱了出来,听着我语无伦次的道歉,望着家人忙乱的尴尬相,像一尊沉默的雕像,什么也没说。临别时,却用四川音很重的上海话宽慰我:"你们是小——朋——友——嘛……"

巴老,您知道吗?从此在杭州只要一见到您,我就生怕再给您添乱。总是请个安,就匆忙往小林和小棠那边跑。

您怎么不像上帝呢?您不但懂得宽恕,更是发自内心地主动关爱着弱者。记忆里您的晚年,也像是在为别人而活着。那是1993年的暮春,我们受上海作协委托接待美籍华人聂华苓。她不但是位著名的女作家,更因为与丈夫保罗创办爱荷华国际写作中心而名扬中外。虽然我将行程安排得很细心,但总觉得她的情绪很忧郁。这个谜直到您在汪庄接见她后才解开,那天她在您面前哭得多么伤心呀,像个深受委屈的女孩子。事后她动情地流露,那段日子她确实很沮丧。先是挚爱的保罗因癌症撒手而去,又听说大陆的某些人对她有很深的误解。正是病中的巴老,在她孤独无援时伸出了手。不仅主动以自己的名义邀请她访华,又特地安排在西子湖畔见面。记得那天接见后我还请电视台为她作了专访,年过花甲的她因为巴老您,又恢复了华贵矜持的风采。她舒畅地笑在春风里,笑得与夕照下湖畔的垂柳一样美丽。她用一种非常纯真而自豪的口吻告诉我:"巴老肯定了我和保罗的工作。"还充满羡慕之情地对我说:"你们能和巴老呼吸同样的空气,是多么幸福啊!只要巴老活着,我们的心就不会失望。"

巴老,您把这种关爱给了聂华苓,也给了无数您认为需要关心的朋友。1996年满城桂香时,贾平凹江浙行来到杭州。在我全程陪同的某一夜,平凹流露了想见您的宿愿。我知道这有难度,您是重病人,又是全国政协副主席,有关部门对拜访您有严格的规定,平时连省作协的领导也从不敢轻易打扰您。没想到李小林很快安排了接见时间,还说:"平凹前几年并不顺利,我爸也想见见他,给他些鼓励。"

巴老,您可知道这个喜讯对平凹的震动。他那天夜里真是有点紧张,老问我见面该说些啥。他说自己口拙,一见到大人物就说不出话。以前见了孙犁就不得了荣幸了,想不到还能见到巴老。

第二天,平凹早早就起了床,还独自去街上选了个大花篮,见面时他口齿确实不怎么顺畅,在二号楼前合影后,就主动要求为您推起轮椅。那天我们沿着湖畔,在桂香中随您的轮椅走了很久。回宾馆后,平凹沉默良久后感叹道:"这才叫大师风范。巴老无论道德和文章都是大师,此生能为大师推一回轮椅,足矣!"记得那天我也挺郑重地送他一块青龙玉佩,我说本来是想送巴老的,但小林说老人起居已不方便,免了。听说你也属龙,就转送做个纪念。事后得知平凹很看重这件本来要送您的玉佩,还在他的《江浙日记》中特意写了一段动情的文字。

当然,最令我感动的还是您对黄源的情义。黄老小您两岁,你们同为鲁迅的学生,又是最后幸存的为先生守过灵,扶过棺柩的战友。近年来,你们每次在杭州见面,就会紧握着手,静静地挨坐在一起。也许想说的话很多,但又说得很少,都吞咽在肚子里。我始终珍藏着与你们合影的照片,你们的友谊已经维持了六十多年,那是一种多么深的理解和默契呀。就在黄老九十华诞的前夕,李小林约我为《收获》写一篇文章,还说是您主动想到的。黄老的文章并不好写,他的人生经历很坎坷,性格命运也很复杂,我按小林的意见改了几稿才满意。当《怀念大时代》的散文刊出后,又是小林把我叫到您的房间。小林说我爸听我们读了文章后要见你,说你写得不错。我当时真有点受宠若惊,作为一名青年作家,巴老,能在您的晚年亲耳聆听您的教诲,能因为写作得到您的亲口肯定,那是一种多么难得的福分呵!记得那天下午您休息得还算好,脸上带着点安详的笑。您本来话就不多,但还是挺吃力地讲了些勉励的话。当我向您挥手告别时,您也挺费劲地举起了手。巴老,这一瞬间我真的很心酸很感动,我真想把多年来憋在心里难洒的泪全洒出来。您是一位精力不支的病人,能听人读完这篇五千多字的长文已很不易。您完全可以不见我,或者只让小林带个口信。但是,您还是安排了这次接见。还客气地说,是我让您了却了一个心愿。

巴老,这些日子我一直在重读您签名、由小林送我的五卷本《随想录》,读您的《没有神》。您的晚年是在痛苦的忏悔中度过的,尽管"文革"对您的摧残是一场致命的噩梦,但您却通过忏悔,通过反复拷打自己的灵魂,通过像老托尔斯泰一样言行一致说真话,唤醒了我们和整个民族,正视自身的原罪和过错。您的心始终是与十九世纪的那些人文先驱相通的。在当时的俄国,就有一群被称作"圣愚"的人,他们出身贵族,却衣衫褴褛地在雪地里行乞。他们心甘情愿为民众受苦和呐喊,却始终得不到俗世的理解。但是,一个人,乃至一个民族,如果不懂得忏悔,是注定要下地狱的。因为忏悔之情,是靠真诚和良知,是靠一颗面向未来的大美之心支撑起来的。

巴老,您病榻上的最后六年一定很痛苦。那是常人难以忍受的苦呵!疾病最后夺走了您写作和说话的权利,夺走了您做人最起码的乐趣。您其实是最需要别人怜爱的老人,但因为您拥有天空和海洋一样永恒不灭的爱,您才会在偶然看电视时为灾情,为地震,为一场人类无谓的战争对生灵的涂炭,而潸然人泪,而痛苦不堪。如今您终于累垮了,离我们渐渐远去。我们的灵魂也在悲痛中升华出一种境界。作为一个大写的人,路应该怎样走,人应该怎样做,我相信有您在天国注视我们,我们也能学会像你一样忏悔和反思的。

《西湖》2005 年第 12 期

怀念巴金

——袁　敏——

虽然知道这一天终究会来临,但当我在 10 月 17 日晚听到巴金先生去世的消息时还是一下子手脚冰凉。上午还和小林通过电话,她说巴老情况还比较稳定。尽管小林忧伤地告诉我,巴老这次病危不同以往,但我总以为这位一直为爱他的人而坚守着生命的伟大的老人,这次也许又会顽强地挺过去。我们正在积极筹备一个主题为"巴金与西湖"的大型图片展,准备在江南文学会馆开馆之际,作为礼物献给巴老 102 岁的生日。没想到,巴老这一次没能渡过难关,默默地远行了。我在当天夜里赶往上海,希望能赶在巴老离开他住了六年多的华东医院上路之前,最后看他老人家一眼。到达上海时已是深夜 11 点多,小林手机关机。我只好给上海巴金文学研究会的周立民打电话,因为我知道巴老临终之际他一直在医院守着。周立民告诉我,小林和家人刚刚离开医院回家,也就是说我即便赶到医院也不可能进去。我只好再给小林家里打电话,是小林的堂妹李国煣接的,她说小林太累了,刚刚躺下,让我第二天一早过去。这天晚上我几乎通宵未眠,往事一幕幕地浮现在眼前……

1975 年岁末,我还是杭州织锦厂的一名青年女工。邓小平重新出山后大搞整顿,我们厂是整顿试点单位之一。当时省文联的《东海》杂志到我们厂来组稿,厂里组织每个车间交一篇稿子。我写了一篇散文《摄影记》交了上去,没想到,一个多月后,也就是 1976 年年初,《东海》杂志给我发来通知,让我去宁波鄞江参加一个笔会。当时我根本没有想到,这次笔会对我的人生转折有着多么重要的意义,我也没有想到,这次笔会让我认识了小林,走近了巴金,也让我从此和文学结下了不解之缘。

那次笔会只有我一个女作者,《东海》杂志又只有小林一个女编辑,我们俩自然而然就住在同一个房间。当时我并不知道这位年轻朴素的女编辑竟然是巴金先生的女儿,我只是觉得她很亲切友善,就像我的姐姐一样。直到有一天一个作者问我,你怎么认识巴金的女儿的,我还傻乎乎地问:谁是巴金的女儿?那作者说,你俩整天同进同出,好得跟一个人似的,你居然不知道她是巴金的女儿?我赶紧跑回屋问小林:他们说你是巴金的女儿,是真的吗?小林笑了,却没有说话。那一次在我心中的震撼是巨大的,在我心目中,巴金是一代文学巨匠,他的激流三部曲《家》《春》《秋》,爱情三部曲《雾》《雨》《电》都是我非常喜欢的作品,而写出这么多优秀作品的文学巨匠的女儿就近在我的身旁,而且是那么恬淡、平和,毫不张扬,就像四明山上那成片翠绿的毛竹中普普通通的一棵。有这样的女儿,可以想见,她会有一位怎样平凡而可亲的父亲!巴金先生的形象在我心里一下子变得亲近起来。

从笔会回来后没过多久,我们家就发生了重大的变故。由于当时轰动全国的"总理遗言案",我们全家三口人被抓,父亲、姐姐、哥哥都被关进了北京的监狱,我和母亲虽然留在家里,但我们家的小楼周围布满了便衣警察,我也每天要被公安局传讯。我那时根本不敢和任何人接触,我不想连累别人。我唯一的乐趣就是坐在窗前看天边漂浮不定变幻无穷的白云。小林一直惦着我,她让一个胆大的军人作者来看我,后来又在一个作者萧山的家中炖了一只鸭子,托人带口信来,让我去吃鸭子。虽然我没有去,但我心中却感到无比温暖。

粉碎"四人帮"后,我家平了反。在小林的推荐下,我这个当时尚未上过大学,也没有发表过多少作品的青年女工居然被调到了《东海》杂志社当编辑,和小林成了同事。没过多久,小林随着巴老落实政策而调回上海,到《收获》杂志当编辑。这期间,小林陪巴老到过杭州,住在新新饭店。我去看望小林,也由此认识了我崇敬的巴金先生。巴老果真是我心目中慈祥可亲的模样,宽厚的微笑,银白的头发,虽然话很少,却让人一点也没有敬畏之感。小林对我说:小袁,把你家的故事写出来,不用加工,就是感人的小说。我那时只写过一些诗歌散文,从未正儿八经写过小说,我问自己:我能写吗?我把自己的困惑和担忧对小林和巴老说了,巴老对我说:好好写,你能写出来。在小林和巴老的鼓励下,我写出了第一部中篇小说《天上飘来一朵云》,发表在巴老主编的《收获》杂志上。从那以后,文学走进了我的生活,也走进了我的生命,而巴老的音容笑貌更是深深地刻进了我的心田。在我家的书柜中,整整齐齐地摆放着巴老的许多书籍:《家》《春》《秋》《寒夜》《随想录》,还有巴老的中短篇小说集、散文集、书信集……其中,一本《家》是巴老 1978 年 3 月赠送给我的,书的扉页上,巴老的签名连贯有力;两本《真话集》是巴老分别在 1983 年 1 月和 1990 年 10 月赠送给我的,扉页上巴老的签名笔迹已有些迟缓,它们仿佛不留情地记载着岁月的痕迹,同时也记录了巴老对我的殷切期望。

现在,巴老走了,这位在我的文学创作和人生道路上曾经给过我鼓励和力量的长者和伟人永远地离去了,我心中的哀伤无以言说。我想,我唯一可以告慰巴老的是:尽管文学与身边的种种诱惑比起来依然是清贫的,但我不会舍弃她,离开她,无论写作还是编辑,我都会与文学长相厮守。

《西湖》2005 年第 12 期

巴金先生与《西湖》

——薛家柱——

《西湖》文学月刊有幸结识巴金先生这样的一代文豪,虽说有些偶然,其实是特殊年代造成的一种独有机缘。1974 年的"文革"岁月,也是巴金一家最黑暗的日子。他老人家当时在奉贤五七干校下放劳动,夫人萧珊去世不久,儿子李小棠在安徽农村插队,不幸得了肝炎;而毕业于上海戏剧学院戏文系的女儿李小林与女婿却要分配到湖南。对巴老来说,当时真是陷入了走投无路、哀告无门的困难境地。

1974 年清明节后不久,我去上海电影厂创作剧本。"上影"文学部离巴金的家近在咫尺。在一位朋友的引荐下,我造访了巴老的家,见到了我从小敬仰的文学大师。当我了解到他们家庭的厄运后,就想为这位慈祥善良、德高望重的老人解决一点困难。当时,我在负责复刊不久的《西湖》(当时称为《杭州文艺》)。回杭州后,我就向也是从五七干校回来主持文化局工作的孙晓泉汇报:能否让巴金女儿、女婿来杭州工作,这样离上海近一些。老孙立即表示:可以让巴老的女婿祝鸿生来《西湖》担任编辑。很快,祝鸿生在 5 月下旬就来杭州报到。当我陪小祝到当时在市委党校召开的文艺系统"批林批孔"学习班时,一进大门,迎面是大标语和大字报:谁把"黑老 K 巴金的女婿安插到杭州"……可以想象,当时祝鸿生的心情如何,巴老的心情又如何!巴老曾在文章中说:深为自己的"问题"影响家属而内疚。

可是祝鸿生忍辱负重,很快把《西湖》(《杭州文艺》)小说编辑的重担挑了起来,与大家一起下乡组稿,办创作学习班,认真处理业余作者的稿子,发现和培养了一大批年轻作家:曹布拉、蒋焕孙、赵和松、陆云松、刘源春、金学钟、陈旭明……抓出不少好小说。巴老也为此高兴,在给朋友的信中说:"他(指祝鸿生)对那儿的工作(指《西湖》)很满意。"

编辑部条件很差,当时设在太平洋电影院对面的老"解放剧场",楼上的三间破房子权充办公室。祝鸿生就住在楼下大门口临时用木板隔的斗室里,又暗又闷。直到一年半后,李小林也分配到《东海》(《浙江文艺》),才在文化厅旁边有一间寝室。他们夫妇俩对艰苦的生活条件并不计较,能有工作权利就感到非常庆幸。这可能也受到巴老的思想和人格的影响。小祝、小林一到杭州,就受巴老的委托,去拜望与问候三十年代文艺界的老朋友:黄源、方令孺、陈学昭。我第一次见到黄源先生,就在他们的宿舍里。后来,祝鸿生很快拿来黄源的稿件《鲁迅给黄源的信》,问我能不能发表?我认为可以。于是黄老有关这批信的文章就在《西湖》上连载刊登,还出了单行本。在黄源还没有完全落实政策的情况下,《西湖》敢发表这样的文章,当时在海内外引起强烈反响。香港《文汇报》发表了《西子湖畔访黄源》一文,编辑部一致认为:祝鸿生立了一大功。

直到粉碎了"四人帮",获得了"第二次解放",巴金先生才在 1978 年 5 月来到杭州,下榻长生路招待所。经历了长达十年的深重痛苦和磨难,遭到难以想象的人身侮辱和精神折磨,但并没有把老作家摧垮,他悲喜交加地展望未来。这次来杭州,主要是探望女儿、女婿和黄源等一些文艺界老朋友,也正在构思他新的庞大写作计划。他计划在五年内,要完成十三本书。孙晓泉和我去看望巴老,听他谈全国第一次文代会召开等有关情况,陪他游览西湖。我们都感到巴老身边没人,应该让祝鸿生、李小林调回上海去。巴老自然很感激。

巴老的《随想录》接连不断在香港《大公报》发表。1982 年 5 月,正是春光明媚的清明前后,巴金先生在写作《随想录》第三集告一段落后来杭州小憩。按照巴老的吩咐,我和省旅游局郭宏声到火车站迎接,安排巴老下榻在西泠宾馆六楼一个东南向大套间。我们深知巴老的一贯作风,他虽是全国政协副主席,完全可以享受国家领导人待遇,可他从不麻烦当地政府,也不用国家的钱,住宿、吃饭全是自掏腰包。

阳春三月,阳光和煦,花香四溢。巴老走到六楼阳台上向外一望,西湖波光潋滟地展现在他面前。他显得异常兴奋,一反过去那种平静缄默,满含深情地说:"真像回到家了!我爱西湖,每年都想来杭州小住一阵,因为浙江是我的老家嘛。"

同我们谈过这些话后,巴老就在宾馆房间里写下了散文:《西湖》。我要求先在《西湖》刊物上发表,巴老欣然同意。后来《江南》拿走了这一篇,巴老就给我们《西湖》另一篇稿件。《西湖》一文收进了《随想录》。浙江的读者看了以后都兴奋地说:"想不到巴老也是浙江籍作家,他和我们浙江、杭州真可谓源远流长呵。"

祝鸿生、李小林虽然回到上海,但对《西湖》仍念念不忘。巴老对杭州的朋友也常挂在心上,每年都要到杭州来疗养,从清明前后住到深秋,往往住上大半年时间。巴老一向重友情,每次来杭州,总是通知我全家去灵隐"中国创作之家"、西子宾馆汪庄看他。特别对孙晓泉同志,他不光特别安排会见,还赠送亲笔签名书籍,同老孙合影留念。

遗憾的是:祝鸿生却不幸在 1996 年 4 月 18 日英年早逝,年仅 51 岁。白发人送黑发人,巴老的悲痛可想而知,因为老人的日常生活都由小祝照顾、护理,竭尽女婿的孝心。当我们代表《西湖》文艺编辑部赶到上海参加追悼会,灵堂正中放着一只大花篮,挽联上写着"献给鸿生　我不会忘记你",下联是"巴金"。每个字都力重千钧啊!

现在,巴老也已驾鹤西去,但他对杭州西湖,对《西湖》杂志的深情永远令我们难忘。"西湖永在我心中。"这是巴老 1994 年 10 月 17 日在杭州的亲笔题词,它道出巴老久远的心声,他对杭州西湖确是一往情深。巴老没有离开我们,正如同那颗以"巴金"命名的小行星那样,在灿烂的星空中永恒闪耀,永远捧着丹心在照亮我们。

《西湖》2005 年第 12 期

文坛启明星永远灿烂辉煌

——谢力行——

巴金逝世了!在当代文学浩瀚的星河中,那是启明星的陨落。一曲悲歌从心头响起:我在悲痛中回忆起 23 年前的一段往事。

1982 年 5 月,经作家徐迟悉心联系,采访巴金的行程落实。我在厦门鼓浪屿得到这一消息便立即转道上海,一路上我认真阅读着巴金送给徐迟的《随想录》。离开武汉时徐迟告诉我:"采访巴金前你应多了解巴金。一个好的摄影记者不要头次见面就急着拍照,应在熟悉对象后才知道该拍什么,采访巴金更应该慎重。”

5 月 7 日我赶到上海已经是傍晚,我在靠巴金住处最近的华山饭店住下。

5 月 8 日一大早我来到武康路。武康路是一条幽静的小街,行人不多,街道整洁,在繁华喧嚣的大上海有这样一个静谧的地方实在难得。113 号是一座高墙大院,对开大门紧闭着,我走上前,见门铃按钮比通常低许多(后来巴老说,是为了外孙女使用方便,又风趣地说:我的个子也不高嘛)。我按门铃等了一会儿,大门上的小窗打开了,露出一位老妈妈的脸,我即上前,说明我是从武汉来的记者,与巴老有约。老妈妈上下将我打量了一番说:“巴老不在家,上午去医院了。”话音一落,小窗门就关上了。我有点着急,想打电话联系,当年的通讯没有现在这么发达和方便,手机还没有问世,我只好满街找公用电话。武康路是一个僻静的街道,前后找了半小时也未找着。我只好在巴老住宅大院斜对面的一家小杂货店前坐等。又过了一阵子,突然见一辆银灰色轿车驶过来,停靠在 113 号前,只见一个个儿不高的老人下车,正弯腰与司机道谢,有一位女士前去搀扶,那是巴金的女儿小林。我立即上前称:“巴老,我是徐迟同志介绍来采访您的。”巴老回答:“啊,你是小谢同志吧? 来,进屋说嘛!”我随后迈进大院,大院中央有一幢小楼,是西洋结构,有些陈旧了,院内满是绿树与花草。巴老将我引进二楼客厅,我问候巴老身体,得知巴老去医院作了一般性体检,便说明我的采访意图。巴老说:“我现在很少接待记者,徐迟是老朋友了,多次写信来电,还告诉我《湖北画报》是省文联办的刊物,文联怎么管起新闻来了? 武汉我去过三次:一次是抗战初期,一次是建国初期,第三次是文化大革命运动初期,我参加亚非拉作家紧急会议,住在东湖,风景很美。我对湖北有感情,就同意接待你。”

巴老的客厅很大,光线不算太好,四周全是书柜,书真多,书架、台面、沙发和地板上,到处都是。我们交谈的范围很广,那年已 79 岁的巴老思路清晰,对全国文艺形势特别清楚,对各地的文化现象也很了解。当谈及文学创作和期刊出版方面时,当年广东《花城》杂志因发表了一篇文章而被上方责令停刊整顿,弄得出版界非常紧张,文化界没人敢说话。巴老对此说了自己的看法:“一个政党会犯路线性的错误,一个人的肌体会被病毒侵蚀,一个刊物会出这样或那样的问题;政党犯错误可以纠正,人生了病可以治疗康复,办刊物出了点问题可以开展讨论,甚至批判消除影响,为什么要‘停刊整顿’?”

因为是“画报”报道,巴老拿出了很多过去珍藏的影集,边看边聊。当看到一张 1959 年巴老与夫人萧珊在新安江工地上的照片时,我希望巴老说说萧珊。巴老无语,在沉静了几分钟后说:“萧珊是我崇敬和爱戴的夫人,她是受我牵连而过早离开我们的,我在屡受挫折时她总在我身边,安慰着我,而她在离开人世时我却不在她身边。萧珊已离别 10 年了,我们思念着她,我有一篇《怀念萧珊》的文章寄托着我的思念,你可以看看。”接着,巴老转过身去指着书桌上用精致相框镶着的萧珊半身照片说:“她永远在陪伴着我,她始终在看着我写作。”我感到这话题过于沉重,就把话头转向巴老最喜欢的外孙女。巴老高兴地告诉我外孙女如何聪明与调皮:“她上学了,明天是休假,我们明天一起拍照。”

我想看看巴老工作与生活的环境,便于选择拍摄角度,巴老同意了,带我到他从不让外人进入的书房写作间。那是客厅的外走廊,长方形,装上了整体玻璃窗,应该是朝南吧,光线很好,十分敞亮,窗帘有些陈旧,右边已拉不上了,用一个夹子斜夹着,太阳正好照射在书桌前巴老的座椅上。见此情景我说:“巴老,这窗帘坏了吧? 您坐在这儿写作一定很晒,我帮您修修。”“你会修吗?”“我小时候是艺校学京剧的,上山下乡演出时也经常帮助‘舞工队’装幕布,没有问题。”经同意后,请巴老暂到客厅休息,我就当上“窗帘工”了:把全部的窗帘按舞台演出大幕的方式重新装了一遍,改两边拉为一边拉。装好后我来到客厅,见巴老正翻阅厚厚的一叠信件。我告诉巴老:“窗帘装好了,您老试一试。”巴老进到写字间窗前,轻轻一拉绳,窗帘像幕布式地关闭了,又徐徐打开。巴老高兴地说:“这很好,方便多了,谢谢小谢同志!”

我们回到客厅,巴老每天收到大量的报刊和信件,我见堆得有些零乱,想帮老人整理一下,巴老告诉我:“不要动它,我看过的东西放在哪里我心里清楚,随手即可取到,旁人一动我就找不到了。”我差点就好心办了坏事,那会乱了老人的文思。

这天我很走运,巴老的家整个上午没有任何人来打扰,连电话都没有一个。我担心累着了他老人家,就结束了当天的谈话,说好第二天拍照。

5 月 9 日,我早早来到巴老家。巴老换上了一身普通蓝色的制服,不新,但很平整,正伏案写作,手有些微微颤抖。我拿出相机就抓拍数张,巴老神情自如,十分专注,当走近时我发现,巴老是在抄已写好的文稿。我问:“巴老,这些抄录工作为什么不找人去做呢?您应留更多的时间写作。”老巴告诉我:“我写文章全是自己亲手抄正,在抄稿的过程中,常常会有一些新的思维产生,这也是个修改的过程。”我深深敬佩这位老人对文学写作如此的认真。巴老放下手中的笔,我们在书房、写作间、小院、客厅,随着快门的开启,记录下这位文学泰斗、文化先锋、一个小个子而有大勇者的身影。

这时,巴老的小外孙女噔噔地从楼下跑上来,叽叽喳喳满口上海话,一头扎进巴老怀里,往巴老身上爬。巴老像孩子一般地跟她嬉闹着,玩开了“智力卡通”,我抓拍到这爷孙俩亲情的珍贵镜头。

拍照兴致正浓时,巴老四川的客人来访,是四川人民出版社的编辑给巴老送《随想录》第三卷的清样稿。巴老指着桌案上厚厚的样稿说:“这卷我定名《真话集》。”老人呼吁人们说真话,文人要真实地面对生活,为写真实的作品鸣锣开道,这位大勇的老人力戳冰川,以铁肩担道义的大无畏精神,渗透出那颗蕴藏着热爱祖国、热爱人民的民族忠魂。结束了采访,可算是丰硕而归。告别巴老,我心里美滋滋的,一高兴就找了一家小酒馆自斟自饮,回到华山饭店已经很晚了,这一夜睡得特别踏实。

5 月 10 日上午我收拾好东西准备退房返回武汉,突然,巴老的女婿打电话来说:“巴老让你来一趟,带上照相机。”我什么都没问便满口答应:“我马上就到!”放下电话匆匆赶往武康路,进院后直奔客厅,原来是曹禺携带夫人李玉茹从北京来沪,前来看望巴老,曹禺有几年没来上海了,两位文坛老友久别相聚,格外亲切,客厅里气氛显得很热烈,和昨天的“静”形成鲜明对比,交谈的话题很轻松,无非是相互问候和叙旧,看得出两位老人都非常高兴。由于我的到来话题转向拍照,客厅里闪光灯不停地闪烁,记录着两位文坛老人的友谊。

巴老又搬出昨天的那些老照片集,曹禺接过极有兴致地翻阅着,李玉茹也凑过去,边看边议论着。在看到一幅旧照片时,上面有巴金和曹禺,曹禺说:“你保存着这张照片,很难得。”巴老看了看说:“这是四十年代你的话剧《雷雨》公演后,我们一起聚会向你祝贺时照的。”曹禺半信半疑:“这是那年的吗?”巴老说:“你不信!我照片后面都有年代记载的。”曹禺翻开照片背后,果真记载着 1935 年。大家哈哈大笑,不得不佩服巴老惊人的记忆。

我提议请两位老人去楼下花园拍些肖像,曹禺即表示赞同,大家兴致勃勃来到后花园,园中红玫瑰盛开。我选好角度摆上一张椅子,请巴老坐下,正拍摄时,曹禺不知从哪里找来一把淡蓝色的太阳伞,边走边向巴老说:“别晒着巴老!”将伞遮举在巴老的头顶上方,同时很自然地摆成一个合影的姿态,就定格不动了。我在取景框中看出,曹禺选择的角度与他摆的“浦士”(POSE),正好构成十分完美的画面。在这气候宜人,阳光温和的时节,刚放下四十年前聚会老照片的曹老,他的举止,我想一是很关怀巴老身体,一是心存与巴老在此合影的愿望。也只有戏剧大师才会让最平凡的生活自然构成有意味、有情趣的戏剧细节。

而今,两位老人都先后离我们而去了,中国现当代文学中称谓的“六君子”鲁(鲁迅)、郭(郭沫若)、茅(茅盾)、巴(巴金)、老(老舍)、曹(曹禺),巴金是最后离开我们的百岁老人。可在我们心中,巴金并没有离去,他的风格、文风与他的作品,是中国现当代文学的精髓而永存!巴金和他的大无畏精神永远不会离去!仰望中国现当代文学艺术的天幕,巴金这颗文坛的启明星依然明亮,依然灿烂辉煌!

《长江文艺》2006 年第 1 期

教诲谆谆 遗爱绵绵——敬悼巴金先生

——贾丹华——

惊悉巴金先生于 10 月 17 日晚逝世,我深感悲痛!今天,我重新捧读巴老 1981 年 8 月为乐清文艺刊物《雁峰》题写的刊名手迹,重温当时在莫干山拜见巴金先生的情景,他的音容笑貌又浮现在我眼前。

1981 年 8 月中旬,我参加省作家协会在莫干山举办的"浙江诗人笔会"。笔会期间的一天,同住一室的诗友、东阳市文联的卢熙斌悄悄地对我说,巴金老人最近在莫干山修改作品,问我想不想去拜访他。巴金是我景仰已久的文坛泰斗,在中学时代我就爱读他的《家》、《春》、《秋》等作品,但巴金是一位大名人,忙于创作,我又怎敢打扰他呢?卢熙斌喜形于色地告诉我:"我已同巴老的女儿李小林同志约好,明天上午去见巴老,并请他为《东阳文学》题写刊名。你如果乐意,我和你一同前去拜访,但你千万别扩散这个消息。因为巴老太忙了,领导已有吩咐,不能随便打扰他。"我赶忙回答说:"谢谢你的信任!我保证守口如瓶。我们乐清也有个文学刊物叫《雁峰》,创办的历史已二十多年,早想请名家题字,是否趁这个机会请巴老题写一个刊名,以作纪念?"

"好,我们明天去争取一下!"卢熙斌很爽快地回答我。

这一晚我始终没睡好,脑海里不时浮现着《家》中的人物形象及有关情节,我琢磨着创造这些活生生人物的作家巴金的音容笑貌。第二天天未亮就醒来。我俩匆匆吃过早饭,带着笔记本就出发了。

攀登着弯弯曲曲的山路,我们向"屋脊头"景区走去。"屋脊头",顾名思义,在莫干山山巅,地形险要,风光秀丽。据说当年国共两党领导人蒋介石、毛泽东、周恩来曾先后在这里的别墅内住过。

在"屋脊头"一所别墅旁的竹林里,巴老的女儿李小林热情地接待了我们,招呼我们在座椅上休息。小林在杭州工作过,我们以前在省作协举办的笔会上见过面,一见如故,颇有共同语言。她了解我们的来意后,微笑着说:"巴老正在接待客人,你俩稍等一下。我去告诉他,请他先题好你俩需要的刊名再到这里来看你们吧。"

不到一刻钟,巴老在小林引领下缓步走了过来。当时他的身体尚好,跨台阶时步子十分稳健,不需他人扶着。巴老精神矍铄,和蔼可亲,方正的脸庞,戴着一副深色边框的眼镜,镜片遮不住他那闪烁着智慧的眼神。他热情地和我们先后握手,表示欢迎,然后安坐在靠椅上。卢熙斌向巴老介绍了我,巴老微笑着说:"你俩都是诗人呀,浙江出了不少诗人。我也写过诗,还写过长诗哩,题目叫《一个灵魂的呻吟》,不过是一首未完成的长诗,当时是在痛苦、寂寞中写的,我后来写小说、散文了。不管写诗,还是写小说、散文,都是抒发真情实感。我写作,是倾诉我的感情,讲我的心里话,你们写诗,与我们这辈所处的时代不同,但也要抒发真情,真情才能感动读者,感化人们。讲真话,才会受到人民欢迎。”

我听着,记着,心里在想着:巴老不仅是在谈文学创作之道,也在谈做人之道。抒发真情实感,实在是经验之谈。我以前写过一些“假、大、空”的东西,那些是难以称为文学作品的,回顾起来实在愧疚。

我见巴老那么慈祥可亲,平易近人,原先拘谨的心弦放松了,就随意地问:“巴老,您来过温州吗?温州有个雁荡山风景区,峰奇水秀,名闻四海,欢迎您来温州的雁荡山游览!”巴老笑了笑说:“杭州、西湖,我来过多次,温州的雁荡山可没有去过。我知道,温州和雁荡山的名气很大,报刊上都宣传过,风景肯定不错,应该去看看,我心里很想去,恐怕没有机会了。年纪大了,想去的地方不一定能去了。小林他们今后肯定会有机会去的。”说话间,小林已把巴老题写好的两个刊名手迹分别交给卢熙斌和我。我们看着巴老的手迹:“东阳文学”和“雁峰”,欣喜不已,衷心表示感谢。

不知不觉地,晤谈时间已半个多小时了,天下起毛毛细雨了,我们起身向巴老、小林等告辞。巴老执意要送我们几步。在绵绵细雨中,我们互相挥手道别。

这次荣幸的晤谈离今已二十多年了,但巴老先生给我留下了深刻而美好的印象,他那谆谆的教诲时刻在我耳际萦绕,他那苍劲、清俊的题字“雁峰”值得我永远珍存。

巴老先生,尊敬的文坛巨匠,您走了,但您点燃的灯火永远亮着,遗爱绵绵,永留人间!

2005 年 10 月 18 日

收获——悼巴金

——那家伦——

昨天,我的高原晴空万里,秋高气爽,高原盛情铺陈鲜花迎接“神六”凯旋归来,今晨,当巴金逝世的消息传出后,我的高原却蓦然收敛起最后一角蓝天,沉云低垂,悲泪欲倾……

巴金,中国的巴金,辞别他深深挚爱的祖国和人民,辞别他把他的赤诚的心全予呈付的读者,远行……

具有多么强烈的象征意义:我们亲爱的祖国已经可以“神州”升发飞船巡天,巴金为之奋斗一生的盛世已经展现初愿,他心仪含笑地亦巡天去了。他终结了一个丰厚的文学时代。他留下了一笔丰美的精神遗产。他将长久地活在历史里,活在他哺育过的读者的心里,活在敬重他的作家们的心灵里。

我亲历过这种敬重。

1981 年 3 月,在中国现代文学史上占有重要一章的茅盾逝世后不久,中国作家协会召开具有特别意义的选举中国作协主席的会议。这个清早,宿于东四的理事们,早早驱车赶往长安街上的民族文化宫。来自全国各地的作家和作协各单位的人员不足二百吧,占据了文化宫一间宽大的会议厅。

这是一个阳光温煦而仍存寒气的北京的初春日子。仿佛茅盾逝世的哀戚仍存时空,好像即将发生的事件很是重要,大厅里竟没有一点杂音,甚至几无人耳语。端坐的作家们等待着一个熟悉而亲和的身影出现……

我坐于靠近门边的地方。这是我着意选择的。这里可距离最近地看到他。读他的书很多。可却从来没有见过他。当一直在大门口守望的人急冲冲地走进来时,我知道他来了。

一回头,我看到冯牧和李小林恭敬地在两旁陪护他走近前来。冯牧自是熟识的。李小林是猜出来的。我虽是初次见到他,却似早与他见过,对他的一切多么熟悉……

他刚至门内,期待他的作家们便热烈地鼓起掌来,人们都不约而同地站起来,所有的目光都投到他身上。

从看见他的那一刻起,我的目光就没有离开过他,他从我身边走过时仅有咫尺距离。由于太过专注,我竟忘了鼓掌,大家掌声响起后,我才悟然鼓掌,可是却又忘了站起来。会场上第一个看到他的我,可能是最后一个站起来的。

站着鼓掌的作家们,一直目送巴金缓步走过长长的大厅,走到置有一排长桌的主席台位置上。他立于正中,回应地面向大家,微笑着鼓着掌。那是极著名的巴金式微笑,充满真诚。掌声持续了些许时候才歇落,巴金与大家坐下。

由于此前已有酝酿讨论,众心所向,选举是以鼓掌方式进行的。当又一次春潮般的掌声响起时,中国的作家们掀开了中国文学的崭新的一页。这一页极重要,许多好的作品诞生于这个对祖国对文学都具要义的岁华。许多作家深富意识,是起立鼓掌的。

当掌声再次响起时,作家们是欢迎中国作家协会主席巴金讲话了。他的讲话属巴金式风格、《随想录》样式。没有讲稿,却层次分明。语言平实,却寓意丰厚。记忆中,在十多分钟的讲话里,他回顾了他的文学生涯,谈了文学的意义及对新时代的展望。他完成了又一篇《随想录》,它将保存在中华文学的思想档案库里。掌声再次响起。

那些春天的掌声留在历史的时空里,也定然留于与会的人们的记忆里了。人们不会忘记那连续的春潮似的掌声对于中国文学的意义。那时正是中国文学的一个新的整队行进的集结期。二十多年,中国文学与祖国一同进步。身披世纪风云的这一百年中一位极重要的作家巴金,以他的英名和作品,丰美了中华人文世界……

1981 年 3 月北京的那个春天很有象征意义,巴金统领我们筹谋播种耕作。我难忘作家们倾谈创作的热情。2005 年 10 月中国的这个秋天航天飞船回归的日子,更有象征意义,它象征收获。巴金创办《收获》就是要大收获的。我们的文学在大收获。我们的整个祖国在大收获。巴金在收获中永远微笑,那永恒的真诚的巴金微笑。

巴金说过,春天是不会灭亡的。那么,不灭亡的春天当自永在收获。属于春天的巴金的生命,仍在召引我们:收获……

沉痛悼念巴老

——方士豪——

10 月 19 日我从中央电视台得知我国文坛巨匠巴金同志去世的噩耗,心情十分沉痛,引发了我对五十三年前一桩往事的回忆……

1952 年一个秋高气爽的傍晚,政治部李主任突然告诉我们一个消息:中国人民赴朝慰问团今天要到师部直属机关来慰问我们,是由慰问团副团长巴金带领,听到这个消息,我们机关全体同志的心情十分激动。

巴金是国内外有名望的作家,他的力作《家》、《春》、《秋》我在校念书时就拜读过,作品在揭露封建社会的丑恶方面,达到了淋漓尽致的地步。

"巴金要来!"我立即兴奋起来,他一定是个智慧非凡的人,在国内外享有盛名,人们很尊敬他，特别是广大知识分子都感谢他，因为他翻译和介绍过国外许多进步文艺作品。他以广博的文学知识，精辟的人生哲理，道出旧中国人民的苦难。总之，在我的想象中，他不是文质彬彬的文学家，而是一个朝气蓬勃的武将。

第二天傍晚，为了防止敌机的袭击，政治部特地把活动安排在铁原（地名）民房里。师直机关的干部大多数是解放前后入伍的知识分子。巴金同志向我们演讲之前，可能在师部了解到这些情况，所以他的讲话内容都是围绕他的身世和知识分子改造问题而作的。

巴金说：我是饱尝过旧社会苦难的，我出身于一个官僚地主的大家庭，在二三十个所谓“上等人”和二三十个“下等人”中间度过了我的童年，在富裕的环境里，我接触了听差、轿夫的悲惨生活，在伪善、自私的长辈们的压力下，我听到年轻人生命的痛苦呻吟。在旧中国，在我们四周，眼看着许多亲近的人在那儿挣扎、受苦，没有青春，终于死亡。我离开旧家庭，就像甩掉了一个可怕的黑影。

1927 年春天，我住在巴黎拉丁区一家小小公寓的五层楼上，我寂寞、我痛苦，我想念祖国、想念亲人。因为整个国家的命运，掌握在统治者手里，单靠自己的双手，是无法摆脱悲惨命运的……

他的这些话，道出了一个知识分子在旧社会的苦衷。是的，没有共产党的坚强领导，没有团结起来的人民，人民手中没有自己的武器，要取得胜利，是不可能的。

巴金还讲到知识分子的改造问题。他一手叉着腰，一手有力地挥动着说：“不少知识分子参加革命是背着包袱来的，要把包袱放下，才能轻装上阵，特别是要过许多关口，其中大关三个，小关无数个。”接着他又幽默地说：就像三国时关云长过五关斩六将那样。大关三个是什么呢？他大声说：“这就是要过好家庭关、战争关和土改关。”朝鲜战场是一个大熔炉，知识分子能在这个大熔炉里锻炼，就能把自己冶炼成真金，受到国际主义的教育，能更好地为中朝人民服务。在座的同志听到这些话，无不受到鼓舞和教育。

巴金在我们中国人民志愿军 42 军 124 师 372 团一营三连了解情况时，得知指导员郭思志在铁原阻击战中，英勇坚守阵地六昼夜，以伤亡十六人的代价，消灭八百多个敌人，他说：这位特等功臣是当之无愧的。朝中人民永远不会忘记他。

巴金还谈了许多战斗英雄的名字和事迹，使人难以想象，短短的几天里，他竟然了解到这么多情况，更使人惊奇的是，他不要翻阅记录本，就能一口气讲出这么多战斗英雄的名字和事迹。可见，他不仅做到“身入”战地，而且做到“心入”人心。这不仅体现了他善于观察生活，体验生活的可贵精神，而且反映出他对战士，对英雄，对朝鲜人民的热爱。难怪他回国后能写出不少不朽的精品力作。

今年 10 月 25 日是中国人民志愿军参加抗美援朝五十三周年纪念日，回忆巴金向我们作报告的情景，历历在目。巴金是一位与工农兵相结合的知识分子，是人民的作家。他爱憎分明，感情诚挚，回忆这段往事，使我一生难忘。

我抱着万分沉痛的心情，谨以此文表达我对巴老无限的怀念。

安息吧！巴金同志。

难忘的日子

——施勇祥——

我是一个热情的文学爱好者，初中时代主要读前苏联的名著，还曾经把《钢铁是怎样炼成的》

几个片断改编为小话剧，搬上了学校汇演的舞台；高中时主要读现当代名著，鲁迅、郭沫若、丁玲、茅盾和巴金的许多作品都是周日坐在新华书店的地上阅读的，还差一点为了演话剧《家》中的觉慧去考江苏省话剧团。巴老的“激流三部曲”一直深深地印刻在我的脑海中。

历史给了我幸福的机遇。中组部在1990年把我从云南调到中国作家协会工作，使我成了以巴金为主席的协会工作人员，使我有机会三次见到了我非常崇拜的文学大师之一——巴金。

1993年9月下旬机关派我和吴殿熙去杭州为巴金主席赴杭休养做准备。到杭州后，我们和上海作协的徐钤一边在创作之家，完全按照巴老在上海家里的习惯进行布置，连藤椅放在哪里，小板凳放在哪里，都仔细地安排好，准备巴老在创作之家休养；一边和浙江接待处商量，为因浙江省再三热情邀请而可能在杭州汪庄休养的巴老做方案。忙碌而仔细的准备工作，始终是在“能为巴老服务是幸福”的心态中进行的。

9月29日晚，巴老由小林、绍弥和上海派出的警卫等陪同从上海乘火车来杭。我们几人和省接待处处长一行前往车站迎接。在车站预报火车即将到站时，处长动情地告诉我：“巴老是全国政协副主席，又是文学大师，按照规定，他可以由国家提供整节车厢来杭州。老人却坚持只预定了两个包厢、八个位子，而且连警卫人员都是老人花钱买的车票，真是了不起啊！”当我告诉他，巴老虽然是中国作协主席还兼《收获》主编，但他老人家从不领国家一分钱工资，处长赞叹地直摇头。

火车进站了，我和处长上车迎接并把老人家搀扶下车。然后，我们陪同老人，在浓浓夜色中驶往幽静的汪庄。

9月30日是中秋节，下午，在巴老午休后，按照预定计划，我和殿熙、创作之家柯主任去看望巴老。我们到达汪庄时，巴老已坐在客厅沙发上等候。我们向巴老问好后，巴老叫我坐在他身边。我说：“巴老，如果您感觉精神好的话，我想向您汇报一下机关的工作。”巴老摆摆手：“不要汇报工作，我年纪大了，身体又不好。我这个主席是不理事的。理事的是马烽他们，我支持他们的工作。马烽身体好吗？”本来准备好的工作汇报，在巴老自然的导引下转成了聊天。

我简单地介绍了马烽的身体状况和往来于京、晋两地的工作情况后，巴老亲切地回忆起他和马烽的友情：“我和马烽认识很早。解放初期，他在作协文研所和机关工作。当时他也就二十几岁，却是个非常谦虚的老八路。你替我向他问好。他前两年专程去上海看望我，我非常感谢。你一定要把我的感谢和问候转达到。”然后他又问了我几位文学前辈的情况，我尽自己所知报告给巴老。最后巴老又详细地询问白羽同志的近况。当我说到白羽老还是事必躬亲，每稿必读时，巴老深情地说：“我和白羽有五十多年的友谊，从三十年代，我们就是文友，不断有文字上的交往；我们还在一起为《收获》筹划；一起参加过多次重要的国际笔会。现在我只是挂着《收获》主编，他又为办《人民文学》而事必躬亲，白羽可不要太劳累呵……”说到这里，老人微微抬起头，似乎望着远方，沉浸在往时悠悠岁月之中……文学前辈之间浓浓的友情和他们对文学事业的执著使我的眼睛不禁潮湿起来。

快到用晚餐的时间了，我们向巴老告辞，并约定下次来看望老人的时间。巴老让小林拿来早就准备好的、老人亲笔签写着“施勇祥同志　巴金　九三年九月三十日”的《随想录》亲手送给我，并把我们送到门口。

《随想录》我是阅读过的，它是巴老“随时随地的感想”的真实记录。不论是谈文学还是谈生活的种种问题，不论是对现实即时的感兴还是对往事的追思，巴老既把笔触向现实和历史的深处，又坦率地挖掘自己的灵魂。讲真话，把心交给人民，我想巴老把《随想录》送给我的意义就在这里。巴老对我这种无言的教诲，让我感受到莫大的幸福。

10月上旬，我们曾多次去看望巴老。有一次正赶上巴老准备去院子里散步。巴老说，你们愿意和我一同去散步吗？我们当然是非常愿意、非常高兴了。

杭州是一个宜人的城市，而金秋十月则是它一年中最美好的时光。西子湖畔的汪庄撒满了金色的阳光，花园般的院落草坪碧绿，丛林滴翠，丹桂飘出清香，菊花长满枝头。我和小柯推着坐在轮椅上的巴老散步、聊天，殿熙不断地给巴老和我们照相。巴老脸上始终露出微笑，我们则幸福洋溢在心中。当我推着巴老时，巴老忽然拾起我前几天向他谈起过的曾经想考江苏省话剧团的话题。我告诉巴老，我年轻时是个文学爱好者又是个话剧迷，特别爱读“激流三部曲”，爱看电影和话剧《家》。当年(1956 年)“省话”的张辉在电影中演觉慧，而在“省话”演觉新。我在“省话”的朋友都说我和张辉很像，如果我演觉慧，一定效果很好。我当然想在我最热爱的《家》中演个角色，但学校考虑我高中还没有毕业，因此愿望没有达成。巴老什么都没说，似乎陷入了深深的回忆和思考……

10 月 16 日，我将返回北京。15 日去汪庄辞行。在我即将离开时，巴老让殿熙取来《激流三部曲》，在《家》的扉页上郑重地写下“施勇祥同志　巴金九三年十月十五日”，又在《春》和《秋》的扉页上亲笔签了“巴金　九三年十月十五日”。我接过巴老亲笔签名的“三部曲”，含着眼泪，向老人鞠躬致谢，并祝巴老健康长寿。

这次我在杭州逗留二十天，见到巴老次数也就不多的几次，但老人的为人、为文和老人赠送的两部重要作品，将使我终生受益。

《文艺报》2005 年 11 月 26 日

巴 老 真 好

——姚卫和——

巴老真好，可是巴老走了。巴老生前是中国作家协会主席，一代文学巨匠；他还有个身份是全国政协副主席，属于国家领导人。我一介平民，本来与他相距甚远，但 1979 年冬我从上海市文化局调到上海市文联工作，巴金时任上海市文联主席，虽然他不坐班，但我们毕竟有了些接触的机会，我也因此亲身感受到巴老的为人。

大约是在 1981 年，几个同事在财务室议论一些干部的公私不分，把家里的电话费账单也拿到单位来报销，不像巴金，家里的电话费是从来不要单位报销的。一位老财务接着说，岂止电话费，我在文联工作几十年了，从没看到巴金拿什么单据、发票报销过。我也是从那天的议论中才得知，巴老虽然担任不少公职，却不拿公家一分钱工资。那他靠什么过日子呢？文联的老同志告诉我，巴老是靠自己的稿费生活的。巴老常说：“没有读者，就没有作家，我是读者养活的。”这是真话。

巴老的心与鲁迅相通。他一如鲁迅所说的孺子牛，吃的是草，挤出来的却是奶。巴老曾说，人生的意义不是索取，而是奉献。他是这样说的，也是这样做的。他不但向读者奉献出他的优秀作品，并且多次向北京、四川、上海等图书馆捐赠他的藏书，还多次向慈善机构、红十字会、希望工程和贫困灾区捐款。在捐款时，他要求经办人员不留名、不宣传、不报道，但有一次还是被我意外地发现了。

那是今年初，市文联组织文艺界向印度洋海啸灾区捐款，款项经市红十字会转赠灾区。在捐赠仪式上，市红十字会副会长熊仿杰说，不久前有个作家先捐款 3 万元，过了两天听说灾情严重，又追加了3万元,此事让他十分感动。这时在场的一些记者问起作家的姓名,熊会长说,名字记不清了,反正不是著名作家。但为了搞好新闻宣传,我还是请熊会长回去后帮助查一下。熊会长回去后来电话说,在捐款登记表上的捐款人姓名栏内填的是李尧棠。我一听,激动地说:“熊会长,你知道吗?李尧棠就是巴金呀!”我们在电话两头同时被巴老默默奉献的精神深深打动。

巴老真好,可是巴老走了。像巴老这样的好人,我们都希望他一直活下去,好像这也能给我们的生活注入一种力量。但他还是走了,我们无法留住他,然而他“说真话、做真人”的光辉形象永远活在我们心中。

《中国艺术报》2005年10月21日

天上有颗巴金星

——严宝康——

天上星,亮晶晶,天上有颗巴金星。1997年11月25日我国发现了一颗小行星,这一天正是巴金先生的诞辰,经国际小天体命名委员会批准,1999年正式命名为“巴金星”。从此,在浩瀚无垠的宇宙里,一颗闪耀着巴金光辉的小行星,在太空遨游,永载史册。

以文学家名字命名一颗行星,在我国还是首开先河。这是对巴金为文学事业不懈奋斗精神的高度赞誉,巴金受之无愧。

在此前的一周,即1997年11月18日,我们到华东医院向中国文坛泰斗巴金祝贺生日。那一天,阴雨低温多日的申城突然呈现阳光灿烂、温暖宜人的“小阳春”景象,我们的心情不由为之一爽。陪我们前去的是写有《巴金萧珊之恋》的作家彭新琪女士。华东医院巴老病房门口,两位工作人员引领我们到医院的来宾休息室等候。去前彭新琪关照,去的客人不能有感冒,巴老身体很虚,极易感染。

下午三时许,我们轻轻叩开巴老的房门,偏西的秋阳折射进病房,将房间照得温馨敞亮。巴老刚刚午睡醒来,坐在轮椅上小憩。九十四岁高龄的他,身着米灰色翻领秋装,看上去神清气定。当他看到我们精心为他选配的花束时,双眸闪现欣喜的光辉。顾行伟上前献花并在他耳畔轻唤:“巴老您好!广大读者对您十分敬重!我代表报社全体同仁和广大读者祝您健康长寿,祝您的心永远年轻!”这时,久卧病榻的巴老微微颔首致意,带着浓重的四川口音一字一顿、不无吃力地答道:“……谢谢!我年纪大了,有病,社会各界爱护我……但我不能好好接待,很抱歉……”

当顾行伟总编代表我们《劳动报》社向巴老赠送《劳动报》珍藏版“七一香港回归”丝绸彩报并略作介绍时,巴老仔细端详着,脸上浮现出好奇而又满意的微笑。我们起身告辞时,多年来饱受帕金森病折磨的巴金,断断续续地对《劳动报》赠言——“……把……心……交给……读者!”

“把心交给读者”,多么熟悉的声音。二十多年前我还在《上海铁道报》编《汽笛》副刊时,老报人告诉我,“汽笛”刊名就是巴金题的。当时确定以“汽笛”为刊名后,报社派员携带铁路局党委的介绍信和几期试刊,到上海文联请作家协会主席巴金题字。巴老谦虚地说:“我的字写得不好,你们的副刊过去我也没阅读过,是不是过几天再商量。”大约过了三四天,作协秘书周森通知报社去取题字。巴老写了几幅让报社选,并对办好副刊提出了许多宝贵意见。巴老反复说“自己是读者养活的”,一再强调创作要“说真话”、“把心交给读者”。

自“五四”新文化运动以来,巴金确实把心交给了读者,在一个甲子的岁月中创作了大量的名篇佳作。特别是1986年“说真话的大书”《随想录》以及此后的《再思录》的出版,产生了重大的社会影响。他的作品是中国现代文学的瑰宝，堪称二十世纪中国知识分子探索人生道路的缩影，以至于成为国际友人研究中国文学和中国知识分子道路的典型。

“把心交给读者”，朴实真挚的话语，道出了巴金这位经历了一个世纪风雨的老人内心感悟的最强音，强烈地震撼着我们这些后来人。它犹如一颗星，永远闪烁在我们的心灵之空。

《人民日报》2005 年 10 月 25 日

巴老与胡耀邦

——金爱新——

《胡耀邦与巴金在中南海谈心》（刊于 11 月 4 日《文汇读书周报》——编者）这张照片，激起了我的好奇心：是什么因素使这两位慈祥老人在一起如此亲切地交谈呢？我努力搜寻知情者们的回忆——

关心保护文艺家

照片中的这次会面是在 1981 年 10 月 13 日。时年 77 岁的巴金老人刚刚从法国参加了国际笔会回国。刚当选为中共中央主席不久的胡耀邦在中南海勤政殿会见并宴请了巴老。在座的尚有张光年、朱子奇、周巍峙、贺敬之等人。作家吴泰昌所著《我亲历的巴金往事》中披露，巴老说：那一次他出国回来，刚到北京，耀邦同志就特地把他请到中南海，无拘无束地谈了一个多小时，涉及的话题很多，交谈得也很畅爽。巴老向耀邦同志直率地谈了自己对当时文艺界大家关心、敏感的一些问题的看法。

据另一位作家介绍：这次会面一开始，历来关怀爱护文艺家的胡耀邦就表示了应当结束当时对某一作品的批判的意思，并希望在文学界德高望重的巴老能给中青年作家以正确的引导。巴金认为这几年的文艺，尤其是小说，已经超过了二十世纪三四十年代的文艺，在国内外产生积极的影响。认为对中青年作家，应该关心他们。他们热爱祖国，对人民有深厚的感情，又有写作才华，他们是中国新文学的希望。有缺点是难免的，也可以批评，但是要吸取以前极左的、打棍子的教训。总之，要相信他们。他说：“文艺家受了多年的磨难，应该多鼓励，少批评。特别是对那些有才能、多产的中青年作家……”

在场的一位摄影记者在回忆中感叹道：“按过去多年来的习惯，不管你是多么有名的文艺家，在倾听高级领导人说话的时候，你只能唯唯诺诺，而不敢表达自己的观点，巴金却胸怀坦荡地为文艺家大声呼吁。”

这些记述表明：说真话，不仅是巴老根据“文革”惨痛历史教训对全社会发出的呼吁，更是他自己身体力行的实践和准则；同时也可见出，胡耀邦并不希望别人对自己唯唯诺诺，而是一位善于听取各种意见的领导。

另一件保护文艺家的事情是在 1979 年，当时上海的一位中青年剧作家的话剧上演引起争议。巴老除了在《随想录》里再三撰文支持外，在当年召开的第四次全国文代会期间，又直接向胡耀邦谈到过这台当时仅在内部演出的话剧。巴老说应该公开演出，让它演下去。

巴老致信胡耀邦

巴老是一位具有独立精神的自由作家，即使有事情，巴老一般并不求助于领导。我所找到的有关巴金给胡耀邦写信的记载有两次：

一是为老作家沈从文反映住房情况。1979 年 4 月，巴金率中国作家代表团访问法国。回到北京后的一天晚上，应酬活动后近八时，巴金突然问起同行的吴泰昌，沈从文新近搬的家离这里远不远？在登门造访不遇回饭店的路上，巴老说沈家的住房条件太需要改善了。据吴泰昌回忆，从此巴老常谈起沈从文的住房问题，并且通过谈话和写信向一些领导反映，直到巴老直接向胡耀邦交谈和写信，沈从文的住房问题终于在 1986 年得到妥善解决。据 1986 年 6 月 14 日《文艺报》记者报道："最近，在中央领导同志的亲自关怀过问下，著名老作家沈从文的生活待遇问题得以妥善解决。不久前，胡耀邦同志曾向中国社会科学院有关方面了解沈老的生活和工作情况，随后，中组部即下达了文件。文件规定：沈老的住房、医疗和工资按中央副部长级待遇解决。就这样，这对老夫妇终于在晚年搬进了一套五间的新居。"

二是为现代文学馆呼喊。有感于"文革"中许多作家珍贵的书籍、文稿、手迹都遗失了，1979 年巴老在陆续发表于香港《大公报》上的《随想录》的一篇文章中首次提出修建文学馆，此后巴老又上书各级领导为此呼吁。经过胡耀邦关心和批准，现代文学馆终于修建起来了。巴老后来回忆说胡耀邦在宴请他时，也主动提到文学馆要成立基金会的事，并说这件事要着手办理，在国内外作家和其他各界人士中广泛募集文学馆基金。今天现代文学馆新馆已经在北京向全世界开放了，来此参观的人们都会想起巴老为创建文学馆奔走呼喊，捐款捐稿；也不会忘记在那百废待兴的时代里日理万机的胡耀邦对祖国文化事业的关切。

胡耀邦两次在会上谈到巴老

1981 年 12 月 27 日，中共中央总书记胡耀邦在会见全国故事片创作会议代表时说："文学是语言的艺术。言而无文，肯定是没有多少生命力的。大家看中国近代的大文豪，鲁迅、郭沫若、茅盾、巴金、曹禺、老舍、赵树理，等等，哪一位不是语言艺术的大师？"

1985 年 2 月 8 日胡耀邦在中央书记处会议上作了题为《关于党的新闻工作》的报告，针对当时整个思想战线比较突出的问题，胡耀邦强调了增强团结。他说，"我就很佩服巴金同志，他今年 81 岁了，经常讲作家要集中精力搞创作。如果大家都这样办，流言蜚语、闲言碎语就没有市场了，团结问题也就好解决了。我觉得他这个话确实很有道理。"

胡耀邦不仅高度评价巴老的人品和文品，也时常惦念着巴老。直到他 1986 年最后一次到上海，工作很忙，还特地委托市里的负责人代表他去巴金家里看望巴老。

巴老含泪送别胡耀邦

1989 年，胡耀邦的去世引起了巴老的悲痛。吴泰昌对此有过较为详细的介绍。《文艺报》特别想请巴老写篇怀念耀邦的文章。但是考虑到巴金的身体、心情，只好请当时在上海《解放日报》工作的吴芝麟代为采访。在《我尊敬他！》为题的采访记中，巴老深情地谈起耀邦。采访记写道：4 月 22 日那天，老作家巴金很早就在病房里打开了电视机，静静地等着看胡耀邦同志追悼大会的实况转播。他的心情沉重。看到一半的时候，家里人怕他受不住，劝他休息一下，他摇摇头，不说话，一直看到结束，默默地沉浸在悲哀之中。

傍晚，记者去看他。他告诉我："这几天，我很动感情。也许年纪大了，一有点事，心里总放不下来。"说到这里，顿时语塞，只见他把当天的报纸翻出来，那上面有 1981 年 10 月胡耀邦同志和他以及张光年亲切交谈的照片。他摘下眼镜，目光在那照片上停留了许久。……"他为许多人平了反。他是个大好人。我尊敬他。"巴老说，此时，他的眼角也慢慢地淌出泪水。

如今两人都已长辞人世，但两人的精神都长存人间。在胡耀邦诞辰九十周年和巴老诞辰一百零二周年之际，我谨以这篇小文章表达对他们不尽的怀念！

《文汇读书周报》2005 年 11 月 25 日

四十余年信犹温　一瓣心香祭巴老

——刘法绥——

记得还是 1999 年 11 月 25 日，那天是巴金老人 96 岁生日。当天电视报道：有关领导同志和部门代表前往祝贺，而巴金老人久已卧病在床，不能进食，且血管脆化，很难进针。看后，我心中涌起一种不祥的预感。这次听到噩耗，尽管早有预感，但“哲人其萎，泰心其颓”的悲哀仍袭上心头。因为，除了对这位文坛泰斗的尊崇以外，还有对老人家曾回信并赠书给我的深深感激——感激他对素不相识的普通青年读者的尊重。

我之知道巴老，是上世纪五十年代初读小学的时候。有一天，母亲带回一本书，是繁体竖排的《家》。我连续几天放学后，一认二猜三蒙地翻完了。母亲考问我书中讲了什么，我答：“有个老头子，把孙子赶出去了；后来病了，又想孙子回来。”母亲大笑。以后，我初中、高中的语文老师都是巴老的崇拜者，在他们的影响下，我读了巴老的一些传世之作。

1963 年我供职的单位机构精简，我被调至单位所属的一所学校。工作的改换，让我产生了一种适应期内的惶惑心理，于是，凡有假日，就回武汉。那年冬天，我在逛汉口交通路(现成了江汉路步行街的分支)的旧书摊时，偶然发现一本上世纪四十年代出版的、巴老翻译的屠格涅夫的中篇小说。一翻，扉页上竟有巴老亲笔签名赠人的字样！顷刻间，我心跳加速了。书缘可遇不可求，我忙掏出一张五元钞(当时属大额票)递给摊主。盖章时，我唯恐摊主翻书发现扉页题字而不卖，只是紧紧攥着书让摊主看封底标价。书买回后，心内犹自不信，于是抱着试试看的心情，将书寄给巴老并附一信。很快地，巴老给我这个素不相识的年轻人回了信。为了答谢我，巴老要我回信说明离汉回单位的时间，以便寄赠新出版的书给我。1964 年春暖花开之时，我收到巴老寄赠的散文集《倾吐不尽的感情》。

大约在上世纪八十年代，从报上得知出版社搜集并出版巴老书信集的消息。我想，那些与巴老通信的，除亲属外，多不是寻常之人，我草民一个，何必跻身入内？因此，没有与出版社联系。书信集出版后，我至今也没有读到。

呜呼，巴老逝矣！我作为巴老的一个读者和著作的受赠者，谨奉一瓣心香，遥祭巴老。

附：巴老的信

法绥同志：

信收到。书也收到了。谢谢您。书是我在十三年前遵(赠)给一个朋友的。这个人，就是×××(编者注：出于可以理解的原因，作者特意将此人名字隐去)，听说后来做了右派，现在怎样，也不知道了。书可能是他家里的人拿出来卖的。不管怎样，您好意买了来，寄给我，我应当谢谢您。您在小学教书，那么现在还在家中度假。倘使收到这封短信，请告诉我您什么时候返校。我将来可能遵(赠)一本小书给您。

此致

敬礼

巴金　二月五日

《东楚晚报》2005 年 10 月 28 日

永远怀念巴金先生

——吕鸣亚——

1980年起为了筹备南师附中七十九周年校庆，我曾有幸十三次访问巴金先生，并且和他有十多次书信往来，因此我对这位文学泰斗的待人处事，人格魅力有一点直接感受。

我从《中国文学家字典》中查到巴金先生1925年曾在南京东南大学附中(南师附中前身)毕业，我抱着试探的心情冒昧地投书上海作协询问，未见回音。1981年春节期间，我又发出一函，仅仅隔了三天便收到了巴金先生回信。内称：

“二月十二日来信收到，敬悉一切。我近几个月来身体不好，连写信都感到吃力，外面来信大部分由别人代为处理，我也没有精力过问，你去年寄来的信，我可能没有见到，脑子里一点印象都没有，请原谅。将来如编印校友录，能列入我的名字，我将感到十分荣幸。我在附中念过一年半，最初半年念补习班，后来念了一年高三，一九二五年毕业。我本名李尧棠，一九二八年底开始用‘巴金’的笔名发表文章……。”

当时我手捧巴金先生来信，喜出望外地拿给同事看，有人说：“巴金不可能亲自给你回信，这大概是他让秘书写的吧。”我到图书馆查阅资料后，才证明此信确实是巴金先生亲笔所为。1981年5月26日下午我和祖云同志专程到上海，怀着激动的心情叩开了武康路113号的大门。

“四哥，南京来客了”！巴金先生的妹妹大声喊道。接着巴金先生迈着蹒跚的步子走下楼来，亲切地和我们握手，把我们引进客厅里。我们原先带有几分紧张的情绪，但端详着他慈爱可亲的面容，开始同这位朴素温和的老人亲切交谈时，紧张的心情顿时消失了。

巴金先生和我们交谈了一个小时，话题涉及到许多方面。巴金先生对一件件往事的回忆，叙述得十分清楚。

第二天上午巴金先生约我们再度造访，这是因为他主动提出要找点礼物送母校，当时来到他的院子时，他已守候在门口。客厅里的茶几上放着十多本精装本《巴金文集》。他高兴地指着书说：“这些书是我从书架上找出来的，送给母校表示我的一点心意吧！我的文集共有十四卷，现在还差六、七两卷，找不齐了。这几本书不算什么，将来有新书，我再给母校寄去。”

随后巴金先生多次应邀为母校题词：“青春是美丽的”、“校友录”、“树人”等等。

1981年8月，巴金先生再次去法国参加世界笔会，临行之前，他心中还记着10月1日母校举行校庆的事，特地函告母校：“我即将出国开会，其他事都顾不上了，至于同母校的联系，我将来另有安排，请原谅。”当收到这封看起来内容似乎十分简要的来信时，我们的心情非常感动，这几行字说明他处事何等认真，对人又是何等的诚恳！

1982年2月25日，又突然接到巴金先生来信：“近两个月因病很少出门参加社会活动，在家养病，每天只能写两三百字。这两天清书清出一部分鲁迅先生的著作和有关他的图书，如影印《自由谈》合订本、《死魂灵百图》新版、《鲁迅全集》共二百几十册，打算赠给母校，请你征求校方意见，是不是可以派一个人来取去。本来由我这里打包寄出，办法简单干脆，但是我年老动作迟缓，孩子们有自己的事，不肯帮忙，只好麻烦你们。要是来取书，最好在三月内，我不会离开上海。很抱歉，又要麻烦你们。”我获讯后即复信说明，三月中旬一定去沪取书。巴金先生又立即回信说：“母校派人取书，我很欢迎。三月份我在家养病，不会离开上海，只是十六日这天，我另有约会，不能接待你们。”后据报载，原来这天意大利驻华大使到他家作客，并宣布授予他“但丁国际奖”。

1983 年 3 月 21 日下午，我们到达上海，原计划当晚要去巴金先生家，后来因为有几位上海校友也很想顺便去见见这位著名的作家，其中朱逢博因为演出，只有 22 日这个时间她才能脱身，所以我特地到巴金先生家征求意见，问他明天晚上我们来访这个时间对他是否方便？巴金先生非常随和地答道："应该服从你们的方便。欢迎你们明天晚上来，我赠送的书都理出来了。"我稍谈片刻，不愿多打搅他，正起身告别，他说："我有两本书送给你本人作纪念，一本是我的近作《快乐王子集》，另一本是我的近作《探索集》。"我非常荣幸地接受了他的这份有意义的礼物。回到住处，一口气便读完了他的《探索集》，心中很激动，久久不能平静。

翌日晚，我陪同李夜光校长还有朱逢博、贾安坤、章嘉琳等三位校友驱车到巴金先生的寓所。我们一进门，就望见这位慈祥可亲的老人正站在客厅门前等候。李校长首先代表母校师生向他致意，朱逢博同志代表年轻一代的校友向他表示亲切的问候。巴金先生同大家一一握手，他指着朱逢博同志说："原来我们也是同学啊！我们全家都熟悉你。"这是愉快的会见。我们首先热烈祝贺他荣膺"但丁国际奖"。这时他高兴地笑着说："这是我沾国家光，这不仅是我个人的荣誉，也是对中国人民友好的表示。"客厅里这时充满着欢乐愉快的气氛。我们很自然地问起"但丁国际奖"的由来。巴金先生介绍说："早年时，我很喜欢读但丁的诗，他的各种版本的《神曲》我都收集了，十年动乱中当我处于最艰难的时刻，我将《神曲》第一部分《地狱》中的诗句抄在自己的小本子上，暗暗地背诵着，作为激励自己战胜困苦的力量。"接着他说："这场十年浩劫绝不是黄粱一梦，总有一天会有人写出新的《神曲》来。"我们知道，1972 年他失去了自己唯一可以倾吐感情的最亲爱的萧珊同志，这是使他最伤心的事，从此他变得衰老起来，身体、精神都不如以前了。但是这次会见，我们总觉得他还是一个坚强的人，我们望着这位年近八旬的老作家，觉得他精神矍铄，谈锋劲健，操着一口四川家乡口音还比较洪亮，话题循着我们来访的初衷，即从近来的创作生活谈起。他说："年岁不饶人，失去的时间是找不回来的，剩下的时间不多了，不能随便浪费它们。"

巴金先生在自己的文学创作生涯中已经度过了漫长曲折的半个多世纪，写下了七八百万字著作，给后人留下了一笔丰富的精神财富，如今虽然年迈体弱，但仍以"老骥伏枥"之心订了一个五年创作计划，宣布到 1984 年要写成八本书，其中包括两部长篇小说，五本《随想录》，翻译五卷赫尔岑的《回忆录》，每天坚持翻译一点。他说："本来作者写作，用不着到处宣传，写出就行。我大张旗鼓，制造舆论，就希望别人不要干扰，让我从容执笔，这是我最后一次为争取写作时间而奋斗。不管我的笔多么无力，我的声音多么微弱，我也要为这个伟大的时代和英雄的人民献出自己全部力量，让这一滴水落到奔腾的汪洋大海里去。"

我们聆听着他这一番感人的谈话，实在深受教育。

我曾向巴金建议："您是否可以用录音机把想写的录下音来，请人帮助整理？"他笑着回答说："我是一个手工业劳动者，既没有这个本事，更没有这个习惯。"我才发觉，自己的建议未免太幼稚可笑。李夜光校长说："您是一位著名的老作家，对母校师生来说，也是一位受尊敬的老师，我们应该向您学习。母校全体师生祝愿您健康长寿！"巴金先生十分谦虚地说："对于母校来说，我永远是一名学生，应该向老师们学习，大家都应该健康长寿。"我告诉巴金先生，母校 1956 年毕业的校友韦钰，今年在德国荣获博士学位，他是新中国第一位电子学女博士。他高兴地说："从报纸上看到关于她的报道了，这说明母校新秀辈出，年轻的一代前途无量。"

这次我们代表母校，向巴金先生赠送一幅国画，我向巴金先生介绍说："这是一幅松竹梅岁寒三友、作者是南京师大美术系教授，徐悲鸿先生的人室子弟，也曾是母校的一位教师，著名的国画家杨建侯先生。"巴金先生连忙展开画卷仔细地观看和欣赏，并高兴地说："谢谢母校，同时代我向这位画家致谢。"

这时我们觉得应该让巴金先生休息了，但一位陪同我们到巴金先生家来的解放日报社摄影记者突然悄悄地向我说:"刚才拍的照没有把握,需要换胶卷重照。"我听了这话,立即和巴金先生商量说:"巴金先生,今天见面的机会很难得,大家都希望和你合个影,但刚才拍的许多镜头可能不成功。为了保险起见,记者要重新换胶卷重拍,巴金先生,我来充当导演吧,请稍候。"巴金先生非常随和地笑着说:"好啊! 好啊。"于是我们又补拍了好几个镜头。

我们站起来要向巴金告辞了,他送我们到门口指着楼梯口一堆赠书,并且拿起一本《申报自由谈》影印本翻开向我们说:"我已经在这本集子题了字,签了名,其余都一一加盖了我们赠书印章,作为给母校的纪念。"我们随手翻开几本一看,在盖有"巴金赠书"的大印章处,都覆盖了一张小方块白纸,防止印色渗透。这批赠书当中有些是原来作者或者是巴金先生的好友赠送给他的,他在这部分书上都亲笔题有"巴金转赠母校",这就更使我们深深感受到他对母校的赤诚之心。

当我们一行数人一道搬书装车时,他说:"麻烦校长老师了。"这时他看到朱逢博同志使劲地搬书,十分风趣地说:"朱逢博同志,您是著名的歌唱家,今天委屈了……"大家听了,发出一阵欢乐的笑声。

离开时,他一直把我们送上汽车一一握手告别后,还站在门口向大家挥手致意。

今天巴金先生已经和我们永别了,每当我回忆起巴金先生和我们一次一次的亲切会见、交谈,每当我们翻阅巴金先生一封封来信时,我们恨不得立即飞到巴金先生的遗体身边说一声:巴金先生,您安息吧!

惊呼热中肠

——石成泰——

从网上看到被陈原同志称为"我们的巴金"的文坛泰斗于 2005 年 10 月 17 日病逝的报道,不禁黯然泪下,惊呼"巴老走了!"我这个巴金作品的普通读者,也要写点什么,寄托我的哀思,表达我对巴金同志深切的悼念。

我称巴老为"同志",并不是我的僭越,因为他也是世界语者,世界语者之间是以"同志"(Sam-ide-ano)相称的。"万千读者喜爱作家巴金的作品,而我们世界语者更以在我们行列中拥像巴金这样的真正的人而自豪。他爱世界语。他毕生爱着世界语。他是世界语理想和信念的化身。"①

巴老从事文学工作八十年,"他以无数激动人心的作品哺育了他的同时代人,并继续哺育更多的后来者"。② 他的小说,如《家》,打动着一代又一代青年读者的心,被几次搬上了银幕,鼓舞着人们去砸开封建专制的枷锁。特别是在他的晚年,用一百五十篇"小"文章,写成了一部"大"书《随想录》。这是一部"讲真话的书",说出了人们要说的话,而巴老也被自己无数热情的读者称为"中国社会的良心"!

就在这部《随想录》里,有两篇是专门谈到世界语的,回忆自己学习世界语和在文学工作中使用世界语的经历。"处处表明,巴老数十年如一日始终爱着世界语。他爱世界语,因为他爱人类,他爱未来;他相信未来会更美好"。③ 他从世界语版本,翻译了几十万字的外国文学作品,其中如《春天里的秋天》(Printempo en la Aŭtuno),几十年来不断被重印,成为万千读者宝贵的精神

① 引自陈原《我们的巴金 我们的语言》,载《巴金和世界语》,中国世界语出版社,1995,第 1 页。

② 同①,第 2 页。

③ 同①,第 5 页。

食粮。

我是巴老作品的忠实读者，而作为一名世界语者，也曾得到过巴老热情的帮助。1991 年，是两位匈牙利著名的世界语文学大师尤利·巴基(Julio Baghy)和卡尔曼·卡洛柴(Kalman Kaloscay)诞辰一百周年，我那时正在编辑一份世界语文学小刊物《三色堇》(Penseo)，国柱同志建议，小刊要为这两位文学大师出个专号。于是我就开始组稿，首先想到了这两位世界语文学家作品的汉语译者巴金和卢剑波教授。我同卢剑波教授有通信联系，也知道他同巴老是少年时代的同学和亲密的朋友，于是就给卢老写了一封信，请他为这期小刊写点什么。我也知道巴老年事已高，又在同病魔搏斗，不好意思打扰他，就把同样的邀稿信夹寄在给卢老的信内，请他斟酌是否可以转寄给巴老。

我很快就收到了卢老热情的回信，这位卡氏诗集《伊索的智慧》(Ezapa Saĝo)的汉译者，我国著名的西方古代史学者在信中，谈了他自己七十年世界语者生涯的体会，他从历史学家的角度论述到："Esperantismo(世界语主义)照我现在服膺的说法，是走希腊道路，而不是走罗马道路。希腊的道路是给全世界人民以自由，不是强迫人民只准讲说和书写一种法定的语文，按最高统治者规定的法规去行动和思考。"这段话可说是非常精辟，今天重读，仍令我激动不已。

不久就收到了巴老的来信，这真令我大喜过望。他写到：

成泰同志：

信由剑波转来，敬悉一切。我现在疾病缠身，无法写作。四五年前我曾对照原文第三次校改《春天里的秋天》。我未见过尤·巴基，也不曾同他通过信，可是我喜欢这个中篇。后来在七十年代靠边期间我又读了他的两部更重要的作品《牺牲者》和《在血地上》，①对优秀的人道主义作家巴基有了更深的理解。但是我仍然特别喜欢《春天里的秋天》。我同意你们翻译我过去写的序文在新的刊物上发表，因为我没有精力另写文章了，请原谅。

祝好！

巴金

九一年二月十日

巴金和卢剑波的信，由我请国柱译成世界语，以"译者的话"为题，发表在 1991 年 6 月出版的《三色堇》第十二期上。同期发表了巴金为《春天里的秋天》第一版写的序言，那是我请王崇芳同志译成世界语的；还有我用世界语写的一篇《巴基和卡洛柴在中国》(Baghy kaj Kalocsay en Ĉinio)等。小刊《三色堇》每期只有十六开四页，那一期专刊出了八页。小刊出版后，得到国内外读者的热情回应，国际世界语协会的机关刊物《世界语》(Esperanto)杂志还全文转载了我的那篇文章。②

我在文章中提到我国著名世界语者索非先生，但查不到他的生平简介，于是又致函巴老，3 月 16 日巴老回函，写来索非生平的简介。这两封巴金同志给我的信，已收入人民文学出版社出版的《巴金全集》第二十二卷。

日本世界语者峰芳隆(Mine Yositaka)是我的朋友，他也是巴金作品的热情读者。1994 年，他来信请求我，无论花多大代价也要为他收集到一本巴金汉译的《春天里的秋天》初版本，那是开明书店 1932 年出版的。我无法搞到，他退而求其次，让我从图书馆里借阅，为他复印该书的封面、版权页。我居住的小城图书馆里没有这一版的收藏，于是我又致函巴老。不久收到巴老的回函，这次是由马小弥同志代笔，说是他已经把自己家中的藏书大多捐献给现代文学馆了，建议我

① 这两部小说二十世纪三十年代有钟宪民的译本出版。

② 见 Esperanto 杂志 1991 年 7、8 月号。

到那里去借阅。

可是几天后，我出乎意料地又收到巴老的来函，这次是一个大信封，信仍然由马小弥同志代笔，说是在家里的书橱中意外地发现了这本书，就复印了该书的封面、封底、目录、版权页和序言给我寄来，让我转给日本朋友。一股热流立刻在我的心中跳荡！我这个普通的读书人，巴金作品无数读者中的一员，遭遇过多次投书给编辑和名人而如石沉大海，得不到回音的尴尬，可是“我们的巴金”，不顾自己已经九十岁的高龄，却认真地回复他的一位普通的读者，使我感到，他的那颗伟大的心脏，的确是在同自己平凡的读者一起跳动着！

1994 年是巴金同志九十大寿之年，我用世界语写了一篇文章 Esperanto en Bakin(《世界语同巴金》)，交给国际世界语协会的机关刊物《世界语》杂志去发表。①

我由衷地景仰这位毕生不知疲倦地为他的读者和人们得到幸福而奋斗的作家和“同志”，要学习他的“不要名利，多做事情；不讲空话，要干实事”的精神，②在他不朽的亡灵前，奉献我的一掬真诚的泪花。

2005 年 10 月 19 日，大庆

《文汇读书周报》2005 年 11 月 4 日

巴金谈周立波的“三次牢骚”

——金振林——

1964 年初夏，我作为一名地质队业余作者，调到人才荟萃的作协湖南分会。进作协后才得知，审阅我的作品并决定调我的是作协主席蒋牧良；省文联党组书记、主席周立波拍板；分管行政的副主席蒋燕具体经办。我是个知恩图报的人，周立波、蒋牧良、蒋燕诸前辈的知遇之恩，我当涌泉相报。

因此，到了“文革”派性斗争白热化的 1967 年，我自然成了“三十年代反动文人”周立波、蒋牧良的“黑线人物”、“保周派”。

其实，除了喜欢周立波、蒋牧良的作品外，对他们的过去，尤其三十年代在上海的情况知之甚少，仅知周立波是周扬的堂侄儿，一起提倡过“国防文学”，与鲁迅主张的“民族革命战争的大众文学”大相径庭。蒋牧良跟欧阳山两个大汉，在鲁迅先生出殡时，是高举横幡走在最前边的人，巴金等人抬鲁迅的灵柩；除此之外，蒋老多次跟我讲，在上海亭子间写作时，常常饿肚皮，妻子黄灵均将米缸底刮得咔咔响，他便日夜兼程，把稿子写好去卖钱，一时换不到钱，便将一件羊皮袍子拿去当几文，领了稿费就赎回。所以，他在一个旧笔记本上愤书：“上苍赦我，莫作文人。”可见当时的窘迫。解放后，虽然薪水蛮高，但家里人多，两部长篇又未出版，“文革”抄家时，他那张存折上仅有 50 元。

古人云：知己知彼、百战不殆，对立面攻击如敌而我们要保护的老作家，到底有什么问题？尤其在三十年代，究竟干了些什么？因此，决定去上海探个究竟，第一站便去巨鹿路 675 号作协上海分会。第一个“外调”对象便是作协主席巴金。

那是 1967 年 10 月中旬一个阴霾的秋日下午，我持介绍信，到上海作协，说明情况后，一位工

① Esperanto 杂志 1994 年 10 和 11 月号连载。

② 巴老的话，转引自陈原文章，同①，第 8 页。

宣队员便将巴金领到二楼过道口。

我们三人呈品字形落坐，巴金朝南面壁，我坐右首，工宣队员坐在他下手。

巴金穿一身洗得发白的浅蓝色中山装，脚下是一双旧的棕色皮鞋，他戴一副眼镜，虽然经历了一年多的批斗折磨，仍从容不迫，不亢不卑，满面慈祥，我从他右边看去，尤觉他那“文曲星”下巴骸儿特别尖长，头发有些花白，讲话时稍有口吃。他告诉我：“今年六十二岁。”

我们从周立波三十年代的经历谈起。

巴金坠入三十年前的上海滩，沉思了片刻，便娓娓道来：“三十年代周立波在上海，我只知道他的名字。他翻译过《被开垦的处女地》(萧霍洛夫名作)。”

关于三十年代的往事，仅此一句，我有些失望，但巴金谈到与周立波出访的事，却兴奋起来。

“我第一次看见他是在北京出席文代会，以后在京开会时我也看见他。但是，第一次我和他接触还是在 1956 年 1 月，和他同去柏林参加德国作家第四次代表大会的时候。这次去民主德国，他不愿意去，是陈白尘打了几次电报把他找来的。他到京较晚，我已经把发言稿写好了，他当时就说不愿出国，并说他在农村参加合作社建社工作，到合作社正式成立时，他却看不到，很有意见。”

我接话说：“当时根据周立波的要求，中宣部决定周立波从 1954 年起就到湖南益阳桃花仑深入生活，准备写农业合作化的长篇，后来出版了《山乡巨变》(上下部)。1956 年他正沉浸在山乡巨变的焦虑与喜悦之中，他念念不忘的是亭面糊、盛淑君、秋丝瓜这类人物，而不想出国兜风。从泥土里把他拔出来，当然一肚子不满意了。”

巴金接着说：“我们与德国驻中国大使同机到达柏林，下了飞机，却没有人欢迎，那位德国大使也不管我们就走了。我们等了许久，不见人来，我托我们使馆商务处来接信使的人，打电话给文化处去问。我们在机场等了一个多钟头，人们都走光了，后来机场工作人员也走了，有人把我们的行李搬到外面院子里。周立波一直在抱怨，他说真不该来，我们马上回国去！我反而得安慰他。后来大使馆文化参赞叶克来了，叶克是延安鲁艺的学生，周立波还是他的老师。叶克说，他得到国内动身的电报，估计我们不会到得这么快。后来得到商务处电话，临时找汽车司机，今天是星期六，司机上街去了，因此等了许久，才到机场来。叶克把我们接到使馆，便通知德国作协，不久，德国作协派作家来欢迎，把我们接到旅馆去。这是周立波第一次发牢骚。”

天气不冷不热，工宣队连一杯白开水也没倒给我们。巴金的记忆力非常好，二十年前的往事如在眼前，接着他又颇为生动地描述了周立波第二次发牢骚。

“这次开会，德国作协派给我们的中文翻译不太负责，会场上人们发言，他只偶尔译出两三句，使我们感到莫名其妙。周立波坐在那里更不能安心。有一次德国作协请各国来宾吃晚餐，白天没有会。那天叶克约我们去使馆，说是朱老总(朱德)和聂老总(聂荣臻)要到使馆去接见使馆人员。我们那个翻译同意晚上到使馆接我们同赴宴会。使馆曾大使请两位老总吃饭，拉我们作陪，但吃到一半，叶克通知我们，翻译员坐车来接我们去作协。周立波不想走，我问叶克怎么办？叶克还是主张我们两人都去。我便向曾大使和朱老总讲明情况告辞走了。周立波很不高兴，但还是一同去德国作协赴宴。宴会结束回到旅馆，周立波一直说：今天不该离开使馆，对朱老总不礼貌。我说，我们已经向大使讲明情况，我们是德国作协的客人，德国作协招待我们不能不去，不去显得对德国作协不友好。周立波反驳道：难道德国作协可以跟我们的朱老总相比吗？火气大得很。我们谈了一阵就谈不下去了。”

这大概是周立波第二次发牢骚。

而第三次简直是发脾气了。

巴金说：“我们离开柏林回国，德国作家送我们上飞机，送客的人都走了，飞机快起飞了，叶克还不见来。周立波在飞机上大发牢骚,说他从此完蛋了,真不该到德国来。问起来才知道他这次出来组织关系也转到我驻德国使馆,他以为叶克今天会到机场送回给他,所以昨天到使馆去没有向叶克要回转关系的信。他正抱怨间,叶克终于在班机起飞前赶到了,一切问题都解决了。”

说到此处,巴金松了口气,我似乎也轻松起来。

我调到作协湖南分会后,虽然与周立波接触不多,但他的确是个性情中人,背地里人们喊他亭面糊,可他发起火来,也是不考虑场合的。不错,巴金给我描述的是一个活生生的周立波。巴金又说,在他们离开柏林前一夜,曾大使要他们回国后写访问德国的文章。周立波断然拒绝,说,回去马上要到湖南乡下去深入生活,对德国一点也不了解,写不出访问的文章。曾大使听了颇不满意。周立波回到北京呆了一两天,就回湖南去了。给作协的报告也是巴金写的,访问文章他一篇也没写。

本来,会后还要由德国对外文委安排访问两个星期,可是,周立波归心似箭,最后,巴金同意访问一个星期,周立波才不再坚持了。

巴金又忆起1962年1月在广东湛江与周立波见面的情景。他说:“我早听说他同冰心一起来广东,可是我到湛江并未见到冰心,他说北京来电报要冰心出国,冰心先走了。本来作协也来电要他同冰心一路去参加亚非作家会议第二次大会,他不愿意出国。推掉了。”我说:“你应该去,要是大家都不去,怎么办?他说:‘你知道我在国外生活不习惯,没有办法。照理说,是应该去的,不过,我不去,还有别人去,也不要紧。’又说:‘将来还是我们两个一起出国吧。’”

“我的印象,周立波对国际斗争等等不感兴趣。但周立波对革命先烈却十分敬仰。”巴金补充说,“那次到德国,叶克交给周立波四千马克(大约合人民币三千几百元),说是德国出版社送来的《暴风骤雨》的稿费,记得他自己拿了一千马克,又送了我五百马克,其余的都交了党费。德国作协也送了零用费给我们,但是我们两次献花就花光了。一次是在布廊瓦尔德集中营给台尔曼献花圈,另一次是在魏玛哥德像前献花圈,这是周立波的意思。在那里,冬天鲜花很贵。”

我问巴金:“关于周立波,你还有什么可以补充的吗?”他扶了扶眼镜,想起什么了,忍俊不禁地说:“那是1959年陈白尘到上海,我和他谈起周立波在《人民文学》上发表的小说《山那边人家》、《下放的一夜》,陈白尘说,周立波送稿子来,先问他:你们敢不敢登我的小说,敢登我才给你们。”

听到这儿,我不禁笑了起来,周立波就是这么一个爱憎分明、毫无城府、有时十分率真的作家,文如其人,所以,他的作品,人物栩栩如生,乡土气息很浓,让读者爱不释手。

此刻,我见巴金十分得意地跷起二郎腿,搁在左腿上的右脚尖,还颠动着。那位在一旁监听的工宣队员听了一会儿,对我们的谈话似乎不感兴趣,便楼上楼下走动走动。因为,我们没有谈什么叛徒特务反革命之类的政治历史问题。看见我们二人均在发笑,根本不是“外调”的气氛,且巴金这个专政对象居然跷起二郎腿,颠悠颠悠着,很不高兴地说了一声:“把脚放下去!”巴金乖乖地收敛了笑容,坐正跟我谈起了蒋牧良。

“我第一次看见蒋牧良,是在抗战以前,怎样见面的,我记不起来了。我只记得他是张天翼和陈白尘的老朋友。1936年他给《文学季刊》写过几篇小说。我在文化生活出版社编《文学丛刊》,也收过他的短篇集。当时在杂志社请作家吃饭时见过他,但是,他讲的话很不好懂,也无法多谈。”

提起蒋牧良的湘乡土话,我记起了1964年6月调作协后,他与我的第一次谈话,他两目炯炯,颧骨高高,声音粗犷,他说要我先当两年“干事”,要有雷锋的“钉子精神”。湘乡话,“钉子”发音“弟子”,我听不懂,他便用右手食指在办公桌上使劲地钻动,“弟子,弟子!”弄了半天,我才恍然大悟,是钉子,不是“弟子”。后来,我跟他在一个屋檐下,朝夕相处,一同去红菱湖采访,一同去韶山灌区深入生活，他的湘乡话我终于能听懂七八成。

巴金继续说："我记得有一次开明书店要我介绍一些作家的稿子，我介绍蒋牧良的，书店同意了，我晚上到他写给我的地址去找他，好像他和陈白尘住在同一幢房子里。我到他屋里，看见凡容（他在《译文》上发表过翻译小说）也在那里写东西。抗战中，蒋牧良写过信给我，他在编一份地方报纸的副刊，向我要稿，我寄了一首译诗给他，抗战胜利后，他到过上海，到文化生活社找过我，后来我见过他一两面。他介绍一个朋友的译稿，我没有用，可能他有些不满意。解放后，1956 年我在京出席作协二届理事扩大会议，同他在一个小组开会，才知道他在部队，后来听说他深入生活，写了长篇，章靳以死后，《收获》缺长篇，听《收获》驻京编辑陈海仪讲，蒋牧良有个写钨矿的长篇……后来又听说他回了湖南。"

提起蒋牧良的两部长篇小说，我插话说：他花了二十年心血写成的两部长篇小说，一部叫《湖边春暖》，写洞庭湖农业合作化的，另一部叫《国防在后方》，写湘西剿匪的，作家出版社已预支了部分稿费，可是，蒋牧良改了又改，不轻易拿出去。到了"文革"浩劫时，作协机关一个姓孙的造反派头头，带了几个同伙，不抄黑材料，光要他交出湘西剿匪的长篇原稿，威逼之下，将牧良将一只旧藤箱子打开，那浸透了他二十年心血的两部长篇被抄走，在蒋牧良苦苦哀求下，那人留下一张收据：

"今收到蒋牧良原稿十袋，孙××"

蒋牧良拿着那张条子，望着空空如也的藤箱，泣不成声，哭了好半天。

"是啊，作家的作品就如同他的亲生儿子，儿子从怀里被抢走，哪有不伤心的啊！"显然，巴金对蒋牧良的遭遇十分同情。

1973 年 2 月 23 日，蒋牧良含冤离开了人世，临死前，手中仍攥着那张收条。如今，收条仍藏在他女儿手中。粉碎"四人帮"后，陈白尘、草明、彭荆风等老作家，相继在《人民日报》等报刊上呼吁，要追查蒋牧良那八十万字的长篇原稿，可是，孙××在某些人的包庇纵容下，不仅逍遥法外，还做了官……这是后话。

"他的著作，我记得开明书店有一本《强行军》，文化生活社有一本《锑砂》，大多是批判的现实主义作品。"巴金的记忆力十分惊人，"蒋牧良的话，只有一两句我记得最清楚，他抗战前有一次在杂志社请客时告诉我，蛇肉最好吃，吃过蛇肉，什么菜都没有味道了，根据我过去的印象，他是个倔强、老实、感觉不太灵敏的人。"

我和巴金的谈话，既不像"外调"，又不是采访，而是毫无拘谨地谈作家，谈作品，重温他们之间的友谊。巴金还饶有兴致地谈起他和蒋燕、朱凡（即凡容）的交往与友谊，以及蒋燕、朱凡婚前婚后的情况，这些内容，对于"必须领导一切"的"工人阶级"的宣传队员，真如同对牛弹琴。那个工宣队员还算本分，除了中间插了一句话，要巴金把二郎腿放下之外，没有任何呵斥与怒骂，只是他对谈话内容不感兴趣，常常离座，使我与巴金可以讲点"悄悄话"。我告诉他周立波的近况不妙，"文革"前夕他引火烧身，1965 年底在《羊城晚报》上发表了一篇写毛泽东 1959 年 6 月 25 日重返故乡的《韶山的节日》，里边两次提到毛泽东的"前妻杨开慧"，心胸狭窄的江青看到"杨开慧"三个字，如芒刺背，便责问中南局书记陶铸为什么发表这类文章？而陶铸却认为这是难得的佳作，指示《羊城晚报》加上编者按，将《韶山的节日》于 1966 年 2 月重新发表，气得江青直咬牙，大骂："周立波很坏！""文革"中，江青五次点了周立波的名字，并成立"中央三办"专案组，把周立波囚禁了起来……

粉碎"四人帮"后，周立波"解放"了，可是，由于江青一伙的残酷迫害，他患了肺癌，由于叶帅出面，他才得以住进 301 医院。1979 年 10 月，我去 301 医院见他最后一面，同去的还有河南女作家叶文玲……这是后话。

当我与巴金长谈三小时后，我提出，请巴金将谈话内容写成书面材料，巴金说："可以。"并在10月20日写完7页纸后，由那位工宣队员用挂号信及时寄到长沙春华路4号湖南作协，我的手中。

那次长谈，因是"外调"，巴金也不知我姓甚名谁，在工宣队监视下，我对这位崇敬如神的文学巨匠，想握握手都不可能。然而，巴金先生在自身难保的境况下，不在老朋友脸上抹黑，说真话，讲实情，其高风亮节，让我永世难忘！

《文史博览》2006年第3期

沉痛悼念巴金先生——一个普通老百姓的深深怀念

——肖贤兆——

我们所深深敬重的、被誉为世纪良心的老作家巴金先生逝世了，我们无比沉痛！

我，一个普普通通的老百姓，原本是个顽皮的儿童。是巴金先生的书，教我认识生活，走出一条新路。我永志不忘的是：在1961年的暑假，我刚初中毕业，整整一个暑假都泡在武汉图书馆阅览室，醉心于十四卷《巴金文集》（只是当时图书馆的目录上怎么也没有第三卷——《爱情三部曲》）。这厚厚的绿色精装本里的每一篇文章，都深深敲击着我的心！她教会了我去认识：什么是真善美，什么是假丑恶。与此同时，她教会了我去热爱生活，热爱青春。此外，我也得到一些观察、思考、表达方式方面的启蒙，喜欢上了文学——这位情感世界的终身伴侣。

后来工作了，怀着美好的理想去了新疆。我凭着美好的信念——青春是美丽的，去工作、去写作，连年获得好评。不幸的是"文革"来了！我接到通知：从《燕山夜话》开始，一切"毒草"都得上交。自然我所珍藏的一些先生的作品不能幸免，包括先生主编的《收获》。我不断地从大报小报上关注着先生的消息，都是令人心碎的、惨不忍睹的，我常常默念鲁迅先生的名言："原来如此！"

在那个黑暗的年代里，我本着说真话的原则，抨击了"向毛主席早请示，晚汇报"制度，被关押。监狱的生活实在可以写一本小说。半年后不明不白地被放回原单位。我扮演了英雄与懦夫的双重角色：为了捍卫真理，我可以理直气壮地申辩；出于种种原因，甚至是闹着比文采玩，我又违心地作过"自我批判"（当然至今我要反省）。我感到孤立，但绝不孤独！全中国的好人都在受难呢，巴金先生和我一样受难。我们生活在这地狱里，我们不知道在前面还有什么东西在等待着我们，但生活的激流是不会停止的，且看它把我们载到什么地方去！

好在我们迎来了新时代，是党解放了我们。先生恢复名誉，著作重版，笔耕不辍，新作不断。我每一次读到先生的新作，都热泪盈眶、热血沸腾。您对文坛前辈、知己爱人、生老病死、做人作文……都总是那么认真和深情。烈士暮年，壮心不已，像春蚕吐丝，像红烛流泪，不停地写、写、写啊。您真是一个以写作为生命的人！把心交给读者，您堪称世界之最了！我相信：您的著作不但哺育了一个我，还哺育了成千上万的人；您的英名不但流传中国，而且流传全世界！

去年的今天，我们正祝贺您的百岁诞辰；没有想到今年的今天，您却与我们永别！

噩耗传来，我真悲痛欲绝！唉，这感觉，像火苗烧灼肌肤，像利刃刺破心脏。我们虽不是亲人，却胜是亲人啊！我是从小读着您的书长大的，在您的教导下，一步步前进的啊！做人、做学问，哪一项离得开您啊！回想这一切，我一边打字，一边拭泪，常常不得不停下来失声痛哭。我是一个一生都不愿意与名人打交道的人,但今天,请允许我冒昧地在您的灵前,轻轻地说出出自内心想了很久而又不能轻易出口的两句话:“巴金先生,您是我恩重如山的精神之父!我真诚地祝福您在远去天国的路上一路走好,并与夫人萧珊的灵魂愉快团聚,在你们俩的骨灰洒下的地方,一定会盛开出世上最美艳的玫瑰!”

2005年10月19日

听罗洪漫谈巴金

——韦 泱——

近来每次去拜望九五高龄的女作家罗洪先生,她总要与我谈些巴金的往事。我知道,巴老的仙逝,让罗洪深感悲戚,说“心里总是觉得空落落的,因为失去了心中最可珍视的文学老师”。为此她郁郁寡言了好多天。

那天午后,在暖暖的秋阳下,我又一次踏进那熟悉的罗洪寓所,见她正专心致志地阅读一份杂志,见我进来,罗洪的话头就从她手中的这册《苏州杂志》谈开了。她说,与巴金相识,是从苏州开始的。我颇感新奇,听罗洪缓缓讲述着,仿佛听年迈的外祖母讲那过去的事情。

罗洪记得十分清晰,那是1931年5月9日。那时,罗洪与朱雯正在热恋之中,一天,朱雯兴奋地对罗洪讲:一波说,巴金来苏州了,明天大家可以见见面。这个消息,让罗洪着实欣喜不已。当年,巴金才27岁,却已是声望很高的名作家了。他的第一部长篇小说《灭亡》已在叶圣陶主编的《小说月报》分三期发表。第二部长篇小说《家》正在《时报》连载,罗洪每期必看,一期不拉,心中对巴金崇拜至极。想到第二天就能与景仰已久的巴金见面,晚上她竟难以入眠。

朱雯说的一波,就是毛一波,是朱雯的文友。两人因经常为文艺刊物写稿而相识。一波早年曾留学日本,为报人与文史学家,解放前曾任《华西日报》主笔,《川中晨报》总主笔,著有《樱花时节》等。他经常与朱雯通信,其短篇小说集《少女之梦》出版后,朱雯即写书评,文中看法,颇得一波赞同,引为知音。1929年,刚入东吴大学就读的朱雯,与校外两位同样爱好新文学的青年学生陶亢德、邵宗汉一起,组织了一个文艺研究社,又创办了苏州早期新文学旬刊《白华》,一波就给朱雯寄稿,支持《白华》的创办,这让朱雯深为感激。此次,一波要与巴金一同来苏州,受好友杨人楩所邀,观看京剧演出,顺便到东吴大学看望朱雯。对朱雯来说,这是极其难得的机会。这杨人楩是一波、巴金的上海朋友,曾留学英国,时在苏州中学教书,后成为研究法国大革命史的著名学者。他在储安平主编的《观察》上,连续发表了《自由主义者往何处去》《再论自由主义的途径》等文章,引起热烈反响,讨论文章持续了两年多,终因《观察》的停刊而中止。杨人楩还业余爱好京剧,以票友身份多次参加苏州当地的演出,颇负盛名。这次彩排,他特意相邀上海的毛一波与巴金到苏州来观赏。

这就是这次巴金苏州之行的缘由。罗洪记得,第二天一早,她与朱雯早早来到吴苑茶室等候,在那里第一次见到了巴金。“他当时戴着一副近视度不深的眼镜,神采奕奕,透露出一种哲人的智慧。初次见面,觉得他平易近人,一点没有大作家的架子。毛一波和杨人楩则较为健谈。”罗洪后来回忆到。当时按苏州的习惯,大家在茶室休憩品茗,叙谈了好一阵。又雇了一辆马车,去游览了拙政园和虎丘。马蹄的嘚嘚声和车轮的辚辚声,挟着大家的欢笑声,在空寂的田头路旁回响。从拙政园到虎丘,那一段路十分开阔,马车在这样宽敞的道路中跑得欢快,两边的垂柳不时地拂过他们的脸颊,散发出一股浓郁的春天气息。似乎可以想象,这群久居闹市的年轻人,确实感受了一次别有风味的郊游。5 月 18 日的《文艺新闻·每日笔记》上,刊过一则简讯,对巴金和毛一波 9 日到苏州与朱雯、罗洪同游虎丘诸名胜作了报道。回到上海后,毛一波还专门写了题为《春天坐了马车》的散文,刊登在上海的一家报纸的副刊上,文章记述了大家在苏州的欢聚。

罗洪虽是上海松江人,但她早年就读于苏州女子师范学校,1929 年毕业后回松江老家教书。第一篇随笔《在无聊的时候》,发表在《真美善》杂志上。两年后又来苏州,当一家人家的家庭教师,为一个读初中的女学生补课。但自从与巴金第一次见面后,罗洪深受鼓舞,更激发了她的创作热情,连续写出了不少短篇小说。可以说,罗洪是在苏州真正开始了漫长的文学创作生涯。1936 年,罗洪与朱雯去看望巴金,向巴金谈起自己的写作情况,巴金听后,说可以将几篇小说集个本子,让他看看能否出版。当时,巴金正在主编《文学丛刊》,已出版了四集,计划出十集,每集十六本。作者中有文坛著名作家,如鲁迅、茅盾、沈从文等,更有不少当初没有知名度的青年作者,且大多没有出版过专著。过几日,罗洪就将发表在《文学》杂志上的小说《儿童节》等几篇小说集拢后,再将《腐鼠集》中较满意的《迟暮》《妈妈》和《祈祷》三篇补进去,以《儿童节》为书名,将稿件交给了巴金。不久,巴金就来了回信,说准备编在《文学丛刊》第五集中。得悉这一消息,罗洪十分高兴,她认为巴金主编的这套丛书,在出版界、文学界及广大读者中,有很高的评价和声誉。能够编入这套丛书,"对我是一个极大的鼓励"。《儿童节》小说集,从交稿到出版,时间只用了四五个月,在当时,可以看出巴金任总编辑的文化生活出版社工作效率之高。虽说罗洪在 1935 年出版过小说集《腐鼠集》,但时在战乱,未名书屋即将歇业,所以此书印数不多,流传就很有限。在罗洪心目中,由巴金编入《文学丛刊》里的《儿童节》,可说是真正意义上的第一部小说集。从此,罗洪在巴金不断的鼓励和扶持下,创作持续旺盛,她将巴金看作是文学道路上的指路明灯,是带领她从事文学创作的一位导师。

其实,巴金对苏州并不陌生。1926 年,巴金就专程来过苏州,看望在东吴大学念书的三哥李尧林,还在学生宿舍住了一夜。这第二次来到苏州,却在巴金头脑中留下了深刻印象。以至于在过了四十七年后的 1978 年,巴金给朱雯、罗洪的信中还写道:"我第一次看见你们在 1931 年,我和毛一波同游苏州,他把我介绍给你们。"可见,巴金是个把友情默记于心的人。

这次见面后,罗洪和朱雯与巴金建立了日益深厚的友情。当年放暑假时,他们两人相约而行,一早就从苏州乘火车到上海,去看望巴金。待找到巴金的住所,已是上午十点多了。看样子巴金起床不久,刚吃过早点,准备工作的样子。一张书桌上,堆满书报杂志,只留中间很小的一小块空处,供他伏案写作之用。几十年后,巴金回忆道:"环境永远是这样的单调,在一间宽敞的屋子里,面前是堆满书报和稿纸的方桌,旁边是那几扇送阳光进来的玻璃窗,还有一张破旧的沙发和两个小圆凳。"这样的描写,真是罗洪当年看得真切的场景。巴金当时正在写长篇小说"激流三部曲"的第二部《春》。罗洪一边听他说着不完全能听明白的四川话,一边却因为怕打扰了巴金的写作而有些不安。谈话中,巴金得知他们下午就要乘沪杭车赶回老家松江,便站起来说:"一起去吃顿饭吧!"

罗洪记得,去吃饭的地方不太远,吃的是西餐,这是罗洪平生第一次吃西餐,令她终生难忘。吃着不甚习惯而又新鲜好奇的西餐,听着巴金谈着文坛上的新闻动态,罗洪觉得自己像个乡巴佬,而感到巴金懂得那么多,深为钦佩。巴金是个不善讲话的人,更不喜欢在大庭广众之间说话。但与友人交往中,可以看出他的热情与诚恳,有啥说啥。以后第二次去巴金家看望,他已经搬到楼下了。屋里的陈设则还是老样子。"激流三部曲"已经完成,开始写"爱情三部曲"的第一部《雾》。他们谈到苏州东吴大学学生会邀请上海大道剧社来苏州作了一次抗日宣传演出,又谈到东吴大学学生响应上海学生联合会的号召,去南京政府进行了一次请愿示威等等。巴金听着,不过点点头。以后，罗洪、朱雯每次从苏州回上海，总要去看望巴金。

1932年5月9日，正是选择与巴金在苏州相识一年后的这一天，罗洪与朱雯在上海举办了结婚仪式。巴金自然是他们的首邀朋友。同时来出席他们婚礼的，还有施蛰存、赵景深、穆时英、陶亢德等。在这一场合，巴金第一次与施蛰存见面。以前他们常有书信往来，巴金给施主编的《现代》杂志的稿件，亦一直由索非转交的。由于"一·二八"抗战爆发，沪杭、沪宁两路的火车停驰，罗洪无法去苏州教书，就抓紧在家乡安居的这一机会，准备有系统地补读一些书。此时朱雯亦正转学到上海，这样，他们与巴金的往来就方便多了。1934年，他们邀请巴金到松江一玩，去游览佘山风景区。当时去佘山的交通，只有小路。从上海到佘山取道松江最为便捷。他们特意雇了一条乌篷船，从松江向佘山进发。船在静静的水中航行，一路上发出轻微的汩汩声响，这让他们的思绪又回到了几年前坐在马车上，在虎丘大路上疾行的情景。两相对照，别有一番情趣。

以后不管在抗战中的大后方桂林、重庆，还是在"孤岛"时期的上海，他们总不时地与巴金见上一两面，尽管有时匆匆一见。解放后见面的机会就多了。罗洪又与巴金的爱妻萧珊在《收获》编辑部共事多年，亦能得到不少巴金的信息。可惜的是，在"文革"中，萧珊被迫害致死。新时期到来，1981年罗洪、朱雯搬了新居，意想不到的是，过不久巴金不顾年近80高龄，竟独自一人来到吴兴路上，登门看望了他们，令他们感激之情无以言表。不幸的是，1994年10月7日，著名翻译家朱雯先生，因突患脑溢血而离世。巴金失去了一位老友，罗洪失去了她终身伴侣，惜哉！

罗洪说，朱雯和她一样，对苏州有着深厚的感情。朱雯1923年春入苏州东吴大学附中读书，一直到1932年"一·二八"抗战后才离开苏州，转到上海暨南大学，修完最后一个学期的几个学分。他的第一篇小说《清虚法师之死》是在苏州写的，第一部短篇小说集《现代作家》是在苏州编成的，第一部长篇小说《漩涡中的人物》是在苏州脱稿的，第一次主编刊物在苏州，第一次翻译长篇小说《曼纳萨斯》也在苏州。更难忘的是，与巴金第一次相见更是在苏州。以后，朱雯的翻译工作一直得到巴金的指点和帮助，他译的雷马克《凯旋门》，列入巴金主编的《译文丛书》出版，在《凯旋门》的译后记中，朱雯写道："我应该特别感谢李先生(即巴金，真名李尧棠)，假如没有他对于原著卓越的鉴赏，以及对于译者友善的鼓励，我不敢相信，能使这样一个译本得到出版的机会。"不仅如此，巴金还鼓励朱雯将雷马克的所有作品翻译出来，编成《雷马克全集》。

这些年来，罗洪先前每年都要去武康路看望巴金，后又到华东医院去探望病中的巴金。只有后来她觉得不便再去打扰巴金了，因为巴金无法说话，无法与人交流，这对巴金来说，也是一桩苦恼事。去年适逢巴金百岁诞辰，罗洪特意去医院，送了百朵红玫瑰以贺百岁。在医院里，罗洪隔着玻璃窗，与巴金见了最后一面。巴老辞世，作协等有关方面为了照顾年迈的罗洪，不让她去现场送别。罗洪就在心里默默送走了文学前辈巴金。

同辈中人，已一一凋零。罗洪指着墙上挂着的一帧集体合影，那是1961年，上海作协组织的新安江水电站采风活动时照的。照片上有巴金、萧珊、魏金枝、何公超、唐弢、柯灵、王辛笛、罗洪八人。去年，罗洪写了悼念辛笛的文章，说这张照片中存世的人还有躺在病床上的巴金与她。如今，巴金离去，八人中只剩罗洪一人矣，好不寂寞啊。

交谈中，罗洪讲到，多次想到苏州去故地重游，看一看当年与巴金相见时的吴苑茶室，不知现在面貌如何。无奈年迈体衰，恐难成行了。这一两年来，罗洪总牢记巴金的话，要多写些，多出些成果。所以，在刚出版了《罗洪散文》后，她计划中三卷本的《罗洪文集》亦已整理编定，可出版仍无着落，这成了罗洪心头的一个悬念。当今女作家中，罗洪年事最高且还在写作，这殊为不易。罗洪与巴金从1931年自苏州相识，其交谊深笃，历经风霜雨雪而绵延了七十四年之久，这在当今作家中，是绝无仅有的。罗洪比巴金仅小六岁，当属同辈作家，而罗洪始终尊敬地将巴金看作是文学前辈,可见巴金在罗洪心中的位置。在现今文坛上,有如此长而弥坚的友情,唯罗洪与巴金是也。

《苏州杂志》2005 年第 6 期

随王西彦先生访巴老

——方小宁——

那时候,已在大学读过《家》《春》《秋》,读过《随想录》,读过许多有关的文章,对巴金老人的人品、文品似乎并不陌生。可是,光从铅字、从别人的眼睛去认识这位掏出心来写作的文坛前辈,总觉得隔着些什么。虽然也知道钱锺书先生鸡蛋与下蛋母鸡的说法,但我真想见见巴金先生。如果能够见一面,他的音容笑貌一定会使纸上的形象活起来吧?尽管也听说巴老近年几乎不见生人,可无端地又在祈盼。

语言浅,人意深

我先见到了巴老极莫逆的朋友王西彦先生。

这位从 1933 年开始发表作品的老人,体魄和性格都颇有大将风度。他听我的痴人说梦之后,说:"找个合适的时间,我领你去。"

还有比这更畅快、更美好的答允吗!

到了约定的时间,我随王先生向巴老家走去。一路上,他再三叮咛,嘱咐我什么可以多讲讲,什么不宜多问,别让巴老感到累。

走进客厅,一眼就看见了巴老!他正靠坐在椅子上默想,嘴巴微开,一副老式眼镜架在鼻梁上,岁月洗净的白发如雪如霜。

"老巴,最近好吧?"西彦先生关切地问。

"最近差不多。"巴老的普通话里夹着乡音。

"你还是不要那么疲劳。"

"你怎样?"巴老问王先生。

"我每天散步能走一两公里。"王先生比巴老小 10 岁,也有 80 寿数了。

"你还不错,我只能在院子里勉强走走。"

"能走走就好。"深知巴老身体的王先生感到宽慰。

他们俩一问一答,说着最普通的家常话。情谊的延绵、了无功利的平常心,如细水长流。

"巴老,真希望您健康长寿。"能当面请安,太高兴了,冒出句传统老话。

"我已经长寿了。只是手抖,每天要吃药。"巴老说。

"巴老,您的书真不少。"看着他满满的书橱,我说。

"本来还多些,有的被毁坏了,有的捐给图书馆了。"巴老说。

"哎,小方,讲讲黄秋耘的近况吧。"王先生提醒我。

"黄老的身体不太好。出门总要人搀扶。"我说。

"他走路也抖?"巴老问。

"走路和执笔都颤抖。不过他很清醒,一直不同意搞有关他创作多少周年的研讨会,应酬之类的活动也一概不参加了。”

“哦。”巴老表示领会。

“老巴，最近《香港作家》上登了艾芜的照片，你看见了吧？”西彦先生问。

“我看见了。”

“艾芜最近给我来信，里面说这信他写了 4 天，才一页纸啊，他竟能够写 4 天！沙汀的身体也不行了。”不思量自难忘，老朋友们心衰力竭，王先生感到痛心极了。

“他们说还有很多文章要写。”巴老也深有感触。

“巴老，您晚上睡得好吗？”我问。

“睡不久，老人易醒。”

“您近视多少度？”

“400 多度，这眼镜也戴很久了。”

“你们俩的耳朵都挺长的。”我笑说。

“他的长一点。”巴老指指西彦先生，也笑了。

“对，我的长一点。”王先生很开心，然后他问巴老：“你的文集的校样看完了吧？”

“差不多，每天早上看，有空再读读书报。”巴老有规律地顽强工作着。

“文学、艺术不应该成为附庸。”

巴老大概很喜欢这幅画吧？挂在客厅里的是林风眠先生的《仙鹤图》：静穆幽美的滩地上，群鹤信步闲游，姿态雅逸，被风吹动的水草不慌不忙，摇曳着身姿，一片安详。

“林风眠给我画的一幅是飞的。”西彦先生说。

“林风眠送你的画在‘文革’中没被破坏掉？”巴老放下碗，问道。

“没破坏。我因为造反派抄家抄得早，东西都被封在一间屋子里，结果呢，一一给保存下来了。”

“哦。给保存下来了。”巴老重复着。

两位老人意味深长朗朗笑起来。接着谈起了文坛状况。

西彦先生对文化界发生的畸形裂变特别忧虑。他说：“文学曾经是政治的附庸，现在又要演化成商业的附庸了。”

“文学、艺术不应该成为附庸。现在呀，什么都是钱钱钱！良心良知都可以不要。”巴老回应说。

“我对中国文学的前景抱悲观态度。”西彦先生直言他对文坛现状的批评。

“我倒不悲观。文学在社会生活中还是有生命的。它不一定每天都有好作品。”巴老从更高的历史阶段上俯视，情绪似不像一些文章描写的那么忧郁。

“目前这种状况，文学、艺术在受金钱的引导，出版也是，如此发展下去，我对中国的文化也感到悲观。”

“你对文化也感到悲观？”

“对，我也悲观。”在老朋友面前，西彦先生并不隐瞒自己的观点。

“它的发展有快有慢，有时也会歇一歇，说不定……是个……酝酿期。”巴老思考着说，思维清晰敏捷。

两位长者敞开心扉聊着，他们的观点或悲观或不悲观，其根本都是出于对文坛现状、对中国文化长远发展的深刻思考。有位哲人说：“为了能够分析和考察各种不同的情况，在肩上应该长着自己的脑袋。”这话似浅实深，人有时候天经地义的道理忘掉了也会全然不知，最宝贵的东西丢失了也浑然不觉。

一辈子自食其力

这时，巴老跟前小茶几上的汤药不太烫了，他探身端碗，手不住地颤抖，碗里的药直晃荡。王先生见状连忙叫照顾他的小青年来，巴老说："不用了，我可以。"他用双手尽量稳住碗，费力地挨到嘴边。这位一辈子自食其力的老人，即使顽疾缠身，仍坚持着少麻烦人的习惯。

在中国，巴金是不领工资的作家，凡涉及他名利的文学奖，也一概不赞成，淡泊立身。

我所见到的这些仿佛不起眼的琐屑碎影，好像柔柔烛光，悠悠照着，又像缓缓溪流，源源不断，使人间变得温暖、清澈……

"老巴，你休息吧，我们走了。"西彦先生说。

巴老双手撑住助步器几番努力要站起来，西彦先生赶忙扶着他。巴老颤颤地挪着脚步送我们到门口，殷殷地说："你们走好——走好。"

走出门外，西彦先生对我说："他讲话艰难，走路艰难，吃东西也很艰难。但还是自己来。"

"他还撑着送您。"我说。

"老巴他总是那么周到，但是很费劲。我也想让他站起来一下，活动活动。"西彦先生说。

他们之间的相濡以沫，至今想起依旧深深感念。

《南方周末》2005 年 10 月 20 日

1994 年，我为巴老照相

——刘思功——

10 月 17 日晚，广播里传来一代文学巨匠巴金辞世的消息。悲痛之后，我的心情逐渐平静下来，巴老已经被疾病折磨了很长时间，离开也在意料之中，只是悲痛之余更感怀巴老的精神。巴老为心中的文学奉献了一生，他的品格、风骨和激情，早已融入中国新文学百年历史的骨髓之中。巴老走了，但他的音容笑貌仍时常浮现在我的眼前。

与巴老仅有一次交往，他的人格魅力却已经深深印在我的脑海里。我时常为自己曾给巴老照过相而自豪。

那是 1994 年 11 月，时逢巴老九十华诞，我和翻译部的世界语者徐森荣受社里的委托，专程前往上海看望巴老。

记得是坐了一夜的火车，一到上海，我们便与上海世界语协会的汪敏豪先生取得联系，托他联系与巴老见面的事宜。怎么也没想到，刚到宾馆住下，汪敏豪先生就打来电话说巴老第二天上午九点见我们。得到这一消息，我的心情激动不已。学生时代，我就读过巴老的《家》《春》《秋》，那段时间里，他的作品指引了我最初的人生旅程，直到现在，我思想的深处也时常能够寻到它们走过的痕迹。

巴老青年时期创作的"激流三部曲"《家》《春》《秋》，激励了一代中国青年追求真理，追求光明，有许多年轻人正是受到巴金作品的影响，决定投身革命的洪流。

新中国成立后，他继续为新中国，为人民大众不断地写作，1978 年 12 月到 1986 年 7 月，巴老用七年时间完成了四十多万字的《随想录》，不仅使他的文学创作攀上新高峰，更使他因"讲真话"

的巨大勇气,而成为一个特殊时代中最具标志性意义的榜样。这部思考中国前途命运的作品,其影响不在"激流三部曲"之下。正如鲁迅不仅是中国文学的旗手,更是民族性格和意志的标志一样,巴金也是作为民族的旗帜为人们所崇敬的。

作为摄影记者,我知道这次见面有多重要,从摄影包中取出带去的两台照相机,细心地擦了一遍又一遍。第二天一大早我就起床,将照相机拿出来,又重新检查了一遍,然后谨慎地将胶卷装上。九点钟,我们准时到了巴老的住所,巴老早已在客厅迎候我们。进了客厅,巴老热情地和我们握手,并感谢我们专程从北京到上海看望他。

当徐森荣把几期《中国报道》杂志和世界语书籍送给巴老时,巴老高兴地拿起最新一期《中国报道》翻阅起来,边看边说:"《中国报道》创刊很早,历史很长了。"这时,我不失时机地按动相机快门,拍下了巴老翻阅《中国报道》的珍贵镜头。巴老一边看杂志一边和徐森荣聊天,他的兴致很好,根本看不出这是一位疾病缠身的九十岁老人。

不知不觉一个多小时过去了,我整整拍完了三个胶卷。考虑到巴老的身体状况,我们只好辞行。可他执意起来送我们,尽管我们再三婉谢。在服务员搀扶下,他硬是坚持将我们送到了门口。服务员说:"所有来访的客人,走时巴老都要送到门口。"到了院里,我几乎是含着眼泪回头拍了一张巴老站在门口的照片。我想,这就是巴老的为人。

那次上海之行,巴老送我一套他亲笔签名的《随想录》。多年来,我一次次地搬家,那套书却始终跟随在我的身边。听到巴老去世消息的晚上,我又一次小心地从书架上取出那套《随想录》,抚摸着巴老的亲笔签名,眼睛里已经满是泪花。

巴老走了,把他的思想、他的品质、他的精神留给了我们,还有我无尽的思念……

《对外大传播》2005年第11期

向巴老拜年

——季一德——

狗年到了,又使我想起十二年前,带着小狗莉莉去向巴金老人拜年的往事——

我与巴老相识,是1992年。我知道上海电视台著名摄影记者祁鸣,从粉碎"四人帮"后,采访巴老十余年,积累了大量的图片资料,我萌生出版一本巴老画传的选题。社长张瑛文、总编任大霖拍板支持,书稿定名为《巴金对你说》。从此,我经常上巴老的寓所向他和小林请教。没有想到这位文坛泰斗,是那样的谦虚慈祥,平易近人,起初拜访他时那种心理上的拘束与敬畏感,后来渐渐地消失,我们之间的谈话也更加随便了。

我喜欢文学,在中学里如饥似渴地读过巴老许多著作,这次为了编好《巴金对你说》,我又重读巴老的文集。当我读到《随想录》里一篇《小狗包弟》之后,心灵震荡,呀,巴老也养过狗,喜欢狗啊!那小狗作揖撒欢的情景,在脑际中久久不曾退去。巴老写道:"包弟送去后,我下班回家,听不见狗叫声,看不见包弟向我作揖,跟着我进屋,我反而感到轻松,真有一种甩掉'包袱'的感觉。但是在我吞了两片眠而通、上床许久还不能入睡的时候,我不由自主地想到了包弟,想来想去,我又觉得我不曾甩掉什么,反而背上更加沉重的'包袱'。在我眼前出现的不是摇头摆尾、连连作揖的小狗,而是躺在解剖台上给割开肚皮的包弟。我再往下想,不仅是小狗包弟,连我自己也在受解剖。不能保护一条小狗,我感到羞耻;为了保全自己,我把包弟送到解剖桌上,我瞧不起自己,我不能原谅自己!”文章结尾说:“我要说:‘我怀念包弟,我想向它表示歉意。’”可见巴老对小狗包弟充满真挚的爱与怀念之情。我的心一下子沉了下去,浑身发冷,那字里行间,流露出对做过违心事情的反思与谴责。我潸然泪下,夜不能寐。这是巴老讲真话的力量!

有一次,我与巴老聊天,我说我也养狗。巴老眼睛顿时一亮,如电火般闪光。

巴老问:“你养的什么狗呀?”

“一条叫欢欢,是英国雌性猎兔犬,另一条叫莉莉,是西藏雄性长毛狮子犬。”我回答。“噢,它们两个不打架吗?”

“要好得很,不打架。”

“不打架就好,就好。”巴老若有所思。

我试着问:“下回我带狗来玩好吗?”

“好,好!”巴老有力地点头回答。

1994年2月14日,是农历初三,雪下得很紧。我与爱人带着小狗莉莉来到巴老寓所,向巴老拜年。小林拿着鳕柳丝挑逗莉莉。莉莉站立作揖讨鳕柳丝吃。巴老见到小狗可爱的模样,他仿佛又见到了小狗包弟,发出了“嗬嗬”的笑声……窗外白雪飘飘,银装素裹,室内欢声笑语,其乐融融,巴老喜爱的红玫瑰发出更加醉人的芳香。我永远不会忘记巴老那亲切慈祥的笑容。

如今,巴老驾鹤西去,在天堂里与小狗包弟会合。

《新民晚报》2006年2月1日

“让作品自己讲话吧”

——成莫愁——

10月17日上午参加陆一飞的送别会,遇上老记者祁鸣,他说巴金老人百岁纪念时,他拍了不少巴老的珍贵照片,在半岛艺术中心办了一个展览会。这些照片现在他要将它们保存起来。没想到,当天晚上七点零六分,一代文学巨匠巴金远行了。听到这个消息,我瞬时泪水盈盈。

往事并不如烟。1981年《文学报》创办时,我担任记者。巴金参加国际文学活动从巴黎回来,编辑部派我采访巴金。一听到这个消息,我心情十分激动。我早就拜读了大师名著三部曲:《家》、《春》、《秋》,他的小说如灯般点亮了一代又一代的文学青年的心。我抄下了巴老的地址:武康路113号,并作了一番采访准备。我家在卢湾区淡水路,那天起得很早,骑着自行车早早地来到《文学报》编辑部。之后,一辆轿车载着著名作家峻青和我、摄影记者一起前往巴金寓所。

那是一条幽静的马路,高墙深院。阿姨打开了大门,我们走进了别墅式的小洋房。巴金已在厅里等候,这是一位多么慈祥的文学前辈啊!我对他充满着无限虔诚的敬意。他十分平易近人,轻声地问我:“你是《文学报》记者?”我点点头。我们坐在沙发上,巴老话不多,带着四川口音,峻青与他握手并交谈着,采访时间大概半个小时左右。当时,鲁迅纪念馆的一位同志也在现场。之后,我们四个人合影留念。回来后,我写了一文:“此度巴黎誉满城”,刊登在《文学报》头版上。

1992年,《文学报》成立十一周年,报社希望巴金能题字,我又打电话给巴金的女儿李小林。隔了一两个星期,李小林打来电话,叫我去她家里取,我喜出望外。巴金在中国作家协会稿纸背后题写了“作品是刊物的生命,让作品自己讲话吧。巴金”。稿纸上的每个字都写得端庄大气,一笔一画,一丝不苟。“让作品自己讲话吧”,言简意赅,朴素实在,像一盏明亮的灯,一直指引着我,指引着所有的读者。

《卢湾报》2005 年 11 月 5 日

远行者的足音

——顾行伟——

巴金走了!

10 月 17 日晚上 8 时友人来电话,我便有一种孤寂的悲哀,拿出那张放大了的和巴金的合影张贴于家中的墙上,第二天匆匆去了杭州参加西湖书市。女儿周末从学校回家,看到墙上的照片,打电话询问我,我叫她向巴老鞠一躬,她竟以为我是在外喝醉了酒同她说的话。在那一夜,西湖边上我又拾起了记忆中同巴金的三次见面:

1974 年我在学写诗歌创作,我的老师皮作玖先生因老弱病残留在作协看门,他让我晚上去作协给我讲课。通常带着诗稿去,他边看边改边讲,记得晚上在作协的门房间里,总见得戴厚英坐在那里打毛衣,另一位搞戏剧的叫不出名,每每也在场。到了晚上 8 时,常见一矮个子身材结实的人说着"走了"二字便走出了作协,老师告诉我那是《红日》的作者吴强,紧随其后的是比吴强瘦长一点,身穿中山装的人,手里总拎着饭盒,时常穿着一件蓝色长褂(扫地时穿的),一句话也没有,默然从作协门房间小窗口走过,老师望着他背影,告诉我这是巴金。我即刻想到那些夜晚在灯下偷看的《家·春·秋》三部曲和《雾·雨·电》三部曲。这第一次见到的巴老默然从作协门房间小窗口走过的情景和神态,是我在跟老师学诗期间反复重放的镜头。这是我第一次见到的巴金。

1978 年,我在复刊不久的《上海文学》(当时名为《上海文艺》)上发表了散文处女作《水乡田歌》,茹志鹃主编和唐铁海责任编辑安排我参加了作协举办的第一期青创班,为时一个月。记得有二三十人,印象深的有赵长天等人,带班老师是肖元敏和杨晓敏,开班典礼钟望阳主持,巴金作动员讲话。记得当时他穿着一件蓝色布卡中山装,手中拎着黑色人造革包,从底楼花园中走进大厅,厅里坐满了人,开学典礼扩大了范围,巴老在会上讲话时间不长,语调平和却内涵深刻,至今记得有两层意思:一是讲到历史在行进的时候,总是泡沫在上,深流在下,二是讲到创作要上去,作家要下去。当时刚粉碎"四人帮"不久,拨乱反正,"三突出"创作原则还在影响文坛,生活呼唤新时代的作品出现,巴老的讲话给当时的青创班同学以极大激励。这是我第二次见到巴老,和印象中的第一次变化不大,只是看清楚了他的一头白发,和他平和的表情后面蕴藏的炽热的情感。

第三次见巴老是十九年后的 1997 年,当时我还在《劳动报》当总编辑,并已正式接到调令去《文汇报》当副总编辑,同仁们问我离开报社时,还有什么事要办,我说想去见巴老,当时巴老住在华东医院,一般不让见。我想到了彭新琪老师,《巴金萧珊之恋》的作者,也是《上海文学》的资深编辑,多年的友情让她一口承诺下来。过了两天接到电话,约定 11 月 18 日下午 3 时去华东医院见巴老。巴老午睡刚起,坐在轮椅上,那件米黄色的上衣在秋阳的光折下显得明朗而又平和,气色很好,我手捧一束精心挑选的鲜花,凑在巴老的耳朵边,代表《劳动报》25 万读者向巴老问好,并把《劳动报》珍藏版"七一香港回归"丝绸彩报赠送给巴老。巴老有些激动,一时语塞,没有出声,同去的报社办公室主任严宝康、特稿部副主任胡展奋、摄影记者吴良荣等在旁都为此情此景所感动,房间里静得连针落地的声音都能听见,照相机的闪光灯在闪烁着,一会儿巴老用顽强的气声说道:“谢谢报社,谢谢读者,我没有做什么……要关爱读者,我年纪大了,有病,社会各界关爱我,谢谢他们!”在饱受帕金森病折磨的情况下,巴老用心底之气费神费力地讲了这几句话,我们无不为之动容,我们提出合影留念,他点了点头,那张照片被定格在《劳动报》1997 年 11 月 19 日头版上。在我们向巴老告辞的时候,巴老特意让工作人员把他的轮椅转向对门口,目送我们离去……

往事沧桑,三次见到巴老,正是三个历史时段,如今巨匠仙逝,痛哉!哀哉!在龙华大厅向巴老作最后告别的时候,我按着巴金同志办公室寄给我的讣告,其中夹着的小纸条:让我提前半小时到场向遗体告别。到了龙华,只见数千人已排队等候着同巴老的最后一次见面。在人流中,我见到了在作协门房间第一次见到巴老时在场的那位搞戏剧理论的夏先生,当我提及三十年前的情景时,他很快想起来了,遗憾的是我的老师皮作玖先生离去已二十年了,当时的戴厚英也蒙难多年。在吊唁大厅一侧站立的亲属好友中,我见到了彭新琪老师,我们相对无言,紧紧地握着手,在走出大厅后见到了肖元敏老师,她独自伫立在一棵树下,因巴老的离去,大家都走到一起来,肉体的巴老已经离去,但精神的巴老却永远活着,凝聚着我们……

《新民晚报》2005 年 11 月 6 日

秋天里的春天

——秦玉兰——

10 月 17 日那天,下班比较晚,夜空上一轮皎月微缺,而且还有点发红,想起是阴历九月十五,应该月圆,缘何非盈反亏?原来是全国很多地方都可以见到的月偏食。偏食过后,满月重现,丰华皎洁。按佛家的意思说,这已是大化之后的美景。后来才知道,就在这前后,巴老去世,享年 101 岁。

几天前,也就是 10 月 9 日上午,我还去过巴老武康路的家。85 岁的巫宁坤先生从美国回来探亲,路过上海,我陪着巫老及其夫人李怡楷去巴金住所与巴老女儿李小林话旧。巫宁坤先生与萧珊女士是西南联大的同班同学,这次被选为新闻出版总署纪念抗日战争暨反法西斯战争胜利六十周年 100 本重点图书之一的《手术刀就是武器——白求恩传》就是巴金和萧珊推荐给巫宁坤翻译的,巫先生的译文经过萧珊的精心润饰,于 1954 年由上海平明出版社出版,1955 年重版,1957 年上海新文艺出版社再次出版,今年,上海文艺出版社出版修订配图出版。在这次新版的译后记中,巫宁坤先生满怀感情地记述了这本书的缘由。

李小林拿出来半个世纪前巫宁坤先生写给萧珊的两封信的原件,递给巫宁坤先生。我坐在巴老家底楼的客厅里读这两封信,院子里的太阳光只能从门道中照射过来,并不是十分明亮,这信纸也很旧了,字是竖排繁体,一方面心情激动,一方面也读得有些费解,信中他们谈起巴老的“秋天里的春天”,我忍不住提出来,这是什么意思啊,巫宁坤先生和李小林女士便笑着解释说,这是一个双关语。巴老翻译了匈牙利作家尤利·巴基的长篇小说《秋天里的春天》,自己也写了一个中篇,叫做《春天里的秋天》。巫宁坤先生在信中和萧珊女士就《白求恩传》的一些翻译问题进行讨论,我看得非常仔细,作为这本书新版的责编,看到半个世纪前关于这本书的编辑通信,历史就这样清晰地展现在眼前。客厅里放着萧珊的钢琴,钢琴上方摆着巴老的一张照片,巴老坐在一片花的海洋中。他们话旧,我听着这些往事,既感到惊异,也感到心酸,又感到温暖,那时在离武康路不远的华东医院里,巴老依然保存着微弱的生命。巴老是四川人,我平白无故地觉得亲切了一层。正因为是同乡,很小就知道大作家巴金,也知道这个名字来源于无政府主义者巴枯宁和克鲁泡特金,巴老是无党派。我想,巴山蜀水生出的灵秀人物,其心如金,坚定而明亮,是否也可以作为名字解释一种。巴老既是一个作家,写了很多畅销书,影响了几代人,文集多达 26 卷,一生依靠稿酬生活,但他却说"写作不是因为我有才能,而是因为我有感情";巴老也是一个编辑,他对曹禺的发现,曾是文坛佳话,刘白羽、萧乾、臧克家等人的处女作是巴老编辑出版的,他还在黄裳失业的时候给予鼓励……前天我收拾书刊时发现 2001 年第 3 期《编辑学刊》上一篇文章《巴金编辑生涯与编辑思想研究》,旧文新读,既有追忆,也添缅怀。文中提到巴老在文生社工作 16 年,从未领取过一分薪水,他"一生始终保持着这样一个信念:生命的意义在于付出,在于给予;而不是在于接受;也不是在于争取。"

巴金在《秋天里的春天》译者序中写道:"他(尤利・巴基)颇似陀思妥耶夫斯基,他的作品是直诉人们的深心的。在他,所有的人无论表面生活如何惨苦,社会地位如何卑下,恰像一块湿漉漉的抹布,从里面依然放射出光芒来;换言之,即是在悲惨龌龊的外观下面还藏着一个纯洁的灵魂。"

很多人都在以自己的方式纪念这个纯洁的灵魂。今天上午,室主任曹元勇发起,我们办公室四个人到花市订花篮,送到巴老的家中,巴老家的院子里已经有许多鲜花,玫瑰、百合、菊花……在巴老的像前,我们深深鞠躬,然后走出来到了院子。正准备离开,李小林见到我们便走了过来,我们请她一定多保重。在花市的时候,我们四个人一直在想应该写一句什么样的话,既能表达一个读者对作者的喜爱与感谢,又能表达一个出版后人对前辈的景仰与追随,反复考虑,决定用这样一句话:您的良知永远引导我们。

延续了一个世纪的生命,在这个清朗的秋天,如同烛焰,如同月轮,忽然急促地缩灭了片刻,便归于寂灭,归于永久,归于解脱,走进了另一个春天。

2005 年 10 月 20 日

我心中的巴老

——顾正兵——

人的一生,无论工作还是生活,都会不断地和人交往,或深或浅地受到他人的影响。在我的心灵深处,有一位老人一直悄无声息地滋润着我的思想,丰富着我的人生,他就是我心中永远尊敬的巴金先生。在警卫部门工作的我,受组织的安排,在巴老晚年的岁月里,有幸能为巴老服务,这是我这一生中最大的骄傲。从 1990 到 1998 年这 9 年时间里,只要他来杭州,都由我 24 小时陪伴在他身旁。巴老用他的言传身教,潜移默化地为我指明了处世的原则和做人的道理。在我的心中,他已不再是遥不可及的文学泰斗,而是一位可亲可敬的老人。

看到了他慈祥、纯真的笑容

我还清楚地记得第一次见到巴老是 1990 年 9 月 28 日。那天,我们特地提早半个多小时到火车站,那时我心里忐忑不安,既激动又紧张,见到巴老时该说些什么话?巴老如果问我问题,又该怎么回答?巴老是全国人民都十分敬仰的一位大作家,我就怕说错话。巴老乘坐的 85 次列车缓缓进站，车厢门打开后，还没等到我向巴老问候，老人的第一句话就是“你好，麻烦你们啦”。回住地的路上，他与我谈起早些年来杭州的情形，我向他介绍杭州这些年的情况以及我们将要下榻住地的情况。到了住地——创作之家，工作人员对他说：“这里的条件比较差。”巴老却说：“这里的环境很好，我很喜欢。生活上我没有什么要求。”通过这短短的二十多分钟，我的顾虑全消除了，真没有想到这位在中国文坛有着举足轻重地位的大作家竟然那么慈祥，那么平易近人。

感受到一颗坚毅和感恩的心

这次以后，巴老每年都来杭州，少则一个月，多则半年。在与巴老的接触中，我深深地感受到了他那颗坚毅和感恩的心。在杭州时，身体情况已经严重影响了他的工作和生活。但他对工作的要求仍十分严格，态度十分认真，自己整理资料，自己动手写作，有时手抖得厉害，自己实在动不了笔，就口述，由女儿李小林代笔，有时小林不在，就由我们记录下来，但所有的文章都要念给他听过，他才放心。在杭州的那些日子里，在他身体状况很差的情况下，他依然这样用他那颤抖的手，为社会留下了许多宝贵的精神财富。除了工作外，巴老还积极锻炼身体，与病魔作不屈的斗争。每天清晨，巴老坐在轮椅上，由李小林或工作人员推着来到西湖边。面对着西湖，沐浴着清晨的第一缕阳光，巴老跟着小林有节奏地做操。每天上午和下午，巴老都要在饭厅到房间的二十多米过道上用助步器来回走上三趟。这些对一般人来讲，只不过是举手之劳，但对患了帕金森氏病的巴老来讲，是需要有惊人的毅力才能做到的。巴老享受阳光、热爱生活、热爱生命，只要天气许可，他总是让我们推他出去散步，看看西湖边的游人和湖里的游船，品味着桂花的浓香。

只要有人为巴老做一点点事情，他都要说声谢谢。的确，所有替巴老工作过的人，不管是服务员、驾驶员、理发师还是水电工，他都会怀着感恩的心，自己掏钱买许多书，用他那颤抖的手签上名，印上章，然后一一送给为他工作过的同志。对我也不例外，每次到杭州，巴老见面后总会说：“小顾，我又给你带了两本‘破书’。”这些书都是巴老在上海时就题字盖章精心准备好的。在我的书柜里，巴老送我的书占据了大部分的位置，这成了我最大的精神财富。

我和我的家人成了他的家庭成员

在接待巴老的九年时间里，我经历了恋爱、结婚和女儿出生的过程，而巴老是这个过程的见证者。他关注我的成长，我每一次的进步他都非常高兴。那时，我的对象在招待部门工作，没有参与对巴老的接待，记得有一次在湖边散步，巴老突然问我：“小顾啊，你有对象了吗？你长时间陪在我这里，对象怎么办啊？”我的脸一下涨红了，不知怎么回答，他就笑笑说道：“不要紧的，小伙子嘛，总要找对象的，对象找好了带来我看看好吗？”在一次合适的时间里，我将对象带到他面前，巴老见了后连声说道：“不错，不错，在这里工作好啊，不要因为我造成你们见不上面，那样我会不安心的。”我结婚时没敢惊动巴老，只是事后托人送去了喜糖，他就叫小林打电话来说喜糖吃了，再到杭州时还要喝一杯新娘子给他泡的西湖龙井茶。

1993年，我有了一个可爱的女儿凯丽。那年，巴老又在我的盼望中来到了杭州。一下车，他就问我：小孩子很可爱吧？什么时候抱过来我看看。后来，我抱着女儿去见他时，他拿出早已准备好的亲笔签名的《巴金童话故事集》送给我女儿，这本书一直放在我女儿的书柜里。只要有同学来，她就会拿出这本书和他们一起分享。之后，巴老每次来杭州总会给我女儿带来书籍、童装、玩具。巴老喜欢孩子，喜欢看着我女儿在草地上蹒跚学步的样子，喜欢我女儿同他一起数西湖里的小船。

道德无私心，是巴老永恒的生命之花

巴老是个特别富有爱心的老人，多少年来，每当他从电视或收音机里听到哪里受了灾，哪里有失学儿童需要救助，就马上要我们去弄清对方的情况，用自己的稿费捐助。有一年浙江发大水，他和西子宾馆的员工一起捐款。1998年长江特大洪水，巴老交给我两万元钱要我送到有关部门，他还嘱托我说“不要说是我捐的”。浙江省民政厅发捐款证书时，要我报捐款人姓名，我只好请工作人员写上“一位老先生”。

对别人，巴老无私地奉献自己的爱心；对自己，毫无私心。他每次来杭，返回上海的时候，都要求我给他到火车站购票，他说：“坐公务车太浪费。”我只好按巴老的要求去做。只有到了最后几次来，因为病情加重，身体确实不如以前了，在医生和工作人员做了很多工作后，他才同意坐公务车。

1994年5月3日是永远铭刻在我记忆深处的日子。那天下午我们还同往常一样，巴老坐在轮椅上，我推着他在院内散步，他忽然转过头来对我说：“小顾，我给你写了一句话，留着做个纪念。”回到房间，他用他那颤抖的手，把他为我书写的那句话送到了我手上：“我们的生命必须开花，道德无私心就是生命之花。”几年来，我已从老人的身上感悟出他做人的品德。今天，老人又把做人的道理教给了我，这是对我们年轻人提出的希望，更重要的是老人用他的言和行为我们树立了榜样，我时常回想他对我的教诲，用他那句话来约束自己的言和行，用他那句话指引着我的生活、工作和为人。

在巴老离开我们的日子里，我时常忍不住来到巴老曾工作、生活过的汪庄二号楼东边小院。静静地伫立在刻着巴老题词“西湖永在我心中”的石碑前，透过鲜花，我仿佛看到巴老坐在轮椅上，在飘满桂香的院子里，慈祥地微笑。我俯下身去，用手去抚摸这熟悉的字迹，轻轻地说：“巴老，你永在我心中。”

悼念巴金先生

——(日本)辻井乔——

惊闻巴金先生逝世，我们深为悲痛。对于希望本国和平乃至世界友好的人来说，巴金先生的存在，是巨大的精神支柱。我们不能忘记，先生1984年参加以《核时代的文学——我们为什么写作》为总议题的东京国际笔会大会时，发表以《和平建设的文学》为主旨的讲演。先生那掷地有声的殷切话语，至今仍在我们耳边回响。

生于1904年的巴金先生，作为文学家所走过的正是中国人民苦难、抗争、解放的历史道路。我们知道，先生作为文学家，是世纪的良心，是中国人民的良心。

1927年，先生怀着巨大的苦恼——理想与现实的乖离、思想的有效性——赴法国留学。描写生在封建家庭的兄弟姐妹们，接触新思想，成长为新人过程的“激流三部曲”(1933年至1940年)，标志着近代中国的觉醒。但抗日战争时期遭受的苦难，抗日战争的胜利，带给人民的并不是解放。之后是中国革命胜利前写的《寒夜》。对于被迫沉默十年的“文革”时代，先生并未局限于自己是受害者，而是解剖自己，悔恨身为文学家，不能阻止个人崇拜、教条主义。“我也是加害者”这句话，庄严明确地表明，在社会大动荡时期一个文学家应有的姿态。

从这个意义上讲，对于看着日益堕落、只追求物质财富、向危险倾斜的国家的整体动向，而无能为力的我们日本作家来说，不管巴金先生在与不在，都是我们景仰的老师。

巴金先生的逝世，是对我们的沉重打击，是我们的悲哀。

先生在东京讲演时，说到在广岛原子弹爆炸十年后，一个小女孩发了病，她躺在病床上折了一千三百只纸鹤，她相信传说，以为“自己折好一千只纸鹤就能够恢复健康”，但她没有战胜死亡。先生还讲了被纳粹包围的列宁格勒，一个少女在黑暗中回忆自己读过的小说，是托尔斯泰的《安娜·卡列尼娜》帮助她度过了那些恐怖的黑夜。先生表现了核时代的文学家应有的姿态，也是对第一个原子弹受害国——我国的文学家的鞭策激励。先生的语气平和，像朗诵诗一样，但我认为，先生向我们表明了一个文学家应有的姿态。

先生那时的讲话，字字句句在我耳边回荡。衷心祈祷先生冥福。

《日中文化交流》2005 年 12 月 11 日总 713 期　陈喜儒译

中国文豪巴金先生与我

——（日本）村冈圭子——

我第一次给中国文豪巴金先生写信，是 1980 年 4 月末。

当时，先生经过了严冬时代——“文化大革命”十年迫害，结束了不能执笔创作的苦难，1977 年恢复了名誉，1980 年，作为中国作家代表团团长来到日本，在东京发表了题为《文学生活五十年》的讲演。我从报纸和电视知道了讲演内容，激动不已。

我中年以后开始学习中文，深深感到学习的艰难。翻译中文，我必须如翻译日本古典一样，刻苦学习。在学习中，我有幸遇上了巴金先生的作品，并且着迷。

虽听说先生的代表作《寒夜》、《憩园》已有先译者，但我想从女人的立场出发，以我的视角，我的语言，突出作品中的女性特色。我用了一周时间，写了一封类似翻译感想的中文信。信中说：“将来我有能力时，希望允许我翻译发表先生的作品。我静候佳音。”

没想到，先生很快答复。信是从上海寄来的，说“当然同意”。对我来说，先生的鼓励，宛若一场梦。我暗自发誓，一定不辜负先生对一个陌生的家庭主妇的亲切信赖。

两年后的 1982 年，《寒夜》出版，1993 年，《憩园》出版。先生很高兴，我感到幸福。

这两部小说，大致写于同一时代，即日本投降前后，但作品中的两个女性却迥然不同。《寒夜》以抗日战争时期的重庆为舞台，描写一个贫穷而软弱的知识分子的死，剖析透视旧社会。在通篇灰色的基调中，妻子树生追求自立的形象，宛若一朵鲜花，跃然纸上。

“迎着她的眼光的正是高的一段。因此她能够看见几辆人力车衔接地从坡上跑下来，车夫的几乎不挨地悬空般跑着的双脚却使她眼花缭乱。……她觉得‘时间’像流水一样地在她身边流过，缓缓地，但从不停止。她的血似乎也跟着在流。”

树生爱她的丈夫，但婆婆百般刁难，不堪忍受，于是决定与比她年轻的银行上司去兰州分行工作。虽然树生为寻求自立而启程，但她终于没有自立，尾声中，她在冰冷的寒夜中徘徊。

《憩园》以豪华的花园洋房为舞台，从一个借宿作家的视角，描写了一个旧家庭的兴衰悲剧。这个故事中的女主人公姚夫人，被美化、偶像化为绝代佳人。

“姚太太……，诵诗有你这样一位太太，应该是世界上最幸福的人。……”“我激动得厉害，以下的话我讲不出来了。……她的眼睛向着天空，我看不到她脸上的表情。……不管我的话在她心上留下什么样的印象，我既然说出我的真心话，我就得硬着头皮承担那一切后果。我并不懊悔。”

这是在美丽的花园发生的悲剧。神秘的女性形象，魅力无穷。

中文是越学越难，但我爱先生的作品，想把作品的精神告诉日本读者，虽殚精竭虑，但感到幸福。

敬祝百岁老人冥福。

《北海道新闻》2005年10月21日　陈喜儒译

悲哀与羞耻

——（日本）大江健三郎——

从今天早晨的报纸上惊悉巴金先生去世的噩耗，在感到深深悲哀的同时，对巴金先生再度产生了巨大的敬意。我以为，《家》、《春》、《秋》是亚洲最为宏大的三部曲。目前，我也完成了自己的三部曲（指大江先生近年相继发表的《被偷换的孩子》、《愁容童子》和《再见吧，我的书啊！》——译注），越发感受到先生的伟大。先生的《随想录》树立了一个永恒的典范——在时代的大潮中，作家、知识分子应当如何生活。我会对照这个典范来反观自身。我还感受到另一个悲哀，那就是小泉首相参拜靖国神社。日本的政治家不断背叛广大中国人民的善意，我为日本政治家的这种卑劣行径感到羞耻。

2005年10月18日

《文汇报》2005年10月21日　许金龙译

关于巴金写给《陈范予日记》的题字

——（日本）坂井洋史——

一

2005年10月巴金逝世后，我参加了上海龙华殡仪馆举行的告别仪式，随后去参加在巴金祖籍浙江嘉兴召开的第八届巴金国际学术研讨会。因为此次会议在巴金逝世后不久召开，自然引起了媒体的注目，有不少记者纷纷赶来，采访聚会一堂的全国巴金研究专家们，收集他们对于巴金文学的评价以及对于一代文豪逝世的感想。这个两年一次坚持开下来的研讨会，我是从1989年上海青浦的首届以来从未缺过席的唯一外国人。如此勤奋与会的人，不仅在外国人中找不到，在中国专家中也似乎不多（只有李存光先生一个吧?）。或许因此，我也受到了好几个记者的采访。我原来缺乏被采访的经验，也没有充分的思想和资料准备，所以谈完之后，总不免有言不尽意之慨。后来看到部分报道，说是我的谈话，但我都觉得好像是别人口里出来的话一样。当然，这也是我自己之不善于机敏应答和中文表达能力之低使然，不能将责任归诸记者。

大多数的记者想知道巴金和我之间的直接交流情况如何，开口就问这个问题以开始长短不一的采访。很遗憾，我和巴金本人的缘份薄得几乎没有，只会见过一次，通信也只有过一次，无论如何也不能提供记者所期待的有趣逸闻。只有一次，1997年我对巴金老友陈范予的日记手稿加以整理而出版过，那时我有幸获得巴金专为此书挥毫的题字。这是我和巴金之间发生过的唯一“特别”的接触，因此在采访中也多次谈到这个话题。后来我发现，有的报道比较忠实地介绍了当时我的谈话内容，令人满意。但是报纸上的文字究竟有篇幅的限制，不能充分传达这支小插曲前前后后的详细情况，也是理所当然的。鉴于此，以下我想借此机会，补充报道文字的不足，以完成这支鲜为人知的插曲。

二

在今天，陈范予这个名字，除非专门研究巴金文学的专家，几乎都无人知晓。他是一个默默无闻的教育家，1900 年生于浙江诸暨，1941 年卒于福建崇安。五四时期，在浙江第一师范学校肄业，当年的同学中就有后来成为著名文学家的柔石、潘漠华、冯雪峰等。1921 年，他们以文会友，在朱自清、叶圣陶等一师教师的热情扶掖下组织“晨光文学社”，开展了课余文学活动。陈自己也是喜欢新诗并写新诗的文艺爱好青年。一师毕业后的陈范予，抱着日见恶化的肺结核，辗转于沪江浙闽之间，始终没有放弃过教育岗位。1930 年，陈在福建泉州平民中学任校长时认识了访问当地的巴金，结下了终生的友谊。陈范予去世后，巴金写了出于肺腑的《悼范兄》，以真挚的感情描述他们之间的交流，还高度评价他的一生，称他为坚强的“战士”。

我认为，他们之间的友谊是在理想的共鸣上建立的，可称为同志之间才有的连带感。他们邂逅的当年，对巴金来说，是一个关键的时期，因为他面临了严重的思想转机：当时巴金不得不承认自己一直信奉过的无政府主义思想已经失去了现实基础，因此对它的内涵重新施加解释，竟在本土化的教育活动诸如泉州黎明高中和平民中学、陈洪有主持的广东新会西江乡村师范、二十年代匡互生创办而三十年代中期陈范予也主持过的立达学园农村教育科等活动中发现了自己的理想可以维系生命的一丝希望。闽南古城泉州就是给巴金以“南国的梦”的美丽土地之一。80 年代中期以后，我追寻巴金当年“梦”的痕迹，几乎每年都去泉州，采访一些老人，收集了口述资料。

记得是 1987 年，已故蒋天化(刚)先生(他是平民中学毕业生，孜孜不倦地收集当年泉州教育活动的资料并高度评价它的意义)送我一本题为《怀念集》的小册子。它是由黎明高中和平民中学的历史资料和健在校友提供的回忆材料以及通信等内容而编成的。其中我惊喜地看到了叶非英和陈范予的照片。在八十年代中期，只看巴金的文章，连他们的真姓真名都无法知道，使人未免有点隔靴搔痒之感(巴金文本中，叶只是“耶稣”，陈只是“范兄”而已)。我看到照片后，就突然觉得他们面貌的模糊轮廓一下子就明晰起来，增加现实感了。

同时，蒋老也送我一份署名“陈宝青、汤纲”的油印资料。原来这份资料是陈家配合浙江诸暨地方志的编纂而提供给当地政府的，“陈宝青”就是陈范予的长女。我读了这篇简明扼要的传记，能够了解到陈范予一生的大概。他的一生，作为五四时期新思潮孕育的一代上下求索而奋斗的一生，令人敬佩不已。但是，更引起我注意的是该文所引陈范予二十年代的日记记载。难道陈家至今还保存着这种从未发表过的珍贵第一手资料、尤其是记录他与巴金交流事迹的或反映 20 年代初晨光文学社活动的资料吗？我对于这个“发现”感到莫大的兴奋(实际上，陈家保存的部分资料如冯雪峰写给陈的书信，陈梦熊先生早已予以介绍，董校昌先生也介绍过陈范予留下来的晨光文学社的油印名单)。

经蒋老的介绍，我就跟陈宝青女士取得了联系。第二年即 1988 年初秋，我为了陈范予遗稿的全面调查，专程来到上海(那份油印资料上与陈女士联名的是她的夫君，复旦大学历史系教授，是位明史专家)。我在复旦大学的老招待所下榻，每天到陈家，进行调查，也向陈女士了解她父亲的家世以及其详细经历。一个星期后，我基本上掌握了遗稿的全貌。遗稿是由各种各样的资料构成的，其中五四时期的日记和大量诗稿是最有价值的。很可惜，三十年代以后的资料几乎都没有，自然找不到巴金的影子。尽管如此，我也很满意：一个在浙江，一个在四川，虽各处天的一方也均受过五四新文化运动之洗礼的、素无谋面的两个进步青年，到了二十年代后期，在理想之光的引导下居然邂逅……为了描述两个人交流开始之前的"前史"，我到底获得了最个人化的、最原始的、最纯粹的文本即日记和诗稿；而且，如此"前史"的描述，在某种意义上无疑是最彻底的实证性"巴金研究"。归国后，我写过几篇介绍遗稿的论文，到了1991年开始了日记全文的整理和校订工作。

三

一个外国人翻刻七十多年以前中国人的日记手稿，这个工作的确极为困难，实系冒昧的妄图。日记大部分是用毛笔写的，而且字也大都是较潦草的行草体，苦于判读。手稿的翻刻工作，逐字判读个别字体的时候较少，而从上下文意思来判断中间难判字的时候多；能高效率地判读与否，关键并不在于习惯于手写草体或异体字与否，而在于中文能力如何。一句话说，这绝对不是老外可以随便插手的工作。果然我在工作的过程中，屡次遇到困难，差一点放弃翻刻工作。这样的时候，我就请求陈宝青女士的援助，征求她的意见，一步一步地判读下去，1995年初步完成了所有日记的翻刻工作。之后，我就去找国内某研究机关，想把这个珍贵的资料收进这个机关历年刊行的丛刊里面。事与愿违，申请没成功，心灰意懒，不知下一步该如何，正当茫然之际，畏友陈思和复旦大学教授帮助了我。他给我介绍上海学林出版社，我也从学校基金拿到一笔出版资助，最后于1997年得以出版了。那一年初秋，开完第四届巴金研讨会，刚从苏州回到上海来，担任责编的李东先生流着大汗把一箱样本送过来了。当天晚上，我邀请汤纲、陈宝青夫妇、陈思和夫妇、还有学林出版社的李东先生和雷群明社长，在淮海路的一家粤菜馆欢聚，庆祝《陈范予日记》的问世并向他们的大力协助面谢。如此，差不多花了十年的工作总算告一段落，我从心里吐了一口气(附带说一句，那次聚会第二年陈宝青女士突然患绝症去世，汤纲教授也在2005年仙逝)。

1997年3月份，我已拿到学校基金的资助、学林也答应出版后，陈思和兄就提出了一个建议：请巴金为此书写篇序文并题书名。当时，巴金在华东医院病卧已经三年之久，不便也不能奢求序文之类，因此只请求《悼范兄》的再录和题字。这些请求，都烦思和兄，我一概不知其过程。也有可能他请求巴金为此书说两句话以代序言。此间详细的情况，问思和兄就可以知道。本来我们都希望将巴金的题字用于封面上，但是，很遗憾，没有来得及。自负一切出版经费，还说来得及来不及，也许令人觉得奇怪，但是基金会定有成书出版日期的限制，也不得已。既然巴金的题字不能用在封面上，设计者就从陈范予日记上拾集了本人笔迹凑成封面上的书名，至于巴金题的书名(即"陈范予日记"五个字和"巴金"两个字的图章。如此伴有图章的巴金题字，似乎不多见。这颗图章，从何时开始使用起来呢？谁给他刻的？)，就载于图版页上。如果当时我们的愿望得以实现，他的题字竟然能够用在封面上，那么，晚年巴金为了半世纪以前逝世的好友，用颤抖的手握笔挥毫题字这个佳话，今天也许会有更多人知道。但是，这是无法弥补的遗憾。

四

《陈范予日记》出版后不久，我听思和兄说，巴金在病榻上说了"坂井做得好"一类的话。一般地来讲，得到一代文豪的褒奖，只有这一点已经值得骄傲，在嘉兴受到记者采访时，我也如此讲过。但是，老实说，听到思和兄的话时突然袭来的感觉，与其说是感激或荣幸，不如说是悔恨和歉疚。

原来，人都在自己内心的深奥处隐藏着永远不会让别人知道的记忆。其中有早已忘得干干净净、无法回忆出来的记忆,有属于个人秘密而不能告诉别人的隐私记忆,也有自以为早就忘掉、但不知为何原因忽而浮现在脑海里的记忆之片断等等。这些记忆,也许是甜美的,也许是经过一番努力而居然能够推到无意识领域的噩梦。有的人不能担负起记忆的沉重,终于被此重担压垮;有的人侥幸把苦涩的悔恨当作精神营养,能够过充实且丰富的人生。不管如何,这些记忆纯属个人内心的。正因此,不用赘言,别人对此根本没有插嘴的权利。如此想来,我"做得好"的事情,也许是将自己的手粗暴地插进巴金内心深奥处而搅乱的行为也未可知。

巴金的《随想录》刚开始发表的时候,其现实战斗性比较明显。他有时候出于某种顾虑,不得不采取隐晦的隐喻修辞策略,但是究竟掩盖不了其批判精神之尖锐。如此《随想录》,愈到后来,回忆文章所占的比率愈多起来。经历了一百年坎坷不平历史的巴金所拥有的回忆之多,恰与他的人生道路之长、阅历之丰富成正比,肯定多得常人望尘莫及。全部挖掘堆积如山的记忆,而且谈尽这些记忆,根本不可能。巴金知其难而敢为,实际上,这是非常痛苦的、年迈老衰的病人无法承受的苦行。但是,我却猜想,巴金不仅认清回忆"量"方面的不可行性,也认清"写作"原来就等同于"舍弃",也就是说,他一边衡量并确认回忆不了写不完的记忆之重量,一边苦苦撰写那一系列回忆文章。这种"态度",我想不如把它叫做一种思想觉悟更妥当。

历史是被写出来的。人通过被叙写出来的即文本化的"历史"才能够认识历史为何物。但是,叙写出来的所谓历史文本背后依然存在着无数的、终于未被叙写出来的事实。如果只看叙写出来的"历史"而以为它就是"历史"的全部,不去想象其背后的东西极其沉重,那时历史文本就会丧失活泼的气息,也会变成抽象代码的堆积。我每次翻看《随想录》中的回忆文章,总觉得巴金确实深刻认识到这一层。当时《陈范予日记》突然出现在巴金面前,不仅给他提供了一些回忆的契机,也有可能激发了他的历史意识和文本意识,发生了某种作用,结果就是那一句"做得好"……果然如此的话,我的悔恨和歉疚的感觉就可以淡化许多,我多么希望如此!

2006 年 5 月 2 日在上海

巴金星辰升空

——(法)尼克拉·阿兰——

巴金走了。中国作家、《家》的作者星期一在上海逝世,享年一百余岁。事实上,好几年来,他已经是不朽者了。不是文人的不朽;因为人们知道文人的不朽只不过是遗忘之前的前奏而已。而巴金是天体星辰的不朽,他围绕着太阳运转,由于中国的天文学家提出的倡议:把他们发现的一颗行星,命名为"巴金"。他的文学荣誉和长寿,在中国人的眼里是了不起的。这使得新华社在头版头条报道了他逝世的大事。

巴金的生平始于 1904 年 11 月 25 日。根据中国的习惯,他的百岁华诞是在 2003 年庆祝的。他出生在中国西南部四川省的省会成都市的一个富裕而有文化的家庭,取名李尧棠,又名李芾甘。这位青年文人的心为五四运动在中国内部出现的新思想而燃烧起来。他发现了克鲁泡特金的《告青年》一书,该书号召青年创造一个由无政府主义者设想的平等的社会。从 1923 年,他先后到南京和上海,继续在中学就读。在上海他和好几种无政府主义的刊物合作。1927 年,他乘船动身去法国。关于留法的两年,他在接受我报常驻北京的记者巴卢埃 · 洛朗采访时说:"那时候,许多中国人受到法国的吸引。中国人感到不受法国人的歧视,在那里可以受到良好的接待,尤其是在农村,农民更是热情。我的身体不好,我决定离开巴黎,到沙多·蒂里附近的农村。许多中国人在那里半工半读。我在那里的一个中学上学。同时,我大量地阅读文学作品,并且根据激起我的想象力的文章、形象、风景和照片,开始写一些短文。后来,我把这些分散的文章连接起来,重新改写,就成了我的第一部小说。我在法国生活了不到两年,在那里面我也撰写了我最初的几部短篇小说集(《复仇》、《女教师》、《沙多·蒂里的生活》等等)。

为了他的第一部长篇小说《灭亡》,他署名"巴金"。这部小说是根据一个自杀的朋友的故事撰写的。至于他的笔名:"金"是来源于"克鲁泡特金","巴"是取自一位投入罗亚尔河自杀的朋友巴恩波的姓氏。正是在法国,在挽救萨科和万泽蒂的斗争中,他发现了共产党的活动。在一个记者采访中,他说:"我记得我给《人道报》和马赛尔·加香写了好几封信。从巴黎,我还给萨科和万泽蒂写了两封信,表示对他们的支持。他们都回了信。"

他的第一部小说,以连载的方式在大量发行的杂志《小说月报》上发表。他立即获得了读者的认可,这使他转向了文学的道路。三十年代一开始,他就着手撰写两本三部曲:"爱情"和"激流",其中第一部小说《家》发表在 1933 年,接着在 1938 年和 1940 年,先后发表了《春》和《秋》。《家》获得了巨大的成功。这部小说谴责了传统的中国家庭令人窒息的等级制度,并且为那些敢于和"孔家店"决裂的青年辩护。它的解放思想的影响是巨大的,深远的。

1949 年以后,他先后成为中国作协的副主席和人大代表。"文革"中他曾经首先受到红卫兵的冲击,接着又遭到各种侮辱和虐待,以及内部的改造,直到 1976 年。1981 年,中国作协代表大会全体以热烈的掌声选举他为主席。正如他向《人道报》所透露的:

"我想今天的青年是未来的希望。当我感到泄气的时候,我在他们那里重新找到了力量。"

法国《人道报》2005 年 10 月 20 日　刘秉文译

一双美丽的眼睛

——李治华——

巴金小说《家》的法译本问世后,出版社邀请以巴老为首的中国作家五人代表团(孔罗荪、徐迟、李小林和一位翻译)访问法国。1979 年四五月间他们在法国参观访问了差不多三个星期,曾经轰动一时。

事后才知道巴老计划在 80 岁以前将完成两部长篇小说,我就写信问他是否已经开始撰写第一部,能否把题目和内容用一两句话告诉我。1980 年 3 月 6 日他来信说:"我的下一个长篇刚刚开头,写一对知识分子夫妇在'四害'横行期间的遭遇,名字是《一双美丽的眼睛》。"我又对他说明想把这部小说译成法文的计划,征求他的意见,同月 27 日他回信说:"我这个长篇大约明年年底以前写完。你要翻译,我当然同意。这个小说不一定写得好,不过我要用全力写。"

稍后接到他寄给我的《随想录》第一集,读到第五篇《怀念萧珊》:"她非常安静,但未昏睡,始终睁大两只眼睛。眼睛很大,很美,很亮。"我才知道这部小说是叙述作者及其亡妻的故事,我对此书的兴趣当然更加浓厚了。1982 年 3 月 22 日又接巴老来信说:"我身体差,杂事多,小说的写作进行得很慢,今年估计写不完,倘使下半年能顺利进行,我会跟您联系。"

1987 年以后,我在《随想录》下卷中又读到《再忆萧珊》,知道作者已经放弃了撰写《一双美丽的眼睛》。我多么失望啊!这真是中国文坛的一大损失,我一定要把巴老这两篇怀念萧珊的文章译成法文,以便使法国读者认识这一对深挚相爱的中国作家。

2006 年 4 月 14 日

附:《家》的翻译与巴金

大约在 1950 年左右,明兴礼博士预备写一篇博士论文,研究中国现代作家。他想翻译巴金的中篇小说《雾》,让我帮忙,并且还借给我巴金的“激流三部曲”《家》、《春》、《秋》;“爱情三部曲”《雾》、《雨》、《电》和几本老舍的小说。我读了以后,大为惊异:我国有这么多伟大的作家,写了这么多动人的作品,为什么我却一向钻研法国文学和中国古典文学,对我国现代文学竟会漠不关心?从此就大量读起我国当代文学作品来。

在这些作品中,我特别喜爱巴金的《家》,于是就向那位法国朋友表示了想把这部小说译成法文的意思。他非常赞同,立刻把他自己的那本《家》送给我。我大约用了两年的工夫把这部小说翻译完了。明博士又给我介绍了一个法国出版社,那个出版社想在他们新编的《外国文学译丛》内出版几部中国现代小说,并且自己刊行了老舍的《骆驼祥子》,是从英译本转译的。

出版社审查了《家》的译稿以后,觉得很有意思,不过稍嫌太长,恐怕法国读者不易接受,就问我是否可以删节一下。为了迁就法国读者的兴趣,我就小心翼翼地做了一些删节工作。审稿员看了我的删节本,表示很满意,并且请我替他们找一幅彩色封面,我就请友人李凤白同志画了一张封面,他们也接受了。过了一个时期,因为《外国文学译丛》销路不佳,出版社就把这个丛书取消了,《家》自然也就无法付梓。

后来李凤白同志和他爱人戴尼丝(Denise Lebreton)夫人回国,负责北京外文出版社法文组工作,有出版《家》法文译本的计划。他知道我的译本早已完成,就写信问我是否愿意在国内出版?我当然同意。我告诉他这是一个节译本,他就询问作者的意见。巴金说如果需要删节,他愿意自己删节,于是他就寄给我一个删节本,他是用大刀阔斧的办法,整页整页地删,并且还取消了两章,又把较长的一章分成两章。全书本来有四十章,经过修改以后剩了三十九章,篇幅至少减少了四分之一。外文出版社印行《家》的英译本大概就是根据这个删节本进行的。我看了这个删节本,觉得非常可惜,犹豫不决,我那时正翻译《红楼梦》,工作非常紧张,就把《家》的出版计划暂时搁置下来。

等到《红楼梦》一百二十回法文译稿结束后,我又想起《家》的译稿,就问同事米·露阿(Michelle Loi)夫人是否可以替《家》的法文译本找一个出版的机会?她问了几家大出版社,都碰壁了,最后还是瑞士艾贝尔(Eibel)出版社答应出版这个译本。不过这个出版社成立不久,规模尚小,每种著作最多印 5000 册。他认为《家》的译本印行后一定会有大量的读者,就和弗拉马利永(Flammarion)出版社合作印行此书。艾先生还想在《家》的法文译本问世时,邀请巴金来法访问,他托我和巴金联系,征询作者的意见。我先和我国驻法大使馆文化处联系,问他们是否应该通过大使馆和巴金联系,文化处许澄骅秘书说我可以直接给巴金写信,只要他本人愿意来法访问,大使馆一定协助办理来法手续。于是我就给巴金写了一封信,并且把艾贝尔的邀请书也寄给他。不久巴金回信,接受邀请。后来国内为了表示更为隆重一些,安排了一个以巴金为首的中国作家代表团来,成员有《文艺报》主编孔罗荪,诗人、散文家徐迟,《收获》编辑、巴金的女儿李小林。今年四五月间,他们一行五人来法访问了差不多三个星期,轰动了法国舆论界。

记得4月25日早6时，我就乘车到艾先生家，约他同往巴黎戴高乐机场欢迎中国作家代表团。那天早晨下大雨，7时许飞机准时到达，远远看见白发如银的巴金健步向我走来。他和我握手。我们虽然以前从来没有见过面，可是通了十几封信，也彼此交换照片，所以一见如故，谈得很融洽。能够和景仰多年、神交已久的这位中国伟大作家在巴黎会晤，对我说来是一件极不平凡的事，也是我一生中最大的荣幸。法中友协秘书长在安排乘车时，就把我安排在友协副会长的车上，与巴金父女同车返巴黎。离别了半个多世纪的巴黎又呈现在巴金的眼前，他怎么会不深深感动呢？

陪他们到旅馆，请他们到房间去休息后，我就回家准备第二天的介绍词。因为4月26日中国作家代表团来访问巴黎第八大学，我是该校的汉语教员，同事们就请我在放映《家》的影片之前，向学生们简单地介绍一下巴金和代表团的其他作家。电影放映完了，代表团来到，巴金亲自给同学们作了一个讲话，继而第八大学校长举行酒会，亲自招待中国贵宾。

在访问期间，差不多每天我都和代表团在一起，和巴金在一起的机会更多。代表团虽然有四个作家，可是大多数的法国朋友都想见一见巴金，我和代表团的译员分任口译工作。

最使我感动的是去玛伦河畔沙多·吉里小城参观的那一天。五十多年前，巴金曾在这个小城住过一年多，那时因为他身体不大好，医生劝他离开巴黎，到外省去休息。他就到这个有接待中国留学生传统的小城一个中学来寄宿，一边学习法文和德文，一边继续写他的第一部小说。1928年8月写完这部小说，抄在五个硬皮的练习本上，寄给他一个在上海开明书店工作的朋友。朋友觉得小说写得不错，就寄给《小说月报》了。那时主编郑振铎在国外，由叶圣陶代理编辑工作。叶老决定在《小说月报》上发表这篇小说，那是使巴金一举成名的《灭亡》。沙多·吉里距巴黎约150公里，我们乘汽车前往。因为中学学生人数增多，修建了一座新教学楼，原来的校舍仍然保存如旧。校长陪我们参观了几个教室之后，就去看巴金曾住过的房间，楼下仍是食堂，楼上本来都是些单间的屋子，现在前边一部分已经改建成一套学监住的房子，后边还有两个单间，无人居住，其中一间就是巴金曾经住过的。巴金说这个房间是新裱糊过的，好像比从前小了一些。学监称赞巴金的记忆力很强，为了扩建他的住房，占据了这个房间的一部分。随行记者们在房间里给巴金拍了几张照片，我们就去参观校园。新教学楼占据了校园的一部分，也拔掉了许多大树，巴金深为惋惜。

与校长告别以后，就去市政府参加欢迎典礼。市长和巴金致词以后，市长赠送给巴金两个纪念章，一块是本城的纪念章，一块是拉封丹(La Fontaine)的纪念章。原来法国17世纪著名寓言作家拉封丹就出生在这个小城，想不到三个世纪以后又有一位世界闻名的小说家也曾侨居于此。典礼结束，我们去古娄米埃(Coulommiez)小城午餐。代表团在巴黎一直都在一个大饭店用餐，也参加过几次宴会，可能觉得所有的菜饭都不如这个小饭馆做的美味可口。我想大概是乡下食品新鲜，做得又特别仔细的缘故吧。此城特产乳酪，同行的几位法国朋友和久居法国的我，自然十分欣赏，就连平常不吃乳酪的各位代表们，也都尝试了这个异国风味。

用毕午餐，我们去拜访法国现代大作家维尔高尔(Vercors)，他的名著《海的沉默》早已有中文译本。他和夫人住在一个由旧时磨坊改建的别墅，四周小溪环绕，遂以"岛上磨坊"为名。水声淙淙，风景清幽，维氏夫妇常年住在这里，以便写作，每星期去巴黎小住一两天，一来取信件，二来看朋友。只有采取这种避世之策，才能获得一个清静的写作环境。巴金把《家》的英、法文译本送给维氏，维氏也把他的几本近著送给巴金。巴金说国内正在计划翻译几部维氏新作，并请维氏夫妇今年秋季去中国访问。维夫人给我们预备了极其丰盛的茶点，交谈了两个多小时以后，就到花园里去拍了几张照片，然后向主人告别，回到旅馆时已经7点钟了。晚上还有华侨组织的欢迎宴会，我自己跑了一天觉得有点疲倦，尤其怕晚上再用晚餐，就回家休息去了。可是巴老仍然神采奕奕地参加了宴会，第二天一早上，他说宴会进行到11点才散。主人们问我为什么没有去，好在大家都是自己人，也许会原谅我这次的失礼吧。

至于巴金是否可以获得本届诺贝尔文学奖的问题，笔者曾经多方探询。据有关方面消息，决定奖金的会议极其保密，在正式揭晓之前，任何人也不知道获奖人选的名单。但由于文学奖金一向对于出版事业关系重大，有些国家的出版界在奖金颁布前数月即派专员前往瑞典首都斯德哥尔摩采访，有时可以得到一些非正式消息。根据这些非官方的情报，巴金大有获得本年度诺贝尔奖金的希望云云。

巴金平易近人，谦虚诚恳，对人热情，喜欢帮助别人，没有一点大作家的架子。他在1933年写的一篇题名《朋友》的文章结尾，说过下面几句话："一个朋友说过：'我若是灯，我就用光明来照彻一切黑暗。'我不配做一盏明灯，那么就让我做一块木材吧。我愿意把我从太阳那里受到的热放散出来，我愿意把我自己烧得粉身碎骨给人间添一点点温暖。"

的确，我在巴金身边得到了火一般的温暖。只提出我亲自体验的二三件事，就可以说明巴金如何实践他这个充满热情的誓愿。结束访法的前一天，他交给我一张自己抱着外孙女端端（小林之女，端午节前后出生，以此命名）的近照，一本《家》的法文译本和两封外国读者的来信，他说自己来不及付邮，托我把它们寄出。相片寄给比利时一位夫人和她残障的儿子，他们收藏名人照片及签名，请巴金送他们一张照片和签字；书寄给法国某小城的一位读者，因为法译本当时在外省还买不到，巴金就自己送给他一本，在扉页上题了下面一句话："送给一位素不相识的法国读者。"

当我知道巴金计划在80岁以前将完成两部长篇小说时，就写信问他是否已经开始写第一部？能否把题目和内容用一两句话告诉我？他今年3月6日来信说："我的下一个长篇刚刚开头，写一对知识分子夫妇在'四害'横行期间的遭遇，名字是《一双美丽的眼睛》。"我又对他说明想把这部小说译成法文的计划，征求他的意见。他3月27日来信说："我这个长篇大约明年年底以前写完。你要翻译，我当然同意。这个小说不一定写得好，不过我要用全力写。"

巴金知道我自己只有他的"激流三部曲"，就对我说，等他回到上海时，就给我寄一部《巴金文集》。不过因为在"文化大革命"期间被红卫兵取走了几部，可能他自己存的也不全了。我最近收到他寄来的两个邮包，内有《文集》十三卷，只缺第七卷，我想现在他自己所藏的可能更不全了。他这种不为自己，非常关心别人的热诚，实在体现了一个伟大作家的风度。我虔心祝愿我们这位伟大作家健康长寿，再多多给人类贡献几部不朽的杰作！

1979年6月10日于巴黎

选自《里昂译事》，商务印书馆2005年12月版

忆四哥巴金

——纪　申——

荏苒时光，倏尔即逝，四哥去世不觉半年多过去了。清明前一天去洋山深水港参观，立于大洋山之巅，面临东海，远眺浩渺波涛，心潮随之起伏，一片幽思陡然升起。去年11月25日他生日那天，他和珊嫂的骨灰落葬于崇明东海之滨。今天孩子们同样携带鲜花瓣再去海边撒花祭奠，寄托哀思。这时我想他俩早已顺着水波走远了。唯愿平安地抵达彼岸，把他俩的至真至诚之爱散留在远方那些不知名的所在，开放出灿烂的花朵。爱，才是世界上最美好的东西！有了相互的

爱，人们才会有和谐、幸福的生活。归家后心潮仍难平。他那仰卧病床时的双眼，不是半睁半闭昏昏然似睡的样子，就是大睁着紧盯屋顶、一副沉思苦索的容颜，还有那老张开的嘴、下颚不住地启合，似有话要说，却又发不出声的无奈的表情，总不时浮现我眼帘。好像他还是躺在华东医院的病床上……忍不住低声唤道："四哥，你好吗？"泪水夺眶、心房颤抖，……他已走了，永远地走了，再也见不到他了。唉！但求能在梦中相逢。

一

还是 2004 年 2 月 17 日那天，我刚放下晚饭筷子，国煣忽来电话，说四伯伯病情有变，速来医院。赶到病房，只见里里外外一片紧张，人人面容沉重。我被套上一外衣，戴上口罩，蹒跚地走到病床前，只见端端泪水汪汪守在床边。我唤声四哥，不禁悲从中来，泪流满面了。不过三五分钟，即被搀扶出，凄然落座外室沙发内。九时过被劝回家休息。昏沉沉地算是过了一夜。清晨电话传来病情无变，终于慢慢地逐步转好。他又过了一关。原来是心率减慢引起肾功能衰竭，面临血透危境，全家人只望他能少受点苦痛折磨，听其自然地走向生命的尽头为好。出人意外，他不但安过险隰，还慢慢地平稳下来。太好了！我又照旧每周六下午按时去医院探望。虽不能走进病房，必然站在门口朝内高声唤他两次，然后坐于外室向小吴或小张询问病情状况。如果逢上那天他精神较好，又无别的情况，就不守规约闯到榻前，跟他讲上几句，稍立片刻，再行退出。有次他竟两眼大睁、闪闪放光地望着我，露出笑意。我高兴极了！天上不是也有颗星星时时发射出光芒照耀着他么？看来他定会照旧平稳地度过即将来临的百又二岁的寿辰。这正是我们全家人的祝愿。

去年 10 月 14 日晚，我从外地旅游归来，国煣又来电话了：病情有变，嘱次日前往。15 日下午 2 时去到病房，情况大异，人影憧憧，一片紧张沉重的气氛。国煣搀着我走到阳台上病室外的落地窗前，朝里望去，全是白衣人员走动着，病床上的他面扣氧气罩，周边机械杂陈，抢救情景立陈眼前。已看不清他的面容了，显然他正经受着极其苦痛的折磨。心房紧缩，泪水即流，颓然落坐在身后的小椅上。这时国煣正向立在窗内边上的俞院长询问情况。他们说些什么，我已听不清楚，不住引颈内望，总想看个清楚，立立坐坐，这样过了半个多小时，毫无所得。疲累不堪，难以忍受，怀着一颗作痛的心，急急让小外孙女搀着冲过人群走出病房，去到医院大门口叫车回家静候一切。

不知怎的，近年来人总易于激动，难以抑制。是否人老了，感情脆弱，无法承受重压？更怕死别之伤。不少老友过世，总是避去灵堂送别。而今面临之哀更重了。

16 日这天全在悬念与默祷中度过。17 日晨电台播出神舟六号胜利返航，完成任务安全回落基地，佳音令人振奋。有此大喜，定能冲走他头上的厄运，又会慢慢转好的。他曾几经危境，全都平稳度过。他的生命力就是强啊。心存此想，精神稍佳，有了一线希望。晚 7 时半绍弥代国煣转告噩耗时，眼前的一丝微光又给抹去，一片漆黑，骤落冰窖，身心全冷，欲哭已无泪了。

23 日下午 3 时赶至殡仪馆一小室内守灵，见他面颜微红，毫无病色，一副安然沉睡的样子，去掉了来时的惴惴忧心。小林姐弟等再去大厅查看灵堂的布置了。邱俭取出相机留影，为我留下他这副安然的睡态。

24 日的送别仪式，木然地立候在他身侧，答谢前来送别的人众。3 时半被小周带出，这时才见到外面广场上全是人，一片肃穆沉痛气氛。好不容易擦肩接踵走出人群来到大门外，匆匆搭乘小郑的车子赶去嘉兴，参加第二天即将召开的第八届巴金国际学术研讨会。这样又免去我护灵、送灵之痛。之后的日子里，又一如既往地沐浴在专家、学者们的热情发言中，及旧友新朋的关怀里，更感受到祖籍乡亲的高情厚谊。他若有知，定嘱我代答：名实难负，愧不敢当。盛情不忘，谢谢,谢谢。

返家后方从不少报刊上看到是日送别会前前后后的种种情景,送别人众竟达五千人之多,实出我意外。在送灵出外时,有来吊的人竟伏身地上哀痛不已。睹此图片,能不无动于衷乎？这是读者对他的真诚的回报。

一次追思会上被邀最后发言,曾借弘一大师名句"悲欣交集"以解说我那阵子的矛盾心情:先是觉得他虽远去,总算摆脱了那有口不能言、有思无法表的六年多卧床苦痛生活,替他欣然;继则为亲人永逝的切肤之痛沉落于无法自拔的悲思中,有好长一段时间又徘徊在幻影杂陈的昏然梦境里。而今痛定思痛,往事浮沉,更感凄然。权借笔抒怀,吐出郁块,稀释心哀。

二

回忆1923年的春末,他远走上海求学时,我年方7岁,蒙蒙然不识离别滋味。那时大家庭犹存,几十口人共处,尚无多大变化。尽管有的长辈怪他性子孤僻倔强,恨他总不听长辈的话,斥之为叛逆者、不肖子孙,我却少动于衷。直待知识稍长,读了他的一点作品之后,方才明白他原来受了新思潮的影响,痛恶封建礼教的专制独裁,深感同辈青年遭受不合理的迫害,生命等同草虫;更叹自己无力以助,遂而寻求理想,立志献身趋向革命道路,要做一个改革社会的革命者。慢慢的又发现他写出的小说竟然有那么多人爱读,成为一个颇有名气的作家。我读书的中学里就有不少同学是他的崇拜者。自然而然地引起我的尊敬,另眼看待他了。年事日长,逐渐认识一点世界,明白一点做人的道理,因而对他有了进一步的理解,却从无直接的联系。

1941年春,他回到了阔别十八年的故里时,老家早已瓦解,连本房的亲人也处困境而又分居两处了。我恰在一偏僻小城工作,无力赶返省城与他相见。直到次年的夏天,我们才得机会重续弟兄情谊。这时我已从外县调来省城的银行分行供职,且借住银行单身宿舍内与人共屋。我们相见多在傍晚前聚于商业场的某茶馆里,往往是同辈数人。他的再次回蓉,主要谋求出版社的发展,筹建成都办事处。先是把我拉进出版社工作,继则要我想法另租房屋把分居的家人重聚一起,至于家用则由他主要负责,便于解脱我后顾之忧,彻底脱离银行职务,全身心为他主持的出版事业献劳。就此改变了我的人生道路。我们之间不仅加深了同胞亲情,更建立了共谋文化事业发展的新谊。

抗战时期的苦难生活,进一步清醒了我的头脑,他的为人处世也更给我留下了终身榜样。在一篇短文里我曾回忆说:"特别是在与他主持的出版社共事的十几年里,正当国难临头、极为艰苦的年代,出版社累遭厄难,受尽迫害,损失多多,……从未见他垂头丧气过,总是执著地默默无言,任劳任怨,竭尽全力以赴。那种敬业、爱书、惜书的挚诚热忱,实在令我感动佩服。"那时他不只是白尽义务,有时还把自己的稿费也贴了进去。为了事业,为了广大的读者,为了作家和译者,他真是付出了一切,满怀希望地朝前直奔。他要用自己的行动来证明:"作为对敌人暴力的一个答复:我们的文化是任何暴力所不能摧毁的。"在给朋友的信中他还说:"对战局我始终抱乐观态度,我相信我们这民族的力量。我也相信正义的胜利。在目前每个人应该站在自己的岗位努力,最好少抱怨,多做事,少取巧,多吃苦。"又说:"从事文化建设工作,要有水滴石穿数十年如一日的决心。"

1944年初秋,湘桂大撤退。我从桂林逃难出来,辗转到达重庆,他亲来南岸海棠溪汽车站接我。面对无多言,庆得平安再见,深情在内心。珊嫂对我说:"巴先生知道你有去平乐游击的打算,是多么的担心你,现在见到你放心了。真高兴。"他还与我约定,八月中旬同返桂林处理后事,恢复业务。岂料战事突变,八月桂林大火,计划破灭,就此同留山城。

抗战胜利了,大家高兴了一阵子。复员的人莫不为找交通工具而苦恼。四哥更急。得三哥电告:大病初愈,陆蠡下落不明,速来沪。好不容易十一月里他才赶到了上海。岂料三哥又病倒在床。当我们收到他发回的三哥病逝的噩耗时,原以为阔别了二十五年的弟兄,有了再聚的希望,落了空,真是痛彻我心。又为他而担心,这时身怀有孕的珊嫂产期临近,盼他能尽快返回山城,少受一点两头牵挂、身心交瘁之苦。我们也可以多知道一点是什么病夺走了三哥的生命。

1946 年初春,朗西哥正积极与他的合作界朋友筹建文化合作公司之时,命我先去成都结束出版社成都办事处,顺便探母,返渝后即去上海为公司工作。可是回到重庆没两天,四哥即对我说:“情况有变,你不用去上海了。我同朗西谈妥了。文化生活出版社事仍由我全权主持,他还是负责筹建他的文化合作公司,今后互不干扰。文生社必须保存,一如既往。这是大家的共同事业,既要对广大的读者和作、译者负责,更要对得起为它牺牲的死者。我们有我们的目标、走向,决不轻易地改弦易张。重庆是抗战八年留存下来的唯一内地基地,是后援,必须存在。你留守下来,好好工作,我们大家共同努力。”

说实话,那时的土纸书几乎没有人要,大家都盼着早点见到昔日的白报纸精印书籍。渝处得以维持下来,继续在内地为进步的文化事业做出一点贡献,还多亏沪社的大力支持。可惜的是1950 年奉命结束办事处期间,未能顾及三年多积存下来的他写给我的近二百多封信,整整一抽屉,其中多是谈出版社复员期间的种种经过,竟于忙乱中被当作废纸处理掉了。至今让我深感遗憾和歉疚。它们的散失,不单是我个人的损失,更是丢掉了出版社复兴过程中的珍贵史料。其中有几多酸、辛、苦、甜,局外人是无法体会的。往事真不堪回首。

三

留守重庆三年多,为出版社事曾两次来上海,又都是借宿他家。朝夕相见,交谈多多,令我难忘,更感伤怀。恨自己那时少不更事,悔未用笔记下当日种种。而今时过境迁,旧事难寻,加以年老脑衰,往往记忆模糊。晚矣,痛哉!

1947 年初秋,正当山城黑云压头、白色恐怖严峻之日,匆匆应召赴沪,商谈出版社业务。这是我第一次踏进“冒险家乐园”、十里洋场的上海,真有乡巴佬进城之感,五光十色令人目眩心惊,不知东南西北,陌生极了。记得一天从巨鹿路出版社回到霞飞坊正逢汪曾祺等人在,汪听说我刚从四川来上海,很佩服我行动是那么的自在。其实他不知道我也是两眼一抹黑,仅仅认识巨鹿路到霞飞坊这条短短的路程而已。到后除了向他汇报了重庆的业务和处境外,还把营救致侄出狱经过作了较为详细的补述。说明当时没有照他来函去找何迺仁兄帮忙营救,而是把希望全放在吴先忧大哥身上。实因吴任南林中学校长,该校是川军一唐姓师长创立的,吴受聘请而来,乃唐家贵宾,进城办事都住唐公馆内,因而认识同住唐家的一位警备司令部的某军法官,关系较好,更利办事。李致只不过借住沙坪坝某大学宿舍内的一青年学子,因随手带有文化生活出版社的信封而被误捕。通过军法官的关系,没多久就给放出来了,并没花多少钱。要知道我们也出不起钱,都是清贫的文化人。

眼看沪社复员才一年多,在他的主持下就此蒸蒸日上,又崛起于同业中了。令我高兴、佩服。过去大家的辛苦没有白干,前面又充满了希望。文生社在读者和作、译者眼里是素有信誉、独具风格的。

在沪社勾留了一个多月,期间还衔命去台北考察,谋求设办事处,终以财力不够、租屋价昂,无功而返。在台北也是借住在他的老友吴克刚家。吴当时任台湾省图书馆馆长兼台湾大学教授。不久即匆匆返渝。现在回想起来,事幸未成,万一当初办事处建成,继而留阻彼岸与大陆隔绝,后果当不堪设想。“文革”中四哥的罪名当更大了,必死于“四人帮”张春桥等人的毒手之下无疑。万幸!万幸!

1950年春,因解放战争与沪社失掉信息半年有余,2月初忽得朗西哥电,命速赴沪议事。自然这次依旧借住他家了。到后方知他已完全不问出版社事久矣。他知道了我来沪任务是结束重庆处业务后再来上海社工作,料定渝处的结束事宜必大有一番周折。首先告我,母亲和瑞珏姐随来上海的住处,定在他家,以安我心。返渝后经过半年多的忙碌,终于顺利完成任务,让渝处有善始而得善终,在同业和读者中留下好的印象,未负三年前他的重托,我心安矣。

10月初全家老小五口平安抵达上海,四哥亲来码头把母亲和瑞珏姐接往他家。我自带妻女先暂住巨鹿路采臣哥家的一间宿舍内,不几日即迁往桃源路出版社一座石库门宿舍内的底层厢房。一住就是几十年。

四

五十六年里我们同住在一个城市里,虽不是天天见面,除了"文化大革命"前期隔绝了四年外,从未断过往来。话真不知从哪儿说起。记得他初去朝鲜战场后不久,即写给我一信,说对我的从事业余翻译事,一直没有过帮助,很感歉意。(因为几年前曾将自己的一部译稿寄他审阅,一直搁置在他那里未作答。)嘱我今后多向清源兄讨教,相互切磋,好好努力。其实我在平明出版社出版的几本俄苏小说无不得到他的关心与鼓励。我的《巴库油田》一书,还劳珊嫂仔细校订过。

1954年夏文化生活出版社因劳资纠纷提前并入了公私合营的新文艺出版社,我也随企业的社会主义改造被分配在新文艺出版社第二编辑室(即外文编辑室)任编辑。四哥很高兴地对我母亲说:"妈,你不用担心了,纪申已经成为公家出版社的正式编辑了,只要他好好工作,前途有望了。"十二年前是他让我辞去公家银行职务,转业到他主持的私营出版社工作的。这时他像卸下了肩上的一副重担似的,大大松了口气。的确,直到今天退休多年的我,仍未与书断缘,这都与他有着不可分割的关系。

由于工作,由于与他的关系,我认识了不少他的老友、作家与译者,受益匪浅,大长学识。其中有的人后来还成为我的知交、挚友了。四哥素来看重朋友,珍惜友情。在文章里曾时时吐露胸怀说:"我常常说我是靠朋友生活的,……友情这个东西在我过去的生活里,就像一盏明灯,照亮了我的灵魂的黑暗,使我的生存有了一点点光彩。……我的眼眶里至今还积蓄着朋友的泪,我的血管里至今还沸腾着朋友的血,在我的胸膛里跳动的也不是我一个人的孤寂的心,而是许多朋友的温暖的心。"我也有同样的感受,得到过不少朋友(包括他的朋友)的关心和厚爱。我要说,我不单单是从他的作品里,更多是从他的实际生活中,耳濡目染地感受到:他跟他的好友们一样有着一颗"金子般的心",一颗极富同情的厚道的心。"施恩不望报,受施慎勿忘","宁可人负我,不愿我负人"。这是他做人的起码准则。往往因之也招来意外的麻烦不说,甚至还受到污蔑与诬陷。"文革"后不久,有次我同瑞珏姐还笑过他说:"老兄呀,你未免太温情主义了。"他笑笑,不答一词。

上世纪六十年代始正逢天灾、人祸的困苦时期,我先是下放郊区某公社生产队劳动,继又去奉贤县头桥镇参加"四清"工作。每次休假回家,他或珊嫂总要带我去文化俱乐部吃上一餐,改善我的生活。我在头桥镇搞"四清"时,他也在南桥镇总队近处蹲点,与金仲华、赵超构共住一室。我们见面时又多了一个话题。不过,这大段时间里他很忙,任务多。我又常在乡下,相聚之日实在太少。

五

"文化大革命"开始前的紧锣密鼓气氛,已叫人不知所措。"破四旧"开始不久,连我这个普通编辑家里也深感危机重重,黑云压顶了。我爱人胆战心惊地私下把照相本里的萧乾戎装像(二次大战欧洲战场记者)和白杨抗战前期来蓉演戏时送我的便衣与戏装照通通取出,连同相关物件一并烧毁。我事后方知,也难怪她。

1968 年 6 月 20 日在杂技场批斗巴金的电视大会,我是受造反派监视在单位里收看的。之后即开始接受审查以至于隔离进入“羊棚”,还遭受一次公开的批斗会,从此失掉自由。不说与他相见,连信息也无从得知了,还时不时受到外调人员的干扰、呵责。一次上海作协造反派一男一女来单位对我进行申斥逼问,要我在他们写好的材料上打上手印,被我严词拒绝。1969 年春终获解放。这年冬在响应“四个面向”的号召时被分配去东北农村与先去的插队知青一道接受再教育。直到 1973 年春才返沪待命,我们弟兄方得重聚。记得扛着行李回家的次日即急忙赶到武康路去看望。这时珊嫂已去世半年多,他也回家接受审查了。叫我难忘的是我九姐琼如把我拉到一边,拿出一叠照片,把珊嫂逝世时的情景,一一告我。听着听着实在控制不住自己感情,泪水直流,泣不成声了。四哥呢,枯坐一旁,默不作声。我理解他此时的心情,压抑着满腔愤懑与苦痛,心在出血,泪往肚里流。他遭受的苦楚折磨,不论精神和肉体,都远远超过我多倍。什么安慰语全属空话,叫人无法出口。自此每个周日我必去他家看望,也是两个姐姐一再嘱咐。老兄,实在太苦闷寂寞了。

在一起时,我绝口不问有关珊嫂的事,只字不提“文革”中的种种。尽讲在东北农村我的经历和返回原单位的所见所闻。那时我自己也还是个“内控分子”,与所谓革命群众有别。直到六年后读到《怀念萧珊》一文才较详细地了解到珊嫂所遭受到的屈辱和苦楚。这篇文章是一篇充满了血和泪的哀文,累累叫我不忍卒读。友人陈醇(我去东北农村结识的好友)把他朗诵这篇文章的录音磁带送给了四哥。一次在医院病房里播放时,听到一半,不知怎的我感情激动难抑,实在耐不住了,连忙发话停放,建议大家还是谈点别的话题吧。希望能讲点愉快的事,以冲淡或改变这种令人压抑的沉闷氛围,也才有利于他病情的疗养。

六

他终于获得解放了。1977 年 5 月 25 日《文汇报》刊出十年浩劫后他的第一篇短文《一封信》时,竟然震动了大地,人人争告:“巴金还活着!”湖北、四川两地有的朋友和读者曾以为他受迫害致死,私下还写过悼诗呢。可以说,这是一篇代表遭受“四人帮”残酷迫害的全国知识分子的第一篇血和泪的控诉文。文章第一段里他就吐出满腔愤懑的真话:“张春桥还说过,上海作家协会里没有一个好人。姚文元也在一九六七年的一次报告中点我的名,说我搞无政府主义,打倒一切,排斥一切,仿佛一切无政府思潮,一切无政府状态,连他们搞的在内,都要我负责。”史实证明是些什么人在搞打倒一切、排斥一切的勾当,是些什么人把整个国家搞成无政府状态,使得生产停顿,民不聊生,国民经济沦于崩溃边缘。史实难忘,也不能忘啊!

1977 年冬他应电视台祁鸣之请,邀了劫后幸存的五位老友孔罗荪、王西彦、张乐平、柯灵、师陀会于启封不久的二楼书房,相见甚欢,笑声不绝。斯时我也应召陪座。重睹旧照,而今唯我独存,能不黯然?

更叫我忘记不了的是二十年前编就了他的六十年文选时,心自庆喜。待读到他写的《代跋》中的:“为了这个,我准备再到油锅里受一次煎熬,接受读者的严肃的批判。我相信有一天终于弄清楚什么是真,什么是假。我到底说了多少假话。这是个痛苦的事。”我的欣喜之情顿然消失,反而落入一种沉重负疚的感觉中。他重握旧笔再写文章,无一不是在反思历史、反思自己、剖析灵魂以偿还自己的欠债。这样一来我倒真的欠上他一笔债了。使得他那衰老的病体因我而将再“受油锅里的煎熬”。看来我们虽是弟兄,共处了几十年,毕竟处境不同,素养悬殊。我对他的理解还远远不够,不够明白他内心的思虑与苦痛。《法斯特的悲剧》这篇文章就是他自己提醒我收入集内的。他还说:“法斯特的悲剧,其实就是我自己的悲剧。”这话猛击我心。昔日情景又浮现眼帘。我清楚记得就在他家的草坪上,我俩边走边说。我讲读了他批判法斯特的文章的一些感想。他说:"批判法斯特这样的作家,不能简单行事,靠谩骂是不行的。必须用事实说话,以理服人。"他真是一片真诚,因为他自己也是一个作家。岂料那年头早已不容许你讲真话了,不让你有自己的想法。果然,没过几天,他就慌忙地不得不作检讨了。《代跋》的末尾他说得更透彻:"我的悲剧是别人把我当工具,我自己也甘心做工具,而法斯特呢,他是作家,如此而已。"其实法斯特讲的也是他自己的心里话。

1987 年 4 月他在给冰心大姐的信中还说:"近来记忆力又大大衰退,以前读过的书也逐渐忘掉。有时忽发奇想,以为自己可以摘掉知识分子帽子,空欢喜一阵子。可是想来想去,还不是一场大梦?不管有没有知识,我脸上打上了知识分子的金印,一辈子也洗刷不掉了。可悲的是一提到知识分子,我就仿佛看见我家里的小包弟,它不断地作揖摇尾,结果还是进了解剖室。"读到这样的话,心里真不是滋味。

1983 年 6 月他当选全国政协副主席。之后我曾笑着对他说:"老兄,你当了全国政协副主席,如果你家门口设置警卫,要填写会客单,那我就只好少来看你了。"他笑了。我知道他素不喜欢官场的一套,只想做一个真诚的作家,为人民服务的普通人。真的,武康路他家门前从没设置过警卫。到九十年代后期,在他的病房门前廊上才有了个便衣警卫员。这时他也因病长住医院无法回家了。再说来访的熟人也并未受到过阻拦,新世纪的第二年迁入医院南楼病房,才改由武警部队值勤,也都是便衣人员守候于病房外廊上,执行才较严格。那也是他大病后体力日趋衰弱,遵医嘱谢客,尽量免去干扰。不过之前几年里,离沪赴杭疗养,那就身不由己了,一切得听当地警卫部门的安排。特别是出游景点时,车队浩荡,警笛长鸣,确叫人十分的不自在,大有感于远离人民大众了。

想起了 1987 年 10 月下旬他从成都回来后,一次问起他在川中活动的情况,他颇感歉然地说:"住在金牛宾馆一小院里,有天王作宾偕另一老友来访,我不知道,被下边的人挡回去了,老朋友啊,真对不起。要是你在,就不会发生了。"之后在部分亲友的来信中,有人就讲出难以见到他的愤慨之词。也曾代他作过一番解释,他是身不由己啊!还把个别人的话转达于他。他也只能苦笑一下而已。

七

在这儿我还要讲几句有关他的朋友的话。的确,他的朋友多多,各式各样,各界的人都有。其中我认识的也不少。由于他的关系,我和我的家人也曾受过其中有的人的厚爱与关怀。特别叫我永铭在心的一位叫张吕千的,笔名谦弟,是他早年的朋友。张曾在黄埔军校当过政治教官,也是个安那其主义的信仰者。抗战开始后携眷返川,在成都主持一家名叫"今日通讯社"的新闻社,在重庆还有个分社。那时他夫妇同毛一波夫妇、卢剑波夫妇合住一幢楼房,通讯社就设在底楼。我常去看望他们,他们也把我视作自己的幼弟看待。我九姐琼如寡居后,经张介绍在旧电信机关谋得一职位,解决了她个人的经济问题,直到解放后,她还能进"革大"学习。听说解放后张去了四川大学任教。在一次运动中受迫害而自杀。多好的人,一个乐于助人的人。应该说,四哥的这些早年的同道朋友,他们从来没向我宣传过他们信仰的主义,是他们各自的主张不同,还是别有原因,我不知道,只自知缺乏主动。回忆那些年里,我如在成都,每逢二月里克鲁泡特金的生日,张家必有不少朋友聚会,吃一顿寿面,张总叫我去参加。根源于我这人素无大志,更缺少革命理想。受孔孟之道影响较深,只想做个无害他人、安分守己的清白正直的普通人。读书人嘛,就应该像颜回那样安于贫。对某些口讲革命理想,遇事往往谋私的人,看不惯,即使是他的朋友,也不引以为敬。也曾对四哥直述胸怀。他呢,总是不置一词。对朋友他都心存宽厚,有时到了忍无可忍的地步,也仅仅发上几句牢骚、激动一时而已。“文革”前期,有位老友为了自己脱身,竟胡说八道写出诬陷的材料,这完全出乎他的意料之外。虽曾愤激一时,到头来还是原谅了这人,认为他也是受害者。他越到老年越是胸怀坦然,无动于衷了。想到的仅仅是如何回报读者,回报人民,这是令我最服帖、敬佩之处。自知望尘莫及,难以达到他这种忘我、无私的自律至严、自剖至深之精神境界。

没想到唠唠叨叨我竟写下了这么多的话,其实言远未尽,又哪能一纸就道完呢?以后还会有唠叨的时候,现先打住。不由记起他在一篇文章里写的几句话:“勇敢些,你要抑制悲痛,不要叫你的精神破碎。我常常以为我们亲爱的人的死会使我们变成更好的人,你的义务是去做一切她所喜欢的事,而不是去做任何她所反对的事。……”这是他借用马志尼劝赫尔岑的话来劝当年丧偶的马宗融大哥的。现在也正是时候。

别了,四哥,我永远忘记不了的胞兄。我不再用言词哀悼你,你也不喜欢我们这样。你不仅活到过百岁的高寿,还给我们留下一笔珍贵的精神财富。只有“去做一切你所喜欢做的事,不去做那一切你所反对的事”,那你就必然会活在我们的心中。你的箴言多多,我当永远牢记。就此终笔。

2006 年 6 月 24 日脱稿于萦思楼

回忆四表哥巴金

——邓培泽——

巴老逝世,举国哀悼,一代文坛巨匠,永别我们而去。我作为他的读者,又是他的亲戚,深感悲痛。10 月 17 日晚得知他辞世的消息,奈何云天缈隔,无法在他临终前见上一面,只得向他的胞弟济生和他的儿女小林、小棠发去唁电,以表哀悼之情。

论辈分,巴金是我的表哥,却比我大 23 岁,也称得上是长辈了。我读他的《家》,是在上小学时,留下了他是一个著名作家的印象。1941 年他从外地回成都来看望母亲和妹妹瑞珏(巴金的母亲是我的姑妈,当时和我父母都住在王家塘街 62 号),那是我第一次见他,由于敬仰他,我特地拿出一个土纸的本子请他给我题字,当时他就用我的毛笔给我写了“正直诚实是人的美德”几字,至今我亦将其作为自己的座右铭。后来我在他的一些著作中,也看到这些字句,联想到他提倡“作家要有更大的勇气,更多的责任心,要有良知,讲真话,努力用自己的笔,真实地反映现实”等语,更印证了他当时勉励教导我的语意和做人的道理。

1957 年我随铁道部第二勘测设计院的领导陪同苏联专家到鹰厦铁路沿线考察,路经上海时再次见到巴金,当时我姑妈和表姐已迁居上海武康路和巴金同住一起,我还是第一次见到表嫂萧珊,表嫂和蔼可亲,表哥还专门在附近餐馆叫了几样川菜款待我,我还告诉他 1941 年那次回成都给我题字的事,他似有所忆,并一再告诫,为人做什么事,都应这样。临别时还送我几本他著的书。

还有一事,也使我难以忘怀,1960 年秋天,他回成都时,又特地抽空来看望了我的父母,巴老笔下,控诉、揭露、反对的是旧社会的封建制度,唤起人们的觉醒,但他对祖国情、朋友情、乡情及亲情却时刻系之,这次他给我写下:“路本来是没有的,因为走的人多了,就成了路。”给我爱人也写了“青春是美丽的,生活是美好的”的题词。勉励我们热爱生活,热爱新社会。这次他来,还专门买了川剧票请我父母去看戏,他拒绝了好友周企何的赠票,坚持自己排队买票,足见他办事认真，人品高尚廉洁。有一次他在百忙中，还专程给我爸妈送来一小纸包油炸花生米。当年物资困难，有钱也难买。这是招待所早餐配菜他特意留下的，足见他关爱老人之心。

四表哥巴金给我留下了最难忘的印象，如今他虽然永远离开了我们，但他的巨著、他的人品将永留世间，他的音容笑貌永远留在我们的心中。

最后一次与巴老握手

——李　致——

10 月 15 日，我输完液回家。小林电话通知：巴老病危。我立即购票乘机从成都飞上海，晚 8 时赶到华东医院。

两年前，为了巴老的健康，医院不让探视的人进病房，我坚决遵守这个规定。前年去年两次来上海，我都是站在病房外的阳台上看望巴老。但年老眼花，满眼泪水，隔着玻璃，我看不清巴老的容貌。这次最后的道别，我也做了不能进病房的思想准备。

到了病房外的套间，坐在沙发上，我说不出话来。

小林理解我的心情。她说：五哥，你去用肥皂洗洗手，坐在爸爸旁边，与爸爸拉拉手。这显然是医院同意的。对我来说，能再次握握巴老的手，求之不得。

我认真洗了手，进了病房，坐在巴老的病床边，握着巴老的右手。巴老的手像生病前一样，非常暖和，一股热流进入我的全身。巴老患帕金森氏病以后，手有些僵硬，现在却出乎意料的柔软。上世纪八九十年代，我经常一边和他聊天，一边轻轻为他揉手，他的手都是这样温暖。

我没有叫巴老。既是不愿惊动他，也是我喉管哽咽，说不出话来。但我相信巴老知道我来到他身边了。"文革"中期，我悄悄到上海看他，刚见面没说一句话，只是紧紧地握手，我们的心就相通了。

握着巴老的手，百感交集。

就是巴老的手，在我还是少年的时候，为我写了四句话："读书的时候用功读书，玩耍的时候放心玩耍，说话要说真话，做人得做好人。"这四句话影响了我的一生。

就是巴老的手，当我在"文革"中悄悄去看望他，分别时天下大雨，这双手为我披上雨衣。我实在不愿离开巴老，但怎敢不按时回到要我"脱胎换骨，重新做人"的五七干校。我淋着雨，流着泪，离开上海。

就是巴老的手，多少年来为了我的学习和工作，无数次给我寄书。每次他都亲自找书、题字、打包、写地址，然后提着沉重的书，从武康路走到淮海中路邮局去寄。我原以为他会请人帮忙寄书，直到后来九姑妈批评我给巴老增加负担，我才后悔不已。

就是巴老的手，共给我写了三百多封信。"文革"前的五十多封，大部分是毛笔写的，显示了他书法和个性。八十年代初期，信里的字越来越小，这是巴老患帕金森氏症，手放不开，治疗后略有好转。他用稿笺，一格一字地写。这三百多封信，除五十多封被造反派没收后遗失外，现有的二百五十多封，我装订成册，经常翻看。这是我的传家之宝。

就是巴老的手，粉碎"四人帮"以后，四川出版他的近作或是旧作，特别是《巴金选集》(十卷本)，巴老从写作到校改，无不举起重似千斤的笔。

就是巴老的手，每次我去上海出差，为便于交谈，我睡在书房，当姑妈或国煣为我铺行军床时，巴老为我抱来被子或床单。

就是巴老的手,我每次去上海或杭州去看望他时,他总是长时间紧握着我的手不愿放开。

……

我愿意永远握着巴老的手,一边和他谈心,一边为他揉手。然而已经晚了,这是最后一次握手了。巴老,从80年代起您多次提醒我要常来看您,您有火花在迸发,您有话要对我说。因为工作忙我错过了许多机会,您又总是原谅我。90年代我做到了每隔一年来看您,您惋惜地说:你现在来了,我又有语言障碍了。我写过一篇散文《无法弥补的损失》,发表在《人民文学》杂志上,向您表示歉意,但这又什么用?

我欠了巴老许多债,永远无法还清了。

2005年10月20日晨

《中华读书报》2005年10月26日

再也见不到您了……

——李治墨——

10月24日下午,浸透着柴科夫斯基灵魂的《悲怆交响曲》在上海龙华殡仪馆大厅里深沉地回响。络绎不绝的人群来到这朴素庄严的灵堂里为您送行。我站在告别的行列中,望着平静安详地躺在玫瑰花丛里的您,眼前浮现出一次次与您在一起的场面……

第一次见到您是在我的孩提时代。1964年8月,您途经北京。27日,父母带我去华侨大厦看望您。那时我只有五岁多,还不懂事。四十年后的今天,我对那次见面,已经没有多少印象了,这一天的日期也是父亲从您的日记上查出来告诉我的。我只是依稀记得见到了一位慈祥和蔼的老人。您下榻的客房里有一个小电铃,出于童心好奇,我把它按了一下。几分钟后,一位服务员提着暖瓶拎着拖布来到房间,问您是否需要服务。您带有歉意地说是小孩子调皮。这是我现在唯一能回忆起来的一点花絮了。

接下来就是史无前例的十年浩劫,除了铺天盖地的大批判,您在公众生活中消失了,我当然更无缘见到您。虽然父母常常念叨着您,但是作为少年的我并没有什么机会了解您。唯一和您的无形"接触"就是偶尔能看到电影《英雄儿女》,可是原著作者名字却不见了。记得1971年父母和我从各自所在的五七干校来到河南省信阳市小聚,送走母亲后,父亲和我在市中心转悠,发现一家电影院正在放映《英雄儿女》,于是我们走了进去。刚懂事的我被电影中表现出来的爱国主义和英雄主义深深感动。在看完电影走回旅社的路上,父亲对我讲述了不少关于您的故事,我这才知道这部电影的原著作者是您。

1974年我随父母回到故乡四川。虽然又是第二个十年无缘见到您,不过在家里我们经常谈论您,惦念您。我在父亲的藏书中阅读了您的《家》《春》《秋》等多部著作和《父与子》等多部译著。这里有一个小插曲:有一次父亲到上海出差回来说起您问我想要什么书,我说想要《新英汉词典》,很快您就给我寄来了。后来据居住在上海的姑婆说,那时候给别人寄书,都是七十多岁的您亲自提到邮局打包邮寄。我也属于给您添麻烦的人,可是我却全然不知。多年后才体会到这部词典的分量。

直到1983年我就读研究生,到上海出差才再次见到您。您苍老了许多,大概是岁月沧桑、灾难无情留下的印记吧,不过您仍是那样慈祥。此后的两三年,我连续好几次到上海出差,每次都来看望您。虽然白发苍苍,但是您的心态仍然年轻,喜欢和青年人交谈。您向来不善言辞,话语不多;我则是“童”言无忌,滔滔不绝。您总是微笑着静静地听我瞎聊,时不时地搭上几句话。有时客人来了,我就躲到隔壁房间与姑婆和太姑说话;等到客人走了,我又回到您的身边。姑妈也非常照顾我,每次我来总是让我陪您说话,搀扶您在院子里散步,吃饭时也让我坐在您的身边。那时候家里没有空调,夏天非常热,男士们在家里都只穿背心。记得有一次我和您合影,都没有套上衬衣,大家戏言这是你唯一的“背心”留影。有几次我留宿在您的书房。姑婆指点着我搭好行军床,是您颤颤抖抖地抱来被褥。每次和您在一起,我总是非常愉快、兴奋。现在回想起来仍然历历在目、激动不已。唯一后悔的是当时我说得太多,没有更多地请您讲,听您的“火花”。当然您对我的教益更多是无形的:您深刻的著述,您博大的胸怀,您毕生的行为,都是对我最好的教益。

“好景”不长,很快我就出国留学了。临行前到上海向您告别,你第一次对我说“以后你回来就再也见不到我了”,多少带着点伤感。带着初次出国的兴奋,我轻松地说:“您多保重。我会很快回来看您的。”那时候的我还很年轻,体会不到老人的心情。

1987年我第一次回国,专程取道上海来看望您。利用这短暂的时间,我还是陪您聊天,扶您散步。可是您的言谈更迟缓了,您的脚步更沉重了。你说到要回四川看一看。我多少有点“激将”地回答:这话您不知道说过多少遍了,我就不相信您能成行。这次临别前望着我和与我同行赴美的小女,您又伤感地说:“你下次回来就再也见不到我了。”我当然还是兴奋地安慰您。我离开不久后,您果真回到了您阔别已久的故乡。

1994年我回国讲学,再次取道上海来看望您。九十高龄的您已经更为苍老了。聊天的时候,您曾有一两次轻轻入睡;散步的时候,您也要借助手推车。一天早起,姑婆要给我冲咖啡,我不愿意麻烦她,推辞说我不习惯喝咖啡。您喝咖啡的时候看见我没有喝,很奇怪。姑婆说问过了,他不习惯喝。您马上说,他是从美国回来的,怎么不习惯喝咖啡呢?坚持请九姑婆给我冲了一杯咖啡。一件小事,体现您关心他人细致入微。这次分别时,您更加伤感说:“你下次回来就再也见不到我了。”这时候的我,除了说些安慰话,已经不知道该怎么回答您了。

1997年见到您的时候,您已经坐在轮椅上了,说话非常吃力,记忆也大不如从前了。这年8月底,我的姐姐和姐夫、我的大女儿和我一同专程到杭州西子宾馆来看望您。清早起来,我们推着您(已经不再是扶着您)一起去湖边散步,大家说说笑笑,十分热闹。您也和大家一起笑,有几次笑得非常开怀,偶尔您也插一两句话。分别时,您艰难地断断续续地说话,让我们保重,当然也包括“你们下次回来就再也见不到我了”。

1999年我应邀回国参加五十周年国庆观礼期间,与父亲一同到上海看望您。接连两天半,我们每天上午下午晚上都来到华东医院您的病房。这时的您早已久病卧床不起,说话也非常困难了。见到父亲和我,您有些激动,刚想说话就喘不上气了,护士马上给您抽痰。这次是我主动对您说:您每次都说再也见不到我了,可是我每次回来都见到了您。望您保重身体,我还会再来看您。

此后我几乎每年都来看望您一两次,也都是我向您重复着这几句话了。有的时候您没有多少反应,我很难过;有一两次您认出了我,眼角流出一滴眼泪,我心情更是沉重。直到2005年10月16日我再次来到华东医院的时候,大家都正守护着病危的您。17日下午我处理完工作后赶到病房时,您已经是在弥留之际了。站在病床前,我耳边仿佛又想起那句熟悉的话:“你下次来就再也见不到我了”,这是1985年我留学美国以来,您多次对我说过的一句话,也是二十年来时常回响在我的脑海里的一句话。我不敢再想下去了。…… 晚7点06分,您平静安详地永远离开了我们。23日下午我们来到龙华殡仪馆为您守灵。在您的灵柩前,我又静静地琢磨着您二十年来反复说过的这句话,我终于明白了:尽管我深知您对死看得非常淡泊,可是这句话确实反映了您对生活那执著的热爱呀!

反复回旋的《悲怆交响曲》就要结束了,工作人员将您的遗体移殓入棺。那一瞬间我真想再多看您一眼,但是我的眼睛却模糊了!棺木盖上了,我真的再也见不到您了。可是您慈祥的面容还浮现在我的眼前,也将长留在我心中。我从小尊敬您热爱你,可是此时的我多想自私地充满责备地向您倾诉心中的“委屈”:作为大地之子,您回归了大地。在读者温暖的脚印里,您即将化为泥土,得到永久的解脱。可是此刻您给我们留下的,却是无尽的悲思!

2005 年 10 月 24 日告别仪式有感

2005 年 11 月 24 日完成

白发下燃烧的心

——李　舒——

老巴金是一个作家,“把心交给读者”,是他终生的信念。

自 1949 年以来,老巴金没有领取过国家的工资,他一直靠稿费生活。在 1949 年以前的十几年里,老巴金担任文化生活出版社的总编辑,也是不领取工资的。他认为作家是由读者养活的,作家还要从读者那里汲取创作的养分,所以当然应该把心交给读者。

1936 年,一位安徽的姑娘因为与后母相处不好,只身到杭州准备自杀。后来她改变主意,进了一个小庙修行,不料又被和尚纠缠。姑娘无奈,又不愿向家人求救,却以读者的身份写信给老巴金求助。当时好些朋友有疑惑,但老巴金还是约了鲁彦和靳以,专程赶赴杭州。他们两次雇船去小庙,老巴金不得不冒充姑娘的舅父,见到了她,替她付清了欠账,还替她买了到上海的车票,把她送到了真正的舅父家。那位船夫知晓全部内情,分别时很诚恳地说:“你们先生都是好人。”老巴金后来写道:“这件事在当时看来十分寻常。”

“文革”期间,老巴金受尽磨难。一天,他看到报纸上有一段消息:一个女青年在火车站的候车室里默默地看《家》,周围的人发现了,要她把书当场烧毁,并参加对“毒草”的批判。当时报纸刊登这条消息的目的是要宣扬“文革”如何深入人心,但老巴金却十分激动:读者并没有忘记他,没有忘记他的作品!

1991 年夏天,谭兴国先生专程从四川来到上海,看望 87 岁的老巴金。当时老巴金曾托他带回一个口信:在我 90 岁的时候,一定回家乡看看。

三年很快就过去了,老巴金没有忘记自己的诺言,他期待着身体更好一点就回家乡去,他渴望着踏上家乡的泥土,呼吸家乡的空气,沐浴家乡的阳光雨露。然而就在他 90 岁生日前夕,病魔又一次击倒了这位真诚的老人:胸椎压缩性骨折、疝气、体位性低血压接踵而来,再加上十几年的痼疾帕金森氏症,使他不得不以医院为家。

到 1996 年,老巴金与病魔又抗争了一年半,他放不下手中的笔,他离不开自己的读者。在这段时间里,他完成了《巴金译文全集》的有关工作,写作了十篇《代跋》,还出版了一本新作选集《再思录》。实在动不了笔他就口述,看不了书报就请人念,他拖着病残之躯一点一点地走,决心让心中的火燃烧到生命的尽头。一个信念始终支撑着他:把自己完全奉献出去,生命才有意义,生命之树才会开花、结果。

那一年我在杭州陪老巴金。他每天早晨六点开始收听新闻广播,晚上则吸着氧气收看中央电视台的《新闻联播》和《焦点访谈》。临睡时他总要叮嘱一下:收音机放好了没有、电池有没有电。有时半夜两三点我被沙沙沙的电波声惊醒时,就知道躺在病床上的这位连翻身也翻不了的老人又惦着什么事了。确实,老巴金牵挂的事太多了,这两年他最关心的是灾区和贫困地区的失学儿童,他为帮助灾区和希望工程默默地做了一些工作,但总有一个条件:不要宣传、报道。

老巴金曾经说过自己不是文学家,因为他觉得自己没有什么文学技巧,是有感情要倾吐,才走上了写作的道路。可是他非常珍视"作家"这个称号,他认为作家是屈原、李白、曹雪芹、鲁迅的同行,作家从事的是与荷马、但丁、莎士比亚、托尔斯泰同样的职业,每一个作家都应当为此骄傲、为此自豪。

当时老巴金知道我要为四川的《作家文汇》写文介绍他的情况,非常吃力地说:你要写我生病,不能写字,走不了路,说话也没有力气……我不让他再说下去,我知道他在为不能回家乡而歉疚,而遗憾。但家乡和人民时时刻刻都在他的心中,为他所思念和牵挂。

文章写好了,我征求他的意见,他又讲了一段话,让我记下附在文后:"我经常半夜醒来,想起几十年给我厚爱的读者就无法再睡下去,我给他们的太少了!我的作品不足以报答我的读者,我还要多做一些事,用行动来答谢读者。我永远忘不了他们。"

老巴金说,他与读者唯一的联系,就是对祖国、对人民的爱。当他无法用作品报答读者时,就用行动来完成自己的作品。

从上个世纪八十年代起,老巴金就通知相关的出版社,将他的稿费直接捐赠给中国现代文学馆;除此而外,他还向希望工程、灾区、文学基金会等捐献了大量的稿费。我在成都替他领过三次稿费,有两次是立即捐给了四川的希望工程,一次是带到上海去捐的。2003 年上海办了一个老巴金的展览,我看见捐赠证书就摆了满满一柜。

他患帕金森氏症有二十多年了,写字非常艰难。笔似乎重逾千斤,有时手动不了,握着笔在纸上不停地抖,急得他用左手去拉扯右手。有一年我去杭州看老巴金,他很高兴,让我替他想个办法。我看见一些废稿,写的都是"希望小学"。因为手发颤,字写得不好,他不好意思给孩子们。他一生写作和翻译了上千万字,没想到被最后四个字难住了。他想写得端正,写得有力,因为这四个字的分量很重,那是"孩子——希望"!

我保存了一张废稿,和老巴金的全集放在一起。

《中华读书报》2005 年 10 月 26 日

沈虎雏:那代人的友谊超乎想象

在我父亲最困难的时候,巴老一直对他保持着非常好的友谊,在当时那个人人求得自保的时代,这种友谊是非常难得的。我在近几年整理父亲的遗稿时发现了父亲和巴老以前的一些通信,看了之后感到他们那一代人的友谊的真挚是超乎我们的想象的。

抗战时期父亲常写些杂文,在当时引起了很大的争议,巴老在信中劝我父亲要专心于小说的创作,不要把自己的才华浪费在一些不必要的东西上,这些话非常朴实,完全是从朋友的立场上来说的。后来在 1947 年左右,我父亲又写了一些反内战的杂文,纯粹是个人观点的表述,但是在当时引来了很多批评文字,当时巴老跟我父亲一南一北远隔两地,但在远方的巴老还是通过汪曾祺传话给我父亲,劝他把主要精力放在创作上,别的不要管太多。这些话巴老说得都非常坦诚,让我体会到了那种君子之交的感人之处,他们见了面可能不一定会拥抱,但是彼此之间的友情绝对是真实,深厚的。

我和哥哥都尊称巴老为“巴老伯”，其实巴老比我父亲要小，但父亲就让我们这么称呼，可见父亲内心对巴老的尊敬。巴老的去世，少了一个在社会上起旗帜作用的人，我感到非常痛心！

陶澜等采写 《北京青年报》2005 年 10 月 18 日

李玉茹：曹禺和巴老是一辈子的朋友

巴老一走，我很难过。前几天，我去看了他最后一面。如果真的有另外一个世界的话，曹禺和巴老也许又可以见面了。他们两人是一辈子的朋友。曹禺最早的作品《雷雨》完成于 1934 年，是巴老从靳以手里接过的手稿，并决定在《文学季刊》上破例用一期全文刊载。巴老还鼓励曹禺将自己的小说《家》搬上舞台。曹禺逝世后，巴老还为曹禺遗著《没有说完的话》写文章。在文章中，巴老充满深情地回忆两人相识交往六十多年的经过，字里行间流溢着对曹禺真挚的爱，述说着一代知识分子在特定历史时代中所经历的风雨和坎坷，袒露了自己的心路历程。

现在，曹禺和巴老先后离开了我们。但他们的人格魅力和丰硕著作还在，这是留赠给子孙后代的宝贵财富。就像巴老在曹禺过世发来的唁电中所说：“请不要悲痛，家宝并没有去，他永远活在观众和读者的心中！”

齐铁偕等采访整理 《解放日报》2005 年 10 月 19 日

吴青：巴金舅舅让我努力改变

我现在凡事无所畏惧地讲自己的心里话，很大程度上是受了巴金和母亲冰心的影响。我觉得他们有很多共同点，比如讲真话、爱国、爱民族。“正是因为他们，我才努力地改变。”冰心的女儿、北京外国语大学退休教授吴青说。

“15 日就知道巴金舅舅的情况不太好，每天都会打几个电话。”知道巴金去世的消息后，吴青反倒觉得平静了许多，她觉得这对巴金来说是一种解脱。说着，吴青几次潸然泪下。巴金和冰心早在上个世纪三十年代就已经认识，两人之间的书信往来颇多。在冰心艰难的时候，巴金还曾帮助冰心出书。两人成为难得的知己。对于巴金，冰心曾说：“我爱他就像爱我自己的亲弟弟们一样。”而巴金则称冰心是“五四运动最后一位元老”。尽管两人关系一直很要好，但吴青第一次见到巴金也是在 1980 年。那是一次去日本的考察活动，吴青陪着母亲冰心，第一次近距离地看到了巴金。“虽然之前从来没见过，但总觉得非常熟悉，就像自己的亲人，所以我称他舅舅。”吴青的家中，母亲的遗像下至今还摆放着巴金在杭州的一张照片。

对于巴金，吴青评价说，“巴金舅舅是液体的火焰，外面看不到熊熊的火焰，里面却是滚烫的液体。”

巴金的著作，吴青读得最多、受影响最大的就是《随想录》。吴青认为，巴金能在人品上对自己开刀，不仅仅是真，更是一种诚。“巴金舅舅是一个真正的人，他拿起了笔，向国人掏出了他的心。”

“虽然巴金舅舅在反思自己的时候非常痛苦，但他这样做是有远见的。”在吴青的印象中，生活中的巴金喜欢安静，总是在沉思，一副忧愁的样子。

吴青觉得，巴金还是一个大恨大爱之人，他爱这个国家、这个民族，巴金总是捐款给灾区和学校，他自己一辈子都是租房子住。而他在《随想录》中对自己、对"文革"那段历史的反思则反映了他的恨。

李松涛 《中国青年报》2005 年 10 月 19 日

巴金与艾芜的真挚友情：君子之交淡如水

"二老是君子之交淡如水，现在的人很难理解他们之间那种看似淡如水的情谊，更难达到他们那样的境界。"

艾芜的子媳回忆父亲与巴老的交往时，好几次重复以上的话。

拜见巴老

艾芜先生的儿媳王莎女士在接受记者采访时，深情地回忆起 11 年前在上海拜见巴老的情景。

"那是 1994 年 8 月中旬的一天，我带女儿宽容去上海当天，便急于了却拜见父亲的好友巴老的心愿。与巴老女儿李小林联系后，次日我和当时年仅 9 岁的女儿敲开了巴老家门……"王莎女士回忆起当时的情景，很有些感慨，"那天他老人家穿着一件蓝色的短袖衬衫，安详地半躺在书房里的一张藤椅上。藤椅后面是一扇很大的玻璃门，玻璃门外明媚的阳光照进来，同园子里那片茵茵绿草构成一副天然和谐的背景，白发、绿草相映成趣，似乎显示出眼前老人旺盛的生命力。"

"尽管很不舍，但我们确实不好意思过多打扰老人家，便告辞要走。这时巴老竟不顾年迈，坚持要起身送我们。我被感动得差点手足无措了，只记得一个劲地恳请老人家安坐，无论如何不敢让送。巴老吩咐小林拿来一大块巧克力送我女儿。小林送我们出来，随着轻轻的关门声，那个小院里的一切成为我们心中永恒的记忆。"

"巴老是大作家、大文豪，但同时也是一位和蔼慈祥的平凡老人。"王女士用这句话，深情地总结了她眼中的巴老。

君子之交

"据我们所知，老爷子(艾芜先生)与巴老的交情要从三十年代，巴老以出版家的身份替老爷子出版《南行记》开始算起了。"艾老的子媳，汤继湘和王莎伉俪回忆起父亲与巴老的交往时说。

诚然如是！从三十年代出版《南行记》到九十年代艾老仙逝，整整一个甲子，仅有的寥寥几次见面丝毫没有影响两位文学大家之间的深厚友谊。1992 年艾老仙逝，巴老是作家里第一个发来唁电的人。

"我们真的非常感动！"汤先生无限感慨地说，"想一想那时巴老也是年届九十的老人了。我们看得出来，巴老是怀着对我父亲最真挚的友情和最沉重的思念写下那篇唁文的。那是我们再熟悉不过的，巴老一贯的文风，所有真情实感都凝聚在朴素的语言里，感人肺腑。我至今都还记得唁电的内容：'我和艾芜相识多年，他是一位勤奋的作家，平素少言寡语……我一直是《南行记》

的爱读者……’”

这封见证了二老长达半个多世纪友谊的宝贵唁电，汤先生已经捐给了位于新都清流镇的艾芜纪念馆珍存。说起位于新都桂湖公园里的父亲艾芜墓园，汤先生给记者讲了这样一个小故事：“父亲1992年去世后，新都党政部门就想让父亲回归家乡，并欲在父亲去世一周年的当天举行‘艾芜墓园’落成仪式。在考虑墓碑请谁题写时，我们一家人不约而同地想到了巴老。于是我给李小林去了电话，虽然我们得知，当时巴老提笔已不是一件很容易的事了，没过多久，在我们的期待中，我们收到了由巴老亲笔题写的‘艾芜之墓’，巴老很细心，横的、竖的各写两个。‘艾芜之墓’的原件我们已在前不久捐赠给了北京中国现代文学馆，被文学馆称为‘价值无法估量’。”

两位老人除开会相聚，平时交往很少。但每一次都会有愉快的回忆。1980年4月，由巴老担任团长，冰心任副团长，艾老参加的“文革”后阵容最为强大的作家代表团访日，历时半月。“那应该是二老在一起相处时间最长的一次……当然，二老在一起谈过什么，做过什么，有些什么会心的交流，我们无从得知。但从每一张愉快的合影和父亲的访日日记里，可以看出两周的出访经历是很难忘的。”第二次就是1987年巴老回川之行。那时候巴老身体状况不是很好，出行都坐在轮椅上(说到这里，王女士忽然非常欣慰，说起时隔7年之后，在上海拜见巴老时，巴老没有再依赖轮椅这样的一个细节)，行动的不便丝毫没有影响巴老的盎然兴致。巴老、艾老和包括沙汀在内的其他朋友一道，重游了巴老的故居、参观了新都宝光寺和文殊院……在家乡的土地上难得的相聚，老人家们都格外珍惜，“他们一路有说有笑，不知疲倦，完全不像古稀老人。”

“巴老离开成都前夕，特意嘱咐女儿李小林和她的丈夫来向我父母辞行……无论在什么时候，巴老待人都那么礼貌，那么周到！”据汤先生回忆，二老解放前有过一些书信往来，后因战乱颠沛流离，更因为“文革”的抄家，这些宝贵的书信一封也未留下来。至于出版方面，除了30年代的《南行记》，汤先生伉俪表示最值得一提的当属五十年代初期，艾老的新作《百炼成钢》的发表。《百炼成钢》是新中国第一部以反映工人生活为题材的长篇小说，这部对艾老来说解放后最重要的一部长篇，就刊登在当时巴老任主编的刊物《收获》杂志上。

延续友谊

二老“君子之交淡如水”的真挚友谊直接影响了他们的下一代。

汤先生伉俪动情地说，他们与巴老女儿李小林的情谊，就可以看作是父辈友情的延续：“我们平素来往很少。但我们有什么事求助于小林时，她一定会认真地办。”

汤先生伉俪举了两个例子，一个就是前文曾经提到过的，1994年王莎母女在上海拜见巴老。当时王女士母女刚到上海，就得到小林的慨允，于是第二天就了却了心愿。另一件事让汤先生伉俪记忆更加深刻。那是去年艾老百岁诞辰，汤先生伉俪自费再续“南行书系”，他们想请同为“行者”的余秋雨为该选本写序。由于汤先生一家与余秋雨没有故旧，一直难于联系。为难时，他们想到了与余秋雨熟识的李小林，于是去电求助。其时余秋雨正在外地讲学，李小林也很难与余秋雨取得联络，但她立即开始辗转寻找，终于在一个月后，寻得了余的行踪。李小林第一时间将汤先生的求序信转寄过去，余秋雨在非常高兴“艾芜的后人作出我是‘真正意义上的行者’这样的评价”的同时，很快就写下了一篇两千多字的序。这件足以传为文坛佳话的事情，在巴老后人的努力帮助下，就这样圆满完成了。

“我们真心希望这样的‘君子之交’能够一代一代永远相传下去。”汤先生伉俪在采访结束前如是说。

王希　《成都晚报》2005年10月19日

马小弥深情忆巴金

昨日，记者电话采访了家居北京的被巴老视为养女的马小弥。

74岁的马小弥在本月9日刚做了白内障手术，装了人工晶体。她说，手术是成功的。但因巴金伯的去世，她一直很悲痛。她说，其实巴金伯活着也很痛苦，这是别人不能替代也无法体会的痛苦。巴金伯一直在和病痛搏斗。现在他解脱了。按我们中国人的传统，巴金伯已是百寿之身，他的仙逝应该说是“白喜”，可我们还是悲痛难过，这也是人之常情。她说，她希望巴金伯的在天之灵，能够和李伯母（即巴老夫人萧珊）团聚。“巴金伯也会见到许多老友故旧，他不会寂寞的。因为爱他的人很多。我希望他走好，他永远活在我心里，也一定会活在昆明的和广大的读者心里。”马小弥动情的叙说，让记者感动并回想起和她交往的情景。

2003年8月，为庆祝巴金百岁华诞，我们在副刊开辟了“百年巴金”专栏。因来稿多，专栏一直延到2004年2月。马小弥撰写的《我热爱的巴金伯》一文，于2月3日、8日、15日，分上、中、下三次刊出。此间，为落实文中的一些细节，记者曾几次与马小弥通话交流。这次当记者提到她的文章时，她说，巴金伯对她、对她全家的帮助，她永生难忘，历历在目。记者清楚地记得，马小弥的文章弥漫着对巴老的深情。她是著名学者马宗融的女儿，但从4岁起，她就把巴金当作了亲人，那时她父亲带着她刚从法国回来，住在上海法租界，家中经常高朋满座，巴金、李健吾、靳以、曹禺、黎烈文等都是常客。马小弥说，巴金在生人面前少言寡语，在熟朋友中说起话却能滔滔不绝，面红耳赤，发急时还有点口吃。“我那时还只是个四五岁的小笨虫，中国话还说不利索，常闹笑话。记得巴金伯曾学着我的口吻，摇着我的肩头说：‘你汗出流淌，你汗出流淌，哈哈！’”尽管与马小弥常开玩笑，但巴老责骂过她一次。马小弥的父亲生前藏书甚丰，其中夹杂着许多个人纪念品，如信件、日记、照片等，十分珍贵。但马小弥一直没有机会去整理。参军后，这些东西只好一股脑捐给复旦。没想到，这些东西后来都乱了，马小弥几次都没找到。当她对巴金说东西找不到了后，巴老竟气得从椅子上跳起来，骂她：“混蛋！”全家都愣住了，一片沉默，这也是巴老唯一一次对马小弥的责骂。

马小弥对巴老的情感还有来自于巴老对她母亲罗世弥的文学帮助。她母亲的处女作《生人妻》就是巴老替她写上“罗淑”笔名并推荐在《文季月刊》上发表的。随后，罗世弥又写了《刘嫂》、《橘子》、《井工》三个短篇，但没等到结集出版便去世了，然而她未完成的工作由巴老替她完成了。马小弥回忆说，巴老认真替母亲整理遗作，并说：“我一字一字地读着世弥的写得颇为潦草的笔迹”，“我不愿意损害她的原作，我重视她遗留给我们的一切。”随后巴老又结集出版了一个又一个集子，几乎每一篇都细细地写了序和跋。到1980年又汇总出了四川人民出版社那本十万字的《罗淑选集》，这本选集的底本也是巴金提供的。

吴然　《春城晚报》2005年10月19日

故交黎丁忆巴金四十年通信情谊

原《光明日报》文艺部的老同志黎丁，是巴金几十年的故友。两人四十年间通信二十余封，来往频繁,凡是彼此去上海或北京一定会相互探望。已是87岁高龄的黎丁左眼由于白内障已经失明,但一提起老朋友巴金,他还是拿出巴金送给他的那些书籍,拿起放大镜为记者读起巴金在书上的题字,并讲述两人几十年非同一般的友情:

"我认识巴金的时候他还在谈恋爱呢,那个时候我的老师还有后来身边的很多朋友、同事都是巴金的好友,我和巴金在一些理念上有着相同的地方,所以自然就熟悉了起来。我先后在今日新闻社桂林办事处、广东实验中学、川中晨报工作过,我当时的几个领导:张履谦、陈洪有、毛一波都是和巴金非常熟悉的人,所以我和巴金也就自然而然走得近了。""从1946年到1987年,巴金一共给我写过27封信,即使在'文革'的时候我们的通信也没有断过。'文革'的时候很多人都和巴金断了联系,开始我也有顾虑,不敢和他联系,后来我也不管那么多了,开始给他写信。"

"那个时候我成为了很多人和巴金了解彼此近况的渠道,沈从文、唐弢等人都通过我了解巴金的情况。每次我去上海或是他来北京,我们都会见面的,1973年10月他的妹妹瑞珏来北京的时候,还特地来我家做客看我,这些在他给我的信里都曾提到。"

"巴金对我特别关心,那时候给我写的第一封信里提到了我爱打牌,每赌必输,还劝我戒赌,后来唐山大地震的时候,他马上来信问我的情况,信中这样写道:'最近唐山地震,波及北京,你受惊没有?'在信里我们谈论的内容很广泛,他子女的工作、自己的身体状况、工作的进展、我们一些共同朋友的近况等等。巴金写给我的信都收录在了《巴金全集》第二十四卷里,后来我把他写给我的信都还给了他,他替我转赠给了现代文学馆,我只保留了一封他用毛笔写的信。"

姜妍　《新京报》2005年10月21日

资深记者谷苇忆述:巴金属于中国人民、世界人民

获知中国文坛巨星巴金仙逝的消息,巴金的挚友、本社资深记者谷苇先生深感悲痛。他说:"作为中新社的记者,自己从上世纪七十年代末期起就一直报道巴金,采访他的创作与生活,可以说进行过上百次的采访。昨晚听到他去世的消息,心中缅怀,往事重现。"

谷苇说,巴金去世前不久,国家给了他很多荣誉,授予他"人民作家"的称号,这是最高荣誉,也是与他最相称的。巴金属于中国人民、世界人民。他的读者遍布全世界,人们对他都有着很高的评价。

谷苇回忆道,巴金在青年时期,为中国人民、青年一代创作了"激流三部曲"《家》、《春》、《秋》,激励了一代中国青年追求真理、追求光明,有不少年轻人正是受到巴金作品的影响投身革命的洪流。

新中国成立后,他继续为新中国、为人民大众不断地写作,特别是他的《随想录》,是为中国的前途命运思考的作品,其影响绝不在"激流三部曲"之下。

谷苇深情地表示,巴金一生关心民众的疾苦,把写作与人民的欢乐痛苦联系在一起。近三十年来,他为公益事业、希望工程、中国现代文学馆等不断献出自己的笔耕收入;而且他捐款不署名,常署"李尧棠",以致出现了很多人千方百计寻找好心人"李尧棠"的事情,十分感人。就在他去世不久前,他还为希望工程捐赠了一笔为数不小的款项,不过见诸报端时提到的是一位"中国文学泰斗",也没有直接写他的名字。

谷苇谈到,巴金对青年一代寄予了深厚的希望。早在二十年前,他为无锡一所学校中一群"寻找理想的孩子"写了一封三千多字的回信,信中鼓励他们努力学习,不要为社会上的拜金潮所

冲倒,要勇敢追求理想。至今,巴金的这些话还是有着现实意义。

谷苇特别提到,晚年,巴金强调要学习老托尔斯泰,强调讲真话,用自己的行动来证明自己的言论。巴金说过:“强调说真话,是因为说假话太多了,现在需要用行动来证明。”谷苇说,巴金提倡要讲真话,其内涵是言行一致。巴老用自己的行动做到了言行一致。这也是他感人的人格力量所在。

“巴金是五四新文学时代硕果仅存的最后一位大师,他的去世代表了一个时代的终结。”谷苇叹息道。他同时又表示,巴金总是希望中国强大起来,人民的生活好起来,他对中国人民饱含深情。人民将永远怀念他。

崔煜芳　中新社 2005 年 10 月 19 日

“巴金的一生是为人民写作的一生”

——连日来文学界人士深情缅怀巴金

巴金离开我们远去了。连日来,文学界人士纷纷表达心中的哀痛,深情缅怀心中想着人民、一生为人民写作的中国文坛巨匠巴金。

中国作协副主席铁凝说,巴老的离世使我感到震惊和难过。巴老一生追求真、善、美的文学品格,浓郁的人道主义情怀,高尚清明的人格魅力,激励文学后辈,也必将在中国文坛永存。

中国作协副主席丹增在创作上曾得到过巴老的指导。回忆起与巴老的几次见面,他说,我上世纪八十年代认识巴老,开始文学创作之时也得到过巴老的指导。后来我又几次见到巴老。我调到中国作协工作,首先向他报到。在调离中国作协到云南工作之前,我专程赴上海看望巴老。我读过巴老的大部分著作。《家》《春》《秋》这些作品也对我个人的创作产生了重要的影响。

中国作协党组成员、书记处书记吉狄马加对记者谈到了巴金对中国现代文学馆从建立到开展工作的关心。他说,众所周知,中国现代文学馆是在巴金先生的倡议下修建起来的。我曾到上海向巴金先生汇报文学馆的修建过程,也得以亲身感受到巴金先生平易近人的高尚人格。特别是得知文学馆竣工的消息时,巴金先生流出了幸福的泪水,这也留给我们非常深刻的印象。现在巴金先生已经走了,我们应该继承他的遗志,进一步繁荣社会主义文学事业,把我们自身的工作做好。现在文学馆的二期工程已得到国家的正式批准,我们也将一如一期工程时那样认真对待,让巴金先生的在天之灵感到快慰。

中国作协名誉副主席张锲深情地回忆说,从上个世纪的七十年代末八十年代初起,我和巴金先生已经有近三十年的接触。我翻开巴金先生 1995 年 3 月 25 日在上海举行的中国作协第四届主席团第九次会议上题为《创造更辉煌的明天》的讲话,是巴金先生直接向中国作协主席团和党组书记处成员所作的最后一次非常诚恳和重要的讲话,同时也阐述和提出了中国作协的工作性质、工作任务和他对整个中国文学界的希望。巴金先生在那次会上还提出:“在世纪交替的时候,应该有更多的好作品出现。我们的作家应有更多的勇气、更多的责任心和良知讲真话,努力用自己的笔反映现实,为我们的读者创造更丰富的精神食粮。生活培养了作家,读者养活了作家。我们要珍惜作家这个称号。”现在重新翻阅那时的讲话时还备感亲切。现在我们可以向巴金先生告慰说,中国文学界的情况比过去要好,我们一定能创造出更辉煌的明天。

中国作协副主席韦其麟说,巴老是新文学的开创者之一,写了很多优秀的作品。作为一个写作者,我对巴老的逝世感到非常悲痛。但巴老的人格精神和他的作品是不朽的。

中国作协副主席叶辛对记者谈到了巴老善良和博大的胸怀。他说,在我心目中,巴老除了是一位伟大的作家之外,也是一位慈祥的老人。巴老在“文革”中吃了很多苦,我听他的家人说,巴老在“文革”结束后仍时常在噩梦中惊醒,可见“文革”对他的伤害之深。但在我和巴老的接触中,他从未讲过与哪个人的仇怨是非。相反,在他写的《十年一梦》这样有关“文革”的文章中,他探究的是“文革”更深层的原因,探究我们国家为什么会发生这样的事情,还呼吁建立“文革”博物馆。这些都说明巴老心地的高尚。

中国作协副主席李存葆说,巴老的去世,不仅是中国文坛的巨大损失和悲痛,同时也是热爱他、亲近他、敬重他的广大读者的损失和悲痛。巴老作为一个跨世纪的老翁,经历了中国社会的风风雨雨,他始终怀着一颗具有社会良知的心为人民写作,为正义鼓呼,巴老的人品、文品深受广大读者的尊重。他的进退取舍总是以国家民族为先、个人荣辱于后,他的喜悦和忧悲从来萦系于人间的正义和自由。

中国作协副主席张平说,我们是读巴老的作品成长起来的一代作家,他倡导的讲真话、写真感情、全心全意为读者着想等这些创作精神和理念,在我们这一代作家中产生了深刻的影响,成为我们创作中潜移默化的思想意识。

中国作协副主席张炯是在中学时代读了巴金的长篇小说《家》从而走向革命的。他对记者谈到了巴金与人民的紧密联系。他说,巴老的一生是为人民写作的一生,他非常热爱我们的国家和人民。巴老的一生写了很多的作品,特别是在晚年,还写了好几部反思的杂文,也表现了他对国家和人民的忠诚,对历史高度负责的精神。

中国作协副主席陈忠实说,巴金是我最崇敬的作家。这有几个原因。首先他是中国新文学的奠基人之一,人们读他以《家》为代表的作品,已远远超出了文学欣赏的意义,因为那是一个时代的呐喊,那个时代的许多青年对封建中国的认识和觉醒,决然地走上反帝反封建的革命道路,就是因为《家》的影响。我们所说的文学作品的时代精神,就是它对一个民族的精神历程的准确反映。《家》就是这样的作品。其次,巴老以《随想录》为代表的新时期以来的作品,更使我们看到一个伟大作家的精神人格。再就是我在高中的时候,就把巴老的主要作品《家》《春》《秋》《雾》《雨》《电》都读过了,它们对我的心理、思想和精神追求都有非常重要的启示意义。

上海市作协副主席赵长天是在病房外看着巴老离开人世的。他告诉记者说,在我眼中,他是一个非常完美的人,在原则方面又特别地坚定。比如他提倡“说真话”,就是这样一以贯之的坚定,不带丝毫软弱。而日常生活中的他又完全是一个谦谦君子,对每个人都非常和蔼。每次客人来访,他都会衣着整齐,没有一点随便和轻视,十分客气和周到。巴老平时话很少,但是很喜欢听我们说。我们每次在他身边聊些什么,他都是非常开心地听着。给我印象最深的一点是,巴老病后思维非常清楚,但说话和写字都十分困难。很多人向他提出口述作品让人笔录的建议,巴老却坚决不肯,执意要自己来写,我有一次到杭州看到了巴老最后几篇作品,篇幅很短。他写一个字几乎就要一分钟,而且字都很难辨认,其艰难程度可见一斑。由此可见,巴老的生命和写作是共存的,这样一个真正的作家对写作的态度是值得我们深思的。巴老身为中国作协主席,却再三讲“我不是作家”。我觉得这句话表达出的价值观是:是不是作家不重要,是不是哪派的文学也不重要,重要的是个人为国家和人民贡献出什么。

两届茅盾文学奖获奖作家张洁也谈到了巴金为作家树立的榜样。她说,巴老无论为人为文都是我们的典范。巴老自开始他的文学创作生涯以来,始终是一个无畏的旧制度、旧势力的批判者。在这样一位长者面前,我应该时刻检点自己。任何游戏文学的念头,都应受到良知的谴责。

石一宁　任晶晶　武翩翩　《文艺报》2005年10月20日

吊唁厅的哀思

静默的花簇,庄重的挽联,忧伤的音乐。中国现代文学馆从巴老离去的 17 日夜起始终沉浸在一片哀思之中。连夜设立的吊唁厅摆满了百合花与菊花。巴老的巨幅遗像前一排齐齐的小松柏,就像他的晚辈和后人一样簇拥在他身旁。

巴老去世的噩耗传来,中国作协党组决定在中国现代文学馆设立吊唁厅,接待前来吊唁的作家和群众。直到 18 日凌晨,中国作协党组副书记张健和中国作协党组成员、副主席陈建功看吊唁大厅已安排就绪,才赶回作协。中国作协全体工作人员用真心和真情在文学巨匠与作家和读者之间搭建了一座爱的桥梁。

巴老去了,想念他的人们纷纷地来了……

中国文联主席周巍峙来了。他带来了自己手书的条幅:"巴老永远和人民心连心"。中国文联党组书记、副主席李树文,中国文联党组副书记冯远,中国作协名誉副主席徐怀中、张锲,中国作协党组成员、书记处书记吉狄马加和广电总局、国家图书馆的代表等,也迈着沉重的步子出现在吊唁厅。

从巴老吊唁厅走出的王蒙在文学馆外独自静静地踱步。他告诉记者,他独爱文学馆这座巴老的塑像。"塑像非常传神,不是一般概念中高高在上的感觉,而是低着头,仿佛心中充满了忧患。因为他对祖国和人民爱得很深,总是不希望国家和人民遭受挫折,总是期望国家发展得更好,人民生活得更加幸福。"王蒙表示,自己心中的巴老就是这样。所以看到这个雕像,有一种想流泪的感觉。

阳翰笙的子女来了。在谈到父亲与巴老的友谊时说,父亲与巴老见最后一面是 1986 年,当时巴老来京开会时去看望父亲,对父亲说,他行动不便,可能以后就不能来北京开会了。分别时,两位行动艰难的老人互相搀扶着走向电梯抱拳告别。父亲去世时,我们本想请巴老的女儿李小林代巴老写挽联,结果巴老以颤抖的手亲自写了四百多字的挽词。

李劼人之女李眉携女儿来了。李眉在吊唁簿上题挽词:"'微澜'汇'激流'两心相通,一句'劼人兄,我来晚了'情深跃纸上。"她告诉记者,这句"我来晚了"是巴老参观李劼人故居时怀念故友的沉重之笔。"我们两家是世交,交情的年头数也数不清。我家现在还珍藏着我父亲当年写给巴老的一封信,是巴老在多年后找出来寄给李劼人纪念馆的。开馆的时候巴老也出席了……"李眉动情地说。

《诗刊》原主编杨子敏在吊唁后留言:"为日之恒,如月之升。"他对记者解释:希望巴老的精神流传久远,像阳光一样继续以光辉照耀读者,像月亮一样在黑暗中指引前路。

第 6 届茅盾文学奖获得者徐贵祥、柳建伟匆匆赶来了。徐贵祥正患着病,但他说我不能不来对我崇敬爱戴的巴老表达心中的悲痛。柳建伟则对记者说:"我觉得巴老的离去带给我们的影响,只有雨果去世在法国的反响可以相提并论。因为他们同样是代表民族良心的一代文豪。"他谈到,巴老一生钟爱民众,主张要讲真话,这种精神已成为二十世纪文化积淀的重要组成部分。在时代新旧道德价值体系正在变革的今天就更加弥足珍贵。

一早就前来吊唁的报告文学作家何建明告诉记者,巴老在上世纪五十到六十年代在抗美援朝战场和社会主义建设第一线的不少报告文学作品,曾经把他深深打动,巴老敢说真话、不加掩饰的原则亦深刻影响到自己一生的创作理念。

"巴老的晚年为我们留下两笔巨大的财富,即八年写就的《随想录》和这座中国现代文学馆。

这些都是实实在在的工作，他付出了很大心血。”散文家周明对记者说，建立中国现代文学馆是巴老一生的愿望，这座文学馆从筹划到建成也都是在巴老的关怀之下进行的。尤其是在他疾病缠身的情况下，就更加难能可贵。

中国建筑标准设计研究院副院长王星群为巴老献了花篮。据记者了解，中国现代文学馆正是由该院负责设计的。当时他们虽然没有和巴老直接接触，但设计方案通过舒乙馆长转给了巴老，巴老还提出了一些建设性意见。

中宣部退休干部陈高钦老人今年70岁，他带来了上午赶制的红色寿山石篆刻，上面刻着："巴金千古"，另外镶嵌上一方绿色玉石和四颗绿色小星。他感慨地告诉记者：我要把它送给现代文学馆，以表达我的父辈和我对巴老、对中国文学的爱戴和尊重。

一位60岁老人领着3岁的小孙子来到吊唁厅。当孩子的小手紧紧按在印有巴老手印的门上时，所有在场的记者的镜头都对准了他。这位插过队、当过工人、读过许多巴老作品的退休工人说，之所以带着小孙子来，是希望他记住这位世纪老人，是希望在他这一代身上实现我从小热爱文学，却没有机会更多地接触文学的愿望。我希望他的小手能触摸到这双文学巨匠的大手，而且记在心上。

一对母女抱着一个刚满8个月的婴儿从北京郊区大兴赶到中国现代文学馆的吊唁厅。年轻的母亲告诉在场的记者，她和老母亲都要来吊唁这位文学巨匠。她说，巴老不仅是伟大的作家，还是一位翻译家。我做翻译工作10年了，深深感到无论是中文写作还是翻译文学作品，不读巴老的作品是不行的。他的思想、他的语言文字，是我们必须理解和学习的。

武翩翩　胡殷红　任晶晶　《文艺报》2005年10月20日

“他如同苍穹中一颗明亮的星……”

——作家学者深情忆巴老

10月17日以来的日子，是中国文学界的特殊日子。文学界人士悼巴金、想巴金、说巴金……

诗人李瑛说，我在北大读书的时候，老师沈从文就给我们讲巴金。在校期间，我们都喜欢读巴金的作品，特别是他早期的小说，对我启蒙很大。后来我到抗美援朝战场，听说他也在阵地上，几次想去拜访，均因战火纷飞未能如愿。回国后，我又仔细研读了巴老在朝鲜战场上写的散文作品。直到10年前在中国作协举行的一次会议上，才在上海见到了他。他坐在轮椅上热情地与我握手。作为晚辈我对他非常崇敬，特别是他对于人民、对于祖国、对于自己的思想和行动给了我很多的教益。

作家袁鹰说，自从初中时第一次读《家》《春》《秋》到现在60多年，巴金的作品和他的品格，如同苍穹中一颗明亮的星，一直在我的面前闪着光芒。“文革”后，《随想录》更如一团团不灭的火焰，让我们心明眼亮，清除掉心中的杂质。每次去上海见到老人，受到的不止是温暖的关怀，更有深情的激励。每次去现代文学馆，进大门前总要在他的手模上按一下，让他继续手把手地引导着向前走。近些年他常说“我为你们大家活着”。今后，他仍然永远活在我们大家心头，注视着我们是不是说真话？是不是时刻想着读者？

作家舒乙说，巴金先生是中国现代文学馆的倡议者、创办人和奠基人，中国现代文学馆的建立是他晚年的功劳,而且建立文学馆是他晚年的重要思想之一。与其说他建立了一个大的文学博物馆,不如说他为中国现代文学建立了收藏中国作家的辛勤劳动的文学殿堂。建立现代文学馆不是为了他自己,而是为了国家,为国家立下了不朽的功勋。

作家陈昌本说,巴老的作品是现代文学的缩影,他的长篇小说感动激励着一代又一代人。他对作家的关心,也是让人难忘的,不知有多少作家是在他的培养下成长起来的。像我们这些比他晚好几代的热爱文学的人,都受了他的影响,得到了他的帮助。所以,巴老不仅是文学的巨匠,也是作家的导师。

作家玛拉沁夫说,我从十几岁就读巴老的作品。进入文坛后,二十几岁就和巴老接触。我最难忘的一次和巴老的相见,是在“文革”期间,1976 年的春天,我到上海去写剧本。一到上海就十分想看望巴老。那一段是巴老在政治上很困难的时候,看望他也很困难。于是,我通过饭店服务员给巴老送信,告知他我到了上海,并希望能和他见面。第二天,我从外面回到饭店看到房间门口放着一个小信封,是用旧的牛皮纸自制的信封,上面写着我收,落款就一个“李”字,当时我竟忘了巴老姓李,很疑惑地拿回房一看,原来是巴老的回信。巴老在信中说,他理应到饭店来看看我,但考虑到各种因素,还是不见面了。看完信,我的心情十分复杂,反而更加希望能见到巴老。当我了解到巴老的家离我住的饭店很近后,我便想到用晨跑的办法,到巴老家看能否碰到他。我晨跑了几天,终于,有一天碰到了巴老。因为当时巴老的书房和房间都已被封,那天,我和巴老就在他临时当作卧室的客厅,长谈了整整一个上午。巴老对我们的文学事业充满寄托,也对文学界老、中、青作家充满希望。

诗人屠岸说,巴金老人是我心中的一座丰碑。我将和千千万万读者一样,永远怀念他。巴金把整个一生奉献给了文学事业。《巴金全集》和《巴金译文集》是他留给我们的最大精神财富。我想,巴金的全部思想的精髓,也许可以凝结在他的两句话中:“说真话”,“生命的意义在于奉献”。巴金的文学遗产超过 1000 万字,我们不可能全部记住,但如果我们牢牢地记住了这两句话,那么,也许我们就抓住了巴金精神的核心。

作家宗璞说,听到噩耗时,最突出的感受是历史掀过了一页。我少年时就读巴老写的东西。他和他的作品对中国人影响很大,尤其晚年提出“说真话”,中国人应该永远铭记。在当时敢于喊出一句“说真话”,那真是撼天动地的。

文学评论家郑伯农说,巴老是杰出的作家、翻译家、编辑家。周恩来总理曾称巴金是语言大师。他是鲁迅的学生,鲁迅逝世时他写过一篇悼念鲁迅的文章,他说,鲁迅不仅是作家,首先是一名战士,我想这个话用在他身上也是合适的。粉碎“四人帮”后,他有几件事让我十分感动。一个是他很早就指出来,“四人帮”的文艺是阴谋文艺,是瞒和骗的文艺,他在 70 年代末 80 年代初就提出来“作家要下去,创作要上去”。他自己在“文革”里受那么大的磨难,但一恢复工作就提出非常重要的意见。晚年,他又把他的几乎全部积蓄捐出来建设中国现代文学馆,充分体现了他的大公无私,体现了他对文学事业的热爱。

作家贾平凹说,巴老是我国当代文学巨匠,他的道德和文章,都是当代作家的一面旗帜。我有幸在杭州见过巴老一面,他的形象将永远保留在我心中。当时,我推着巴老的轮椅在西湖边的草地上转了一圈。巴老的作品就在那儿,那些文章,那些话,没有大勇气者、没有高贵人格的人,是写不出来,说不出来的。巴老一生都正气堂堂,是一位伟大的作家,他将永远活在我们心中。

作家扎拉嘎胡说,我们蒙古族作家以无比沉痛的心情,悼念我们尊敬的巴老,愿他一路走好。我们是读巴老的作品走上革命道路的。他的品格和作品始终激励着我们在文学道路上奋勇前进。巴老留给世人的精神追求,将永远照亮代代世人的心灵。

儿童文学研究专家束沛德说,我在建国前上中学时一直是巴金作品的忠实读者。当时的社会很沉闷,很多青年对现实不满,正在寻找出路,巴金的作品确实有指引的作用。巴老在“文革”后出版《随想录》,敢于以一把锐利的手术刀解剖自己,我在思想上受到很大的震撼。比作品更重要的是他的人格魅力。上世纪80年代我在中国作协工作时,不时跟巴老有工作接触。记得他曾说现在中国作协的工作效率比以前高了,班子工作得不错。他也根据当时的情况提出了一些问题请我们注意,一是笔会太多,一是评奖太多,应适当地注意控制。他的意思是作家应静下心来搞好创作。他说得很到位。巴老走了,我们应继续以他为楷模。

任晶晶　曾祥书　武翩翩　石一宁　《文艺报》2005年10月22日

“巴金激励着一代又一代人”

——文学界人士颂赞巴老的人品文品

巴老走了,天空中那颗象征着他的星星将会发出更加璀璨的光芒,照耀并激励着后人。

全国文联副主席冯骥才作为与晚年巴金交往甚多、与巴金主编的刊物《收获》关系密切的一位作家,他说,从《铺花的歧路》开始,《收获》发表了我的主要作品。当时,是巴老亲自决定发表我的作品,他的培养和影响,我终生难忘。他说,巴金的逝世让他难过,但也为老人摆脱痛苦而宽慰。他说,巴金永远不会离开我们:“一个伟大的心停止了跳动。从‘五四’到‘文革’,再到改革开放,巴金都是中国作家良心的代表,他的精神影响了一代又一代的作家。他把一切都留给了我们,时代良心、社会责任、火一样的情感、悲天悯人的精神,好像一样也没有带走。”

中国作协党组成员、书记处书记、诗人高洪波说,巴老是我非常尊敬的人格高尚的老作家,他毕生追求真善美,他用水晶般透明的心灵为我们折射历史又映照未来。

中国作协党组成员、书记处书记、作家张胜友说,巴老是中国文学的良心,是中国文坛的长明灯。我们到了巴老的家,在这里我感到巴老精神是长存的。虽然巴老远行了,但作为中国文坛的长明灯将永远照耀老、中、青几代作家继续奋勇前行,尤其是他的大爱精神,爱祖国、爱人民、爱读者、爱一切美好的事物,将永远泽被中华民族的子孙后代。

作家张笑天在1986年曾经和朋友一起见过巴金一次,张笑天对巴金的记忆是“性格随和且沉默”,“那时巴老身体还很好,他和我想象中不太一样,似乎更像他作品中透露出来的那个样子,文如其人,随和又沉默。我还记得他很难得地说了不少话,都是鼓励我们这些后辈的话,最后还给我的一本书题了字,写着‘活到老,学到老’。其实巴金是一个特别朴素的人,他的题词也没有华丽的辞藻,说的话都是最朴实真诚的。”

作家张贤亮说,巴老留给我们的不仅仅是文学遗产,还有高尚的风骨与做人的修养。他与巴金的交往从上世纪80年代开始,在多次接触过程中与巴老建立了深厚的感情。每次去上海,他都必定前往巴老家中拜访,聆听先生的教诲。巴老在杭州休养期间,他也曾经去探望过。“我对巴老有特殊的感情。”他回忆说,“我的第一部长篇小说《男人的一半是女人》最早发表在《收获》杂志上,当时的主编就是巴老。当时这部引起较大争议的作品,正是因为有了巴老的支持,才得以发表。”

评论家朱寨说,巴老的去世确实让全国人民震动,特别是像我们已经80多岁的人,巴老在我们心中留下了青春记忆,我们都是读着他的书长大参加革命的。特别是后来“文革”以后,对于“文革”和本人做出这样反思的中国作家还没有。我曾经向瑞典诺贝尔奖评委马悦然推荐他的《真话集》这个作品,我深感这个作品不应作一般的散文来看,而是一个伟大心灵的写照。巴老有一句别人没说过的话,他说:“无技巧是最高的技巧,作品是写出来的。”只有像他这样的作家才能说出这种对创作深有体会的话。祝巴老慢慢走向天空,因为天空有为他命名的一颗星。

作家叶文玲说,巴老在她的创作道路中,有极其重要的影响。她当初开始创作长篇小说《无梦谷》,就是受了巴老一句话的启发。1983 年,巴金住在杭州饭店时,她去看望巴老并对他谈起了自己去湖南的经历。巴老说:“我看了你的小说和散文,为什么不写写这段经历呢!”这句话促成叶文玲长篇小说《无梦谷》的诞生。叶文玲至今珍藏着关于巴金的很多物品。她说,前几天还想着在 11 月 25 日巴老生日时送上鲜花贺电,没想到听到了噩耗。希望巴老安息。

作家王充闾说,尽管巴老已经活了 101 岁,但我们还是舍不得他离去。因为他是中国知识分子的良心,是民族进步与发展的一面镜子。作为一个作家,我感到最需要的品格是敢于直面人生,敢说真话,追求真理,心怀坦荡。巴老是我们的旗帜,他追求理想的执著,他的“愿每个心得到温暖”的大爱、博爱,他解剖自己的勇气永远是我们的榜样。

作为一个现代知识分子,我认为不能只拥有知识和学问,还应有社会责任感和批判精神。这样才能引领整个民族奋发向上。巴老为作为中国人而骄傲,而中国也为拥有伟大的巴金而永远自豪。

作家扎西达娃说,巴金代表一代中国知识分子的良知和人格力量,他勇于把一个民族的苦难和沉重背负在自己的身上,他的去世是一个文学时代的结束,也是一种文学精神和价值的终结。

作家黄济人深情回忆起巴老关爱家乡青年作家成长的一些往事。1993 年,黄济人作为重庆代表参加了四川文学院十周年的庆典活动,当时在会上有人建议把四川省文学院更名为巴金文学院,消息传递到巴金耳中时,他说:“如果这是行政命令,我断然不接受,如果是青年作家的提议,我不得不从命。”

作家程树榛说,巴老是我非常尊敬的文坛老前辈,过去一直想见巴老,但没有相见的机会,直到 1997 年秋天,我陪同刘白羽同志专程到杭州去看望巴老,并且和他握手谈话,得到了他的鼓励,我的心里很受感动。同时我在这次行程中,亲眼看到白羽同志和巴老这两位文坛老人的世纪之情,感到人间是有真情在的。巴老去世是我们文坛的巨大损失,如今,我们要以巴老为榜样,时刻想念着祖国和人民,在作品中说真话,为人民立言,为繁荣社会主义文学贡献自己一点微薄的力量,告慰巴老的在天之灵。

作家莫言说,巴老的离世是中国文学界的巨大损失。他的文章和人格为在世的作家树立了光辉的榜样。我们要继承他的精神,继承他“把心掏给读者”、“说真话”的精神。做一个对历史负责、对自己负责的文学工作者。

作家陆天明说,他的长篇处女作《泥日》在巴老主持的杂志上发表,奠定了他今后在文坛的地位。巴老的提携帮助他深深铭记。“当年我的中篇处女作《白杨深处》投给了《收获》杂志,当时真的没有多想什么,可是我没有想到的是巴老让他的女儿李小林把我从新疆农场叫到了上海他的住所。巴老给我的作品提出了一些建议,让我当场一点一点修改,整个过程让我非常难忘。巴老是进步文学的代表人物,他的文学精神和时代和人民紧密联系,关注变革中的民族的发展,我现在的创作依然坚持着这一风格。”

作家周梅森说,巴老的作品是为人生的文学,他的作品总是把国家民族的命运紧密联系在一起,巴老是民族的良心,中国作家的道德楷模。

学者谢冕说,巴老去世我心里非常难受,他是五四时代最后一位我们向他告别的大师了,一个时代过去了,我们非常怀念他,非常感谢他。他是和冰心一样对我影响最大的两位大师。冰心先生教我爱人类、爱母亲、爱生活;巴金先生教我反抗、抗争,向着黑暗的不公平的社会抗争。我读巴老作品的时候,正是中国上空布满阴云的时候,我从他的作品当中得到一种力量。他告诉我要相信未来、相信明天。巴老还影响了我的文风，就是写文章要有热情，笔墨中要饱含激情。晚年，巴金先生回忆往事的时候，充满了反思精神，他用自己的行动为我们做出了榜样，就是要忏悔自己，《随想录》里的一系列文章，让我感到了他高尚的人格，他是我们永远的楷模。

评论家谢永旺说，巴老在世百年，也正是中国发生巨变的百年，百年里中国经历了几个大的历史阶段，这在巴老的作品里面都有出色的反映。就新时期来说，他的《随想录》最深刻地总结了“文革”和几十年来的历史经验。自茅盾过世后，巴老就担任中国作协主席，他不太过问日常工作，但是非常关注作协基本工作方向。他多次指出作协要为发展文学事业，为帮助作家而努力，要做好服务工作。他自己也是身体力行的。比如，他担任几项文学评奖的评委，如茅盾文学奖等都认真尽力多看作品，有争议的作品都看，而且表达他的意见。他平时主张作家多写作品，写出作家心里想说的话，在评奖上他又主张少而精，这并不矛盾，表示出他对文学的严肃态度。

作家余华在网上贴出文章悼念巴金。文中说：“我第一次读到巴金的作品是上个世纪七十年代末，我是一早去书店门口排队领书票，领到书票以后才能买书……我买了巴金的《家》……读完以后，我再一次感动了。后来我自己写小说了，我也写下了几个家庭的故事。今天回想起来，我觉得这是巴金对我的影响……巴金的《家》永久地揭示了我们中国人的生存方式。”

作家张抗抗说，上世纪七十—九十年代，我与巴金先生见过多次，巴金先生一直是我文学和为人的引领人，他把我领入文学的殿堂，他的精神同时引导着我的文学创作和为人处事。我的第一篇小说当时就在巴金先生主编的《收获》杂志上发表。巴金先生是我文学创作的师长。1979年，我在《收获》上发表的中篇小说《淡淡的晨雾》获得了第一届全国优秀中篇小说奖。当时，巴金先生是评委会主任，对这篇作品给予了很高的评价和鼓励。作为晚辈，巴金先生对我个人的文学道路、思想品格和为人都有很重要的影响。巴金先生“讲真话”的精神将一直传下去，这是巴金先生留给后人的一笔巨大精神遗产。

作家姜德明说，巴金热爱生活，喜欢朋友，对人特别真诚。在他面前我是晚辈，他却平等相待，没有任何架子，我感到可以同他讲心里话，是位可信任的长者和朋友。我多次向他约稿，他尽力满足我的要求，表现得非常谦虚。他是一个平凡而朴实的人，遇事不张扬，很能体谅别人。我永远忘不了他那高尚完美的人格。

作家陈世旭说，我们从小阅读巴老的作品，巴老在我们每个人的成长生活里都有着相当分量的影响。在我对巴老的记忆中，有一件事对我十分重要，就是在1997年，巴老在病榻上为刚刚成立的江西滕王阁文学院题写了院名，这让大家喜出望外。尽管当时的巴老年事已高，身体状况也不好，但他仍欣然允诺我们的请求。这对我们江西这样文学相对较弱的省的文学工作者是一种莫大的鼓励，同时也能看出巴老作为一代文坛泰斗对文学界后辈的关照和对中国文学事业的热情支持。在我的心里，巴老是一个好人，是一个伟大的好人。

作家单复说，最近我在上海文艺出版社出的《巴金百年》一书中写道：“巴老是我走上文坛的领路人，他的“说真话，不说假说，净化心灵”，是我一生的座右铭。我在上海文化生活出版社做编辑时，巴老是总编辑，那时，我经常创作一些小散文，有一天，巴老跟我讲：“小林啊，我看你写了很多文章，你把它整理起来，给我看看啊！”巴老非常认真仔细地看完了我整理给他的稿子后，说：“小林，我觉得还不错，我给你编一本书吧！”于是巴老就以我其中一篇散文的题目“金色的翅膀”命名，给我编辑出书，这也是我出版的第一本书，并收录到他编辑的文学丛刊中。巴老有个特点，每一期文学丛刊有十六本，他都选编三到四个在文坛刚露头角的青年作者的作品，巴老非常关心青年作家，他曾说：“老作家终归是要老去的，文坛上要有接班人。”

任晶晶　曾祥书　武翩翩　《文艺报》2005年10月25日

巴金精神永远激励着我们

——金庸、余光中、洛夫、南方朔等台港澳及海外华人作家深情缅怀巴金

10月17日，巴金逝世消息传开后，在台、港、澳及海外等地区引起巨大反响，文学界人士纷纷表示心中的哀痛。

正在大陆参加学术活动的台湾诗人洛夫，从电视上得知巴老去世的消息后，内心非常难过。他在接受本报记者采访时说，巴金是中国作家的一个楷模，他的文学成就和地位是有目共睹的，更重要的是，他是一个很真诚的人，在今天这样浮华的世界中，非常难得。虽然没有机会见到巴老，但早在中学时代，我就读过他的一些小说，如《家》《春》《秋》等，对我的文学创作、文学观念影响非常大，虽然后来我主要从事诗歌创作。与沈从文、艾青等那个时代的作家一样，巴老一直是我景仰的对象。

18日，世界文化总会会长、世界诗人大会、台湾100个人民团体总召范光陵博士，代表总部在美国的世界文化总会及世界诗人大会宣布颁赠巴金先生以LML(即 Laureate Man of Letters 桂冠文学家)，及 Poet Laureate(桂冠诗人)荣衔，以表扬其在中国文学之成就，及对两岸与世界文学之影响。范光陵认为巴金先生是"五四"创新精神的最好代言人之一。1949年之前，就对当时的文学界产生巨大的影响，他的"激流三部曲"被视为中国现代文学经典。1978年之后的代表作是五卷本的《随想录》，表现了一个老人强烈的人道精神和对于社会开放和自由的渴望。范光陵还特意撰古诗一首致意：五四日已远，激流冲心田。巴金精神在，创新满人间。

19日，香港作家金庸从英国给新华社亚太总分社发来传真，表达对巴金辞世的哀悼。他在题为《正直精神，永为激励》的悼念文章中写道，"巴金先生一直是我十分敬佩的文人，不但由于他文字优美，风格醇雅，更由于他晚年所表现出的凛然正气，以及巨大的正义感。"金庸还特意提到当年在《大公报》上读到巴金《随想录》的感受，"当时自忖，如果我遇到巴金那样重大的压力，也难免写些违心之论，但后来却绝不能像他那样慷慨正直地自我检讨，痛自谴责。"他说，巴金在"文革"时饱受磨难，但意志坚毅，不仅活了下来，而且写出了这部掷地作金石声、惊天动地的《随想录》，"实在是中国文化界的大幸事"。金庸在文章中还回忆了自己70年前、作为一个小学生初读巴金《家》的情景，"听哥哥讲，巴金祖上是浙江嘉兴的，后来才迁居四川住了下来。难怪感到《家》中所写的高家的生活情调，很像我们江南。"他说，直到自己后来也写了小说，才明白巴金先生功力之深，"开始把巴金和鲁迅、沈从文列为我近代最佩服的文人"。金庸表示，一直很想到上海医院去探望巴金，但想到他老人家病中不宜劳神，于是作罢。他欣慰的是，巴金女儿李小林曾送给他一个印有巴金肖像的瓷碟，他一直珍存于书房，使他时时可以看到巴金慈祥的笑容。金庸最后写道："巴金先生去世，我深为悲悼。巴金先生正直的精神永远是我的激励。"

近日，在重庆工商大学举行讲座的台湾诗人余光中，在演讲中对巴老的去世表示深切悼念。在他看来，巴金先生是"五四以来硕果仅存的几位作家之一"。他说自己在重庆读中学的时候就开始读巴金的小说，后来去厦门大学读书时，还专门精读过巴金写泉州社会现实的小说《春天里的秋天》。上个世纪八十年代初，余光中在担任香港中文大学中文系教授期间，曾作为主持人接待巴金的来访。余光中说，当时自己在主持时特地讲了重庆话，让巴金感到非常亲切。

台湾作家南方朔在接受台湾某媒体采访时表示,在二十世纪三四十年代的中国作家中,巴金是难得的同获两岸认同、尊重的作家。对此,他分析认为,巴金作品并非功能导向性的“工农兵文学”,而是为大众喉舌的“理想人道主义”,因此左、右派都能欣赏他的文学成就。巴金被大陆尊为“人民作家”,是大陆文坛的精神领袖,然而即使在二十世纪六十年代台湾文坛的反共风潮最炽烈的情况下,巴金的文学成就也未受到贬抑。他的文学能超越党派,在两岸都被尊为“大家”。南方朔认为,巴金的文学风格承继十八世纪俄国文学的浪漫人文主义,从无政府主义、人的情感一直谈到社会批评,写作风格宽广,是“老一辈作家中最好的一位之一”。多年来,巴金都被认为是中国问鼎诺贝尔文学奖希望最大的一位。

罗四鸰 《文学报》2005 年 10 月 27 日

“他是中国的, 也是世界的”

——老诗人朱子奇忆巴金

听到巴老逝世的噩耗,85 岁高龄的老诗人朱子奇非常悲伤。这几天身体一直不好的他用颤抖的手写下挽词:“向新时代的中国和世界文学大师、文学活动家巴金同志致以深切哀悼。”

朱子奇说,我与巴老交往了三十多年。我曾数次与巴老出国访问。我亲眼看到,他的外国朋友很多,他在国外也广受人们的尊敬和爱戴。有两次我印象特别深刻。一次是 1981 年 9 月,巴老率中国作家代表团赴法国参加第 45 届国际笔会大会。出席大会的有来自五大洲六十多个笔会中心的四百多名作家、诗人和文学评论家。在里昂开幕式上,巴金是唯一被请到主席台上就座并讲话的作家。当大会主席宣布请当代作家、中国的巴金先生讲话并介绍了他的创作及影响后,全场响起了热烈的掌声。会议期间,巴老接见了许多来访者和电视台、报刊记者。他的作品《寒夜》《家》和《憩园》等五部作品的法文译本,也是会场上出售的最受欢迎的书籍之一。在巴黎闭幕式上,大会主席在讲话中再次提到,感谢来自中国的老一代文学家巴金率领强大的中国作家代表团参加这次国际笔会大会,这是大会的光荣。法国文化部长特别从台上下来同巴老握手致意,并转达法国总统密特朗的问候。

另一次是 1984 年 5 月,国际笔会第 47 届代表大会在日本东京举行,巴老再次率中国作家代表团出席。日本舆论称巴金的到来是这次大会的一个重要事件。巴老被主持会议的东道主、日本笔会会长井上靖先生邀请作为大会的荣誉客人之一,并请他就大会总议题“核时代的文学——我们为什么写作”作主题报告。巴老的主题报告,引起了广泛的重视和反响。日本作家夏崛在大会总结发言中着重提到:巴金的讲话,是对大会的鼓舞和启示,是对作家同行的友谊和信任。当天,夜已深了,巴老房间里来访者仍然不断。外国朋友们赠送的鲜花和水果又增加了许多。日本作家宫川寅雄说:“对巴金先生的尊敬,不仅仅是日本,也是世界人民共同的感情。”

朱子奇最后对记者说,周恩来总理曾说过,巴金不仅是文学大师,还是文学活动家。从几次与巴老出国的经历见闻中,我感到巴金的确是世界性的人物。他是中国的,也是世界的。

石一宁 《文艺报》2005 年 10 月 25 日

高莽：一个小老头名叫巴金

我不是一个专科出身的画家，但是我曾经给巴老画过许多画像，不管画得像不像，巴老从未生过气，总是宽容地接受我这个晚辈的画。有一次我把画拿给巴老看，他看了后笑着说："你把我画得睡着了。"但是出于对我们这些晚辈的爱护，他从来没有批评过我。他甚至还跟我说："因为是你画的，所以我非常高兴。"

"文革"刚刚结束时，我画了一幅画寄给他，是当时我自己想象中的巴老的样子，画上巴老满头白发，拄着拐杖走在街上。巴老看了后回信告诉我，说他现在还不到这个程度，而且也不常常上街。正是因为他的这种默许的态度，所以我才画了很多他的像，这点非常不容易，在当时的那种状态下，人们是不愿意让人画像的，而巴老每次看了画不仅不会生气还会帮我题名。有一次我用毛笔画了一幅最庄重的画，当时巴老看了说他很久没有用毛笔写字了，怕给我写坏了，沉默了一会儿后，他问我："你带毛笔了吗？"然后拿毛笔郑重地在上面题了一行字——"一个小老头名叫巴金"。

巴老百岁时，我为巴老画了一幅巨型的画，内容是关于巴老和他的老师们，那幅画有 5 米多长、2 米多高，当时我已经 70 多岁了，画得很吃力，估计这也是我最后一幅画了，里面的人物都是被巴老尊为老师的人们，有法国的卢梭、罗曼·罗兰，俄国的屠格涅夫、高尔基等一些作家。

我对巴老非常敬仰，对于他老人家的逝世，我很难过。他是位伟大的作家，他的去世是民族的一种损失，但愿后人能像他那样慈善、和蔼、坦诚付出！

《北京青年报》2005 年 10 月 18 日

像巴金那样做人做事

——访中国文联副主席、中国作协副主席、中共云南省委副书记丹增

"按计划我明天应该在上海的，还打算想办法去看看巴金老人家，没想到他就这么走了！"在文学泰斗巴老去世的 20 个小时之内，记者连线到了中国文联副主席、中国作协副主席、中共云南省委副书记丹增。

"我与巴金的渊源有两层关系。在巴老担任中国作协主席的一段时间里，我曾经担任中国作协的副主席，在业务上有比较多的接触，这是第一层关系。而第二层关系却是早在上世纪八十年代末九十年代初，我多次与巴老有接触有交往。那个时候，我开始从事文学创作，巴老对我个人的文学创作给予了很多指导。"谈起巴老，丹增副书记非常敬重，他称巴老是上个世纪中国文学的一个"既是泰斗又是巨匠的人物"。他认为，自己最大的感受是，巴老对文学是像生命般的热爱，对培养年轻一代的作家像火一般关怀，"无论对上对下，圈内圈外，巴金一直都是只讲真话，待人真诚。他不仅是一个伟大的作家，他的人格力量、人格魅力在作家界都是非常有名望、有威望的"。丹增感慨道：我们不仅有许许多多作家，在创作上得到过他的指导，从他的作品中汲取营养，而且以巴老为楷模，做敢于说真话，真实反映生活的好作家。除此之外，还有更多的文学爱好者，更多的普通百姓，包括青少年，通过拜读他的作品，汲取知识，充实力量，做积极健康向上的

人,做对社会对人类有贡献的人。

“2001年我从中国作协党组副书记、副主席、书记处书记的岗位上调到云南来。4月份的时候,也就是我到云南之前,我还专程到上海看望巴金老人。没想到,那次见面,竟成了我和巴老的最后一别。在他的病房里,病床前,我们两人的手紧紧握在一起。从那时起,几乎是每年,就在前几个月,我都会托人送花给巴老,表达我对巴老的敬意。我还经常从上海的朋友那里打听他的健康状况。”

丹增副书记工作非常忙,每一分钟都安排得紧紧的,但面对巴金的离去,他还是给记者谈了许多。他说:“巴老走了,我很悲伤。对于后人来说,我们只有像巴金那样,学习他的精神。一定要把云南的文学艺术繁荣起来。对我个人来说,也要努力做好文学创作。”

叶茸 《春城晚报》2005年10月19日

曾演《家》中人　难忘当年事

——与巴金作品有缘的艺术家和演员谈巴金

巴金的小说感动了几代人,被改编成影视戏曲作品后也感动了无数观众。得知巴老逝世的消息,许多艺术家和演员都唏嘘不已。

■ 电影《家》中的瑞珏——

张瑞芳:让回忆留在笔端

说到根据巴老作品改编的电影,最重要的一部非《家》莫属,而在片中饰演瑞珏的张瑞芳目前也正住在华东医院,且病房正好与巴老同一楼面。记者昨天拨通了张瑞芳房间的电话。电话中,张瑞芳的声音有些低沉:“我是刚才听见的,很震惊,我故意不过去,很难过。”当记者进一步提出采访要求时,张瑞芳轻声拒绝了:“我现在什么也不想说,我想等以后把它写下来……原来在重庆的时候……很难过,不想说了。”

■ 电影《家》中的梅表姐——

黄宗英:一个说真话的人

世界上哪一位作家的活着或死亡,曾如此经年累月为人们牵牵挂挂?今天,他终于把自己凝固为一座永恒的雕塑,宇宙中巴金星更明亮了。

我们这一代知识分子,尤其是我自己的心灵,是在巴金精神的呵护下长大、成熟,并不敢自我衰老。

少女时读小说《家》,向往自由;而立之年演话剧电影《家》,企盼民主;浩劫年代每看见巴金走在我前面,他的拎包里还是满满的书报(他在学西班牙文),使我不敢颓丧;在我力争醒觉的晚年,耳边时时响着巴金的“说真话”。巴金长期的濒危和死去,对中国最大的损失是少了一个说真话的声音。我幻觉并真的仿佛听到他临终的呐喊——要说真话!!!

■ 电影《家》中的鸣凤——

王丹凤:最爱的角色是鸣凤

1956年曾经在电影《家》中饰演鸣凤的著名表演艺术家王丹凤昨晚听到巴老去世的消息后

非常震惊。

谈到当年的电影《家》,虽然时隔半个世纪,王丹凤依然清晰地记得每一个细节:“巴老是我学生时代最崇拜的作家,我得知将出演《家》时很高兴,我看小说时就很喜欢鸣凤这个角色,我能够演好她,是因为巴老在小说中提供了很多东西。我们剧组曾经拜访过巴老和他的夫人,巴老让我演鸣凤的时候要注意配合觉慧来演。”王丹凤表示,虽然她演过无数角色,不过比较而言,她最爱鸣凤。

■ 电影《寒夜》中的曾树生——

潘虹:特别珍惜出演《寒夜》

记者昨晚拨通潘虹的电话时,她还在北京拍戏,对于巴老的去世她非常伤心:“1986 年,我拍摄了根据巴老最后一部长篇小说《寒夜》改编的同名电影,巴老对自己的作品不是随便同意别人改编的,所以我特别珍惜。《寒夜》拍得相当成功,是中国电影第一次成功入围参赛戛纳电影节的影片。巴老逝世是中国文学界的巨大损失!”

■ 越剧《家》中的觉新——

赵志刚:《家》让我得益匪浅

在越剧《家》中扮演觉新的赵志刚说,巴老小说具有深厚的文学底蕴,对剧种品位的提高非常有益,作为主演,自己通过《家》获得了创作上的兴奋,感受到了巴老作品的艺术魅力和人性光辉,每一次演《家》他都会深深地被感染,不由自主地全身心投入。

■ 沪剧《家》中的瑞珏——

茅善玉:演《家》感到很过瘾

在沪剧《家》中扮演瑞珏的茅善玉告诉记者,早年丁是娥就演过沪剧《家》《春》《秋》,虽然作为晚辈她没有看到过这些演出,但据前辈们介绍,当时的演出非常轰动。而由孙徐春和茅善玉主演的《家》也一样赢得了许多好评,作为演员能够在台上演绎巴老的作品感到非常过瘾。

王剑虹　周铭　《新民晚报》2005 年 10 月 18 日

人民作家用生命写作

——电影《英雄儿女》中王成扮演者刘世龙追思巴金

也许,有些年轻人不知道,脍炙人口的电影《英雄儿女》,就是根据巴金的中篇小说《团圆》改编拍摄的。《英雄儿女》中男主角、志愿军英雄王成的扮演者——长春电影制片厂著名演员刘世龙听到巴老逝世的消息,昨晚接受了本报记者的电话采访。回忆起自己与巴老缘结银幕的点点滴滴,这位老影人说着说着便悲从中来,几度哽咽。

“我永远不会忘记巴老,不仅因为我在四十一年前主演过他的作品,而且因为我在十一年前见过他,亲耳聆听过他亲切的教诲,亲身感受过他高尚的人格。我可以这样说,巴老的高尚品格永远是我的人生楷模。”刘世龙这样开始了他的深情回忆。

1994 年,刘世龙和《英雄儿女》中王芳的扮演者刘尚娴一同受邀赴上海参加上海市举办的一个纪念活动,向东视提出了想见一见巴老的愿望。当时巴老正住在华东医院,东视取得了家属的同意后,便带着巴老笔下、银幕上的这一对“兄妹”,在医院的病房里探望巴金。

“这是我三十年来的梦想,也是我第一次和最后一次见到我崇拜的人民作家。”刘世龙至今还能记得巴金当时的样子,“他的精神不错,记忆力也很好,只是行动不太方便,旁边的人也不让他多说话。但巴老见到我和刘尚娴非常高兴。我俩向他献花后祝福他健康长寿,他对我们说的第一句话是,《团圆》搬上银幕后,观众很喜欢。这是一部成功的电影,但小说写得并不好,是编剧编得好,导演导得好,演员演得好。那一刻,我和刘尚娴感动得热泪盈眶。这是何等的谦虚!又是何等的胸怀!”

刘世龙告诉记者,巴老对志愿军的生活十分熟悉,因为他作为志愿军慰问团的成员,在朝鲜战场呆过很长时间,冒着极大的危险,终日在战壕里与志愿军指战员同甘共苦,可以这样说,《英雄儿女》是英雄作家用生命写出来的。一部《团圆》,足以证明巴金是一位伟大的人民作家。“我从上世纪50年代开始阅读巴老的作品,前些年还买了巴金文集,重读过小说《团圆》。”刘世龙说,“我曾备了本笔记本,专门摘抄巴老作品中的格言。记得巴金曾说过这样一句话:我不是文学家。我写作,不是我有才华,而是我有感情,对我的国家和人民我有无限的爱,我用作品来表达我的无穷无尽的感情。现在回想起来,《团圆》从头至尾不正充满了巴老对祖国、对人民、对志愿军战士深切的爱吗?”

在记者采访即将结束前,刘世龙谈起了一段小插曲:三年前,有家媒体声称巴老已逝,对刘世龙进行了一番采访。刘世龙当时说了不少,但很快就发现那是讹传。“我闻讯后一点不恼,反而感到欣慰,因为我从内心深处企盼巴老长寿。可是这一次……”刘世龙难过得再也说不下去了。

洪伟成　《解放日报》2005年10月20日

五湖四海的读者想念他

——普通人热爱作家巴金的故事

一位老人的离去牵动了成千上万人的心,记者昨天在采访时发现,除了上海本地,四川、宁夏、浙江、江苏……全国各地都有读者不辞辛劳地赶来,最后再看敬爱的巴金先生一眼。他们,也许都只是普通的读者,但与巴金之间,却都有着各种各样的故事。

周锡光:家乡人民想念您

74岁的周锡光还戴着他那顶“成都老体协骑游俱乐部”的帽子。1990年,他就曾经跟俱乐部里的另外九位成员,骑自行车从成都一直来到上海看望老乡巴金。当时巴老身体不好,但一听说周锡光他们的到来,立刻表示“家乡来人了,我一定要见”。周锡光从包中拿出一张当时的合影说,那次大家相谈甚欢,他们还和巴老相约,10年后再见,为他贺寿。2002年周锡光又从成都赶到上海为巴老祝寿,送上一幅竹编的“寿”字和一幅毛笔书法“一片冰心在玉壶”,巴老十分开心。这一次,巴老远行,虽然也已经是70多岁的老人,周锡光仍然从成都赶来,要送巴老最后一程,说着,他又举了举手里拉着的横幅:“巴老,走好,家乡人民想念您”。

李祎:带来许多千纸鹤

11岁的成都孩子李祎手里拿着一只红色的千纸鹤,这是她同校低年级的一位学生托她一定要带来给巴老的，千纸鹤的翅膀上写着“巴金爷爷您走好，安息吧！”

李祎就读的是成都正通顺街小学，与巴老故居一墙之隔，学校每年都会给巴老写信送礼物，巴老在88岁高龄的时候还曾经给学校的学生们写过一封信。信的内容，李祎几乎可以倒背如流：“读书的时候用功读书，玩耍的时候放心玩耍，说话要说真话，做人要做好人。”而“说真话，做好人”现在已经是正通顺街小学的校训。李祎虽然才读六年级，但巴老的作品已经读了不少，《家》《灯》《寒夜》她都读过。她跟着大人们一清早从成都飞来，也丝毫没有抱怨，能见巴金老人最后一面，对她来说，是十分珍贵的机会。

楼珠珍：我们叫他“李先生”

衣着朴素的楼珠珍曾经在巴金担任总编辑的平明出版社工作，她告诉记者，在她心目中，李先生最大的特点就是随和善良。1952年，楼珠珍到巴金平明出版社做保姆，为工作人员烧饭，一直到1956年才离开。楼珠珍是浙江人，她告诉记者，她离开出版社的时候，孩子还小，家里很困难，李先生每年过年的时候都要给她100元钱，一直坚持了好多年。因此，一个普通的保姆，和大作家成了朋友。楼珠珍常常带着孩子去看望巴老，困难时期，她还节约下自己的肉票给巴老，但巴老总是拒绝说，这怎么可以。反倒是前几年，楼珠珍买房子还缺点钱，巴老知道后立刻拿出了1.5万元给她，当她归还时，巴老的女儿李小林却表示说不必了，在楼珠珍反复坚持下，才收下了5000元。

王锡荣：为鲁迅纪念馆题字

记者在等候的人群中，撞见了鲁迅纪念馆副馆长王锡荣，等候间隙，曾多次拜访巴老的他为记者回忆起了当时的情景。1977年，王锡荣为了《鲁迅全集》的注释问题去拜访巴金，书中鲁迅曾多次提到与巴金的交往，因此需要跟巴老核对当时的情景。巴老十分配合，尽最大可能为他回忆。

鲁迅去世时，巴金曾为鲁迅抬灵，鲁迅对于巴金，有着十分重要的影响。1999年鲁迅纪念馆新馆成立，馆内开辟了一个“朝华文库”，请巴老题词。巴老回信问，为什么不是“朝花”而是“朝华”，王锡荣回答，“朝华”是鲁迅自己的心愿，而且更有古意，文化气息更浓，巴老闻言立刻动笔，送来了自己的题词，而在那之后，巴老就很少为别人题词了。

海麟：读了巴金几十年

82岁的海麟老人告诉记者，他从二十几岁就开始读巴金的小说，从《家》《春》《秋》开始，深受巴老作品的鼓舞，当然他觉得巴老最了不起的作品还是《随想录》，这几天，他正在重读这部作品，“年轻人有机会都该去读一读”。一位满头白发的老太太也同样是巴金几十年的读者，她在接受记者采访时说，她从14岁参加地下学联时就开始接触巴老的作品：“当时很黑暗，巴老给了我光明。”这位如今已80高龄的老太太说：“他提倡讲真话，是一个高贵的人。”

马克：要为巴老走全国

从宁夏赶来的马克带着三本签名本，在地上铺开，供巴老的读者签名留言。但他不是作协的工作人员，只是个普通的热爱巴老的读者，从十多岁就开始读《憩园》《灯》，自己收集了90多幅巴老照片。这次听说巴老逝世的消息，悲伤的马克跟人借了2000元钱，坐了三天的火车赶来上海送别巴老。身上最后剩了300多元钱，他拿来买了三本签名本，从上海作协的图片展到巴老遗体告别仪式，他已经征集了800多个签名。接下来，他还准备走遍全国，征集读者签名留言。

李波：母女二人送巴老

人群中一身黑色衣裤的李波神情肃穆，她身边两个戴着红领巾的孩子在这个场合显得很突出。二十年前，李波还是无锡钱桥中心小学五年级的学生，她和同学们一起给巴老写了一封信，讲述了他们这些孩子面对“一切向钱看”的风气的困惑和迷茫，病中的巴老给孩子们回了一封长达10页的信，点亮了孩子们稚嫩的童心。昨天，李波带着女儿特意从无锡赶到上海见巴老最后一面，李波告诉记者，因为自己与巴老有一段缘，所以特意带着女儿来参加这个仪式送别巴老。

苏老：巴老一直记得我

年近八旬的苏先生身体不好，但在家人的陪同下也赶来见巴老最后一面。当年在奉贤的五七干校时苏先生曾和巴老一起劳动过，他对巴老不趋炎附势、坚持讲真话的做法十分敬佩。苏先生告诉记者，“文革”结束后他在儿童世界基金会工作，有一次为了基金会的事他去拜见巴老想请巴老帮忙，当时巴老的身体不太好，已经很少见客人，可是却马上同意见他，一见面巴老就问他：“你怎么一直不来看我？”苏先生感慨地说：“巴老还记得我啊。”

夏琦　王剑虹　《新民晚报》2005年10月25日

《随想录》外又一页

——一个普通读者与巴老的故事

上海作家协会昨天为纪念巴老举办了一个巴金图片展。展厅门口的签到簿上有一个陌生的名字引起了记者的注意：“巴老，你是探索真理的典范——088号《随想录》拥有者吴淑芳”。吴淑芳是谁？088号《随想录》背后又有一段怎样的故事？记者找到了吴女士，听她讲述了14年前她与巴老的一段缘分。

一万三拍下一本书

1991年8月30日，南京路新华书店举行作家赈灾义卖活动，巴老将香港三联书店为他加印的150本精装编号《随想录》中的088号特装本也拿出来拍卖。当时还在上海玩具厂工作的吴淑芳从报上看到这个消息不由得怦然心动。儿子凌云要过10岁生日了，从小就喜欢巴金作品的吴淑芳和丈夫一商量，决定把摆酒席的钱省下来，为儿子买一本巴金的书作为生日礼物。

第二天9点书店开门，闻讯而来的读者顿时将书店二楼的义卖专柜围得水泄不通。088号特装本《随想录》拍卖活动的40张入场牌号早就被身强力壮的男读者抢光了，吴淑芳只得向在场的纠察“讨救兵”才进了用来拍卖的会议室，成了参加拍卖的唯一“娘子军”。

特装本开价1000元，价格一路攀升，一下突破了1万元。当时月工资只有60多元的吴淑芳出门时带了2000元，但这时一股热情让她早就忘记了自己囊中羞涩，以1.3万的价格拍下了这本书。“我当时拿出了家里的全部存款，又向兄弟借了4000元才把书款付清。很多人认为我是为了出风头，也有很多人认为花1.3万买本书不值，还有人出两万多让我把书转让给他。我不是大款，但这书我是坚决不会卖的。巴老书好人更好，收藏这本书，我觉得值。”

十四年难忘赠书情

巴老知道这件事后十分高兴,连夜找出一本收录了序跋、散文等作品的《巴金文选》题上赠言,并附上自己的生活照片送给吴淑芳。时隔14年,吴淑芳对巴老赠书的这段记忆,就如同她从书橱里拿出来的书一样依然崭新:“巴老的女儿李小林告诉我,巴老写得特别认真,因为手颤抖有一个字写坏了,巴老就又拿了一本重新写了一遍。”吴淑芳在书中细心地夹入了防潮的吸水纸,对巴老的赠言更是随口就能背出:“我不是文学家。我写作,不是我有才华,而是我有感情,对我的国家和人民我有无限的爱,我用作品来表达我的无穷无尽的感情。”

虽然当时年仅10岁的小凌云还不能完全理解巴老文字里蕴涵的思想火花和博大的爱,但从父母的郑重其事里他感受到了这份生日礼物的珍贵,抱着书开心地又是笑又是跳又是叫。如今凌云已经是个大学生了,巴老的《随想录》则成为这家人精神生活中一盏不灭的明灯。吴淑芳说:“我和儿子经常会阅读巴老的书。他写的是心底里想说的话,所以那么生动、那么真实、那么细腻。他是文学大家、是名人,但他在人生中遇到的迷茫、关于理想的困惑和我们这样的普通读者是相通的,他的书就仿佛是我人生道路上的一面镜子。”

一花篮装着全家心

前天,吴淑芳从广播里听到巴老逝世的消息,那一夜,她和当年买书前一样整晚无眠,只不过当年是因为难抑兴奋,现在却是由于心情沉重。早上6点多,再也睡不着的吴淑芳把巴老的书拿出来重温。然后从位于七宝的家中出发,赶到巨鹿路的作协展厅送上了花圈。“我告诉花店的人要用红玫瑰,因为这是巴老生前最喜爱的花。我儿子在念书不能来,但他说,希望和我一起去参加巴金爷爷的追悼会。”

记者告诉吴淑芳,巴老希望能将自己的骨灰和妻子萧珊的骨灰一起撒向大海。吴淑芳沉默了片刻说:“巴老的人生不是蜡烛,而是火炬,他不仅燃烧了自己,还将光明传递给一代又一代。他的骨灰撒进大海,只有大海才能容得下像他这样充满大爱的人。”

韩璟 《解放日报》2005年10月20日

巴金留下真话走了——新加坡作家谈巴金

尤金:巴金将自己当成箭靶

尤今以“瓶胆与箭靶”形容早期与晚年的巴金,她说:

巴金给我的震撼,可以分成两个层面来谈。他在满腔热诚的27岁写出了轰动文坛的巨著《家》,我简直是废寝忘食地追读这书的。通过敢于反抗传统封建制度而闹革命的三弟觉慧,我清楚地听到了作者心灵的呐喊,那是一种破旧立新的热切渴望。这样的一种呐喊,很深地触动了年轻人,引起了强烈的共鸣,我那时就觉得心里好像装了一个瓶胆,非常的温暖。

这是我第一次震撼于巴金作品那强大得超乎想象的感染力。他对文学的见解,也一直被我奉为创作的金科玉律,他说:“人需要文学来扫除我们心灵中的垃圾,需要它给我们带来希望,带来勇气,带来力量。”

巴金给我的第二个震撼,来自他75岁时创作的《随想录》。这部历时8年才完成的书,由150

篇短小精悍的杂感随想组成。这些作品,可说是作家灵魂诚实的尖叫声。这名有着崇高理想,在作品里宣扬爱和自由的作家,在十年“文革”的黑暗岁月里,为环境所迫,说了违背良心的假话,写了与真实心意背道而驰的批判文章。事后,备受良心煎熬的他,并没有企图以虚假的绷带来掩饰遮蔽那永世不褪的伤痕,他勇敢而诚实地把血淋淋的伤口展示给世人看,在历史的反思下,真心实意地表示忏悔。实际上,在《随想录》中,他将自己当成了箭靶,每一支射出的箭,都带来了摧心的痛楚,然而,他却无私地把自己当成了历史的祭品。

现在,这位认为“长寿是对自己惩罚”的伟大作家永远安息了。

周维介:巴金的大半生是人性格斗史

作家周维介听说巴金老人走了,他的感觉是平静的。周维介说:

十几年来,老人长期卧病在床,失去了生活自理能力,尽管国家善意地把他护成一只珍贵的文学熊猫,他感觉到的却是每一天都痛苦。生命维持器让他撑过了百岁,他肯定不以为福。谢世对他,不过是等到了这一天,是与痛苦的永诀。对这样一位文学尊者的凋谢,人们的平静心情该含着无以名状的敬意。

我知道巴金的名,是小学时读姐姐初中一的华文课本,中华版的第一课,就是“我爱月夜,但我也爱星天”的《繁星》,还有当时觉得好美的《海上的日出》,读着书上的“作者生平”,才知道人间还有作家,就对他尊敬起来。

巴金带给我少年时的另一种新鲜感,是他信仰的无政府主义。这玩意我至今仍半生不熟,但他把无政府主义代表人物的名字凑合成笔名,让那时的我颇感新意。以后读了他的《憩园》《家》《春》《秋》,感知到他的笔管,燃起了那时代无数青年对生命的热忱、对社会的反叛、对旧思维的挑战。

对中年以上的华校生而言,巴金是太熟悉的名字,他的小说含大量的勇气催生剂,容易吸收,也容易发酵。他握住了时代的共鸣腔,让青年读者一触撞,回响便停不住。在浪高峰尖的时代,五四到文革,巴金的大半生,就是人性格斗史。关于巴金的文学研究,以为然或不以为然,早已汗牛充栋,时间将沉淀若干感性的争论,文学史家必然会回到他所在的空间,给他一个适当的位置和评价。

八十年代初,我在港大写作论文,对占有一手资料有贪婪心,曾给巴老去信,求证他与几位文学研究会作家交往的情况。他回函简短,却像他漫长的一生,散发出对文学的爱。

蔡欣:永远不老的文艺老人

诗人蔡欣从“感性”的角度谈他心目中的巴金,他说:

对我们这一代的写作者来说,巴金意味着什么?他给予我们那个时代的学生什么文学养分?“激流三部曲”、“爱情三部曲”、封建家庭,愤怒青年……这一切未免太陌生、太遥不可及了。当然,在巴金那个时代,它们绝对是激越的号角。

想起那天在雕塑广场看艺术家蒋才雄从鲁迅的散文《秋夜》汲取灵感而制作的装置艺术作品《有两株树》(“一株是枣树,还有一株也是枣树……”)。是的,鲁迅《秋夜》里那“两株树”勾起了学生时代的我们的好奇心;巴金《繁星》中“我爱月夜,但我也爱星天”这样“简单的句子”,则带动了我们那时充满稚气的想象。

就如才雄“选择”了鲁迅的“两株树”,我,无法不“选择”巴金的“月夜和星天”——我们是在月夜和星天的怀抱中,在那奇怪的“两株树”下,开始文学或艺术之旅的么?

请容许我以学生时代的“幼稚心情”,向这位永远不老的文艺老人致以最真诚的敬礼。

张曦娜　新加坡《联合早报·现在 zbNow》2005 年 10 月 19 日

评说…………

理解巴老的苦心

——徐中玉——

巴老逝世后，不仅我们全国上下都共同痛悼、追思，国外也有很多他的文友、读者共同深深悼念，对他由衷敬重。从日前出版的《博览群书》杂志上，我读到日本著名作家、1994年诺贝尔文学奖得主大江健三郎先生，致我国资深日本文学翻译家许金龙先生收转的唁函，就是其中突出的一例。他在函中说："《家》《春》《秋》是亚洲最宏大的三部曲。"郑重指出巴老的《随想录》，"树立了一个永恒的典范——在时代的大潮中，作家知识分子应当如何生活。我会对照这个典范来反观自身"。

大江健三郎先生如此真挚地写出了日本广大人民对中国人民的理解与同情。优秀的文学典范作品与真正品格高尚、目光远大的作家所以能受到各国读者的敬重与爱好，我认为原因就在这里。

巴老晚年巨作《随想录》，更进一步表现出了他在"文革"惨剧中经历极大苦难后猛省的敏锐与深刻性，对改革开放的责任感，对国家前途的无比关切，强烈期待。"文革"惨剧如果缺乏全国深刻的勇敢总结，不能以史为鉴，"以人为本"，建设社会主义的民主法治的体制，能有保证吗？

邓小平同志早已看到需要全面总结这一点。光说"文革"使国家经济濒于崩溃的边缘，是不够的。"四人帮"不过是一些残酷的打手。为什么在有了开国的巨大胜利后很快就一波一波地走下坡路，而终于还登峰造极造出"文革"这史无前例的民族大悲剧？对这样一个大问题是需要有全面深入的符合实际的总结，含含糊糊，会影响如今已有胜利后的持续发展。这是许多同志都已感到非常迫切的问题之一。对已过去还不足三十年的"大悲剧"，今天许多青年却已全不知道，更谈不上清楚了。问问看，现在多少国人真有不可或缺的忧患意识，他们是否太愿意健忘了呢？巴老无比热爱国家，念念不忘社会主义建设的前途，这是他最值得我们学习敬重的地方。我们应当真正了解巴老的心情、品格，不要只称赞他是一个大文学家。巴老虽逝，他的精神永存。纪念他，一定要继承他的未竟之业，求真务实，反对一切的虚假，拯救我们自己、我们自己的社会国家。

2005年12月20日

《新民晚报》2006年1月1日

永为激励

——金　庸——

得到巴金先生逝世的噩耗时，我正在剑桥。刚上完麦大维教授的读书课，硕士班的同学共五人，读的是拓本的《李宧墓志铭》，铭文头两句是"物寒独胜，高不必全"，麦教授让大家讨论，我举了毛泽东爱写的两句话："木秀于林，风必摧之；石出于堆，水必湍之"为例解释，这是中国人传统的处世哲学，俗语所谓，"人怕出名猪怕壮"，"枪打出头鸟"，教人以养晦为上。其实"文化大革命"所针对的正是各界权威人物，巴金先生是文学界的大作家，不论是非，当然免不了中枪，正如《李宧墓志铭》中所说："犀象齿革，贤达鉴戒，而公是之，君子以为恨。"君子以为恨，古今同悲，巴金先生“文革”时苦受批判，幸而精神坚毅，得保性命，不致如李宧那样，“年七十三，卒于强死！”巴金先生坚持到今日，写了一部掷地作金石声，惊天动地的《随想录》，他多活了三十几年，实在是中国文学界的大幸事。巴金这样的英豪之士，正如孔璋对李宧的评价：“文堪经国，刚毅忠烈，烈士抗节，勇不避死，难不苟免。”“文革”时期，我身在香港，后来读到巴金先生发表在《大公报》上的《随想录》，自忖：如果我遇到巴金先生那样重大的压力，多半也难免屈服而写了那些他当时所写的违心之论，但后来却绝不能像他那样慷慨正直地自我检讨，痛自谴责。巴金先生一直是我所十分敬佩的文人。不但由于他文字优美，风格醇雅，更由于他晚年所表现的凛然正气，巨大的正义感。

我最初读巴金先生的《家》，是小学六年级生，正在浙江海宁家中，坐在沙发中享受读书之乐。哥哥见到我正看《家》，说道：“巴金是我们浙江嘉兴人，他文章写得真好！”

我说：“不是吧？他写的是四川成都的事，写得那么真实。我相信他是四川人！”

哥哥说：“他祖上是嘉兴人，不知是曾祖还是祖父到四川成都去做官，就此住了下来。”哥哥那时已在读大学，读的是中文系，意见很有权威，我就信了他的。同时觉得，《家》中所写的高家，生活情调很像我们江南的，不过我家的伯父、堂兄们在家里常兴下围棋、唱昆曲、写大字、讲小说，《家》中高家的人却不大干这些事。

巴金先生在《家》中写得最好的，现在我想是觉新、瑞珏和梅表姐三个，因为我年纪大了，多懂了些人情世故才这样想，在当时，以为最精彩的是觉慧与鸣凤，不过，家里的丫头们不好看，不及学校里女同学们美丽，仍觉得觉慧与鸣凤恋爱不合理。读小说常常引入自己的观念，这是天下小说读者常有的习惯。我当时最爱读的是武侠小说，因此觉得《家》、《春》、《秋》、《春天里的秋天》这一类小说读来还不够过瘾。直到自己也写了小说，才明白巴金先生功力之深，才把他和鲁迅、沈从文三位先生列为我近代最佩服的文人。

我一直想到上海医院去瞻仰这位我从小到大都钦佩的人，只是想到他老人家病中不宜劳神，这才就此永远失去了机会。他女儿李小林小姐曾送我一张印有巴金先生肖像的瓷碟，我放在书房的架上，一转头就可见到他慈祥的笑容。巴金先生去世，我深为悲悼，写这篇悼文时我在英国，但我知道，他的肖像仍竖立在我书房的架上，巴金先生正直的精神永远是我的激励！

2005年10月19日

《文汇报》2005年10月21日

代挽联赞先生

——流沙河——

乘激流以壮志抛家，风雨百龄，似火朝霞烧长夜。

讲真话而忧心系国，楷模一代，如冰晚节映太阳。

今年九月四川省作协巴金文学院嘱写联赞巴金，欣然吮笔调墨。原是为巴金先生贺寿的，表达一个晚辈读者对先生的尊敬。上联回顾上个世纪四十年代我当中学生时，读先生的激流三部曲《家》、《春》、《秋》三部长篇小说的感受。小说中的年轻群体，以觉民和觉慧为代表，正像长夜破晓的朝霞，燃烧似火，驱逐黑暗。先生风雨百龄，著作上千万字。在晚辈读者我个人而言，弱水三千，最解渴的是《水浒》，第二部就是《家》。十六岁的学生，血热泪烫，书中听觉慧骂："家是宝盖下面一群猪！"得共鸣之痛快，恨不能一把火烧掉旧社会。那真是神圣庄严的阅读，人一生只能有那一次。1956 年 2 月初，召开青年文学会议，在北京团中央大礼堂，听解放军总政文化部长陈沂登台讲话。他说："我们这一代人，好多都是读了《家》参加革命的。"我才知悉，在我之前，上一代的学生如陈沂者，就已经是《家》的读者了。准确地说，《家》唤醒了两代读者。

1957 年后，我辗转于体力劳作，酸楚备尝，绝缘文学。巴金先生此后还发表了许多作品，我都无缘拜读，不好论其得失。只能言说一点，我心头的困惑在先生那里找不到答案。在先生那样纯洁的作家群里，我都找不到答案，其余的就不必再去问津了。如果当代作家不能回答我们："今夕是何年"，我们又何必去读他。所以 1957 年后，暑往寒来凡二十度，月圆月缺共一千四百次，我都不识文学为何物。劳作余暇，不过偷读一些古籍，聊以自娱罢了。

要待漫长的二十二年之后，才有晨光熹微，"伤痕文学"应运而生。尤可喜者，激流如万泉，不择而出，文坛轮奂一新，而"觉慧"还活着，人未老，背未驼，以其《随想录》呼吁讲真话。此后便有上个世纪八十年代文学中兴局面。想起当年作家理事会上，票选巴金先生为中国作家协会主席，热烈情景何等感人。日月跳丸，于今二十年矣。

下联以"讲真话"表先生之忧国，赞其晚节如冰透明，映日成彩。晚辈不才，不敢说自己也讲了真话。但是敢说，我要力求做到不讲假话。万一讲了，也要知耻脸红，现尴尬态，让听众明白我在讲假话。果能如此，庶几不愧对巴金先生从此远去的背影，纵然写不出像样的作品，都可以过关了。

2005 年 10 月 19 日成都

《文汇报》2005 年 10 月 21 日

坚守良知说真话——悼念巴金先生

——曾敏之——

巴老走了，走完他人生辉煌的旅程。对于他最后一部著作《随想录》，新华社报道中写道："巴金晚年奉献社会的伟大之作是：五卷本的《随想录》和一座中国现代文学馆。"

《随想录》为什么伟大？因为是凝聚了巴金最崇高思想的文学巨著，是他过去曾说过："尽了职责，讲出了真话，就可以心安理得地离开人世了。"他实践了他的诺言，充分反映了他为祖国为人民的忠诚与良知。

是的，从他一生的历史，看到了他于童年时代就受过下层劳动人民的教育，他的封建大家庭里一个轿夫曾告诫过他："人要忠心，火要空心"，否则在灶里燃烧的火就不旺。

正是这两句警语，巴老化为实践的业绩。就以《随想录》而言，巴老是忠于尽言的职责的，对近三十年来国事之失误、社会之不平、民生之疾苦、违法乱纪之严重、伦理道德之败坏、"文革"十年对人性的扭曲、对文化经济之摧残……都以辨是非、尽言责的无畏精神，表现了中国知识分子最重视的良知品格。《随想录》出版之后，就受到全国的以至于国际的空前反应，给予高度的评价。同时，也受过"打手们的攻击和流言蜚语的中伤"。可是巴老没有被打倒，没有给骂死。《随想录》对海外文化学术界恶意讥讽中国知识分子不敢面对现实更给予了有力的驳斥，使万喙息响，大快人心。

巴老在生活实践中是坚守良知的，他一生坚持道德标准，具有性格、风格、正气，他虽然不误儒行，但作为中国人的做人道德却是刚毅不屈的。“身可危也，而志不可夺也”，“君子谋道不谋食”的自我取值，“不忘百姓之病”，成为一代文学大师的崇高典型。巴老的文学事业、社会活动，也是不向现成观念屈腰的；他爱国的热情，革除旧思想、旧意识、旧制度，创立一个具有民主、自由与科学精神的中国的毕生的理想，也体现于《随想录》的愿望中。

巴老自己反省写《随想录》不是无足轻重的散文随笔，不是普通的书，而是“大多数人的痛苦和我自己的痛苦使我拿起笔不停地写下去……我写作是为了战斗、为了揭露、为了控诉……”因而揭露、控诉、讲真话形成了《随想录》的基本格调，也是文学金字塔构造伟大的形态。

巴老走了，《随想录》是巴老说真话的座右铭，是中国文学界学习的榜样。

《香港文学》2005年11月号

生命的尴尬——为德文版《第四病室》序

——张　洁——

我非常荣幸地向德国读者推荐，由 Dr. Alexander Saechtig 先生翻译的巴金先生的小说《第四病室》，这对刚刚离去的巴金先生，无疑是一个很好的纪念，为此我要向 Dr. Alexander Saechtig 先生表示衷心的感谢。

巴金先生是上个世纪中国知识分子的优秀代表，自开始文学创作以来，他的文字，始终表达着对自由、平等、博爱的向往和追求，表达着对旧制度、旧势力的批判，因此他的文字，自上个世纪初，便成为知识分子的一面旗帜，鼓舞着他们去挣脱旧制度、旧势力的束缚。

正因为如此，可以说自巴金先生始，文学才更多地关注人性，关注生命的地位。《第四病室》，虽然写的是六十年前一方小小的天地，但我相信，对于今天的读者，不论中外，都会为它而动心。因为我们可以在《第四病室》这个小小的天地里，阅尽人间的颜色，要命的是这些颜色至今并没有褪色。

对一个作家来说，讲一个关于人性的故事并不难，《第四病室》之所以动人，不仅从中可以透视恒久不变的人性，更大的悲剧在于，小说所表现的生命的尴尬，这是世界上每一个人都可能面临的尴尬，所以看起来那样柔弱的《第四病室》，它强大的哀伤，却让我们不得安宁。

批判继承巴金的精神遗产

——孙绍振——

对于一个真正的艺术家来说，最重要的并不在于他写了多少，写了什么，而在于，他笔下的艺术形象的生命力能经得起多么长久的时间的严峻考验。一个作品不管造成过多么轰动的效应，如果不能跨越产生它的历史时代，总是免不了给人以生命苦短的感觉。艺术的永恒性固然受到当代西方文学论的质疑,但是,伟大的艺术的标志却是跨越历史语境的,在作者的肉体已经化为青烟,作品中的事件已经成为历史教科书上的条文的时候,作品中的人物却能让一代又一代的读者感动,这样的作品,就是不朽的文学经典。而这种永恒的感染力的奥秘在于,形象的与日俱增的可阐释性。

写作《家》时,巴金二十七岁,书中的人物和他的读者一样年轻,如今时间已经过去了七十多年,封建礼教在崩溃的过程中,仍然在摧毁年轻人的生命和青春,这样的悲剧从总体上来说,无疑正在成为过去,但是,他的《家》《春》《秋》中的人物群像却保持着鲜活的生命。不但是觉慧,鸣凤,而且是觉新,都没有改变年轻的容颜。

但是,正是这个巴金,当茅盾、钱钟书、沈从文、张爱玲都沉默了以后,他却很快唱出了英雄主义的颂歌,带着鲜明的宣传色彩,这是因为,他早期本来有一种英雄的热情,这在最早的作品《灭亡》中表现得很明显,不过那是孤独的英雄。到了新的历史时代,他放弃了个人化的英雄人格。他把从少年时代就积蓄起的热情孤注一掷。他是真诚的,然而,可以想象,绝对是不轻松的。在中国现代文学史上几个大作家中,也许是唯一的一个,拥有安那其(通常称无政府主义)政治思想体系。虽然,1940年底,他在《火》第二部后记中这样说:“我写过、译过几本解释‘安那其’的书,但是我写的、译的小说和‘安那其’却是两样的东西。我虽然信仰从外国输入的‘安那其’,但我仍然是一个中国人。”

在来自国统区的卓有成就的作家中,他是最早最多产的一个。在这方面他和在创作上保持着沉默的茅盾几乎形成对比。他的热情甚至还使他成了一个积极的社会活动家。他对新时代、新话语机制的感情投入是惊人的,比之活跃的老舍更为到位,老舍始终没有学会写新式的英雄。他写朝鲜战争的报告文学《无名高地有了名》和巴金的以朝鲜战争为题材的作品相比,是十分粗拙幼稚的。从这里,读者可以想象巴金当年下了多么大的狠心来实现这个精神和艺术的转折。

也许正是因为这样,在“文革”噩梦结束以后,他在中国作家中特别提出要“忏悔”,而且付诸行动,在《随想录》中他进行了公开的自我解剖。把他后期的创作推向一个新的高度。从这里,读者可以感觉到克鲁泡特金式的自我牺牲和觉慧式的纯洁。也许从散文的审美价值来说,其艺术成就,包括他“讲真话”的艺术纲领,并不具有非凡的独创性,和他早期觉新式的人物形象的辉煌群体还有不可比之处,但是,从当代文化的精神遗产的重要性来说,却向后代显示了一代中国文化精英在精神重建中甘愿付出的尊严的代价。其中的奥秘,为后代作家提供了不断解读的课题。

《新京报》2005年10月19日

我的“巴金阅读史”

——洪子诚——

一

这几十年中,比较集中读巴金的书有三次。

最早是1950年或1951年,那时我十二三岁,刚上初中。一位要好的同学家里藏有不少开明、良友、文化生活等出版社、图书公司三四十年代刊行的新文学书籍。同许多走近巴金的读者那样,开始总是会被“激流三部曲”的《家》所吸引。记得读到鸣凤投湖的段落,竟无法控制地痛哭起来,只好躲进家里小屋的角落,幸好这个尴尬的场面没有被人发现。二十世纪五十年代初,是一个对“新世界”有着热切梦想的年代,而我又是处在基本上由浪漫想象控制的年龄。在那些年里,文学作品被看成生活教科书,文学世界与现实世界之间,也被看成具有绝对关联,甚至是可以等同的关系。我们热衷于以寻找生活箴言的方式进入书本,而且一旦进入就不愿走出。(不仅对巴金,对鲁迅也一样。我读书的中学开会纪念鲁迅,墙上、柱子上贴着许多从鲁迅书中摘录的,如“有一分热,发一分光”、“一要生存,二要发展”之类的格言)巴金作品中对不合理现象、制度的揭露、控诉,对理想未来的热切、坚定期待,发自生命深处的真诚告白、倾诉,对善恶、美丑所做的明确分辨,期待读者情感积极响应的“启蒙”美学观念,都特别吻合少年时代我的生活认识和阅读心理。此后一段时间,我寻找着在那个小城可以得到的巴金的书。当然,并不是他所有的著作都能对我产生同样的冲击。比如说,现在普遍认为艺术更为成熟的《寒夜》、《憩园》等,当时也翻过,却没有留下很深的印象:巴金四十年代这些作品的细致和阴郁,大概难以从我这样肤浅的少年那里得到呼应吧。

二

高中以后,读书的兴趣有了转移。那时有点无知的狂妄,觉得从他的书已经不能获得更多的东西,似乎就此告别了巴金的阅读。但过不了几年,我又再一次拿起巴金的书,但这次是完全不同的情景。这是 1958 年底到 1959 年初的事情,当时我在北大读三年级。阅读的动机直接来自 1958 年的“拔白旗、插红旗”的文化批判运动。“反右”和“社会主义革命”的开展,据说需要重新审查一切文化遗产,包括“新文学”在内;而作为一种世界观、生活伦理和精神态度的人道主义和个人主义,在当时成为最需要清理、批判的思想和精神对象。那些在青年知识学生中曾经和仍在发生较大影响的文学作品,在这个时间受到特别关注。从 1958 年下半年开始,各地报刊,如《文汇报》、《文学知识》、《读书》、《中国青年》等,开设了各种有明确批评指向的讨论专栏,涉及的作品有《约翰·克里斯朵夫》、《红与黑》等,巴金的作品也在其中。

为什么在众多的新文学作家中选择巴金,当时我没有想过这个问题。现在猜想,可能有下面这样一些原因。巴金作品(特别是《家》)在当时仍然有不少青年读者,仍然在“产生影响”,这应该是主要原因①。而且,在五十年代开始的新文学作家“经典化”过程中,巴金的地位也得到提升。从 1958 年开始,多卷本的巴金的文集,和茅盾的文集等开始出版(到 1958 年底,《巴金文集》已出版六卷),与此相呼应,巴金这个期间也连续发表了多篇创作谈,一些重要文学刊物也发表了大型的研究巴金的论文②。这与五十年代初,巴金一再检讨自己在“旧时代”的创作,以及一些左翼作家认为巴金的作品已经落伍的情形,发生了明显变化③。另外值得注意的因素,是

① 因为巴金的作品有许多读者。冯雪峰在 1955 年第 24 期《中国青年》杂志的“答读者问”栏目中,就当代重印巴金的作品有什么意义,现在的青年阅读时应该采取什么态度,从他的作品中能学到些什么这类问题,作了解答。

② 《和读者谈谈〈家〉》(《收获》1957 年第 1 期)、《谈〈春〉》(《收获》1958 年第 2 期)、《谈〈灭亡〉》(《文艺月报》1958 年第 4 期)、《谈〈秋〉》(《收获》1958 年第 3 期)、《谈我的短篇小说》(《人民文学》1958 年第 6 期)、《谈我的散文》(《萌芽》1958 年第 9 期)等。在这期间发表的重要研究论文,有杨风的《巴金论》(《人民文学》1957 年第 7 期),王瑶的《论巴金的小说》(《文学研究》1957 年第 4 期)等。

③ 二十世纪五十年代初,巴金对自己的“旧时代”的作品,有过不少的自我批判。左翼作家丁玲 1950 年在《跨到新的时代来——谈知识分子的旧兴趣和工农兵文艺》中也说到,在“新时代”,不要说冯玉奇、张恨水,就是喜欢冰心、巴金的读者,也应该向前跨出一步。

这次"讨论"的始作俑者,应该是上海的姚文元。他不仅写了引发"讨论"的文章,此后又有多篇文章发表①。这个事实与当时上海的政治—文化激进派别的出现,以及上海文化界内部的权力关系,是否存在某些牵连?需要提到的事情还有,当时发生的美国作家法斯特事件中巴金的表现。1956 年赫鲁晓夫在苏共二十大上所作的反斯大林的"秘密报告"被披露之后,引发国际共产主义阵营的强烈震荡。美国左翼作家法斯特发表公开声明,宣布退出美国共产党。这一事件,遭到当时中国作家的谴责,1958 年 4 月出版的《文艺报》(1958 年第 8 期)刊发了一组声讨文章,其中也有巴金的《法斯特的悲剧》。巴金虽然也批判了法斯特,不过,他的声音没有别人的高亢;他甚至为这位作家的这一选择感到惋惜,似乎还有回头是岸的期盼。巴金的这种对待"敌人"的温情主义,很快就受到批评。

在巴金作品"讨论"开始之后,京、津、山东、武汉等地一些大学的青年学生,成立了多个讨论小组。我所在的班级也不肯落后;我就是一个有七八个人的小组的成员。在此前我们班批判王瑶先生的活动中,我因为暑假执意要回家,大部分活动没有参加。回校后看到同学们已写出多篇批判文章,有的已在《文艺报》发表,有了"临阵脱逃"的惭愧。这次我便想表现得积极点,弥补我的"过失"。于是我便日以继夜地重读巴金的小说。除了"激流三部曲"之外,还有他早期的作品,即"爱情的三部曲"(《雾》、《雨》、《电》)、《灭亡》、《新生》等,它们都是带有无政府主义色彩的革命者的小说。这次阅读的动机、方式和中学时大不相同。这是在事先确定的阐释框架中的阅读,一种非个人的、"公共性"的阅读。在小组不断的讨论中,在阅读其他的"指导性"的文章中,个人可能有的感受、印象,都自觉、紧张地不断加以修改、提升、涂抹,以便达成统一的"正确"结论。作品的思想倾向,它们可能产生的社会政治功能、"积极作用"、"消极作用"——这些成为我们思考、争辩的中心,甚至成为唯一的问题。就像是通过一具网眼细密的筛子,其他的东西都几乎被过滤掉。当然,后来我也明白,这个阐释框架,其实与巴金的文学观并不矛盾:社会革命的能量问题,如巴金所一再申明的那样,始终是他文学活动的最高目标。

这个期间,我们信服周扬在《文艺战线上的一场大辩论》中的论断:个性解放、个人主义在于反封建,在民主革命时期有它的历史意义,到了社会主义革命阶段,只能产生消极、甚至反动的作用。但也不是没有一点疑虑,为此小组讨论经常发生争辩。比如,巴金在处理他的英雄所要逃离、叛逆的家庭、制度时,决绝的同时其实也有保留和温情,内心有矛盾的一面。这种复杂性是表现了巴金的思想局限,还是因为有了复杂性,作品才能感人和具有艺术深度?又比如,对于《秋》(1940 年)和《家》(1932 年)在叙述方式、情绪格调上的某些变化,是巴金思想艺术的后退,还是他取得了重要进展?在这之前,我们曾在东长安街的中国青年艺术剧院看过曹禺改编的《家》。显然,我和另外一些同学更喜欢话剧。但是我们也有些不安,这是否因为曹禺突出、放大了觉新与瑞珏、梅小姐的感情纠葛,而满足了我们的"小资产阶级"不健康情调?最让我们关切的问题是,进入"社会主义时代",一切与"社会主义"观念不同,或稍有偏离的精神产品便要抛弃、否定,那么,历史上还有哪些东西能给我们留下?别的同学不知道,对我而言,对那些要被"清算"的古典、现代"遗产",心中存有许多的依恋。后面这个问题,泄露了我这样的 1950 年代"造反者"内心隐秘的"恐惧"。

因为有了这些疑惑和我们争论不休的"难题",便商议造访一些作家、理论家,寻求"高人"的

① 《中国青年》1958 年第 19 期(10 月 1 日出版)登载了姚文元的《论巴金小说〈灭亡〉中的无政府主义思想》。同月出版的《读书》、《文学知识》等刊物,和上海的《文汇报》也开始出现巴金作品讨论专栏。姚文元后来还写了《论巴金小说〈家〉在历史上的积极作用和它的消极作用——兼谈怎样认识觉慧这个人物》、《巴金作品的讨论,分歧的实质在哪里》等文章。《中国青年》、《读书》、《文学知识》的讨论,从 1958 年开始到第二年的 4 月,共刊发了近六十篇文章。另外,这个时期登载有关巴金作品评价的报刊还有《文汇报》、《文学研究》、《新民晚报》、《光明日报》等。

指点。应该是1958年的岁末。在打听到他们的住所或办公地点之后，便贸然前往求见。先后见面的有楼适夷、曹禺、林默涵诸位先生。杨晦、吴组缃先生就是北大的老师，当然不会有什么困难。楼适夷先生是太阳社和“左联”的成员，1958年是人民文学出版社负责人。我们想了解《巴金文集》的规划、出版情况。不过，当时见面的情形，现在已经毫无印象。曹禺先生住在一所四合院里，他将我们让进狭小的书房。记得有冬日的阳光照进屋子。他温和亲切，但话不多，看得出有可以理解的戒心。他和巴金是好朋友。对于我们的提问只是回答说：我们（指他和巴金）都是从这样的家庭里出来的，总会有割不断的千丝万缕的感情纠葛。对于《家》的改编，他强调的是戏剧和小说在艺术上的不同。到了沙滩中宣部的传达室，我们提出访问林默涵同志，他当时任中宣部文艺处长。通过电话之后不久，秘书身份的女士急促来到门口，领我们小跑般急促穿过红楼，穿过民主广场，来到落成不久的中宣部大楼。林默涵先生最关心的，是周扬不久前（12月的一天）在北大办公楼礼堂作的演讲的反应。我们当时并不知道，这是当年周扬提出的建立“中国自己的马克思主义文艺理论和批评”的组成部分，演讲的题目就是“建立中国的马克思主义美学”。演讲中对1958年“大跃进”处理文艺与政治的简单关系，曲折地提出批评。但我们对这一切懵懂无知，不免答非所问。不过对于我们的巴金评价问题的提问，他也没有正面回答，只是含糊其辞地说，作品都是可以讨论、可以批评的吧。他对当时开展的批判“资产阶级”作家、学者的运动，也没有表现出我们意想中的积极支持态度。谈话间他突然提到郑振铎。说对郑振铎先生学术的批判，周扬同志心里很不安，本想等他回国后当面解释，让他不要放在心上的，可是已经不可能了。“不可能”是因为郑先生率文化代表团出国访问，10月17日因为飞机失事遇难。这番话是否是一种暗示，我们不得而知，但当时大家都沉默无语。

对于我们的这次行动，在很长时间里，我都以为最后是不了了之，文章并没有写出。直到最近查对资料，才发觉我的记忆有误。一个能够解释这个错误的理由是，在1958年12月底，《诗刊》社的徐迟先生提议在寒假里集体编写《中国新诗发展概况》，我便离开了巴金作品讨论小组，和高我们一个年级的谢冕、孙绍振、孙玉石、殷晋培，还有同班同学刘登翰，带着铺盖和从图书馆借出的几百部诗集，住进作协和平里宿舍的一个单元，开始了另一次无所畏惧的“造反”：用“东风”与“西风”，“主流”与“逆流”的“两条道路斗争”线索，来“清理”中国的新诗历史。

三

我第三次集中读巴金的书，是二十世纪八十年代末到九十年代初那段时间；主要读的是当时反响很大的《随想录》。阅读的动机虽说也有想从中得到释疑解惑，但在很大程度上是“职业”的需要。我在学校上“当代文学”课，在八十年代的思想、文学潮流中，《随想录》是重要文本，不能视而不见，必须向学生提出可供他们参考的分析。当时的情景是，社会转型的迹象已经出现，政治、意识形态热情开始“衰退”。“当代”经历过许多挫折而产生失败感和悲剧意识的知识分子，出现明显的分化。主流的启蒙思潮受到质疑，知识分子的精英意识和“代言”姿态，被认为是一种虚妄的幻觉。从文学界的状况说，“回到文学自身”代替“干预生活”成为主要口号。分析起来，这时的“纯文学”的诉求自然有着“政治”涵义，它隐含了削弱、挣脱当代政治对文学禁锢、困扰的努力。但是从知识分子的现实取向上看，则反映了他们中相当部分人的“后撤”趋势。这种变化的气候，这种情势产生的氛围，我在当时多少能够感受到。而且，觉得与这种变化之间，似乎存有一种亲近感。虽然自己不愿承认，但这肯定与怯懦的性格有关。这些，当然制约着我对《随想录》的阅读。

从《随想录》中，我有许多的感动。首先是巴金对亲人、朋友的真挚的情感。这是贯穿巴金所有作品的动人的元素。这种感情天然而又“简单”，而且持久不变。在笼罩着悲观主义迷雾的现代，这难能可贵地表现了他对人类基本生活及其前景的信心。有的时候我甚至偏执地认为，《随想录》中有了这些篇章也就够了,虽然它们有的写得过于伤感。但巴金当然不会这样想,大多数读者对巴金也不限于这样的期待。关切人类未来的胸怀和责任心,促使他反复向我们提醒:历史中仍有许多"债务"没有了结,有许多真相还未揭示。毫无疑问,"抵抗遗忘"是他不厌其烦宣讲的中心话题。这也是他作为二十世纪中国重要作家的标志。另一点让人感动的,是关于个人在历史中的责任的问题。生命与"当代"历史重合的许多写作者,在八十年代纷纷以虚构,或以纪实方式来反思"当代史"。他们勇敢地承担起揭露、控诉的责任,有的则塑造自己的被迫害者的受难角色。不过,像巴金这样的严格自省的写作者,确实还不很多见。因此,我通过对若干作家的文本的比较,讨论了八十年代个体在"历史反思"中的位置、态度问题,并杜撰了这样的"类型分析":有虚构了空洞化英雄以回避自省者;有如堂·吉诃德临终时从"英雄"幻觉中清醒者;有通过自审以重建启蒙责任,从公众和自己内心那里重新获得"文人英雄"的资格者。巴金正是后面的这一类人。

但是我那个时候读《随想录》也有感到困惑或不满意的地方。我们应该将《随想录》看作是什么性质的文本?听课的学生也提出相似的问题。如果是"文学"文本,那么,其中不少文字在"文学性"(假如我们还相信有"文学性"这个东西)上有明显欠缺;如果当做"公共知识分子"的社会文化批判的记录,那么,对于现实、历史问题的讨论深入,似乎还有更多的期待。举例来说,我不认为巴金在二十世纪五六十年代都是处于失去独立思考能力,在各种压力下讲违心话、做违心事的情境下的。他在"当代"的不少时间里有崇高的地位。他对"新时代"曾经有过的礼赞也应该是经过"独立思考"、发自内心的。它们并不完全是外部力量所强加,从一个方面看,他的选择与他所一直坚持的历史观有紧密的逻辑关联。是的,对于我们生活的特定语境,"讲真话"是艺术和历史叙述的至关重要的前提,但也肯定不是问题的全部。

至于说到"文学性",记得当时香港的一个读书杂志《开卷》,曾登载当地大学生的文章谈到《随想录》艺术的欠缺。这引起了内地一些作家和巴金研究者的不满,甚至愤怒。我当时的同情是在那些学生方面。我不能理解的是,为什么指出《随想录》艺术的不足就是犯了大错呢?巴金对这个批评的反应,是他的"我不是艺术家,我只是有话要说"的再次重申。我知道,从二十年代《电》的前言开始,他就一再表达了他以艺术承担社会使命,而无暇、没有心情考虑艺术形式、技巧的观点。这当然是艺术家的一种选择和艺术观的表白。但这不应该成为回应批评的根据。巴金其实并非没有考虑艺术、形式的问题。而且,在读者的心目中,能够想象巴金还有文学家、小说家之外的其他身份吗?

在八十年代末的"当代文学"课堂上和随后出版的小书《作家姿态与自我意识》中,我自以为聪明地提出、讨论了这些问题。除了艺术和社会关系之外,也谈到人道主义的社会理想的力量和限度等。但问题可能是,在我们这个时代,深刻、冷静、知道限度的聪明人并不缺乏,而巴金这样的一如既往的"傻子",却实在过于稀少。当时读《随想录》的时候,我也读着德国作家黑塞、伯尔、格拉斯的一些小说。在看待、处理历史的"灾难性"事件上,他们之间,他们与巴金之间当然存在许多不同。不过,也可以看到那些可以被称为"重要作家"的相似的基本点。所以,在课堂上,我挪用德国一位批评家谈伯尔的话,来谈写《随想录》的巴金:他的作品会有失误,艺术上也有欠缺,但他的生活和著作决无欺骗。他正直,正直得近乎憨傻。过去常说作家是民族的良心,现在听起来已经过时。但巴金的为人和写作,使这句话重新被我们相信……

四

不过,巴金的离去,也确实象征一个文学时代的结束。近年来文学界热衷于"新文学终结"这个话题。虽然对"终结"人们各有自己的理解,但是文学形态及各种形态的关系,和"五四",和五六十年代,甚至和八十年代的不同,却是不争的事实。巴金的去世也许就是这样的一个“宣告”,巴金“遗产”在这个变化的文学时代,意义在何方?都是留给我们的问题。前些日子,东京大学的尾崎文昭教授在北大中文系就这个问题做学术讲演。提问、讨论时,主持人钱理群教授问我有什么话要说。我说想向尾崎先生提一个幼稚的、与学术无关的问题:当你在说“新文学终结”的时候,你是快乐,还是伤感?这个提问引起一片笑声,以至于我没能听清尾崎的回答。在场的青年教师王风的话倒是听清楚了:“这个问题要反过来问洪子诚老师才对。”

在我这里,一个值得敬重的个体生命的终结,和一个同样值得敬重的文学时代的终结,都是会让人长久伤感的事情。

2005年10—11月

《南方文坛》2006年第1期

热血浇灌的丰碑——送别巴金

——舒　展——

七十多岁往上的我们这一代人,几乎都受到巴金作品的影响和培育。当这些人写自传谈起为什么参加革命时,总会提到两本书:《大众哲学》和《家》。觉慧毅然抛弃旧家庭奔赴革命的行动,成了我们向往的榜样。

上世纪四十年代初,我正在重庆南岸上高小,每周六必定返城看话剧。我看了金山、张瑞芳主演、由曹禺改编的《家》;三少爷是舒强扮演的。觉慧对封建势力的仇恨,对鸣凤的挚爱,对觉新的鼓舞,给我留下了爱憎分明不可磨灭的印象。舒强把觉慧(绝不同于周冲热得幼稚可爱)的革命热情演绎得极富燃烧力(此公不久奔赴延安导演《白毛女》)。《家》中的冯乐山是道德学会的会长,但却以虐待小妾为快乐。巴金对封建势力血淋淋的揭露,同他1979年之后在中国振臂高呼“我们还需要反封建”是一脉相承的。鲁迅在《答徐懋庸》信中说:“巴金是一个有热情的有进步思想的作家,在屈指可数的好作家之列的作家。”(《鲁迅全集》第六卷第536页)巴金以他的人品与作品,证实了鲁迅在六十九年前的论断。

拨乱反正以后,巴老大声疾呼:“要敢于讲真话。”他说:“我写小说写得很少,但是我探索人心的习惯却没有给完全忘掉。运动一个接着一个没完没了,每次运动过后我就发现人的心更往内缩,我越来越接触不到别人的心,越来越听不到真话。我自己也把心藏起来藏得很深,仿佛人已经走到深渊边缘,脚已经踏在薄冰上面,战战兢兢,只想怎样保全自己。十年浩劫……说谎的艺术发展到了登峰造极的地步,谎言变成了真理,说真话倒犯了大罪。”巴金的《随想录》是他把心交给读者,进行自我解剖坦诚忏悔的真实记录,是巴金晚年又一个伟大的里程碑。

1981年我有幸在国务院招待所对巴老进行专访。蒙他惠允亲笔题词:“不是我们带着你们走路,是你们推动我们前进。”

《新民晚报》2005年10月23日

激流尽处应是黎明

——陈思和——

昨天，我在巴金先生的病房里，默默看着呼吸愈来愈困难的老人，想其一生走过的道路，心里忽然跳出两句话：

寒夜前头仍须随想；

激流尽处应是黎明。

巴金先生去世，我想用这两句话作为挽联，代表上海巴金文学研究会献给老人的在天之灵。这两句话是用来概括巴金先生一生所努力追求、呼喊、实践的理想主义文学道路。回顾巴金先生一生，从一个有信仰的社会活动家，到卓有成就的著名文学家，晚年又是一个撰写《随想录》反思"文革"教训的社会良知，始其社会运动终其社会批判，他一生中最大的关怀目标，就是中国社会将如何健康地发展，中国人民将如何合理地生活，用"忧国忧民"四个字来形容巴金先生的一生，并不过分。但是，巴金先生在社会理想方面期望甚大，收效甚小，他自己也因为理想的遥不可及而一度陷于深刻的痛苦之中。1929年初他发表第一部长篇小说，写的是"无边黑暗中一个灵魂的呻吟"，1946年巴金写完最后一部长篇小说《寒夜》，最后一句是："夜，的确太冷了。"这可以说，是他的心灵历程的一个写照。正因为他有太多的痛苦和感情，他需要倾吐和宣泄，才成就了他在文学创作上的特殊贡献。我在十多年前出版的《人格的发展——巴金传》里说过这样的意思："1930年以后，他成为一个多产作家而蜚声文坛，拥有了许许多多相识与不相识的年轻崇拜者，但这种魅力不是来自他生命的圆满，恰恰是来自人格的分裂：他想做的事业已无法做成，不想做的事业却一步步诱得他功成名就，他的痛苦、矛盾、焦虑……这种情绪用文学语言宣泄出来以后，唤醒了因为各种缘故陷于同样的感情困境的中国知识青年枯寂的心灵，这才成了一种青年的偶像。巴金的痛苦就是巴金的魅力，巴金的失败就是巴金的成功。"由于这样错杂相交的命运安排，巴金成为一个二十世纪的文学巨匠，他的创作成为他安身立命之本，他用他的笔来努力表达他对社会、对时代，以及对个人人生道路的理解和反思，从他所创造的文学世界里，我们可以看到他的全部认真思索。

我用了四种文学作品的名字来概括巴金先生的一生。

《寒夜》和《随想录》是巴金先生一生两个历史阶段中最重要也是最优秀的作品。《寒夜》发表于抗战胜利以后，他为诅咒旧的社会制度投出了最后的标枪。他描写了一个小公务员家庭的破裂和生命的毁灭。他的笔下呈现出两个现实世界：一个是充满金钱、欲望、感官享受的浮华世界，一个是弥漫着贫困、疾病、家庭不和的阴暗世界，女主人公是个精力充沛、感情洋溢的人，她终于在贫困和金钱之间做出了自己的选择。巴金没有谴责女主人公，只是默默地送走了重病死亡的丈夫，把心灵的孤独留给了她。人生总是会有一点遗憾的，哪怕你已经有了金钱和安定的生活。像这样的弱势者的家庭破裂的故事，现在社会里大约也不会太少发生，但是巴金先生即使在当时也没有从道德判断上为他的主人公指明未来的出路，他用了近乎于缱绻的笔墨诉说了感情深处的矛盾和选择的痛苦，他同情重病的、善良而绝望的男主人公，指出了这样的人已经没有出路了。巴金先生当时说了一句令人心碎的话：重病的人连一口痰也没有力气吐出来了，还能呼唤什么？所以他要说，夜，的确太冷了。所以当这样的时代即将过去之际，他不能不对于未来中国的巨大变革抱有某种希望，他要看一看中国还能变得怎样，这是他后来热情讴歌新的社会生活的思想基础和出发点，从本质上讲仍然是他所期待的"万人享乐"的大同理想社会的一种变幻式的想象。但是后来的历史发展证明，尤其是"文革"的浩劫和教训，巴金先生早年的理想仍然是遥远的，于是他放弃了对乌托邦理想的期待，着力于对现实历史的反思，对自己曾经走过的道路的反思，甚至自我批判。这就有了提倡讲真话的五卷大书《随想录》。这是巴金晚年最重要的著作。巴金先生非常崇拜他的先驱者、俄罗斯著名理论家克鲁泡特金，克氏在十月革命后从西欧返回祖国，积极参加新社会的建设，后来发现在新的革命政权取得胜利以后，更需要有新的精神伦理的建设，于是埋头著述，在去世前完成了《伦理学的起源与发展》一部大书；巴金先生深受他的俄国老师的影响，在他晚年认真反思了“文革”教训以后，着力于五卷《随想录》的写作，企图从精神伦理上自我忏悔，建设新的精神世界。巴金先生的著作的深刻性和当代性，在今天金钱万能的滚滚红尘甚嚣尘上的时候可能被遮蔽一时，但它们终将会被人们所认识，被关心社会健康发展和敢于探求真理的人们所认识。

“激流”是指《家》《春》《秋》三部曲，这是巴金先生最重要的三部书。关于这部大书的主题已经有许多阐述，但我觉得最重要的，还是对于青春、生命和爱的歌颂。巴金先生自己说过，他是“五四”运动的产儿。巴金先生出生于1904年，他十四五岁时正值“五四运动”狂飙乍起，他的整个成长经历都离不开“五四”精神的影响。巴金先生的一生完美地体现了“五四”运动的精神，也就是青年的精神。他坚持真理、坚持自己的理想，在追求理想中显示出了强大的生命激流。应该说，这种精神也是当时那个时代的总体风格、是一代年轻人的精神。正是因为这种追求真理、追求理想的饱满的生命状态，我觉得巴金先生活了一百多岁也仍然是个年轻人。我二十多年前在大学时代起就开始阅读巴金研究巴金，当时我见到了七十多岁的巴金先生，他在我心中的印象永远停留在那个时代。巴金的精神是属于青年的，巴金先生的逝世也象征着这一青年时代的消逝。今天很多人不理解巴金，认为他的作品比较单纯肤浅，这实际上是我们今天这个时代丧失了青春的热情，被现实功利和斤斤计较遮蔽了眼睛，看不到人是需要有青春活力、需要有朝气蓬勃的理想和热情的。但是我相信只要人类社会还需要用青年的力量来创造未来世界，那么，巴金先生所描写的青春生命的激流是永远也不会过时的。

第四种《黎明》，是一部不存在的书。这是巴金继《灭亡》、《新生》以后曾经计划的第三部作品，写的是乌托邦理想社会的到来。但随着社会的严酷性日益加剧，巴金先生放弃了这个理想，但我想，巴金先生所向往的理想社会他是不会轻言放弃的，在巴金先生的晚年，我与他多次谈及过他的理想社会，他都回避开去，用智慧的眼睛明亮地看着我，总是说，以后再说，以后再说，现在做不到……现在，巴金先生，您已经进入“以后”了，您所期望的理想社会，您可以放开胸怀来诉说、来描绘、来讴歌了吧？您智慧的眼睛看着我，使我至今不能忘怀您的眼神和您的微笑。您的生命激流是停止了，但您的前面所展示的，应是这一片灿烂的黎明景色。

2005年10月17日晚

《文汇报》2005年10月19日

业已铸就无限

——陈忠实——

巴金谢世了。即如巴老这样罕见的长寿百岁的作家谢世，我还是惋叹生命之短促。巴金是中国新文学的开山者和奠基人之一。巴金天赋的文学智慧峭拔于整个新文学潮流之中。巴金的作品业已成为中国新文学库存的压山经典，是我们民族可资骄傲的精神财富。以《家》为代表的长篇小说，敏锐、准确而又深刻地揭示出从封建桎梏下走向新生的中国人的心理历程，封建政治封建思想封建道德网织下的中国人的心理结构和心理形态之种种，觉醒者冲破这桎梏这网织之痛苦之勇毅，尽管只是一个家族一个家庭，却铸就了一个时代中国人的典型。大的社会变革有历史教科书可循，而人的精神和心理更新复壮的历史性过程，我在巴金的小说里如亲历般地领略感受到了，那座封建老厦倾塌过程里中国男人和女人、老人和青年的呼吸和脉象。在我理解，这就是时代精神，一个特定的至关重要的中国历史大转折时代的精神。参与过这个时代历史性变革的人数以千万计，经历过这个历史性过程的作家也不少，而真正能以小说记录下这个不会重复的历史性变迁的作家巴金，便铸就了不朽。他的作品已经成为这个民族精神复兴复壮的历史过程的最准确最生动也最宏大的声响和映象，无可企代。

阅读巴金的小说，远远超越了纯粹的文学欣赏的意义，更不是那个时代有闲阶级把酒品茶所可赏心悦目的兴趣性阅读，而是对封建专制封建道德的挑战和呐喊，裹挟着新生世界强大的冲激荡涤的力量，震撼警醒着“铁屋”里一个个麻木的灵魂。我的印象里，那个时代无以计数的青年，就是在读过《家》等小说后，断然与旧世界旧秩序宣告决裂和背叛，寻找新的生活道路，追求人生的新的理想，走上革命道路的。巴金的作品影响了一代又一代的中国青年，就是从思想和精神启蒙的意义上达到其不朽的意义的。即使到上世纪六十年代初，我读《家》《春》《秋》《雾》《雨》《电》等小说时，依然感受到深刻的启示。

巴金的道德、良知和人格，堪为楷模，高山仰止。他在经历过十年“文革”灾难之后的反省精神，不仅是一个作家自我道德和人格的完善，更是为着一个民族和国家未来发展的刻不容缓的责任心。他的《真话集》《随想录》，又一次使谎言鬼话肆虐许久的中国人受到警示。巴老直言不讳地阐明文学创作的意义，“是为着扫除人们心灵里的垃圾”。这对目下的我们所置身的文坛，更具切实的意义，作家不仅不能给生活制造垃圾，而是要荡涤人们心灵里的污秽；作家要扫除别人心灵里的垃圾，首先得涤除自己灵魂世界里的不干净的东西。

人的生命是有限的。作家巴金生命的意义，依他不朽的著作，业已铸就了无限的活力。

2005 年 10 月 21 日　二府庄

《新民晚报》2005 年 11 月 1 日

他是一种象征

——熊召政——

刚刚听到巴金老人去世消息，虽然早有心理准备，但依然震惊。毕竟，代表了一个时代的文学巨匠，我们敬爱的巴金老人，这一次却是真正地离开了我们。

我昨天刚从成都归来，在那里，在四川省作家协会组织的一次读者见面会上，我说：“我有两个天然的文学氧吧，一个在四川，一个在浙江。”每年，我都不止一次地到这两个地方旅行，去感受、领略两地的山川风物，人情流俗。这两片土地，世世代代，都是文学的沃土。古代不说，单说新文学开创以来，浙江出了鲁迅、茅盾、徐志摩、郁达夫、戴望舒等震古烁今的大家，而四川也出了巴金、李劼人、沙汀、艾芜等卓尔不凡的人物。记得那天去造访成都近郊的李劼人先生故居，看到一张拍于上世纪八十年代初的照片，是沙汀、艾芜二位陪同巴金前来这里缅怀故友的合影。我当时感叹地说："这四位老人，只剩下巴金一位了。"没想到几天之后，巴金老人也去了永恒的天国，与他的文坛故友们重逢去了。

毋庸讳言，时下中国文学正日益边缘化。这一方面反映了时代的进步，另一方面又深刻反映了物欲主义对文学的伤害。此情此景之下，作家精神生态遭到了严重的破坏，他们被迫放弃或有意回避为民族思考的责任，因此，他们的快乐和伤感，躁动和忧虑，已不再成为时代的风景。这时，作为上世纪最后一位文学大师的巴金老人，也离我们而去，我们对他的感情，不仅仅是一种怀念。

多少年来，在中国文学界，巴金这两个字，已成了一种象征，他代表了正义、善良、一种永不懈怠的忧患意识、一种愈挫愈勇的社会责任。上一世纪的巴金的同辈作家，似乎都有这样一种令人景仰的风范。明末清初，一位有名的诗人活到七十多岁去世。时人评价他"如果他四十岁死，是烈士；五十岁死，是名士；六十岁死，是弄臣；七十岁死，是小人。"由此可见，在特别看重气节与操守的中国，有时候，长寿并非是一件幸事。但巴金绝不是这样，从他步入文坛的那一天起，他就一直抱有积极的、健康的人生态度。他虽然不是那种狂飙突进、标新立异的人物，但他却有着锲而不舍、大志弥坚的精神气象。虽然他的文学成就是一座丰碑，但他的人生更是一座云蒸霞蔚的巅峰。愈到老年，愈加灿烂。他的《随想录》中的每一个字，都是一颗闪光的星辰，我们可以从中望见文学的尊严与人格的魅力。可以说：如果巴金六十岁离开了我们，他是一位著名作家；七十岁离开我们，他是一位大师；八十岁离开我们，他是一位伟大而朴实的人；他现在离开我们，便成了一种象征。他的道德情操，云水襟怀，如同他故乡的巴山蜀水，不仅瑰丽，而且隽永。

10月17日于武汉

《文学报》2005年10月20日

巴金，首先是道德巨星

——毛志成——

在巴金老人已经走过整整百岁的人生之旅时，国人仍在虔诚地祈祷他长寿，愿其继续将生命延续得更久些。我相信，有这种愿望的人很多很多，包括文人也包括许许多多不是文人的人。因为即使没有读过或读过很少巴金作品的人，大都从各种渠道知道巴金是个善人，待人诚恳、谦和，没有文人特别是名人的傲气。为此，谁不愿意他更加长寿呢？但巴金先生也曾有一句戏言播布于世："长寿是一种折磨。"当时，我们并不完全理解巴老话语中的深意，至多只是想到不少的老人常常具有的心理：不愿承受病痛的折磨。

但是，在看到巴老近于慈佛式的笑吟吟照片时，我越发觉得巴老的戏言无非是戏言而已，没有任何被病痛折磨的痕迹。他在电视中偶尔出现时，人们见到的，依然是巴老那种既慈祥又大度的无忧之笑。哪里又有什么"受折磨"的意味？

我也曾在电视中看到巴老的另一个画面，听到巴老说的另一句话。看了和听了之后，我的心里还是产生了别样的震动。那个画面是：巴老回乡时，一个小孩子将（大约曾经落了地、沾了泥的）一块糖递到巴老口前，要他吃。别的亲友示意小孩子：糖脏了，别给老人吃。巴老不仅将糖放在口中吃了，还强调说："小孩的东西从来不脏。"

面对此情此景，我的眼睛湿润了，流下的泪水也是热的。以巴老那样有超深思想、超大情感的顶尖级智者，能说出“小孩子的东西从来不脏”，我们无疑不能做通常性的理解。我们完全有理由这样理解：巴老从年轻时代，从走上文学道路之始、至终，就对真正干净的事物和不干净的事物进行了揭示。对真正干净的事物，习惯于做出诚心诚意地宣扬和讴歌；对不干净的事物，也始终如一地进行批判和击打。尤为难能可贵的是，正像巴老年轻时的恩师鲁迅先生说的，他虽然时时解剖别人，但更重于解剖自己。巴老本人也是这样做的：勇于正视自己内心世界的“不净之物”，并敢于将自己的心晾晒在阳光下。巴老晚年写的多卷《随想录》，就是永远闪光夺目的文字纯金！

巴老纯在哪里呢？头一条就纯在心灵的干净。在前几十年的不干净社会中，巴老也被迫地染了一点污，但最后高低用他真诚的忏悔之情洗净了。

所以，我们有理由祝愿巴老和他那颗晶莹夺目的心永远闪光。然而在2005年10月17日19时06分，巴金这块用纯金铸成的道德星辰，陨落了。

他逝世后，许多报刊都登载了“巴金简历”。巴老的头衔可谓多矣，我都尊重。但我首先看重的事是：2003年11月，国务院授予巴金“人民作家”的荣誉称号。世上的作家太多太多了，有火爆之名的近年来更是多了起来。但被世人、被国人由衷公认为“人民作家”，这才是最高的盛誉。什么才是真正名副其实的人民作家呢？我看至少要有一个大多数人都认可的标志。这就是：他不是民上之人、民外之人，尤其不是民疏之人、民厌之人，而是民中之人、民爱之人、民敬之人！对此，巴老当之无愧！因为他首先尊重民心，顺应民心，并将民心结晶为自己的道德良心和文化良心。

“文革”十年中，承受了苦难的文人（包括作家、诗人、学者）很多，似我这样的普通文人也未脱厄运。时过境迁、风向大转之后，也有不少人（尤其是名人）只是做了对苦难的控诉者或哭诉者，甚而渐渐将昔日的苦难转化成了今日的“资本”。除了提职升迁之外，还有的醉于膨胀自己昔日的如何卓尔不凡，如何有独立的思想和见识。我本人也曾有过这样的低级趣味和庸陋习气。但是读了巴老的《随想录》，尤其是面对他在多种回忆录式的文字中饱含着的自愧自忏之意，我们只能为之汗颜。知耻近乎勇，识悔近乎德。正因为灾难而荒诞的年代过去之后，巴老没有将自己的回忆写成英雄式的回忆，奇人式的回忆，而是老老实实地承认自己也曾有过卑怯式的意识与行为，故而我们尤其要说：巴老是大勇之士，巴老是大德之人！将巴老定评为作家的楷模、人民的良心，是历史的公正选择，是中外亿万读者的最终判定，也是文明日趋理性化的重要标志。

巴老无疑是文学巨匠，有一千多万字在文学史上永远闪光。但若想把巴老之灵送到天上的什么殿堂，我还是以为首先将其送入道德殿堂。这是因为：巴老不仅是以多彩之文载大德之道的笃行者，而且是古今“文人无行”通例中的例外之一。这个“例外之一”，还应当排位靠前。

最后就要说说巴老戏言中说的“长寿是一种折磨”了。这不是戏言，而是深言、精言。作为真正有大德大智的卓人，且又是专搞精神专业的，没有一点“受折磨感”是断难成圣的。要想成圣，非但要频频体验客观世界中种种有违真善美（包括十足假恶丑）属性的事物的精神折磨，还要承受主观世界中种种自憾、自愧、自悔、自修的情感折磨。真佛，都是在苦修、苦行中成佛的。真圣，也必须是在饱尝“修道之苦”中成圣的。文人也如是，整日里轻轻松松地自娱自乐、自宠自醉，而又始终没有感受到任何因自知、自强而产生的自我折磨之意，断无出息！巴老当年的文学作品，晚年的回忆录式、随想录式作品，笔墨中大都饱蘸着浓重的真实热泪和修文时付出的大量血汗。不逃避自我折磨，并用这种自我折磨换来人民的少受折磨，这就是文化圣人的基本品格。巴老就是依此，最终修成了“人民作家”的正果。

现在是“星”的世界，“星”的社会。只要想推出“星”、捧出“星”、自封“星”，用不着太费力，就可造成“群星灿烂”的局面。但是，常识告诉我们：行星自己是不发光的，它的光是从恒星的光源中折射出的。巴老是恒星，是巨星，他发出的光，是大德之光！

《济南日报》2005年10月21日

纪念巴金先生

——尤凤伟——

朋友来电话讲了巴金先生离世的事。这消息突然又不突然。心中为之一沉,也思绪绵绵。不由想起两年前的一个夜晚突然接到上海某报的电话,说巴老病危将不久于人世,希望我能提前写一篇纪念文章,以便在第一时间见报。我没答应,我觉得"提前"写这种纪念文章有所不当,是对巴金先生的"失礼"。尔后又知道巴金先生从死神那里脱身,便大有释然,同时也对巴老肃然起敬。我一直认为一个人能活过百年,那是需要很大心劲的,不是一般意志薄弱、心胸狭窄、患得患失者所能得。仅此一点长寿便值得让人尊崇,更何况巴老经历过种种人生磨难而仍具坚韧顽强之生命力,这就更让人仰视与顶礼了。现在巴金先生走过百年,从容而去,给人们留下无尽的想念,我想人们对巴金离去的悲痛会随着时光的流逝平复,而巴金的意义却会永存。我默默体察自己内心的情感,我知道自己是尊敬巴金先生的,这尊敬包括着对他的文学创造,他的大家风范,他的睿智清醒,他的自省自重的崇尚以及对他的忍辱负重无助无奈的体谅。可以说在当今的中国文坛,像巴金先生这样值得尊敬可做师长的人并不多。当巴金先生晚年举起的"真"字旗呼啦啦招展,而某些在文坛有头有脸自诩为大师者却公然宣称拒绝崇高,油头滑脑,谎话连篇,可谓鲜廉寡耻,无德无行。此情此景中更增添我们对巴金先生的敬重与怀念。

怀念巴金先生,一切尽在心中。我自认为还算是个有自知之明的人,知道自己不具为巴金先生写纪念文字的资格。虽说在文坛也"行走"了一些年,上海也去过无数次,却未与巴金先生谋过面,也没有别的交往。除了知道巴金是《家》、《春》、《秋》的作者,是中国作协主席《收获》主编外,其他所知甚微。因此无法像"知情人"那般写出诸如《我与巴老》《巴金先生二三事》类亲切感人让读者身临其境的纪念文章。如果一定要与巴老"攀关系",那只能说到那本他主编的期刊《收获》了。事实上许多像我一样的作家正是通过《收获》与巴老"神交"的。众所周知,中国有着数不清的文学期刊,面目各异,而让作家看重的不过寥寥几种,《收获》首当其冲。我一直认为,刊物有大有小,如同万物。有的刊物能够造就作家,有的则不能。不夸张地说许多作者包括活跃于当下文坛的"干将",都是通过《收获》走上文坛的,最终实现了自己的作家梦想。有句话叫客大欺店店大欺客,却鲜有人会轻慢《收获》。《收获》在文坛举足轻重。巴金在文坛举足轻重。许多人不知道巴金担任什么职务,只知道是《收获》主编。从某种意义上说,半个多世纪以来一直深居简出的巴老是通过《收获》这座桥梁与文学界与作家连接沟通的,也是通过《收获》对中国文学施加影响的,这影响深厚而久远。就我个人而言,我的许多作品发表在《收获》上,如最近的长篇小说《色》及早些年的中篇《金龟》、《蛇会不会毒死自己》等。而我与《收获》的"瓜葛"也不限于此,不少作品发表后又产生"连锁"效应,比如《金龟》出世催生了我的"石门"长篇系列,有"蛇"(《蛇会不会毒死自己》)出洞又有了长篇《中国一九五七》。我的这几部重要作品,都与《收获》有着关联。因此我要在这里说感谢《收获》,感谢巴金先生。在中国,作家通常会把重要作品给《收获》发表,觉得发在《收获》作品不会"瞎"。这既是对《收获》的认可、肯定,也是对主编巴金先生的信任与礼赞。我认为,即使巴金在二十世纪下半叶为中国文坛什么也没做,只单单办了一本《收获》,仅此已功不可没。现在他已经离开这个世界,离开了我们,渐行渐远,我们会永远怀念他,在心中立一块碑。

愿巴金先生安息。

《作家企业家》2005年12月10日

感念他的仁慈和爱

——阎连科——

一个仁慈的生命在岁月的煎熬中悄然去了，就如一条江河转为溪流最终流进了干涸的沙滩。百年的时间，由汹涌到平静，再由平静到消失，使我们再一次看清了生命的轨迹，看清了生命中仁慈的伟大。

一部《家》这般的作品，之所以今天还被读者所大量地购阅、被论者不断地评述，无论你说黑道白、指深言浅，我们都得承认它还在被我们所记挂和魂牵，而不是日渐地忘怀。这是《家》的生命，也是巴老的生命。巴老的生命使《家》和巴老的其他小说愈发地显出作品中激情的仁慈与爱的伟大。《家》和巴老的其他小说的生命愈发地显出巴老生命中爱与仁慈的不凡。

巴老能够走过人生百年这道罕有人走过的门槛，滋养他生命的想必不光是许多人都有的衣食住行，而更为紧要的，是许多人都没有的对人、对生命和文学的爱。从他的作品中，我们感受到的激情、真爱与仁慈，不光是巴老生命的灵魂，也是他写作的全部。用生命的汁水写成的"忏悔录"，更描绘了一个不凡的生命和一颗伟大的心灵。在那里，仁慈与爱几乎包括、涵盖了一切存在的意义。尽管我们还是能从那些文字中找到一些我们特意要找的瑕斑，就像我们总是能从麦田中找到杂草一样，无论你是多么上好的农夫锄下的田地。可当我们把自己也当成写作者而不是医疗器械时，我们还是得让我们流动的血液发出流动的声音，不得不说巴老在《随想录》中所表现的仁慈与爱，仍然是至今活着的人孜孜渴求的一个境界。

感念巴老，感念仁慈。

10月18日于北京

《文学报》2005年10月20日

哭巴老

——高建群——

巴金大行了。他的死立即让我们感到了因他之死而形成的中国文坛的空虚。没有人可以取代他的。真的没有！他的真诚，他的善良，他的高贵，他的襟怀坦白。这些都是财富，这笔财富值得每一个后之来者继承。

一个作家是什么？在某种程度上，他代表着社会的良知。当所有的人都可以去为一己的私利或集团的私利去狗苟蝇营的时候，作家不能。他要说真话，他要代表上天去安抚那些受苦受难的灵魂。文学的殿堂所以辉煌庄严，正是因为有巴金这样的一拨人曾经存在的缘故呀！巴金是一位世纪老人。他的一生见证了中华民族的二十世纪。二十世纪对于中华民族来说，是一个灾难深重、不堪回首，同时又是一个伟大的、除旧布新的、奋发自强的世纪。巴金经历了二十世纪所有的重大事件。而在这些事件中，他和这个民族同呼吸、共命运，休戚与共。每一个中国人在行走的时候，都会感觉到有一位善面长者在注视着他。这个长者就是巴金。巴金走了，生活还要继续，文学还要继续。"五四"所产生的一代文化巨人，已经凋零得差不多了。后之来者，你们要努力呀！因为有一个标杆就竖在那里，他就是巴金。

2005年10月17日夜急就

《华商报》2005年10月19日

心灵高贵是因为真诚

——格　非——

我不想将伟人、巨匠、大师一类的称号加之于巴金老人，尽管从很多方面来说他的确配得上这些称号；也不想说他是中国的良心之类的话，因为我以为，这样的话，一生谦逊的巴老定然不乐与闻。因为在我看来，巴金和孔子一样，都是属于那种可爱、可敬又平常的老人。看他们的书，时常会恍惚觉得是在和幼时弄堂口的一位长者聊天：他说他的，你可以听也可以不听，他们很少声色俱厉地强迫读者们接受他们的思想或学说，即便在传授知识也会让人觉得，一切尚可讨论、商量。

说到所谓的“良知”或“良心”，我以为它并不为圣贤们所独有。世上的大多数人无论尊卑都具有同样的良知。可惜的是，很多人的良知要么被蒙昧所遮蔽，要么被强权所阻吓，要么被利欲所裹挟，久而久之则酣睡不醒，湮没不彰。巴金之所以有良知，除了勇气和智慧之外，还因其有真性情。真性情不灭绝，必能烛照良知，即便偶尔晦隐亦终能拨云见日。

在中国现代文学诸作家中，巴金小说、文章的真情率性给我印象极深：年轻时偏于抒情唯美，中年虽有挣扎仍不失率真，到了晚年愈加醇厚深笃。他说“文学的最高技巧就是无技巧”，时常为不明就里的学人诟病。其实镂裁至巧而若出自然，铅华洗净而重归天成，本来就是天下文章的一贯理念，更何况，在1980年代，此话非巴金不能道。

章实斋有言：功力有余，而性情不足，未可谓学问也。我想这种真性情也是“文革”后巴金写《随想录》的内在动力。他那颗高贵而敏感的心灵被摧残、压抑得太久了，一旦复苏的心灵有话要说，说出来的就只能是真话。

去年，我有幸在《收获》杂志上读到巴金和一位普通小学教师的通信，信中论及中国的中小学教育，处处闪耀着真知的光辉。读到后来竟至于泪不能止，这样的声音毕竟很久没有听到了。但我想，最让我感动和惊讶的是，久卧病榻、足不出户的老人，竟然能明白当今孩子们的所思、所想、所忧、所苦。我想这只有一种解释：耄耋之年的巴老仍然有一颗赤子之心，这颗心和孩子们的心是相通的，他是孩子们最天然的朋友。

巴金先生离我们而去了。随着这个时代越往前走，我们将会越来越感觉到他的珍贵，并越来越怀念那些属于他的勇毅、仁厚、智慧以及种种美德。

《解放日报》2005年10月24日

君自千秋照，人谁百岁看

——肖复兴——

巴金去世了，这消息的到来，并不让我吃惊。他活了101岁，应该是长寿，是喜丧。巴金自己早就说过："长寿是一种惩罚。"按照中国的古话是：寿多则辱，这个辱不是耻辱的辱，人为加给他身上的荣誉已经够多了，这辱说的就是痛苦。现在，巴金解脱了，祝愿他升入天堂，和妻子萧珊相会，再没有人打搅他。

我是没有资格对他的文学成就和他对中国文坛的影响说三道四的。作为读者，我喜爱他"蘸着自己的心血"写出来的作品，那里洋溢着善良、真诚、正直、朴素和广博的爱。我敬重他"揪出示众的首先是自己"的忏悔的勇气和品格，这是我们中国文人尤其缺乏的。他便和那些曲宦巧学、媚世苟合、争名于朝争利于市、乃至棍子棒子搅屎竿子之类的文人，拉开了令人瞠目结舌的距离。他自己曾经说过这样的话："我一刻也不停止我的笔，它点燃火烧我自己，到了成为灰烬的时候，我的爱我的感情也不会在人间消失。"现在，他离开了我们，他证明了自己的话，无悔无愧，我们依然感受得到他的感情他的爱。

巴金的时代，是中国文坛一个特殊的时代，是无人可以取代的时代。巴金的存在，让中国作家感到惭愧，因为迄今为止尚未有一个人能够当之无愧地赶上并顶替他的位置。君自千秋照，人谁百岁看？巴金的故去，是巴金时代的结束，不敢说中国文坛将是一个群龙无首的时代，却可以说将是一个怀念英雄的时代，怀念的是巴金自己曾经格外喜爱引证的"用手抓开自己的胸膛，拿出自己的心，高高地举在自己的头上"的丹柯式的英雄。

《南方都市报》2005年10月19日纪念巴金特刊

巴金的提醒

——李　洱——

巴金先生虽以百岁高龄辞世，但我还是感到了悲伤。我们已经习惯于他活着，习惯于他顶立于天地之间，使我们得以享受他的浓荫。如果说鲁迅是现当代文学之父，巴金则是现当代文学之母。我想，即便是不孝之子，也会感受到巴金给他带来的震动。

巴金是以作品影响人，以自己的人格影响人的伟大作家。他的小说虽然大多写于上个世纪三四十年代，但他的作品并没有过时。直到今天，在二十一世纪的激流中，高老太爷依然活在人间，瑞珏和鸣凤也依然活在我们当中。如果要拍电影，导演不需要找特型演员。我感到悲哀的是，觉新这种人物在生活中很少有了。时代确实有变化，但这变化你很难说是正面的还是负面的。梅表姐和瑞珏的痛苦在这个时代都显得非常高贵。

我不能矫情地说，我是读巴金的作品长大的。因为对巴金的作品的理解，确实是近几年的事情。时代给巴金的小说赋予了新的修辞，这是巴金小说的伟大意义所在，也是巴金先生和他那代人的悲哀，而且是我们所有人的悲哀。所以，对巴金小说的阅读，在今天仍然具有重要价值。

恐怕没有哪个还活着的人,比巴金先生承受的痛苦更多。但是读巴金先生晚年的著作,你可能感受到,他并没有恨。我还记得我阅读《怀念萧珊》时,曾经泪流不止。以后每次重读,也都会默默流泪。你流泪了,但你依然没有恨。这是巴金先生晚年的著作带给人的感受。巴金先生首先让人反躬自省。自省曾经是我们民族精神中的重要元素,但后来我们都忘却了。现在,巴金先生提醒我们,在面对自己曾经身陷其中的苦难面前,我们首先要做的是反躬自省。而今,在一种新的文化语境中,巴金的提醒仍然是一种至关重要的道德要求。它不会过时,永远不会过时。

对于上世纪八十年代以后的中国文学甚至中国文化,在相当长的时间内,如果没有巴金,其情形都很难想象。这不仅是指巴金给后来的中国文学提供了道德基石,也是指巴金以自己的伟大存在给中国文学提供了必不可少的发展空间。经历了这个时期的文学史家当然会注意到这一点,但未来的文学史家却未必会留意。

从个人写作来说,我深蒙巴金先生主编的《收获》的恩惠。我是享受这种恩惠的后辈作家中的一个。巴金先生慈祥的目光抚摸着每个人的脸庞,给人起码的血性,必要的良知。而今,即使巴金先生已经仙逝,我还是宁愿相信,因为文学的传承,因为他给文学打造的道德基石和发展空间,这种抚摸还会继续下去,并像血脉一样得以遗传。

巴金先生以古迈之年辞世,他个人的痛苦得以解脱,我们应该感到欣慰。但从自私的角度说,很多人都希望他再长寿一些。对于伟大的人物,我们往往会有这种矛盾的想法。对于作家来说,辞世以后,如果能留下几本书,那是他的幸运。但巴金先生留下的,不仅是几本书。他留下了自己的形象,留下了自己的爱,也留下了他给这个民族的提醒。

《解放日报》2005 年 10 月 24 日

“你们是滚在无边的空间中，我也一样”

——张新颖——

一

好几年前,来自韩国的女生李喜卿在复旦大学读中国现代文学研究生,论文是研究巴金的《随想录》。很多地方不懂,她的导师就一篇一篇地讲解。我跟她聊天的时候,问她,为什么要选巴金做论文呢?因为对于她来说,这实在是困难的。

她回答说:“巴金是我的文学初恋。”

这句话让我一惊,却也一下子就明白了她是从哪里出发走到对一个作家晚年思想的理解和探索的道路上来的,也明白了她为什么要做一个很难的题目。

《随想录》平白如话,可是不容易懂,不仅对外国人如此,对中国人也同样如此。因为它浅显的文字下面蕴藏着丰富复杂的信息。这些信息,不仅仅是巴金对自我喝了“迷魂汤”的严厉谴责和忏悔,对“文革”这样的民族大悲剧的深刻反省;还有另外一个层次。

今年春天的一个周日,我事先没打招呼就敲开了陈思和老师的家门,进来一看,才知道打搅了一个课堂。围坐了一圈的研究生正在讨论《随想录》,我也坐下来听。陈老师说,《随想录》包含着《随想录》写作的时代的信息，而这个方面的信息被忽略了。

我想这是一个重要的提醒：《随想录》不仅仅是关于过去时代的信息，而且就包含了与巴金写作《随想录》同时进行着的时代和社会复杂变化的信息，以及在这个过程中巴金本人的心灵信息。一百五十篇随想录，第一篇《谈〈望乡〉》写于1978年12月，最后一篇《怀念胡风》写于1986年8月，“文革”后的这些年份，中国社会的变化、个人心灵的变化，那是多么丰富、曲折和艰难。

二

六十多年前，在一篇非常短的散文《星》里，巴金写道：“在一本比利时短篇小说集里，我无意间见到这样的句子：‘星星，美丽的星星，你们是滚在无边的空间中，我也一样，我了解你们……是，我了解你们……我是一个人……一个能感觉的人……一个痛苦的人……星星，美丽的星星……’我明白这个比利时某车站小雇员的哀诉的心情。好些人都这样地对蓝空的星群讲过话。”最后，巴金说：“在我的天空里星星是不会坠落的。想到这，我的眼睛也湿了。”

1999年7月28日，经国际小天体命名委员会批准，1997WA22小行星（国际永久编号8315）被命名为巴金星。“你们是滚在无边的空间中，我也一样，我了解你们……我是一个人……一个能感觉的人……一个痛苦的人……”

三

1988年5月10日，巴金的老朋友沈从文去世，巴金让赴京的女儿李小林前去吊唁。一连几天，巴金翻看北京和上海的报纸，想知道老友最后的情况，可是他却找不到这个名字。后来才看到短到不能再短的报道。熟人跟巴金说，领导不表态，不知道用什么规格发表消息。巴金对这样的“规格学”表示了强烈的愤怒。

巴金把他的愤怒写进了《怀念从文》。接着他又写道：“这个时候小林回来了，她告诉我她从未参加过这样感动人的告别仪式，她说没有达官贵人，告别的只是些亲朋好友，厅子里播放死者生前喜爱的乐曲。……没有哭泣，没有呼唤，也没有噪音惊醒他，人们就这样平静地跟他告别，他就这样坦然地远去。小林说不出这是一种什么规格的告别仪式，她只感觉到庄严和真诚。我说正是这样，他走得没有牵挂、没有遗憾，从容地消失在鲜花和绿树丛中。”

《怀念从文》写到结束的地方，巴金又陷入到严厉的自谴之中。他是那么清醒——

> “我还记得兆和说过：‘火化前他像熟睡一般，非常平静，看样子他明白自己一生在大风大浪中已尽了自己应尽的责任，清清白白，无愧于心。’他的确是这样。
>
> 我多么羡慕他！可是我却不能走得像他那样平静、那样从容，因为我并未尽了自己的责任，还欠下一身债，我不可能不惊动任何人静悄悄离开人世。那么就让我的心长久燃烧，一直到还清我的欠债。”

经过了漫长的精神的煎熬、衰老的侵蚀、病痛的折磨，巴金，五四新文化的产儿，一个痛苦的老人，终于能够安息了。

2005年10月18日

《文汇报》2005年10月21日

用爱和人格为文学立法

——李建军——

最近几天,人们的目光,全都集中到了"巴金"这个悦耳的名字上,内心充满深深的怀念和忧伤——秋风萧瑟,寒意袭来,巴金走了。

但是,死亡的是他的肉体,而不是他的精神。人的肉体是必然要腐烂的,无论水晶棺材,还是福尔马林,都无法让人类的肉体永世长存。能够不朽的,只能是人的精神——谁都无法扑灭精神的火焰,谁都无法遮蔽心灵的光芒,无论他用水还是用土,用刀剑还是用牢笼。

那么,人们为什么如此爱这个人?为什么会如此尊敬他?仅仅因为他写出了《家》《春》《秋》吗?仅仅因为他是《憩园》《寒夜》《随想录》的作者吗?仅仅因为他用自己的文字打动了无数读者的心灵吗?

这些只不过是他赢得人们爱戴的部分原因。虽然有了这些,一个人足以赢得人们的赞赏甚至仰慕,但似乎还很难让人们像爱亲人一样爱他。

作品是心灵的镜像。人们爱戴一个作家,很大程度上是因为他心地淳朴善良,是因为他像爱亲人一样爱自己的读者,是因为他毫无保留地把心交给了读者。在巴金的作品里,我们就能强烈地感受到他心灵的温热和美好。人如其名,巴金有一颗金子一样的心。虽然,就精神气质而言,巴金是一个敏感而温情的人,有时甚至是一个隐忍而脆弱的人。但是,他从来不是一个自私、狭隘的人,而是一个充满同情心和怜悯心的人。他爱一切值得爱的人和事物。他赋予爱以近乎宗教的神圣感。这是一种丰富的爱,其中既有西方的"博爱"精神,也有中国的"泛爱"情怀。他总是用充满爱意和悲悯的眼光看世界,仿佛所有人的痛苦和幸福都与他息息相关。他说:"在我的心灵中有一个愿望:我愿每个人都有住房,每个口都有饱饭,每颗心都得到温暖。我要揩干每个人的眼泪,不让任何人拉掉别人的一根头发。"在这里,我们看到的,是基督的慈悲,是杜甫的柔情,是一颗真诚而善良的心。巴金在题为《怀念鲁迅先生》的文章中说,"鲁迅先生给我树立了一个榜样。我仰慕高尔基的英雄'勇士丹柯',他掏出燃烧的心,给人们带路,我把这幅图画作为写作的最高境界,这也是从先生那里得到启发的。我勉励自己讲真话,卢骚是我的第一个老师,但几十年中间用自己燃烧的心给我照亮道路的还是鲁迅先生。"事实上,巴金的心也有火的光和热。在这样一个价值脱序、文化拔根的时代,他的心灵之火,也在向我们照亮前行的路途。

长期以来,强调文学与道德的天然关系,强调精神的"伟大"对于文学的意义,要么被当作一种叫做"道德癫痫"的病症,要么被当作面对"先锋"文学表现出来的"怯懦"。文学于是便被姿态"先锋"、观念"前卫"的时髦批评家仅仅当作一种审美的"形式",或仅仅当作一种"纯粹"的艺术。在他们看来,冷漠和残酷似乎离文学更近,而爱、怜悯、善念则几乎是一些反文学的落后而可笑的原始情感。而在他们的文学法典里,"才华"是高于一切的——它凌驾于意义、情感、道德和价值观之上,凭借着作者放纵的想象对世界和人物进行话语施暴。就这样,对人物的怪异的物化性描写,对情节的任性的冷漠化处理,最终使文学由有情之物变成无情之物。然而,在巴金看来,文学从来就是心灵的事业,就是与人的爱、同情、救助等善良的情感密切相关的,而作家则应该通过充满道德诗意和伦理自觉的写作,对读者的心灵生活发生积极的影响:"人为什么需要文学?需要它来扫除我们心灵中的垃圾,需要它给我们带来希望,带来勇气,带来力量。"同样,与我们时代的时髦作家和批评家不同,在巴金看来,对写作具有首要意义的不是所谓的"才华",而是真诚而丰富的情感。他说:"我写作不是因为我有才华,而是我有感情,对我们祖国和同胞我有无限的爱,我用作品来表达我的感情。”在这样的文字里，我们看到的，仍然是爱，仍然是金子一样美好的心灵。他的心灵是一面镜子，有助于我们看清自己时代文学的残缺和问题，也有助于我们寻找摆脱困境的方向和出路。

巴金之所以赢得普遍的尊敬，还因为他的人格境界。一个简单而朴素的真理是，与一个人的作品比起来，他的人格更为重要。因为，伟大的作品，是靠伟大的人格支撑起来的。有伟大的人格，不一定会有伟大的作品，但伟大的作品，必然出自伟大的人格。巴金曾经高度评价鲁迅的人格："鲁迅先生的人格是比他的作品更伟大的。"事实上，这句话也适合用来评价巴金。

巴金的人格，是崭新的现代知识分子人格。他是"五四"之子，是鲁迅精神的传人。这决定了他的人格，必然是一种不同于旧式文人的新型人格。他戒除了旧文人的那些令人讨厌的坏毛病：腐朽浅薄的浪漫情调，轻狂傲慢的自以为是，自哀自恋的怨天尤人。巴金虽然也追求个性的自由和解放，但却努力让自己从狭小的个人生活领域里超越出来，关注那些普遍而重大的问题。在他身上，我们可以看到受"五四"精神影响的新型的知识分子共同的伦理原则和道德追求：他们具有高度发达的责任意识，把追求真理、平等、民主、自由当作自己毕生的事业；他们充满热情的利他精神，谋求大众的幸福，关心所有人的精神解放和价值实现。巴金说："我的生活目标，无一不是在帮助人，使每个人都得着春天，每颗心都得着光明，每个人的生活都得着幸福，每个人的发展都得着自由。"这绝不是空洞无物的大话，而是一盏伟大的人格之灯发出的灿烂光芒。虽然，在很长时间里，这种朴实而伟大的人文情怀，先是被暴力倾向和"斗争"哲学所隳损，而后又在功利主义生活理念大行其道的时代，被当作一种过时的价值观受到质疑，然而，我们的社会倘若不想沦为一个弱肉强食的"丛林"世界，我们倘若不想生活在恐惧的煎熬和绝望的折磨中，我们就必须把对狼的"怀念"当作一种消极的情感，就必须放弃对"狼图腾"的错误的崇拜，就必须让巴金式的新型人格成为我们社会的主宰人格，就必须更加清醒地认识巴金对于我们时代的价值和意义。

是的，巴金的人格即使在今天也仍然不失其"新"的性质，仍然具有值得肯定的伟大价值。因为，一个显而易见的事实是，我们社会的人格生态是极为恶劣的。残酷的"改造"不仅伤害了我们的尊严，而且还严重地扭曲了我们的人格，导致了普遍的人格病变的发生。我们不再有探求真理的激情，不再有发现真理的自信。为了远祸全身，我们随时准备放弃自己的观点，随时准备接受被给予的结论。我们察言观色，见风使舵，完全丧失了人之为人的独立个性和自由意志。"五四"以来的现代知识人格，终于被成功地转化为一种似新而实旧的畸形人格。如果说，现代知识人格是给予型人格的话，那么，在我们的现实生活中占据主宰地位的畸形人格则是占有型人格。这种畸形人格有两种表现形态，一种是权力型人格，一种是市场型人格。这是两种在我们的时代颇为流行的人格模式。世故圆滑和唯利是图是它们的共同特点。他们感兴趣的只是自己当下的利害得失，而对抽象的意义和普遍的真理缺乏信心。与之不同，巴金的人格乃是一种给予型人格，是一种鲁迅所说的"吃的是草，挤出的是牛奶"的人格。它与我们时代相当一部分作家的人格构成了有趣的对照：巴金用一颗"现代"的心灵感受着当代的痛苦，我们的一些"著名作家"却把目光从自己的时代移到遥远的过去，移到老庄的静虚境界；巴金把通过写作帮助"每一个人"当作自己的"生活目标"，我们的一些自哀自恋的"著名作家"却只想着如何"安妥"自己的心灵；巴金要用文学给人们"带来希望，带来勇气，带来力量"，我们的一些"著名作家"却通过"私有形态"的"消极写作"把读者拖入黑暗中，让他们陷入被羞辱的境地，使他们丧失生活的信心、勇气和力量；巴金关注那些与我们民族的未来命运密切相关的大问题，我们时代的一些"著名作家"却只关心鸡毛蒜皮的小问题，毫无根据地想象着谁曾送过自己"吃物"，俗不可耐地怀疑谁是不是想通过骂自己"出名"；巴金身体力行地"说真话"，我们的许多"著名作家"却投其所好地说假话、说废话、说空话、说好听话；巴金从来不吹嘘自己，不说自己的作品有多么好，不认为自己的作品会在未来多少年“大放光芒”，我们的一些“著名作家”却习惯于自吹自擂、自卖自夸、自满自得、自娱自乐。人世间有真作家，也有假作家，有大作家，也有“小”作家。“小”作家追求一己之利益，大作家追求大众之利益；“小”作家只看见眼前的微不足道的利害得失，大作家却懂得为民族和人类的前途计深远。与心胸狭窄的“小”作家比起来，大作家的心胸宽广如辽阔的平原；与假作家比起来，真作家是色正质纯的赤金。占有型人格只能造就患得患失、鼠目寸光、妄自尊大的“小”作家，只有给予型人格才能造就像巴金这样的纯真善良、谦光自抑的大作家。

名副其实的真作家情感和人格上的根本特点，全都见之于一个“真”字上。说真话，求真理，表真情，做真人，是真作家所尊奉的最基本的人生信条和道德命令。其中说真话既是最基本的，也是最艰难的。也许是知其难为而又不可不为，“说真话”乃是晚年巴金讲得最多的一句话。虽然这近乎流口常谈的三个字显得平淡无奇，但却包含着重要的伦理原则，意味着极大的实践难度。尽管由于复杂的外部原因，使得巴金不可能在一切方面都表达他的情感和思考，尽管由于性格的柔弱导致的敛抑和忍耐，使得巴金未能在严峻的“考验情境”里像鲁迅那样怒不可遏地拍案而起，像闻一多那样义无反顾地挺身而出，但是，他竭尽全力践行自己的道德主张，尤其对那些与我们民族的文明进步密切相关的重要问题，他从来就不回避说出自己的真实想法。难能可贵的是，他的批判和反思的锋芒不仅指向残缺的外部现实，而且也指向自己的内心世界。巴金有很强的自省精神和自我解剖的勇气。在《二十年前》这篇短文中，他怀着痛苦的忏悔心情，回忆批判叶以群的时候自己的怯懦表现：他跟着人们连声高呼：“打倒叶以群！”晚上睡前，在日记里他也没有表达出对叶以群的同情，“没有设身处地地想一想亡友一家人的处境”。这样的行为，让他许多年后，仍然强烈地体验着良心的不安和道德的谴责。他深刻地反省自己的脆弱和自私：“为了寻找以群死亡的记录，我一页一页地翻看，越看越觉得不是滋味，也越是瞧不起自己。那些年我口口声声‘改造自己’，究竟想把自己改造成什么呢？我不用自己脑筋思考，只是跟着人举手放手，为了保全自己，哪管牺牲朋友？起先打倒别人，后来打倒自己。”鲁迅说过中国人是习惯于“瞒和骗”的。是的，我们的确缺乏直面罪恶和灾难的勇气。面对残缺和问题，我们惯常的做法是文过饰非，敷衍塞责。巴金身体力行地“讲真话”，毫不宽假地解剖自己，体现的是一种敢于面对问题、勇于承担责任的伦理精神，显示出的是一种具有启蒙性质和表率意义的道德境界。席勒在《审美教育书简》中说：“人只要仅仅是感觉自然，他就是自然的奴隶；而一旦他思考自然，他就立即从自然的奴隶变成自然的立法者。”现在，我们要说，一个作家如果把写作仅仅当作写作，仅仅当作写作者一个人的事业，仅仅当作冷漠的、“纯粹”的“艺术”，那么，他就是写作的奴隶，而一旦他像巴金一样把爱和人格当作根本，把“说真话”当作必须服从的绝对命令，那么，他就是写作的体面而高贵的主人，就把写作变成了与人类的幸福密切相关的伟大的事业。巴金不仅成功地让自己成为写作的主人，而且还通过充满温柔爱意和具有人格境界的写作，而使自己成为对当代文学具有垂范意义的立法者。

斯人虽已殁，千载有余情。巴金去了，但他的文字不会死，他的心灵不会死，他的人格不会死——他的精神之火明亮而纯净，将为所有在寒夜里前行的人带来温暖和光明。

《文学自由谈》2005 年第 6 期、

见证巴金悲天悯人的胸怀——写在《第四病室》英译本前

——葛浩文——

要谈巴金的《第四病室》英译本，必须先从已故作家、记者兼《尤利西斯》的中文翻译者——萧乾谈起。每次去看萧老，我们都交谈甚欢，乐而忘返，遗憾的是我不常去。

最佳作品应属"抗战小说"

十多年前，有一次我去北京看萧老时，我们谈起了巴金。记不得我们是在谈巴金那篇感人的《怀念萧珊》，或是巴金想要设立文化大革命博物馆（一个尚待完成的愿望），还是在赞叹巴金长达半个世纪而又深具影响力的写作生涯，后来萧老开始回忆四十多年前抗战时期的种种。

萧老和我都觉得，虽然巴金在中国和国际的声望，主要来自他早期的小说（尤其是《家》），以及他作为中国最有名的"无政府主义者"的名气，但是他最好的（也是叙述内容最晦暗悲惨的）作品，应属于上世纪四十年代末期在重庆完成的。

那时他一共写了三本"抗战小说"（有两本是在抗战结束不久发表的）。其中两本，《寒夜》与《憩园》已翻译成英文，巴老亦被提名诺贝尔文学奖，因此我俩都觉得应该把第三本也翻译出来。萧老就提起了1946年首次出版的《第四病室》，写的是抗战期间，中国医院一些惨不忍睹的现象（1944年间，巴金本人曾在贵阳中央医院住过几个月）。我完全同意萧老的想法，不仅如此，我还答应承担翻译的任务。

翻译《第四病室》的波澜

返回美国时，我发现一本《第四病室》已经在家里等着我，素未谋面的作者也在上面亲笔签名。

那个时候，中国当代文学作品几乎不太可能进入英文出版界，因而我手边的翻译也不多，得以将个人的空闲时间都投入在巴老的小说里。

然而，译了三分之一左右时，我开始接了一些在文化大革命后如雨后春笋般出现的小说的翻译工作。我相信，商业出版社对这些作品的兴趣，是稍纵即逝的，所以不得不暂时搁置《第四病室》在一边。

结果，《第四病室》被束之高阁，翻译完工也变得遥遥无期，一直到我认识孔海立，此书稿才有重见天日的可能。孔海立学有专长，除了在钻研东北作家端木蕻良方面有一定成绩外，他本人更因其父与巴金的友谊而对后者的作品有特别深刻的了解。所以，当海立到科罗拉多大学成了我的学生之后，我就知道这该是重拾旧"译"的时候了。我深知自己要教书、作研究、当翻译，忙碌的情况不允许我全心翻译，因此邀请海立与我合译，他欣然接受；经过多月的合作，终于有成品了。

让我和海立特别高兴、特别有成就感的是，九十多岁高龄的作者本人将有机会看到他在半个世纪以前所写的小说，将以另一个新面貌，与一批对中国抗战时期最悲惨的时刻几乎毫无所知的读者见面。不仅如此，其意义不可谓不重大。

唯一遗憾的是，萧老于年初去世，未能来得及见到《第四病室》的英译本问世。萧老曾说，巴金"是我这一辈子最敬重的朋友，他对我一直爱护有加，宛若兄长"，更让人为迟来的英译本扼腕。

字里行间的悲戚

一如巴金其他抗战后期的小说，《第四病室》的描述十分悲戚。评者 Olga Lang 曾说，在《第四病室》中，"无助的受难者和破坏美好前景的人——无情的官僚、发国难财及一心追求个人利益的人”取代了巴金早期作品中的战士和革命家。

该评者亦指出,在中华人民共和国成立之后,巴金因《第四病室》的悲伤笔调而吃了不少苦头。“为了符合乐观前景的要求,巴金不得不稍微修改故事的结尾,使‘过度理想的’杨大夫得以成功地偷越前线,而不被杀害”。我们的英文翻译则遵循作者创作时的原意,坚持不受“政治正确”的左右。

巴金年轻时的热情,在民国时期风靡了无数爱国青年。但在八年抗战时期,外敌的入侵加上国民政府无法改善百姓的悲苦生活,大大地打击了他的乐观性情,在字里行间也流露出悲观的态度,却因此而招来迫害。真是欲加之罪,何患无辞。

反映人类黑暗面的镜子

论者曾指出,《第四病室》着重的是客观的观察和类似摄影机镜头捕捉的描述,而不注重人物与情节的发展。一如契诃夫的《癌症病房》,《第四病室》透过一系列的插曲来刻画病伤者往往可以避免的痛苦,读者可因此以小见大,得以一窥“当时社会中广大病患的情况”。

第一人称的叙述者不时评论同室病人的情况,同时也抱怨医院当局虐待病人、对病人的痛苦视若无睹。但读者只能分享叙述者的观察,至于上述现象对医院病人与医护人员的情绪及心理的影响,则要靠读者自己分析、归纳出结论。

小说这个文类作为人类社会的一面镜子,捕捉并反映人类的黑暗面,其本质是要使读者在读后惴惴难安的。有时一部小说会把我们带到我们可能不愿去的地方,但我们仍该勇往直前,不管作品本身的教化价值为何。《第四病室》正是一部这样的小说。它不仅见证了作者观察入微的能力和悲天悯人的胸怀,读起来更是扣人心弦,相信读者也会同意。

写于1999年9月,《第四病室》英译本出版前夕

《明报月刊》2005年第11期　林丽君译

一代感伤主义的文学大师

——洪治纲——

巴金先生的去世,无论对于中国文学还是对于世界文学,都是一个重要的损失。

作为中国感伤主义文学传统的集大成者,巴金先生一生都充满了悲悯情怀和忧伤基调。像郁达夫一样,巴金的所有重要作品,几乎都无法排遣来自灵魂深处的感伤,几乎都笼罩着某种疼痛的氤氲。他使中国古典文学中所沿袭下来的浓郁的感伤主义传统,在现代性的意义上再一次获得了成功的彰显。在他早期的“激流三部曲”和“爱情三部曲”等一些重要作品中,虽然带着强烈的理想主义色彩和奔放的叙事激情,但是透过叙事话语的背后,我们也依然感受到浓郁的悲悯和感伤的成分。到了二十世纪四十年代,巴金先生的创作发生了重要的艺术转折,他渐渐地蜕去了早期的某些理想主义激情,把抗争和愤怒慢慢地潜植在人物的心灵内部,以普通平民的生存际遇为叙事对象,更加强化了作品内在的悲剧意味,更加突显了作家的悲悯情怀。

但是,巴金先生的这种悲悯与感伤又有着独特的精神内涵。它的艺术传达,不是基于对自身个人苦难经历的哀婉与倾诉,不是拘囿于创作主体个体生命的疼痛与无望,而是源于他那内心深处深厚的人道主义理想,源于他对人世间平等、自由、博爱等基本生存法则被遗弃的焦灼。也就

是说，他的疼痛是来自于不合理的现实秩序对人性的极端压制，他的悲悯是发端于人与人之间平等权利的被褫夺，他的感伤是针对着人与人之间赖以相处的和平之爱的缺失。所以，与同时代的其他感伤型作家（如张爱玲等）相比，他明显地拥有更为博大的苦难襟胸，拥有更为广袤的心灵视野，拥有更为强劲的人格力量。

这一点，在他的杰出代表作《憩园》和《寒夜》中，可谓表现得淋漓尽致。这两部作品都以一种超越历史、超越阶级的生命之爱，写出了那个时代最底层的平民百姓的生存之苦和精神之痛；都以一种人类景仰已久的悲悯情怀和体恤之心，展示了作家内心深处圣洁的人道思想和良知愿望；也都以一种诚挚的叙事态度直面着沉重的时代，直面着不幸的命运，体现了现代知识分子明确的独立意志和自由的精神立场。

正因如此，1983年，在他获得法国荣誉勋章的仪式上，法国总统弗朗索瓦·密特朗曾这样评价："您却用自己对于人们及其脆弱命运的巨大同情，用这种面对压迫最贫贱者的非正义所抱的反抗之情，用这种——正如您的一位最引人注目的人物绝妙言之的'揩干每只流泪的眼睛'使您的著作富有力量与世界性意义的敏锐力与清醒感，在注视生活。"而这，正是一个作家具有世界意义的核心品质，也是整个二十世纪现代知识分子伦理操守和卓越人格的代表。

10月17日于杭州

《文学报》2005年10月20日

他是一个反抗遗忘的人

——谢有顺——

巴金的逝世，意味着那一代知识分子已经彻底离开我们。从今以后，我们只能在书本上见到他们了。他们退出现实，是为了更好地进入历史。尤其是巴金，他的存在本身，就是一个象征——他的逝世，只会使这个象征意义变得更加显著。这个活了一个多世纪的老人，他的写作史和生命史，其实像二十世纪的中国历史一样复杂。他曾经信仰过无政府主义，但也曾亲赴抗美援朝战场；他在荒唐年代曾经怯懦，但他后来也曾为自己的卑怯忏悔……他不仅是一个文学家，他更是一个热情的人，一个有良心的人。

这样的作家，这样的知识分子，在当代，已经快要绝迹了。现在的中国人，普遍忘性大，对历史的创伤、对现实的苦痛，越来越漠不关心；愿意背负历史重担的作家也越来越少。就此而言，巴金作为一个榜样，今天尤其值得我们尊敬和推崇。

我们之所以会对巴金的离去感到沉痛，以我个人的理解，不仅因为巴金在早年写出了《家》《春》《秋》这样的名著，还在于他在晚年的时候，写出了《随想录》，成了一面反思历史、悔悟自己的旗帜，并为当代中国建立起了一个面对苦难、抵抗遗忘的榜样。因此，晚年的巴金是幸运的，历史给了他还债的机会——"讲真话"。他自己也说："《随想录》是我最后的著作，解释自己、解剖自己……老托尔斯泰给我指出了一条路，改变自己的生活，消除言行的矛盾。这就是讲真话。"相比之下，许多与巴金同龄的作家就没有这样的幸运了。

《随想录》的最大价值，就在于巴金使自己的创伤记忆成了一份历史备忘录，为我们提供了一种书面的醒世恒言。

能像巴金那样站出来清算自己曾经有过的卑怯,要有难得的勇气。巴金的还债方式是"讲真话",他认为自己欠的债是一个"假"字——当时整个社会充斥着谎言,自己也深陷其中,像喝了"迷魂汤"一样,"我自己后来分析说,我入了迷,中了催眠术"。这的确叫人心寒。而巴金晚年能对"精神奴隶"的内涵进行反省,能对虚假和谎言作出批判,这种精神,随着时间的推移,只会变得越来越重要。

我常常在想,一个民族缺乏什么,就应该学会积攒什么,这样的民族才会有希望。讲真话、反奴性的事业并没有完成,谎言和虚假依然存在,但我们已经没有巴金。

两年前,我曾经听巴金的女儿李小林对我说,晚年的巴金,哪怕是在病榻上,念念不忘的依然是如何还历史的债。如今,他自己也成了历史的一部分,但他的文字、他的精神,还有多少能留在现实中,还有多少能被现实中的我们传承?我的看法并不乐观。今天的中国,各方面都在以加速度前进,尤其是消费主义的大跃进,更是恨不得一夜之间就推倒历史、从头再来,但因为有像巴金这样的人存在,历史的问题就依然会不时地跳出来折磨我们。

我想,我们之所以记住巴金,是因为巴金记住了不该忘记的历史;我们之所以没有遗忘巴金,是因为巴金自己曾经就是一个反抗遗忘的人。

《南方都市报》2005年10月19日纪念巴金特刊

贯彻民间性的一生

——(日)坂井洋史——

中国现代文学的奠基者一代中最后一颗巨星终于陨落了。将自己的人格忠实地反映在作品上,把一切献给读者……恪守如此中国现代文学优良传统的巴金,在市场经济化以后整个社会的全面转型中,一直被病魔缠绕着,与此进行绝望的恶斗,我认为,这个姿态本身似乎象征着某种"意义"。

1904年,巴金生于四川成都,1929年以中篇小说《灭亡》登上文坛。早期的作品基本上以革命、恋爱和社会黑暗面的揭露等为主题,虽然热情充沛、语言流畅,但未免有类型化的缺陷。此一时期的代表作,当然要举以自己的出身家庭为题材的《家》。据说,在这部小说的影响下,许多年轻人脱离封建家庭的藩篱而奋勇参加革命。抗日战争中的巴金辗转于后方各地,从未停笔。在这个时期,他的笔下出现了新的形象,即虽然在苛酷的现实的压力下喘不过气,但是为了维护理想的一点灯火而奋斗的知识分子。巴金用成熟的笔致深刻地描写了他们。《憩园》、《寒夜》等四十年代的长篇小说可说是巴金文学的一个丰碑。出乎意外,1976年"文化大革命"结束后,巴金文学以五本《随想录》达到了新的高度。一句话说,《随想录》深刻反映了思想解放运动在改革开放路线被奠为国策后,屡次遭到困难而走过来的坎坷道路。乍看似为信笔漫写的随感,但是,在那里反思、困惑、病倒、苦恼而几乎搁笔的"巴金",就是当年为要争取人的自由和尊严而上下求索的中国知识分子的代码。虽系二十年前完成的文本,但是它依然被看做灵魂的记录而高度评价,是因为它是充满"隐喻"的"战斗"的记录。

《全集》二十六卷、《译文全集》十卷,巴金留下了大量的著作。但是我们不该忘记,三十年代以后的巴金同时也是一个勤奋的出版家,通过杂志或丛书的编纂,发掘并培养一批优秀的作家,获得了很多读者。巴金曾多次表示要把自己的心交给读者。这一点,他确实做到了。通过文学与读者连带,他贯彻了“民间”立场。10 月 24 日,我参加在上海龙华举行的告别仪式,亲眼看到了很多市民蜂拥而来,沉痛地向这位世纪老人告别。当时我就理解到,巴金的声望就是读者给予他的无上荣誉。

巴金在日本也有不少好友,如井上靖、水上勉、中岛健藏等。和老舍一样,他在“文革”中的遭遇令我们担心。到底有几个中国作家能够引起如此关心?就是因为他的诚恳的人格竟实现了跨过疆域的灵魂层面的交流。可以说,日本读者最爱戴的中国现代作家,鲁迅和老舍之外,就是巴金。现在,他终于从长期的病痛中解脱出来了,衷心祝他在天之灵永获安息。

日本《每日新闻》晚报版　2005 年 11 月 4 日

作为思想者的巴金

——祝　勇——

公元 2005 年 10 月 17 日,巴金走完了他 101 年的人生之路,不仅他的生命长度在中国作家中颇为罕见,他的精神阅历也绝无仅有。对巴金的评价常常存在着某种深刻的矛盾,他一方面被推崇为二十世纪中国文学大师,另一方面,他的文学地位不断受到质疑,一些人认为,无论《家》、《春》、《秋》、《寒夜》、《第四病室》,还是他晚年引起关注的《随想录》,都无法代表中国文学的最高水准。

显然,在被修饰的巴金和真实的巴金之间,存在着一个不小的距离。这个距离,首先来自对他思想者身份的忽略。正如我们不能单以小说的成就来衡量鲁迅的文化价值一样,巴金首先是作为一个思想者存在的。自从十五岁时读过克鲁泡特金的《告少年》之后,巴金就开始对人类幸福世界的幻想,安那其主义(又称“无政府主义”)也因此成为他早年坚持的基本主张。在从事小说创作之前,巴金就已经写下了大量文章,如《怎样建设真正自由平等的社会》、《爱国主义与中国人到幸福的路》等,对政府、私有制进行批判,而这,正是安那其主义的出发点。巴金认为:“无政府主义使我满意的地方是他重视个人自由,而又没有一个正式的、严密的组织。”(《巴金文集》,第十卷)在个人与社会的关系上,中国的安那其主义者大多主张通过创造真正社会化的个人而达到人性真正的社会化。安那其主义在五四新文化版块占有重要一席,并且显然应被视为二十世纪中国革命话语的重要组成部分。

当我们从思想史的视角观察巴金,巴金的文本便会发生奇特的变化,它们不再是像某些人指责的那样纯属党派政治宣传品,是对阶级斗争的简单图解,而是始终包含着对人类合理的社会秩序的探寻,而这种探寻,自始至终都是从一个独立的知识分子的立场出发,而不是服从他人的意志。从这里出发,巴金的文学道路才变得易于理解。朱自清在清华大学主讲《中国新文学研究纲要》,讲到巴金作品《灭亡》时,提出五个要素:一、无政府主义的信仰;二、爱与憎的矛盾,爱与宽恕,憎与复仇;三、横贯全书的悲哀与诅咒——个人的,感伤的;四、同情与爱情;五、无关紧要的叙述与议论。而他笔下所有的爱恨情仇,都是巴金思想体系的一个局部,单从文本意义上考察,把他们从巴金的思想体系中剥离出来,它们的价值当然会大打折扣。

巴金的文学活动,一以贯之地以民主主义和人道主义作为轴心,来关注被压抑的人们,并构建他理想中的社会图景。如果说有所中断,便是在五十年代至七十年代末这段时期,这成为晚年巴金痛悔不已的不洁史,和他撰写《随想录》的主要动机。他在渡尽劫波之后自责道:"我太小心谨慎了。为什么不能反驳?"并在《随想录》第一百四十七则《怀念非英兄》中,自我描绘道:"我记得在每次运动中或上台发言,或连夜执笔,事后总是庆幸自己又过了一关,颇为得意。"《随想录》与其说是一次道德忏悔,不如说是知识分子在历经改造之后重新进行的自我发现,是与五四相衔接的一次解放过程。

被传播的巴金,对于巴金而言,只是冰山一角。即使是人民文学出版社二十六卷本的《巴金全集》,也是遗漏颇多。这些"遗漏",除了史料搜集的难度外,自然也有人为的成分。比如他写于1930年的理论专著《从资本主义到安那其主义》,就未能收入全集。对巴金的思想背景讳莫如深,为解读其文本制造了困难,对于一个开放的社会而言,也毫无必要。巴金曾在给女儿的一封信中透露:"我七三年'解放'的背景我也不明白。小道传说他们要给我戴反革命帽子,主席说'五四'时期无政府主义和别的思想一起传到中国来,当时年轻人各种思想都接受过,不要戴帽子了。"

但巴金毕竟不是一个共产主义者,他的信仰在二十世纪中国的政治风云中经历了剧烈的颠簸,这使他的思想和他的文本都呈现出极强的特异性。他的经验是不可重复的,与"文革"中的逼供信相对照,他的晚年巨著《随想录》,是他对自己的一生主动进行的思想总结,也是他的思想遗嘱。在这份总结中,文辞是否考究显然并不重要,陈思和评价它"不再具有卢梭时代以及中国'五四'时代自传作家所犯的浪漫主义的通病"。以"顶峰"一类的大词为其命名,显然言过其实,但指责它"始终无变化的结构,语言一味平直,无论怎么讲,其文学魅力都难以尽如人意","教堂中牧师前的忏悔最彻底,也不是文学",却也大无必要。只要把它视为一个思想者精神历程的一个组成部分,一切也就释然了。

《南方人物周刊》2005年10月27日

不断忏悔中的自我救赎

——摩　罗——

我所敬仰的巴金先生与世长辞了,在五四新文化运动中成长起来的作家中,他陪伴我们的时间最为长久,这双一直默默注视着我们年轻人的眼睛在迷糊了好几年之后终于悄悄合上了。

对于这位幸运而又艰难地穿越百年的历史老人的逝世,我们用不着悲伤,也用不着给他戴上过多过高的帽子。重要的是如何评价和继承他留给我们的精神遗产。"如何评价"关系着对一位跨世纪老人的公正,"如何继承"关系着我们自己的未来福祉。

巴金是一个善良、真诚、单纯、软弱的人,这样的性格特征成就了他的精神特色。深入阐释巴金的精神价值尚需拉开更大的历史距离,但是如下几个基本特征是现在就可以简单描述的。

第一就是羞耻感。中国古人反复感叹人与动物的区别只有那么一丝一毫,这"一丝"就是恻隐之心,这"一毫"就是知耻。怜悯和羞耻乃是人之为人的道德起点。有的民族因为意识到族群的甚至人类的卑陋罪恶而生起羞耻之心,于是努力寻求拯救之路,有些生命个体由于认识到自己的卑微、渺小、丑陋而生起羞耻之心,于是不断寻求超越,几乎所有的精神巨人都是这样发展而来的。

巴金刚刚睁眼看世界的时候,对社会的丑陋和人类的卑俗无法接受,作为卑俗人类的一员他不可能不感到羞耻。他的政治抱负、社会理想,他对安那其主义(通常称无政府主义)的接纳和提倡,他用文学方式对安那其主义的展现,都是以这样的羞耻感为起点的。世人接受了他的文学作品,对于他的主义和他的精神背景却比较漠视,甚至缺乏起码的理解。

巴金留给我们的第二种精神财富就是提倡讲真话。讲真话是那些精神巨人的基本自律,是他们为人处世的基本道德要求,从苏格拉底到托尔斯泰、从孔子到鲁迅,许多人毕生都在努力实践着这样的准则。但是,将讲真话作为一个社会主题和精神主题,不厌其烦地强调了几十年,并且用整个晚年的创作来凸显这个主题的人,巴金可能是第一个。巴金对于讲真话重视到这个程度,也跟他的羞耻感有关。在二十世纪后半期特殊的社会政治背景下,他努力维护自己的良知,避免伤害他人,可是严峻的时代让他别无选择,他被迫说了不少假话,有些假话亵渎了自己,有些假话伤害了他人,他的良心和自尊因此深受伤害。提倡说真话既是对他自尊心的挽救和修复,也表明了他将一个民族的历史性格从假话的深渊扭向真话的坦途的宏大心愿。

巴金的这些努力被许多学者当作他晚年的主要文学成就予以肯定,在另一种纬度上的意义却没有得到应有的重视和呼应。刚刚驾鹤西去的百岁老人,不知是否可以瞑目。

巴金的第三种精神遗产当是忏悔精神。“文革”结束的时候,所有的人都在控诉时代的罪恶,却没有一个人站出来承担责任。这时候巴金站起来了,他说,在这吞噬人性的罪恶大表演中,就有我的一份罪。虽然他不过是出于软弱说了一些假话错话,他也不想放过自己。更重要的是,由于过分的善良和软弱,他曾经那么真诚地放弃独立思考的权利和人之为人的尊严。在痛定思痛的时候,他被罪恶感深深笼罩。他絮絮叨叨地说:他的妻子病重的时候,他没有从监督改造的境遇中争取看护妻子的权利,让妻子在孤独中寒冷地逝去;在胡风、路翎遭到诬陷和批判的时候,他不但没有仗义执言,反而按照上级的安排著文无中生有地批评他们;他看见批判作家靳以的大字报贴满街头的时候,他知道下一个挨批的必定是自己,他的思想上没有一点抵触与反抗,反倒回家对着镜子提前练习低头认罪的姿势。在那个特殊境遇中,这些行为都太好理解了,实际上他比所有其他人都更有理由为自己开脱,即使是今天,我们这些后人也不难为巴金的这些表现罗列辩护的理由。可是巴金不想为自己辩护,不想原谅自己。他独自踏上了道德的独木桥,颤颤巍巍地进行自我审判。这正印证了“知耻者勇”的古训。

巴金从青年时代到晚年,一直表示他不懂文学,不是文学家。晚年时期说得尤其频繁,如果仅仅认为这是谦虚之词,未必准确。他不希望人们从文学的角度给他定位,或许是在启示人们应该从别的方面关注他、理解他,这别的角度是什么,当然是精神角度。可是我们在这方面一直没有做出什么反应。

巴金在晚年一直蒙受着强烈的失败感,是否跟后人没有读懂他有关?刚刚驾鹤西去的这位百岁老人,不知什么时候可以瞑目。

《新京报》2005年10月19日

激流涌入大海——送巴老远行

——周立民——

一

十月十七日晚上七点零六分，当那颗坚强的心最终停止跳动的时候，病房周围一片静穆。大家强忍着泪水，不能出声，因为人们知道，巴金老人需要安静。在一百零一年的风风雨雨中，他耳边的喧嚣太多了，现在再也不能去打扰他了。他要远行，要去与他久别的妻子萧珊相会，要与他久别的朋友老舍、沈从文、曹禺、冰心相会……

历史充满着许多误会，即如他总在说做一个作家并非自己的初衷一样，或许巴金并不想承受时间所附加给他的这么多东西，然而在漫长的人生旅途中偏偏又让他遭遇到那么多。从少年气盛到老年的心平气和，这似乎是自然规律，许多老人历经风雨早已人情练达，但巴金做不到这些，他内心中依然有着狂涛巨浪。他晚年频频使用"煎熬"这个词来表明自己的心境，我们可以想象得到他的灵魂所经受的磨难，也能够感受到灵魂自我搏斗的激烈程度。所以，在今天我们与其称他为"大师"、"泰斗"，还不如说他是一个最孤独最痛苦的老人。

从来也没有一个老人像他这样，在晚年内心还那么不平静，还这样揪着往事拽着痛苦不放。或许正因为这样，反而使得这位体弱多病的老人，在垂暮之年迸发出一种难以想象的力量，他要表白，他要倾诉，他也要高呼。《随想录》、《再思录》，使得更多人在阅读他的文字的同时，更深深地记住了这个人——这个比我们更孤独更痛苦也更纯洁的人。

现在，他解脱了，病魔再也无法纠缠他了，世事再也不能烦扰他了。他可以在另一个世界中与亲近的朋友舒心地谈话了，他可以甩开臂膀将自己没有完成的心愿完成了，比如翻译赫尔岑的五大卷的回忆录《往事与随想》，比如写他反映"文革"时期知识分子生活的长篇小说《一双美丽的眼睛》，比如和他几个好友清清闲闲地在西湖边上喝茶……

二

六十四年前，巴金先生曾写过一篇《死去》，文章描述了梦见自己死去后批评家们在墓前的"吱吱喳喳"，说来道去无非是"浅薄，落后，不通，错误"。

二十六年前，他说过："我不需要悼词，我都不愿意听别人对着我的骨灰盒讲好话。""请让我安静。"

十四年前，他曾说："我最后还是要用行动来证明我所写的和我所说的到底是真是假，说明我自己究竟是一个怎样的人。一句话，我要用行为来补写我用笔没有写出来的一切。"

老人像一位预言家，目光如炬，仿佛可以洞穿一切；但他又似一个孩童，心无渣滓，赤诚天真。他渴望理解，一辈子都在寻求机会与读者沟通，可是在逼仄、斤斤计较、患得患失的当代社会中争名逐利的我们能够理解他们这一代人的理想与追求、宽宏与博大吗？我们自作聪明自以为是地对他们说三道四反衬出的是我们的高明还是愚蠢呢？后辈人当然可以凭借着时间的优越感来轻薄先行者和他所追求的一切，但你所不屑的内容可能是几代人用生命换来的血的教训，感受不到这种生命的重量，你可能就不会有一颗感恩的心来贴近前辈。靠说几句与众不同的怪话来显示自己的个性，靠弑父的心理冲动来显示自己的高明和叛逆性，这样的人可能有可爱的一面，但未免更像是行为艺术家，而真正的艺术家和思想者在面对前辈人的功过得失的时候，更需要的是谦恭。谦恭不是跪下来接受前辈赐予的一切，而是一颗理解历史和前人的心，是在历史的迷雾中不动声色地追随先行者闪光的足迹，是反躬自问在行为中自觉地汲取前人的教训，而不是“无比正确”地诈诈唬唬指斥前人。

所以在巴金先生远行的时刻，在人们讨论一个时代结束的时候，我更多地在想巴金与二十世纪的中国文学的关系。如果不那么忘恩负义的话，我们就应当有勇气承认：我们今天享受到的阳光雨露其实并非理所当然地天赐，而正是巴金和无数的前辈们通过艰苦的努力所争取来的，我们是在他们所撑起的一片天空下才有了发挥个性创造自我的机会。比如，我们今天所操用的文学表达方式就是五四的先辈们筚路蓝缕的开创到巴金这一代人奋力厮杀才换来的结果。巴金自称是“五四运动的儿子”，他是在二十世纪中国现代化的进程中接受现代思想意识成长起来的一代作家，作为中国新文学第二代作家，他上承鲁迅等人所建立的五四精神传统，下启三十年代文学的灿烂图景，以自己的创作实绩、对文坛的建设功绩和巨大的社会影响力，和沈从文、老舍、萧红、曹禺等同时代的作家一起提升了二十世纪中国文学的品格，从而也使新文学在短短的几十年确立了自己的精神传统、审美范式，进而使得有着数千年历史的中国古典文学实现了现代化的转变。

巴金是听着巴黎圣母院的钟声，在近代自由和民主的发源地之一的法国开始了自己的文学生涯，一九二九年以小说《灭亡》登上文坛，从此其创作如同激流奔腾不息。在短短的二十年时间中，巴金以不可遏制的激情写下了四百多万字的小说、散文，为新文学贡献了《家》、《憩园》、《寒夜》等不朽之作，成为中国新文学最杰出的作家之一。在一九四九年以后，虽然巴金大量的时间被花费在各种社会活动中，但他仍然没有放下那支表达思想和情感的笔，尽管他也写下了许多人云亦云的空话、假话，并为之付出了惨重代价，但他思想的火花没有熄灭。一九六二年，他在上海第二次文代会上发言，强调“作家的勇气和责任心”，这在当时不能不说是惊世骇俗之言。而新时期，当文学界迎来又一次思想解放的时候，年逾古稀的巴金没有背叛“五四之子”的精神承诺，他开始了艰难的晚年自省之路，一部呼吁“讲真话”的《随想录》使他赢得了人们的尊重，当然这不是他的目的，他的目的是净化自己的灵魂，还清自己的心灵之债，并且通过自己的社会经历对历史有个交代。到这个时期，巴金的创作已经突破了语言的界限，而通过对个人心灵的不断叩问力图达到言行一致，使文学、伦理、精神品格达到统一，我们不能说巴金完全做到了这一点，但想到在历史的风雨中遍体鳞伤的一位老人在向这样一个目标艰难地行进时，我们会感觉到这行进的过程本身就充满着让后辈赧颜的力量，这个时候再来体会巴金所说的写作与生活一致、文学无技巧等朴实无华的语言时，我们会觉得巴金的文学世界绝不能用世俗者所理解的语言、文字等雕虫小技可以衡量，而是要感受到他的文学世界中特有的道德激情、生命能量和语言气势，这里有文学的“大道”。巴金一直在说自己不是一位作家，没有受过写作训练，因此他并不理会艺术上那些清规戒律，他的作品也不是为了传诸后世而作；三十年代的时候，他曾一次次声言自己要搁笔不写，并在苦闷彷徨的时候似乎莫名其妙地说：我不怕……我有信仰——这些话，常为人所诟病，今天看，你可以说是巴金谦虚，或者说他别有志业，但我觉得更可以看出他的一种自负，他有意识地将自己与那些成天在追求作品精致完美的“作家”区分看来，因为在他的心目中，艺术的力量不是靠技巧建立起来的，艺术应当有超越“技巧”这个层次而为人类的精神和心灵服务的功能；他强调自己有信仰，也是将自己与那些没有信仰的作家区分开来，因为他更在意精神的力量在作品构成中的重要性。巴金作为一个巨大的精神存在，我们只有从这里出发，才有可能理解他的作品，才有可能走进他的文学世界。

巴金的文学世界有的为世人所熟知，如《家》等反对封建专制的作品。但这只是冰山露出水面的一角，而更多的藏在水下的世界却被众多的研究者所忽略，而巴金的创作视野和作品中所反映出来的问题却如长江大河般的宽广。比如说他是中国新文学少有的几位具有人类意识的作家,他的创作所表达的情感并没有局限在民族、种族和国界之内,而是认为整个人类的情感是相通的,从而也应当更加相亲相爱紧密团结。他早期的众多短篇小说,其主人公并不是中国人,而是法国人、波兰人、俄国人,故事的背景也多发生在异域,而其中所表达的对人类整体幸福的追求,对不公正社会和制度的谴责,对阻碍人性发展因素的控诉,超越了人为的界限,直接面对众多受压迫的灵魂和全世界的弱小者。又比如,他创作于三十年代前期的中篇小说《砂丁》、《雪》对于矿井工人悲惨生活的描述,至今读来仍然令人发指,而产业工人恶劣的工作环境、不自由的命运和矿井中所存在的种种问题在今天仍然有着强烈的警示意义。再比如说,在他的《灭亡》、"爱情三部曲"等多部作品中,直接描写恐怖主义者的慷慨赴死的行为和复杂的心理状态,在今天全世界都在谈论恐怖主义这个话题的时候,这些作品从人性的、社会的等深层次中为我们提供了另外一个参照,这个参照提醒我们不能以简单化的思维来看待恐怖主义和它的实施者。在巴金的作品中充满着这些未被重视和未被解读的内容,因此武断地认为巴金的文学世界一目了然地简单,或者已经被充分认识,这不仅是对巴金的极大不公正,而且是对五四新文学极为丰富的文学传统的简化。

除了文学创作之外,巴金还通过编辑活动等对二十世纪中国文学产生实质性影响,他曾经和朋友编辑过《文学季刊》、《文季月刊》、《文丛》等多种文学期刊,推出了包括《雷雨》在内的一批文学杰作;由靳以和他创刊,并长期担任主编的《收获》杂志被誉为"当代文学的简写本",至今还是国内最重要的文学杂志。巴金还将人生精力最为旺盛的十四五年时光用在了主持文化生活出版社上,他以这个出版社为载体为中国三十年代中期和四十年代文学事业做出了卓越的贡献,这个出版社延续了五四的血脉,也开辟了中国文学的未来,李健吾、曹禺、何其芳、沙汀、萧红、萧乾、穆旦、汪曾祺、陈敬容等作家的处女作或者重要作品都是通过巴金之手介绍到文坛上去的,打开文化生活出版社的书目你会发现,如果没有这些作品和作家的存在,中国新文学在这个时代将会缺掉半壁江山。从来做事不喜声张,为人忠厚重友情却从未以领袖自居的巴金,实际上处在这个时期文坛的中心位置。而在"文革"之后的新时期文学中,德高望重的巴金高举思想解放的大旗,积极支持青年作家的探索,再次站在文坛的中心位置,使中国文学在浩劫之后有机会得以重生。

如今,这位饱经风霜的百岁老人,终于离我们而去,毫不夸张地说,中国文学的一个时代彻底终结了,而五四新文学的精神传统也在新世纪的初叶随着巴金的远去成为绝响。试想有几位作家经历过五四以后二十世纪中国文学的几乎所有的重要阶段,并且几乎一直处在文坛的中心位置上?巴金就是这样一位贯穿二十世纪的作家,就是这样一位具有标志性和象征意义的人物。中国文学在这样一双赤诚、睿智的目光关注下走到了新世纪,今后又将走向何方呢?巴老的远行在很长一段时间内都会让我们无法消解这种茫然感。

三

那天,当人们护送着巴老的灵柩到太平间的时候,我突然被"丢"在了病房和突然静下来的走廊里。我慌张地寻找着众人,但却找不到。一瞬间,我有一种时空交错的感觉。太漫长了,以我目前的心智和生命经验似乎还不能完全理解一个人的一百零一年。一九〇四年,巴老出生的时候是清光绪三十年,那时的社会,甚至那时候人们的装束,在今天人们都只能在电视剧里才能看到了,这一个世纪的沧桑在一个人的记忆中不断交错的会是怎样斑驳的画面?巴老的一双眼睛会怎样看待这种变化,会怎样看待我们今天的生活?

走出华东医院,街上车水马龙,在高架桥上看浦江两岸,灯火点点。仰望星空,我不知道老人慈祥的眼睛是否在看着我们。他大概不会想象得到,他的书走进了多少人的生活,包括和他相隔了几辈人的我,在我的生活中,巴金和他的书已经无形中成为分割不开的一部分,在我成长的每个阶段都留下了关于他们的深刻印记，所以提到这个名字我始终有一种难以抑制的感恩之情。十七年前，当我第一次接触到《随想录》中的文字时，还仅仅是个初中生，我不很清楚巴金不断鞭挞的“文革”是怎么回事情，我首先被吸引的是一位老人的真诚和亲切，仿佛我们是可以推心置腹交谈的朋友，他向我谈过去的经历，自己的朋友和内心的感受，而我也可以向他倾吐成长的困惑，心里的疑问。他会给我很多建议：面对自己的内心，战胜自己的软弱；讲真话，独立思考；真诚地对待朋友和他人；勇敢地面对困难；活着要有意义……诚然，这些话没有当代某些思想家的高谈阔论那么高深、玄妙、系统，但它们却在一个人的成长中产生了精神和人格的塑造作用，这样来考量他们的价值，恐怕就不是那些虚浮的深刻者所可比类的。从那以后，《随想录》就成了我身边常读常新的不离之书，它也是我打开巴金的世界的一把钥匙。我还记得十五年前的一个傍晚，我被一辆车丢在了路边，夜幕降临，我不知道能否找到车到达目的地，在这片茫然中，是随身携带的《随想录》帮我度过那无助的时刻。

在先生去世的三个月前，夜深人静，我一个人在上海东郊的一所房子里捧读那套淡蓝色封面的书——《巴金译文全集》，当时，我不由得想起了那些淡蓝色的日子和许多往事。这套书是从大连带到上海的，它一直是我珍爱的读物，这不仅仅是因为巴金风格独特的译文，还因为它所包含的丰富内容，各语种的文学作品、社会论著尽在其中。从赫尔岑、屠格涅夫、克鲁泡特金到迦尔洵，从斯托姆、廖·亢夫、王尔德到尤利·巴基、秋田雨雀，这里面有好多作家已经不大为人提起了，有好多作品已经不“时髦”了，但它们都饱含着生命的激情，闪耀着理想的光辉，都是控诉黑暗、呼唤光明的人类“真声”。或许今天的人更喜欢情调、心情、雅致，而不喜欢这种呐喊和呼唤了，人们不想再去承担什么，除了消耗生命、娱乐自己之外。可是巴金和他的先辈们却不是这样看的，他们把个人的生命发展与群体的发展联系在一起，把个人的安乐同万人的安乐联系在一起，直到九十多岁的高龄在编辑这套译文全集的时候，巴金还在强调年轻时候曾经打动过他的这些信念。或许今天更应当低调一点，但我却欣赏这种高调，哪怕它最终通向了一个乌托邦。但生命中正是有了这一点崇高的向往，才会从那散发着猪栏味的世俗中挣脱出来，才会在烦闷、无聊的日子里有了滋味、有了信心。在浩淼的宇宙中，我们每个人实在太渺小了，但这种崇高感会让芸芸众生中渺小的我们有了一种活着不同凡响的感觉——这不是无所谓的东西，我认为每个人活着总需要一个理由，需要这种感觉，哪怕它终究无法替代琐碎的生活本身。买这套书大约是在一九九八年的春末吧。那时我刚进一个机关工作不久，需要到培训中心进行一周的封闭训练。期间不准外出，不准见人。终于，终于啊，一周的禁闭结束了，人们疯狂地冲出那个小院，顿作鸟兽散。我是去了火车站前的胜利百货，当时它好像刚开业不久，一家家店铺曲里拐弯地排在那里，每次进去都像走迷宫。听说这里新开了一家书店，左打听右打听总算找到了。进得店堂，我就发现了这套期待已久的《巴金译文全集》。淡蓝色的封面，十本整齐地排列在一起，书脊上是巴金先生烫金的手书。本来还想托外地的朋友代买这套书，没想到它突然就出现在我的眼前，仿佛从天下掉下的礼物。三百二十元，不算便宜，而且记忆中，我当时工资挣得非常少，但不知那天口袋里怎么会带足了钱，难道就是为了这套书准备的？本来，那天还预备了很多节目，但买了这样的一套书，都草草收场了。

时间过得真快，转眼间七年多了，这七年我的生活发生巨大的变化，想不到折腾来折腾去，我居然来到了巴金先生生活的这座城市，时常也会从武康路走过，也曾有在他的有些昏暗的客厅中小坐的时候，有时候感觉到这间房子非常空阔，恍惚中还觉得在哪一刻中，他突然会从那楼梯中笑呵呵地走下来；恍惚中，突然也会觉得能够听到萧珊爽快的笑声——但蓦地，我意识到这都是文字渗入到一个人内心中所建立起的幻影……我们的车子穿行在迷茫的都市中，往昔的场景在我的眼前纷乱交错，我的心更乱，那一刻，我再也忍不下眼中的泪水了，我突然感到夜的寒冷，感到内心的孤单。我知道:“巴金”这个名字在中国知识界早已成为一种象征,在他的身上,体现着接受过五四精神洗礼的一代知识分子漫长的精神跋涉历程,体现着为光明和自由呼号的无数热血青年的不懈追求,体现着迷失自我后难以抚平的心灵伤痛和痛定思痛后复苏的良知,体现着为维护表达自我的权利、捍卫做人的尊严的良苦用心。但在我,他更是一位可亲的长辈。我从来没有给他送过花,从来也没有想去打扰他,但这一次,却一定要和热爱他的千千万万读者送他远行,不为别个,单单为了他是在我人生成长中曾经带给我最大的精神恩惠的人,为了告别中国文学的一个时代——这不是我一个人的心声,这是他的几代读者的心声,大家的心声汇聚在一起,是那句满含深情的话:巴老,一路走好。

四

11 月 25 日,巴老又一个生日到来的时候,他的骨灰将和萧珊的掺和在一起撒向大海。说实话,最初听到这个消息的时候,我曾一惊,但迅即又理解了,巴金先生是以这种方式最终摆脱了世俗之累。他本是一道波涛汹涌的激流,理应涌入波澜壮阔的大海,再也没有羁绊和烦恼,从此以后随浪翻转随风舞动,以晶莹的水珠昭示着他的透明的心,以翻滚的浪花表达着他的激情,以浩淼的水面呈现着他的博大,还有比这种无拘无束的自由更好的归宿吗?至于名声、地位、权力等等世俗上所看重的一切,本来就与他无关,如今,在海的波涛和猛啸之中更是灰飞烟灭。

一位老师打来电话,说他们正坐车奔往吴淞口。八十二年前,这个四川的青年怀着梦想穿过峻急的蜀水正是通过吴淞口来到了上海,七十三年前,他望着这片海面曾写下《海的梦》,如今他要回归大海……遗憾的是躺在病床上,我无法实现自己的愿望,去为他送行。那个上午,我只有在心中默念着他的话为这位创造了生命激流的世纪老人送行:

> 我常将生比之于水流。这股水流从生命的源头流下来,永远在动荡,在创造它的道路,通过乱山碎石中间,以达到那唯一的生命之海。没有东西可以阻止它。在它的途中它还射出种种水花,这就是我们生活里的爱和恨、欢乐和痛苦,这些都跟着那水流不停地向大海流去。我们每个人从小到老、到死,都朝着一个方向走,这是生之目标,不管我们会不会走到,或者我们会在中途走入了迷径,看错了方向。
>
> 生之目标就是丰富的、满溢的生命。(《生》)

还有一段话是他的友人陈范予写下的,他也非常喜欢:

> 我激荡在这绵绵不息、滂沱四方的生命洪流中,我就应该追逐这洪流,而且追过它,自己去造更广、更深的洪流。
>
> 我如果是一盏灯,这灯的用处便是照彻那多量的黑暗。我如果是海潮,便要鼓起波涛去洗涤海边一切陈腐的积物。

巴金先生用生命实践了这两段话的主旨,虽然一生历尽坎坷,但他不悔的追求、高扬的生命激情、面对困难的坚定从未轻易改变。如今,他已融入大海,他所留下的精神遗产已化作波涛仍然在冲击着“一切陈腐的积物”,并时时给我注入了不尽的力量。想到了这些,我突然又感到,老人不曾远去,他还在我们的身边,他就在读者们的心中。

2005 年 10 月 18—20 日初稿,2006 年 7 月 13 日增补
初刊《新民周刊》2005 年第 42 期,《北京日报》2005 年 10 月 25 日

巴金作品的精神内质

——范震飚——

关于巴金先生的作品和荣誉,想说的话很多,在朋友间,也是经常的话题。而交谈最多的还是先生的长篇小说《寒夜》,因为这部小说,曾经荣获了具有特殊意义的法国文学奖。获奖的当时,我又特意跑到书店,买到一册《寒夜》的最新版本,当天花去了整个晚上一口气读完——虽然并未觉得疲倦,但是心情却十分地沉重。

在那个时代的作家群里,我的确曾经十分地欣赏过他们写下的关于知识分子题材的作品,其代表著作,一是钱锺书的《围城》,再就是巴金的《寒夜》了。虽然,我更加欣赏钱锺书的智慧、幽默、贯通古今的开阔视野,以及他积极的、不肯妥协的学术精神;但是,巴金先生毕竟是名副其实的小说家,因此,从文学创作的角度来看,应当说巴金先生更胜过一筹。诚然,在钱锺书身上,可以看到与鲁迅大先生类同的刚毅精神,的确令我心仪心折;然而,以愚之见,巴金先生是用另一种柔韧和耐力,达到了中国知识分子传统精神的同样高度。阅读巴金的《寒夜》,虽深怀着痛惜、悲悯和无可奈何的愤怒,但是,也确实深感到巴金先生入木三分地揭示出中国知识分子精神脆弱的软肋。与其说,作为现代知识分子的一员,我为此而痛心疾首,倒还不如承认巴金先生锐利的笔触,同样击痛了本人的灵魂。换言之,巴金的作品,就像一把锋利的解剖刀,不留情面地割下知识分子精神的赘瘤,从而令后来的知识分子去寻找医治精神痼疾的良药。一如巴金先生的意愿那样:中国知识分子的未来才会充满希望。

巴金的作品是不朽的。他完成了中国现代文学蔚然大观的作品建筑群,也铸就了传统文学和现代文学的一架桥梁。尽管随着时间的流逝,一些与先生同时代的作家,纷纷随波逐流,失掉了光彩,然而,巴金先生的著作群,却是依然存活着独特的、永恒的艺术之美。先生以文学赤子之心,既赢得了昨天、今天,也赢得了未来。

我记得先生曾意味深长地说过:"让作品说话。"我认为,先生是在申明一个自信:无须在意来自各方面的说三道四,更不必患得患失,为其所左右。让作品本身去经受时间的检验,就等于摈弃了那些貌合神离的非文学和伪文学的东西,自然地进入今古文学和美学的长流。

巴金先生是现代知识分子写作的真诚代表之一,他剥掉了人性的虚伪,面对知识分子个人和人群的灵魂进行严峻的考问,让那些精神混沌者豁然而醒:知其优者而焕然发扬之;知其劣者而惕然规避之,挺起鲁迅先生那样的铮铮铁骨,永不言败。巴金先生与他同时代的那些优秀作家的大手笔,共同成就了中国知识分子精神的刚柔并济、和谐统一的整体。

《黑龙江日报》2005 年 10 月 25 日

巴金:翻译是散播火种

——北　塔——

在文学馆的大门口,有块花岗岩巨石,正反两面分别镌刻着巴老的两段话,其中有一句是:"我们的新文学是散播火种的文学,我从它那儿得到温暖,也把火传给别人。"

鲁迅曾把翻译家比做普罗米修斯,说翻译家把异域的文学作品译介给本国读者,就如同普罗米修斯把原属于天国的火种偷出来,送给人类。因为火是启蒙的象征,它点燃的不仅有薪柴,还有智慧,它煮熟的不仅有动物的骨肉,还有人类的文明。

新文学,用梁实秋不无极端的话来说,是用汉语写的外国文学;因为新文学的主题、体裁、风格等都是在外国文学的影响之下发轫并成型的,这跟外国文学的汉译具有亦步亦趋的关系。早期的新文学作家几乎都同时是翻译家,鲁迅和巴金更是翻译大家。鲁迅一生创作的总字数约为七百万,翻译的总字数接近于这个数字;巴金一生写了上千万字,译了数百万字。可见,翻译在他们的文学生涯和文学成就上的分量。当然,翻译(包括他们自己的和他人的)的意义当然不止于分量。翻译帮助他们获得了新的思想、新的手段和新的语感,使他们在中国文坛上开辟了一片葱茏而肥沃的新天地。

鲁迅和巴金都深谙外语,而且不仅一种,巴金掌握得相当好的外语有英文、法文、德文、俄文、日文和世界语等。他们都曾在洋学堂里直接求学,直接阅读洋人的作品、吸收洋人的东西;但他们的伟大在于,他们在自己享受的同时,还不忘把精美的外国文学美味转做成汉语菜肴,无私地输送给饥肠辘辘的中国的文学食客。他们认为,翻译同样具有呐喊、呼唤、示范、启蒙和革命的功能,可与创作同日而语。所以,他们亲自动手,牺牲宝贵的创作时间,翻译了大量作品。他们的翻译不仅与他们自己的创作血肉相连,而且,他们同时代的和后来的作家们正是通过他们的翻译了解并学到了许多优秀的外国文明成果。这对中国现代社会的发展具有不可估量的意义。这样的翻译初衷,在今天职业化的翻译家中,是罕见的。

因此,我们完全可以把巴金那段话中的“新文学”改成“翻译”。

巴金翻译的处女作是英年早逝的旧俄作家迦尔洵(1855—1888)的小说《信号》,那时他只有18岁,那时他还不懂俄文,是根据英译本转译的。跟大多数中国知识分子一样,巴金首先掌握的外语是英语。但我发现,巴金翻译的英语原创作品与其说多,还不如说少,只有美国进步作家柏克曼著的《狱中记》(1935)和英国唯美主义大师王尔德著的《快乐王子集》(童话、散文诗合集,1948年出版)等寥寥几部。英语是桥梁,但对巴金而言,那不是通向英语文学的桥梁,而是通向别的语种的文学。这不仅是因为他没有去英国或美国留学,还因为他所期待的文学不在美国,而在欧洲和俄国。一开始他以为革命思想在法国,所以他选择去法国留学;但后来,很快,他就发现,真正的理论与实践相结合的革命文学在苏联。因此,他翻译的法国文学也不多。相反,在他还没有学俄语的时候,就用英语和法语转译了许多俄罗斯作品,他一生翻译最多的就是俄罗斯作品。

鲁迅、巴金他们的翻译更为关注的与其说是外国文学的艺术形式,还不如说是涉及社会、思想、人性和人生等方面的内容。因为他们感到苦恼、徘徊甚至软弱,他们向异国寻找的与其说是写作的资源,还不如说是心灵的支援。虽然巴金最初“试译”(他一辈子喜欢用这样的谦辞来形容自己的翻译)的是小说,但他早年翻译的作品除了文学,还有很多思想性和理论性的东西,尤其是关于人生哲学的读物。如,他以单行本出版的第一本译著是1927年由上海自由书店出版的《面包略取》,这是俄罗斯最著名的无政府主义思想家之一克鲁泡特金的名作。在他处于青春迷茫状态时,曾读到克鲁泡特金的《告少年》节译本,从此迷恋无政府主义者尤其是克鲁泡特金的学说。1928年8月,巴金在法国写成了第一部小说《灭亡》,发表时第一次使用了“巴金”这个笔名。为纪念不久前投水自杀的他在法国拉封丹中学的中国同学巴恩波,他采用了“巴”字,而“金”则取自克鲁泡特金。那时,他刚刚翻译完克鲁泡特金的《人生哲学:其起源及其发展》。

巴金曾说,是流亡美国的俄国无政府主义者爱玛·高德曼的文章使他第一次了解到无政府主义的要义,开始明确了献身社会变革的信仰,他称高德曼为“精神上的母亲”。那么,作为俄罗斯无政府主义思想领袖的克鲁泡特金就是巴金“精神上的父亲”。1928年之后,他又陆续翻译发表了多部克鲁泡特金的著作，如，1929 年由上海自由书店出版的《蒲鲁东的人生哲学》。1930 年，他又译了克鲁泡特金的《自传》（又名《一个革命者的回忆录》），1933 年由上海新民书店出版。1937 年，美国旧金山平社出版部出版了他译的克鲁泡特金的《告青年》（有人译为《一个反抗者的话》或《告少年》）。此外，还有 1939 年由上海开明书店出版的《我的自传》。

解放之后，巴金虽然没有放弃俄罗斯文学翻译，但放弃了对无政府主义者克鲁泡特金的译介，甚至在谈到自己笔名由来时也支支吾吾，说那是应了一个学哲学的朋友的建议。青春感伤的迦尔洵曾经是他的隔代知音，仿佛是为了还一个愿似的，1950、1951 年，他居然连续出版了两本薄薄的迦尔洵的小说集，即《红花》和《一件意外事》。不过，那只是解放初才有的便利。几乎同时，他翻译的重点对象转向了被誉为"社会主义现实主义文学鼻祖和第一把交椅"的高尔基，翻译了高尔基的大量作品，《回忆托尔斯泰》、《回忆屠格涅夫》、《爱的故事》、《草原集》、《高尔基早期作品选》等。

到了晚年，巴金以古稀高龄，发愿要完成翻译赫尔岑长达百万字的巨著《往事与随想》。这是他的衰年壮举，其重大意义不仅在于翻译本身，而且在于它直接催生了巴金自己的最后一部巨著《随想录》。

《南方都市报》2005 年 10 月 19 日

哭 巴 金

——邓宏顺——

10 月 18 号上午快下班时，办公室的桌上和往常一样送来了一大叠报纸，我和往常一样，去拿报纸看新闻，但我突然不敢伸手去拿报纸了：一代文学巨匠巴金昨日在上海逝世的消息，连同他的照片登在一张报纸的头版上。我的心突然像被什么东西缠紧了，虽然，巴老去年已过了一百岁，但他在我的心中，似乎就是不会离开我们的一位老人。当我读完这天的报纸上有关巴老的所有文章后，我的心才慢慢平静下来。我闭上眼睛，告诉自己，巴老走了。真的走了。

虽然自己并不和巴老有过直接的交往，但他深深地影响着我。上个世纪的八十年代末，我才二十刚出头，在辰溪的后塘乡做秘书工作，那时这个乡还没有电灯，我几乎天天都在煤油灯下读文学作品到深夜一两点，其中读得最多的中国作家的作品就是巴老的著作，为了感受《家》、《春天里的秋天》等作品中的氛围，我还在春暖花开时，特地把书拿到梨树林和桃树下去读，一边看着花开花落，一边感受着巴老描写的那个年代的家庭和爱情……于是，巴老的文学精神从那时起，就深深地烙在了我的灵魂里。

自己这一辈子似乎是上帝安排与文学有缘，童年时就让我承受了那么多痛苦，到了读高中时就有诉说生活的欲望。于是，别的同学在教室里打打闹闹，我却坐在那里写我的中篇小说。后来，因为生活过于艰难，有好几年只读不写了。直到在乡里做秘书后才又断断续续地写起来。我一直仰慕着巴金，总想在文学这条路上走近巴金，与巴金发生一点儿什么联系。2003 年在毛泽东文学院学习时，我们作家研讨班到娄底白马镇爱心书屋捐书，我看到了巴老题写的"爱心书屋"几个大字。我想不到这样一个偏远角落的爱心书屋会是巴老亲笔题名。我感到那样亲热，又让我那样肃然起敬。作为这个班的班长，当我在这个爱心书屋前捐书讲话时，我又是那样激动！当我要离开时，我一个人还在爱心书屋前默默地站了好一会儿，不为别的，就为爱心，就为巴金！

2004年，我作为中青年作家高研班学员走进鲁迅文学院时，我在学员楼一楼的大厅里看到了巴老的青铜浮雕头像。熟悉中国现当代文学座次的人都知道“鲁郭茅巴老曹”，在大厅两侧的巨幅雕像里，当时巴老是唯一还在世的文学巨匠，而且时任中国作协主席和《收获》杂志的主编。我每天都有几次看到巴老和善的面容，好像他就是坐在我们身边，天天在教导我们的恩师。碰巧的是，就在这年的4月，巴老主编的《收获》在第2期上发表我的中篇小说《食堂》。这是我多年的梦想，一直想在巴老主编的杂志上发表一个作品，虽然他已不再编稿和看稿，但这并不重要，重要的是作为一个作家，我总想把自己的名字写在他的麾下；特别是在他百岁的年份，我尤其感到弥足珍贵！我不再管这是不是一份虚荣！

后来，我们去现代文学馆参观，把所有的展厅看完后，同学们都上车了却不知我的去向，直到他们派人来找我，我还在大门口久久地站着；因为大门上有巴老的手模，我正不厌其烦地反反复复把自己的手放在巴老的手模里。这是一双枯瘦的手，这双手握了近一个世纪的笔，血和肉都变成了文学精神滋养着我们。巴老啊，您在封建社会吃人的时候，您用您的文学反封建；您在谎言欺人的年代，您又提出说真话。这是您对人类的两大贡献！中国当代作家都应该因为有您而自豪！

巴老，您走了，但是，宇宙中以您命名的“巴金星”还在永远向前行进！您不仅永远活在文学里，还永远活在宇宙里！

《边城晚报》2005年10月24日

良知的责任

——北　村——

巴金的逝世所带来的震动，其作为一个负责任的人的意义，也许远远大于他作为一个作家的意义，因为负责任是不容易的。在人所有的责任中，良知的责任可能是最重要和深刻的，巴金恰恰在这一点上作出了榜样。如果他对肉体生命的最后坚持让他痛苦的话，他晚年在坚持良知拒绝遗忘上所作的坚持一定会让他的灵魂得到安慰。因为他对最重要的问题作了交代。

今天没有一个人能掌握自己，成为一个没有错误的人，我指的是人的有限性。这是常识。但似乎并没有很多人能按常识生活，因为常识考验着人对尊严的真正理解。作为一个在中国文坛有尊崇地位的作家，巴金大可以和更多的作家一样，封存记忆，选择遗忘，在中国普遍缺失认罪和忏悔意识的文化环境里，这样做不会招致外在痛苦。所以，一定是有一种内在痛苦拷问作家本身，就是良心的痛苦。

良心的痛苦并不羞耻，对良心痛苦的麻木却是可耻的。有一种隐秘的光照亮了巴金的内心，使其直接需要对这个内在的圣洁、公义的所在负责。所以，巴金首先是在对这个中心负责，然后他也就对他的时代负了责。巴金由此带来的良心上的快乐是真正的尊严的快乐。这是一个作家的基本起点。我感到遗憾的是，如果在《随想录》之后巴金尚有足够的时间和精力创作的话，他将有比三部曲更超越和更深刻的作品问世。因为只有洞悉了自己深刻缺陷的人才能真正理解崇高的意义。

巴金在控诉暴行和拒绝遗忘上面为中国作家作出了表率。在现实层面，他指认了外在真实；

在精神层面,他对自己曾经的缺陷选择了面对,指认了内在真实。这让当下一些指鹿为马的作家相形见绌。一个既无法活出或写出外在真实,又逃避内在真实的作家及其作品,会使我们的时代在历史中失去基本标记。巴金没有把错误推给一个人们很难找到的"集体",也没有嫁祸于一个含混不清的时代,因为他知道错误不是集体或时代犯的,所有错误都是一个一个的个人犯的。人有权利和责任用各种方式面对他的时代,而由此发生的荣耀和羞辱都会落到他的头上。

在这个意义上,巴金老人在晚年所作出的这个最有意义的动作,我总觉得再晚也不以其为晚,也就是说,忏悔永远不嫌太迟。所谓"知耻者勇",这里的耻不是那种曾经被很多人理解成个人利益缺失蒙受的耻辱,而是良心的罪感带来的羞耻。正是这种耻感让巴金晚年被内疚感笼罩,不放过自己,利益变为损失,却发出了真正强大的力量。在特殊的年代,坚持良心立场的底线也非易事,但即使我们错误不断,也会因为我们愿意忏悔,而使我们有限的生命再度发出洁净的光辉。

《解放日报》2005 年 10 月 24 日

永远的巴金

——李夫泽——

巴金毕生都在孜孜不倦地实践这种以"爱人"为核心的伦理思想,猛烈攻击与批判不把人当人的黑暗的社会体制及其意识形态,并执著地探索着怎样才能把人变得更好,从而不断追求人性与人格的完善和完美。

中国传统文化的"仁爱"思想最早通过巴金的母亲撒播在他幼小的心灵中。母亲作为"第一位老师"从小就教他"爱一切人":"她教我爱一切人,不管他们穷或富;她教我帮助那些在困难中需要帮助的人","因为受到爱,才知道把爱分给别人,才想对自己以外的人做些事情。把我和这个社会联系起来的也正是这个爱字。这是我的全部性格的根底。"①就这样,传统文化中的"仁爱"思想积淀在巴金灵魂中,成了"爱人"思想的根基。此外,作为"五四产儿"的巴金同时也受到西方文化的熏陶。他从卢梭、托尔斯泰、雨果等一批作家和思想家的言论和作品中受到"自由、平等、博爱"的思想启发,特别是从克鲁泡特金、高德曼等无政府主义者的言论和著作中受到人类互助、正义、公正和自我奉献的伦理思想的影响,其中克鲁泡特金的著作对巴金产生的作用最大。巴金说:"我想不到世界上还有这样的书!这里面完全是我想说而没法说清楚的话……从这时起,我才明白什么是正义。这正义把我的爱和恨调和起来。"②巴金不仅在克鲁泡特金的书中学到了正义,而且用正义把爱和恨统一起来并提升到理论的高度,形成了他的以"爱人"为核心的伦理思想。

巴金以"爱人"为核心的伦理思想,可概括为三个方面:一、对全人类的爱,特别是对世界上的弱势群体和被压迫被侮辱者的爱与同情;二、对除了人类以外的一切生命的爱,其中包括对家中饲养的公鸡和晚年对小狗包弟的爱;三、对不把人当成人的专制体制和一切摧残爱的势力的憎恨与反抗。在"爱人"思想的指导下,半个多世纪以来巴金坚持不懈地向一切不合理的专制体制发

① 贾植芳等编:中国当代文学研究资料《巴金专集》第一卷,江苏人民出版社 1981 年版,第 135、216 页。

② 《中流》创刊号 1936 年 9 月 5 日。

起进攻,并憧憬一个平等自由充满爱的合理社会制度的到来:“我虽然是某个主义的信徒,但我并不是一个说教者……我不能叫已死的朋友活起来,喊着口号前进。我只是把一个垂死的制度的牺牲者摆在人的面前指给他们看:‘这儿是伤痕,这儿是血,你们看!’也许有些人会憎厌地跑开,但是聪明的读者就不会从这伤痕遍体的尸首上看出来一个合理的制度的新生么?”①在《文学生活五十年》中他一针见血地指出:“今天在我们新中国高老太爷那样的封建家庭早已绝迹。但是经过十年浩劫,封建主义的流毒远远没有肃清,高老太爷的鬼魂仍然到处徘徊。”②与此同时他还呼吁建立“文革”博物馆,目的是警示国人不要忘记封建专制主义及其腐朽的意识形态的罪恶,以及它给中华民族造成的空前灾难。

自我忏悔、追求人格的不断完善,是巴金“爱人”思想的实践。巴金是二十世纪后半叶乃至二十一世纪中国人的良心,他的人格及其作品成了青年人的良师益友,巴金的人格魅力更加凸显。经过“文革”磨难的巴金,不断忏悔、解剖自己,发掘出自己灵魂中的奴性给人看。他痛苦地指出:“奴隶,过去我总认为自己同这个字眼毫不相干,可是我明明作了十年的奴隶!……这个发现使我十分难过!我的心在挣扎,我感觉到奴隶哲学像铁链似的紧紧捆住我全身,我不是我自己。”③他还一遍又一遍地检查自己违心地批判胡风等人的错误,一遍又一遍地忏悔、拷问自己的灵魂:“我在我自己身上发现我大哥的毛病……在小职员汪文宣身上,也有我自己的东西”,“在向伟大神明低首弯腰叩头不止的时候,我不是‘作揖主义’和‘不抵抗主义’的信徒吗?”④就这样巴金毫不留情地剖开自己灵魂的阴暗面,发掘出“作揖一无抵抗主义”、“忍”等奴性给人看,以净化自己的灵魂,追求人格的完善。

巴金不仅是一位文学大师,而且也是伦理型思想家,其思想的核心是“爱人”。“爱人”是中西文化融合的产物。克鲁泡特金等无政府主义者的伦理思想在其中占据着重要位置。巴金的“爱人”思想贯穿在他的伦理观、文学创作和美学观中,成为他做人和为文之魂。由于“爱人”思想是人类从动物那里继承和发展起来的博爱观,是人性的核心,所以地球上只要有人类存在,“爱人”的价值和意义便永驻,巴金的价值和时代意义便永存。

《书屋》2005 年第 5 期

永远留存的精神纽带

——朱文颖——

对于我们这样年轻的写作者来说,巴金这个名字,除了意味着那些与特定时代、主题有关的重要作品,意味着一个真诚而又丰富的灵魂,更意味着一种缓缓而行、徐徐展开的历史画卷——巴金是他们那一代作家中最长寿的一个,他是从时代的深处走来的,其中跨越了旧中国、新中国,尤其是改革开放,以及令人眼花缭乱的市场经济时代……即便是一个普通人,这样一路走来,世界观也不得不一变再变,更何况是一个富有良知、想说真话、并且把世界看得深刻明了的作家,一

① 贾植芳等编:中国当代文学研究资料《巴金专集》第一卷,江苏人民出版社 1981 年版,第 135、216 页。

②④ 李存光主编:《巴金研究资料》,海峡文艺出版社 1985 年版,第 124、537 页。

③ 巴金:《随想录》,人民文学出版社 1991 年版,第 337 页。

位世纪文学老人。我们可以想象,时间,在于巴金的分量,在于一个内省的、反思的、甚至忏悔的灵魂的分量。他是真实的,所以会痛苦,但也正因为真实,他赢得了整个人类的尊敬。

从某种意义上来说,巴金,是我们与上世纪三十年代文学传统的最后一根纽带。记得2002年的冬天,在上海,来自全国各地的作家为巴金先生庆贺99岁生日。“有你在,灯亮着,我们不在黑暗中。”因为有巴金,我们并不怯懦。正像有人说的,“对于精神尚显贫弱的中国来讲,巴金的在,是我们精神的慰藉,是精神叛逆的盾牌,是刺痛知识分子的矛戟;巴金的去,必将为这个贫贱而困乏的时代增添新的创伤与剧痛。”

我们这样的写作者,刚开始总会有强烈的感觉:我是个年轻作家,因为年轻,所以我能够表现一种新的生活,展现一个新的世界。基于这个基础,我们经常会强调一种区别。那就是,我要说的是“我们的世界”,而上一代或者再上一代的作家,则是“你们的世界”。是的,我们的上一代或者再上一代作家,他们承负了太多社会和历史的负荷,他们的内心是有梦的,在精神世界上是不甘平庸的。而我们这代人,则总是被人说,在精神领域是一张白纸,无可傍依。我们曾经经历过极为概念化的表层的分类。这种情况,有些是由于我们自身的问题,还有些则是因为这个时代的浮躁与不求甚解。这种非常微妙的精神状态,造成了极为狭窄的视野。而我们现在要做的,应该是打破这种界限,重新整合,重新建立。因为,在时光的流逝中,总有一天我们将会发现,作为每一个独立的其实也是孤独的写作者,最终将要面对的是“作家”这两个字的真正分量,它背靠着沉甸甸的文学史,它来源于一个伟大的传统,就像巴金先生那样,非但用他的笔,而且用他整个的灵魂告诉了我们:一个真正的作家应该是什么样的;一种真正值得尊敬的活着的方式应该是什么样的。

在当今的社会,生活不容易,写作其实也是艰难的。我们生活在一个急剧变化的时代里,人们找不到现成的精神坐标,每一个人的心里都存在着迷惘与疑惑。就像《十诫》开头所说的:“或许我们应该回头去探求那些教导我们如何生活、最简单、最基本、最原始的生活原则。”到哪里去找?到我们的传统、到我们的良知、到我们最本质的真和爱里面去寻找。这是一位已经远去的老人用心捧给我们的生活真谛。他自己已经这样做了,用他漫长而又伟大的一生,用他整个的灵魂和生命告诉我们:什么是真正的活着。

《解放日报》2005年10月24日

他把良心重担交给了我们

——孙 未——

巴老走了,并不代表一个时代的结束。尽管我们很伤感,这种伤感却是对于物质的生命本身而言的,并不标志着一个人真正的离开,如果他的文字、信念,和爱还如此动人地存在着,并且勉励和鞭策着后人,我们就还能时时看见他灵魂的微笑。

曹禺先生曾经称赞巴老:“你是二十世纪的良心。”事实上,在世纪末的时候,巴老的病势已日渐沉重,他虽然无法再继续高歌吟唱,但是手捧他炽热的文字,我们懂得,老人把二十一世纪良心的重担交付给了我们。

曾几何时,在这个物质几乎成为信仰的商品时代,很多人开始习惯于用利益代替道德去考虑问题，衡量名利似乎就是衡量了成功，美与丑、善与恶的标准变得渐渐不清晰，人心中清澈与高尚的东西因此蒙尘。至于写作的事业中，也有很多人急功近利，追求文字情节给予读者的阅读快感，追求离奇而不靠谱的悬念，追求前卫的形式以创立派别，唯独忽略了文学最本真的意义，就是一种爱与责任的传递。

如果说，在《家》中，我们读到的是一名青年用热血对社会的谴责与呐喊，那么在《随想录》中，我们读到了一位老人敢于审视自己的高贵的心，和希望更多的人来讲真话的殷殷期望。在那段历史过去以后，人人开始追逐世界浮华的变化，而这位高尚的老人一直在沉静地讲述真实，努力地要告诉我们，这真话背后的信念。凭着这种爱真理，爱人类的信念，他可以穿越那段黑暗的时光，同样的信念，也能令我们穿越浮华，重新感知自身存在的责任和意义。

最近几年，曾经听各行各业的朋友们谈起过人生的无意义感，物质生活的丰裕并不能填补他们内心的空虚，在有房有车，衣食无忧了以后，不知道人生还能有怎样的目标，随之而来的，是对工作与生活都失去了热情与欣喜的感受。当我对他们说，人生的意义就是对于人类的责任时，他们又轻飘飘地反驳道，我们可不想把自己当成上帝。

这个世上没有上帝，能承担世界的只有我们自己。这种承担说来也简单，一个企业家能够想着为消费者生产出更优质的产品，让员工的职业生涯更有保障；一个律师能够想着为当事人争取更多的公正；一个科研人员能够想着有更多为民造福的研究成果；一个医生能够想着救治更多的病人……正像巴老将心献给读者一样，带着爱心与理想去工作，是会让人觉得由衷的快乐的。也许很多人都曾经这样工作过，也体会过这种热情与满足，也许他们只是没有意识到，这就是有灵魂的人与其他生物的不同，这就是人类利他主义精神的自动运作，为的就是承担起对子孙万代的责任，而不是面目狰狞地一味急功近利。

巴老曾说，一个人的生命应该为他人放射，自我牺牲是人的天性，就像植物不得不开花。我们不能现实得变成光杆的植物，听任世界一片荒芜，没有鲜花，却把责任还给所谓的上帝。

至于今天写作的人，我想，更应该怀着对人类的责任去工作，讲真话，讲有意义的话给大家听。用爱与良心写作的时代，不会因为巴老的离去而结束，因为不论我们穿越什么时代，遭遇什么考验，人心中一些本真的东西是不会变的。

回想当年巴老曾在文字的世界中，遭遇了许多文学大师，巴老把他们称作老师。他在左拉的《我控诉》中读到了作家伸张正义的崇高天职，从罗曼·罗兰那里读到了征服生命的勇气。他与高尔基的文字交谈，看到了一个用燃烧的心指引人们前行的英雄。

这种传承正如巴老之于我们，人类内心的雍容与美丽就是这样传承着，不因时间而黯然失色，也不会因为生命的流逝而消亡。这份重量，希望今天写作的人都能感受到。

《解放日报》2005年10月24日

巴金去世那一天

——小　饭——

好像自从认字开始就知道巴金这个名字，但却始终没有机会拜读他老人家的作品。令人惭愧的是前几年出于青春期的逆反心理，还曾经对巴金老先生有过不愉快的情绪。而后，高中和大学里真正开始阅读巴金先生的作品,才对他老人家有一种心服口服的钦佩。到自己不小心也开始从事写作,更明白了巴金先生的不易和伟大。一个没有读过巴金老先生作品的人怎么能了解巴金先生作品的精妙和意义?一个没有尝试过写作的人如何能明白"激流三部曲"的辉煌与壮丽?

前几天以上海市作家协会签约作家的身份赴陕西与当地作家交流对谈,路途中就听到巴老在上海病危的消息。这已经不是第一次听到巴老病危,甚至起初我还不以为然。但是紧接着又有一些消息传来,我的作家朋友们都开始带着一种奇怪的悲怆情绪谈论巴金。我也被感染了。巴金先生这几年一直在病榻上,我身在上海却没能想到去看望他一下。为什么不?我问自己。不多久《收获》杂志的副主编肖元敏女士从门外踩着奇怪的脚步走进来,告诉我们一桌人那个预料中却还是不太能接受的消息:巴老走了。顷刻间所有人都显示出一副庄重的神态来,现场寂静无声。

"为什么不?"我又一次责问自己同一个问题,"为什么没在上海去拜见看望巴金老先生一次?"这责问不是没有理由的,在深夜我曾推托了约会去看马尔克斯的电视专访;去陕西因为没有见到贾平凹先生和陈忠实先生而不快;见到了余华激动了好半天……对于前辈作家的敬仰不必表现得如孩童般天真热情,但也掩饰不住内心的激动和渴望。在某种程度上,文学青年们是最大的追星族。但我——作为一个文学的晚辈——竟然没有在相对不困难的情况下去见巴金老先生,去看看他……

这其实是不可理解的。我想,这是否会成为我的终生遗憾?

作家朋友们开始谈论巴金先生的作品,人格,经历,在上海的住处……武康路113号,我没有听错,原来离我自己的住处只相差一条马路……

那一天我人在宝鸡。整个夜晚我都有一种奇怪的忧伤,一个人默默不语。我根本没有料到这样一位素未谋面的老先生的去世会给我带来如此的情绪波动。就是因为"文学"二字,做一个不太恰当的比方——那就是兔死狐悲。深夜时分,我给鸭子老师发去短信:"鸭子,我有点难过。"这位报社文艺部的记者忙着准备巴金先生的专版,只答:默哀。

是的,默哀。我想我写这篇文章还是出于一种"奇怪的忧伤",仿佛我不写下它,便不能告别这种情绪。

《青年报》2005年10月24日

一百零一岁的记忆

——苏　德——

外婆还在世的时候,常会"逼"我读书,搬个板凳随她一起坐在书柜下孜孜不倦。小时候淘气,坐不住,喜欢连环画的程度定然大过厚摞的名著,所以不上幼儿园的童年过得很辛苦,比谁都巴望着快点开学。那时候,我虽然已经认很多字,但能过目的书也不多,被限定在一些诗词歌赋或是《水浒》之类"无害"读物里。外婆很守旧,生怕小孩过早看了不该看的,懂了不该懂的,她把每本藏书都用牛皮纸包好,工整地写上书名,而我只能站在板凳上趴着看看,看各种各样的名字,得到允许后才抽取一本下来。

当时看见六本大书:《雾》、《雨》、《电》、《家》、《春》、《秋》,心里老以为这是如同《山海经》那般的神话书,还觉得巴金这个名字是外国人,这种思维定势一直维持到上小学一年级,电视里播了《家春秋》。后来,外婆过世,我便一下子"野"了开去,功课做完,人就无影无踪,书柜里的书,能不翻动就不翻动,只偶尔擦擦灰。

上中学后,因为课文里的《繁星》,语文老师要求我们回去后再读些巴金的东西,我才重新从书柜上抽下一本《秋》来读。当时不知道《家》、《春》、《秋》三本书之间的渊源,只凭着喜欢秋天而读《秋》,结果当然是有些雾水绕头,不明所以。但也正因为这本《秋》,我开始重新审视外婆留下的这一面墙宽的书柜,开始重新端着板凳上下爬着抽书来看。那大约是我十四岁,心忽然收了。自此后,我变得不怎么喜欢出门,只一个人呆在房间里,也不喜欢阳光,成天紧拉厚重的窗帘,看书看书看书,记笔记记笔记记笔记,而我真正见报的"处女作"也是在那年,所以常常说起十四岁,总觉得是个转折点。在那年,因为我的中学语文老师,因为《秋》,因为那一柜子书,我开始也自己尝试着写东西。

读完书柜里的那六本大书后,再读巴金是上大学的时候。当时中文系有门必修的《中国当代作品精读》课程,随着时间过去,几年光景后再去看《家》、《春》、《秋》,感觉完全不同,似乎懂了过去不能看懂的,可又比过去心生出更多的疑问。

那段日子里,还看巴金的散文,觉得短却精暖,有旧式散文的韵在。印象最深的是《火》,写他趴在亭子间的悬梯上看沦陷后的上海,如同古罗马的战场,一切都在燃烧。那似是他多年后,从某地回来搭船时所写的,因为感官上又听见了朋友梦里呓语的惊恐"火"字,才幡然明白原来自己从未忘却曾经的记忆。

未能忘却的,定是铭心刻骨。巴金于中国文学,中国文学于巴金,亦然。

《第一财经日报》2005年10月19日

写给最真挚的人

——高天南——

我实在忍不住想对您说:"我马上又要见到您了。"

明天,一个13岁的少年,将踏上南下的列车,独自去上海为您送别。今晚,北京忽然寒气袭人。夜空中,只有少数几颗星星闪烁着。

我知道,这几天里,有成千上万的人和我一样,深深地想念着您,为您的离去而悲伤。我们爱您,不单因为您是一个伟大的作家,更因您是一个最真挚的人。

当爸爸告诉我您离去的消息时,我顿时愣住了。整个晚上,我们父子相对无言。躺在床上,您那慈祥的面容,宽厚的微笑,还有满头的银发,一直在我脑海里浮现着。我真的不相信,在一个寂静的秋日夜晚,您会无声无息地走了?我始终觉得,您是不会离开我们的。

在生命中,有一幅珍贵的照片,将永远印刻在我的心底。那是一个阳光明媚的春天,在美丽的西子湖畔,您看上去心情好,气色也好,安详地坐在轮椅上,开心地微笑着;我偎依在您的身旁,一脸懂事、听话的样子,踏踏实实地,像小树杈长在一棵大树上。小林妈妈讲,您喜欢孩子,愿意和孩子在一起。我想,此时此刻,我和您的心灵是相通的,我和您的情感在无声地交流着。

当我读了那篇《永远不能忘记的事情》之后，更加读懂了您的心。您特地用了那么细腻的笔墨，饱蘸着充沛的感情，描写了孩子们送别鲁迅的感人情景。鲁迅曾经呼喊过："救救孩子。"而您说："孩子们的心是最真挚的。"我懂得，您和鲁迅一样，对孩子们有着博大深厚的爱，因为他们是中华民族的未来。现在，我也特想对您说："您的心也是最真挚的。您不愧是最真挚的人。"

您知道吗，在我家的书柜里，整整齐齐地摆放着您的许多书籍：《家》、《春》、《秋》、《寒夜》、《随想录》，还有您的选集、中短篇小说集、散文集、书信集……其中，一本《家》，是您在 1978 年 3 月赠给妈妈的，书的扉页上，您的签名笔迹连贯有力；两本《真话集》，是您分别在 1983 年 1 月和 1990 年 10 月赠给妈妈的，扉页上您的签名笔迹已有些迟缓。它们仿佛不留情地记述着岁月的痕迹。另一本《家》，据爸爸讲，是他于 1979 年的寒冬，在北京菜市口新华书店的门外，排了好长时间的队才买到的，当时真是如获至宝。爸爸妈妈对我说过：您的书籍，伴随着他们度过了美好的青春时光，激励着他们不断地努力成长。

您知道吗，每当我去上海，或者听到人们说起上海的时候，我都觉得特亲切，那是因为您生活在那里；每当我捧起一本新的《收获》杂志的时候，我都觉得特神圣，那是因为您培育了它；每当家里接到小林妈妈电话的时候，我们都特高兴，那是因为感觉离您很近很近……

最后，我想对您说：即使您离开我们远去了，您也不会感到孤独。我和许许多多的人们一样，永远怀念着您，永远爱着您。

《文学报》2005 年 11 月 3 日青少年文学专刊

与巴金研究结缘

——张民权——

大学毕业后，我最初分在安徽日报社工作，是在那里当了近十年的记者、编辑后才"误入"研究之途的。对于我的这一选择，当时及此后不断有人问我：在报社不是好好的，为什么要去文学研究所呢？对此我一直回答不好，似乎有许多原因促成的，不那么容易说清。但如今想来，感到这或许就是冥冥中的一种"缘"，是无法完全说清道明的。

我在上世纪八十年代初开始系统阅读巴金。当时学术界虽也有一些水准较高的研究成果推出，但还没有形成高潮。在对巴金十四卷"文集"的通读和相关资料、动态的了解中，我感到这一课题还有文章可做，自己有不少话要说；确定这一方向，也与我对巴老人格、作品的崇敬和喜爱有关，这也正如有人说的"研究者与研究对象的相互契合"。

我的第一篇论文是《〈激流三部曲〉里的反面人物及其塑造》，发表于巴老家乡四川省社科院院刊——《社会科学研究》(1983 年第 5 期)上；不久，该刊又发表了我的《试论巴金短篇小说的艺术特色》(1984 年第 3 期)；也是在 1984 年，《中国现代文学研究丛刊》(第 2 期)发表了我的《从〈家〉和〈寒夜〉看巴金小说创作风格的演变》。这些论文，有的是对巴金最具代表性的作品的分析，有的是对作家某一类型作品的总体研究，也有的试图把握其前后期创作的同与异，它们为我在更大范围里作巴金研究准备了条件。

我在学术界真正产生较大影响的成果，是发表于《文学评论》(1985 年第 1 期)的《试论巴金小说的“生命”体系》论文，及后来在此基础上扩展、深化而成的专著《巴金小说的生命体系》(上海文艺出版社 1989 年版)。论文有 1.8 万字，该期杂志的卷首语对之作有介绍，之后《文艺报》等报刊也在相关文章中予以积极评价。

“生命”论文和书稿的核心内容，是运用系统分析等方法，通过提出“生命体系”的概念，对巴金及其整个创作进行综合研究。它们首先对巴金小说里的各类人物形象作了具体细微的分析，得出结论：巴金全部小说里的人物形象是稳定、大致有序的，它们组成了一个可以称之为“生命体系”的人物形象系列；具体有三个行列式组成，即：“充实生命”、“委顿生命”和“腐朽生命”。继而——也是更重要的，是深入到作家的创作个性中去，通过把握巴金“在总体上是那种情感——伦理型作家”的个性特征，以翔实的材料，从“生命意识”和“感情蕴藏”这密切相关的两方面阐明“生命体系”形成的原因和内在依据。这两方面的探寻，可使人们看到“生命体系”概念的提出不是偶然、随意的，它其实就植根于巴金创作的内层和个性里，研究者只是揭开了裹在外面的面纱，将其显现出来而已。唯此，有的评论文章这样说：“《巴金小说的生命体系》视角新颖，构筑谨严，有着一定的理论高度，虽只有十多万字，但精微、浓缩，给人厚实感。他发掘的‘生命体系’，使多年来的巴金研究进入到一个更接近巴金真实的境界。”(曹志培《独特的理论建构》)

“文章千古事，得失寸心知。”回顾自己对巴金“生命体系”的发掘和整个研究过程，有两点体会颇深切。一是感到选择独到的研究视角很重要。巴金是一位大家，国内外研究者众多，在我加入研究队伍不久即在学术界形成热潮，因而如果缺乏特色，是很容易被淹没的。当时，许多研究者走的是写“传”和“评传”的路子，也有相当多的研究者研究巴金与外国文学的关系，我都小心躲开了。那时可供选择的还有一条路子，即研究其创作的艺术特色和魅力；这在当时是薄弱环节。但最后决定还是像现在这样。如今看来，作这种“逃避”是对的，此后有不少同仁专门研究这一课题，在我的书稿问世之前就有两本同名的“巴金小说艺术论”出版。

二是以为在研究、尤其文学研究中，直觉、灵感与抽象思维、理论概括都重要，而且也是可以统一的。我开始通读巴老“文集”时，就惊奇地发现无论在他的小说还是散文中，经常出现“生命”、“充实的生命”、“丰富，充溢的生命”、“放散生命”、“生命开花”等词汇和提法，巴金常用它们来评说自己作品中的人物，或抒发自己的人生理想；而在读他那时发表的《随想录》文章时，又发现他至今还沿用它们。我隐约感到这并非偶然，可能在深度层次上反映了作家创作的个性。为此，都一一作了摘录，并进行分类、比较。积累、思考到一定程度后，一次忽然像电光闪烁一样，感到一切清晰明朗了，这就有了“生命体系”概念的提出。但在《文学评论》的文章里，我虽然指出“生命体系”是巴金长期思索人生、生命意义的结果，但还没有提到“生命意识”这一子概念，更未对这一“意识”各层次的内涵及整体特质作揭示；当时，甚至也还没有找到巴金长期以来一再反复提及的“生命”、“充实的生命”、“生命开花”等语汇的最原始的出处。后来终于发现，原来它们是从法国哲学家居友那里来的，并在一次到上海图书馆搜集资料时查到了巴金当年翻译的克鲁泡特金的《人生哲学：其起源及发展》等各种原始资料。于是在书稿中，“生命体系”方方面面的东西进一步活起来，得以建立起科学研究所需要的思想模型。

就这样，“半路出家”，我与巴金研究结缘。

2005 年岁末

二十年巴金学术研讨会散记

——辜也平——

就学术研究而言,维系研究者与研究对象的,本是一种客观、不带个人情感因素的单纯关系;而就这二十几年间的情况而言,虽然巴金及其家人刻意与"巴金学术研讨"保持相当的距离,不少研究者在论及巴金及其创作时也自觉地保持客观的态度,但大部分的巴金研究者与巴金仍然不仅仅是一种纯学术的关系。因为在参与巴金研究的人员中,既有巴金的读者、学生和后辈,也有巴金的崇拜者,巴金以他的作品征服了读者,同时也以他的道德人格影响了许多研究者。所以这二十年间的巴金研究领域,研究者与研究对象之间除了通常的学术关系之外,无疑还隐含着情感的联系和精神的联结。或许可以说,正是巴金精神的感召,一个虽无统一组织但却相对稳定的巴金研究群体才得以形成,三两年召开一届的巴金国际学术研讨会才得以长期坚持,而"文革"之后的巴金研究也才得以不断的深入。

一

"文革"之前的巴金研究以1949年为界分为前后两个阶段。前一阶段的研究以零散的巴金具体作品批评为主,并未形成规模。后一阶段虽然有过全国性的"讨论",但很大程度上为政治所左右,带有非常明显的社会政治目的,所以对许多实质性问题的探讨也未深入和展开。"文革"之后伴随着巴金复出和现代文学研究热潮的兴起,报刊杂志上陆续出现了巴金研究的论文。但在七十年代末和八十年代初,虽然一些研究者间已有了联系,全国性的巴金研究群体却未形成,许多研究者都还只是单兵作战。所以,首届巴金国际学术研讨会之前的四川"四老"研讨会才显得非常必要和及时。

最迟到1983年年底,国内的许多研究者都已得到1984年将在四川成都召开巴金、沙汀、艾芜、阳翰笙创作学术讨论会(后被简称为"四老"讨论会)的消息。四老中巴金、沙汀和艾芜都是1904年出生的,阳翰笙(1902年生)则年过八旬,为这四位川籍现代作家召开学术讨论会当然意义非同一般。"文革"结束,在经历了密集的为大量现代作家、艺术家平反昭雪、骨灰安放仪式或追悼会的时期之后,八十年代初中国现代文学研究的新气象正以不同作家的研究为重点全面深入地展开。1979年10月,全国郭沫若学术讨论会在乐山举行,11月,鲁迅研究协会成立。1980年3月,鲁迅诞辰一百周年纪念撰稿座谈会在京举行,10月,柔石研究学术讨论会在宁波举行。1982年萧红学术讨论会、老舍学术讨论会、艾青诗歌研究学术报告会分别在呼兰、济南、杭州等地举行。1983年,全国茅盾研究学术讨论会、瞿秋白研究学术讨论会、闻一多研究学术讨论会分别在北京、南京、黄石举行。1984年6月,全国首次丁玲创作学术讨论会在厦门召开,同样是1904年出生的丁玲本人还出席了开幕式与闭幕式……但是,从1983年转眼到了1984年,人们一直没等到召开"四老"会日期的具体消息,一直到1985年4月中旬,代表们才等来了5月22日至28日在成都举行"四老"会的正式通知。

5月22日"四老"会如期在成都举行。出席会议的代表一百余人,收到论文八十多篇。四川省委副书记聂荣贵以及任白戈、张秀熟、艾芜等出席了开幕式,任白戈就四位作家的创作道路、创作成就及其在中国现代文学史上的地位作了专题发言,聂荣贵、张秀熟、艾芜等也讲了话。在开幕式后的大会发言中,匆匆从北京赶到的陈丹晨系统地介绍了海外巴金研究的动态,先期到达的李存光着重对1977年以来国内巴金研究状况进行了回顾与展望。

大会后按研究对象分组交流讨论。巴金研究一组不仅人数多、论文也最多(三十多篇),且交流讨论得特别热烈。大家比较集中关注的论题是巴金早期的思想、巴金创作的艺术特色以及《家》、《寒夜》等主要小说。刘思久的长篇论文《谈巴金早期的无政府主义思想》依据较为充分的资料,提出鲜明、尖锐的观点,特别引人注目。巴金与传统文化的关系在这次会议上也受到了人们的重视,单就"激流三部曲"与《红楼梦》进行比较的论文就有三篇。参加巴金研究的小组讨论的,还有来自日本方面的学者,据说因为不是国际性会议,他们只是以旅游者的身份来成都列席会议,参加讨论。这次会议论文的一部分,后被编为《巴金研究论集》出版。

在这次会议之前短短的几年内,现代文学研究界已经先后成立了鲁迅、郭沫若、茅盾、丁玲等作家的研究会,所以,巴金研究一组中也有不少代表提议成立全国性的巴金研究会。但后来大家取得共识,认为学术研究的关键不在于有没有全国性的研究会,而在于有没有不断拓展、深入的实际成果,所以不必急于成立什么研究会,而应加强学术交流与联系,争取两三年开一次学术研讨会,以推进研究工作的深入展开。因此,除了大会的代表通讯录之外,巴金研究一组的代表们又特意另外签名一份"巴金研究工作者通讯录",并且初步商定,争取两三年后在巴金的祖籍地嘉兴召开首届研讨会。

巴金研究一组的代表们还有一个共同的心愿是参观巴金的故居。虽然据张耀棠发表于《当代文坛》第4期上的文章《巴金故居考实》,大家都知道故居已不存在,但按张耀棠绘制的《巴金故居复原略图》寻找,那株仅存的桂树还是成为不少代表摄影留念的背景。大家也格外期待巴老能回四川,期待能在闭幕式上见到这位仰慕已久的作家。山东曲阜师范学院中文系的牟书芳老师是连续坐了几天火车赶来的。在小组会上她说,上火车前的那个晚上一直在床上翻来翻去,老伴说明天要出远门,怎么还不快点睡?她说,一直在想就要到巴老故乡开会,巴老一定也会回成都,很快就可以见到巴老了。所以那一夜她根本就没睡着。牟老师说着说着,眼里还饱含着激动的泪花。许多代表的心情都和牟书芳老师一样,所以虽然从各方面的信息看,巴金一定不会回成都了,会议期间《成都晚报》也已发表了专访巴金的文章《我很想回成都》,但代表们总还是期待奇迹的出现。因为26日下午,沙汀不顾体弱多病,从北京专程飞回成都,并且将于28日上午出席闭幕式。

但这一次巴金还是没回成都,研究者们最终还是没见到巴金。巴金最后是在1986年回成都的,而这次会上酝酿召开的"巴金国际学术研讨会"最终也不是在嘉兴召开。

二

1989年11月,经多方努力,"首届巴金学术研讨会"终于在上海举行。

11月21日上午,开幕式如期在上海青浦宾馆会议厅举行,与会代表五十余人。开幕式由中国比较文学学会会长贾植芳主持,钱谷融先生、徐中玉先生以及沪上许多著名作家都来了,刚参加完在苏州举行的中国现代文学研究会第五届理事会的中国现代文学研究会会长王瑶也抱病出席。当主席请王瑶先生讲话时,王先生只抱歉地说身体不好,等闭幕式时再好好谈谈。又一会儿,王先生实在支持不住,就由吴福辉等陪同去了医院。王瑶先生五十年代的拓荒之作《中国新文学史稿》以及长篇论文《论巴金的小说》都是大家所熟读的,所以代表们都希望能听听他对巴金研究的意见。但没想到短暂参加的这个开幕式竟成为王先生从事现代文学研究的绝唱,12月13日他病逝于上海华东医院。"文革"之后的十几年间,王瑶先生虽然没专门发表过关于巴金研究的文章,但他对这一领域的工作始终是关心和支持的。1984年10月15日,他就"四老"会致信张挺说:"至于研究会,可暂缓成立,因现在已无法弄到经费,除非'作协'出钱,且巴金也反对……至于我个人,则以为首先应重视论文质量,以期于研究工作确实有益"(《中国现代文学研究丛刊》1990年第4期)。后来"四老"会的论文结集出版,他与贾植芳先生共同出任主编。而据王先生的夫人记叙,11 月 27 日,孙玉石、吴福辉等将拜望巴金,已多天不能言谈的他还用笔告诉他们,"表示我专诚来沪祝嘏。最近十年,巴金学术研究收获颇大,其作者多为我的学生一辈,如陈丹晨、张慧珠等,观点虽深浅有别,但都是学术工作,不是大批判,这是迄今我引以为慰的"(杜琇:《王瑶年谱》,《新文学史料》1990 年第 3 期)。可以说,王瑶先生的逝世是现代文学研究界的不幸,同时也是巴金研究的重要损失。

出席研讨会的除已相互比较熟悉的国内研究者外,还有樋口进、山口守、坂井洋史等五位日本学者及加拿大籍华人、第一本华文巴金研究著作《作家巴金》作者余思牧。此前成立的福建泉州黎明大学巴金研究所的方航仙、蒋刚等也带着刚创刊不久的几期《巴金文学研究资料》(后更名《巴金研究》)出席了会议。

这次会议的中心议题是"巴金研究的回顾和展望",但在会上交流的四十余篇论文及与会者的发言则主要涉及了"巴金的思想与创作道路"、"巴金小说的美学价值和艺术成就"、"《随想录》的意义和价值"以及"巴金在现代文学史上的地位"等几个方面的论题。陈思和对巴金研究进行了系统的回顾与展望,与会者们又热烈地探讨了深入展开巴金研究的新思路。进一步开拓研究视界,引进多学科成果以及采用多样的研究方法成为与会者的共识。对如何评价巴金与无政府主义的问题,代表们仍有较大的分歧;《随想录》受到了普遍的关注,但对其艺术性的认识也仍有不同的看法;刘慧英以女权主义批评方法解读《寒夜》,日本的岛田恭子从个人接受的角度谈论《寒夜》,也都引来了不同意见的讨论。代表们各抒己见但又心平气和,热烈而融洽的气氛甚至使大家忘记了休息的时间。22 日上午的讨论进行到接近下午一时,以至于电梯里的服务员小姐不解地问开的是什么会,并且惊奇地感叹:现在还有人这样开会的!

这一年的 11 月 25 日是巴老八十五岁寿辰,从未见过巴老的研究者更是渴望这次有机会拜访他。但巴老年初不慎摔倒,住院治疗了八个月后回家,身体比较虚弱,所以会议本没安排这一活动。后不少学者再三向会务主办方表达自己的心情,有关人士只好把这一情况向巴老转达。据说他听后非常理解,一口答应说:"他们要来,就让他们来吧"。

11 月 24 日上午,代表们怀着喜悦和激动的心情到武康路寓所拜见巴老。从福建来的潘人和老师虽已年近花甲,还特意换上一身笔挺的西服,扎上鲜红的领带,仿佛过节似的。当代表们走进一间小会客室时,满头银发,身穿深灰色中山装,脚登咖啡色轻便鞋的巴老已拄着手杖从楼上缓步走下来。他在一把藤椅里坐下后,大家纷纷上前握手问候。来自巴老故乡的谭兴国对巴老说:"大家特地来探望您,向您祝寿。这次研讨会开得很不错,今后还要进一步将研究工作深入开展下去。"巴老用带着浓重四川乡音的普通话谦逊地答道:"我不值得研究,我做得很少。"好几位研究者异口同声地说:"巴老,您已经做得够多了。"巴老又说:"我剩下的时间不多了。现在文学创作队伍的新人不少,还是很有希望的。"会见即将结束时,巴老起身相送,迈了几步后,又由小林和其他几位学者扶着,缓慢地走到堂屋前,坐在一张刚搬过来的椅子里,与大家合影留念。

11 月 25 日上午会议举行闭幕式,同时由余思牧等人代表参加研讨会的中外学者,再次前往武康路寓所,向巴老献上致敬信、花篮、生日蛋糕,以及由青浦画院画家所作、有全体与会学者签名的巴老画像。下午,与会学者集体乘车前往上海美术馆,参观"巴金文学创作六十年展览"。

三

1991 年 9 月 12 日至 16 日,来自中国大陆、台湾、香港以及日本、韩国、法国的专家学者再次聚集四川成都,就巴金与中西文化这一中心议题举行第二届"巴金国际学术研讨会"。这次会议的规模较大,出席的正式代表就有一百余人。会议收到论文七十余篇,专著三部。巴金与外来文化、传统文化的关系受到了较多研究者的重视,而巴金的艺术良知、精神特征、人格力量等创作主体精神方面的论题也引起研究者的广泛关注。稍后,这些论文以《巴金与中西文化》为题结集出版。

12日的开幕式上宣读了巴金致大会的信,他说:"我有病,不能出席讨论会,非常抱歉";"我写作不是我有才华,而是我有感情,对我的祖国和同胞我有无限的爱,我用作品来表达我的感情"。针对当时一些无端的揣测和"真话并不一定是真理"之类的攻击,巴老在信中回应说:"我提倡讲真话,并非自我吹嘘我在传播真理。正相反,我想说明过去我也讲过假话欺骗读者,欠下还不清的债。我讲的只是我自己相信的,我要是发现错误,可以改正,我不坚持错误,骗人骗己。"接着又播放筹备组谭兴国等就这次研讨会事宜访问巴老时的对话录音。巴老用带了浓重的四川口音,轻微、短促、断断续续,但细听又很清晰的声音谈到:"我写字有困难,行动也不便,身体也不好,精力也不够,以后写东西恐怕不行了。但最主要的是,我不能白活,我要用行动来证明,我所说的,所写的,我这一生到底干了些什么,到底是真是假,我是怎样的一个人。……我最佩服列夫·托尔斯泰,他最后的追求。他到八十岁的时候从家里出走,得病死在火车站。我以前不大了解他为什么这样做。最近才懂得了,他也是为了做个言行一致的人。自己写的,自己用行为证明,说的是真话……"整个会场鸦雀无声,大家似乎都在与这位善良正直的老人进行心灵的交流。

会议期间,代表们又兴致勃勃地到正通顺街98号寻访巴金旧居的历史遗迹,并且参观了根据小说《家》中的高家庭园为蓝本建造的"慧园"。

在北京,1994年4月14日至16日举行了"巴金与二十世纪"(第三届)国际学术研讨会。这一届会议恰逢巴金九十华诞和二十六卷本《巴金全集》出齐,所以14日上午开幕式极为隆重。全国政协副主席万国权与首都文学界、学术界、新闻出版界人士,国内17个省、市及日本、韩国的专家学者,共二百五十多人出席了大会。大会由中国作协书记处书记、中华文学基金会副会长兼总干事张锲主持,中国作协副主席冯牧代表主办单位致开幕词。先后在开幕式上发言的有著名作家荒煤、林默涵、臧克家,复旦大学贾植芳、中国社科院杨义、中国现代文学馆舒乙,以及日本学者山口守等。全国人大副委员长赛福鼎打来电话,对研讨会表示祝贺,对巴金表示敬意。文化部部长、中国文联、冰心、夏衍、曹禺、艾青、马烽、张光年等也分别寄来贺信或为研讨会题词,借此表达对德高望重的巴金老人真诚的敬意。

这次的会议组织得非常严谨。本着节俭办会、集中研讨和讲究实效的原则,会议的正式代表严格控制在六十名之内(实际报到五十九名,萧乾、陈荒煤、梅志、王仰晨、张兆和、文洁若等特邀代表除外);三天的会期安排了四次大会研讨交流。几次的交流分别由陈丹晨和张民权,汪应果和刘慧贞,谭兴国和牟书芳,陈思和与吴定宇等研究者轮流主持。在"巴金与二十世纪"的总议题下,大家分别就"巴金创作与二十世纪"、"巴金人格精神与二十世纪"等专题进行了热烈的交流和讨论。主办方还围绕总议题,组织与会学者参加在北京图书馆举行的大型图片展览《讲真话,把心交给读者——巴金》开幕式并参观展览;利用晚间组织观看上海电视台祁鸣带来的巴金最新生活影像资料。同时组织"文学老人谈巴金"的专场报告会,请萧乾、梅志、张兆和、王仰晨、李济生以及贾植芳、陈荒煤等讲述他们同巴金的交往以及对巴金人格、文学的看法。

会议的总议题显示了学术界力图把巴金的文学活动放在整个世纪的时空背景上进行全方位考察的研究趋向。在收到的四十余篇论文及许多研究者发言中,大家明确地注意到,巴金在中国二十世纪的历史上的价值与意义已绝非文学成就所能涵盖,人们不约而同地把研究视角扩大到诸如人文精神、时代精神、人格精神等方面。巴金的人格精神受到了前所未有的重视,专门探讨这一论题的论文就有四篇。巴金与世界语运动的论题在这次会议上开始为人们关注,有关这方面的四篇论文填补了巴金研究的一个空白。周立民的《巴金与二十世纪中国青年读者》通过相当规模的调查,考察巴金在当代青年读者中的影响,为后来的巴金接受研究提供了重要的历史参照。日本学者山口守的《二十年代巴金与外国革命家的通信》则首次公开了十几年间遍访欧美各国所获得的巴金英、法文书信，为研究巴金早期思想提供了极为珍贵的文献资料。这些论文，连同会后陈思和与汪应果之间围绕“巴金时代”论题的讨论信，一并结集为《世纪的良心》一书出版。

四

承接北京会议的学术命题，“巴金与同时代人”成了第四届巴金国际学术研讨会的中心议题。这研讨会于 1997 年 9 月 1 日至 4 日在苏州大学举行，来自国内及韩国、日本的七十一名研究者出席会议。会上共宣读论文四十余篇，范伯群、杨益群、汪应果、赵俊熙、栾梅健、袁振声等分别从家庭背景、地域文化、美学素养以及创作特质等角度，比较论述了巴金与冰心、鲁彦、无名氏、曹禺、张恨水、茅盾等同时代作家之异同，集中显示了巴金研究界同人力图以同时代人为参照，进一步探寻巴金在二十世纪文坛上的独特价值与意义的努力。韩国学者朴宰雨的《韩国巴金研究的历史与动向》则系统介绍了韩国巴金研究的全貌，指出巴金在韩国也是最受重视的中国现代文学大师之一。

两年后的 10 月 11 日至 13 日，第五届巴金国际学术研讨会在湖北襄樊召开。因为这是二十世纪最后一次的巴金国际学术研讨会，“面向二十一世纪的巴金研究”成为大会的总主题。会议收到论文三十四篇，与会的学者包括国内二十四名，日、韩、美等国九名。三天的会议中，大家先后围绕“《随想录》的文化、思想意义”、“新世纪巴金研究展望”等论题展开研讨。香港《大公报》资深编辑潘际炯介绍了巴金《随想录》当年撰写、发表过程中的若干内情，为相关研究提供了珍贵的史料。王友贵的《巴金文学翻译初探》通过对巴金译作与原著之对照，探讨巴金的翻译艺术与风格，拓展了巴金研究的学术空间。加强文本精读、重视美学分析，把巴金作为一种文学现象放到更广阔的背景中认识和思考等也成为研究者对新世纪巴金研究的共同期待。

2001 年 11 月 1 日至 3 日，第六届巴金国际学术研讨会在福建师范大学举行。巴金与福建有着特殊的关系。他曾三次踏上福建的土地，创作过《春天里的秋天》、《电》、《南国的梦》等以闽南生活为题材的作品；他还一直是泉州黎明大学名誉董事长，先后十几次向黎明大学图书馆、厦门集美图书馆赠送珍贵图书。黎明大学也有全国唯一的“巴金研究所”和《巴金研究》季刊。此前的 1992 年 9 月 22 日至 23 日，泉州曾召开过黎明大学首届巴金学术研讨会。应邀出席讨论会的包括上海、安徽、江西、福建以及日本的专家学者四十三人，围绕“巴金与泉州”以及“巴金研究的现状与趋势”两个议题，交流了二十四篇论文。闭幕式上，当时黎大的校长曾表示，如果条件成熟，希望 1994 年的第三届国际巴金学术研讨会能在泉州召开。1996 年 11 月 24 日至 27 日，福建省中国现代文学研究会又在泉州国立华侨大学召开 96 年会暨巴金学术讨论会，省内十三所高校的代表三十人出席，樊骏、杨义、陈思和等应邀莅会指导。11 月 25 日喜逢巴老九十三岁华诞，代表们还一致给这位共同崇敬的作家发了致敬电。在这种历史背景下，第六届巴金国际学术研讨会在福建举行自有其特殊的意义。

由于是新世纪第一次的研讨会，“巴金与现代文化建设”、“面向二十一世纪：再读巴金”成为这次会议的中心议题。出席会议的作家学者五十余人，收到论文三十余篇，而热烈的争论和频繁的交锋则是这次研讨会的主要特色。

针对巴金思想的主导面问题，有代表认为巴金的思想和实践活动具有超越国家这一人为制度的壁垒，追求整个人类的心灵沟通以及实现全人类自由平等生活的根底。也有代表对巴金前后期思想是否一致的问题产生疑问。但另有代表认为巴金晚年的思想是对前期道德理想之梦的回归。对于巴金创作的艺术性问题，有代表在充分肯定《随想录》的文化思想意义同时，也为很难找出完整的“美文”而遗憾；还有代表认为巴金的散文过分平直，缺少“阐释的空间”。但也有代表认为,衡量散文的优劣不能仅仅以"美文"为唯一的绝对的标准,《随想录》中的许多篇章都有特殊而丰富的内涵,也不能说它没有"阐释空间"。分歧和争议最大的是关于巴金的经典性问题。有代表提出,巴金的文本不具备超民族、超时代、超阶级的经典性特征。但有代表则认为,巴金的作品贯穿的是一种精神,是对一切扼杀、扭曲健康人性的制度、观念发出强烈的抗议,以及对一切被侮辱、被损害的"小人物"悲剧命运的同情。这是最普遍性的人性主题,因而它也一定能够随着时代的发展而被注入新的内容。还有代表认为只要有压迫,有不公正存在,巴金的作品就永远是鼓舞人们争取尊严的力量源泉。另外,对如何面向二十一世纪再读巴金,有些代表认为应深入学术领域,走出学术领地,面向一般读者,吸引专门读者,以便使巴金在新的历史时期再度走向大众。但也有代表认为,巴金作品的阅读不大可能再度走向大众,就目前的巴金研究来说,防止学术深化过程中任何公开的或隐蔽的"时代利益化"的企图,对建构巴金文学世界的"意义与价值"有特别的意义。

这次研讨会的论文连同前两届的部分论文,以《巴金:新世纪的阐释》为题,于 2002 年 9 月由福建教育出版社出版。闭幕式上,专程赶来的四川文艺出版社社长表达了四川方面争取筹办下一届巴金国际学术研讨会的意向。几天后,浙江嘉兴市文联也与会务组联系,希望承办第七届巴金国际学术研讨会。

五

2003 年 11 月 20 日至 22 日在巴金的故乡四川省成都市举行的"巴金论坛·第七届巴金国际学术研讨会"是庆贺巴金百岁华诞的系列活动之一。此前,四川方面已经主办过两次巴金学术研讨会,这次经多方争取和努力,巴金百岁华诞之年的研讨会再一次在巴老故乡召开当然格外引人注目。

出席这次研讨会的国内外学者五十余人。除共同祝贺巴老百岁诞辰、参观《世纪巴金》展览以及观看成都市川剧院演出的川剧高腔《激流之家》外,与会学者在"慧园"就巴金及其创作进行了热烈的探讨。

针对世纪之交兴起中国现代文学史重写热潮、巴金在文学史上被不同程度移位以及所谓为二十世纪中国文学写"悼词"等现象,"巴金的意义"成为与会学者共同关注的主要论题。大部分代表从道德情操、人文关怀或思想精神价值肯定了巴金的时代意义和永恒的价值。但有的研究者则认为应当从作家的创作个性特征入手,在文学发展的宏观背景中考察巴金创作的文学史意义。也有研究者对巴金在不同历史时期的文化人格呈现出的复杂性、多变性和矛盾性的特征进行分析,认为他的文化人格的变迁是中国现代知识分子精神史和人格史变迁的缩影。在作品研究方面,有研究者指出巴金的爱情描写,不是为爱情而写爱情,而是为了写人,写性格,更有研究者认为巴金的爱情描写是无性化爱情话语,缺乏爱情本身所应提供的丰富的生命体验,在崇尚社会理念的时代读者能够接受,进入当代后就自然产生接受隔阂。还有新进的青年研究者从叙述学的角度,分别探讨巴金小说叙事的"延宕"特征或"二度叙事"模式。

在这次会议上,文献资料的收集抢救工作,再度引起与会者注意和重视。大家一致认为,有关巴金文献资料的收集虽然已具一定规模,但仍有待于更深入和系统的挖掘与整理,收集是当务之急,整理也刻不容缓,这方面的工作是保证巴金研究深入、持久进行的重要基础。

这一年的 11 月 25 日是巴金百岁华诞。在这前后,中国现代文学馆举行了"巴金百岁喜庆艺术大展",四川成都巴金文学院新馆开馆,上海举办"巴金在上海"图片文献展,中央电视台的"艺术人生"、上海教育电视台的"世纪讲坛"等分别推出专题节目。这一天,巴金研究会也在上海宣布成立。

上海巴金研究会成立后,除着手《巴金研究集刊》等的编辑出版工作外,还开始积极参与筹备2005年的第八届巴金国际学术研讨会。

在2005年10月17日前的很长一阵子,许多巴金研究者私下都在期望着:在途经上海往嘉兴参加第八届巴金国际学术研讨会时,可以到华东医院看望巴老。因为由中国作家协会、上海市作家协会、嘉兴市人民政府、上海巴金文学研究会联合主办的这届研讨会通知即将与会的代表,到达上海后,10月24日下午可以到上海作协集中乘车往嘉兴。虽然大家都大致清楚巴老身体的状况,都很了解巴老及家人不愿多事张扬的为人,但既然到达上海,既然有"集中",看望巴老的请求或许能得到满足。但是,10月17日19时11分新华社的快讯彻底破灭了许多与会者的期待,10月24日成为与巴老的遗体告别的日子。

24日下午参加巴老遗体告别仪式后,代表们连夜赶往浙江嘉兴;25日,满蕴着悲伤气氛的第八届研讨会如期在巴老的祖籍地举行。

开幕式上,金炳华代表中国作协发言时提议全体起立,为巴金先生默哀一分钟。在紧接着的议程中,邵燕祥、郁风、黄苗子、丁聪以及吴福辉、陈思和、李辉、周立民等先后发言,就巴老生前建立"文革"博物馆的未了心愿,巴老倡议成立的中国现代文学馆的建设,以及三年前国家图书馆流失巴老赠书等话题阐述了各自的意见。出席会议的中国、韩国、日本、法国、俄罗斯等国的七十多位巴金文学研究者也争相表示自己的意见。

这次研讨会的主题是"巴金与当代",具体研讨主要围绕"巴金的创作和思想对当代文学发展的作用和意义"、"经典化的巴金创作与当代思想文化的沟通"、"新发现的巴金文献资料与当代思想文化关系"三大议题展开。其中,关于巴金的当代意义的讨论和新发现的巴金文献资料成为会议的两大亮点。有学者认为鲁迅之后,传承鲁迅精神的最有代表性的是胡风和巴金,巴金是鲁迅精神在当代传承的代表性人物。也有学者从文学史线索中的巴金与鲁迅谈起,认为巴金的作品正是在继续五四一代作家的未竟工作,这样的作家也才是中国新文学的真正代表。还有学者从"科学"和"民主"两个关键词入手,阐明现代文化中的反封建主题是鲁迅开创的,但巴金是进行得最全面坚持最持久的。各地的研究者还分别交流了近期收集整理的"文革"时期与巴金相关的文献、巴金与三十年代福建泉州的民众运动的有关史实、巴金与朱洗交往的情况以及巴金祖籍情况等的相关资料,来自俄罗斯的汉学家罗季奥诺夫全面介绍了巴金作品在俄罗斯出版和研究的历史与现状,在法国巴黎第一大学任教的刘秉文简要介绍了巴金研究在法国的情况,而李存光则梳理了2003年巴金百岁以来相关的文化活动和出版物。

为鼓励优秀青年学人参与巴金研究,加强巴金作品与当代读者的沟通,推动巴金研究的持续发展,这届研讨会还委托上海巴金文学研究会设"青年论坛",围绕大会主题,于半年前向在校大学生、研究生及社会上的青年学人公开征求论文,并对论文进行评奖。研讨会期间,获奖代表应邀出席,并与参会研究者进行了专场的交流与对话。

从1984年的"四老"会开始,有关方面就一直热切期望着能在巴老的祖籍地召开一次学术研讨会。随着2005年10月至27日第八届巴金国际学术研讨会闭幕,二十年的梦想终于完全成为现实。但是,精神上联结着全国以至世界各地研究者的巴金老人却在几天前逝世,这一届的研讨会难道是为了魂归故里的梦想?或者,是应了落叶归根的古训?真是说不尽的巴金。从1989年到2006年,一个作家持续八届的国际学术研讨会已成为中国现代文学研究领域的美谈。在巴老精神的感召下,这个美丽的传说还将继续下去。但一个月后,就在巴老一百零二岁生日的那一天,"巴金、萧珊骨灰撒放仪式"在东海举行,人民的作家已经坦然地走向大海。或许,五四新文学的最后这位耆宿就像他七十多年前所描述的青年觉慧那样:"他最后一次把眼睛掉向后面看,他轻轻地说了一声'再见',仍旧回过头去看永远向前流去没有一刻停留的绿水了。"

送巴金先生

——戴明贤——

听到巴金先生逝世的消息，我心中一阵肃穆。这位感叹“我是为别人活着”的老人得大解脱了。这位老人用衰病的劫后余生，完成了一个伟大人格的存在。几天来回想着自己心目中的巴金，无端联想起《约翰·克利斯朵夫》的结尾。找出一看，傅雷先生的译文是这样的：

“主啊，你对于你的仆人不至于太不满意吧？我只做了一点儿事，没有能做得更多。我曾经奋斗，曾经流浪，曾经创造。让我在你为父的臂抱中歇一歇罢。有一天，我将为了新的战斗而再生。

“于是，潺潺的河水，汹涌的海洋，和他一齐唱着：

“你将来会再生的。现在暂且休息罢！所有的心只是一颗心。日与夜交融为一，堆着微笑。和谐是爱与恨结合起来的庄严的配偶。我将讴歌那个掌管爱与恨的神明。赞颂生命，赞颂死亡！”

克利斯朵夫弥留中的那段话，不是很像先生的声音么？他也说自己做得不多，但曾经奋斗，曾经流浪，曾经创造。只是先生对之倾诉的，是人，是他的读者，是千千万万受苦受难的生命；而不是那位说要有光于是有了光的至高无上者。先生也无须再生，六卷《随想录》，就是一个长青的战斗生命。

我知道巴金，开始于小时候看大姐买的《家》，那是抗战胜利后重印的新版，还是战前的旧书，已弄不清了。小说开头觉民觉慧弟兄俩谈论在学校排演斯蒂文森小说改编的话剧《宝岛》，那方言我读起来就又亲切又新鲜，特别是把起床迟了说成了“起晏了”，晏读“按”音，四川话和贵州话都如此。一位店员大朋友指教我，读书最重要的是先读序跋，于是又跳回去读“激流三部曲”总序，似懂非懂，但那又热情又忧郁的倾诉笔调，与别的小说都不同，给我留下了深刻不可磨灭的印象。

比起书中的高家来，我的家庭很单纯，我也还未到因热情而苦闷的年龄，但这个故事和那些人物的思想非常容易理解，我接连读完了“激流三部曲”，同情鸣凤，喜欢瑞珏，可怜觉新，痛惜海儿的夭折，痛恨五爸陈姨太冯老太爷。总之，是非爱憎，都以觉慧马首是瞻。整个阅读过程，始终处在愤郁的感情中，想大吼又吼不出。记得一直读到《秋》的结尾，觉新给觉慧的信里说，他已将翠环(收房丫头)作为正式妻子，我这才松了一口气，感到一丝正气得伸的暖意。后来我到省城上学，在图书室里发现了辽阔的文学新大陆，大偿饥渴。这时我又大大受益于翻译家和编辑家的巴金。他译的高尔基《文学写照》和草原小说，《六人》、《秋天里的春天》、《木木》和文化生活丛书中的许多作品，至今为我喜爱。

五十年代初的巴金，则在不脱离服务政治的范围内，选择了为保家卫国而流血牺牲在朝鲜战场上的志愿军战士作写作对象。他冒着生命危险深入前线，写了不少短篇小说和散文，其中不乏成功之作，例如被搬上银幕成为名片的《英雄儿女》的原著，然而这毕竟非他的熟知和擅长。很长一段时间，巴金对于我，只是一位可敬、亲切而又遥远的老作家而已。“文革”期间，在山中经常收到友人寄来的红卫兵小报，看到巴金被称为上海文艺界的“黑老 K”，批斗规模极大。当时全国血雨腥风，一片红色恐怖，岂止巴金一人！读了只有悲凉。那是一场把人性深处最黑暗最凶恶的沉渊，扇动成掀天巨浪，以摧毁一切美好事物的飓风之灾。

风灾过去，巴金复出。在最初一片揭露罪恶、张扬伤痕的热浪中，“巴金”二字的重新出现，令无数读者欣慰感动。但当时老作家复出“亮相”的文章很多，等到忿懑渐平，往事渐远，鼓励遗忘之后,巴金以一篇接一篇严苛地拷问自己灵魂,执著地探究文革根源坚持说真话的《随感录》,极大地震撼着无数冷漠健忘的心灵,引起了海内外的广泛关注和思考,巴金遂成为中国的良知,知识分子的明灯,巴金之存在,大大超越了文学的意义。我觉得晚年的巴金,从某些角度看,颇像希腊神话中推巨石上陡崖的西西弗。斯人已矣,继踪者谁!

罗曼罗兰小说的结尾写道:

"圣者克里斯朵夫渡过了河。他在逆流中走了整整的一夜。现在他结实的身体像一块岩石一般矗立在水面上,左肩上扛着一个娇弱而沉重的孩子。……在激流澎湃中,他只听见孩子的平静的声音,——他用小手抓着巨人额上的一绺头发,嘴里老喊着:'走罢!'——他便走着,伛着背,……快要倒下来的克利斯朵夫终于到了彼岸。于是他对孩子说:

'咱们到了,唉,你多重啊!孩子,你究竟是谁呢?'

孩子回答说:

'我是即将来到的日子。'"

谨借此文敬送巴金先生　十月廿六日

《安顺晚报》2005年11月10日

巴金:灵魂救赎与精神再生的路

——杜应国——

在走完了漫漫百年的世纪之旅后,享有"世纪良知"之誉的巴金,携带着他那横过好几代读者的长长身影,终于离我们而去。一代大师,百年风雨,在人们的注目下落下帷幕。他带走了他所属的那个时代,也带走了无数的祝祷与怀念。

文学界公认,巴金一生的创作有两大高峰:一是1949年以前,一是1978年以后。前一个高峰,已经融铸成了中国现代文学史不可分割的部分,并且奠定了巴金不可撼动的地位。而后一个高峰,则重塑了巴金的人格与灵魂,在文学史之外,又为他树起了一座精神的丰碑——这就是晚年巴金以病残之身,穷八年之力,倔犟而又执拗地苦心写成的力作《随想录》。

关于这部书的思想、艺术价值,评论界早有公论。张光年称其"力透纸背,情透纸背,热透纸背"。王元化说它"不仅是写给我们读的,也是写给我们的子孙读的"。冯牧谓"这是一本反映了时代声音的大书"。柯灵道,这是"披肝沥胆,和血带泪写成的思想汇报"。唐达成赞它"充满智慧,充满真知灼见",是"一本饱含人间至情的大书"。陈思和则将之称为"现代忏悔录","是晚年巴金的一个思想总结"。(以上均引自《世纪良知——巴金》一书,李存光编)如此等等。角度不同,理解各异,但赞赏却是一致的。不过,以我之见,我更看重的,却是贯穿于全书中的那种直面自己,直面历史,直面社会和生命乃至死亡的勇气,以及由此所表现出来的那种不屈服的姿态,不妥协的精神。

从1978年开笔到1986年结笔,巴金从七十四岁写到八十二岁,耄耋高龄,历时八年,所得不过五集凡四十二万字,与青年巴金每天可写万言以上的创作量已不可同日而语。尤其是后两集的写作,几乎完全是疾病的折磨下艰难完成的。自1982年因摔跤骨折,导致左腿骨短三公分落下残疾后，巴金不幸又于1983年受到恼人的帕金森氏综合症的困扰。他双手颤抖，握笔困难。有时，一笔下去，手就不能动了，他只好用左手去推右手；有时，握住的笔掉下去，他再拾起来，笔一次次掉下去，他一次次拾起来。就这样，一字一字，一笔一画，以每天二三百字的速度，龟步蜗行，缓慢推进……

那么，这位早已著作等身，誉满天下的作家，为什么不肯放下手中的笔？为什么要这样跟自己过不去？他的回答很简单："我身受其害，有权控诉，也有权探索，因为'文革'留下的后遗症今天还在蚕蚀我的生命。我要看清人兽转化的道路。"(《随想录》697页。以下凡引此书，只注页码)而且，"有责任揭穿那一场惊心动魄的大骗局，不让子孙后代再遭灾受难"。(《随想录·合订本新记》)，所以，《随想录》从头到尾，始终贯穿着一个不变的主题：对"文革"的反思。

众所周知，"文革"给巴金留下一个严重的心理疾患——做噩梦。他常常在梦中被拖回到那令人恐怖，也令人屈辱的"文革现场"，不是梦见自己被批斗，就是梦见自己被凶神恶煞地追打、逼问……他常常在梦中挥舞双手，发出怪叫，有时甚至会在挣扎中跌下床来……《随想录》中，单是谈梦或涉及梦的文章起码不下于十篇。"文革"对巴金身心的摧残与伤害已到了何等地步，由此可见。实质上，这是一种可怕的"精神恐惧症"。正如他所说："并非我揪住'文革'不放，正相反，是'文革'揪住我不放。"(632页)此话绝非虚语。事实上，巴金的恐惧与噩梦，正是由其内隐的心魔和外在的压力造成的。

"内隐的心魔"不用说，就是巴金在"文革"十年中的惨痛经历；而"外在的压力"，则是指巴金当时所处的特殊的创作环境。

几乎可以说，《随想录》的写作，从一开始起就是在各种"叽叽喳喳"的议论中，顶着各种阻力和压力而艰难进行的。随着文章一篇一篇发表，传言和压力也不断袭来。"有人扬言我在香港发表文章犯了错误；朋友从北京来信说是上海要对我进行批评；还有人在某种场合宣传我坚持'不同政见'……关于我的小道消息也愈传愈多。仿佛有一个大网迎头撒下。"(《随想录·合订本新记》)。

一句话，巴金的忧虑，巴金的惊恐，就是害怕"文革"卷土重来，害怕"文革"那样的灾难和耻辱又一次降临到自己和他人的身上。"不是我不愿意忘记，是血淋淋的魔影牢牢地揪住我不让我忘记。"(820页)所以，他要大声嚷嚷说破那个"梦"，以摆脱"魔影"的纠缠；所以，他要以笔为刀，挖自己也挖别人身上的"脓疮"，因为"不把脓血弄干净，它就会毒害全身"(《随想录·合订本新记》)；所以，他倡导说真话。

巴金的反思是否"深刻"？有人在今天表示怀疑。这其实是一个似是而非的问题。第一，巴金是文学家而非理论家，从理论上来总结"文革"的经验、教训并非巴金的责任。第二，巴金的言说环境跟今天大不一样，如今看去很普通的一些问题，在当年却仍是需要勇气和睿智的。而巴金的可贵也正在于此，一旦他清醒过来，认清自己的使命与责任，他就再不肯放弃自己独立思考的权利。因为他明白，自己已经没有机会了，"这是最后一次"，"我必须用最后的言行证明我不是一个盗名欺世的骗子"。(900页)因此，即使阻力重重，即使压力不断，他也毫不退缩，毫不让步。"我不一定看清别人，但是我看清了自己……我不再是'奴在心者'也不再是'奴在身者'。我是我自己。"(385页)面对压力，面对那些滔滔袭来的"传言"与胁迫，这位一向以容忍、谦和著称，甚至往往显得有几分怯懦的软弱的老人，却发出了这样掷地有声，慷慨激昂的痛切之辞。

"点名批判对我已非新鲜的事情，一声勒令不会再使我低头屈膝，我纵然无权无势，也不会一骂就倒，任人宰割。"(《随想录·合订本新记》)

"到了我不能保护自己的时候，我就像高尔基所描绘的鹰那样带着伤'滚下海去'。"(同上)

这就是巴金这位世纪老人和他的《随想录》留给我们的真情告白和绝世回响。正是从这源自心底，源自生命，源自一个人的生存底线而迸发出来的悲啸与嘶鸣，昭示了晚年巴金在反思中求索，在求索中自省，在自省中升华，进而通过抗争与忏悔而获得自我的完善和解放的灵魂救赎之路。这是一条人格重塑，精神再生的"炼狱"之路；是撩开"创伤记忆"，撕破血淋淋"脓疮"，以大智大勇的坚忍与执著去扫除梦魔，"消毒"强身的精神拷问。我想，这或许就是巴金及其《随想录》的意义所在罢。事实上，晚年巴金所代表的，就是觉醒了的中国知识分子，再也不愿回到过去的屈辱和奴性而表现出来的一种不妥协姿态与不屈服精神！这是一座精神的丰碑！一座从灵魂救赎到精神再生的伟大丰碑！一座镌刻着巴金的真与爱、血和泪，以及自噬与反噬、风骨和操守的心灵之碑！生命之碑！当然，也是历史之碑！

2005 年 10 月 24 日—26 日稿

11 月 2 日—4 日修改

《安顺晚报》2005 年 11 月 9 日

死是一个必然会降临的节日

——苏　宁——

巴金先生走了，带着他的精神和理想走了，就像那颗以他的名字命名的小行星，将走到比永远更远的地方。晚上，我悄然来到成都百花潭"慧园"巴金塑像前，默默地悼念。老实说，这些年来我并不赞成巴金先生以"那样"的方式活着。他在的时候大家可能不以为然，可当他一旦逝去了，人们的确感到了一种无可弥补的震撼，一个不可取代的人物离开了。

有评论家认为，巴金之于中国，犹如赫尔岑之于俄国，伏尔泰之于法国，惠特曼之于美国，泰戈尔之于印度，是独一无二的。巴金是我国新文学奠基人之一，也是一位蜚声世界的文化名人。数十年的创作生涯中他写了 600 万字的著作。他的作品可以从很多方面去解读，可是评论家们很少有人注意到他的宗教情怀。他曾说过："人为什么需要文学？需要它来扫除我们心灵上的尘垢，需要它给我们带来希望，带来勇气，带来力量。我为什么需要文学？我想用它来改变我的生活，改变我周围的环境，改变我的精神世界。"他改变世界，改变自我的力量之一便是宗教的精神力量。我感到，在中国作家中，巴金是少有的具有宗教情怀的作家。巴金很小的时候就从与母亲来往甚密的英国女医生那里获得了一件礼物：《圣经》，他很喜欢精装的《新旧约全书》官话绎本，青年时代在法国留学时曾专门研究过《新约》，偏爱《四福音书》。他的《火》(第三部)多处引用《圣经》原文。在他的文学作品中流露出浓厚的基督教的精神，例如他的博爱意识，体现为对于人生美好信念的执著追求，对爱的精神的开掘与推进以及对于一个苦难深重民族的巨大的悲悯。对封建昏庸的人生，他矢志不渝地给予抗击。巴金自称为"五四运动的产儿"，是生在"黑暗的年代，讴歌过爱情和正义"的作家。在其代表作《家》、《春》、《秋》中，他以精准的笔调描写一个封建大家庭的没落与分化，激励几代青年向黑暗抗争，向光明奋进，为理想献身。他把一切摧残人性、摧残爱的势力，当作自己"最大的敌人"(《巴金选集・前记》)，这正是一种信仰的力量。他曾写道，他创作的目的，在于"鼓舞别人的勇气，巩固别人的信仰"(《巴金选集・后记》)。他的前期作品"爱情三部曲""革命三部曲"，描写小资青年的悲号、抗争与无望，充满浪漫主义色彩与情调，他用博大的爱的力量描写当时青年的痛苦与不幸，描写他们的觉醒与追求，他们的情绪和心态，因为他就是这样走过来的，他的青年时代经历过这样的拯救。巴金晚年的巨著《随想录》，提倡"讲真话”,为“文革”中被迫所做的违心事忏悔,痛自谴责,充满了巨大的正义感。当别人在“文革”后忙着抚摸伤痕,批判控诉的时候,唯有巴金,这位最不应该忏悔的作家在忏悔。《随想录》堪比卢梭的《忏悔录》、赫尔岑的《往事与随想》。他承认,在很多的时候,只有在黑夜里,“我放下了我的假面具,我看见了这世界的面目,我躺下来,我笑,为了我的无助而笑”。“那些时候,那些年,我就是在谎言中过日子……我回头看背后的路,还能够分辨这些年我是怎样走过来的。我踏在脚下的,是那么多的谎言,用鲜花装饰的谎言。”(《随想录·探索集·再论说真话》)他的忏悔意识将人性中最阴暗与最隐秘的角落赤裸裸地揭示给世人看。他讲出了一个真理——应该怎样对待自己的历史,通过揭示畸形社会给人类精神造成的巨大苦难而表现出强烈的救世精神,这就是“讲真话”的深刻内含。巴金的自责、宁愿牺牲自我而献身真理,与其自强不息的人格达成一致,于是他的作品具有了一种超乎其字词意义之上的“魔力”,在他平实的叙述后面,是一种神性语境和神启意味。

巴金以他的良知传达了生命的意义,对他而言,死是一个必然会降临的节日。愿巴金先生在天堂的路上走好,不要那么艰难,也不要那么疲惫。

《四川社科报》2005年11月15日

“说真话”的思想内涵

——顾　昀——

悠悠长水,斯人已逝。当文坛巨擘巴金先生辞世的消息传出,一时间悼念与哀思之作如潮。对于一位长年创作不懈的世纪文学家,确乎难以言尽。即便是巴金先生多年来广为人知的一些思想与言论,至今仍值得重温与回味。

巴金一生的文学创作活动有两个巅峰时期,一是在上世纪二三十年代,二是在上世纪七八十年代。前一阶段的代表作为“激流三部曲”(即《家》、《春》、《秋》),后一时期则以《随想录》名世。

“激流三部曲”的思想关键词是反封建、反专制、革命与追求自由,在当年曾直接促使许多青年投身于革命的熔炉,为国家与人民的命运抛头颅、洒热血。这一场气势磅礴、血火交织的革命交响曲与当年国家与民族的命运息息相关。此即所谓“启蒙与救亡的双重变奏”,处于这一历史时期的个体,无不多少卷入其中。

与同时代无数仁人志士一样,巴金当年也毫不犹豫地选择了以“救亡”为主的道路。他一再强调自己不是一个文学家,而是以写作来开展他15岁时便确立的“终身事业”——“为人民争自由谋幸福”。在他看来,写作就是他抗争的方式,就是他“救亡”的手段;在他看来,当“许许多多人抓住了我的笔,诉说着他们的悲伤”,他怎么可能“像创造一件艺术品一样,来写一本小说”?如果以纯文学的角度来阐释巴金这一时期的创作活动,根本是言不及义。

而到了“随想录”时期,巴金则是以对自己毫不留情的解剖与忏悔,将“救亡”的火把引向了自我。《随想录》中的一篇篇文章,实际上是对人心与人性的解剖,进而由此开启对那一场国家与社会的噩梦的反思。《随想录》的千言万语,最后凝练成为三个字——说真话。毫无疑问,这是晚年巴金最大的思想贡献。

然而,我必须指出的是,知道巴金先生提倡说真话的人虽多,能够深切感受到这三个字的沉重分量的人，或许并不多。

“说真话”这三个字看上去平淡无奇，但它却是对言论自由的呼唤与体现。很简单，如果没有言论自由，也就没有了说真话的前提；唯有言论自由的权利，个人才有说真话的勇气和可能。也就是说，巴金先生提倡说真话，实际上是呼吁回归与落实宪法赋予公民的这一项基本权利。这并非什么艰深的道理，难能可贵之处在于，在巴金先生喊出这三个字的时候，一场国家与民族的噩梦刚刚结束，而他已经看到造成这场浩劫的根源。

实际上，“说真话”所揭示的思想内涵，贯穿着巴金一生的创作与追求。1936年10月，他和鲁迅、郭沫若、茅盾、郑振铎等人共同签名发表了《文艺界同人为团结御侮与言论自由宣言》；1962年5月，他在上海文代会上作了题为“作家的勇气和责任心”的发言。

由此可以看出，巴金先生提出的“说真话”这三个字，不仅是对那一场十年浩劫的反思，也是对新文化运动以来种种社会思潮，特别是对“救亡”压倒“启蒙”的时代嬗变的反思，进而言之，更是新时期一场新启蒙运动的起点。

巴金先生一生的文学创作活动，概括地说，在前是为国家争自由，在后是为个人争自由，归根结底正如胡适先生所云：“争个人的自由便是为国家争自由。”所以，在这样一个特殊时刻，重提巴金先生晚年念兹在兹的这三个字，对于我们当前的宪政转型，意义特别重大。

《中国经济时报》2005年10月21日

把心交给读者

——肖东发——

眼下，我们在一些旅馆饭店常常可以看到这样一种现象：摆着一堆大部头、厚厚的套装书，而且都是大盒子、大开本，装帧豪华、图文并茂，表面看起来琳琅满目，好像很有分量，其实卖一折的价钱都无人问津。而在二十世纪八十年代初，在读者中流传着这样几本书，开本不大，往往是小32开，字数也不多，每本不过百多页、八九万字，可是捧在手里让人感到沉甸甸的，格外有分量。这几本书就是巴金先生写的《随想录》。它们被读者称之为“最有价值、最重要的巨著”，“以散文形式在文学道路上树起的又一座丰碑”。

这几本小书之所以有分量，就是因为它渗透了一位老人晚年的真实思想与深刻感悟，还有沉重的历史责任感和极为坦诚的“忏悔”，包含了博大精深的思想文化内涵。巴金老人自己则是这样说的：“我是把心交给了读者的。”“我的确是把读者的期望当作对我的鞭策。如果不是想对我生活在其中的社会贡献一点力量，如果不是想对和我同时代的人表示一点友好的感情，如果不是想尽我作为一个中国人所应尽的一份责任，我为什么要写作？”

《随想录》是巴金的晚年之作。写作的背景是“文革”刚刚结束，很多人心有余悸，也有人对噩梦“不堪回首”，还有人明明欠了债却把自己打扮成受“四人帮”迫害的受害者，以一贯正确的姿态“文过饰非”，更有甚者还手提“左”的棍子准备“秋后算账”。当时虽然浩劫已过，但环境尚未宽松，而巴老的这些作品都是写出之后随即发表，在写作和出版过程中经历的许多波折以及“各种各样的叽叽喳喳”，都足以说明说真话还是需要勇气的。巴老有这样的勇气，更有满腔的真诚。这种勇气和真诚便来自一个知识分子对国家和民族的深沉之爱，来自独立思考后对自己灵魂的挖掘,来自庄严的历史责任感。他说:“是的,我还要续写《随想录》。我是从解剖自己、批判自己做起的。我写作,也就是在挖掘,挖掘自己的灵魂。必须挖得更深,才能理解更多,看得更加清楚。但是越往深挖,就越痛,也越困难。写下去并不是容易的事。不管怎样,我要努力写,努力挖,我相信我的努力不会是白费的。”

《随想录》在文体表述上也是平实如话,娓娓道来,像是在与你促膝谈心,然而这样平实沉重的笔调,发表之初就得到“严厉的批评”——“笔调太平淡”、“忽略了文字技巧”、“文法上不通顺”等等,等等。老人的回答是:“我不是用文字技巧,只是用作者的精神世界和真实感情打动读者,鼓舞他们前进。我的写作的最高境界,我的理想,绝不是完美的技巧,而是高尔基草原故事中的‘勇士丹柯’——‘他用手抓开自己的胸膛,拿出自己的心来,高高举在头上。’……我要掏出自己燃烧的心,要讲心里的话。”“我不靠驾驭文字的本领,因为我没有本领,我靠的是感情。对人对事我有真实的感情,我把它们倾注在我的文章里。”

也有人说《随想录》有些“絮絮叨叨”,第一集前三十篇文章中有四十八次提到“四人帮”,第三集里翻来覆去地说“要讲真话”。“真话毕竟是存在的。讲真话也并不难。我想起了安徒生的有名的童话《皇帝的新衣》。大家都说‘皇帝的新衣真漂亮’,只有一个小孩子讲出真话来:‘他什么衣服也没有穿。’早在一八三七年丹麦作家汉斯·安徒生就提倡讲真话了。”

“人只有讲真话,才能够认真地活下去”。是啊,如此简单的道理,还需要这位善良而真诚的老人反复强调,恰恰说明在中国社会中,“说真话并不容易,不说假话更加困难”。直到今日,还有人批驳巴老的“说真话”,说什么“指出真话不等于真理,应该说真理”等等,这种质疑似乎挺有道理。然而,如果连真话都不敢说,又谈何“真理”?当然,真话首先得是实话,而不能是空话。巴老说的就是真话、实话,做的也是实事。老人说得多么朴实:“我绝不写文章劝人‘公字当头’,而自己‘一心为私’,自己不愿做的事我也绝不宣传。”

敢于解剖自己,乐于献出爱心,为了真实而活着,为了真实而写作,这就是巴老令人敬重之所在,也是我们今天仍然需要读《随想录》的理由。遗憾的是,眼下读者在书店里已经很难买到这套书了,能够见到的只是定价 2000 元的《巴金随想录手稿本》。

《光明日报》2005 年 10 月 27 日

作家,首先得是一个讲真话的人

——东方尔——

当媒体上传来巴金老人去世的消息时,我仿佛看到一颗星星,明亮而耀眼地划过天空。

这颗星星曾在一百多年的时间里,照耀中国文坛。

在中国的著名作家中,巴金是长寿的,然而人们对他的关注不仅仅在于他的长寿,更在于他在“文革”后所写出的那本《随想录》,一本说真话的书。有多少人曾经活在这世上,就存在着多少种对“真话”的理解。

二次大战时纳粹分子戈培尔对“真话”的理解是:“谎话重复一千遍就会成为真理”。在当今社会上,无以计数卖假药,制造有毒食品的奸商及腐败分子们对“真话”的理解是,只要是从他们嘴中说出来的话,就是真的。

由此，我们更加觉得这位世纪老人讲真话的真诚与珍贵。巴金说过，他这一辈子为读者而写，为读者而活。也正因为这样，这位世纪老人才能被读者们尊为世纪的良知，知识分子的良心。

可反观如今文坛。当越来越多的“作家”们，顶着作家的桂冠，一味的取媚于金钱，献媚于炒作，写下无以计数连自己也不相信的假话文学、废话文章的时候，我们上哪儿去找“讲真话”的文化人呢？

缺乏了讲真话的勇气，忘却了写真话的能力之后的文学，就这么沦入了无耻当道，恶俗为美的歧途，一整个作家群体都被囿于“原创力缺乏”的笼中，笔下的文字不是苍白如同“有钱就有一切”的另一种读本，就是激情的如“从枕头写到拳头再写到浴缸”的刺激，没有向外的张力，没有对人生意义的追求，没有宇宙真相的追寻，有的是对社会恶俗的迎合，有的是包装、炒作、造假的丑陋。

对于一个人来说，讲不讲真话也许只是他个人道德问题，可对于一个用自己笔下的作品来影响读者，感动大众的作家来说，讲不讲真话却是社会道德问题。换言之，当一个国家，一个民族的作家都不敢讲真话，不会讲真话的时候，这个国家和民族就不会有“真人”活在这世上，这个国家和民族也就不会有诚信的社会道德存在。

纵观这些年来假话流行，诚信不再有等现象的泛滥，窃以为和我们的作家之不敢讲真话，或不能不会讲真话有着莫大的关系。而更为关键的是，当不讲诚信，假话成风，成为这个社会的道德癌症的时候，作为良知的代表的作家们，没有几个人用“真话”忏悔过。

某些作家不讲真话，又不忏悔的心态，既来自于良知丧失后的“无知者无畏”，也来自于“明哲保身”的无奈，只是笔者私下揣想，倘若这种不讲真话的无畏和无奈发展到极致之后，我们这个国家和民族是不是还会出现敢于站出来说“皇帝什么衣服也没穿”的小孩呢？

世纪老人巴金离开这个世界，可他的人格及讲真话的勇气，却告诉了我们这样一个道理，要想当好作家，首先得做一个讲真话的人。

《青年时讯》2005 年 10 月 20 日

巴金的意义

——王绍培——

前几天知道巴金处在弥留状态时，偶尔会想起早年通宵阅读他的“爱情三部曲”，因此想什么时候再去找来读一下，看看跟过去的感觉有什么差别……很快就传来他去世的消息，不少人说，这是一种“解脱”。虽然我总觉得这样的话大抵不过人云亦云，但它仍然不失为一个准确的词语。

所谓“解脱”，除了肉体的折磨终于结束的意思之外，其实还有更重要的方面，那就是终其一生，巴金大致上是一个精神上痛苦的人。在中国，有过精神层面上的痛苦的人或许并不算少，但更多的大概是洋洋自得、沾沾自喜的人吧。一般有此类痛苦的人，也很容易找到心灵平静的自我救赎之道。在世俗社会，很少有人视痛苦为正面价值，很少人视它为人生尊严的一种外在形态，自然很少人视它为一种必要的道德承担……由此，我们就知道巴金的意义。

一般痛苦的来源，必定是内有一套刻骨铭心的良知系统，外有诸多不符合理想的客观发现，因此才有内心的冲突与煎熬。很多市侩的家伙很容易把这个问题看穿：既然理想与现实的矛盾不可能消除，那不如睁只眼闭只眼好了，何必搞得自己痛苦不堪呢。现在到处流行的快乐祝愿，证明着有多少人不知道痛苦其实是推动人类改善境遇的一大动力。

巴金的痛苦又并非仅仅只是来自外在之不符合理想，更多的其实是观察到自己之不符合理想，于是就有忏悔意识。忏悔不是检讨，不是悔过，忏悔是现实之我与理想之我的交战，而理想之我占据了上风，这一理想之我必然要到达非常纯粹的程度，忏悔才可能发生，否则更容易发生的就是自我安慰、自我辩护了。

除非在这个良知系统存在着的坐标中来考察，否则巴金的“说真话”将无法得到深入的理解。如果没有这个良知系统的存在，真话怎么可能？良知系统要求你所要讲述的不应该受私欲、利益、名望等等蒙蔽，即使所说的一切可能损害自己，仍然要敢于讲出来。因此，这个讲真话很像是面对神父或者上帝时所作的告解。它必须是坦诚的，否则不可能获得救赎。

巴金这个无神论者的思想结构，其实有很多西方宗教哲学思想的影响痕迹，不过他更多理性，更多自觉，更多人道主义的意味。巴金当然是中国的良心。巴金的价值大概并不在他反省的深入程度和他思想的深刻程度，而在于他的痛苦的真实性。他的痛苦就是表达，就是行动，就是存在，这跟一般人说点什么的闲言碎语根本就是两回事。

《深圳商报》2005年10月19日

巴金的伟大

——单三娅——

10月24日，人民作家、世纪老人巴金遗体在沪火化，热爱他的人们最后送别了这位大师。在巴金去世后的一段时间里，国内各个媒体都以大量篇幅回忆介绍了巴金的为人、巴金的成就、巴金的遗产、巴金的精神。一个逝去的、以文学为生的老人能如此地引起世人的关注，在近几十年的中国是绝无仅有的。

巴金的去世，是在他多年病痛之后，又是在101岁的高龄，对他本人，应该说是一种解脱。但是，人们还是感到了一种巨大的损失，那不仅仅是因为失去了一位伟大的作家，还是对一个因为他的存在而使世界有了更多的真诚、更多的善意、更多的温暖、更多的和谐的人的深深思念，是对一个平凡而伟大的人的怀念。

巴金的伟大在于他彻底地“讲真话”。他当初写《随想录》，出发点非常明确，就是要对自己在“文化大革命”中的所作所为作出反省。他深入地向内心追问，他无情地解剖自己，他对民族历史和未来的深深的忧虑，使那些文过饰非、只为一己之利而活着的人感到汗颜；

巴金的伟大在于他的真诚。他说，什么“大师”，什么“泰斗”，我跟托尔斯泰差得很远，我还得加倍努力！他还说：“我常常半夜醒来，想起几十年来给我厚爱的读者，就无法再睡下去。我欠读者的债太多了！我的作品还不清我的欠债。”一个如此有成就的作家，还时时地感到内疚，想想巴金，应该内疚的是那些没有多大成就却沾沾自喜、欺世盗名、以大师自居的人。

巴金的伟大在于他对祖国对人民的热爱。他说：“我常说自己不是一个文学家，只是我有感情，对我的国家和人民，我有无限的爱，为了表达这种感情，我才拿起笔。”这种爱，使他可以把心交给读者，使他可以放弃小我的一切。对比之下，有些人舞文弄墨，只为名利，实在渺小。

巴金的伟大在于他给我们力量。他说:“说真话,我并未放弃过手里的武器。我始终在疲乏地奋斗。”他虽然不是嫉恶如仇的批判者,但他的一生,都在不断地否定自己,与自己、与人性之恶习做着无情的斗争。他使自己有力量,同时也把这种力量传达给每一个人。

巴金的伟大在于他是一面镜子。在他面前,我们觉得自己离一个高尚的人还差得很远,还要努力。

巴金的伟大在于他不仅留给我们文学,还留给我们精神。

《光明日报》2005年10月28日

巴金,一个消逝的思考者

巴金先生去世,中国的文学和思想界失去了一代文宗。在对巴金先生的诸多纪念中,焦点大多集中在缅怀巴金的文学成就和文学活动,哀惋以“鲁郭茅巴老曹”为代表的文学时代的终结,颂扬其在中国当代的道德象征地位。然而,这其中似乎忽略了巴金作为一个思考者的角色。经历了绵长而且波折的历史和人生,思考者巴金,用他的笔和他的声音,贡献出了由血与泪凝聚、由心与思锤炼而成的真知灼见。

毋庸讳言,作为作家的巴金,在人生的前期,已经完成了辉煌的文学创作,“激流三部曲”以及《憩园》、《寒夜》等作品,使巴金垂名于中国现代文学的殿堂。巴金的后半生,作家的身份虽然愈加显著,而其思考者的角色却愈加明晰。历史给予巴金长寿的人生,使他可以身历时代变迁之波澜和奇诡,品味个人命运之艰辛和微渺,进而思考,并著之竹帛,流布四方,为读者所知,启读者之思。

思考者,首先必须是一个独立的人,进而必须拥有独立思考的权利,才可以展开独立之思考。巴金曾经说过:“有些人自己不习惯‘独立思考’,也不习惯别人‘独立思考’,他们把自己装在套子里。”一方面,作为思考者的巴金,就是冲破“套子”的人,既冲破别人所设的诸多套子和禁忌,也冲破自己已有思想的樊篱。另一方面,作为思考者的巴金,在思考的过程中,愈加清晰地认识到独立思考之于人,就像面孔和空气之于人,既是维系一个人存在的精神基础,也是人之基本权利。这其中,支撑着思考者的,不是“勇气”和“良知”等易于被摧垮的道德评判,而是对人之生命的尊重。若无独立思考,人如何证明自己的存在,人如何成为人而异于鹦鹉或木偶?

思考者巴金,在年老力衰之暮年,以饱经忧患之身躯,与生命的自然衰竭赛跑,勤力著述,把自己的思考所得贡献给民众。巴金的思考所得,概括起来就是一句众人皆知的常识:“讲真话”。巴金自述:“所谓的讲真话不过是把心交给读者,讲自己心里的话,讲自己相信的话,讲自己思考过的话。”这是一个层层递进的关系,在真话被讲出之前,需要一个过程。很多情况下,由于丧失了独立思考的环境、绵密思考的能力,或者迫于压力,或者寐于潮流,说话的人会把“自己心里的话”、“自己相信的话”都当成真话。思考者巴金告诉我们,“真话”不仅是心之所感、身之所信所行,而且必须经过独立思考的锤炼,才能够说出来并成其为真。“讲真话”是一句素朴的话,这句话因为巴金的讲述而被中国当代的思想史所记录并广为人知。历史赋予了巴金“讲真话”的机会和能力。在漫长人生的后半生,巴金不仅经历了历史和“真话”的变迁,以厚厚的《随想录》说出了关于我们的历史和时代的真话,而且说出了自己对真话的思考,这是思考者巴金留给我们的最宝贵财富。

儒家曾经说过每日三省吾身、反求诸己之类的话，说出了思考的表面流程，却淡化了它的艰辛。巴金说："我在写作中不断探索，在探索中逐渐认识自己。为了认识自己才不得不解剖自己。"思考的过程，包含着探索、认识和解剖——对社会的探索，对自己的解剖和认识。很多情况下，一些所谓的思考者，有着对时代和历史的诸多言之成理的看法，却没有解剖和认识自己的勇气和途径。时代的变迁，由每一个人的行动和思想构成，积小流而成江河，积小隙而溃长堤。在时代面前，个人必须思考自己，解剖自己，认识自己；同时，个人必须承担自己的那一部分，不可轻易地推卸给他人、时代等诸种因素，更不可以时代和外部环境为借口，为自己的懒惰、人云亦云和随大流寻找借口。思考者巴金告诉我们，所谓独立思考，就是借由解剖和认识自己进而建立自己的过程。这个"自己"，是一个大写的"人"字！

巴金先生逝世，我们的时代失去了一个思考者。

《南方都市报》2005年10月19日社论

巴金走了，留下他始终表达着的良心

巴金先生离开了我们。

公元2005年10月17日19时06分，在上海市华山医院，中国人民政治协商会议全国委员会副主席、中国作家协会主席巴金先生，永远离开了我们。

先生原名李尧棠，字芾甘，生于1904年。到今天，他洞察了一个世纪的世相人心，"五四"的血在他身上奔流了八十多年。

二十世纪中国文化命运的见证人，中国社会命运的见证人，一个寻梦者、醒来者、反思者、批判者……随着10月17日的到来，似乎一切的褒贬都如风过峡谷，唯留呼啸之声。然而，我们不能忘记，先生曾经在二十世纪的关键时期，数度感动过中国。

从前，他因为看清了旧世界的真面目，听到了年轻生命的痛苦呻吟，从黑漆大门的公馆里跑出来；在巴黎圣母院的孤寂钟声里，那心头的火从笔端喷出来，逼着他写起了小说。"我始终记住：青春是美丽的东西。"他的每一篇作品都在为人类的不幸命运而痛哭，都带给当时的青年一种向光明走去的心情。

当时的巴金，也许没有鲁迅的忧愤深广，没有茅盾的鞭辟入里，但他的强烈激情，强烈的对于青春冲力的渴望却让他成为"五四"青春精神的最好象征：把"人"从传统社会的束缚中解放出来，从不公正和不合理的秩序中解放出来。他是幸福的，那一代的"五四"青年是幸福的。

先生以文学与现代中国同行，一向是被称作大师的，然而这实在是一个美丽的误解。他始终崇拜的是革命家，他的理想本来是做一个改天换地的巨人，做一个以正义原则和自由精神重新整理地球秩序的英雄。在文学大师的光环下，他其实是一个热情磅礴的思想战士。

从1978年写下第一篇《谈〈望乡〉》，到1986年写完最后一篇《怀念胡风》，暮年的巴金先生，以四十万白纸黑字，再现了民族曾经噩梦的场景。一部《随想录》，就是一部"遗嘱"般沉重深刻的"忏悔录"。

"我明明记得我曾经由人变兽，有人告诉我这不过是十年一梦"。在彼时的中国，当世人奔赴物欲的盛宴如过江之鲫时，他却割裂了自己的伤口，一鞭一条血痕地解剖自己、指责自己。这个当代中国一度活得最痛苦最热情的老人,要从解剖自己入手,不让子孙后代再遭灾受难。

彼时的巴金先生代表了中国人"说真话"的勇气、"直面自我"的决心。二十世纪的中国精神史,因为有了这种"求真意识"、"忏悔意识",而奠定了新的高度。虽然,他用血和泪发出的警告,曾经被有的人看作杞人忧天。

柯灵先生曾将巴金先生的生平归结于两个字:一个是"真"字,"思风发于胸臆,言泉流于唇齿",笃实坦荡,表里如一;一个是"爱"字,爱祖国、爱人民、爱自由、爱正义、爱一切美好和崇高的事业。巴金的朴素就是这样。他的力量就在于真实、简单、始终表达着良心。

如今,巴金先生远去了,世界的沧桑巨变再也不能进入他的视野。但就如他的朋友从前说的那样:巴金先生是一只雄健的鹰,他即使一言不发,也是一种威严,一种力量。在我们头顶的天空,始终有一颗被命名为"巴金"的行星闪光。

只要社会还需要蹒跚前进,只要文明还需要薪火相传,他当年许多探索性的思考和他始终表达着的良心,还会闪烁着先知般的光芒。

谨以此,悼念巴金先生。

《新京报》2005年10月18日社论

巴金谢幕　大师远行

——朱　强——

10月17日19时06分,担任中国作家协会主席长达24年的作家巴金在上海华东医院辞世,享年101岁,新华社电讯说,"他的去世,是中国文学一个世纪的结束。"

自从1999年2月巴金突然因呼吸道疾病,反复感染,直至近日辞别人世,6年中绝大部分时间缠绵于医院病榻,鲜有片言只语。但在他的身后,煌煌1300万字的文学创作及翻译作品,标志着他在中国文化史中的地位与成就。巴金是建国后唯一只靠稿费不拿工资的作家。

作为一位杰出作家,巴金几乎全程见证了整个二十世纪。他著作等身,在中国文坛的影响力不遑多让。"激流三部曲"、"爱情三部曲"、"抗战三部曲"等等,不但反映了时代的风云变幻、个人的命运浮沉,交织着青年巴金的理想与激情、勇气与抗争,甚至颓废与迷茫,更激励了无数青年走向反封建、反压迫,追求自由与个性解放,甚至抗日救亡的道路。

在这个时期,学术界公认的影响巴金思想的是以克鲁泡特金和巴枯宁为代表的无政府主义思潮,据说巴金的笔名就是从上述二人的名字中得来。巴金作品的核心价值一是反对任何形式的强权,二是强调绝对个性自由,这与"在当时的中国与反帝反封建的主流文化相一致",因此"吸引了一批向往革命的青年人",同时印证了巴金作品的特定时代意义。

本来,建国前的巴金已经有《憩园》、《寒夜》等优秀作品问世,无论从心理准备还是精神胸怀,巴金和同时代的许多杰出作家如茅盾、沈从文、老舍等一样已经进入"创作成熟期",但对变化的不适应及接踵而至的各类运动,特别是"反右"和"文革",使作家的创作生命出现了长达数十年的中断。

但灵魂不死,1980年代后走出"文革"阴影的巴金终于在垂暮之年迎来了自己的第二个创作高峰,从1978年12月1日到1986年8月20日,历时8年完成的42万字的散文巨著《随想录》,标志着作家巴金的完美回归。这部被称为"一个伟大灵魂的思想忏悔录"的作品是巴金晚年对中国文化的一大贡献，堪称国内反思“文革”、批判极左路线的扛鼎之作。

以作家身居庙堂之高位及在文学界的崇高威望，还能如此无情鞭笞自己的灵魂，深刻忏悔说假话之卑劣的，当时乃至今日之境，依然无人能出其右。更为难能可贵的是，巴金还提出建立“现代文学馆”、“文革博物馆”等设想，使《随想录》的境界大为提升，在中国思想史上占有一席之地。

另外能够代表巴金文学成就的就是他大量的翻译作品，俄国作家赫尔岑的《往事与随想》经他翻译出版后，在国内知识界产生了巨大影响，人民文学出版社于 1997 年出版的《巴金译文全集》被著名作家贾植芳先生称为一部“不朽的书”。

巴金本人就是一部“不朽的书”。即使在卧榻 6 年期间口不能言，在很大程度上只具象征意义，我们依然可以感觉到他亲切的存在，因为“他还在，灯亮着”。

如今斯人已逝，灯已熄灭，可思想光芒依旧，我们并不孤独。

《南方周末》2005 年 10 月 20 日

“你不在，心亮着”

——杨　青——

巴金走了，二十世纪良知的符号、讲真话的倡导者，那丛燃烧了 101 年的生命之火熄灭了。他说过，他不喜欢“名人”这顶帽子，他需要的是安静。他还说，“讲出了真话，我可以心安理得地离开人世了。”现在老人终于如愿以偿了。

“有你在，灯亮着；你不在，心亮着。”

“他走得应是富足安详的。该留的都留了，该放的也可以放了。这也许不是逝世，而是一种远行……”

“那一代人中，沈从文令人尊敬，巴金也令人尊敬，因为不装，因为坦诚。”

“看到他去世的消息，我心里一阵难过，竟然觉得自己的童年回忆也随之死去了一部分。最后祝有良知的作家巴金，一路走好！”

网友的评论，流露出浓厚的怀念之情。

学者傅国涌说：“他的《真话集》走出了假、大、空。我们今天依然尊敬这位老人，不仅因为他的文学作品，更是他的忏悔、他的自省、他说出真话的勇气与真诚。”

在各式各样的纪念文字中，频频见到的就是“真话”和“良知”的字样，这也正是巴金的动人和可贵之处。文字的感召作用是不可估量的，但是比文字更难得的是撰写者的道德良知和直面自身、敢于反省的勇气，尤其是到晚年老人掏出一把锋利无比的刀向自己身上狠狠剖开的壮举，更让后辈亲自领略到他的胆识和力量。

通常人到老年、历经风雨便早已波澜不惊，但巴金越到老年却越显出一种独特的风骨。他晚年频频使用“煎熬”这个词来表明自己的心境，表明他的灵魂一直在遭受自己无情的剖白和拷问。这位体弱多病的老人，在垂暮之年迸发出一种难以想象的力量，把拷问灵魂的苦痛和忏悔一一从头道来。

从 1978 年底在香港《大公报》开辟《随想录》专栏，12 月 1 日写下第一篇《谈〈望乡〉》起，到 1986 年 8 月 20 日写完最后一篇《怀念胡风》，前后历时八年，积累了四十二万字的散文巨著，从古稀之年起到八旬之际，巴金终于成就了五卷本的《随想录》，成就了晚年的又一座高峰，与他年轻时创造的《家》、《春》、《秋》的高度遥相呼应。如果说，年轻时巴金小说的成功在于他的才华、他的热情、他的追求自由的心性，那么年老了，这座高峰的形成则是基于他“讲真话”的巨大勇气、对自己的无情剖白、对“文革”的自省，让他成了代表民族良心和品质的一面旗帜。不少年轻时喜欢他的读者，在年老的时候再一次被他的真诚所打动。

赵丹的遗言“对我，已经没什么可怕的了”也是巴金的心里话。人到老年，他反倒能敞开心怀，义无反顾，大声疾呼，激情又重新从他的笔端喷涌而出。在《十年一梦》中，他自谴道：“奴隶，过去我总以为自己同这个字眼毫不相干，可是我明明做了十年的奴隶！……我就是‘奴在心者’，而且是死心塌地的精神奴隶。这个发现使我十分难过！我的心在挣扎，我感觉到奴隶哲学像铁链似的紧紧捆住我全身，我不是我自己。”

锋利的刀在向自己切下去的同时也刺伤了作为旁观者的众人。有学者评价：“这部遗嘱一般沉重深刻的‘忏悔录’，为当代中国知识分子找回了久已失落的社会良知，也确立了知识分子的当代精神传统。”从五四起断裂的知识分子的品性终于被巴金以自己的肉身作桥梁接续起来了。

最近有位学者著文说：在我们目前所处的转型期社会里，保持常识和良知远比掌握专业知识更重要，更容易做出接近真相的判断，更可能帮助我们建立良法与良序。而巴金展示给我们的，正是这样一个标尺。这也是他留给我们的在当下的意义。

巴金走了，幸好他的书还在。

今夜，也许会有不少人把《随想录》重新在案头摊开，至少我会。

《深圳商报》2005年10月19日

永远的灯

——喻权中——

巴金走了，标志着他所代表的一个时代真正成为永远。18日的晚上，山东省聊城大学一名女大学生在朗诵巴金的作品《灯》，以寄托对老人的哀思。当晚，聊城大学数千名大学生在烛光中悼念巴金先生。我想，这种悼念方式也蕴含了一个国人的共识：巴金和五四以来的一代知识分子将永远成为我们精神的烛光。

这片烛光让后人记得：中国文学有过一个视社会救赎和救亡为神圣责任的时代。尽管已经没有多少人还去谈论《家》、《春》、《秋》，尽管对旧家庭及其礼教秩序的厌恶与反抗之类的老故事已经尘封，但不能设想，没有那个以反封建为己任的文学救世时代，今天的中国新文化会是个什么面貌。今天，这片崇高的精神烛光便更加难能可贵。

这片烛光是温暖的。巴金被称为“那一代作家中唯一鲜明地提出了面对自己心灵的人”——晚年的《随想录》，充分展示了作为社会良知的知识分子所具有的宽大胸怀和悲天悯人精神。巴金对现代中国心灵史的影响，远远超过一个文坛巨匠的范畴。我们这个时代太需要这片温暖的烛光，来保持住说真话的勇气，以保证不被真实所抛弃。

《黑龙江日报》2005年10月25日

作家理应是思想家

——顾勇华——

伟大的巴金,平静地走了。

伟大的巴金,将久远地载入史册——不仅"中国文学史"上要写,"中国思想史"上也要写。

今天,人们这样称颂巴金,就因为他不但是文学大家,而且是杰出的思想家。思想家不一定是文学家,而一位大文豪必定是思想家。

现在,社会各界缅怀巴金,说得比较多的就是"激流三部曲"对社会进步和文学发展的贡献以及《随想录》闪耀的人格光辉。总体上看,万千评说的视角主要在"文学";即便有了"随想",也是由此赞扬他在优秀作家中尤显有勇气、有骨气、有正气。至于思想史界透过"激流"或是"随想"说了些什么,至今没有看到。

思想史的研究对象,是前人的思考,而优秀的文学作品无不是作者深刻思考的结果。可以说,伟大作家就是将思考结果用文艺创作而非学术论文来表达的思想家。且不罗列国外的例子,也不远溯《红楼梦》等巨著的作者,说说现代、当代的身边事。上世纪三十年代前后,以鲁迅先生为代表的作家群,便是文学家、思想家集于一身的范例。新中国成立,一批优秀文学作品在社会大变革中诞生,像《上海的早晨》、《暴风骤雨》等长篇以及一批中篇、短篇小说,还有诗歌、戏剧等等。这些作品今天看来也许或多或少有时代的局限,但是,作为一种深刻思考的结果,其吸引力、影响力毋庸置疑。研究巴金,感受他留下的精神财富,如果所言仅及"文学"、"人格"是不够的,只有在进一步认识到他作为杰出思想家的一面之后,才算是比较完整地读懂了这位世纪老人。

巴金远行了。他是作协主席,相信晚辈作家们必定以不同于其他人的方式传承先贤大德。不必讳言,近期的文学创作,无论从数量之多、速度之快来说,还是从装帧之豪华、印制之精美来看,真可以说是越来越繁荣。相比之下,作品质量好的为数并不多,比较明显的不足便是思考的深度和广度,与波澜壮阔的社会发展还不太相称。比如,小说写得像日常新闻报道,却又不及报道简练;诗歌像文章断句,却又不如文章连贯;电视剧关注的多是家长里短,电影则是文的不济武的来闹……

也许身不在文学之中,出言轻重不知,用心只是想请作家们能像科学家们那样,"远离大众,贴近生活"。这里说的"远离大众",不是"脱离人民群众",而是说不受一般社会舆论的左右,祛除浮躁心态,避开商业性文化快餐的干扰,静心凝神地多加思考。这种思考的深刻性,来自深入实际、贴近生活,一味瘫坐城市书斋上网编故事是写不好农民、农民工的。试想,如果巴金成天想着当一个热门公众人物,深陷社交与应酬,能有《随想录》吗!

一个人称得起作家,理应也是思想家,至少是一个有社会责任与抱负的勤于思考的人。

《人民日报》华东版 2005 年 10 月 20 日

我们心中一盏永不熄灭的明灯——一个戏剧人对巴金的心仪和仰慕

——王蕴明——

一代文学大师巴金在红玫瑰的环绕下和交响乐《悲怆》的奏鸣中驾鹤西去了，然而他在广大文艺工作者的心中，却是一盏永不熄灭的明灯，而且随着时光的流逝，愈益鲜明。

我自幼就喜爱文学，但在荒僻的山村，除了课本之外，无书可读，直到十几岁，去县城上了中学，才能到图书馆借阅文学作品，巴金的“激流三部曲”便是最早让我着迷的大书，后来电影《家》在影院上演了，课余看了一遍又一遍，时常因此误了吃饭。至于以话剧、川剧、越剧等形式改编的《家》，则陆陆续续看了四十余年。记得第一次看话剧《家》是在大学三年级，是上海电影话剧团王丹凤、秦怡等在济南山东剧院演出的，我的母校山东大学地处济南东部，离剧院十余里，当时交通不便，难以购票，还是与剧院临近的山东医科大学的一位女同学半夜排队至清晨买到票，又步行送到我的手中，当时的激动之情真是难以言表。大学毕业之后走上工作岗位，因为“党的需要”没有从事文学工作，而服从分配转向了戏剧，至今已四十余年，然而巴老在我心中始终是高山仰止的。

巴老是文学大师，终生献给了文学事业，同时对戏剧也十分关心和支持。他虽没有亲自撰写戏剧剧本，却翻译了 A·托尔斯泰等作家的数部外国剧作。巴金的慧眼使曹禺的处女作《雷雨》这颗戏剧王冠上的珍珠未被埋没而及时光耀于世界文坛，由此两人建立了终生的友谊。他称老舍的剧作《茶馆》等为不朽的作品，他对这位伟大的作家的惨死表达了真挚的爱怜和惋惜：“我们紧紧握住他的手，对他说，我们都爱你……你要在中国人民中间永远的活下去！”巴金自幼热爱家乡川剧，从老一代的川剧表演艺术家周企何、陈书舫等到中青年的左青芬、古小琴等乃至剧作家魏明伦他都十分关心，将他们引为座上宾。1960 年，在国家困难时期，他还专门给刚刚成立一周年的成都川剧院写信，对川剧院的建设和川剧艺术的继承、革新、发展提出了中肯的意见。由此足见巴老是我国戏剧事业的良师益友，是一位可敬可爱的护花使者。

如果说巴老的巨著作为人类文化的不朽瑰宝魅力永存，成为戏剧、影视等艺术样式的富矿与营养，那么巴金的为人则成为众人的榜样。通读他经过十年浩劫、饱经磨难、以耄耋之年撰写的《随想录》(1—5 集)及《再思录》(增订本)，深感他的文品与人品堪为世人之楷模。他以赤子之心、真挚的深情向我们昭示了应当怎样做人、做一个什么样的人，应当怎样为文、为什么作文。巴金终生以鲁迅为师，他是 1936 年鲁迅辞世后为鲁迅抬棺守灵的三个文学青年之一，直到 1981 年还写道：“卢骚是我的第一个老师，但是十几年中间用自己的燃烧的心给我照亮道路的还是鲁迅先生”，“我们都是他的学生，过去如此，今天还是如此”，“我看见鲁迅先生的燃烧的心，我听见火热的声音：为了真理敢爱，敢恨，敢说，敢做，敢追求”，“我有时感觉到声音温和，仿佛自己受到了鼓励，我有时又感觉到声音严厉，那就是我借用先生的解剖刀来解剖自己的灵魂了”。巴老对自己的解剖既真诚又严苛，他在《纪念雪峰》一文中谈到，1957 年“反右”运动中，他在迫不得已的情境下发言批判了冯雪峰，“这二十二年来我每想起雪峰的事，就想到了自己的话，它好像针一样常常刺痛我的心，我是在责备我自己”。在《怀念胡风》一文中写道：“五十年代常说帮一个中国作家是我的骄傲。可是想到那些‘运动’，我对自己的表演(即使是不得已而为之吧)，也感到恶心，感到羞耻。”巴老甚至自责自己在十年浩劫时被迫“认罪”、“悔过”的“愚蠢”、“可笑”的“丑态”。他多次讲自己欠了债，要还债。巴老之所以那样严苛地要求自己，那样宽容地待人，是因为他有一颗炽热的爱心，有着博大的胸襟，有着一个作家的责任心。

面对着巴老悲天怜人的博大胸襟和高洁人格，我们心中的“小”不能不被挤露出来，情不自禁地想到巴老所一再嘱告的要“净化心灵”。尤其在以竞争、交易为表象的商品经济环境下，人们的人生坐标、价值取向、审美标准正在经受着历史的检验。在创新的幌子下肆意解构经典、颠覆崇高；在张扬艺术个性的口号下，自我宣泄，表现自我，“不屑于表现自我以外的任何东西”，在“人性化”的标榜中贩卖淫秽肉欲的货色；在“实现自我价值”的呼喊中赤裸裸地为金钱而奋斗，为了金钱，可以不负责任地四处包揽，“插播间种”，粗制滥造，劳民伤财，或者以豪华的包装掩饰贫弱的内涵；当取得了一定的职位，拥有了一方地盘，不是尽力于事业的发达，而是用心于个人的升迁，甚至以牺牲他人、损害事业为自己“扫清道路”，为了私欲，不择手段；至于像巴老所说的那种戴着假面具、永远正确、从不做自我剖析、自我反省、文过饰非的人更时常站在你的面前。

巴老走了，但他留给我们的宝贵精神财富永在，他像面镜子映现着我们的面容，他像一盏永不熄灭的明灯，烛照着我们行进的路径。夜深人静，我临窗伫立，遥望星空，巴老那深情的话语仿佛在耳边回响，巴老那慈祥的目光仿佛注视着我们……

《文艺报》2005 年 11 月 17 日

“行星”巴金

——李 我——

曲已终，人不散。弦已断，音未绝。身前盛名，身后殊荣，但这并非意味着永久的安慰。“后五四时代”知识分子的代表之一巴金以 101 岁的高龄辞世，激起了巨大的回响，但是在各种嘈嘈切切当中，巴金的未尽之言仍然等待着回声，巴金的未了之愿仍然等待着完成。

无论是以“一代文宗”加冕，还是用“文学的良心”命名，抑或以“求真者”冠之，这些荣誉当然是巴金所应得之。巴金当年受“五四”之风激荡，1921 年发表第一篇文章，从此开始了文学与思考的长旅，而这一旅途一直持续到 1999 年病重再也无法执笔。巴金的高峰有二，一是上世纪三四十年代，以文学知名，其“激流三部曲”、“爱情三部曲”、《憩园》、《寒夜》等作，长卷漫舒，刻画犹深，这些作品虽然在风格感和文体的自觉方面，文学史论者可谓见仁见智，巴金晚年也对一些文章并不看重，但其所凸显的反对奴役，追求自由的声音在当年引起了巨大的共鸣。

巴金的另外一个高峰是上世纪八十年代的《随想录》，该书以“说真话”统领，语短思深，尤其是经历了“文革”惨状和思想桎梏，其沉痛之深，其真诚之切，确实异乎寻常，如同海中岛屿，历尽劫波方能上升。该书有一篇文章名为《没有神》，文章不长，却如泣血。“我明明记得我曾经由人变兽，有人告诉我这不过是十年一梦。还会做梦吗？为什么不呢？我的心还在发痛，它还在出血。但是我不要再做梦了。我不会忘记自己是一个人，也下定决心不再变为兽，无论是谁拿着鞭子在我背上鞭打，我也不再进入梦乡。当然我也不再相信梦话。没有神，也就没有兽。大家都是人。”

“说真话”是常识，但是在一个随时制造谎言和神话的年代，说真话既需要勇气，也需要智慧，更需要一个民族的精神发育和政治成熟。说真话不仅需要“免于恐惧的自由”，更需要能够“做什么的自由”。不然，就不能从“不说谎话”走向“说真话”。巴金晚年竭尽全力翻译赫尔岑的《往事与随想》，其实也是一种对话和对照。以赛亚·伯林在《俄国思想家》中以其敏锐的道德感受力分析了俄国几位文学巨人的思想，并以丰赡博识探求了人类悲剧性所在。

因此，“说真话”就不仅是一个有关个体的道德问题，更是一个如何求真并表达真的思想问题。在这个方面，巴金是一个痛定思痛的思考者，还需要同样具有忧患情怀的思想者向深处掘进。

斯人已萎，时间的河流带走了过往的人生。那位成都正通顺街蹦跳的名为李尧棠的孩子，那位在油灯下用毛笔奋笔疾书的少年，那位在巴黎为世界思潮涤荡并取名为“巴金”的年轻人，那位在上海喊出“灭亡”的叛逆者，那位在精神重压下面对“寒夜”的作家，那位在“文革”中扭曲变形的痛苦灵魂，那位最终以自己的良知喊出“说真话”的耄耋之人，已经远去……就像那颗以他命名的行星，在浩瀚的天空中运行。

“信仰就是愿意信仰”，乌纳穆诺如是说。星云不灭，痛苦的灵魂，也是燃烧的灵魂，在一个肉身越来越沉重的年代，我们仍然需要倾听一个老人对于世界还未完成的吁告。

《21世纪经济报道》2005年10月22日

绝世风范悼巴金

——王若谷——

当“神六”这颗不同寻常的星星划过天穹，一个不同寻常的人——巴金却走了。当几乎所有的国人都在仰望着神六的归来，你却离我们而去，虽然有那么多的人为上面归来的人欢呼，我却感觉到多少有些茫然的无助。

从1921年公开发表第一篇文章，到1927年第一部小说《灭亡》，再到1999年2月续写《怀念振铎》一文，巴金一生中创作与翻译了1300万字的作品，可谓著作等身，成为中国文坛领军人。他的“激流三部曲”(《家》、《春》、《秋》)、“爱情三部曲”(《雾》、《雨》、《电》)、《寒夜》、《憩园》、《第四病室》等文学作品，也成为中国文学的丰碑。

巴金还是杰出的出版家、编辑家。上世纪三四十年代，他曾任上海文化生活出版社总编辑十四年之久，培育了大批文学青年。巴金晚年奉献社会的伟大之作是：五卷本的《随想录》和一座中国现代文学馆。

仁爱、忠诚、正义、自律、人道主义相伴巴金一生。“文革”中，他在生活上以至于身体上都受过不少批斗之苦，被关入“牛棚”；但最令他感到痛苦的，是他在“文革”中被迫或不自觉地讲了些歌功颂德、昧良心的话。他为此而耿耿于心，不能够原谅自己。他的《随想录》，深刻记下了“文革”的惨酷，也深刻记下了自己的错误和悔意。他不像其他一些作家，写“文革”，什么都写到了，骂到了，却唯独就是没有提到自己的“跟风”。

在二十世纪三十年代，巴金著作的印刷数量可与鲁迅匹敌，当时巴金如同明星一样被青年们追捧。巴金年轻时信仰人类互助、正义和自我牺牲，他所创作的文学作品成为负载这种信仰和思想的载体。他的作品在当时引起了广泛的共鸣，为青年所崇拜。鲁迅曾称巴金为“一个有热情的有进步思想的作家”、“在屈指可数的好作家之列的作家”。

但是，让我们进一步认识他的，不只是他的作品，还有他的言论，比如重要而影响至深的“说真话”。在文学大师的光环下，他其实是一个热情磅礴的思想战士。我一直认为，杂文家的巴金是和小说家的巴金比肩而立,甚至是超而越之的。

在"文革"之后,巴金用八年时间写了一百五十篇《随想录》,计有四十二万字。巴金说:"五集《随想录》主要是我一生的总结,一生的收支总账。"学术界认为这是一部"力透纸背,情透纸背,热透纸背"的"讲真话的大书",是一部代表当代文学最高成就的散文杂文作品,它的价值和影响,远远超出了作品的本身和文学范畴。

巴金比较早地提出"文革"不仅仅是"四人帮"的事,每个人不但是受害者也是参与者,是推波助澜者,是有责任的。并且巴金首先拿自己开刀,认为自己在"文革"中也说了假话。所以巴金在《随想录》中一遍又一遍地提倡说真话,认为"文革"的产生是由说假话造成的。巴金说,真话并不一定是真理,但真理一定是在真话的基础上产生的。

即使到了《随想录》已经出版,老人宣布搁笔以后,那些阴风仍然没有消除对老人的敌意。1991年,北京一家报纸发表署名文章,含沙射影攻击老人晚年用生命来呼喊的"讲真话"口号。此文以"真话不等于真理"为理由,把一盆盆污水朝老人头上泼去,诬陷"真话"是"投向人民政权的石头、枪弹"。这种言论里包藏的祸心,老人不会不知道,几年来他几乎过着隐居生活,不再发表惊世之论,以求安全度过晚年的平静生活,可是这一次他忍不住了,他必须捍卫这个经过几十年惨痛教训换来的人生格言。

于是,在那一年四川成都举行的第二届巴金学术研讨会上,老人发表了一篇公开信,反驳那些文坛鬼魅们:"我提倡讲真话,并非自我吹嘘我在传播真理。正相反,我想说明过去我也讲过假话欺骗读者,欠下还不清的债。"老人真的火了,他愤怒地说下去:"因为病,我的确服老了……以后我很难发表作品了。但是我不甘心沉默。我最后还是要用行动来证明所写的和我所说的到底是真是假,说明我自己究竟是一个怎样的人。一句话,我要用行为来补写我用笔没有写出来的一切。"

巴老的伟大,不仅在于他的早期作品记录了中国社会大变迁时代中国人的心路辛酸,从而印证之后历史的残酷无奈,更在于他坚守着中国人的道德良知的底线,以其伟大的人道主义者的姿态令我们每个人有勇气面对世界,面对未来。每一个中国人,在天国,在地上,在过去,在未来,都将会深深感谢巴老,让中国人有尊严地生活在地球这个人类的家园,有勇气诉说自己的历史。

巴老:您是中国永远的脊梁,从您身上,我看到了另一种生命的渺小,您是中国新的民族魂。您在寒夜中在欢腾中悄悄离去,也许这就是您的低调,但在我看来,您带来了夏花的绚烂,您也会带走延续历史的追念的。巴老,魂归故土啊,远行的我常常这样把您怀想……

《南方日报》2005年10月22日

不灭的星光

——董保纲——

巴金走了。

当噩耗传来,我仰望星空,心情久久不能平静。犹记得,1999年,巴金先生九十六岁高龄的时候,国际天文联合会批准将天体上新发现的一颗小行星,命名为"巴金星",以示他的文学生命永远与天地同在。如今,先生驾鹤西去,留在人们内心深处的是永远璀璨的星光!

是啊,先生的文字,穿过岁月、穿过尘烟、跨越世纪的风风雨雨,鼓舞了一代又一代的读者。

这是一种什么力量？这是先生文字的魅力，更是先生人格的魅力。难怪无数中外名人都把最真诚的赞语送给他："巴金是一个有热情的有进步思想的作家，在屈指可数的好作家之列的作家"（鲁迅），"他是一个爱人类、爱国家、爱人民，一生追求光明的人，不是为写作而写作的作家"（冰心），"他的文章像是与你喁喁谈心，而每一个字都燃烧着热烈，都流露着真情。他提倡说真话……他是我们的一面旗帜，也是榜样"（王蒙），"著述不倦的创作者，他的自由、开放与宏博的思想，已使其成为本世纪最伟大的见证人之一"（法国前总统密特朗）。

斯人已去，星光永恒。他留给我们的，不仅仅是他的品格、他的才华、他曾经的苦难，更是他作为一个作家而为我们树立起的一座丰碑。他说"人活着不单是为了自己，我们的写作也不单是为了自己"，他还说他的创作是为了"给予"，而不是为了"争缺"。他用一生的实践，让我们看到他的无私，他的博大，他的真诚。众所周知，巴金先生是不拿国家工资的作家，完全靠稿费生活，但是他并不看重金钱。他本人向希望工程捐款累计就有五十多万元，长江水灾时，他前后捐了十二万元。他的心里永远装着读者，在他病重期间，当他无法提笔的时候，他还说："我欠读者的太多了……"

巴金在给冰心的信中说："我仍然把你看似一盏不灭的灯，灯亮着，我走夜路也不会感到孤独。"对我们而言，巴金不也是一盏不灭的灯么？这盏灯温暖着我们的心灵，照亮我们的前程。他用一生的文字，用一生的行动告诉我们，该怎样为文、怎样做人。事实上，先生的一生本身就是一部大书，需要我们认真翻阅、仔细品读。在中国作协第三次会员代表大会的闭幕词里，巴金写过这样一段话，很直率地表达了他的内心世界："我仍然感觉到做一个中国作家是很光荣的事情。我快要走到生命的尽头，写作的时间是极其有限了，但是我心灵中仍然燃烧着希望之火，对我们社会主义祖国和我们无比善良的人民，我仍然怀着十分热烈的爱，我要同大家在一起，尽自己的职责，永远前进。作为作家，就应当对人民、对历史负责。我现在更加明白：一个正直的、有良心的作家，绝不是一个鼠目寸光、胆小怕事的人。"

诚如著名作家冯骥才先生所说："巴金给我们一个完整的人格和水晶般透明的心灵，他从不囿于一己的悲欢，而把大地的苦乐看得至高无上；他对善恶之间的界限毫不含糊；勇敢地面对生活，也勇敢地面对自己。他用了整整一个世纪，才完成了这样一个品格。这才是巴金真正的财富，也是文学的财富。"面对这样一笔财富，我们应该感到庆幸，并应该思考，该如何继承这笔宝贵的财富。

浩瀚的夜空，星光灿烂。那最亮的一颗，应该是先生的眼睛。他默默地注视着这片他深爱着的土地，他依然在用自己的身躯，给人间带来光明。这种光明照在《家》、《春》、《秋》里，照在《雾》、《雨》、《电》里，照在厚重的《随想录》里，照在千千万万读者的内心里，照在年年岁岁流逝的岁月里。在读者的心目中，他是一面旗帜，是一面镜子，是一棵大树，但他终究是一颗星星，永远闪烁着圣洁的光亮的星星，在茫茫宇宙照耀着我们一路前行！

《济南日报》2005 年 10 月 21 日

良心·符号·巴金

——李　梓　韩雨亭——

对于大师的逝去，人们常用的一句悼语是"一个时代随之消逝"，但当我们这个时代最后一位文学大师离去时，这句话还是显得苍白。

足球写手李承鹏将巴金的去世称为“阅读时代的消逝”，文学后进余秋雨则把巴金称之为“一个世纪的国人良心”。这种良心，唯其稀少，尤显珍贵。对于一个历史悠远的民族，这样的良心永不会消逝，只是我们不知道下一位重新唤起我们良心的不安涌动，带动社会的自省与探索的大师将会在什么时候出现而已。

对中国来说，这一百年的历史断续起伏，既有慷慨激昂也有低沉迂回，对于巴金来说，人生同样迂回断续，六岁时，他见过父亲审案，堂下被打的人还要向堂上告谢，这让他觉得世道不公。十一岁时母亲突然带他到了外祖母家中，次日全家的男人都剪掉了辫子。所有的这些岁月沧桑，被这个善于用笔倾诉的勤奋的人记录在纸上，成为整个民族的历史的一部分。

世纪沧桑的见证者

一个人经历了一个世纪的沧桑，并在那些历史的拐点和思潮中烙上自己的足印，一百零一年的岁月，使巴金比那些与他并列于三十年代的大家们更多一层使命。那就是，在一个文化和思想一片空白的年代，以一个大家的身份滋润守护这片苍凉的土地。他努力做了，他为自己所做的一切是完成自我的救赎，但其他人却当作一个民族的救赎。

巴金无意把自己放到一个超乎常人的位置，他在人生的各个阶段也曾不遗余力地参与了各种运动——在成都他参与过对军阀的抗议；在南京，他参与学生声援“五卅”惨案的游行；在抗日烽火及抗美援朝时期都写过战争作品并乐意尝试新的表述方法。但他并未从军或者从政，他一生都坚持自己一个独立的写作人的身份。“我一生充满矛盾，有时想去直接投身革命，有时也想妥协，当个作家算了。”这些东西也未成为他的小说的主题，他的小说主题永远是“人”对“爱”的追寻，后来人们记住的也仅仅是这个主题。

今天，我们的民族已经渐渐抚平了自己的伤痕，恢复了自己的自尊以及思考的本能，长者的离去因此显得波澜不兴。在一个一百年以及又一个一百年后，当人们的审美趣味越来越远离那个纷乱而迷人的二十世纪三十年代，巴金对中国人还有什么意义呢？

也许这句话仍然能够流传，“没有神，也就没有兽。大家都是人。”

“文艺复兴”的最后一个标兵

对于巴金来说，三十年代的写作就是对于一个暮气沉沉的时代的声讨。多年后他去法国尼斯访问，一位女士请他在自己的小说《寒夜》上面题字，他写道：“希望这本小说不要给你带来痛苦。”

因此，当1919年底“五四”新思潮涌入多雾的四川盆地时，巴金感觉到了一种希望，“我们都经受了五四的洗礼”。巴金不是战士型作家，他却说“自从我执笔以来就没有停止过对我的敌人的攻击”。他的敌人，就是“一切旧的传统观念，一切阻止社会进化和人性发展的不合理的制度，一切摧残爱的势力”。时隔多年后，这些文字有了别样的解读，法国人明兴礼在五十年代把巴金的作品比喻成“这些中国文艺复兴和社会革命的动人的传述，好像我们古代的陶醉人的歌曲”。

被称为“中国文艺复兴”的三十年代，是一个风格杂陈、大家辈出的时代：既有鲁迅领军的左翼文人，也有通俗小说大师张恨水；既有沈从文、废名等的乡土派，又有欧味十足的“新月”旧人徐志摩、梁实秋、林语堂等。彼时，巴金在他们中间并不是文学成就最高者，但毫无疑问是最受欢迎的小说家之一，他的《家》曾被誉为“现代中国青年的圣经”。

为什么内忧外患的三十年代会出现中国的“文艺复兴”，而以今日中国之强盛，文化却一步步积弱，近来学者对此纠缠不休。继归罪于上世纪五十年代的精神板结期之后，作家张炜又归罪于二十年来的商品经济导致“这个时期最杰出的创造者和思想者与这个时期的精神流向越来越呈现出一种疏离的关系”。

在上世纪二十年代的中国，在经历了一场帝制的崩溃和一场痛彻的思想洗礼后，每个青年都忙于探寻国家的出路，每一种新的知识，每一种新的思潮，都有人去研究是否于国有用。国民心智在短短一个十年得到充实，造就了三十年代的盛景。在那个年代的最后一个大家离去后，这种气质仿佛也随之消散，化为历史的烟灰。

反思“文革”的精神领袖

巴金晚年时，不安地多次检校自己的作品。他说，“我的东西百分之五十都是废品”。在1949年到1955年间，巴金不仅作品数量大幅度减少，而且被他认为毫无价值。

然而，这段时间里他获得了前所未有的荣誉，名列“鲁郭茅巴老曹”之一让他从此成为一个偶像。

1978年，“文化大革命”已进入尾声，巴金开始着笔书写《随想录》，其中绝大部分都是他在《大公报》“随想”专栏上发表过的文章。这个“说真话”的专栏一开就是八年，它不仅为巴金赢得了文化界的尊敬，还成为了检测中国知识分子的道德标尺。

“‘文革’结束后，很多曾参与此次运动的人都显得无所谓。当时，大部分知识分子还坚持认为，自己整人整对了，别人整人整错了，即便是自己把人整错了，也把责任推卸给那个时代，说自己只是迫不得已。巴老并没有因‘文革’结束而沉默，他开始叩问自己的道德良心，以忏悔方式勇敢地否定自己。从这个层面来讲，巴金充当了中国文革反思的‘精神领袖’，而他说真话的态度和精神也的的确确影响了一代人。”巴金的老友文洁若对《时代人物周报》说。

巴金在《再论说真话》的第一句便说道：“我的《随想》并不‘高明’，而且绝非传世之作。不过我自己很喜欢它们，因为我说了真话，我怎么想，就怎么写出来，写错了，也不赖账。”这段话已预见并回答了日后的争论。

复旦大学学者陈思和曾与巴金有过多次接触，他认为巴金先生“一直沉浸在噩梦的恐怖和自责之中，他需要不停地解剖自己、指责自己，提醒人们不要忘记二十年前的民族劫难。

巴金是第一个反思“文革”的著名文人，但在他之后，中国似乎再也没有出现这样的“不怕痛，狠狠地挖出自己的心”的自省。

争议巴金

从巴金在文坛崭露头角那一天起，对他的评价就存在两种大相径庭的观点，这在中国现当代文学史上也是一个十分特殊的现象。即使在巴金逝世后的纪念文章中，在共同对巴金的人品致敬的同时，争论依然没有停止，这一点甚至从文章的标题就可以看出：《巴金，一个悲剧性的存在》、《批判继承巴金的精神遗产》等。

对巴金本人的评价，学界至少有四种不同说法：一是认为他是理所当然的“中国现代文学大师”；二是认为他既是一位伟大作家，又是一位了不起的“思想家”；三是认为他可以称得上“无产阶级战士”；激烈者如自由作家朱文则认为“巴金一钱不值”。

对巴金作品的主要分歧是安那其主义（无政府主义）。众所周知，巴金创作生命中所信奉的是人道主义与安那其主义。人道主义如今已没有多大分歧，然而安那其主义一直争议较大，也是巴金生命中一段时期遭遇麻烦或非议较多的源头。有人认为他的“无政府主义”是反一切政府，另一些学者则认为巴金的“无政府主义”核心是反一切封建专制。而对“无政府主义”给巴金人生道理和创作生涯带来的影响的深度看法亦有不一致。有人认为“无政府主义”对巴金的影响是根深蒂固的、永久性的，直至晚年。有人认为这种影响仅限巴金早期的创作。在巴金作品的艺术技巧上,有人认为,巴金作品的整体技巧与中国诸多现代作家比并不是超群的,甚至还谈不上艺术,有人则认为,巴金创作的"无技巧"正表现了他的最高技巧和最大艺术魅力。

而对《随想录》的争论更是没有停止过,除了早期部分人别有用心的"讲真话不等于讲真理"的反驳外,更有学者从更高的立场尖锐地指出:"他的反思我觉得是真诚的,勇敢的,然而是不彻底的。"

或许今天,把巴金的作品与他的人格分离开来解读会更有意义——虽然他的作品在今天已经不再吸引大家,但是他的人格精神我们永远不应该遗忘。

《时代人物周报》2005 年 10 月 24 日

巴金，一个文学的奇迹

——方　宁——

巴金走了,但他仍然是一尊"神"——一尊由等身的著述、令人称羡的寿数和历经灾难而不屈的性格凝聚成的"神"。在他的生命当中,可以清晰地看到历史留下的痕迹:辛亥革命、五四运动、北伐战争、抗日战争、解放战争、新中国建立、"文化大革命"、改革开放,直至进入二十一世纪。试想:任何一个人,如果能够安然度过这一百年动荡的历史而大难不死,就足以令人啧啧称奇,更何况一个以睿智的思想、不倦的精神、真诚的勇气、不竭的才华,始终处于大动荡的历史漩涡中,并以皇皇千万言建立了新文学纪念碑的战士,人们又该怀着怎样的虔敬,肃然打量他呢?

"寿数"之于人固然是一把严酷的尺子,在它面前,多少才华横溢具有大师潜质的艺术家可惜天不假年,如卢隐、石评梅;相形之下,巴金无疑是一个幸运者,他的反抗与不屈的个性,使他从小挣脱了旧式大家庭的束缚,但仍然能够时时获得手足亲情的眷顾和牵挂,而性格恰好与他相反、逆来顺受的大哥却在而立之年死于旧家庭的重压之下;他的宽厚与柔韧的性格使他获得了来自众多朋友的慰藉。他说过:"我的眼眶里至今还积蓄着朋友们的泪,我的血管里至今还沸腾着朋友们的血。在我的胸膛里跳动的也不止是我一个人的孤寂的心,而是许多朋友们的暖热的心。我可以毫不夸张地说一句,我是靠着友情才能够活到现在的……"他的睿智和勤奋使他很早成就了立足社会所必需的文名,早在创作"激流三部曲"的时代(上世纪三十年代),他就被连载其作品的《时报》誉为"新文坛巨子";他的坚毅和顽强又使他平安地度过"文革"中最艰难的岁月,而同样杰出的作家老舍就断然难逃此劫,最终以生命殉了那场史无前例的"革命"!巴金不仅早已凝定成为人们心目当中的一尊神,更重要的是,他还创造了一个奇迹,一个能够把诸多矛盾因素融化而成人格的力量,并从他所塑造的文学形象中延伸开来,深刻地附着在他们的创造者身上的奇迹。他无论是以活的生命的形态存在还是最终离开人世,都已经无碍于这个杰出人物的分分毫毫。因为,他已经是一个完整无缺的人类精神史上的雕像了。

我一直在想象着文本中和生活中的巴金的情感世界。尤其是他的晚年,在一卷卷《随想录》、《再思录》中被反复咏叹和记录下来的心灵史,以及《巴金的两个哥哥》一书中被时时呈现出来的悲愤交织、爱恨兼具的痛苦感受。他曾经在《文学生活五十年》中写下过这样的文字:"我的生活中充满了矛盾,我的作品里也是这样。爱与憎的冲突、思想与行为的冲突、理智与感情的冲突、理想与现实的冲突……这一切织成了一个网,掩盖了我的全部生活,全部作品。"

在我看来，巴金一生都是一个深深为情感所累的作家，他早年的反抗是为了出走，他受不了旧式家族内部的纷争。在这个家庭中，他几乎每一天都在挑衅旧秩序，甚至不惜令自己的大哥难堪，让他不断地承受那些家庭长者的攻击；而大哥的仁厚，自己肩起苦难而处处迁就兄弟的忍让之举，是日后巴金心灵永远不得安宁的痛苦之源。他一方面有着极其强烈的自主意识，这意味着决不迁就一切压迫者，即使是与他有着血亲关系的家族；另一方面，他又是一个视情感为生命的艺术家，一个很难逃离开家庭影响和情感维系的凡人，从他的笔下走出的一系列人物身上，读者能够深刻地感受到无所不在的至情。

1986 年，巴金曾经与他大哥的儿子有过一番长谈，谈话中讲到大哥和三哥的死，巴金竟至痛哭失声，不能自已！要知道，这离他大哥的“死”已经过去了半个多世纪！显然，他从未真正放下过这段令他不堪回首的记忆。在他强烈的独立反抗意识的背后，其实潜隐着无法忘怀的自责和精神的创痛。当然，在面对家族旧势力的压抑时取反抗的态度，无疑是一种自我的拯救，如果没有走出这一步，他就只是“李尧棠”，而不是“巴金”！但是只有出走而没有内心的巨大伤痛，没有对于家族历史刻骨铭心的矛盾情结，没有为情所累的羁绊，巴金本身也不会成为一个完整的作品。

我想要说的是，巴金不仅是二十世纪中国文学的神话，一座有着巨大的良知、丰富的情感与理性内涵的精神雕像；同时，也是中国所能贡献给当代世界文学的一个奇迹，他所创造的是一部将思想与爱憎真诚地袒露给读者和大众，与世纪同行，并将永远同行的经典。

《工人日报》2005 年 10 月 22 日

巴金走了　几代中国心灵的悲痛

——晓　宇——

这个夜里，想收获点什么，偏偏星光都沉了。

泪不再流了，人不再苦了，一条春蚕在作茧自缚之后，终于化蝶飞了。他不再痛苦，不再思考，也不再表述了，他走了，拉下一幕夜色的宁静。于是，我们用一盏小桔灯的人性光芒去寻找神性的慈悲。

巴金死了。

叛逆的感伤驱赶感伤的叛逆，一种情绪的纠缠让我们觉得孤苦无依。

几代人的青春都在躁动，几代人的青春都在宣泄，几代人的青春都在经历，甚至几代人的青春从前一代人的躁动回到后一代人逐渐老去的平静之上。巴金所表现的是青春的一个例子，而所承载的情绪却是青春的共同。当理想表现为涌动的情绪时，一代人曾经只为情绪而活着。在封建腐朽的生活气息中，一代人的生活就是叛逆的情绪与冲决的情绪，这种情绪就是人性的自由，是自“五四”以来新的生活气息所滋养的新的情绪。

我们生活在一个新的时代，新的时代仍然滋养新的气息，而情绪在遗传，也在重读中宣泄。

巴金不是以一代人大脑的姿态而存在的，他是以一代青春心灵的姿态而存在的。所以巴金死去，只能是他的心脏停止跳动。巴金用长在左边的心思考，更多的时候，他也是用长在左边的心感受，并且感受的价值在写作上大于思考的价值。我不认为巴金是一个知识分子，我认为他是一个作家。就“五四”的传统而言,殷海光这样的知识分子与巴金这样的作家继承的是同一个传统,却走在理性与感性不同的形式之上。我们可以批判巴金,但我们绝不能不接受巴金。

巴金不是一座人的高峰,却是人性可以触摸的蓝天;巴金不是一座文学的高峰,却是人文可以感觉的海洋。

鲁迅曾称巴金为“一个有热情的有进步思想的作家,在屈指可数的好作家之列的作家”,这在鲁迅的评价中,可称独特。也许巴金所拥有的正是鲁迅所不可能拥有的,巴金的作品,是对于人性的理解与释放,而鲁迅的作品,是对于人性的严厉。

日本作家竹内好在《鲁迅》中说:“真正的文学并不反对政治,但唾弃靠政治来支撑的文学。”曾有人在上世纪五十年代问过毛泽东“鲁迅活到现在会怎么样”,鲁迅没有经历的巴金经历了。同样是竹内好,同样是在《鲁迅》中,他说:文学在政治中发现自己的影子,又把这影子破弃在政治里。换句话说,通过自觉到无力,文学才得以成为文学。证之于巴金创作的黄金时期,证之于他青年时的无政府主义思想,评价鲁迅的恰恰落在了巴金身上,在鲁迅与巴金的比较中,我们也许恰恰发现了文学在某种意义上的相通。

在鲁迅身上,我更爱看他“现在备受摧残的面容”;在巴金身上,我更爱他未受摧残的婴儿般的面容。鲁迅是战斗的,巴金是属于无瑕的。

记忆巴金,曾经替心爱的女友在街边、在斜阳西下时、在暮色渐临中、在华灯初上际、在熙熙攘攘的人流旁,俯下身来于地摊上淘一套《家》《春》《秋》。不知为什么,总认它应该是一个旧版本的青春,温暖而华丽的怀旧,类似于张爱玲。后来却发现错了,巴金表现迷惘,表现叛逆,却不提供方向,比之张爱玲的始终不存在方向,远不是一个维度。在一个探寻与激烈的时代,能够作出深刻与温暖的理解,是多么不易,巴金的温暖,在他所经历的所有时代都不容易。

儒者梁漱溟认为,中国文化之伟大非他,只是人类理性之伟大。中国文化的缺欠,却非理性的缺欠,是理性早启、文化早熟的缺欠。我们不就是欠缺巴金么?欠缺一种感性的温暖,所以文化不像文化,总像化石。

巴金走了,终于忍不住了,我们在一种情绪中哭了,怀抱一堆不会成为化石的作品,它发黄的纸页会在胸口慢慢变为灰烬,而我们的青春会记得。人不是一次完美的,但人性是一次善良的,因为巴金文学上并不完美,因为巴金人性的善良,我们终于悲痛了,我们终会知道,只有人值得哭泣。

如果有来生,巴金这样的人是会完完美美的。

《潇湘晨报》2005年10月18日

巴金何以使我们感到痛楚?

——李泓冰——

我们隆重地送别了巴金。

望着老人远逝的背影,是什么让我们如此痛楚?为什么人们的关注仍然不能宁息?巴金以百岁高龄辞世,以中国人传统的眼光来看,应该是喜丧,有诗人说,我们应该点起红蜡烛,为老人送行。

就算是摇曳的红蜡烛,仍然不能缓解我们的痛。许多人在揣测,尽管享尽高寿,但巴金先生的心头也一直有痛,这痛让他不能完全释然。他把最后的精力用来写了有忏悔意味的《随想录》,这似乎是希望让人们在记住他的同时,也能够记得“说真话”。

让人不能、不敢讲真话的“文革”动乱年代,似乎成了遥远的记忆,我们已经远离了动辄得咎的噩梦。但是,我们能够做到时时讲真话了吗?

未必。

随手拈来几例:

我们身边假冒伪劣的商品屡禁不止,一些明星可以嘴皮子极为利索地在广告中将自己从未用过的产品夸得天花乱坠,脸不红且心无愧;不少医生安之若素地对小病小痛开大处方,并不觉得欺心;一些地方矿难接连发生,瞒报矿难真相的事件也常有所闻。

流弊所及,已经伤及祖国的花朵们。不少中小学生有过类似的经历:被学校和老师明令或者暗示对上级部门隐瞒课业负担沉重的事实,以应付督查。孩子们也许一开始还不免疑惑:怎么昨天大人们还在讲“狼来了”的故事,今天就逼我们说谎呢?久而久之,就有孩子学会了在中考作文中编造“妈妈去世我自立”的感人故事……

何以假话有市场,而说真话就如此曲高和寡?那是因为往往说真话要付出代价。当然不至于像当年说真话的张志新们那样用生命来祭“真话”,却也可能因真话而丧失很多诱人的利益。

更可怕的是,“说真话”还可能伤及一些领域的潜规则,使你“众叛亲离”,最终一事无成。有的基层干部敢讲真话,敢反映真实情况,得到了上级甚至中央的支持,却得不到身边人的支持,有的受到冷落,有的黯然辞职。

潜规则的存在,成了抵抗真话的网。有的揭露医疗单位黑幕的医生,难以在业界立足;有的试图教学生说真话写真话的老师,却在应试竞争中败北;有的道破院校招生黑幕的艺术家,从此被视为另类……

因此可以说,在一定意义上,我们真正能够告慰巴金老人的,是我们大家都来说真话,我们大家共同努力创造一个让越来越多的人说真话的环境。

实际上,巴金的希望也一直都存在着。那些宁折不弯坚持说真话的人,并没有白费努力。正由于各领域总有说真话人的存在,“三农”问题才会日益受到决策层的高度重视;被隐瞒的矿难才会真相大白,官矿勾结的利益共享模式正被严肃叫停;医疗体制改革、考试制度改革也在不断摸索着进行……

是的,巴金使我们痛楚,有痛楚才会有希望!我们仍然需要巴金的激励,需要从巴金身上汲取讲真话的勇气和力量。

《人民日报》2005 年 10 月 31 日

巴金走了　文学承载的信仰长存

——郑国庆——

10 月 17 日 19 时 06 分,中国一代文学巨匠巴金在上海逝世,享年 101 岁。1927 年,年轻的巴金以第一部小说《灭亡》踏上现代文学的舞台,并逐渐成为中国文坛的领军人物。巴金留下的二十六卷本的不朽著作和十卷本的精彩译著，影响了一代又一代人的心灵，更丰满了一代又一代人的精神境界与人格。

世纪老人巴金的逝世使我们又一次惊心于一位有信仰的作家的离去。许多人惊呼：一个时代结束了！这种终结意识在于对当代文学的反思——对生命与世界的承担中摸索自己的信仰，并在自己的写作中践行这种信仰，曾经是中国现代作家留给我们的最为重要的传统之一。而今，对信仰或理想的轻忽造成了当代写作的轻飘与空心化。我们看到，正是这种精神信仰，贯穿了巴金先生一生的始终。即使到了晚年，在1978年，人们尚未从那风雨如晦的阴霾中走出，在改革大潮刚刚掀起的时候，巴金已经开始致力于从文化上反思那场噩梦的根源。当年的巴金觉得自己时日不多了，应该听从于内心、听从于良心的呼唤，将发自内心的话说出来，对时代与社会有个交代。于是，他拿起笔，以一篇又一篇不炫技巧、直指人心的随笔，写下自己"随时随地的感想"。当《随想录》合订本出版时，巴金在《新记》中写道："我在写作中不断探索，在探索中逐渐认识自己……不怕痛，狠狠地挖出自己的心。"

一个时代的文化反思，从一个人的反思开始；一个国家的反思，也是从个体的反思开始。《随想录》问世后，引起社会很大反响与共鸣。许许多多的读者从巴金的作品中，才开始明晰了自己站在时代的哪个坐标，历史的哪个节点。而且随着时间的推移，人们对它的认识，更为清晰、深沉。作家张光年曾说："真是力透纸背、情透纸背、热透纸背。他在很多篇章里，毫无保留地深刻剖析自己的灵魂。实际上，他是在剖析我们的时代，我们的社会，我们一代知识分子的心灵。我们珍视这些文章，因为这是巴金全人格的体现，是巴金晚年最可贵的贡献。"

以现在的文学眼光阅读巴金的小说，也许会感到他语言的简率与结构的简单，他的曾经风靡一时的"青年抒情文体"也未必成熟，但不容否认的是流淌在巴金文字中的真诚与激情。更为重要的是，他的信仰所赋予他的对人生与世界的一种坚定的勇气与态度，更作为社会主义在中国的先声所给予巴金的道德与社会承担。

巴金先生的两大思想核心，一是反对任何形式的强权，二是强调个性的自由。反对强权与追求自由也成了巴金坚持的核心价值。从早期"激流三部曲"对于封建家庭专制的控诉与反叛，到晚年《随想录》中的深刻反思，巴金对于"独立性"的反思与追求始终是贯穿一致的。"无论是个人压迫百万人的政府，或是百万人压制一个人的政府，……反对多数压制与反对少数压制是一样的。"巴金的思想信仰曾使他饱受磨难，但恰恰是这种对于独立性的坚持，使得巴金仍然保持了一个作家最为可贵的反思与批判精神。

在消费时代谈信仰似乎是一件可笑的事。"人类一思索，上帝就发笑"，这句犹太谚语早已成为流行一时的小资切口。生命中不能承受之重，感官、快感、商品、娱乐正在成为或已经成为后革命时代大众社会的主题词。作家，曾经的"人类灵魂的工程师"、"社会的良心"，也开始在自觉不自觉地褪下作家之为作家的神圣使命，一心成为文化消费市场的成功写手，这是现今写作状况的真相。

所以，今天我们纪念巴金先生，不仅仅因为他是一位留下了重要作品的现代文学重镇，更在于，如余华所说："他是二十世纪中国作家良心的代表。"这种良心，来自于他的正直的品性，同时，也来自他对信仰的追求与坚持。

《东方早报》2005年10月18日

“抬棺者”的精神宿命

——周晓枫——

鲁迅去世六十年后,1996年10月,巴金在杭州见到了旧时的老友黄源,两个白发老人携手相执,无语。他们都曾经受过鲁迅先生的教诲。巴金后来在记事本上写道,“六十几年的旧事都涌上我的心头,许多话都咽在肚子里,我只想着一个人,他也想着一个人,就是鲁迅先生。”

在1936年到1949年期间,鲁迅的逝世似乎与巴金的激昂有着某种隐约意义的关联。1936年10月19日,鲁迅逝世。20日,巴金到鲁迅家参加治丧事务,21日守灵,22日参加葬礼,并有幸成为抬棺者之一。在参与这一具有重大社会政治意义的历史事件的人群中,巴金仅仅是其中之一。或许可以说,当时的巴金更多是出于一种对朋友、师长的敬仰和友谊的唁念,并没有赋予此事太多的内涵。然而回望巴金的创作旨意和人生态度,始终关切社会世事人生的巴金与作为战斗的思想者的鲁迅紧密相连。对巴金而言,这件事的意义变得非同小可,变成了一种形象的暗喻与精神的象征,甚至包括了某种理念的传承——巴金在托举着鲁迅先生的棺材时,一种更坚韧的重量却一直被他托举着,那是黑铁一般的鲁迅魂!

鲁迅作为导师对一代青年的影响毋庸置疑,巴金一直崇敬他。但很多人不知道的是,在鲁迅生前,巴金从没有去过他家。1936年10月19日上午,他和曹禺按照约定的时间造访鲁迅,没想到先生已于当天清晨去世。次日,巴金看到《大公报》上刊出一篇讽刺鲁迅的短评,平时很少情绪激动的他,当即疾言厉色地拍案大叫起来。这种情感火一样燃烧在他心中,让他发痛。他当即提笔写了一篇《片断的感想》予以驳斥。他认为鲁迅具有强烈的正义感,永远跳动着一颗火热的心,像他那样充满自我牺牲精神的中国作家找不出第二个来。伟大的爱和由此生出来的伟大的恨使得鲁迅永远年轻,他的全部文章所表现的就是这一点。而且就是这一点,才把成千上万的人吸引到他的身边来。他是以人民大众的敌人为自己的敌人的,笔调绝不是“尖酸刻薄”的,那些犀利的论战文章绝不是在“打无谓的笔墨官司”。最难能可贵的是他高度评价了鲁迅的杂文,说“他的小说固然可以列入不朽的名作之林,但他的杂感也是光芒万丈的”。

经过如此巨变,这一阶段的巴金,在人生与社会的开掘上要比以前深刻冷静得多,不再像以往动辄号啕痛哭热泪滔滔,而是表现出一种精神的激昂和感情的抑制,在作品中复合成一种热得发冷的热情。这就是激昂阶段的巴金,无论何时,总是用憎恨的方式表达他对生活的热切关爱。即便在绝望悲哀的《寒夜》结尾,他还是没忘记在出版单行本时写道:“夜的确太冷了,她需要温暖。”

鲁迅先生逝世后,巴金曾陆续写了不少悼念文章,感情深挚地记叙了鲁迅先生的音容笑貌以至伟大品格,记叙了对鲁迅先生的崇敬。《一点不能忘却的记忆》是巴金这组散文中最早写下的一篇,也是具有代表性的一篇。从鲁迅先生停灵在万国殡仪馆到最后安葬的四天里,作者始终在一旁守护着。他亲眼目睹了人们向鲁迅先生告别的每一个场景,使他“从没有像这样的被感动过”。

时间就这样过去了,感动并不需要呼天抢地,感动就像一根吃重的肋骨,使感动者在人生的漫路上继续前行。一种深切的宿命使巴金明白了很多。他就必须具备超越一切压力的至尊信仰,支撑自己在尚未倒地时干完这件顺乎精神资源的事。从事“薪传”的人,首先应该是一个被鲁迅先生称之为“精神界战士”的人!在力竭之际甘心情愿放弃自己而让血性负载精神流过,这样的举动,无异于壮士割腕,无异于断臂求悟,无异于舍生取义式的真正解放!放弃者已经没有任何遗憾可言了,因为他圆美了使命。

命运是奇怪的，也是某种“前定”。二十年以后，上海市纪念鲁迅筹备委员会决定于10月14日举行鲁迅先生棺柩迁葬仪式。作为“抬棺人”的巴金，这次是以“扶柩人”的身份出现的。他与金仲华一起将写有“民族魂”的旗帜献盖于鲁迅灵柩上。这是按照二十年前的那面旗子制成的，所不同的是将原来的白底换成红底，以象征革命已经取得了胜利。

日后，他的目光像犁铧一样从鲁迅的文字中犁过去。他在不断自问：先生为什么要在一个或平淡或偏执的观点上停留或者逃逸？那些辐射万端的歧路淹没了终极意义的去向，他是他自己的终结者？他停伫在先生的锋刃之上，是彻底剖开了自己？还是从锋刃上展翅飞去？这些思绪，如同某个神秘的交接仪式，使巴金无声地受孕于一瞬……

巴金多次表述过：鲁迅先生给我树立了一个榜样。我仰慕高尔基的英雄“勇士丹柯”，他掏出燃烧的心，给人们带路，我把这幅图画作为写作的最高境界，这也是从先生那里得到启发的。我勉励自己讲真话，卢梭是我的第一个老师，但是几十年中间用自己的燃烧的心给我照亮道路的还是鲁迅先生。

著名学者王元化在一本有关巴金的书的序言中说，我们民族有着古老的传统，这有好也有坏。古老的文化给我们提供了传统的资源，可以使它和现代化的建设接轨。但是也要提防死的支配着活的。鲁迅以他的讽刺揭示了这一点，巴金以他的热情揭示了这一点。但愿这一个向度，能够被更多的人看见。看见一个垂垂老人，用雪一样的白发，把忧愁尽力甩向天空。

“他们像是圣徒，具有一种强烈的悲悯情怀，而这正是中国当代知识分子所最为缺乏的，也是中国传统知识分子阶层中最美好的品质，代表了整个民族的良知。”著名学者孙郁认为，正因如此，虽然鲁迅的作品有很多偏颇，巴金的有些小说甚至败笔连篇，但在现代文学史上他们仍是无法逾越的。所以，“鲁迅之后唯有巴金”正在成为一个富有洞见的共识。

几十年间，巴金写的纪念鲁迅先生的文章有二十多篇。他常常提到的“永远不能忘记的事情”还是先生的葬礼。

如今，巨星陨落，哲人已萎，我想，在一些人心目中，同样在怀想着一个人——他用燃烧的方式，将生命的烈焰布满苍穹。

《成都晚报》2005年10月18日

我是否理解巴金？

——子　张——

10月17日晚间，学生胡君电话告知：巴金老人已然谢世。这是网上的消息，应当可靠。接着，另一位学生建青从北京发来电邮，为巴老去世感到难过。我随即回复下面一段话：

刚刚有学生打电话告诉我，说是今晚七点之后去世的。

老人实际上活得很艰难，他曾希望“安乐死”，但得不到理解。

他说过：我在为你们而活！

如果一个民族的良知赖于一个老人而存在，似乎已很悲哀。

数年前冰心老人去世时，我心里很平静——这是一个自然的事。

目送一江春水，怀抱满楼清晖。

这段电邮文体的文字,确实是我此时此刻心情的表达。我是 1961 年生人,小学、初中、高中三个阶段都处在“文革”的大背景中,我第一次听说巴金的名字是在初中语文课上。我的语文老师是南京人李希正先生。他在高度政治化的课文之外常常给我们补充一些真正的文化、文学知识。他讲到巴金,讲到他的散文《我们会见了彭德怀司令员》,介绍他是稿费最多的作家,但我听得出来他对巴金的尊崇。而课堂外的流行观点则认为巴金是一个“反动作家”。至于“反动”在哪里,我们并不知道。

“文革”结束后,巴金以其勇敢和真诚撰写“随想录”随笔系列,提倡“说真话”,建议设立“现代文学馆”和“文革博物馆”,赢得了“民族良心”的称誉。从蒙昧中渐渐长大的我们这一代人,也开始认识巴金、理解巴金,我就是在这时候才阅读《家》的。我特别欣赏的是他为《家》所撰写的不同的几篇“序跋”。在他不厌其烦的叙述中,谁都能感受到他对反人性的旧文化、旧制度的愤怒。我觉得,他不把自己看作是一个“作家”的告白是发自内心的。他的名言“把心交给读者”和“文学的最高境界是无技巧”表明了他对文学的个人观点。我曾经在火车上一段又一段地写出我当时对巴金的理解和热爱,在上世纪八十年代那个“反思”的年代,谁能面对巴金的热情、真诚而无动于衷?

巴金看到他的旧作《家》持续热销,没有从经济利益的角度沾沾自喜,而从社会原因的角度解读出令人忧虑的问题。他因此希望自己的作品“速朽”,希望人们尽快忘掉他的作品——因为那才表明我们的社会真的进步了。

所以我说“如果一个民族的良知赖于一个老人而存在,似乎已很悲哀”。

现在巴金真的走了,而我知道,现在的大学生,包括中文专业的大学生,已经在渐渐远离巴金的作品了,特别是他的《家》。

这是不是意味着,巴金所诅咒的那个时代已离我们远去?而新的时代真的来临了呢?

上世纪九十年代初,我还写过一首题为《手杖——题巴金近照》的诗,现在仍以这首诗作结:

时光改变着星辰的位置
把昆虫化作坚硬的岩石
火山风化如老人的额头
帝王的荣华都已经腐朽

即使被人称颂的贤者
也难免最后归于虚静
唯有烛照他人的意志
才幽灵一般随风流转

叩问生命尊严的战士
一根手杖握在了手里
薄暮的天色像一方古砚
梦想却展开一片纯蓝——

在黄昏和清晨衔接的地带
手杖化生为一叶渡船……

闲话巴金

——雷　雨——

得知巴金去世的消息，是在行色匆匆的路上，虽然是意料之中的事情，但是回到房间，想到这位世纪老人波澜壮阔的一生，想到他在文学上的成就，想到他当年忍受的种种非人的屈辱，想到他晚年不遗余力地对“文革”的控诉，想到他的种种梦想和真诚，还是有一种大树倾倒的悲凉意绪满满地弥漫上来。

在乡下读书的时候，虽然条件艰苦，但是父母还是想尽办法给我们兄弟几个找书来读。在漫长的暑假里，忙完必要的农活之后，硬着头皮演算完“鸡兔同笼”之类的一些令人望而生畏的数学习题之后，最为快乐的时光莫过于读小说了。就是利用这样的时间，我几乎读遍了能够找到的小说、剧本，其中就有巴金的小说，感受着觉新、觉慧、觉民弟兄的命运起伏，震颤于高老太爷的权威，懵懵懂懂地产生出诸多自己也难以言说的一个乡村少年郎的惆怅来。后来，听到关于巴金的种种传言，而最让我印象深刻的是当时的《语文报》上，刊载了几个迷茫的中学生给巴金的信。巴金这个一辈子追求光明和自由的人，面对中学生的困惑和求救，并没有摆出大师的模样唱所谓的放置四海而皆准的高调，而是以一颗滚烫的心，来诉说自己的烦恼、自己的矛盾、自己的忧伤、自己的坚持。这样的洋洋洒洒的长篇回信，让我们这些挣扎在乡村偏僻学校的中学生们，感到无比的温暖和亲切，感到一种难以遏止的力量在胸间涌动。

到南京读大学以后，得知巴金曾经在南京读过书，而且读书的学校居然是东南大学附中，一想到鲁迅先生也曾经在南京读过几年书，而鲁迅的弟弟后来服刑的所在就在我的母校边上，想到这些人物和自己生活的环境有着这样的一种关联，似乎有了某种可以向人炫耀的资本。也曾经想再认真地看看巴金的作品，比如《随想录》，还有《寒夜》。但是也许已经没有这样的心境了，总是读不了多少就放下了。几次去上海出差，也曾经起过拜见巴金的念头，甚至还想通过陈子善先生帮忙，但毕竟不是读大学时候的血气方刚了，也仅仅是想想而已。

有人说，巴金的东西文学成就不高，模仿的痕迹很重，这样的看法未免过于偏激了。巴金一生坚持写作，应该说还是无愧于他那个时代的。“文革”中的巴金受尽凌辱，但是他并没有改变自己的信仰，并没有把自己的名字改掉，虽然他的名字是那样令人敏感和令某些人不舒服。张春桥不是说，不杀巴金就是落实政策吗？我无意也无力在这样的小文章中来论述巴金的文学成就，但是巴金一生如一坚持真诚地面对读者，这样的作家今后恐怕不会很多了。也许在巴金以后还会有人享受到现行体制的这样高的礼遇，但是能够达到巴金这样的众望所归几乎是不可能了。

《开卷》第69期

小事看大师

——吴为忠——

《团圆》是巴金上个世纪创作的一部中篇小说，六十年代初发表在《上海文学》上，后来长影把这部小说搬上了银幕，改名为《英雄儿女》。影片公映后引起了强烈的反响。“向我开炮！”影片中的英雄王成那句掷地有声的豪言壮语深深铭刻在我们心中。

巴金一直主张作家要下去，创作要上去。《团圆》就是巴老实践着自己的创作原则。因为他作为志愿军慰问团的成员，在朝鲜战场呆过很长时间，冒着极大的危险，终日在战壕里与志愿军指战员同甘共苦，可以这样说，“英雄儿女”是作家用生命写出来的。

面对影片的成功，巴金说，小说写得并不好，是编剧编得好，导演导得好，演员演得好。谦虚的话语更映衬出这位文学大师的人格魅力。

好人走好，这是人们对巴老的深切怀念。巴老除了为世人留下了皇皇巨著，更留下了人们对这位人民作家的尊敬，而这种尊敬是发自内心的。

谈到改编，现在的影视作品的剧本，许多都来自于小说。进入市场经济后，改编也出现了版权一说，因为二度创作，有了小说一度创作打下的扎实基础，成活率也相当高。按理说，出卖了版权后，改编的成功与否应该是改编者的事情了，与原创者没有什么关系，文责自负，板子也打不到原著身上。但是，现实生活中，为了改编一事闹得不可开交、甚至吵上法庭的例子却时有所闻。

巴金的《团圆》搬上银幕后改名为《英雄儿女》。巴金不但没有任何责怪的意思，反而大加赞赏；现在的一些作家，名气不是很大，脾气却不小。有一位作家，写了许多反腐败的小说，为了一个片名的改动与合作者发生了争执，因为改编者坚持自己的意见，两家不欢而散。现在，这位作家是“肥水不流外人田”，自己改编自己的作品了。

有一种说法，叫小说搭乘影视的快车，意思是说画面语言扩大了文字语言的影响。这倒是一句大实话。热播的《亮剑》、《历史的天空》、《激情燃烧的岁月》等，都是影视带动了小说的阅读。其实，没有哪一个改编者会去做“减法”的，只会发挥影视创作改编的“加法”效应。

从对待改编的这一态度上，我们的作家倒是需要向巴金学习的。对巴金这样一位大师来说，这虽然是一件小事，但往往是这些小事才构成了大师的伟大人格。追思巴金，学习大师，首先应该从为人做起。

《解放日报》2005 年 10 月 24 日

一个人的坚持

——闻　白——

“不要用我的名字。”在涉及个人名利的问题上，巴金时常这样说。曾有许多地方、机构倡议设立巴金基金、巴金文学奖等等，但都遭到了巴金的拒绝，他认为自己只是一个普通的文学工作者，写作六十多年，并无多大成就，对于将自己的名字与文学事业联系在一起感到十分惶恐。由于他的坚持，我们至今还没有看到与他的名字相关的任何基金。

“不要重建我的故居。”巴金诞生于成都，但巴金故居早已不复存在。不少国外友人和港澳台同胞，到成都时都想去巴金故居看看。因此，四川省作家协会曾向有关部门建议恢复巴金故居，并成立了筹备小组。巴金知道后坚决不同意，他说：“不要重建我的故居，不要花国家的钱搞我的纪念。旅游局搞什么花园，我不发表意见，那是做生意，可能不会白花钱。但是关于我本人，我的一切都不值得宣传，表扬。”

“日记不单独出版。”巴金一生喜欢记日记。他的许多日记，是很美的散文，很有史料价值。

人民文学出版社在出版《巴金全集》时，拟出版两卷《巴金日记》。巴金不太同意，经过再三的请求巴金才勉强同意了。但他强调日记“不另行出版发行，因为这两卷书对读者无大用处。我没有理由出了又出，印了又印，浪费纸张……”至今，巴金的日记也没有出版单行本。

这是一个文学家对于普通小事的坚持。然而，并不是所有的人都能做到这一点。这些点点滴滴的坚持与他对于文学、对于信仰的坚持是一脉相承的，更加令人肃然起敬。巴金老人用自己的文字构建了一部异彩纷呈的人类心灵史，那里面有对美好理想的不屈不挠的坚持，对人生真善美的坚持以及对美好未来的坚持……这些坚持，使他的作品冲破了时间和空间的限制，散发出高尚纯洁的道德力量，弥漫着深沉博大的爱，植根在广大读者的心底。而他对于自己人格完善的坚持，将成为一个榜样，永远提醒我们，指引我们。

《人民日报》2005年10月19日

巴金的精神遗产

——梓　承——

巴金先生的离世对我们来说并不是什么意外的事，因为此前，101岁高龄的他住在医院已有多年，生命基本靠药物和外部干预支撑，但是，2005年10月17日他的离世，还是让许多人感到了伤心和震动。报刊、网络上大量的文章和留言，并不完全是一位知名或权位者去世后的例行公事，我们看到了许多发自内心的真诚表白。五千多民众自发给他送行的情景，也说明了这一点。在当今的中国，文学，尤其是“严肃文学”的读者锐减，文学家在社会生活中的影响力，已不是以前的年代(比如上世纪八十年代)所能比拟，他们中的著名者曾有的“文化英雄”、“精神领袖”的身份，在公众心目中已经褪色。在这样的背景下，巴金去世产生的反响似乎是一个“特例”，由此也说明了他在二十世纪中国文学以及人们关于上个世纪的历史记忆中的重要地位。

巴金的功绩，当然是他长达七十余年的文学写作和文化活动。对于巴金作品文学价值的评价，这二三十年来文学界存在着不同意见，他在文学史上的地位也发生着高低错落的变动。但不管怎么说，二十六卷的小说、散文、随笔、评论，十卷的译作，是他一生勤奋劳作和他巨大创造力的证明。在二十世纪，他是拥有最多读者，并对他们的生活道路发生重要影响的新文学作家之一。他的“爱情三部曲”、“激流三部曲”，他的《寒夜》、《憩园》，在中国新文学史上有着难以动摇的地位。他的小说写作，也构建了一种独特的“叙事美学”：“三部曲”的长卷体式；发自生命深处的真诚告白，倾诉的叙述方式；人物塑造、情节安排上强烈的主观干预色彩；对善恶、美丑所做的毫不含混的分辨，以及对读者的积极响应和参与的期待……这种“叙事美学”的价值、艺术功过，肯定存在争议，巴金在他四十年代的作品(《寒夜》、《憩园》等)中也做了调整。但是，这种叙事美学，却是巴金式的，独特的，不可替代。这大概是一个真诚时代产生的美学。它在今天当然不可能复现，但它肯定是一种值得我们记取和辨析的财富。

巴金的艺术创造在今天的现实意义，还突出表现在他的写作与他的信念及社会理想之间的关系上。我们都清楚，巴金最初并不是想当文学家，“五四”时期他在成都成立社团，办刊物，印发传单，后来到上海、南京，再到法国读法国革命史，翻译研究无政府主义，目的都是为了寻找中国的出路。意大利工人领袖梵宰蒂的话(“我希望每个家庭都有住宅，每张口都有面包，每个心灵都受教育,每个人的智慧都有机会发展")是他一生追求的目标,他认为小说家也应该是高尔基笔下的那个在黑暗中高举"燃烧的心"的勇士丹柯。虽然在后来,巴金对某种具体学说(如无政府主义)的理解会发生变化,在命运之途中也遭遇过各种挫折、磨难,但是,对不合理制度的憎恨,与强权保持距离,对弱小者、被损害者的同情,和对一个平等、公正的世界的期待,可以说终其一生都未改变。而他的文学写作,正是服务于这一崇高信仰的。即使在"文革"中受到许多非人的折磨,但在度过痛苦、辛酸的十年后,他并没有走向逃遁与淡泊,直至生命临近终结,他仍在以文字和行动表达着这样的生活态度:既然历史已经赋予我这样的责任,而我又早已答应承担,那么我就不能放弃,不管付出什么代价。这种对信仰和理想的坚守,在我们生活的时代,已经不是能够常见的现象。

自然,文学写作与社会理想、社会承担之间的关系,是一直存在争议的。强调作家对时代问题、社会行动的关切,将文学当作"武器",与重视文学的艺术特征,追求语言、形式的独创性之间,并不是总能协调一致的。在多数情况下,它们之间的差异、矛盾更为显见。因此,在二十世纪的中国,这也是文学界争论的焦点问题之一。在一些时候,当文学过分地成为一种"工具"(而且是"粗劣"工具),当人们过分强调为了政治,为了社会行动而牺牲艺术的时候,提出文学的"自律性"和"自足性"问题,不是没有道理。不过,在今天,当作家、诗人普遍被看成工匠式的"技艺人",不少作家也把自己定位为单纯的"娱人者",写作的历史承担被看作是虚妄的幻觉,"人"与"文",人格与文章的分离正成为一种普遍趋向,二十世纪新文学的那种"感时忧国"、关切时世、干预现实的品格,被简单、不加分析地指认为是弊端和缺陷的时候,重提巴金提倡并身体力行的写作承担,指明写作与社会责任存在的关联,相信也并不是无的放矢。也就是说,巴金等作家在实践中体现的那种思想遗产(作家应该用自己的热情、想象力和文学技巧,将现实生活提供的各种信息加以辨认,做出处理,以确立对现实和社会未来的深刻了解,并向同时代和后代人施加影响)的当代有效性,是个值得我们思考的问题。我们虽然不会无保留地全盘接受,但不应忽略其合理、庄严的内核。

在五十至七十年代,巴金的写作出现了重大的"滑落",这是他写作生涯的黯淡时期。"文革"结束后,他最重要、影响最大的作品,是为人们广泛谈论的《随想录》:作为一个"过去时代"的作家,他以此参与了当代思想文化问题的思考。巴金是文学家,《随想录》理所当然地被看作是文学创作。而其中也确有不少精致、情真意切的篇章,常被举荐的有《怀念萧珊》、《小狗包弟》,以及他回忆、怀念亲朋故旧,包括追忆胡风、路翎等的文字。不过,《随想录》的重要性和已产生的影响,显然不能仅从"文学"这个层面去解析。它们提出的思想、历史问题的尖锐、深刻,和这些表达与当代中国的现实思想文化问题的契合程度,更应为我们所重视。评论家和读者也更多地从这一角度来看待《随想录》。说《随想录》里的篇章并非一一精美,这可以理解为在"文学"层面上指出其中存在的缺陷;但是在参与思考及对社会公众发言的层面上,离开所谓"精美"的判断,却又可能更能切近作者所要达到的目标和文章想要传达的主旨。在语言与良知、艺术与道德之间,巴金的选择显然更倾向于后者。相信这一选择,有他的充足的依据。

《随想录》的内容相当广泛,有对现状——社会、政治、文化、教育等现实问题的杂感,有对自己创作生涯、思想历程的回顾,有对亲朋故旧的深挚怀念……但是它的中心,是对当代历史,尤其是"文革"的反思与批判。正如他所说,"尽管我接触各种题目,谈论各种事情,我的思想却始终在一个圈子里打转,那就是所谓十年浩劫的'文革'"。在巴金看来,"文革"是一个"难以置信"的历史谬误。让他长久困惑的是,人们因何种缘由卷入这场动乱,"互相憎恨、残害","人性受到这样的摧残、践踏"。对于他所说的这一"可怕而又可笑,古怪而又惨痛"的事件,他认为,仅是宣布终结,仅是控诉、谴责还远远不够,重要的是思考、总结,探究它发生的根源,以及它留给人类的经验教训。因此,《随想录》可以说是一部探讨历史责任的书;它的“关键词语”是“拒绝遗忘”。他提醒读者,那些重要的“过去”不应轻易从记忆中抹掉,只有不畏惧记忆才能使我们摆脱愚昧,身心健全;而忘却却可以让我们经受的一切变得毫无价值。巴金在《随想录》中坚持的思想,可以用这样的话来说明:“假如我胜利的话,我必须使人发疯。”不是编造、臆想美丽的谎言,而是讲出真相,摆出哪怕是可怕的事实:这就是他反复申言的“讲真话”的涵义。

在八九十年代,一再提醒人们正视历史、反思历史的,当然绝非巴金一人。但是,巴金却是始终坚持不懈者。而且,更让人敬重的是,这种“正视”,是从历史的“反思者”自身开始,这一点却不是所有人都能做到的。他坚持认为,“审判”历史,必须以自我审判作为起点。巴金在“文革”中原本是个“受害者”,他可以如大量的回忆文字那样,略去当时的思想感情细节,而突出他的受难的情景,博得人们的同情,痛苦、受难也会转化为一种荣耀,一种光辉。但是他没有这样做。他自觉对“历史”负有“债务”,要在有生之年偿清这些“欠债”。这就是人们所说的那种近乎“残酷”的自责、自剖。这些文字,这种立场、举动,就是要弄清楚“我是谁”。如果在“我”的身份、立场、品格都存疑问的情况下,“我”又如何能有力量对历史进行裁决?因此,有关巴金的“自审”、“忏悔”,不能仅看作是有关个人的道德自我完善,看作是性情修养的问题。这些命题具有普遍的意义,涉及的是个人与历史责任之间的关系,是历史反思、历史承担的前提。

当然,《随想录》并不是一部讨论社会历史问题和人生哲学的著作,我们无权要求作者提供深入论证和结论。它的价值其实在于它是某一重要历史时期的个人体验,以及它所展现的思考的广度和深度。体验的深度只能来自于冲突,来自于环境与心灵,以及人的内部世界的冲突。我认为,虽然巴金可能在艺术上有欠缺,但是,他的生活和著作决无欺骗。人们正是因为他的正直、他不要忘记民族灾难的告诫,以及他身体力行进行的有效反思,而称他为“民族的良心”。

我很同意陈思和先生多年前一篇文章中说过的话,我们现代人“不怎么关心一个过去时代的老人的真实思想和话语内涵。九十年代知识界流行过许多新的偶像和新的话语,这自然是不错的,但因此而完全忽略了今天的社会正是从历史阴影里走过来的,而对以前鼓舞时代的精神武器完全采取不屑一顾的态度,只能使今天的思想建筑于流行的旋风之中”(《巴金的意义》)。

巴金先生已经去世,继承、爱护,并在新的历史环境中发展他留下的精神遗产,是我们对他最好的纪念,也是我们所应承担的时代精神建设的课题。

《人物》2006 年第 1 期

巴金的精神遗产

——彭兴庭——

巴金曾在病榻上说,他晚年有三种痛苦:一是为什么不可以拿着笔死去?二是深爱的人一个个离他而去,三是生命失去了奉献的意义。1999 年春节前,老人因病要做气管插管手术,他坚决不愿意,被迫同意后,他沉重地说:“从今天起,我为你们活着。”

从另一种意义上说,长寿也是一种惩罚。巴金最后的几年光阴,几乎全是在病房中度过的。他意识清醒,却不能言语,他呼吸着与常人不同的空气,而现代的医疗技术几乎更是一种沉重的负担,插气管,吊针,吃东西靠鼻饲。他的女儿李小林曾说,爱巴金的人都希望他能“早一点儿跟妈妈会合”。而善良的人们,偏偏不让他们夫妇见面。“巴金活着,是一种职责”,这让巴金无比痛苦。如今,巴老终于遂了自己的心愿。

巴金的一生,其实都在为社会而背负着十字架。巴金的作品,从始至终都贯穿着一种忏悔和赎罪意识。在他的第一部作品《灭亡》中,他即通过李冷、李静淑兄妹之口发出了自己的声音:“我们宣誓我们这一家底罪恶应该由我们来救赎。”而在他的代表作品“激流三部曲”中,忏悔意识变成了自我灵魂的拯救。有学者就曾这样评述,“激流三部曲”不仅是一部封建家庭、封建制度和封建社会的罪恶史,也是一部忏悔、诅咒和控诉这种罪恶的心灵史。就连自己的作品,巴老也没有放过,他曾表示,“重读过去的文章,我绝不能宽恕自己”。

即使在巴金的晚年,这种忏悔和苦难意识,仍然与他朝夕相伴。一部《随想录》,可以说是一个字一滴血。他不厌其烦地告诫自己要讲真话,并且刀刀见血地解剖着自己。“我自己也把心藏起来藏得很深,只想怎样保全自己……我相信过假话,我传播过假话,我不曾跟假话作过斗争”,“在那样的日子里,我早已把真话丢到脑后,我想的只是自己要活下去……”这样的忏悔在巴老的《随想录》中随处可见,与那些被别人追着忏悔的所谓知识分子相比,巴老正是在这种精神炼狱中最终完成了自己独立人格的历史选择。

为着他自己的创作,为着作品中那些冤屈的灵魂,为着悲剧的时代和社会,深深的自责和痛苦的忏悔,是巴金一生的情结。法国伟大的启蒙主义者卢梭曾在《忏悔录》中骄傲地向世人宣告:“我现在要做一个既无先例、将来也不会有人仿效的艰巨工作。我要把一个人的真实面目赤裸地揭露在世人面前。这个人就是我。”但是,两百年后,巴金做到了,而且更加彻底,这种彻底不仅仅是一种忏悔,随之而来的是自我的赎罪。说到巴金的精神遗产,这种自身的忏悔和赎罪意识,无疑是中国当代知识分子最缺少的,也是最亟须的。

一本《随想录》,不仅是一本知识分子的启示录,也是一本民族的启示录。知识分子要完成人格独立的历史进程,就应该大胆地否定旧的自我,对旧我作最直率的、最无情的解剖;一个民族要从落后走向现代,要完成胸襟的开阔和精神的飞跃,也是一个不断自我反省、自我否定的过程。

洗去尘埃,两袖清风,巴老驾鹤西去,我想,他的飞翔是轻盈的,不负重的。其实,巴金的心早已经去了另外一个世界。他想要做的,已经做完了。那笔丰富的精神遗产,从他不能说话,不能写字那一天起,就已经为我们准备好了。或许,在剧变的现实情境中,依然会有局限,但毫无疑问的是,这点点滴滴,都是他在苦难和教训的历史阴影中积累起来的。

《中华读书报》2005年10月26日

珍视巴金留下的精神财富

——潘洪其——

巨星陨落,天人同悲,一代文学大师巴金永远地离开了我们。

在世界文学之林中,巴金是那种少有的将文学创作自觉与国家和人民的命运紧密相连的天才作家。他早期的代表作“爱情三部曲”(《雾》、《雨》、《电》)、“激流三部曲”(《家》、《春》、《秋》)等,以饱含青春激情的如椽巨笔,从俯瞰社会、洞悉人心的全景视野,反映了青年探索人生价值、追求理想和信仰过程中的抗争与痛苦,揭露了封建家庭制度对青年的无尽戕害,对摧残人性、阻碍社会革新的传统专制制度进行了淋漓尽致的无情批判。在长达六十多年的创作生涯中,巴金永不倦怠地坚持讴歌真善美,鞭挞假丑恶,为他所深爱的中国人民留下了博大丰厚的精神财富。

今天我们重温巴金的作品,感受最直接、最深切的当属他晚年出版的五卷《随想录》。他无比沉痛地指出,在我们这个有着两千多年东方专制主义传统的国家,人民长期遭受谎言的毒害,所以我们必须以国家和民族的名义,把说真话建设成为一种生存方式、一种文明样式,"人只有说真话,才能够认真地活下去"。说真话并不一定能获得真理,但说假话、谎话永远不可能获得真理,一个人、一个国家如果陷入了对谎言的"路径依赖",其前途将是一片黑暗。说真话体现了表达的自由和创造的自由,中国今后的希望之一,就在于在任何时候都不能拒绝真话,同时也在于每个人都要勇于承担说真话的责任。

在巴金的思想体系中,说真话的一个主要内容就是忏悔、反思。"他们(革命'左派')就是靠说假话起家的。我并不责怪他们,我自己也有责任。我相信过假话,我传播过假话,我不曾跟假话作过斗争……正因为有不少像我这样的人,谎话才有畅销的市场,说谎话的人才能步步高升。""不能把一切都推在'四人帮'身上,我自己承认过'四人帮'的权威,低头屈膝,甘心任他们宰割,难道我就没有责任!难道别的许多人就没有责任!"巴金通过对自己的无休止的拷问,为中国人树立了一个自我忏悔的典型形象,他以实际行动告诉我们,一个国家只有勇敢地直面那些触目惊心的历史真相,一个人只有无私无畏地审视那个隐藏在灵魂深处的"小我",一个知识分子只有以历史和社会为坐标,把自己作为深入解剖的对象,才能从忏悔和反思中获得走向新生的力量。

巴金一生的创作活动和社会活动,显示了二十世纪一个中国知识分子的良知和责任所能达到的高度。置身于中国社会"五千年未有之巨变",他有过虚无消沉,也有过彷徨感伤,但他关怀社会现实、关心民众疾苦的立场始终如一,总结历史教训、推动人性解放的努力始终如一。他关注社会小人物的生存状态,他挖掘知识分子的心理缺陷,就知识分子深入生活、干预生活、参与社会、改造社会的实践而言,巴金的存在具有无与伦比的标杆价值——知识分子选择了社会关怀,社会文明的进步就是知识分子得到的最大回报。

巴金不死!巴金的精神财富永放光芒!

《北京青年报》2005年10月19日

我们表达敬意的最好方式

——吴 俊——

听到巴金去世的消息,虽然并不完全感到意外,但心中的震动仍然十分巨大。在当代中国,巴金是一种文化良知的象征。如果有人说巴金的去世是二十世纪中国最后一位文学巨匠的告别,那么我想说的是在我们所处的时代,是否还有人真正能够继续承传巴金所留下的那份文化良知的遗产。以《随想录》为标志的巴金的晚年文学,同他早年、前期的文学作品一样,不仅代表了中国现当代文学的高峰,而且还代表了当代中国人文知识分子反思历史、重建文化人格的巨大思想贡献。《随想录》所表现出的思考深度,应该是我们几代中国知识分子精神历程的一种指向。"激流三部曲"等等曾经激励过当年的无数年轻人,影响到他们对于人生道路的选择,其本身也成为文学的经典。《随想录》则以其厚重、广博的历史反思,为我们建起了一种精神和人格发展的坐标，使我们能够由此看到自己所处的位置。面对这位世纪老人的这样一份遗产，至少在我，其中的沉重之感远要比哀悼之情更为深刻。

巴金晚年反复强调要“讲真话”，这是一句朴素到极点的话。在巴金来说，这是他一生付出了血与泪之后获得的生命领悟，也是他目睹了当代中国历史之后发出的理性呼唤，更是他希望重建中国知识分子文化人格的最后呐喊。时至今日，我更深刻地感觉到，“讲真话”三个字尤其是对我们当今的这个时代而发的。巴金实践了他的诺言，这就是他的《随想录》。但是，更多的人恐怕并不能正视这句话，或者，“讲真话”只是一种门面的装点，文学的修辞。巴金离我们而去，这位“讲真话”的人告别了我们的这个时代，这个时代因此失去了一位良知的代言者，一种良知的象征。

我从大学时代开始较多地阅读巴金的作品。他是一位真正把一个诚实的“我”写入自己作品的作家。在他的作品中，我们可以真切地体会到他的写作不仅是一种呼应社会发展的文学创作，而且也是他自身不断追求人格完善的一种精神记录。他是在用自己的生命来写作。因此，“讲真话”不但是他对文学和写作的承诺，也是他对自己内心的承诺，在此意义上，《随想录》的产生几乎是必然的。这也可以理解，《随想录》的文风就和他的“讲真话”三个字一样朴实无华。它是巴金文学返璞归真的绝唱。

巴金留在了中国现代文学史上，也留在了中国当代的思想史上。此时此刻，重新阅读巴金的文学，重新阅读他的《随想录》，应该是我们表达对他的怀念和敬意的最好方式。

10 月 18 日于上海

《文学报》2005 年 10 月 20 日

最好的纪念是尊重

——彭联联——

一代文学大师巴金谢世，上海作家协会有关人员为纪念巴金，提出设立“巴金文学奖”，但巴金女儿李小林对此明确表示反对。她反对的理由有二：一方面巴老生前为人非常低调，不喜欢如此张扬；另一方面巴金清醒时就表达过，认为国内文学奖项已经有点太多（据 10 月 20 日《北京娱乐信报》）。

李小林的两点理由，一是从巴老的性格考虑，认为他并不乐意以自己的名字设立文学奖；二是从巴老对国内文学奖现状的评价，推测出他不想再增设一个文学奖项。

事实上，巴老生前早已表示过“三不”：一是不重建故居，二是不用他的名字建立基金会、设立文学奖，三是日记不单独出版。就不设立文学奖一项来说，巴金的考虑，恐怕不仅仅是不事张扬，更与当前“国内文学奖项已经有点太多”有关。设立文学奖的目的，是激励创造，奖掖新人，繁荣文学创作。但是，如果奖项太多、评奖太滥，不仅达不到激励的目的，反而会带来一些负面作用。奖项多了，就难免出现评奖的庸俗化，“排排座、分果果”，不能体现出真正的创作成绩。如果大奖的背后缺少真正有分量的作品来支持，大奖也就失去了应有的意义。

纪念名人，为的是弘扬名人的功绩与品格，激励后人。巴金品格的最重要之处，在于他求真务实的生活态度。所以，我们纪念巴金，就应该尊重他，继承他求真的品格。以巴老之盛名，设立一个“巴金文学奖”，并不为过。但是，如果这个奖项的设立违背了巴金本人的遗愿，而且并不为文学界所迫切需要,只是一种纪念的形式,那么,以设立"巴金文学奖"方式来纪念巴金,就不是对他求真品格的继承,而是相反。

《市场报》2005 年 11 月 02 日

巴金走了之后怎样

——张颐武——

巴金先生离开了这个尘世。虽然这并不是出人意料的事情,但还是让我们感到一种难以表达的感慨。这不是因为我们对于生命的自然的旅程的抗拒,也不是我们不了解他无法对于人生有任何介入的几年的痛楚,但我们仍然感到一个对于我们有决定性影响的"过去"已经回归历史。我们和那个大时代之间的活生生的联系到此已经成为过去。我们不得不自己去面对一个复杂的未来了。我们如何在这个新的世纪面对新的挑战,就是我们时代中国人自己来承担的工作了。

巴金是追求个性解放,追求精神自由的一个象征。巴金在二十世纪中国历史的两个阶段对于中国社会发生了重要的影响。一个阶段是他不断以他的杰作影响着他的读者。他的声望的来源主要是他的"激流三部曲",其中以《家》最为人们熟悉,被视为中国现代文学的经典作品。他的强烈的激情,强烈的对于青春的冲力的渴望却让他成为五四的青春精神的最好的象征之一。

而他对于"人"的持续的探索也使得当时的青年为之震撼。

巴金产生巨大影响的第二个阶段是他写出主要代表作——五卷《随想录》,表现了一个老人的强烈的人道精神。巴金的作品始终贯穿的是一个"人"精神解放的主题。

这种解放的要求,这种不间断地探索和表现"人"对于美好世界的追求的努力,正是巴金的写作最让人感动的一面。

我想,他的精神对于今天的全球化时代来说具有两个方面的意义。一方面,他的追求和探索为社会生活的多元化提供了前提和条件。他的"现代性"的追求固然宏大,其实也强调世俗日常生活的满足和个体生命的欣悦的意义。无论是《家》、《寒夜》,还是晚年的《随想录》,巴金都有强烈的"世俗关怀",都期望人们的世俗生活更为丰富多彩。而这种丰富多彩似乎在消费文化中得到了相当的满足。在这一方面,其实巴金的思考和今天的消费时代的价值有相当的相关性。

我不认为,巴金和今天的消费文化就完全格格不入。相反,巴金的追求,在很大程度上开启了人们社会生活多元选择的可能。巴金当时追求的可能在一定程度上就是今天人们的日常生活,巴金的努力可能正是今天我们拥有的多元生活的开端。

另一方面,巴金的理想精神当然也是对消费文化的平面化和简单化的参照和反思。他可以让我们认识到我们精神生活的某些片面的因素,他对于"庸俗"的批判,追求一种不断提升自己的价值的努力仍然是我们所需要的。他能够让我们反观消费文化的弱点和问题。消费文化具有的仅仅追求市场成功和物质满足的方面当然是巴金所反感的。《随想录》其实也涉及了这方面的问题。在这一点上巴金也给了今天很大的启迪。

巴金那一代人已经完成了自己的历史使命,他们已经成为中国文化的宝贵资源而回归历史,我们不得不面对自己的新的未来。巴金走了,他的生命和作品走进了历史,而我们还得用他那样的精神开拓未来。他所期望我们的不是躺在他的思想和价值上,那才是最让他失望的,他期望我们的正是面对新的现实,创造新的可能,尝试超越他。这不是对于前辈的不恭,正是对于他的精神的最好承继;不是对于他的价值的否定,而是对于他的期望的完成。

《新京报》2005 年 10 月 20 日

我们该如何纪念巴金

——朱大可——

听到巴金先生逝世的消息,相信各地的知识界都在举行悼念活动,媒体将纷纷以大篇幅进行纪念性报道。一个高龄老人的死亡引起如此广泛关注,说明巴金先生在知识界以及广大公众心中的地位之高。在这个特别的日子,我们不但要给巴金之灵送去真挚的祝福,更要好好仔细盘点巴金为我们留下的"遗产",以便从这位文学老人那里获得有意义的训诫,因为这才是巴金先生留给我们最珍贵的财富。我们如果能将巴金先生的人格精神薪火相传,这也许将是对巴金先生在天之灵最大的祝福与安慰。

巴金的第一遗产就是对自由的高度渴望。他的《家》《春》《秋》三部曲曾经是上世纪三四十年代青年的案头圣经,激励他们走出闭抑的旧家族的道德阴影,去创造自由的新生活。他翻译的《克鲁泡特金自传》,以优美的文笔,转达了一个俄罗斯无政府主义者对自由精神的热切向往。他对自由的极度渴望,成为一种代代相传的薪火,递送在前赴后继的人们手里。

巴金的第二遗产是对暴力的痛恨。他描述"那无数难熬难忘的日子,各种各样对同胞的伤天害理的侮辱和折磨,是非颠倒、黑白混淆、忠奸不分、真伪难辨的大混乱,还有那些搞不完的冤案,算不清的恩仇!"他的沉痛声音至今仍然萦绕在人们耳边:"我不曾灭亡,却几乎被折磨成一个废物,多少发光的才华在我眼前毁灭,多少亲爱的生命在我身边死亡。"

巴金的第三遗产是忏悔和反省。十年"文革"中,不仅许多人成为互相迫害的暴徒,而且巴金这样的知识分子也被迫参与了罪恶。巴金回忆起自己"由人变成了兽"的历史,仍然语带战栗:"我怎样扮演自己憎恨的角色,一步一步走向深渊,这一切就像是昨天的事。"类似的忏悔,还曾发生在许多知识分子身上。他们和巴金组成的"忏悔小组",是二十世纪中国涌现的最可珍贵的公共知识分子群体之一,尽管数量稀少,但他们的存在,还是令现代史获得了道德的深度。因为正是道德忏悔改造了人的灵魂,令历史有可能转入更符合人性的运转轨道。

对巴金的精神遗产的关注不仅传递了人们对个人自由精神的渴望,也投射着对各种非正义暴力泛滥的忧虑,以及对通过道德忏悔来改造社会的诉求。但巴金并不是神明,我们既不要刻意贬损他的历史过失,也不要企图把他变成一个文学和道德神话。正如巴金本人所陈述的那样,面对个人无法扭转的现实,他自己曾经如此软弱和怯懦,这是人性的弱点,也是制度本身的缺憾。

巴金是一座微型博物馆,在他的履历中,记录了中国知识精英曲折痛苦的思想道路。他的故事,就是一部缩微的二十世纪中国社会变迁记录。纪念巴金,与其说是为了怀念一个老人的一生,不如说是一次岁月的沉痛回溯,它请求我们返回到过去,对历史重新进行审视,并借此重新审视和设定我们的未来。

《成都晚报》2005 年 10 月 19 日

附录

(一) 唁电(函)选

巴金同志办公室:

惊悉十届全国政协副主席、中国作家协会主席巴金同志逝世,不胜痛惋,敬致哀悼!

巴金同志是我国著名的文学家、出版家、思想家。自上世纪二十年代以来,巴金同志笃行不倦、笔耕不辍,创作与翻译了一千多万字的优秀作品,为繁荣和发展我国文学艺术事业做出了巨大贡献。他的二十六卷本不朽著作和十卷本精彩译著,是他个人也是中华民族献给全人类的宝贵财富。

巴金同志上世纪三四十年代以来,曾长期担任上海文化生活出版社、平明出版社和文学期刊总编辑、主编,是我国杰出的出版家和编辑家。他在几十年的编辑、出版生涯中,编辑出版了多套著名丛书和多种著名期刊,培育扶持了大批优秀文学人才,把一生中精力最充沛的二十年献给了出版事业,为我国现代出版事业做出了杰出贡献。

巴金同志的逝世,是我国文学艺术事业和出版事业不可弥补的巨大损失。全国新闻出版系统广大干部职工对巴金同志的逝世表示沉痛哀悼,并向巴金同志的家属致以深切的慰问。巴金同志不断追求真理的精神、高尚的品格、渊博的学识和卓越的贡献将永为世人所缅怀,永远激励我们为我国出版事业的全面繁荣和健康发展而不懈奋斗!

巴金同志风范长存,永垂不朽!

新闻出版总署
2005 年 10 月 21 日

巴金同志治丧委员会:

巴金先生逝世,噩耗传来,全国震悼。

巴金先生是现代中国的文学大师和思想家,在世界文坛享有广泛而崇高的声誉。他的作品一直涌荡着二十世纪科学与人道主义思想的风范,是中国思想宝库中的杰出导师。他的作品深受读者喜爱,很多残疾人正是在巴金先生的作品中找到奋斗的力量、鼓起生活的勇气。巴金先生以其丰硕的文学成果及一生坦荡无瑕高贵的人品,向世人证明了爱心的价值、真诚的伟大。巴金先生的逝世是中国文学界的巨大损失。

巴金先生十分关心中国残疾人事业,支持在中国进行人道主义思想的建设。他曾参与中国残疾人作家协会的创办工作并欣然同意担任名誉会长职务。对于巴金先生的逝世,我们深表哀痛!

请转达我们的哀悼之意并向巴金先生家属表示亲切慰问。

中国残疾人联合会
2005 年 10 月 18 日

巴金同志治丧委员会:

惊悉一代文学巨匠巴金逝世,我们中国福利会全体同仁不胜悲痛。

巴老是一位享誉海内外的文学大师,杰出的社会活动家,自 1983 年起,就担任中国福利会的执行委员,长期关心宋庆龄创办的妇女儿童事业,为妇女的健康发展,为未成年人的茁壮成长,做出了重大贡献。几十年来,巴老在人们心中如一盏长明灯,照亮文坛,给人精神慰藉。巴老的逝世不仅是我国文学界的巨大损失,也是我们中国福利会事业的巨大损失。我们将永远铭记他为中国文学和中国福利会事业做出的卓越贡献。

尚望巴老家人节哀!

中国福利会
2005 年 10 月 18 日

巴金同志治丧委员会及巴金同志亲属:

惊悉巴金同志与世长辞,四川人民深感悲痛。我们谨代表全川 8700 万各族人民对巴金同志的逝世表示深切的哀悼!

巴金同志作为中国当代文学巨匠,是中国当代文学的一面旗帜。在八十多年漫长的文学生涯中,巴金同志自觉地肩负起推动社会进步的伟大责任,以著、译超千万字的丰厚作品,奉献给祖国和人民，教育鼓舞了几代青年，产生了广泛的社会影响，为二十世纪中国文学和世界文学宝库增添了熠熠生辉的光彩。他倡导的“讲真话”、“把心交给读者”成为作家箴言、文坛共识。他磊落光明的品质，为广大知识分子和作家树立了崇高的榜样，受到党和人民的尊重。巴金的名字，如浩瀚长空中的“巴金星”一样光昭日月！

四川是巴金同志的故乡。四川人民对巴金同志怀有特殊的感情，为有巴金同志这样伟大的“人民作家”而感到光荣和自豪。我们将永远怀念这位从四川走向中国和世界文坛的一代文学大师，我们将认真学习巴金同志始终心系祖国人民，始终追求光明正义，始终真诚面对生活的崇高风范和高尚品质，高举邓小平理论和“三个代表”重要思想伟大旗帜，牢固树立和落实科学发展观，努力把巴金同志的故乡建设得更加美好。

中共四川省委
四川省人大常委会
四川省人民政府
四川省政协
2005年10月18日

尊敬的李小林同志：

惊悉当代文坛巨匠巴金先生辞世，中华文学基金会全体人员万分悲痛。

巴金先生文学上的杰出成就和对祖国文学事业的卓越贡献和山河同在，与日月同辉。他的崇高人品是世人永远学习的楷模。

巴金先生作为中华文学基金会会长，一直对我们事业的发展、繁荣极为关切，倾注了大量心血。我们将永怀无限感念之情。

在神六凯旋，巴老这一颗文曲星升空之际，我中华文学基金会全体人员和全国人民一道衷心祈祝巴金先生的英名与宇宙永恒。

巴老永远活在我们心中！

中华文学基金会
张锲、高洪波及全体人员
2005年10月18日

小林并转巴金先生家属：

惊悉一代文学巨匠、我们敬爱的名誉馆长巴老逝世，中国现代文学馆全体馆员万分痛惋。巴老是现当代文学泰斗，其等身的著作以深刻的思想、感人的形象，铸造起了一代文学的丰碑。巴老又是身体力行，推动我国文学事业发展的领袖。巴老提议并全力推动建设的中国现代文学馆，已建成为世界最大的文学博物馆，成为我国文学界的骄傲。值此悲痛时刻，我们深切缅怀巴老杰出的作品、崇高的人格、巨大的贡献，决心牢记巴老的殷殷期待，一定要把文学馆建设好、管理好，以告慰巴老的在天之灵。

敬希您及各位家属节哀珍摄。

敬爱的巴老，安息吧！

中国现代文学馆
2005年10月17日

巴老治丧委员会：

巴老以期颐人瑞之年，安详西去。他留下的是为祖国骄傲的文学瑰宝、留下的是真善美的人生楷模。他热爱祖国，本着良知忠实地生活，爱那需要爱的，恨那摧残爱的，提倡讲真话的大无畏精神，将是前进路上的一盏明灯，永远引导我们为社会做出有为的贡献。请代向巴老的亲人致以唁慰。

香港作家联会
创会会长：曾敏之
会　　长：刘以鬯
执行会长：潘耀明
暨全体会员电唁
2005年10月18日

李小林女士、李小棠先生暨巴老家人：

在巴金先生安息的时候，我们不想说“惊悉”，因为他走得那样坦然、平静；我们也不想说“送行”，因为事实上他并不曾离开过我们。他的生命的“激流”将永远冲击着我们的思想，他的火热的“爱情”将永远燃烧着我们的灵魂，他的真诚的"随想"将永远澡雪我们的品行。我们是一群澳门文学建设者,在这物欲喧嚣的世界里,如果说我们还葆有一份对人类精神家园的向往和执著,那么其中肯定蕴含了他老人家特有的热情。

谨电致唁,并希珍重。

澳门笔会(作家组织)
全体同人鞠躬
2005年10月20日

北京中国作家协会总会诸执事先生:

惊闻名震二十世纪世界文坛的中国杰出文学大师、中国作家协会总会主席巴金(李尧棠)先生,于本(05)年10月17日,在上海华东医院仙逝,享高寿101岁,噩耗传来,本会全体理监事暨全体会员,身滞海陬,闻之同嗟巨星陨落,至感哀伤,缅怀大师生前对祖国文化贡献之大,对吾辈学人启迪之深,爰特致电向大师灵前敬致哀悼,永志不忘。

台、港、澳海外华文文学联络委员会
理事长程国强率全体理监事暨会员虔诚敬叩

巴金先生治丧委员会:

惊闻文学巨匠巴金先生已于昨夜驾鹤西去,中国文联全体干部群众深感悲痛!

巴金先生是享誉海内外的文学大师,一生著述丰厚,他的作品照耀着一代又一代人们的心灵,从他身上体现出来的高尚品德和爱国情操将不断激励着后人。巴金先生是中国人民政治协商会议第六、七、八、九、十届全国委员会副主席,历任中国文联第三、四届副主席,中国作家协会第四、五、六届主席,是中国文联荣誉委员。他德高望重,受到全国广大文艺工作者的景仰与爱戴,被国务院授予"人民作家"荣誉称号。巴金先生的逝世,是我们文学艺术界的重大损失。

向巴金先生的逝世表示深切哀悼!

对巴金先生亲属表示亲切慰问!

高山仰止,巴金先生永远活在我们心中!

中国文联
2005年10月18日

李小林同志:

惊闻巴金逝世,我们万分悲痛。

巴老是享誉中国和世界的文学大师、社会活动家,在近一个世纪里,为人类和平、社会进步和文化事业的发展,做出了卓越的贡献。

巴老是我国著名的文学大家,被誉为"一代文学巨匠"、"语言大师"。他的作品表现出的不同寻常的勇气、良知和责任感,滋养了一代又一代的读者,赢得了广大群众的崇敬和爱戴,其文学成就和国家、民族的命运紧密相连,是二十世纪中国文学的同行者与见证人。

从人民文学出版社成立之日起,巴老就给我社以充分的信任和热情的支持。先后将《巴金文集》、《巴金全集》、《巴金选集》、《巴金译文集》及各类单行本图书等多种著译交由我社出版。巴老的去世是我国文学出版界和人类社会的重大损失,我们将继续做好巴老作品的出版工作,以此作为对巴老的最好的纪念。我社全体员工谨此致以沉痛的哀悼,并向您和巴老家属致以深切的慰问。

人民文学出版社
2005年10月18日

尊敬的巴金先生家属:

我们在巨大的悲痛中获悉一代文学巨匠巴金先生于昨晚溘然仙逝。这是中国文学界的一个无可比拟的损失。上海文艺出版总社全体员工为这一巨大噩耗深深震惊,无不扼腕动容。值此悲痛之际,我谨代表上海文艺出版总社全体员工致以最深切的哀悼。

巴老是上海文艺出版社前身之文化生活出版社、平明出版社的创始人,他在给上海文艺出版社成立三十周年的信中说:"我一生始终保持着这样一个信念:生命的意义在于付出,在于给予；而不是在于接受，也不是在于争取。”他勉励我们做好出版工作，一心一意为读者服务。他的教诲始终是我们的座右铭。

如今，一代文坛巨匠已经离我们远去，但他的思想、情感和人格魅力，将永远以他特有的方式闪烁着永恒的光辉。巴老一生崇尚理想，呼唤崇高，充满真诚，他以他的皇皇巨著烛照一代又一代人的心灵，将永远成为我们的精神偶像。

在痛悼巴老逝世的时刻，我们已将巴老“把心交给读者”的箴言作为我们的社训。我们将牢记巴老的教导，一心一意为读者着想，不断提高文化创造力，扩大文化影响力，努力把上海文艺出版总社建成一流的文学艺术专业出版集团，为中国的文学艺术出版贡献自己最大的力量，以出色的成绩告慰巴老先生。

望节哀顺变！

上海文艺出版总社社长　杨益萍

2005年10月18日

李小林女士并《收获》编辑部：

巨星陨落，精神永存！巴老代表了中国作家的道德与良心，是我们永远的楷模！愿巴金先生安息！

《花城》编辑部全体同仁肃此电达

巴金先生治丧办公室：

惊悉巴老仙逝，不胜悲痛，谨表沉痛的悼念，并向巴老亲属致以深挚的慰问！

巴金自五四新文化运动登上文坛，始终与人民同心，与时代共进，创作出《家》、《寒夜》、《随想录》等经典作品；巴老在从事创作的同时，为翻译介绍外国文学、培养年轻一代诸方面也卓有建树。巴金无愧为二十世纪中国文学的一面旗帜，一座丰碑，巴金先生永远活在我们心中。

巴金先生千古！

中国社会科学院文学研究所

2005年10月18日

中国作家协会上海分会：

惊悉文坛巨匠巴金先生于十月十七日晚在上海不幸辞世，我们谨代表中国外国文学学会、中国社会科学院外文所和《世界文学》编辑部向你们表示最沉痛的哀悼，并请你们向巴金先生的家人转致诚挚的慰问。巴金先生在一百零一年的漫长一生中，不仅通过自己的文学创作为现代中国文学的发展做出了伟大的贡献，启发了几代中国青年的觉悟，而且在中国的外国文学引进介绍事业上做出了开山性的工作，他的译作对新文学的发展起到积极作用。巴金先生对外国文学学会、社科院外文所和《世界文学》及其前身《译文》的工作也予以大力支持，对此我们将铭记在心。我们要继承与发扬巴金等老一代文学先驱者的严谨学风和工作热忱，为社会主义新文化的发展建设做出自己的贡献。

中国外国文学学会

中国社会科学院外文所

《世界文学》编辑部

2005年10月18日

巴金先生治丧委员会：

惊悉巴金先生不幸逝世，我们万分悲痛，请代向巴老亲属转达我们沉痛的哀思和诚挚的问候。

巴老是二十世纪中国最伟大最杰出的作家之一，是中国文学良知的崇高体现。巴老的逝世是中国文学无可挽回的巨大损失。

巴金先生永远活在我们心中！

中国现代文学研究会会长　王富仁

中国现代文学研究会常务副会长　吴福辉

中国现代文学研究会秘书长　刘　勇

2005年10月18日于北京

巴金先生治丧委员会：

惊悉我国文坛巨匠、“人民作家”巴金先生不幸逝世，我们十分痛惜，万分悲痛！

巴金在长达七十余年的文学创作中，结合

不同时期的社会现实和时代需要，创作了大量的各类作品，其中现代时期的《激流三部曲》（《家》《春》《秋》）、《爱情三部曲》（《雾》《雨》《电》）和《寒夜》《憩园》《第四病室》等小说作品，当代时期的《随想录》（五卷本），已经过历史的检验，成为中国现当代文学的经典性作品，为广大文学读者所衷心喜爱；此外，从现代到当代，他还在文学出版、文学编辑等方面，拓辟阵地，培养新人，做出了长期而突出的贡献，尤其是积极首倡并全力关注中国现代文学馆的建立与建设，更是给中国文坛留下了寓无形于有形的宝贵遗产。他在丰富而杰出的文学活动中所体现出来的真切面对历史、真情面对读者、真诚表达个人的务实求真精神，已成为中国当代文坛重要的财富和永久的丰碑。

巴金的不幸逝世，是我们国家和我国文坛的不可弥补的重大损失！

谨向你们表示对于巴金先生的沉痛哀悼，并通过你们向亲属表示亲切的慰问。

巴金先生千古！

中国当代文学研究会
2005 年 10 月 18 日

巴金先生治丧委员会并巴金先生亲属：

惊悉巴金先生不幸逝世，我们感到十分悲痛，谨对巴金先生表示深切的缅怀和哀思，向巴金先生的亲属致以诚挚的慰问，敬请节哀珍重。

巴金先生自 1986 年起曾先后担任中国翻译工作者协会（现中国翻译协会）二、三、四届名誉会长，在中国翻译界享有崇高威望，受到中国翻译界的敬重和爱戴。他不仅将毕生的精力奉献给了中国的文学和翻译事业，而且也为中国翻译事业及中国翻译协会的成长和发展做出了突出的贡献。他翻译了多部世界文学名著，他开创的对译事全神贯注、一丝不苟的认真负责的精神，将永远成为我国翻译工作者心中的圭臬。

巴金先生的逝世，是我国文学界和翻译界的巨大损失。巴金先生对中国翻译事业的繁荣和发展、对中国翻译协会的成长与进步所做出的贡献将永远铭记在我们心中。

中国翻译协会
2005 年 10 月 18 日

巴金先生治丧委员会并巴金先生亲属：

惊悉我国当代文学大师、全国政协副主席、中国作家协会主席、中华全国世界语协会名誉会长、国际世界语协会荣誉监护委员会委员巴金先生不幸因病逝世，深感悲痛。

谨致以最沉痛的哀悼和最诚挚的慰问！

巴金先生的作品影响了几代中国人，他的世界语作品在国际世界语界也享有盛誉。巴金先生作为一位国际主义战士，一生热爱世界语，支持世界语事业的发展。上世纪三十年代，他担任过上海世界语函授学校教员，编辑过世界语刊物《绿光》，并通过世界语翻译过一系列外国文学作品；新中国成立后，他先后任中华全国世界语协会理事、副会长、名誉会长；1981 年，当选为国际世界语协会荣誉监护委员会委员，同年与胡愈之、楚图南、谢冰心等知名人士发起成立了中国世界语之友会；1986 年，他担任第 71 届国际世界语大会国家委员会委员；他的作品《家》、《寒夜》、《春天里的秋天》等先后被翻译成世界语。巴金先生的辞世是中国和国际世界语运动的巨大损失，中国的世界语者将继承发扬巴金先生的爱国主义和国际主义精神，继续推动中国世界语运动向前发展。

敬请巴金先生亲属节哀顺变，多多保重。

巴金先生千古！

中国报道杂志社
中华全国世界语协会
中国世界语之友会
2005 年 10 月 18 日

上海作家协会：

中国现当代文坛巨匠、人民作家巴金先生在上海去世的噩耗传来，我们感到无比的沉痛和惋惜。

巴老一生热爱祖国,热爱人民,追求真理,敢说真话,以其崇高的人品和文品在中国现当代文学史上树立起一座高耸的丰碑。

巴老与冰心先生友谊深厚,素以姊弟相称。他们以伟大仁爱的情怀,提倡讲真话写真话,引领文学的思想,备受文学界的景仰和爱戴。巴老对冰心的爱心精神给予很高的评价,亲任冰心研究会会长,为宣传和研究冰心的文学精神做了大量的推动工作,为冰心文学馆的建设给予了巨大的关心和支持,我们深切怀念他。

巴老走了,但他和冰心先生留下的追求真理、忧国忧民的崇高精神必将影响着一代又一代的读者。

巴金先生千古!

冰心研究会

冰心文学馆

2005 年 10 月 18 日

巴金同志办公室并巴金同志家属及亲友:

悲悉巴金逝世,谨此表示沉痛哀悼!

巴金是一代文学宗匠。自上世纪二十年代发表第一部长篇小说起,逐渐以其独特的艺术风格和丰硕的创作成果奠定起文坛的崇高地位。新中国成立后,巴金笔耕不辍,同时出版大量译作。晚年著成《随想录》一书,发扬中国知识分子伟大的反思传统,成为新时期文学热情、正直与真诚的象征。巴金的逝世,是中国文学界和文化界无可估量的巨大损失。

巴金同志的风范和业绩永存人间!

复旦大学校长
上海市政协副主席 王生洪

2005 年 10 月 21 日

巴金先生治丧委员会:

惊悉巴金先生逝世,深感震惊和悲痛。

巴金先生是中国文坛的一代大师,也是中国当代文学的一面旗帜。他追求光明、追求真理,以著、译超过千万字的丰厚作品,教育鼓舞了几代人,产生了广泛的社会影响,为二十世纪中国文学的发展做出了不可磨灭的贡献。巴金先生光明磊落的品质,为广大知识分子树立了榜样,也赢得了广大人民群众的尊重。巴金先生的不幸辞世,是我国文学界、艺术界的重大损失!我们谨致深切哀悼,并请转达对巴金先生亲属的诚挚慰问。

巴金先生千古!

上海交通大学

2005 年 10 月 21 日

巴金同志治丧委员会:

惊悉全国政协副主席、中国作家协会主席、文学巨匠巴金先生因病于 2005 年 10 月 17 日在上海逝世,不胜悲痛!

巴金先生是我国公认的当代文学大师,是中国当代文学先驱之一,他一生致力于社会进步,民族振兴,著述众多,硕果累累;他倡导的"讲真话"精神,影响和教育了几代青年。巴老的逝世,是我国文学界的一大损失,巨星陨落,天地同悲;哲人其萎,风范长存。巴金先生的道德文章,将永远彪炳于华夏文学的史册!

在此,我们深表哀悼,并请向巴金同志的家属转达慰问之意。

华东师范大学

2005 年 10 月 20 日

惊悉现代文学泰斗、我校名誉董事长巴金先生不幸与世长辞,我校 8000 多名师生员工无不深感万分悲痛。巴金先生于 1930 年至 1933 年曾三次来泉州黎明高中、平民中学进行考察和写作,与在闽南的朋友们建立了非常深厚的感情,留下了永远值得纪念的足迹和美丽动人的佳话。时隔半个世纪以后,巴金先生照样十分关心黎明的教育事业,多次向黎明学园、黎明大学赠送藏书与手稿,为我们留下更加珍贵的财富。巴金先生辉煌的文学巨著,是我们永远的教科书,巴金先生的百年人生,是人世间的光辉楷模。

巴金老人，我们永远怀念您！

黎明大学董事会
黎明大学巴金研究所
2005年10月17日

巴金先生治丧委员会：

惊悉我国文坛巨人巴金先生辞世，香港中文大学同人深表哀悼！

巴金先生八十多年来对中国新文学的发展贡献至巨，广为海内外文教界尊崇。他笔锋率直，早年的作品充满对封建社会的批判，不但深受广大读者欢迎，更在知识分子间引起共鸣，轰动了当时的文坛。巴金先生又长期致力于出版事业，不断发掘及扶持年轻作家；虽然经历了“文革”的激流，仍以无比的刚毅，坚持讲真话，追求民族的内省和进步，被誉为中国知识分子的良心和中国文坛的一盏明灯。

巴金先生1984年10月亲临我校访问，出席颁授学位典礼，成为我校的荣誉文学博士，我校师生同人均为他的文学成就和高尚品格所折服。巴金先生虽然辞世，他遗留下来的丰盛作品，以及他所代表的道德勇气和求真精神，诚足令我辈敬佩和景仰。谨肃函代表香港中文大学师生同人向巴金先生家属敬致恳切之慰问。

校长　刘遵义谨启
2005年10月20日

巴金同志办公室：

你们好！

1923年春天，巴金携三哥尧林走出夔门，乘船赴上海，秋天，入上海南洋中学当住读生，南洋中学成为巴金在上海最早的居所。八十年过去了，昔日的南洋校舍不复存在，今日的南洋中学已经成为设施先进，教学一流、环境优美的市级示范校。巴金在南洋中学求读的时间并不长，但这里留下了他到上海最初的人生足迹。据巴金的秘书介绍，在南洋就读期间，巴金发表了最初的几部作品，南洋是巴金文学生涯的起点。直至巴金晚年，他对当年南洋中学的师长、校景仍记忆犹新。在南洋中学百年校庆的日子里，他欣然题写“百年树人　素质第一”的贺辞。

听到巴金老先生逝世的噩耗，南洋中学的师生非常震惊，这位南洋的校友，不平凡的老人，不仅是二十世纪文坛最耀眼的明灯之一，是二十世纪文坛的一种精神，一种象征。他对文学始终如一的虔诚，真诚的人格追求，可贵的自我反省，丰厚的文学业绩，对文学艺术的探索，已经影响了几代南洋的师生，并将继续影响几代南洋人。他虽然离开了我们，但是他的精神和影响力还留在这个世界。

敬爱校友　文坛巨匠　巴老一路走好

上海市南洋中学暨校友会　敬挽

致上海文艺出版社敬转巴金先生治丧委员会：

惊悉巴金先生逝世的噩耗，全校师生陷入无比悲痛之中。

一九九八年，上海文艺出版社将拍卖巴金等五老名作的资金捐赠修建了这所上海文艺石关希望小学，已值耄耋之年的文坛泰斗巴金老人带病为我们题写了校名。多年来，巴老及上海文艺出版社给予我们不尽的关怀。而今，“上海文艺石关希望小学”几个大字依然熠熠夺目，可敬爱的巴金老人却走完了他灿烂的人生历程，和我们永别了……

巴金先生的精神永远与我们同在，巴金老人永远活在我们心中！

文艺希望小学的全体师生将以自己不懈的奋斗来表达对这位世纪老人的无限缅怀之情！

安息吧，尊敬的巴金先生！

上海文艺石关希望小学全体师生
2005年10月19日

巴金同志治丧委员会：

惊闻人民作家巴金先生不幸逝世，我们深感悲痛。巴金先生一生热爱祖国，热爱人民，紧跟时代，追求真理，创作勤奋，著作等身。他以自己的人品文品，确立了在人民心目中的崇高地位，是一代文学巨匠，是中国文学界的骄傲，他的文学成就是中国现当代文学史上的一座丰碑。巴金先生青年时期，曾在我校读书，是我校杰出的校友。对巴金先生的逝世，南京师范大学附属中学全体师生表示沉痛的哀悼，并向他的家属致以诚挚的慰问！愿巴金先生风范长存，永垂不朽！

南京师范大学附属中学、南京师范大学附属中学校友会

2005年10月19日

惊悉巴金爷爷于2005年10月17日19点06分因病辞世，我们家乡的孩子感到无比震惊与悲痛。巴金爷爷生前一直十分关心家乡少年儿童的成长，曾亲笔写信勉励我们，巴金爷爷，您渊博的学识、崇高的品格将永远激励我们……巴金爷爷我们永远怀念您！

成都市东城根街小学全体同学

2005年10月17日

惊悉巴金爷爷逝世的消息，我们无锡市惠山区钱桥中心小学三千师生万分悲痛。巴金爷爷为我们点燃了理想之火，他将永远活在我们的心里。在此，我们谨对巴金爷爷的亲属表示真挚的慰问。

无锡市惠山区钱桥中心小学全体师生

尊敬的巴金先生亲属：

惊悉巴金先生仙逝，我们为失去这位文坛巨匠、中国二十世纪文学泰斗而深感哀痛和惋惜。巴金先生是我国著名的"人民作家"，其一生创作、翻译、出版的作品铸就了中国文学的丰碑。北京人民艺术剧院也曾有幸与巴金先生进行过成功合作，我院院长、剧作家曹禺将巴金先生的文学作品《家》改编成同名话剧，并在1984年上演，获得了广泛赞誉。巴金先生伟大的艺术造诣和人格魅力令我院的艺术工作者为之感动。今晨，当得知巴金先生辞世的消息后，全院上下不胜怆然。巴金先生视祖国文学事业为生命，虽历经坎坷，但始终坚持其崇高风范，并影响了一代学人。他伟大的人格力量将长范文坛，永载史册。在此哀痛之际，我院谨向巴金先生的亲属致以最深切的问候，并颂节哀。

北京人民艺术剧院

2005年10月18日

上海市作家协会并转小林、小棠及亲属：

惊闻巴金先生不幸逝世，我馆全体员工万分悲痛。

作为世界文坛的巨匠，巴老的一生始终在用"一颗燃烧的心"，"一颗真诚真实的心"创作着。巴老的作品包含着对祖国、对人民无限的炽热之情，鼓舞和激励了无数的读者。他把自己的爱与恨、情与愁、聪慧与才华、睿智与哲理全部倾泻在自己的笔端上，奉献给了他所深深挚爱着的人民。数十年来，他笔耕不辍，辛勤耕耘，时刻向国内外的读者播撒着知识的芳香，洋溢着生命的张力。

半个多世纪以来，巴老一直支持上海图书馆的工作，多次无私地将他的创作手稿和藏书捐赠给我馆。巴老的不幸逝世，不仅使中国文坛失去了一位文学大师，也是世界文坛的巨大损失。

值此举世悲痛之时，我馆全体员工对巴老的逝世深表哀悼，谨向您俩及亲属表示最真挚的慰问，并望节哀保重。

上海图书馆

上海科学技术情报研究所

2005年10月18日

全国政协办公厅　转

巴金先生家属礼鉴：

惊闻巴金先生逝世，深为哀悼。请转达我对巴金先生家属的问候，请他们节哀珍重。

巴金先生是世界文坛的泰斗，中国革命文学的先驱，他的不朽作品整整影响了一代人；巴金先生一生热爱祖国、热爱党、热爱人民，为之付出了毕生的努力，他在担任全国政协副主席任内，与中国共产党肝胆相照，荣辱与共，精诚合作，树立了典范。

巴金先生永垂不朽！

谨电致唁。

马万祺

2005年10月18日

巴金先生治丧委员会并家属：

惊悉一代文学巨匠陨落，噩耗传来，不胜悲痛，谨致深切哀悼。

巴金先生一生勤勉写作，积极参与和推动了新文学运动，以他的如椽巨笔，抨击封建愚昧，洞若观火，歌颂真诚和人性，启迪当代，影响深远。他的文学活动还遍及创作、翻译、编辑、出版各领域，堪称著作等身，成就卓著，贡献巨大。

一代大师仙逝，但他的作品和人格将永远活在我们心中，激励我们前行。

谨向家属表示诚挚慰问。

全国政协副主席
中国工程院院长　徐匡迪

2005年10月18日

巴金同志办公室：

惊悉巴金先生不幸辞世，我十分悲痛，谨表沉痛悼念，并向巴老亲属表示慰问。

巴金先生是我国当代文学界的一面旗帜，是蜚声中外的文坛泰斗。从二十世纪三十年代开始，他的作品激励了中国几代青年追求真理、追求进步。五十年代初，抗美援朝战争期间，我有幸参加志愿军停战谈判代表团时，深受巴老采写的志愿军英雄事迹的感染。八十年代，他的《随想录》写出了中国知识分子的思考和心声，代表了知识界的良知和胸怀。他是深受大家爱戴的“人民作家”，他的作品反映了民众的欢乐和疾苦，即使在今天，仍然闪耀着不朽的光芒，为广大青年加强人文素养提供了丰富的精神食粮。他热爱祖国、淡泊名利、正直真诚、勤奋笔耕的风范，永远值得我们学习。

深切怀念巴金先生！

朱光亚

2005年10月21日

巴金同志治丧委员会：

惊闻巴金先生不幸逝世的消息，不胜悲痛。

巴金先生不仅是我国现代文学史上的文坛巨匠，同时也是一位杰出的思想家，是人道主义思想的积极倡导者。他一生不倦、笔耕不辍，为社会和世人奉献出大量优秀的文学作品。作品中不屈服命运、勇敢为真理而追求的精神教育和影响了几代人，我也是其中之一。巴金先生的去世是中国的巨大损失。

巴金先生的一生是为人民写作的一生，是坚持仁爱、真诚、正义、自律，人道主义的一生，他以卓越的人品和文品，屹立在中国文坛，存活于人们心中。巴金先生认为：“我们的生活信条应该是：忠实地行为，热烈地爱人民，帮助那需要爱的，反对那摧残爱的，在众人的幸福里谋个人的快乐，在大众的解放中求个人自由。”这是何等的高尚情怀！回想当年，我曾与巴金先生就如何弘扬人道主义思想等问题当面请教，先生音容笑貌，犹在眼前。现在斯人已逝，但他的教诲与精神将继续激励我们努力前行。巴金先生将永远活在我们的心里。

致以沉痛哀悼，并向他的亲属表示亲切的慰问。

巴金先生千古！

邓朴方

2005年10月18日

巴金先生治丧委员会及巴金先生亲属：

巴金先生与世长辞，我们深感悲痛，并表示

深切的哀悼！

巴老在八十多年的文学生涯中，始终心系祖国人民，追求光明正义，真诚面对生活。他的作品教育鼓舞了几代青年，他磊落光明的品质为广大知识分子和作家树立了崇高的榜样。四川是巴老的故乡，巴老是四川的骄傲，四川人民永远怀念他。

巴老虽然离我们而去，但巴金精神将激励我们前行。我们要学习巴老热爱祖国、热爱人民、追求进步、紧跟时代的高尚品质，在以胡锦涛同志为总书记的党中央领导下，高举邓小平理论和“三个代表”重要思想伟大旗帜，牢固树立和落实科学发展观，开拓进取，扎实工作，为把巴老的故乡建设得更加美好而不懈奋斗。

中共四川省委书记
四川省人大常委会主任 张学忠
四川省人民政府省长 张中伟
四川省政协主席 秦玉琴
2005年10月18日于成都

上海市文联转李小林女士：

惊闻我国文学巨匠、文学艺术界的旗帜、我尊敬的师长巴金先生不幸逝世，心情十分悲痛。巴金先生以他伟大的作品和崇高的人格魅力影响了几代中国人，他的逝世是我国文学艺术界的重大损失。望你们节哀保重，并致以深深的慰问。

巴金先生永垂不朽！

中国文联 周巍峙 王昆 鞠躬
2005年10月18日

听到巴金同志去世消息，十分悲痛。本人曾两次同巴金同志一同出访越南、朝鲜。

请向巴金同志家属表示慰问，并代办花圈。

魏巍

中国作家协会：

惊闻巴金同志逝世，不胜悲痛！巨星的陨落，是我国文学事业无可弥补的巨大损失，谨此敬致深深地哀悼。

巴金同志永远活在我们心中！

敬礼。

贺敬之 柯岩
2005年10月18日

李小林同志：

知道巴老走了，我们分担你和小棠的悲伤，请节哀。

我们永远与你们在一起。

王蒙 瑞芳
2005年10月17日

小林同志：

惊闻巴金老噩耗，甚为悲痛。悔因心脏病复发，不能前往沪上，拜见他老人家最后一面，只能含泪闭目默送老人家一路走好……

巴金老不仅是二十世纪闻名世人的著名作家，留给我们中华民族永世相传的文学大作，而且留给了我们一种极为可贵的文学精神。这精神深蕴于他所处的二十世纪中国人民反帝、反封建的大潮之中；这精神溶铸于他追求真理，反叛黑暗旧制度、旧礼教的文学创作神灵之中；这精神还深深地镶刻在他敢于讲真话，坚持真、善、美，鞭挞假、恶、丑的崇高笔端。

我与巴金老有缘相处于文学工作八年，深为他崇高的人格，朴实无华的为人，艰苦朴素的生活，长辈般亲切的交谈所动，他对文学事业，特别是对现代文学馆建设之倾心，对青年作家亲切的关注……又无不令我崇敬、折服。

在八年工作相处之后，又五年有余，我常以对父辈的尊崇、关念之情赴沪探病，这五年已不见巴金老的谈笑与幽默了，只见他体质一年不如一年地在忍受病魔的折磨，我真想躺在他身边代他受磨，总是含泪而别，常常来不及和你以礼相告。

现在我真想立刻见到你，握着你的手，一起痛哭一场，把多年含在眼里难洒的泪，全然洒出来……但我在病床上依然只能含泪致信于你……

尚盼你节哀！

翟泰丰

2005年10月18日

小林、晓棠并转巴老家人：

我正在广州接受曾敏之先生捐赠的珍贵信函，为其中有巴老的五封信札而欣喜，忽闻巴老去世的消息，深感悲痛。本想直飞上海，但党组通知我赶回文学馆布置吊唁大厅，遂匆匆回京。现在，巴老的吊唁大厅正在布置中，相信天亮时可以完成。巴老虽年事高迈，且身体不好，离我们远行，应是有思想准备的，但我们衷心爱戴的人一旦离去，天人永隔，终有难抑之哀痛！你们当然尤为甚之。唯望节哀珍摄，至嘱至嘱。

我生性内向，即使到作协工作，对巴老也疏于问候，非淡漠也，内心对巴老，爱之深，敬之久。巴老的文章人品，高山仰止，景行行止，在文学界威望之高，前无古人，后亦难有来者。巴老既行，私心默祷之。唯以老人家为楷模，学做人，学为文而已。

再次向您们表示深切的哀悼。巴老安息吧！

陈建功

2005年10月17日

李小林女士：

惊悉巴老仙逝，心中无限悲痛。他老人家的人品、文品培育了几代人。他对中国现代文学的贡献如山如海，永存于世。缅怀他老人家对我的教诲，和他慈父般的关切，我屏息祈祷，愿他和蔼的目光永远在我们面前闪耀，照着我们走那条诚实的大道。愿你节哀！

苏叔阳敬悼

2005年10月23日

惊悉巴老仙逝，十分悲痛。巴老精神永存！

李默然

2005年10月20日

巴金同志办公室：

惊悉巴老逝世，深感悲痛。

为沉痛悼念巴金同志，请代办花篮壹只。

我因病住院无法到作协参观展览，遗体送别仪式也不能参加，深感遗憾，请向家属致深切慰问。

巴老的高尚心灵和人道主义精神将永远激励我前进！

草婴

2005年10月22日

您走了，灯依然亮在我们心中。袁敏携儿子高天南哀挽

《江南》杂志主编　袁敏

《收获》社并李小林女士：

新文学史上最后的一座大山倒下了，我们的心头漫过一阵海啸。

他是伟大的人道主义者。他是当代火炬，他是世纪良知。

永思的巴金，永远的巴金。

贾平凹并美文社敬悼

2005年10月18日

巴金先生治丧委员会并转其亲属：

惊悉巴金先生于2005年10月17日晚不幸与世长辞，作为晚辈后生，我深感万分悲痛。为此，我谨向巴金先生表示沉痛哀悼，向小林、李晓等亲属表示亲切问候。巴老给我们留下了《家》《春》《秋》和《随想录》等诸多的文学精品，

也留下了一个民族的良知、人类的品格和真实的灵魂。巴老在时,他就是我们精神的力量,如今走了,依旧是我们人生的榜样。我将永远牢记他给予我的教诲,永远珍藏他赠予我的《随想录》,永远秉承他勇于讲真话的品格,做好自己的每一项工作。请以我个人的名义向巴金先生代献一只花圈(用款后寄)。

一颗巨星在泯灭之后,他的光芒是永存的。

巴金先生将永远活在我们心里,他的精神将永远照耀并点燃着后来人每一颗真诚的心灵。

巴金先生千古!

杭州市作协主席、《西湖》杂志社长、主编　嵇亦工

2005 年 10 月 18 日

巴金同志办公室:

听到巴金先生去世的消息,我感到很悲痛,在此,表示深切的哀悼!巴金先生做人做文的风范永远值得我们学习!巴金先生是我心中永远不熄的篝火!

请巴金先生的亲人们节哀顺变!

山东省作家协会　张海迪

2005 年 10 月 22 日

沉痛悼念巴老逝世!

巴老是一座人格的丰碑!他的价值,已远远地超出了文学的范围,他的作品,他的思想,他的人格,他的行为,他承载苦难的心灵,他忏悔自省的胸怀,都能为我们这个时代提供一种启迪和营养。

巴老最好的作品,就是他自己的一生。

雪漠

2005 年 10 月 18 日

上海作家协会巴金先生治丧委员会
并转李小林大姐:

永远讲真话就是对巴老最崇高的敬意和永恒的怀念!

公刘的女儿　刘粹　同哀

2005 年 10 月 18 日

小林:

惊闻巴老不幸去世,我们全家非常悲痛。中国文坛失去一位伟大的作家,我们失去一位慈祥的长辈。我们遥望东方为巴老祈福,愿他的灵魂在天国得到安息。巴老崇高的人格将永远是我们的楷模!

请您与巴老各位亲属保重身体,节哀顺变!您永远是我们的朋友!

艾芜儿子　汤继湘

儿媳　王　莎

孙女　宽　容

2005 年 10 月 17 日

上海作协并请转巴金先生家属:

惊悉巴老去世,不胜哀痛!

家父母胡风梅志当年与巴老相识,感情甚笃。拨乱反正后巴老亦曾写文表达怀念之情。现几位老人皆已辞世,进入历史,令人感慨系之!请向巴老家属转达我们的深切悼念之情,并请节哀顺变!

张晓谷　张晓风　张晓山

2005 年 10 月 18 日

李小林女士:

惊悉巴老仙逝,不胜哀痛。

沙金生前和巴老是好友,沙金非常敬仰巴老的伟大人格和学识。沙金去世后,他的诗集《故乡情》在巴老的亲切关怀下得以出版,这是令我们难以忘怀的。

望节哀。

沙金夫人李克勤率子女:刘文慧、刘胜利、
刘文沪、刘文海、刘文健

2005 年 10 月 18 日

巴金治丧委员会：

惊悉李芾甘伯伯逝世，不胜悲痛。

李伯伯是父亲赵家璧的良师益友。能为李伯伯的“爱情三部曲”、《短简》、《第四病室》、《寒夜》这六部传世名著做编辑，是父亲一生中最引以为自豪的经历。

抗战后期，李伯伯用心和笔帮助我家渡过了因金城江大火而遇到的难关，更是我们祖祖辈辈不会忘却的恩情。

李伯伯永远活在我们的心中。

修仁　修慧　修义　修礼

2005 年 10 月 20 日

上海市作家协会并请转巴金老家属：

深切悼念巴金老，对他的去世我们深感悲痛，愿巴金老一路走好。巴金老人虽西去，但他老人家的精神永存，他永远活在我们心中，我们永远都将怀念他老人家。

巴金老故友周企何子女悼拜

2005 年 10 月 18 日

三日来一直处于哀伤悲痛中。近些年来老人常说为大家活着，今后他仍然活在我们心中，直到永远。望节哀保重。

袁鹰

惊悉一代文坛泰斗巴金先生仙逝的噩耗，不胜悲悼。巴老的辞世，确实是我国乃至世界各国文化界的极大损失。巴老毕生追求真理，崇高的人品风范举世景仰，皇皇巨著永垂青史！敬祈您们化悲痛为力量，珍重节哀。恳请您们为我在花圈上签名，写上“敬爱的巴金先生千古，文洁若敬挽”字样。

文洁若

2005 年 10 月 18 日

惊闻老挚友芾甘尊兄仙逝，不胜悲痛，敬请节哀保重。

北京周辅成

惊悉巴老伯仙逝，十分悲痛。我们失去了一位可敬的长辈，读者失去了一位讲真话的朋友，国家失去了一面反思的镜子。巴老伯和我们父母间七十年情谊，坦诚、温暖、真挚，是我们长远珍贵的记忆。盼节哀保重。

沈龙朱、沈虎雏及全体家人敬悼

六十九年前的今天是鲁迅先生下葬的日子，24 日的追思会也寄合着我们的泪水。痛悼巴老，你我同心，万望珍重。

萧耘　建中并泣

惊悉巴金伯伯仙逝，至为悲痛。伯伯为中国现代文学奉献终生，不仅是伟大的作家，而且是新文学的推动者、组织者。我们父亲冯至四十年代的三本主要著作《山水》《十四行集》《伍子胥》被伯伯收入他主编的文学丛书，才得以和更多的读者见面。父亲敬佩伯伯，晚年经常说，我要学习巴金讲真话。伯伯高尚品德和博大胸怀永远铭记在我们心中，请节哀保重。

冯姚平　冯姚明

惊悉巴金先生仙逝，表示沉痛哀悼。巴金先生永垂不朽！

孙犁家属

2005 年 10 月 18 日

济生、小林、小棠：

惊悉巴老辞世，不胜哀痛。巴老的著作和精神人格永垂不朽。愿他安息，望家人节哀。

何频伽

得知巴老去世的消息，我们全家都沉浸在万分悲痛之中，回想巴老和黄源长达七十多年的珍贵友谊，更使我们感到激动和荣幸，每次巴老来杭我们两家的相聚，他的和蔼可亲的笑容，谈笑风生的情景时时在我们眼前展现，这几天正用文字和照片向报界诉说我们对巴老的爱戴和怀念之情，在此我们全家向巴老仙逝表示沉痛的哀悼，并请你们全家节哀、保重。

巴一熔携全家

惊闻老友长逝，殊深哀悼。望小林、小棠勉抑哀思，盛子诒妻。

李湘晖率子女敬唁于泉州

惊悉巴金先生与世长辞，顿感万分悲痛。我们是巴金先生生前挚友韩国独立运动家柳子明先生的子女，先生与我们父亲以及与韩国和朝鲜人民的深厚情谊，将永远铭刻在我们心中。巴金先生永垂不朽。

北京柳得橹、长沙柳展辉敬挽

痛悼巴老静寂，喜送巴老上天，成为明亮的星星。请节哀。我深深地敬仰巴老的为人，为我们树立了榜样。他不仅是伟大的作家，还是为人的大师，我深深地热爱他，但一辈子也学不了他。他把生活的哲理提高到了极致，他把最平常的事都做到了令人意想不到的地步，升天是必然的，他那永远燃烧的火热的心将会照耀着我们。

顾小铨　耀铨　美玲　顾群　敬悼

小林、小棠：

巴老走了，结束了他的一生磨难而走了。希节哀顺变。

顾亚铨　陆费镇　玲

惊悉巴老仙逝的消息，我们表示最真挚的哀悼，并向其亲属表示亲切的慰问。巴老的高风亮节是我们学习的楷范。巴老永远活在人民的心中。

浙江省保健委陆昭怀、金宏义、寿生岳、陈因

2005 年 10 月 18 日

李小林：

惊悉一代文学巨匠巴老逝世，我们十分悲痛。巴老对党的事业忠心耿耿、他为祖国文学事业的繁荣和发展、默默耕耘、无私奉献奋斗了一生，是我们永远学习的榜样。我们一定要在各自的工作岗位上，化悲痛为力量，为全面建设小康社会而努力奋斗。

浙江省公安厅葛礼春　童桂贤

惊悉巴老离开了我们！深深悼息！望节哀！我永远不会忘记，1981 年批《苦恋》的那个夏天，巴老写的“致《十月》”。他挽救了一本年轻的文学刊物，鼓励了一群年轻的编辑。

北京苏予

沉痛悼念文学巨匠巴金先生。

《小说选刊》杂志社秦万里

惊悉巴老逝世，深感悲痛，永远怀念尊敬的巴金先生！

山西李锐、蒋韵哀悼

惊悉巴金老人逝世，中国文坛顿失泰斗。深为悲悼。听说巴老走得很安详，作为女儿你已尽心尽孝，请节哀保重。

盛钟健

李小林女士：

惊悉巴老仙逝，海内震悼。巴老久为文坛泰斗，人格彪炳千秋。巴老仙逝实为中国知识界的巨大损失。望节哀顺变，致此奉唁。

蒋焕孙
2005年10月18日

惊悉巴老辞世，不胜悲惋！一代宗师对我的谆谆教诲没齿难忘，谨致电深表悼念。

水运宪叩首

上海市作家协会转李小棠、李小林先生：

得知巴老逝世的消息，令我们沉浸在巨大的悲痛之中。巴老的"讲真话、把心交给读者"，是文学创作最朴素的真理，我们将追随真理前行，我们坚信，巴老不死。谨致最诚挚的慰问，节哀。

湖南省作家协会唐浩明　梁瑞郴
2005年10月19日

李致先生：

惊闻巴老离开了我们，悲痛万分！巴老永远在我们心中！愿老人家一路走好！

中国音协副主席、陕西省文联主席赵季平及家属

沉痛哀悼世界文豪战士亲人巴金同志逝世！

前志愿军63军老战士高学武敬祭

巴老走了，不尽哀思！不，巴老没有走，他永远活在我心中。为宣传伟大的人民教育家陶行知教育思想，曾收到巴老应我转请书写的陶行知语"从笔头里透出心头的力量"，于1993年5月经巴老的堂弟李尧权交我。我珍藏至今，他激励我努力学习巴老一生追求真理的思想："爱讲真话""学做真人"。

彭洋

上海作家协会
并转李小林女士：

惊悉巴金先生逝世，不胜痛惋！巴金先生的道德文章，是我们所景仰和深深敬佩的。他晚年所写的《随想录》更是掷地有声、惊天动地之作，引起海内外极大的回响。巴金先生为我们留下宝贵而丰富的文学遗产，他提倡的讲真话精神和所体现的人格力量，将永为文化人的光辉典范。

特此致唁，以表达我们的哀思。

金　庸
林乐怡　敬上
2005年10月21日

亲爱的济生先生，
亲爱的小林、小棠、国煣、端端：

我们惊闻敬爱的巴老，已于17日下午7时辞世，感到十分哀痛和莫大的失落。您们的伤悲当百倍于我们。巴老未竟的事业和意愿，有待你们去实现及承担；巴老希望我们理解他，不必惋惜他，灰堆中有火星，种子落地会开花，只要您们生活安好、工作顺利，他就欣慰宽心，卸下他的病痛和疲累永远安息了。他的作品和人品，他的爱和理念，将永存人间。文学事业是集体的事业，巴老从前辈手上接过热爱祖国、热爱生活、热爱全人类和热爱一切美好事物的火种，又把它传下来，后来人接过了也会又传下去，一代一代的传承新文学和优秀传统，为落实双百方针、繁荣文艺而振作奋斗，使中国新文学成为

普世公认的珍贵文化财产之一，巴老寄望年轻的作家们，他们只会超越巴老不会绕过巴老，他们会把巴老开辟的路走下去，未完的责任去完成它。

我夫妇因身体健康不容许远行，未能在巴老生前趋前问候，现在也不便亲临吊唁，十分遗憾和抱歉。但我们的心，是和您们在一起的。如有需要，请告诉我们，当尽力支助。谨此致意，请接受我们诚挚而深切的慰问，紧紧地握您们的手！我们一同来祈祷巴老安息。

余思牧、余琦琦　敬叩

2005年10月18日

抗战时期，巴金先生的《家》、《春》、《秋》，风靡我们那一代的年青人。

后来读到《寒夜》、《憩园》等作品，更体会到巴金先生艺术的魅力。

捧读他晚年赐赠的《随想录》，深感他那似是平常但却令人震撼的风骨。

惊闻巴金先生仙逝，谨表深切哀悼和怀念之情。

聂华苓

遥悼于爱荷华

巴老家属：

惊闻中国一代文学巨匠、世纪老人巴金先生于10月17日19时06分在上海逝世，我感到震惊和无比沉痛！这是中国和世界文坛无法弥补的重大损失！对全球所有热爱巴老和巴老著作的人们来说，更是一个令人无法承受的情感冲击！

我自少年时代起，就热爱读巴金先生的著作，备受感染熏陶。他的书陪伴我成长，激励我奋发努力！后来，我自海外归国访问，专程拜望巴老，竟然有幸面聆教诲，令我激动莫名，受益无穷。

追忆往昔，巴老的音容笑貌，犹历历在目。他亲笔签名赠送我的著作，成为永久的纪念！

值此四海同悲的时刻，遥望远天，悲悼不已！冀望家属节哀顺变，让我们一起继承巴金先生的遗志，为社会、为人类做出自己的贡献！

巴金先生，永垂不朽！

周颖南敬悼

2005年10月18日于新加坡

小林姐、小棠弟：

惊闻巴金伯伯仙逝，不胜悲悼！转而一想，伯伯终于可以解脱，去天国与蕴珍姨团聚，一定也会看到我爸爸、妈妈，不禁又有些释然。

他的道德文章永远留在读者心中。他的精神是永存的。

望全家节哀保重！

圣思
效祖　上

2005年10月18日

小林、小棠：

惊闻巴老仙逝，万分悲痛。1943年暑假在桂林文化生活出版社，巴老和陈娘娘对我的关爱仍历历在目。巴老和陈娘娘是我永远怀念的人。

望你们姐弟节哀。

匡介人

2005年10月18日

小林同志：您好！

惊悉巴老驾鹤西去，不胜哀痛！

巴老是文学巨匠，他老人家的作品，教育几代人，影响海内外；他老人家又是我国当代文艺界的伟大组织者，在他的领导下，我国文艺界欣欣向荣！他的仙逝，是我国文坛的巨大损失！我谨代表全家，敬向巴老致沉痛的悼念！

谨特函唁，祈节哀保重！敬颂阖府安康！

臧克家的遗孀

郑曼拜书

2005年10月18日

在举国哀悼巴金先生逝世的热潮中，作为一个90岁饱经沧桑的老人，我正在翻阅这些年的日记，检视自己在人生漫长旅程中的脚印。我发现在自己1981年6月2日的日记中，有一则与巴金先生有关的史料，今抄录如下，将其呈献于巴金先生遗像前，作为对他不幸逝世沉痛哀悼的同时，表示我对他崇高人格力量的敬佩。

"小李下午送来一张上月25号的日本《朝日新闻》(夕刊)，那上面有该报上海特派员田所的巴金访问记。其中巴金对记者说：'胡风批判那时，由于自己的'人云亦云'，才站在指责胡为反革命的人的一边。现在他已经恢复了名誉，并没有所谓反革命的事实。我对于自己当时的言行进行了反省。必须明白真相才能行动。'这是我见到的第一个为反胡风而向国外发表声明的中国作家，而这样的人在中国如恒河沙数也。"

巴金先生的精神永垂不朽！

贾植芳

2005年10月20日

小林、小棠及家人：你们好！

我是陈占元的女儿陈莹。得悉我敬重的李伯伯(我从小就这样称呼他)仙逝的消息后，几经考虑后含泪写下这一封信。请你们接受我对李伯伯过世深深的哀悼和对你们诚挚的慰问。望你们节哀顺变，多多保重身体为要。

父亲和李伯伯是朋友，君子之交，志同道合。父亲与伯伯通信，但遗物中只留下一封伯伯1994年的亲笔信。信中写道："……我想起在香港和桂林过的那些日子。我也有许多话要说。可是我长期生病，执笔困难，想说的都写不出来。勉强拿一支破笔，能写几行就写几行，说真话，我是用友情写出来的。我没有忘记你，也不会忘记你。……"父亲对伯伯的感情何尝不是这样。我记得很清楚：他去世前两三年的一天，我回家时见他坐在书桌旁沉思，桌上放着刚寄来的《巴金译文全集》(第六卷)，打开的一页是伯伯自己写的"代跋"，其中有这样的话："一九四三年我在桂林，从朋友陈占元那里借到斯托姆的《夏天的故事》(德文)拿回家去随意朗诵……"半晌，父亲才慢慢地对我说："李伯伯称我'朋友'是很贴切的。"父亲1934年从法国回来后住在北平，和伯伯相识也许是在此时，但最晚不晚于1934年秋至1935年，他在上海靠为《译文》译稿和为商务印书馆译书为生时。我听他说过：听到来人告知鲁迅先生逝世消息时，他是和伯伯在一起的，随后两人一起赶去吊唁。抗战期间(1942年—1944年)，父亲和伯伯在桂林。伯伯办"文化生活出版社"，父亲办"明日社"。在艰苦岁月里，两人都是集翻译、编辑、出版于一身，相互支持，为读者奉献了许多好书。我家现存1943年父亲主编的《明日文艺》杂志上，就刊有"文化生活出版社出版鲁迅译《死魂灵》、巴金译《父与子》等九大名著"的整版广告。解放后，父亲和伯伯分居北京和上海，偶有会面和通信。我记得伯伯曾到过我们在沙滩中老胡同的家。"文革"期间我看过伯伯告知他"被解放"消息的信，写在一页像是从小本子上撕下来的纸上。八十年代后，我知道父亲至少有两次到上海探望伯伯。一次是八十年代初，到杭州参加一个外国文学方面的会议后，好像是伯伯还请父亲到法国"红房子"吃饭；另一次是1990年，父亲去美国探亲回来，特意在上海停留。……

我知之太少，又不善写，就至此止笔吧。

再一次向你们表示我的哀悼和慰问之意。

陈占元之女　陈莹

2005年10月22日

小林同志：

昨晚惊悉巴老病逝，悲痛万分，夜不能寐。本应赴沪向巴老作最后的告别，用一百八十度的鞠躬向他老人家致敬，但因诸多原因难以成行。此刻我怀着极度哀伤的心情给您写信，以我个人的名义并代表我的老伴和儿女，对我们十分敬爱的巴金先生的离去表示最深切的哀悼，同时向您和巴老的所有亲属表示最诚挚的慰问！

巴金先生是我终生敬慕的伟大作家。我因担任《随想录》和《爝火集》的责任编辑而深感荣幸和幸福,现在因失去他而悲恸不已。我永远感谢他,怀念他。

在庆贺巴老百岁诞辰的日子里,我曾在日记本上写下一些诗行,表达对这位文学大师和哲人的敬仰之情。现在寄给您看看,也算是我献给巴老的一炷心香吧。

在这悲痛的时刻,希望您多多保重身体。祝您健康!

季涤尘 敬上

2005年10月18日

小林同志:

巴老去世,悲痛莫名,谨向您致以深切的哀悼之情,并请节哀,多多保重!

我这一生深受巴老的影响,晚年又有机会亲聆他的教诲,虽已进入暮年,离开工作岗位又有多年,仍愿继续走他所开辟的道路,追随他的身影前行。巴老永远活在我们的心里!

刘麟

2005年10月19日

小林并全家人:

这几天,我们都沉浸在巨大的悲痛之中。你失去了一位慈祥、智慧的父亲,我们失去了一位可亲、可敬的导师。我是1982年写信给巴老索书,他立即给我寄来了《随想录》;1984年,我又写信给他,请他到香港后,能抽时间接受我的学生余小云的采访,他在百忙之中,也做到了。这两件事,给予我们师生二人的影响是深刻的。巴老是一位伟人,而他对待我们就像是亲人。他永远活在我们心中!

致

礼!

谢骏 余小云

2005年10月20日

小林妹妹:

从电视上得知巴金伯伯病逝的消息,深为悲痛!

巴金伯伯对父亲的深厚情谊、对我们一家的关心和照顾,我们永远不会忘记。

望节哀保重!

丽尼之女 郭梅尼

2005年10月18日

巴老:

我与你在上世纪八十年代初重逢,当时我告诉你北京夏衍已恢复党籍(他是我表姐夫),你听了很兴奋,次日你亲笔签名邮寄了《家》一厚册,此后我全家人在你家中拍了许多照片,你又亲笔签名送了许多书,这些照片和书我当作宝贝精藏,如今你先我走了,使我万分悲痛,在此敬悼。

巴老:你永远活在我心中!

表示我全家人对你无尽哀思!

九十二岁老友 倪炎伯英敬上

李伯母:

您好!

在这个金桂飘香的季节里,巴金爷爷离开了我们,这无疑是文坛上的一颗巨星陨落,是人们心中的一个空缺。

一个个爱他的读者们,手捧着有着巴金爷爷痛苦回忆、塑造人格的《随想录》,泣不成声。

记得,那是一个星期一的晚上,我一如继往地踏进家门,便感觉到了满屋子的悲伤。爸爸拿着报纸说了句让我痛不欲生的话:“巴金爷爷过世了。”说得很轻,可不知为何如此刺耳。看着父亲满脸悲伤,我面无表情却心如刀割,别过头的一瞬间,一滴泪划过嘴角,紧接着觉得喉头一阵难受,是哽咽了吧……爸爸俯下身子说道:“巴金爷爷不想让大家悲伤!”我赶紧擦去眼泪。

是啊,巴金爷爷的离去虽是个空缺,但并不是无法弥补的。一位复旦大学的读者曾说:“一个时代因他的离开而离开,这个叫巴金的老人走了，留下了无数精神财富，还有一句掷地有声的疑问：谁承《随想录》之衣钵？是我吗？也许是吧！我是一位备受社会各界关怀的千荷学子，在那里，我成为了黄亚洲老师的学生；在那里，我得到了曾经遗失的母爱；在那里，我学会了对自己忠实，也对别人忠实。

我会像巴金爷爷那样，讲真话，诉真心，抚慰世上的人性。

收到信的时候，我想他老人家应该可以含笑九泉了，但愿他的真灵保佑我们。

望您也节哀顺变，保重身体，虽然巴金爷爷离开了我们，可还有无数个像我一样胸怀壮志的小巴金们，沿着巴老艰辛的旅程，铿锵有力地向前踏步。

余婷

2005年11月1日

亲爱的孙家正部长先生：

悲闻巴金逝世。作为中国文学巨匠，他在法国深受仰慕和喜爱。他堪称力量与雅致、才华与敏锐、博大与深沉的典范。他是一位非常伟大的小说家，讲述了生活的四季和祖国历史的变迁。

在他的书中，人类的幸福与苦难都一览无余。他喜爱维克多·雨果的《海上劳工》。他可与雨果并肩，他们穿越时间遥相呼应。在我看来，他的逝去影响重大。他应魂归《憩园》，这本美丽的书令我们如此感动。法国在对他的追思中向他鞠躬致意，在我们的眼中，他始终体现着中国的伟大。

顺致崇高敬意！

德瓦布尔

2005年11月7日

致：中国作家协会

上海作家协会

中华版权代理总公司

尊敬的同志们、朋友们！

我们非常遗憾地获悉，世界著名文学家、101岁高龄的巴金先生逝世。他把毕生精力都献给了祖国，他为中国文学的发展做出了巨大贡献。他的逝世是中国文学界的重大损失。

请接受我们真诚的慰问。

顺致敬意

俄罗斯作家协会秘书长、俄罗斯高尔基文学院院长谢·叶辛

俄罗斯著作权协会版权输出输入局局长根·扎列耶夫

俄罗斯著作权协会高级专家叶·波梁斯卡娅

2005年10月24日

巴金先生永远活在俄罗斯人的心中

俄罗斯圣彼得堡国立大学

俄罗斯科学院东方研究所圣彼得堡分所

俄罗斯圣彼得堡市汉学界人士

2005年10月18日

王蒙副主席

中国作家协会：

亲爱的同行们！

我们刚刚收到噩耗，中国当代文学巨匠，贵协会主席，巴金先生今天逝世。

他是杰出的著作家，给匈牙利读者留下深刻的印象。

我们跟你们一起吊唁他。

同时也希望由于我们的临时财政困难而中断的互访短期内恢复。

2005年10月17日于布达佩斯

匈牙利作家协会主席　卡拉兹·玛尔通

诗歌小组组长　图尔兹·伊斯特万

惊悉中国作家协会主席、101岁高龄的巴金先生于今日不幸逝世，我们深感悲痛。

巴金先生是一位伟大的小说家，创作硕果累累，他的写作影响了千百万爱国者的人生，也引起了外界对于伟大的中华民族的幸福的关切。

中华文明像山岳一样古老壮丽，正是有了巴金先生这样的作家们的奉献，它才历经岁月

而更加灿烂。

巴金先生的离去，是巨大的损失。

我们对于这无可比拟的损失深表哀悼，并祈盼他的灵魂在天堂继续指引我们。

我们谨代表毛里求斯作家协会，在他的遗像前鞠躬致哀，并向他的家属和中国作家协会，向他的亲属和朋友，以及所有为巴金先生去世而哀痛的人们表示真诚的慰问。

毛里求斯作家协会秘书长　斯巴鲁克

毛里求斯作家协会副主席　阿卜杜拉提夫

2005 年 10 月 17 日

中国作家协会：

惊悉巴金先生逝世，无限悲痛，谨致深切哀悼。

巴金先生是代表二十世纪的文学家。不管在任何政治形势下，他都不断地倾诉人类的勇气、自豪、喜悦、悲伤、呐喊。他的成就，不仅限于文学，他为世界和平和安定也做出了巨大的贡献。

巴金先生 1934 年、1961 年、1962 年、1963 年、1980 年、1984 年曾六次访问日本。这期间，他与我会的历代领导人中岛健藏、龟井胜一郎、井上靖、水上勉等诸多文化界人士结下了深厚的牢不可破的友谊。同时也是最能理解我们(以推进日中友好、日中文化交流为己任的日本中国文化交流协会)的至友。

特别是 1984 年世界笔会大会时，先生抱病来到日本，这是对日本文化界的最大支援。先生在大会上发表的题为《核时代的文学——我们为什么写作》的讲演，至今仍深深铭记在我们心中。

巴金先生的逝世，是日中两国人民的极大损失。但巴金先生留下的伟大业绩，以及他崇高的人格，将永远闪耀光辉。

我们在回忆巴金先生的亲切面容的同时，祈祝先生冥福。请向中国作家协会、巴金先生的家属表示衷心的慰问。

日本中国文化交流协会会长：辻井乔

理事长：黑井千次

代表理事、专务理事：白士吾夫

2005 年 10 月 18 日

中国作家协会：

惊悉巴金先生逝世，谨致深切哀悼。

我听丈夫井上靖说，1957 年，他参加日本作家代表团第一次访问中国时，认识了巴金先生。从那以后，我和丈夫一起，不时在东京、北京或上海见到巴金先生，作为心灵相通的朋友，结下了深厚的友谊。时至今日，巴金先生温和的面容，如在眼前。

我祈愿巴金先生冥福，并向先生的家属表示衷心的慰问。

井上芙美

(原日本中国文化交流协会会长　井上靖夫人)

2005 年 10 月 18 日

中国笔会：

巴金会长逝世，不胜悲痛。向巴金先生的功劳表示敬意，并衷心祈祝冥福。

日本笔会会长　井上厦

2005 年 10 月 19 日

惊悉巴金先生的讣告，表示深切的哀悼。

巴金先生是二十世纪的伟大文学家、革命家，在对先生崇高的一生和不灭的伟绩深表敬意的同时，由衷地祈求先生的冥福。

日本创价学会会长　秋谷荣之助

深为震惊地获悉，现代中国伟大作家巴金先生逝世的讣告。中国文坛陨落了一颗巨星。

不禁缅怀曾有幸在日本京都、北京、上海和先生结识的往事。我怀着十分沉痛的心情，深切悼念巴金老先生。先生为中国文化事业奋斗了一生，是一位代表中国良心的卓越作家。我谨向巴金先生的家属和巴金同志办公室诸位先生，表示诚挚的哀悼。

陈舜臣(日本作家)

2005 年 10 月 24 日

上海市作家协会
副主席叶辛先生：

接到巴金先生逝世噩耗，在此表示由衷的悼念。

巴金先生是贵国唯一无二的至上存在，在贵国悠久的历史上留下了伟大的足迹。先生的功绩，不仅在国内，也在欧美被广泛传颂，其世界级文学大师的地位是不可动摇的。想到其丰硕的文学成就时，我们不得不谓先生的逝世是莫大的损失。遥祝巴金先生在天之灵永得安息，再次表示深深的哀悼。

日本国　东京都北区堀船 2-17-1
东京书籍股份公司
总经理社长　河内义胜

李小棠先生：

忽接讣告，惊悉巴金先生不幸辞世，万分哀恸。

生于动荡年代的巴金先生通过文学活动激励并打动了许多人的心灵，相信巴金先生所留下的丰功伟绩必将为后世的人们继承并发扬光大。

祈请巴金先生安息。

福冈亚洲文化奖委员会
会长　川合辰雄
2005 年 10 月 19 日

李小棠先生：

忽然接到巴金先生不幸逝世的讣告，不胜震惊与悲痛。

巴金先生对中国文学的发展做出了极大贡献，深深地影响了许多人。巴金先生的逝世是整个亚洲文学界的一大损失，实在令人惋惜。

想必亲属各位正陷入失去巴金先生的巨大悲痛中，还希节哀保重！

谨代表全体福冈市民，敬祈巴金先生冥福。

福冈市长　山崎广太郎
2005 年 10 月 19 日

李小林、李晓两位先生：

惊悉巴金先生久病医治无效，不幸逝世，悲痛之感难以文字表述。

我在大学读书时有一天读到巴金先生《寒夜》，读完了便感动得睡也睡不着。我还记得那天外面下着冬天的冷雨，但我的心好像燃起无法表达出来的火一样的感情。直到现在巴金先生的作品，和当时 E. Goldman 或 Bartolomeo Vanzetti 给巴金先生那样，给我很大的鼓励和勇气，使我能走在这个充满痛苦和不平等的世界。有了巴金先生的书，我便不再感觉到极大的孤独，哪怕周围大部分的人不理解我的想法。现在巴金先生离开我们，但是我们读者永远有巴金先生的作品、作品给我们的力量。虽然今天悲痛压倒了我，但明天以后应该沿着巴金先生提示给我的路，继承巴金先生的精神，更要鼓起勇气走下去。

你们两位连日来看护病人已十分劳累，切望好好休息，多多保重身体。

敬请
节哀自爱

山口守
2005 年 10 月 23 日

敬爱的李小林女士：

惊悉我素来敬重的、衷心热爱的巴金先生逝世，不知怎样表达心中的悲痛。我只能在赞颂巴金先生为世界精神文明所建树的伟大功绩的同时，祈祝先生冥福。

回想起来，自 1980 年有幸认识先生以来，已经二十五年，巴金先生对于我这个无名无势的人，关怀备至，视如亲友。在此以前，我只是从巴金先生的作品了解巴金，与巴金先生直接接触之后，我才真正懂得巴金先生是多么伟大的作家，人格多么高尚。我虽然人微言轻，但尽我知，一直向更多的日本人（包括来日本大学留学的中国学生）讲，为什么说巴金伟大。

1998 年秋天，巴金先生在杭州西子宾馆接见我时，已经久卧病床，说话困难，然而尽管先生身体虚弱，但却给中国人和众多日本人为生而奋斗的勇气和希望。

两年前，我自己也因肺癌做了手术，正是从先生那里获得了勇气和希望。先生走了，我更感到伟大人物的伟大，同时心中充满无以名状的悲痛。

如今在我的桌子上摆着巴金先生和小林女士的照片。一张是1980年拍的，一张是1994年拍的，巴老和小林女士都显得很年轻（当时也确实年轻）。看着这两张照片（还有许多照片），我觉得小林女士很像巴老，不由得感慨万千，心潮汹涌。

切望小林女士化悲痛为力量，尽早恢复身体，继续工作。

我因到国外旅行，祭文已迟，深致歉意。

古川万太郎
2005年10月24日

李小林女士赐鉴：

听到了巴金先生逝世的噩耗就感到非常悲哀。我还记得在苏黎世与他和您见面的好日子。

由衷向您表示我的同情！

由衷祝
新年健康、充满着新的希望！

胜雅律　敬上
2006年1月24日

惊悉四爸仙逝，不胜哀痛！特电吊唁。尚请小林、小棠务必节哀，保重身体。

国煜、国炜、国莹、李致及成都、福建全体亲人。

沉痛哀悼伯父巴金逝世。伯父安息。望亲人节哀。

侄女：国贤、国瑛、国婷；侄儿：国材、国秉率全家哀挽

沉痛悼念四表哥逝世，节哀。

陈国志、王惠芝、陈江玲、欧阳怀楹

惊悉巴金表哥不幸仙逝，深感悲痛，望节哀保重。

培华、培芷、培根、培萱

惊悉四表哥巴金逝世，深感哀痛，谨此哀悼。他的美作将永存人世，他的音容笑貌，将永远活在我们心里，望在沪亲人小林、小棠等节哀顺变。

黄开佩、邓培泽

惊悉四外公逝世，十分悲痛，表示深切哀悼和慰问。

南平、小东、小西

亲爱的四外公，您一路走好。

外侄孙女文小南

济生叔并转小林姐弟：

痛悉尧棠叔百岁仙逝，敬致深切悼念，望节哀。谨慰问。

李国琪、国维、国平、国玖率
治文、治琳、治嘉、治敏、治芳、治兰

惊悉巴金四叔逝世，失声哀悼。谨代表家人向你及家人致以亲切慰问。

李国润
2005年10月19日

国燦堂妹：您好！

惊闻尧堂叔父仙逝，嘉兴老家戚属无不深切悲痛，本要来上海吊唁，但不知在何地方祭奠

和时间安排？为此，我们全家只能在家中默祭致哀，收看上海电视频道对巴老的悼念活动，目送叔父灵柩安放，敬请谅鉴。

悼巴老

文学泰斗　举世敬仰
突闻仙逝　全家痛哀
不朽文作　留传青史
牢记遗训　永讲真话

堂侄　李宁洪于嘉兴
2005年10月19日

向李济生叔父请安、问好。

本应写信给小林堂妹，但想到她连日辛劳，不敢再打扰她，请代致意，请她原谅！

惊悉尧棠叔父仙逝，深切悲痛，特致哀悼。

侄李宁洪

惊悉巴金表叔逝世，深表哀悼。顺问全家安好。

侄何业贤

惊悉巴老过世，万分悲痛，我们失去了一位慈祥的长辈，中国又少了一个讲真话的人。巴老不仅是伟大的作家，更是吾等晚辈的楷模，在此我代表我家族全体晚辈向老人家三鞠躬，表示诚挚的哀悼！

晚辈张一、张淑媛、张淑娟、张淑惠、张淑娴、张藻玲及全家

小林、小棠、国煣：

巴金伯那颗为读者而燃烧的心停止了跳动，再也不能和我们一起呼吸这个世界上的空气了，我很悲哀。他将同刻骨铭心爱了一辈子的李伯母团聚，又会见到许多老友故人，我想，他的灵魂当不会寂寞。巴金伯对我说的话深深入耳，照抚我的恩情永世不忘。在我的心中，巴金伯将永远活下去！请小林、小棠和国煣节哀！保重！

小弥率香香、淘淘全家上

附：发来唁电（函）的团体、个人的名录

（以下排名不分先后）

团体

国家新闻出版总署

中央人民政府驻香港特别行政区联络办公室

中国民主同盟中央委员会

中国残疾人联合会

中国福利会

中共四川省委、四川省人大常委会、四川省人民政府、四川省政协

中共四川省委宣传部

四川省文化厅

中共重庆市委宣传部

中共成都市委、成都市人大常委会、成都市人民政府、成都市政协

成都市文化局

成都军区战旗文工团、成都军区战旗文工团歌舞分团、成都军区战旗文工团话剧分团、成都军区战旗文工团杂技分团、成都军区战旗文工团文艺创作室、成都军区战旗文工团电视艺术中心

四川省人民政府驻上海办事处

南京市政协

中共嘉兴市委、嘉兴市人民政府

中共个旧市委、个旧市人民政府

中国作协《文艺报》社

中国作协作家权益保障委员会

中华文学基金会

中国现代文学馆

鲁迅文学院

中国作协北戴河创作之家

北京市作家协会

天津市作家协会

重庆市作家协会
河北省作家协会
山西省作家协会
内蒙古自治区作家协会
辽宁省作家协会
黑龙江省作家协会
江苏省作家协会
安徽省作家协会、安徽省文学院
福建省作家协会
江西省作家协会
山东省作家协会
河南省作家协会
湖北省作家协会
湖南省作家协会
广东省作家协会
香港作家联会
澳门笔会
台湾省中国作家协会
广西自治区作家协会
海南省作家协会
四川省作家协会、四川巴金文学院
云南省作家协会
陕西省作家协会
甘肃省作家协会　甘肃省文学院
宁夏自治区作家协会
青海省作家协会
新疆兵团作家协会、新疆兵团文联
中国铁路作家协会、中国铁路文联
中国国土资源作家协会
中国残疾人作家联谊会
中国水利作家协会
湖南毛泽东文学院
深圳市作家协会、深圳市文联
昆明市作家协会、昆明市文联
苏州市作家协会、苏州市文联
杭州市作家协会、《西湖》杂志社
延边市作家协会
四川自贡市作家协会
四川南充市作家协会
中国文学艺术界联合会
中国杂技家协会

上海市文联
重庆市文联
安徽省文联
四川省文联
广西自治区文联
新疆自治区文联
成都市文联
杭州市文联
浙江东阳市文联、作协
云南个旧市文联
中国外文出版发行事业局
人民文学出版社
作家出版社
上海文艺出版总社
上海社会科学院出版社
天津人民出版社
百花文艺出版社、《散文海外版》杂志社
浙江文艺出版社
四川省出版工作者协会
四川人民出版社
四川出版集团(四川人民出版社、四川文艺出版社、四川少年儿童出版社、四川美术出版社)
宁夏人民出版社
《人民文学》杂志社
《小说月报》编辑部
《中国作家》杂志社
《民族文学》杂志社
《诗刊》杂志社
《当代》杂志社
《世界文学》编辑部
《中篇小说选刊》杂志社
《花城》杂志社
《新剧本》编辑部
《文学界》杂志社
《钟山》杂志社
《苏州杂志》社
《家庭》杂志社
《漳州文化谭》编辑部
澳门日报
中国社会科学院文学研究所
中国外国文学学会、中国社科院外文所、

《世界文学》编辑部

中国鲁迅研究会

中国现代文学研究会

中国当代文学研究会

中国小说学会

中国翻译协会

中华全国世界语协会

中国世界华文文学学会

中华诗词学会

世界华人企业家、中国艺术家协会

中国田汉基金会

天津市孙犁研究会

冰心研究会、冰心文学馆

徐州青少年文学协会

中国少年作家班

福建省中国现代文学研究会

重庆市现当代文学研究会

北京市世界语协会

泉州市世界语学会

复旦大学

上海交通大学

华东师范大学

上海戏剧学院

四川大学

四川大学研究生会、四川大学学生会

黎明大学董事会、黎明大学巴金研究所

集美大学中文系

香港中文大学

北京化工大学新生文学社

中国石油大学(北京)新生文学社

南京师范大学附属中学

上海市南洋中学暨校友会

上海文艺石关希望小学

南京师范大学附属中学　南京师范大学附属中学校友会

泉州平民中学　民生学校

泉州市农业学校

成都市东城根街小学

无锡市惠山区钱桥中心小学

北京人民艺术剧院

中央电视台文艺中心　戏曲音乐部《艺术人生》栏目

中国国家博物馆　蜡像馆

北京市八宝山革命公墓

上海市百老德育讲师团

上海图书馆、上海科学技术情报研究所

上海鲁迅纪念馆

绍兴鲁迅纪念馆、绍兴市鲁迅研究中心、绍兴市鲁迅研究会、绍兴市鲁迅研究所

李劼人故居文管所

浙江省保健委员会办公室

浙江西子宾馆

浙江天皇药业有限公司

成都市百花潭公园管理处慧园办公室

成都市老体协骑游俱乐部

个人

江泽民　温家宝　马万祺　徐匡迪

朱光亚　邓朴方　李德生　令狐安

朱达人　高钟灿　范征夫　费福泉

唐　仁　陈鸿元　潘承嘉　孙合亮

张学忠　张中伟　秦玉琴　章克标

郭　风　郭景能　周巍峙　王　昆

魏　巍　贺敬之　柯　岩　王　蒙

崔瑞芳　马识途　瞿泰丰　梁披云

梁灵光　宗　璞　从维熙　丹　增

舒　乙　周　明　吴福辉　刘　麟

陈建功　崔道怡　苏叔阳　程树榛

绿　原　施勇祥　柳　溪　李默然

王　莘　露　菲　草　婴　流沙河

韦启文　张一弓　焦祖尧　张　炜

陈世旭　贾平凹　宋曰家　周梅森

阿　成　袁　敏　嵇亦工　张海迪

马中骏　周大新　王充闾　刘兆林

雪　漠　陈漱渝　陈建勤　潘旭澜

毛宪文　吕周聚　钱中文　马鸣玉

许墨林　盛畔松　杨佩瑾　张玉玺

杨兆祥　朱铁武　杨秀丽　沈原梓

敖亦翀　刘　健　柯　兰　王淑耘

毕克鲁　刘　粹　汤继湘　王　莎

宽　容　张晓谷　张晓风　张晓山

李克勤　刘文慧　刘胜利　刘文沪

刘文海　刘文健　修　仁　修　慧

修　义　修　礼

已故川剧表演艺术家周企何之子女

舒元卉　王恒生　贾丹华　蒙根高勒

兰瑞平　黄传贵　许若默　李维嘉

安春振　洪　钟　黎本初　刘汤金

李鼎荣　王勉恩　白　刃　袁　鹰

文洁若　周辅成　沈龙朱　沈虎雏

萧　耘　建　中　冯姚平　冯姚明

已故作家孙犁家属　魏德芳　何频伽

巴一熔　李湘晖　柳得鲁　柳展辉

顾小铨　耀　铨　美　玲　顾　群

顾亚铨　陆贵镇　顾　玲　陆昭怀

金宏义　寿生岳　陈　因　葛礼春

童桂贤　苏　予　徐怀中　秦万里

李　锐　蒋　韵　盛钟健　蒋焕荪

水运宪　唐浩明　梁瑞郴　于晓威

赵季平　邵振国　徐恒进　李程之

戴雪霞　高学武　王金柱　汪应果

张笑天　汤　洵　施　进　钟高渊

童粹斌　王江水　李江泉　杨葭菼

江克明　曾锐成　江高明　曾镜成

黄伟新　孔国屏　沈东子　沙地黑米

孟　非　徐　建　刘　芸　彭　洋

程丛冰　幸必泽　向本贵　金　庸

林乐怡　余思牧　余琦琦　聂华苓

周颖南　乐美勤　王圣思

吉晓蓉(吉景东)　匡介人　薛家柱

褚钰泉　李秉宏　石　奇　王荣钧

马光辉　王昌恒　贾安坤　庄德淳

陆谷苇　王立诚　郑　曼　贾植芳

王小平　张圣节　张永昌　陈鸣树

宋连庠　陈　莹　单　复(林景煌)

卫　宁　卫西陵　卫　兰　谭　谈

谭宗远　吴钧陶　范政浩　郭味回

陈之光　张昆华　季涤尘　刘　麟

余小云　谢　骏　郭梅妮　张文苑

田藏申　谭　埙　任嘉尧　张天鹫

沈　虹　潘颂德　鲁　枫　王尚辉

蒋咬脐　周明德　秦玉兰　倪炎伯英

刘长柏　曹彭龄　张美春　黄明鲁

高　梁　王　淳　王振国　董园和

邰　耕　吕鸣亚　刘同学　李名方

刘左平　吴少山　余　婷　徐晓华

贾丹华　方士豪　张瑞华　袁昌强

肖贤兆　黄新成　夏　绿　朱光泽

邹子荣　黄召晖　廖永斌　苏　宁

李恻隐　程丛冰　罗俊清　李景唐

刘　阳　石天河　那家伦　王锡庆

李咏天　汪　霞　傅保钢

另:未署名的读者来函八封

法国文化部长德瓦布尔

俄罗斯作家秘书长、俄罗斯高尔基文学院院长谢·叶辛;俄罗斯著作权协会版权输出输入局局长根·扎列耶夫;俄罗斯著作权协会高级专家叶·波梁斯卡娅

俄罗斯圣彼得堡国力大学东方系、俄罗斯科学院东方研究所圣彼得堡分所、俄罗斯圣彼得堡市汉学界人士

匈牙利作家协会主席卡拉兹·玛尔通;诗歌组组长图尔兹·伊斯特万

毛里求斯作家协会副主席阿卜杜拉·提夫;秘书长斯巴鲁克

日本中国文化交流协会会长辻井乔、理事长黑井千次、代表理事,专务理事白土吾夫

原日本中国文化交流协会会长井上靖夫人井上芙美

日本笔会会长井上厦

日本创价学会会长秋谷荣之助

日本创价学会副理事长山崎尚见

日本著名作家、中国社科院外文所名誉研究员大江健三郎

日本作家陈舜臣

日本东京书籍株式会社代表取缔役社长河内义胜

日本东京书籍株式会社宇野公容、尹梅生

《巴金写作生涯》1999 年日文版翻译者大林、北林雅枝

日本福冈亚洲文化奖委员会会长川合辰雄

日本福冈市市长山崎广太郎

日本东京日本大学文理学部山口守

日本友人古川万太郎

瑞士汉学家胜雅律

美国读者 Jim Glaser

国　煜　国　炜　国　莹　李　致

尧　懋　尧　东　尧　秀　尧　彬

尧　述　国　贤　国　瑛　国　婷

国　材　国　秉　陈国志　王惠芝

陈小玲　欧阳怀楹　培　华　培　芷

培　根　培　萱　培　泽　黄开佩

文小东　文小西　文小南　李国琪

国　维　国　平　国　玖　治　文

治　琳　治　嘉　治　敏　治　芳

治　兰　李国润　李宁洪　何业贤

张　一　张淑媛　张淑娟　张淑惠

张淑娴　张藻玲　马小弥　香　香

淘　淘

(二) 挽联选

沉痛悼念我们的良师益友巴老

百年影徂　千载心在

王元化　泣挽

巴老作品不朽　精神永存

真话真心真情　爱国爱家爱民

周巍峙　恭书

二〇〇五年十月二十四日于上海

巴金老人千古

文坛巨匠，开创革命新岁月

著作等身，慰藉人民似明灯

朱子鹤　敬挽

痛悼巴老仙逝

讲真话大行无愧天地人

写众生小说不朽家春秋

叶文玲　敬挽

巴金先生千古

浦江泪浊何年绍　秋水烟飞一海棠

瓯江子　跪挽

沉痛悼念巴金先生

悲心施万人　功德如大地

绿原

文坛之上，《家春秋》，乃峰峦并起

悲剧其何，《随想录》，以魂魄痛呼

贾平凹并美文杂志社　敬悼

乘激流以壮志抛家，风雨百龄，似火朝霞烧长夜。

讲真话而忧心系国，楷模一代，如冰晚节映太阳。

流沙河

如家春秋举国上下复兴大业团结奋斗彪炳千载

似雷雨电一代宗师文学道路辛勤探索闪耀百年

山东大学薛贻康

在憩园随想穿越寒夜掠过雷电爱情之树常绿

于故家团圆战胜灭亡育壮萌芽激流永远奔腾

首师大中文系张志忠

文坛泰斗著作多如等身激流小说连三部功载"家春秋"领军作家编"收获"矗立笔耕丰碑收硕果长龄跨越百岁世界诵

创作名家小说写成多部随想散文集五鸣书成"雾雨电"扶掖新人办"开明"宜彰描绘晚节说心声乘鹤飞行千年巴金星

寓言诗人　老许　敬挽

二〇〇五年十月十八日

两三竿竹见君子

十万卷书思古人

六一九七五部队教导队　梁强

如日之恒

如月之升

杨子敏

百岁巴金心为人民激情四溢
世纪老人情系祖国沧桑岁月

华夏时报陈宇航　经济时报　许兰玉

师垂典则
范示群伦

田滋茂

真人真话真性情
实心实言实文章

校友　徐端午

百年文豪百年心系祖国人民
一代情圣一生独钟爱妻萧珊

杨海蒂

巴老雄文名垂千古
先生之风泽被万代

柳建伟

巴山巍峨孕育一代大家
金光耀世巨著永传春秋

朱达人

官称虽卸旗帜永在
哲人已逝良心犹存

送巴老西行
北京陈漱渝
二〇〇五年十月二十四日

三部曲成，一代名篇，家事春秋犹读史
百年身后，五洲享誉，病中随想尽掏心

惊闻巴老安然长逝，深感悲恸。仁者寿，皎如星，永垂不朽！
在川弟妹　尧懋　尧东　尧秀　尧彬　尧述

您蘸着心血创作　《三部曲》点燃了灯与火
您含着泪水思索　《随想录》呼唤着善和真

浙江诗人　贾丹华

老头不小音容难杳问千邦万国有几人可称巨匠
硬骨弥坚情爱永存传万代千秋如斯者也是丰碑

后学蜀人马骏祥

为我们民族觉醒的美丽的青春，写下美丽的诗篇，热情清丽，中国文学路标；
教我们后人要讲说血性的真话，留下血性的箴言，真切深沉，民族思想瑰宝。

钱中文敬挽
中国社会科学院文学研究所　北京
二〇〇五年十月二十二日

从小读先生名著，遂与文学结缘；
而今送大师远行，愿其精神永存！

后学　沈原梓　敬挽
二〇〇五年十月二十三日

世纪家春秋　中华恨爱魂

怀念敬爱的巴金先生
徐怀中　敬挽

巴山夜雨不畏邪魔铸真魂
金星闪耀不信真理唤不来

后辈　王绍钧

带走百年苦难春秋
留下一座文学金山

张抗抗

巴山多灵，寒夜顿作雾、雨、电，为迎忠魂归天府；

金语岂伪，随想再思家、春、秋，无愧仙班会群贤。

zhifengqiyu 的 BLOG，2006-01-20　10：45：48

大师静卧花丛沧桑尽历雾雨电

晚辈仰瞻旗手中外长传家春秋

晚　鲁枫　敬挽

百年大师　寒夜里点亮心灵明灯

世纪文学　激流中勇谱老实人生

文学大师巴金先生永远活在亿万人民心中　二〇〇五年十月

张大国　书于　上海精艺斋

思想作为万世楷模

道德文章千秋垂范

程丛冰　敬撰

乙酉十月

掬丹心，巴蜀英才挥毫，《激流》三部惊风雨，唤起人间至爱。

讲真话，文坛泰斗出阵，《随想》五卷泣鬼神，引发历史沉思。

成都　李恻隐

深切缅怀巴金先生

寒夜前头仍须随想

激流尽处应是黎明

上海巴金文学研究会　敬挽

巴老千古

勇进激流遗世千秋三部曲

坦言随想活它一个百年真

中国国土资源作家协会　敬挽

想见音容空有泪　欲闻教训杳无声

中文在线

三部《激流》成绝唱　百年《随想》在人间

三联书店　《读书》杂志社

惊闻巴老逝世，全体师生遥致哀悼之思

巨星虽殒光茫在长天恒久焕彩

大匠已逝风范存文史永远流芳

集美大学中文系全体敬挽

二〇〇五年十月十八日

春秋天下事

随想故人心

中国质量万里行杂志社

讲真话问心无愧仰头大笑驾鹤去

慰后人鼓舞百代慈容盈喜漾千秋

中国武警杂志社

大师辞世我辈痛失懿范

巨星殒天文坛常留德馨

天津市作家协会　全体共挽

沉痛悼念巴金主席逝世

明月不归沉碧海　华夏文胆驾鹤去；

悲风迭起绕黄泉　蜀中诗魂清香远。

南充市作家协会

巨星天堂走，清辉人间留

百年英名在，四海家春秋

北京新剧本编辑部全体同志

(三)悼念诗选

回天国践约的日子——呈巴金先生

——郑愁予——

曾订下颇为长期的约定　你答应
回家的日子是在一百零一个春秋之后
去践约　岂仅是那准确的时刻
仍然怀着红光晶莹的童心　这是你
世纪前的允诺　你更完整地带着
生就抗拒枷锁又在人间成长为自由卫道的人格
未被任何威武所屈折　这是你的
约中之约

你留给人间的是宽容人间的懿范
人间记忆的是对你永无终结的亏欠
然而　当一百零一个春秋之后
回家的日子赢来了四代的人群目送
他们已不担心因为你已无虑地践约
来自天府之国的归宿正是自由的天国

二〇〇五·十月·十八

《明报月刊》2005年第11期

春秋不会陨落

——黄亚洲——

您陨落的时候
家没有陨落
春与秋,也没有陨落
您把它们留在了这个世界上
让季节拥有居所
让心灵拥有岁月
您陨落了,光芒四射
文学的山谷
同时溅起太阳和月亮
也溅起无数星星
一齐眨动眼睛
思考您留下的这个
尚未开垦完毕的世界

然而您已教给了我们耕种的方法
您留下了真实的镐头
真实的铲子,真实的犁
必须真实地开拓,您说
于是我们努力以真话
以真实的思考
面对我们脚下这一块
温暖而真实的土壤

一颗巨星陨落
许多真实的东西溅了起来
包括良知
包括不褪色的墨水,包括
键盘上勇敢而真实的马蹄
我知道,巴老,您想听见的
就是这样的声音

您从巴山蜀水走来
但我知道您的祖籍是浙江嘉兴
您的思考横贯了整个中国
因此您离去的时候
整个国家,以及国境外面的地方
都有地震的感觉

太阳和月亮首先溅了起来
这是合乎逻辑的
您把火一般的热烈
水一般的细腻
同时留给了这个世界
让我们这些开垦者一举起眼睛
就能看见最真实的季节
春,秋,还有
家!

《文学报》2005年10月20日

一座山的仰望

——梁 平——

一座山峰停止了最后的呼吸
飞鸟、云朵、阳光固定了一个姿势
草木和流水固定了一个姿势
所有的生命在这个时候
为我们的仰望
保持沉默

山的呼吸停止了
任何语言都不能表达这突如其来的
悲痛　和别的山不同的是
这座山包容了所有山的品质
这是最人性的山
这是一座说真话的大山

山是石头埋在泥土里的生长
有泥土滋养的石头，才会有生命
才可以把头举得高高
才能够直立起一个民族的文化脊梁
石头在泥土里拔节
成为山，成为国家的高度

这座山的泥土
取自九百六十万平方公里的家园
还有成都正通顺街泥泞路上
那个顽皮男孩赤脚上捎带的碎屑
一个世纪过去了
在山的记忆里，依然清晰

一座山峰停止了最后的呼吸
它把更高远的指向留给了其他峰峦
这是它生长的惟一目的
天空没有泪，因为山不喜欢流泪
山最大的心愿是回到一捧泥
回到最温暖的真实里

《文艺报》2005年10月25日

百年文学巨星巴金

——嵇亦工——

你走了，走得如此宁静
彷佛无声的水珠滑过透明的玻璃

你走了，合着悲怆的旋律
只在世纪的肩头
留下一串闪亮的印记

你走进水波云霞里
直立的腰板依然如同一树旗帜
思维与白发随天风招展
飘落下的，是滋润明天的雨滴

你走在茫茫苍穹里
温和的眸光透过阳光的镜片
注视着人间，省度着自己
听凭坦诚用美包容着一切

一切都是那么静寂　我确信
有一种声音岩石一样不会泯灭

它从你敦厚的唇间蹦出
带着真实散发出的温馨
萦绕在每一颗肉长的心田

我确信有一种力量不会泯灭
它就像清澈见底的泉溪
自你文字间溢出
饱含着睿智和纯粹
熔铸进一个民族的血脉

把心掏给了世界，你便拥有了真情
为众人活过一生，由此而得到大爱
今天你走了，默默地
走在终身抱定的信仰中
良知不泯，灵魂永在

假如精神也是一种物质

那么我确信你的思想不会泯灭
当一颗百年巨星滑落之后
她的光芒
将与恒存的天体同在

《文学报》2005年11月17日

壮丽的人生——献给巴金先生

——季涤尘——

原来无人知晓的一颗小行星
昼夜不停地在天体中运行
我国科学家发现了它,无名的星被命名
天上有了"巴金星",听到这喜讯谁不高兴

敬爱的文学大师,在您的百岁诞辰
众多的读者在为您祝福向您致敬
因为您和鲁迅先生一样,为了真理,敢爱敢恨
敢说敢做敢追求,您的皇皇巨著与星光交相辉映

从英俊少年到白发如银,多少大风大浪
您在激流中,始终拉紧负重的纤绳向前挺进
您用笔作战,火热的语言如出膛的子弹
连连射向假丑恶的顽敌和封建的幽灵

您常用自己的热血浇灌文苑的幼苗
您将炽热的爱全部献给祖国和人民
审视世界也审视自己,您的真话句句掷地有声
啊,百岁的睿哲,壮丽的人生,怎不令人肃然起敬

2004年

[附记]在庆贺巴金先生百岁诞辰的日子里,我想到这位文学大师的百年人生和光辉业绩,仿佛面对着一座巍然耸立的高山。我心情激动,拿起笔来想写点什么,但笔墨滞涩,仅有寥寥数行。现在巴金先生已永远地离开了我们。我含着眼泪将这些文字录出,只是为了寄托我的哀思和表达对先生的敬仰之情。

2005年10月

飞鸟,星光相伴——祭巴金先生高寿之逝

——杭州西子少儿文学社 吴 云——

遗忘是冰冷深处的星光
怀念是自欺欺人的哀思

你,是一只鸟
一直飞到死亡门前的鸟啊
那些氤氲的雾气
刺痛的荆棘
因为你的痕迹
让黑夜里的月光
也能照亮大地

即便沧桑的蹂躏,
让你已是遍体鳞伤
你是飞走了,自由了
但那永不熄灭星光啊
会永远伴随着你
一路走好……

花香了百年——悼念巴老与世长辞

——共青团四川省委研究室 辛才荣——

当心痛和着泪水倾泻时
是谁掳走天府广场上缤纷的花朵
节节高 万寿菊 紫云英 狗尾巴草
还有那支美而有刺的玫瑰
这些我们新交旧识的朋友
在离别前的夜 一直一直
保持缄默 静谧

令我触碰它们无限的忧伤
生若夏花之绚烂　逝如秋叶之静美
在冬天即将来临的时候
有一朵　香了百年的花
凋谢了
泪水滂沱中
风在云朵的背后　水在石头的深处
只有啜泣声　这夜的碎片
在我们的身前身后
乱坠为花　纷纷扬扬
散落一地的芳香

哀悼巴金四哥两绝句

——李尧东——

一

名贯太空一斗牛，苍茫大野写春秋。
世评人品和文品，句句真话代代留。

二

凄风苦雨夜沉沉，报国为人一颗心。
锦里归来双眼井，秋桐老桂哭巴金。

悼巴金

——令狐安——

二零零五年秋

其一

处世缘何媚意无，百年风雨沐修竹。
晚来随想尤深挚，忏悔良知蘸血书。

其二

看破浮华难苟同，颂词称誉淡成空。
梦魂应与黄花似，定有清香冷处浓。

注释："其二"王彦泓《寒词》："个人真与梅花似，一日幽香冷处浓。"

送别巴老

——陆棨——

正是神六回家日，
巴老驾鹤欲何之？
芙蓉古都同故里，
亦为长辈亦为师。
激流指引人生路，
随感启迪暮年思。
纯洁灵魂今飞去，
留我心中有良知。

注：作者是四川成都人，祖辈与巴老出生的李家有过交往。

《银河系》杂志52、53期合刊，2005年12月出版

怀念巴金

——贾永生——

秋烟含悲，文坛失色，巴金千古。世纪老人远足，神六还，大壮行色。激流三部问鼎，折桂家、春、秋。笔如椽，情满宏著，穿透寒夜辉煌诗。

俊才高风拓宏程，更有那，团圆镂新景！德艺双馨独具，巨星逝，真话传世。随想永恒，人民作家环宇同敬，当念那，四情似丹，英名垂天地。

《人民日报》2005年10月25日

摊破浣溪沙巴老仙逝

——徐子芳——

一

亮节文光照暮霾，余寒何故又重来？秋雨无端凋碧树，雪花开。

昨夜梅心芳信渺，百年文苑朔风哀。晨对

冷云花溅泪，暗书斋。

二

凝想当年作远游，家山回望作春秋！残照西风水云处，紧兜鍪。

笔寄湖山随想录，才高屈子淡封侯。文胆锦官标彩帜，壮神州。

《人民政协报》2005年10月24日文化周刊·华夏副刊

锜寮怨 吊巴金逝世

——李景唐——

秋风惊传噩耗，霜露和泪凝。对冷月，怅望长空；悲巴老，断梦无凭。忆君少年豪气，热血涌，笔力任纵横。绘《激流》，寒夜风冷；抒《爱情》，雷电誓鸳盟。

乱世寄身似萍，烽烟遍地，漫笔细述飘零。十年浩劫，乱蚊聚，有谁听？且喜雨过天晴，录随想，更伤情。百年匆匆，五洲处处传，身后名。

李景唐 四川昌县退休中学教师

挽巴金

甫闻君逝泪无声，山川失色风自凝，百年巨匠何处觅，苍穹唯见巴金星。

辽宁宽甸县文化馆于晓威

悼念巴金先生

——侯 超——

百年西蜀沧桑客
华夏文坛不老松
花落花开家春秋
雾升电闪雨意浓
寒夜憩园识神鬼
旦夕随想唱新生
斯人今朝乘鹤去
后世从此念巴翁

龙飞翔 longfeixiang. blog. sohu. com，2005-11-30

悼巴金老人

——莽原小鹿——

江河呜咽，
青山不语，
白云伴你，
飘上天际。
化为霓虹苍穹舞，
百年《春》、《秋》、《家》
百年《雾》、《电》、《雨》

沃土耕耘，
学海游弋，
大写人生，
文坛矗立。
大浪淘沙激流涌，
一世英名，
世代刻心里！

莽原小鹿 lulu6683. blog. sohu. com，2005-10-20

忆秦娥 悼巴金

——单炳心——

巨笔翰，
见证沧桑著宏卷。

著宏卷，
时代呐喊，
忧民悲天。

讲真话世纪留言，
拷问良心敢悔忏。
敢悔忏，
灵魂重建，
谁与比肩？

单炳心的 BLOG，2005-10-22

七　绝

——崔永泰——

别愁离绪总关情，了然世事莫若君。
巴山蜀水空惆怅，金秋十月送斯人。

惊悉文坛泰斗巴金先生在沪辞世，夜难成寐，特撰小诗以寄情怀。

二〇〇五年十月十八日于唐山

诔　巴　金

——李梦痴——

平生磊落百年身，一朝陨没痛杀人。
料峭风骨曾寂寞，甘棠零落此情深。
独有文章惊海内，如椽彩笔自浮沉。
春秋有心堪济世，激流无意逞精神。
寒夜孤灯存星火，拨云见日计典坟。
垂年回首服坎坷，殷勤随感贵淳真。
野草无端成笑柄，玫瑰有意化血痕。
惯看世态随心绪，不知人情有纷纭。
甘苦生计唯版税，清白名节在深根。
从此飞举随黄鹤，风流形迹入云深。
六朝腐鼠成滋味，哲人流散轧乾坤。
文宗摧折成大恨，魑魅得闲做贤人。
后生到此空伫立，秋风凌冽日色昏。

李梦痴的 BLOG，2006-02-09　18：21：41

悼　巴　金

——江湖满地一渔翁——

《家》《春》《秋》有家国梦，《随想录》见赤子情。

一代文宗归逝水，文坛又有几人兴？

江湖满地一渔翁的 BLOG

满江红　重读巴金《怀念萧珊》

——学　亮——

怀念萧珊，听巴老、声声亲倾。情重处，长歌当哭，痛心酸楚。浩劫来临谁后退，并肩承受伊先故。拌血泪掺和骨灰中，相依顾。

乌云散，雍日煦；真话写，正风树。卧多年病榻，哲人西赴。五四人文时代止，一双美丽眼睛驻。又伉俪携手乐逍遥，婵娟舞。

2006-1-11　14：45

(四) 留言选

1. 个人留言选

王元化

我15岁时开始接触文艺,巴金创办的"文化生活社"对我来说,虽然不是唯一的,但却是最大的文化窗口。我对文学作品的理解、文学水平稍有些提高,都跟这个窗口很有关系。

巴金这位世纪老人,不仅是上海的、中国的,而且也是具有国际影响的。一方面,他发现、鼓励年轻作家,把他们带到文学的道路上来。"文化生活社"主办的文学丛书,刊登了很多年轻作家的精彩作品,如曹禺等。

另一方面,他向中国读者介绍了大量外国的文学作品,特别是俄罗斯作家的,如:果戈理、屠格涅夫等,如果不是他将鲁迅先生翻译的《死魂灵》介绍过来,当时的中国读者恐怕还不会知道俄罗斯有如此伟大的作家和作品,他本人的作品也经过翻译后流传到其他国家,曾经在法国得了奖。所以说他为中国文学与世界文学的交流作出很大贡献。

百年影徂。千载心在。

巴老是一个内心有激情,但不轻易表露的人。少年巴金说:"我得到了一个小孩子的幻梦,相信万人享乐的社会就和明天的太阳同升起来。"作为和鲁迅、郭沫若、茅盾、曹禺等同时代的作家,巴金是最长寿的一个,安葬鲁迅时,他是为鲁迅先生抬棺的人。然后,那些与他相交甚笃的知识分子一个一个地远去。最后几年,巴老活得很痛苦,他活着,像一盏灯一样照着我们继续前进,勤奋写作,现在巴老"终于"走了,他的去世标志着他身后那个伟大时代的结束。

冯骥才

接到巴老过世的消息到现在已经半天过去了,我们平静下来想一想,其实巴老带给我们的东西他一样都没有带走。巴老给我们最强烈的感受,是一个作家的良知。此外,他对生活的激情和对光明的坚信,在他最困难的时候都不曾放弃过。第三是巴老对读者的情感,那种悲天悯人的情感。巴老把这些文学精神和人格力量都留给了我们。

一颗伟大的心停止了跳动,中国文坛为之悲痛。

这几年来,我和巴老的亲属经常保持联系,对巴老的生活现状是了解的,我敬佩这位与疾病搏斗、生命力十分顽强的坚强战士,虽然对他一旦病情危急有心理准备,但噩耗传来,我仍然接受不了。

从"五四运动"、全国解放、"文革"到改革开放,巴老始终代表中国作家的良心和责任,他将自己的全部热情和毕生精力倾注于我国的文学事业,他的精神像火炬,引导着中国文坛的作家。一代代的作家受他深刻的影响,把"五四"精神带到今天。

巴老是我文学人生的领路人,我一直得到巴老的关心和勉励,我的主要作品发表在《收获》上,我对巴老感激不尽。

巴老走了,但我觉得他的强烈的社会良心,他的悲天悯人,他的文学精神,都留下来了。他的作品留在世间,他的精神留在我们的心中。

陈忠实

巴老是中国现代新文学的奠基人之一,是对我国新文学的创始和发展具有决定性影响的一位作家,他的强烈反封建、争取自由民主的中国的精神,已远远超出了一般的文学作品欣赏的意义,而更多的是对上个世纪初中国青年的呐喊的意义。在上个世纪初,中国新文学形成时期,巴金先生表现的是最准确、最强大的时代精神。尤其是长篇小说《家》,有一种精神与思想上的巨大启示:敢于向一切束缚与约束进行诀别。很多青年都是读着《家》冲破封建主义的牢笼,走上革命道路的。

而他影响的远远不止一代人，我是在上个世纪六十年代时读的他的小说，《家》、《春》、《秋》、《雾》、《雷》、《电》等都读过，给我巨大的启迪，巴金先生不是影响一代人，而是影响了几代人。解放后，巴老创作的《英雄儿女》家喻户晓，而《随想录》式的深刻反思，更是表现了一个中国作家的伟大精神与人格。在今天，我们学习巴老的精神与人格就显得尤为重要。他是我们的楷模，高山仰止！

李存葆

巴金的去世不仅是中国文坛的悲痛，也是亲近他、热爱他的广大读者的悲痛。他是那一代作家中社会的良心，"说真话"的著作影响了好几代人。作为一位跨世纪的老人和作家，巴金经历了中国百年的风风雨雨，始终与人民、社会和读者连在一起，始终把国家盛衰放在前，个人的荣辱得失置于后。特别是"文革"之后，他对文坛"举世诺诺，不容一士谔谔"的现象深恶痛绝。竹节梅香，巴金的人品堪称士林师表。他虽然去世了，但是他的心魂不会因他身影的消逝而离我们遥远。

叶延滨

巴金的离去，让我感到一个时代过去了，一个由先知者和先驱者开创的五四时代成为了历史，巴金的离去让我感到一个老师不在身边了，这个老师是我一年级和永远的老师，他说：好孩子，不说谎。巴金的离去，让我感到一个亲人走了，在我曾经生活的那个叫成都的城市，我曾想象和他一起散步……

巴金的离去让我们想到了中国新文学百年的历史。巴金是中国作家的榜样，是中国作家的良心，也是中国作家的最优秀的代表，想到巴金，作为中国作家的一员，我会感到自豪和骄傲，因为作为我的文学前辈，我的文学领路人，他一生都体现了当代中国作家奋斗和探索的精神，体现了中国作家与这个国家命运与共、与我们的人民肝胆相照的气节和品格。无论是他青年时代的"家春秋"还是"雷雨电"，都反映了中国新文学的勇气与活力；他晚年的随感录和把生命的最后时光，都奉献给中国文学事业，更表现了他一生追求真理、求实奉献的高风亮节。我从中国新文学发展的过程感受到巴金的呼吸与脉搏，同时巴金的一生，也让我们看到了自己应当坚持和努力的方向，敢爱敢恨敢于坚持说真话，爱国忧民把一生都献给文学事业。我相信巴金留给中国人民的，不仅仅是他的作品，还有他作为一个中国作家的光辉一生；我相信巴金留给中国作家的，不仅是他的文字，还有他永远指引着我们的文学精神！

叶 辛

巴老是整整影响了几代人的作家，我的文学启蒙可以说是从读他的作品开始的。小时候，夏夜乘凉坐在弄堂口看书，走过的人总会好奇地问我在看什么书，当他们看到我在读巴老的《爱情三部曲》时，就好心建议我去读他的《家》、《春》、《秋》，读他的《寒夜》，他们是些普通的百姓，对巴老的作品都如此了解，可见巴老的作品是怎样的深入人心、影响巨大。

在我的印象里，巴老是一个慈祥的前辈，是一个心怀仁慈的老人。在跟巴老不多的交往中我深深感受到他不凡的人格魅力。他说话总是对事不对人的，就是谈到让他蒙受了巨大灾难的"文革"，他也没对某个具体的人有过任何抱怨，思考的总是时代、社会这些关系祖国命运、前途的深远命题。

巴老的意义不是眼下三言两语可以说尽的，他的存在本身就对稳定中国文坛起到了重要的作用。巴老是一个伟大的作家，他的去世对中国的文学事业来说是一个巨大的损失。在跟巴老接触的过程中，他总是对我们说：作家之间要团结。不仅同时代作家之间要团结，老、中、青三代人之间更要讲团结。1996 年第 5 次全国作协代表大会召开，我们回来后向巴老做会议汇报时的情景，给我的印象最是深刻。因为全国作协已连续 12 年没开过全国性的会议，巴老深知开这么一次会议有多么不容易，听完汇报后，他说的依然是作家之间要团结这句话。就这么一句简单的话却格外地意味深长。

徐中玉

巴老是一位我非常尊敬的作家，虽然他去世了，希望世人可以永远把他记在心中，他是一代文学工作者的丰碑。在和巴老的交往中，有很多事令我深深感动。上世纪九十年代，我们将巴老翻译的一篇文章编入了《大学语文》，后来又发现另一位译者翻译的与他的译文有出入，所以我将这篇译文拿给他看。而他看后竟坦诚地说他的本子有缺陷，还是这位译者更符合原意，让我们把教材中的他那篇文章换成那一位作者的译文。这种敬业的风范、严谨的态度给我的印象很深。“反右”时我受到了大规模批判，当时已经很少有人和我说话，更不会称我为教授了，而巴金在那时仍冒着风险叫我徐教授，这一点我一辈子都不会忘记。

钱谷融

他人很热情、真诚，他的作品正是以真诚打动人。他一生坚持正义，从不做表面文章，这点令我非常敬仰。

孙甘露

优秀的作家通常是一个矛盾体、多面体，巴金既思考自身，也思考自身所处的复杂时代，他在严酷的境遇下为之所经历的心灵煎熬与折磨，代表了那一代知识分子的普遍命运，在今天看来，依然值得我们以悲悯的情怀来理解。

陈　村

我觉得巴金是文人本色，是我们作家的楷模，也是我们的良知。他一直都不要工资，是一个完全靠稿费维生的人，他老说自己是读者养着的。八十年代初，我曾经去上海武康路他家的那幢老洋房拜访过他一次，当时和王安忆、王晓鹰她们一起去的。他很和气地接待了我们，还和我们合了一张影。当时他的身体还很硬朗。现在我都记得那是个冬天，他那天穿的是棉袄，总是用四川口音“说真话”。他有个心愿未了，就是想建一座文革博物馆，好让历史的悲剧不再重演。

蒋子龙

巴老不是那种玩艺术的轻飘飘的作家，他对现实的关注和剖析是厚重的，并且有着强大的力度。在现实变得越来越五花八门的今天，更迫切的是需要作家们继承这一高尚的创作品格。巴老是现代文学的“标志”，而不是“旗帜”，作为标志的巴老他的常在，对文学的人民性、社会性、严肃性有着巨大的稳定作用。

刘心武

我和巴老唯一的一次见面是在1979年，当时我作为《十月》杂志的编辑来到上海向巴老约稿。巴老很亲切地接待了我，言谈之间对我这个后辈不断加以鼓励，让我印象深刻。后来巴老给我写过一封信，我保存至今。

我年轻时作为普通读者阅读他的早期小说《家》《春》《秋》，觉得他将中国传统文化与自身的生命体验很好地结合在了一起，充满了“大悲悯”的情怀。改革开放以后，我又读了巴老的《随想录》，对我有启蒙作用。我把自己的《刘心武短篇小说选》赠送给巴老时，写过一句话：“前辈巴金同志，我要像您一样，一辈子说真话。”

作家容易被外在的奖励、写作技巧所媚惑，巴老却总说自己不是作家、不要技巧，他强调的是人道精神与人文关怀，关注的是作家在社会历史进程中的责任感，总说中国作家要把心拿出来和读者交流。我深深地怀念巴老。

王小鹰

昨天，作家王小鹰到华东医院探望母亲的时候，被警卫人员拦在了门口。“我们是晚上8

时多到的,我看到很多记者围在门口,出租车都不让进了。我拉住一名记者问到底出了什么事,他告诉我巴老过世了,当时我和我爱人都很震惊。”王小鹰告诉记者,在她的心目中,巴老就像一座丰碑。“他的作品优秀,人品更出众。有他在,文学界就很安定。”而现在,巴老走了,她觉得仿佛是一座山倒下了。

王小鹰的家也在武康路,和巴老的家挨得很近。每次她经过的时候,都会告诉身边的人说,这里就是巴金的家。虽然如此,王小鹰却很少有机会去探望巴老,唯一的一次也已经是很早以前。“记得作协曾经搞过一次活动,我有幸去巴老家里看望他。”她对记者回忆说,巴老的脾气很像小孩子,特别率真,为人也很和蔼可亲,是下一辈最好的长辈和朋友。“印象中别的有些模糊了,我只记得巴老当时笑得很开心。”

谢　冕

听到巴老去世的消息我是非常难过,非常惋惜。我没有见过巴金先生,但在我的内心深处一直是将巴金视为引导我走上人生和文学道路的导师。在现代文学的诸多前辈作家当中,冰心和巴金两位一直是我感觉最亲近的先生。我在四十年代少年时期接触到巴金的作品,读到他的《家》、《春》、《秋》以及一些中篇小说,读的时候就感到非常亲近。巴金的文章里充满了青春的激情,文笔流畅,和年轻人的心是很接近的。鲁迅先生的文章非常深刻,但是对于青少年而言阅读起来比较困难。巴金的作品却能一下子将青年人的心点燃。

可以说,巴金不仅教我写文章,影响我的文风,让我知道应该用一种饱含感情的语调去明白地表达。巴金还教我做人。他让我知道,这个世界上有黑暗、有不平,但活着的人,就应该争取进步、爱好和平、主张公正。我的少年时期,正是时局动荡,社会黑暗的时期,巴金教青年人怎样反抗不公的社会,向光明走去。

“文革”后巴金主张说真话,不忘“文革”的教训,呼吁成立“文革博物馆”,这些反思反省的精神,一直引起我的共鸣。他晚年写的一系列散文,像《怀念萧珊》、《小狗包地》,都堪称经典作品,让人感觉巴老太可亲可敬了。他越是检查自己,觉得自己不足,他就越是显得高大。

年轻一代应该读巴金的作品,他的作品能够引导我们做一个好人。

李象群

现代文学馆提出要塑巴金老人的手模与塑像,我和舒乙先生还专程到西子湖宾馆拜访他。那是上世纪九十年代的事了。他那时意识还很清晰,坐着小推车。塑他的手模时,我感觉到他的手很软,人也很质朴。当时我就想,我一定要做一个普通人的巴金。他的伟大就含在普通里。就像那双手,乍看是柔软的,但是却含着力量。于是我塑了一位老人穿着普通的中山装,双脚往内扣,头发还有些散乱。雕像的名字就叫“一个小老头,名字叫巴金”。当时也有一些人对这件作品有不同看法,但我一直记得,舒乙先生告诉我,他陪吴冠中先生参观,吴冠中先生说了一句话:没有想到一部伟大作品是一个普通人做出来的。我觉得这就是我想要的效果。巴金先生的作品我过去一直爱看,但有了这次经历,我好像对他理解更深了。

袁雪芬

巴金老人是我们的前辈,我们都非常尊敬他。我和巴老在文代会上有几次都在一起,他不大讲话,但是一旦讲话却很有深度,掷地有声,铿锵有力。

“文革”期间,以江青为首的“四人帮”对巴老进行迫害,经常点他的名,但是就是在那种困难的环境下,巴老依然顽强地生活着,他的精神深深感染了我们。作为老前辈,巴老也非常关心年轻的同志。在演出《家》之前,我们剧组的演员,不少年轻的同志去拜访他,征求他的意见,他总是非常关心,并给予了大家很多具体的帮助。

巴老是一个时代的代表,听到他离去的消息时,我们感到万分的悲痛。巴老严谨治学、刚正不阿、关心晚辈的精神会永远留在我们的心里。

刘震云

巴金先生的作品影响过一代人的生活。巴金先生的前半生是叛逆的,后半生是独善其身的。

大家以为他是一个现实主义作家,其实他是一个理想主义作家。

在巴金先生的这些作品中,我喜欢他的中篇小说《团圆》,后来改编成影视作品《英雄儿女》。

巴金先生的去世,标志一个时代的结束。我对巴老的去世表示哀悼!

张抗抗

晚上8点多钟我得知巴金先生逝世的消息。巴金先生一直生病住院,消息来的是意料之中,虽然并不感到意外,但这个既成事实却使人很难过。

上世纪70—90年代,我与巴金先生见过多次,巴金先生一直是我文学和为人的引领人:他把我领入文学的殿堂,他的精神同时引导着我的文学创作和为人处事。'

上世纪七十年代末,我去上海巴金先生的寓所拜望过他。我的第一篇小说当时就在巴金先生主编的《收获》杂志上发表。巴金先生是我文学创作的师长。1979年,我在《收获》上发表的中篇小说《淡淡的晨雾》获得了第一届全国优秀中篇小说奖,当时,巴金先生是评委会主任,对这篇作品给予了很高的评价和鼓励。

巴金先生的文学创作对于我们这些上世纪70—80年代成长起来的作家发生过很重要的作用。作为晚辈,巴金先生对我个人的文学道路、思想品格和为人都有很重要的影响。

巴金先生"讲真话"的精神将一直传下去,这是巴金先生留给后人的一笔巨大的精神遗产。

巴金先生一直坚持着"五四"新文化运动以来的方向,虽然"新文化运动"批判的是封建礼教、传统的糟粕以及封建专制政体,但在当今社会,这种批判精神对于整个文学界来说仍然需要。巴金先生代表了中国人"讲真话"的勇气,他有正视自己的勇气和批判意识,这对批判意识缺乏的晚生代作家来说,有巨大的鼓舞力量。

在巴金先生的作品中充满了对人类的关怀,对社会的关注,对个人良心、道德、灵魂的深入思考。当前,在商业领域,文学界的这种风格和精神有所衰弱;但在文学精神领域,巴金先生的重要地位不可动摇。

魏明伦

开创五四新文学的最后一个人走了。现在这个时代缺少五四精神,超前享受派太多,要怀念巴金,纪念老人,至少这是一个重要的方面之一。要发扬巴老的反思精神,提倡他敢于"讲真话"的方式。

杨争光

我对巴老是非常尊重的。得知巴老逝世的消息,我很郁闷,巴金在中国是一个不可忽视的存在,对中国几代读者产生了巨大的影响,尤其是他的前期创作,如"激流三部曲"——《家》、《春》、《秋》,可以说影响了几代人,现在仍有大量的中国乃至世界各国的读者在读他的书。

巴老也是一个很勇敢的人,不管是他面对自己所处的环境,还是晚年的病痛,他都以一种顽强的精神对待,在人格上给我们以巨大的影响。他晚年的另一大贡献,是亲自主编大型文学刊物《收获》。他主编的《收获》,在中国当代文学史上是一个不容忽视的存在,他对中国文学的贡献是巨大的,是最具影响力的。《收获》之所以在当代中国产生这么大的影响力,与巴老人格的魅力是分不开的。《收获》编辑部的工作,以文学为己任的态度,是与巴老这种人格魅力不可分的。

巴老的《随想录》,是他人格魅力的又一次突现。得知他去世的消息后,我不知该说什么好,心里很悲痛。巴老从上世纪30年代至今,经历的事情非常多,他的作品与个人遭遇,也能体现这个国家几十年的历史,放在一起看,更给人许多启示。我虽没见过巴老其人,但他的声音尚在。

舒 展

我这个年岁的人,参加革命,第一次是看艾思奇的大众哲学和巴金的《家》成长起来的,特别佩服的一个人是《家》里的觉慧。在重庆时,我看曹禺改编的《家》,对我们这一代人的影响太深了。是由张瑞芳、金山演瑞珏、觉新。觉慧引用法国大革命家丹东的一句话:"大家记住,勇敢,勇敢,再勇敢"。这给我们的印象太深了。这种力量鼓舞着我们追求进步,向往解放区。后来我在南京参加地下党,就是在这种思想影响下成长的。几十年来,我的人生榜样就是觉慧,这是巴老的一个伟大贡献。巴老勇于忏悔,晚年写的《随想录》具有巨大的思想价值,对文学界、对艺术界,对整个八九十年代这批人,都有影响。可以说,巴金代表了中国知识分子的良知。在反思过去上,巴金是一个伟大的榜样。

雪 漠

巴金虽然离我们远去了,但也许关于巴金的话题才刚刚开始。看巴金,不能只看他的作品。巴金最好的作品,是他自己。他的创作,他的编辑生涯,以及他早期的觉醒、晚年的忏悔、一生对自由的追求,都构成了巴金丰富而独特的人生。他的价值,远远地超越了文学的范围。他的作品,他的思想,他的人格,他的行为,他承载苦难的心灵,都能为我们这个时代提供一种启迪和营养。至少,他用行动告诉了我们的作家:应该怎样活着?他的肉体的存在与否并不重要,因为他的精神已经永恒。

10月17日写于武威

于 坚

10月份出版的《收获》第五期刚刚发表了我的长篇散文《温泉》,我正在翻看刚寄到的样刊,就听到巴金先生逝世了。百感交集,想起我在上世纪六十年代上小学期间,经常阅读我父亲订的《收获》,那是我早年文学上的启蒙读物之一。到1966年,我们不得不把这些杂志烧掉了。上世纪七十年代,《家》、《春》、《秋》作为地下读物流传到我手上,我在三天内读完了它们,用牛皮纸重新包个书壳,立即转给了另一个人。巴金是个比较纯粹的作家,他晚年对"文革"的反思是我们时代最重要的思想遗产之一。

苏 童

《家》、《春》、《秋》是代代流传的经典,巴老晚年提出要有"说真话的勇气和态度"也是一代知识分子的良知。当时还不了解"说真话"的意义,后来才领悟到"说真话"是在知识分子的精神上点燃一把火炬。

巴老晚年的《随想录》里的忏悔精神意义深远,他将影响一代又一代的作家知识分子,激励他们在文学创作的道路上继续奋斗。

东 西

我还在偏远的乡村读初中时,就知道中国有个作家叫巴金。那时,我看不到他的小说,只能看到他编的电影《英雄儿女》,里面的台词不时从我的嘴里蹦出,恨不得也做一回英雄。后来,进了县城,才开始接触他的小说,到现在也没忘记《家》、《春》、《秋》里的人物。在中国现代作家里,他是活着的让我最尊敬的作家。凭他生活的勇气,他不仅用文字记录了复杂的心灵,还办杂志传承文脉;今天《收获》对纯文学的坚守,有他文学精神的遗风。

少年时,我把他当成遥不可及的文曲星、文明的传播者。慢慢地,当自己也开始写作了,就祈盼小说能上他办的文学杂志,祈盼他活得更长久,以确保作家队伍的质量。从他的名字进入我视线到现在他去世,整整二十六年,对于一个生命进入倒计时的文学大师来说这个时间不算长,但对于一个渴望成为作家的晚辈来说,这时间够漫长了。

当然，说他活得最长不仅仅是指他的实际生命，而是指他的精神和作品。

冯 唐

从个人兴趣出发，我喜欢李白，不喜欢杜甫，喜欢古龙，不喜欢金庸，喜欢钱锺书沈从文，不喜欢茅盾巴金。但是作为写字的，我无法否认茅盾巴金身上的真功夫，他们不行气如空，不行神如虹，他们隔山打牛、寥寥长风。

真功夫的感觉还来自数量，巴金三四个三部曲，有没有人看，都是一种高度。真功夫的感觉还来自于创作的持续，三十岁之前喷出三四本长篇之后，四十岁之后还能写出他最好的作品《寒夜》，还能悟到文字上的伟大不是来自题材的宏大和叙事的雄伟、反而是来自小人物琐碎事里透出的恒久微光。

我还知道巴金有一席真话。巴金八十岁写作《随想录》，不够痛快，不够凶狠，但是至少不是假话。当时，文人基本可以分为二类，说假话的和不说话的。巴金绕着弯弯的真话，在那时候，已经是雷、是电、是雨。

最近几天才知道，巴金去了。1904 年到 2005 年，他生命最后的三十四年和我生命最初的三十四年重合。我想，最真实的，最现世的，也就是最恒久的。我想，我再使劲儿活，也活不过百岁，我还有六本长篇小说要写，我剩下的时间不多了。我想，我就剩这么一点理想了，我要用文字打败时间。

春 树

巴金逝世的第二天，几乎所有的报纸都登了，几乎所有网站都有了消息。我听到这个消息时，一是感到难过，这一天终于到来了。二是感到心酸，也许这一天，巴老已经等得太久。

记得几年前看《南方周末》上曾登过巴金过生日的消息，里面的一些关于巴金在医院的状态让我记忆深刻，巴金说，“各种各样的人来找我做我不愿意做的事，为了应付这些人，我痛苦不堪。医生要我休息，我希望隐姓埋名，避开名利，不做盗名欺世的骗子”。

“他还想过安乐死。对于这样一个不愿意麻烦别人的人，一个一直以独立为品格的作家，到了老年却身不由己，实在让人既同情又叹息”。

巴金的作品，激流三部曲《家》、《春》、《秋》，我很喜欢，上初中时看的，当时就很激动，觉得他书中描写的那一代年轻人对于青春、自由、解放所做出的努力值得我们敬佩和尊重，是他们当初的努力，为我们创造了更开阔的空间和环境。

巴金永远在全人类的心中

——罗季奥诺夫

哀悼韩国人民的朋友

巴金先生　千古

——韩国外国语大学教授　朴宰雨

金人、金文、金书、金奖

能够闻着您的笔墨长大是我一生的荣幸！

——朱晓君

这是一个生命对另一个生命最深沉的怀念！

——翁晓长

秋送巴老

作协大厅华灯亮，音乐声声心里荡。
照片手稿幅幅贵，百年巴金栩栩芳。
橙黄橘绿好秋光，家恋春秋似课堂。
我愿开朵红玫瑰，献给巴老归海上。

——韩根荣

假如说鲁迅是中国的脊梁的话，我说巴金就是中国的良心。

——马识途(马万梅代笔)

巴金先生以他正直的一生，撰写了一个巨大的人字。

——周显志

从小看过你的文章，是我的心灵支柱，你是我心中的第一任老师。

——张韵　韩吉如　郭音欣

衷心感谢

巴金先生曾亲笔为我

在《随想录》上签字：

“掏出心来，交给读者”。

此题字当作永远的留念。

——江西抚州　戈克

敬悼巴老

您的天真与诚实，在这个现存的世界里实属异类。正因为如此，您才成为这个时代的骄傲，才让我们这批用文字生活的人感到无比的渺小，甚至卑微。

一个见过您，也是用文字生活的人

——钟　文

巴金爷爷：

愿满天的繁星永远伴随您！

怀念您的小朋友

——朱　蓝

以巴老为代表的老一代作家的奋斗，终于以巴老的辞世而落下大幕。但生活不会停止，历史继续着无情的书写。每个人都要问自己一个问题：巴老去了，我们怎么活着。

——赵长天

当我们都能讲真话的时候，我们再来告慰您的灵魂。

——一个“文革”受难者

要做人不要做“兽”，先生的教导永远是我生活的准则。

——陈元隆

巴金，高举着燃烧的心

二〇〇五年十月十七日傍晚，在华东医院送别敬爱的巴金先生，他的心脏虽已停止跳动，但他的高尚人格和博大精神如灯塔永不熄灭，在这悲伤的时刻，抄录去年的诗句，寄托绵长哀思……

我仿佛看到他

高举一颗燃烧的心

在苦难中奔跑　在泥沼里挣扎

在寒冷的岁月映照探索真理的路

他把自己化成泥土哺育春天的草木

在激流中探求幸福

在寒夜里追寻光明

他告诉历史　敢说真话

才是大写的真人

——赵丽宏

瞻仰巴老图片展敬挽

您是泪

您是血

您是诗

您是歌

泪，并非全为痛苦而流

血，并非皆因伤痛而淌

诗，并非都为欲扬而写

歌，并非同为赞美而唱

江河因您更加壮丽

丛林因您更加粗壮

大地因您更加坚实

日月因您更加辉煌

泪，滴在江河里

血，洒在大地上

诗，写在丛林中

歌，响在日月上

——仅以此诗献给敬爱的巴老及全家

——张斤夫

2. 普通读者留言选

A. 想当年，我们读巴金

14 岁，我第一次读《家》

巴金的《家》是我小时候看的第一本所谓的大书了。记得那时候，父亲有一个不太大的书柜，里面有许多书，大多是工具书之类，而这一本，已经不记得是什么封面了，不太厚，竟然还是繁体字，委实费了不少脑筋，那些闲暇的日子里，就捧了书在窗边静静地看。巴金写《家》之时，方 25 岁，我读《家》的时候，方 14 岁。尽管生活环境不同，但隔着茫茫时空，我还是一次一次感动着，愤懑着。

大学读中文，才看到了《家》、《春》、《秋》之外更加深沉的文字——《寒夜》和《憩园》。在那之中，有他的思考，他的追求。热情的青年已经变成了深沉的中年，而我，在经历青春岁月之后，才豁然发现，生活有很多东西，我们不能左右。现实与理想，永远是矛盾的两方。

当他临近桑榆之年时，史无前例的“文革”来了，许多著名的作家因为不愿苟且，或将自己沉入湖底，如老舍；或将自己摔入崖下，如罗文斌。这位老人，依然战战兢兢地活着。那些岁月对他来说，意味着什么？浩劫过后，他拿出了一本《随想录》，给出了这个答案。从此世人所能见到的，只是一个掩起自己伤口的老人，固执地批判着自己。这种勇气，很少有人比肩。

巴金的一生，始终是真实的一生，年轻时的热情、中年时的冷峻、晚年时的深沉，没有掩饰，不加修饰，很少有人这样坦诚。11 月 25 日，又是巴金的生日。101 岁华诞，一朝逝去，理应是没什么悲伤的，但我依然觉得如哽在喉。他那句“我相信，我还会拿起笔”的话语，还在耳边回荡，然而，他却走了。

彩田村　段晶晶

迷茫时总会想起他的话

初中毕业那会，在“中专”与“高中”的选择之间我曾很矛盾，按照家里的经济状况，我只能去上中专，而读高中上大学却是我这个大山娃一直的梦想，在选报志愿的前夜，在辗转反侧难以入眠之时，我信手翻开床头的《读者》里面的一段文字：“只有一点微弱的灯光，就是那一点仿佛随时都会被黑暗扑灭的灯光也可以鼓舞我多走一段长长的路。大片的飞雪飘打在我的脸上，我的皮鞋不时陷在泥泞的土路中，风几次要把我摔倒在污泥里。我似乎走进了一个迷阵，永远找不到出口，看不见路的尽头。但是我始终挺起身子向前迈步，因为我看见了一点豆大的灯光。灯光，不管是哪个人家的灯光，都可以给行人——甚至像我这样的一个异乡人——指路。”我反复读着，体会着巴金先生在写作这一段文字的心情，这种在黑暗中坚定执着、追求光明的信念给了我莫大的力量，第二天，我坦然地在报名表上填上了自己的志愿。

由于生活的拮据，高中的生活我不像其他的同学那样丰富多彩，幸亏有《家》、《春》、《秋》、《雾》、《雨》、《电》相伴，在那些有些“凄苦”的日子里，我的心情随着作品中人物的命运一起跌宕起伏，或喜或忧，非常喜欢作品中的欧化句和那种直抵心灵软处的抒情笔调，由此也奠定了我后来写作的一个基调。

进入大学以后，正是“F4”、“流星花园”风行的时候，我对这些不“感冒”，喜欢一个人到图书馆读自己喜欢的书。有一段时间，发现对面总是坐着一位捧着《家》的女孩，我试着和她搭讪，我们从《家》开始，谈到爱情三部曲，谈到《怀念萧珊》，谈到他们在谈恋爱时的热情，谈他们的献身精神，谈他们那种真诚、那种毫不保留的倾诉。很快，我们便进入了作品中的那种状态，现在，那位女孩正坐在我的身边看我敲打着这些文字。

步入社会，很多的矛盾直面而来，在迷茫的时候，我总是会想起巴老的那句话：“忠实地生活，正当地奋斗，爱那需要爱的，恨那摧残爱的。我的上帝只有一个，就是人类，为了它我准备献出我的一切……。”

龙岗区读者　吴玉雷

《随想录》像一本做人的教科书

巴金的作品我以前读过一些，主要是他的《家》，对觉新、觉民和对描写鸣凤的一些章节有很深刻的印象，尤其是觉得小说里有很多鸣凤的心理写得很好。后来读得更多一点的是巴金晚年所写的共一百五十篇的《随想录》，他从一个侧面去反思"文化大革命"，写出了一个正直、有良知的知识分子对历史、社会和人文方面充满真诚的思考和批评。巴金自称："五集《随想录》主要是我一生的总结，一生的收支总账。"

真正的知识分子，思想必须是独立、清醒的，永远不人云亦云的，这样，他才能站在一个比较高的层面，看到未来。在这点上，巴金与鲁迅相通，是敢于说真话的。巴金自己说过，对于经历过的"文革"的反思："这是一笔心灵上的欠债，我必须早日还清。它像一根皮鞭在抽打我的心，仿佛我又遇到五十年前的事情。'写吧，写吧。'好像有一个声音经常在我耳边叫。我快要走到生命的尽头了，我不愿意空着双手离开人世，我要写，我决不停止我的笔，让它点燃火狠狠地烧我自己，到了我烧成灰烬的时候，我的爱，我的恨也不会在人间消失。"

如果说巴老五十岁以前的作品是在鼓励年轻人突破封建道德的精神牢笼，那么后来他所写的《随想录》，则是他对于自己思想的一次突破。巴金先生的《随想录》像一部做人的教科书一样，用平易、真诚的态度讲述自己的人生感悟。读巴金的作品，感到并不像他的名声一样，在那么高高的一个位置上，他跟读者之间交往的亲近感在他的文笔当中可以看出来。

景田南小区　李　辉

我追随着他的文字

一代文学巨匠巴金逝世，人们沉痛悼念。在一个星期前，我刚刚在《中国现代文学》课上学习完了他的《家》，他那关于封建制度的持久激烈和纵深的反抗、对文学史上经典形象——高觉新艺术典型的塑造始终盘旋在我的脑海里。曾经有学者指出，高觉新是中外文学史上堪与高老头、安娜·卡列尼娜、于连、浮士德、冉·阿让、贾宝玉、阿Q等媲美的艺术典型。

而在巴金几个"三部曲"中，我最喜欢的就是他在上世纪三十年代写的长篇小说《家》，在《家》中令我最难忘的人物则是高觉新：以作者的哥哥为原型、倾注巴金无限心血和感情塑造出来的高觉新，这个人物形象越过了其本身的艺术价值范畴，获得了广大读者的共鸣，更筑起了现代文学史上的一座丰碑。

冰心老人说："人啊，你终究是个人，怎敌时间的播弄。"（见《除夕》）但是，七十多年一晃已然过去，觉新的形象依然那么清晰那么明朗。读起觉新，心愤难抑，掩卷而歇，我仍旧对那个在封建礼教的崩溃过程中摧残着年轻人的生命与青春的鲜活的觉新形象感到可悲。他背叛了"五四"的理想追求，对家族罪恶有着本能的厌恶又不得不背起宗族的重责大任，身受封建礼教的压迫和伤害的他，浑浑然般执行和维护着这种礼教和规范，并且还以此为武器去麻醉和伤害比他更年轻的后生……巴金最终只能长眠在理想的天堂里继续他的思考，我的灵魂却一直追随着他留下的文字、思想、情操、理念，漫步在文学世界更多的"家"里。

深圳大学　邓本科

B. 他留给我们一个字：真

令人动容的人格力量

巴金老人走了，他留给我们什么？我觉得就一个字——真。

作为作家，也许他只是一群中的一个，但作为知识分子，他却是一个杰出的代表。他的勇气、执着与信仰，他的令人动容的人格力量，都远远超越于他的作品而存在。1991年，舒乙造访俄罗斯老托尔斯泰庄园，在里面采了一些野花，晾干后寄给巴金，巴老先生用了一个星期的时间回信，他说自己一直都在想念那座庄园，想念老托尔斯泰努力实践却没有完全做到的准则——言行一致。巴金晚年也曾说："我为你们活着"。这个时候的他，已经失去了实现自己伟大愿望的能力，他不想这样活下去，可是他的活着是一种象征，是给读者、给中国文学的一种温暖，所以他为"我们"而活着。

巴金这一生实在过得很痛苦，他活着是一种象征，死了标志着一个充满激情的理想主义时代的结束。巴老的时代是一个年轻的时代，他始终是一个热血青年，始终追求光明和信仰。当有一天人们感觉到需要那种理想的时候，就一定会想起巴金。

所以说，一部《随想录》就够了，它撑得起整个理想时代的大台面。巴金把自己讲述给所有的中国人，用文字和整个人生，而且讲得那么真，那么深，它的启示是什么？普希金在二十来岁时就写下"假如生活欺骗了你，请不要慌张，不必彷徨……"今天来看巴金，文学不再是巴金的惟一话题，文学背后的才是他给予我们更重要的东西，那就是他那颗永远跳动的真诚的心。

福田区读者　刘　扬

巴老"教"我学写作

巴金应算我的爷爷辈了，巴老的书我虽然读得不多，但得其一，受益也多。近年来，我想写点东西，但因我是学理科的，没有学过文学的创作方法、表现手法和写作技巧等，不敢贸然动笔。后来读到巴老关于"我写小说从没有思考过创作方法、表现手法和技巧"等自述和写自己熟悉生活中有感而发的谈话后，我大着胆子动笔，终于在今年清明节深圳商报征文中发表了我的处女作《孪生姐姐：您常出现在我的梦中》，尝到了前辈教导的甜头，于是，我便鼓起勇气写我身边熟悉的人和事，先后有一些"豆干块"见诸于深圳、上海、北京和湖南的报刊，这都得益于巴金等文学前辈的教诲。

巴老给我们的精神遗产是他的一大批作品，但又绝不仅仅是那些作品，还有更为可贵的是他在创作这些作品中的"求实和自剖"精神，这种精神将在真正的文学人中流传下去，连我等非文学人也受益匪浅！

福田区读者　晓　语

"救人救世救自己"

巴金称自己写小说的目的是："找寻一条救人、救世也救自己的道路。"（《巴金论创作——再谈探索》）在我看来，这也是一条重要的区分文豪和大师与当代文坛浮躁和商业功利的人的重要标杆和尺度。

巴老走了，中国文学一个时代的象征也随之终结。我认为，巴老与鲁迅一样，是中国作家的良心。倘若这种良心仅仅贯穿、承传于少数几个作家或仅仅几个人身上，那也是不行的。我们需要更多有良知的人们。

巴老对中国人何以为"家"的理解和建树是功不可没的，将继续指引一批批年轻的读者首先认识自己的"家"和走出正确的人生道路和抉择！

华富小区　陶德生

他的责任感永存

2005年10月17日19时06分，一颗跳动了一个多世纪的心脏终于停止，巴老走了。这位老人得到了解脱，一个灵魂从此却获得了永生，这个灵魂所承载的诸多精神遗产注定要去照亮更多渴求得到救助的灵魂。

在巴金所有的精神遗产里面，我认为最闪闪发亮的是他那种关注民生，燃烧一生照亮别人，对人民、对时代始终如一的强烈的责任感，巴老用他的一生对这种责任感做了最好的诠释。

巴金二十三岁求学法国的时候，遭遇家中破产的变故，而更让他痛苦的是社会的腐败和人民的悲惨境遇。对此，巴金没有沉沦，他拿起笔，在巴黎圣母院报时的沉重的钟声中，开始写《灭亡》，让痛苦、让寂寞、让热情化成一行行的文字，留在了纸上。巴金曾说过：要忠实地行为，热烈地爱人民；帮助那需要爱的，反对那摧残爱的；在众人的幸福里谋个人的快乐，在大众的解放中求个人的自由。而这些话也正是这个时期巴金思想的真实写照。由此，他的思想开始超越自我，转向更多的关注大众、关注社会的进步，写出了几个撼人心魄的"三部曲"。

这些精神遗产，已经影响了几代人，而且还

将继续影响着中国的未来。

龙岗区读者　水莲居

他愿意为别人活着

人们都知道，巴金的最后岁月是在病魔缠身中度过的，主观上，由于疾病的长期困扰，他对生命已无眷恋，但客观上来说，正如一切拥有巨大声望的人物一样，其生命的延续本身就是重要的，他活着就意味着超越生命本身的意义。南京大学中文系教授汪应果曾说："巴金的生命已整个地融入了中国现代文学的全过程。这使他在某种程度上，成为一种象征、一种标志、一个时代的伟大的代表。"

其实，巴金年轻时曾说过，他只希望活到四十岁。对于他来说，"友情是生命中的长明灯"，当他身边的朋友一个个逝去，他感到十分孤寂，对此，他说："长寿是一种惩罚"，更何况他晚年的身体又不好。

巴金曾向家人多次提出过安乐死，被拒绝后他也发过火，说不尊重他。但他的生命已经不再属于他自己。

在1999年2月8日病危抢救之前，巴金曾又一次说："不要用药了，让我安乐死吧。"但是手术后他却说，我愿意为大家活着。

巴金晚年的生命历程看起来有些悲凉，但足以说明他的意义。

宝安区读者　陈明明

萧乾先生曾经这样评价巴金："巴金是一个对人对己都很诚实的人，一个敢于透视自己的人。他是一个善良的人，总是把他的心血、悲欢尽情地倾泻在纸上。真话万岁！"我认为这句话说得很准确。不论在任何时候，不管在哪里，都勇于讲真话、做诚实的人，这正是巴金留给我们的宝贵精神财富。

王　友

爱，应是整个人类的。这便是巴金留给我们的一份宝贵精神遗产。在建设和谐社会、提倡关爱的今天，我们更感到巴老这笔精神遗产的可贵。

高致贤

C. 我们该向巴金学习什么？

向"本色"人生致敬

巴金作为"五四"时代最后谢幕的一位代表，他留给我们的最重要的精神遗产，我以为就是他历尽沧桑而痴心不改的"本色"人生。这"本色"是什么呢？是对祖国和人民及人类的挚爱，是对人类万古不变的生活准则信条，亦即对常识、对人类普适的价值观的认同遵循和信守，是对人性、人道底线的始终不渝的坚持和捍卫，是"富贵不能淫，威武不能屈，贫贱不能移"的骨气和血性，是扫尽浮华见本真，不为浮云遮望眼，独以我手写我心的良知与赤诚，是社会返璞归真的一种大和谐。总之，是自由之思想、独立之人格、批判之精神的体现。

在同时代的人中，巴金的"本色"显得卓尔不群，弥足珍贵。让我们向巴金的"本色"人生致敬吧。

深大新村　罗学李

说真话，做一个真实的人

十几年前，我参加工作不久，曾从微薄的工资中抽出一部分，买了本巴金的《随想录》。这部书一直插在书架的显眼处，时不时抽出来，读上几页。每次读后，都要激励自己：说真话，做一个真实的人。

巴金老人最让人记住的就是真实、善良。尽管他在"文革"中也有言不由衷的时候，但他一直在忏悔，一直在劝说人们说真话，做善良的人。冰心曾说过，她的文人朋友很多，可说真话的人不多，巴金就是一个从来说真话的人。萧乾评价巴金：真实，热情，不势利。叶君健概括巴金：热情，诚恳。这都是说真话、行善举的知识分子的主要特征。沈从文解放后，只能从事服饰研究，门庭冷落，可巴金每回到北京，都要去探慰一下不得志的老朋友。在巴金身上，承载着中国知识分子的传统美德。

益田村　童　叟

"挚友、益友和畏友"

前几天，我在《深圳商报》上看到巴金在写作《随想录》期间漫步于花园的一张资料图片，那是个腿特别短、个头并不高的小老头，这令我不禁想起了另一位大文豪、身高只有 1.57 米的巴尔扎克，他们都是人类精神的深刻诠释者，他们的灵魂站得却比他们的身躯要高得多。我就特别喜欢读巴金的作品，他教会我一个简单的道理——做人要做一个淳朴的人。

细腻的我常常会莫名其妙地因为一些小事和朋友斤斤计较，一闹意见就心怀怨愤，结果搞得自己心情一团糟，觉得生活的天空很灰暗。孤独寂寥的时候，我就会捧起巴金的书，因为我知道那里有一个淳朴的心灵在调剂着我复杂的心思。说也奇怪，我往往是通过这个方式去发现自己的不足和应该如何去调适自己生活的。

萧乾曾称巴金为自己的"挚友、益友和畏友"，他说："巴金的伟大，在于敢否定自己。"我同样认可萧先生的看法，巴金那对历史负责、对社会负责、对自己负责的精神一直在激励着我。他的淳朴可能是与鲁迅的辛辣和深愤忧广，林语堂的幽默，老舍的简致大相径庭的；但他在同自己的内心斗争中所作出的巨大努力却令我由衷折服。

深圳大学　书生意气

"做一个战士"

巴金在《做一个战士》中说："一个年轻的朋友写信问我：'应该做一个什么样的人？'我回答他：'做一个战士。'另一个朋友问我：'怎样对付生活？'我仍旧答道：'做一个战士。'"巴金不仅自己一生都这样做了，还自始至终在号召别人也这样去做。

他曾在暗夜里燃起火炬，给人们照亮道路，使他们走向黎明。他曾在失败的废墟上，堆起破碎的砖石重建九级宝塔。他的脚步很坚定，只要是看准了的目标，便一直勇敢地向前走去。鲁迅曾称巴金是"一个有热情的、有进步思想的作家，在屈指可数的好作家之列的作家"，这在鲁迅的评价中，可称独特。他们的作品，都是对人性的理解与释放，是对人性的追问与思考。

巴金走了，他的"战士"品格将激励着我们奋然前行。

罗湖区读者　王枧伯

敢说真话的楷模

巴老去世了，在沉痛悼念巴老的日子里，追溯其辉煌而漫长的一生，我以为最值得我们学习的莫过于他那敢讲真话、实话的高尚品质。

有这样一个报道：1982 年，作家从维熙以自己坐牢的经历拿出中篇小说《远去的白帆》。当作家把作品寄给一家大型刊物，却久不见回音。无奈，作家只好去信询问。得到的回答是：小说太过真实，细节太残酷。当作家把该文转给巴金后，没想到很快发表，并在 1984 年全国第二届小说评奖中，以近乎全部的票数摘下优秀中篇小说奖桂冠。巴老对这篇作品的态度是："敢讲真话，展示了历史的严酷……不管别的刊物什么态度，我们需要这样的作品，立即发表。"巴老的敢讲真话，不仅仅贯穿于自己负责编辑刊物的选稿用稿标准里，更体现在自己的文章里，《随想录》无疑是其中的典型代表，堪称中国第一本敢讲真话的书。同时，他的敢讲真话，也体现在对后辈晚学的谆谆教诲中。

公司职员　莺　鸣

3. 网上读者留言选

向巴金老人献花

巴金的死，绝对结束了鲁郭茅巴老曹现代文学的历史，虽然我不是学中文的，但从心底佩服这几位为中国现代文学所做的贡献。他们影响了中国文学发展方向，在我的学习中，受到了他们的恩惠很深，可以说是读着他们的书长大的，所以我感谢他们，给我带来了精神食粮。巴金是活得最长的，他的精神更是我们学习的榜样，我不必去评论他的功绩，文学界自然会给他一个合理的地位。他离去后，该由谁来替代他的位置，该由谁来带领我们下一代文学的发展，想到这里，我不由得担忧起来。

一代宗师的离去，必然带来不少悲痛。在悲痛的背后，我们又能做些什么？像我这个理工科的学生，但同时又爱好文学，而在文学上的读与写都只是皮毛，唯一能做的就是给巴金老人献上一束鲜花。愿他一路走好，没留下任何遗憾。

怪　黑

guaihei. blog. sohu. com

2005-12-03

巴金走了

中国一代文学巨匠巴金10月17日19时06分在上海逝世。享年101岁。

哀悼。一个异常有激情的男人，一个始终保持少年稚子之心的老人，一个不断拷问良心的作家。特别喜欢他的《寒夜》，有鲁迅《伤逝》的冷峻格调。

今生的情缘不变

woaini1314woaini1314. blog. sohu. com

2005-11-13

作别巴金

巴金去了……

在他活着的时候我很少想到他，对于他我只放在我心灵最深处。

如今他去了，我才想起。

这是我的悲哀，这点我是有自知之明的。

我看他的作品不多，记忆最深的就是《怀念萧珊》，我也和我的老师介绍一样，看着看着，就有一种眼泪控制不住似的感觉，这种感觉对于我来说是最真实的，巴金热爱生活，我也一样。

但巴金给我最真实的感受是他的真实和真诚，面对生活的真实，面对生活的真诚。他的勇气深深地触动了我的灵魂，他那种能够洞穿黑暗的勇气在生活中常常感动着我，也激励着我。榜样的力量是无穷的，这让我要时刻记住自己要做一个真实真诚的人，这是巴金对于我来说最大的意义所在。

被誉为“中国魂”的鲁迅离我太远了，“世纪良心”的巴金离我很近，也很真实，虽然了解不多，但对于巴金我想我只要认真做好一点就够了。那就是要：敢于说真话，敢于真实做人，独立思考。

田国宝的BLOG（新浪）

2005-12-28　00:28:20

哀悼巴金

巴金的死，有人说对他而言是种解脱，但巴金真是这样吗？他如此爱我们，他的生命价值还要一直放大，能就这样去了???要用死来解脱的巴金不是我们的巴金，再者说，101岁的他死是挣扎了的无奈。

喧　寂

2005-12-29 20:44

巴金爷爷啊，希望你在天堂过得幸福！我真的好喜欢你的作品《家》，我都读过好多遍啦，尤其非常同情小说里面的觉新，他真的好可悲。

2005-10-21 22:14

我也叫巴金，不过是真名，没错！和巨人巴金比起来我实在是太渺小了。也许这辈子我都不可能有什么成就，也许这辈子我都和文学沾不上什么边儿，但是我一定会努力像他老人家那样，讲真话，做个不求顶天立地，但求无怨无悔的男人。最后祝李爷爷一路走好！

巴　金　上

或许这个结果，对巴老来说是一种解脱。他走过了一个世纪，经历了许多，也累了吧，我们应该还他一个安静的世界。因为在他有生之年，我们打扰他太多太多……

樱之妖子

2005-10-22 14:47

您可以和萧珊相会了！您一定等了很久！祝福您在天堂能平安！！

2005-10-22 15:12

很喜欢你的作品。更佩服你对爱情的态度，一路走好。

你是幸福的，你又可以和你爱的人在一起了。

2005-10-23 10:55

一个世纪老人，静静地，终于走完了他的百年人生路。巴金，这位被誉为当代中国知识分子的良心的文坛巨匠，昨晚在上海辞世。听到这个消息，是在晚上报社的编前会上。我的第一个感觉是震惊。尽管巴金多年前就已卧床，但他的健康状况始终牵动着中国文坛乃至所有知识分子的心。

新华社的这个讣闻收到后，编前会当即决定，取消已编发的社会法制类新闻，做一个版面的巴金专版。为此我为版面作了一个题：故里惊雷巴金去，蜀地飞泪倾盆雨。做完版面看完大样出来，萧瑟秋风里已是一片凄风苦雨。

知道巴金，是很小时读到他的《家》、《春》、《秋》。其实那时并不了解这位中国文坛巨匠，也由于生活的时代差异，并不确切理解巴金作品中的深邃思想，不过就是当作一部小说，读了也就读了。真正对巴金的认识和由衷地崇敬，是在成年后，陆陆续续读到了老人"说真话"后来收入《随想录》中的很多随想文字。这是巴金老人历经了"文革"那场磨难和浩劫，审视自己一生，用心写下的心路历程。我崇敬巴金老人，因为他是中国知识分子的脊梁。

巴金是当代中国文坛的巨匠，这是无可非议的事实。然而在我看来，巴金的伟大，更在于他对中国当代历史和自己在这个特定历史环境中所作的思考。"文化大革命"后，巴金终于发现："运动一个接着一个没完没了，每次运动过后我就发现人的心更往内缩，我就越来越接触不到别人的心，越来越听不到真话，我自己也把心藏起来藏得很深，仿佛人已经走到深渊边缘，脚已经踏在薄冰上面，战战兢兢，只想怎样保全自己。"他又说："在那荒唐而又可怕的十年中间，说谎的艺术发展到了登峰造极的地步，谎言变成了真理，说真话倒犯了大罪。"在这场至今还有一些人仍然怀念不已的大浩劫中，巴金的妻子萧珊离他而去。切肤之痛，终于使巴金顿悟，在他开始"说真话"的第一篇里，就如是而言。巴金的伟大，还在于他并不简单地以旁观者的身份批判那样的说假话，而且敢于解剖自己，坦言自己和许多人一样"先讲空话，然后再讲假话，反正大家讲一样的话……"，"染上了不少的坏习惯，'不讲真话'就是其中之一。……在街上，在单位里，在会场内，人们全都带着假面具，我也一样！"

我们难道对巴老所切齿痛恨的空话假话还见得少听得少说得少了吗？可是我们谁又这样如此不留情面地解剖自己呢？至今，假话空话仍然满天飞，甚至不少社会精英、知识分子，为了某个利益集团、为了自己可以从那个利益集团分得一勺羹，也不惜丧失自己的人格。当年经济学界的郎、顾之争，站在郎咸平一边的有几人呢？不少大名鼎鼎的经济学界权威，利用自己的话语权，不是帮着权倾一世、炙手可热的资本大腕顾雏军说了许多分明是假话的好话吗？这不过是空话假话的沧海一粟而已。

据说林彪当年曾经有过一句名言：不说假话办不了大事。不知道这话是否真是林彪所言。不过，这句如同狗屎一般的话语中，却散发着似非而是的真理性。真是令人苦涩不堪。因为事实真相是，不说假话说真话，岂止办不了大事，有时甚或小事也办不成。因为说了真话而丢掉性命的悲剧，我们听过许多，张志新就是最为典型的例证。我猜想，巴金老人最为痛苦的是，在那个年代，自己"仿佛受了催眠术""脑子里好像只有一堆乱麻，我也无法独立思考"，"脑子里没有是非、真假的观念，只知道自己有罪"，想到的"只是为了开脱、挽救我的妻子、儿女"，于是这位善良的老人竟然也"带着假面具"不说真话而说假话。尽管如此，妻子萧珊还是离他而去。巴金说："我为它却花费了很长的时间，付出了很高的代价。"

读着巴金的《随想录》，这位文学巨匠的笔调是平静而沉实的，平实无华的文字，透射出老人晚年的心境，从中读到的是深邃的哲理，浅近的真理。但是我读他的心情是沉重的，因为这空话、假话还充斥着我们生活的环境中，甚至一点不见减少！难怪巴金说："我拉不住时光，却只听见那些没完没了的空话、假话，我心里多烦。"这位世纪老人离开了他所热爱的祖国、他所热爱的人民、他所热爱的家乡，我们怀念他，纪念他，最好的方式难道不是让老人在天之灵不要再烦，让我们自己不要再烦?！因此，让我们尽量多地说真话吧。

2005-10-23 14:00

我不愿流露太多的伤悲，不愿写下太多的眼泪。只愿遥寄我真诚的心，做您身边一点微弱的萤火，伴您找到家的方向。巴金爷爷走好！

红　靖

2005-10-26 09:34

在余秋雨先生的书中有写过爷爷，爷爷是个伟人，大家都知道，只是你走了，那个时代的作家还有在的吗？爷爷见证了中国百年来的进程，不知是如何想的，在那段风雨漂泊的时期，你是如何过来的。希望爷爷和萧珊奶奶能够在天堂过着平静的生活。爷爷，你走好。

2005-10-27 13:18

亲爱的巴金爷爷：

您好！上小学时便学了您的文章，觉得您是一位非常有才华的人，现在，您走了，我们非常痛心，在此，希望您一路走好！

一位您的仰慕者

2005-11-1 11:36

苍天有泪我无泪，愿心中的明灯不灭。愿大海胸怀博大，容纳百岁老翁。

苏醒吧中国文坛！我们需要真实的力量！能指引我们道路的文学力量！能驱散迷雾的文章！不要在迷雾中徘徊啦！

2005-10-25 19:46

巴金老爷爷：

您给人类留下的文学作品，留下的热情，留下的为人的品格，我们大家永远也忘记不了！我们爱着您，我们永远想念着您！

我想爱着您的人都一样会有一种想法，就是在您在世时，去上海见您一面。我就曾有过样的想法。那次在电视上看到吴青女士流着泪说着您的病情，自此后便打消了这念头。可心中对您的敬爱是不灭的！

我有一次还在梦中梦见您了，您拥抱了我，我们都流泪了！这是多大的幸福啊！巴金老爷爷，我曾经很想去上海看您，握住您的手！终究我不能如愿了！我是很小的小毛孩，曾有段时间心灵很黑暗，您帮助了我，我感谢您对我的帮助！

热爱巴金老爷爷

2005-10-18 10:11

现代文学的最后一个巅峰人物，一个可亲的世纪老人。

巴老，您一路走好。

蔚蓝色海豚

2005-10-18 10:22

巴老，祝您在那边一切安好，如果还有来生，我依然会成为您忠实的读者，谢谢您为我们，为中国，为世界增添了光彩，我们永远为您自豪。

2005-10-18 10:22

巴金爷爷，我知道您与病魔战斗这么久是为了鼓励我们读者。您辛苦了这么久，也累了。您去天堂好好休息吧。在地上的人，会继续看您的作品。年轻人也不会忘了您。记住您，记住为中国人的精神做出贡献的人，记住每一位中国的文坛巨匠。

2005-10-18 14:47

我知道这个消息的时候只有一种想流泪的感觉，过去的一年他的作品是我的精神食粮，每次去图书馆都狂借他的书，因为这位老人还健在，所以常觉得很亲切，我向来很喜欢慈祥和蔼的老头，我的爷爷的去世带给了我太多悲痛。还有很多好书没看，然而斯人已阖然长逝。当我得知消息的时候只有流泪的冲动，却哭不出来，我感觉到的是愧疚……

2005-10-19 20:40

巴老的离去，标志着一个时代结束了。我那么自私地希望您活着，尽管我知道您活得很痛苦。对于一个无法再向读者表达自己感情的老作家，我知道您活得有多累。但是，只要您活着，我就会觉得离您很近，毕竟我们生活在同一片国土上，同一抹阳光里。而今，您能如愿地走了，可以见到很多老朋友了，也可以见到萧珊了，我在心底默默祝福您。

2005-10-18 14:25

虽然我不怎么读巴金爷爷的作品，可是我知道他是一个热爱和平，非常有爱心的老人，我发誓从现在起我要把巴金爷爷的作品全部读完，以祭奠这个伟大的文学巨匠给我们带来的不可磨灭的贡献。

2005-10-18 17:02

时间让你的身躯停止了运转，可你没有走，你带给了我们对良知的拷问和讲真话的勇气。你是个恬淡的人，世俗的羁绊却要时时来烦你。你的文字里包含着赤诚的血，你把心交给了读者，你用文字点燃人性之光。你没有走，真的，只是时间让你的身躯停止了运转。

慈 龙

2005-10-18 17:19

又一颗巨星，陨落

在皓月普耀的十月　在星月交映的夜幕

不知想些什么　只有重重的叹息　深深的哀思

一位倔强的百岁老人

一位真诚的文化大家

一位用心灵叩问良心的伟人

走了　随着风，着素月，冷光　飞向苍穹

或许那儿是你最好的新家

因为　你就是最闪亮的星

你用尖笔，刺破浊世的乌云

你用利文，召唤起迷茫的灵魂

你用沸腾的热血浇灌贫瘠的大地

一直守到最后　流到今天　指向明天

2005-10-18 17:35

巴金爷爷，希望您在另外一个世界依然可以像您说的，做个快乐的小老头儿。一定要。永远怀念您。

2005-10-18 19:09

人生艺术家；有才，有识，有风骨；不逢迎，不虚伪，不造作；勤勤恳恳，实实在在，是良师益友。

2005-10-18 23:52

巴金爷爷，您的著作一直陪伴着我长大，小学就开始读您的文章，虽然看不懂，但是很崇拜很崇拜。初中的时候，老师要求背您的文章，好辛苦好辛苦。高中了，老师推荐我们读您的文章，可是，您怎么走了，您不再陪着我们了吗？您不再给我们深奥的人生道理，和人性与爱的真理了吗？巴金爷爷，您走好……

淡忘回忆的天空

2005-10-19 04:40

依然记得上个学期还学过您老的文章，可谁也没有想到您走得那么突然。我们会以高尚与纯洁的心境去理解您的作品，以更崇敬的态度去体验您的人生。

2005-10-19 18:02

您是文坛上一颗熠熠闪耀的星星，照亮人们灰暗的心灵；

您是春天里一场柔柔飘飞的细雨，滋润人们干涸的心田；

再见了，巴金爷爷！

在天堂的您

一定在默默地

替我们守着心灵的家园！

2005-10-19 23:15

一颗巨星的坠落只能代表一个时代结束，而巨星撒在世间的热量将继续永存。我们都是站在巨人的肩膀上。老人家一路走好！

2005-10-20 11:06

巴老那么多的作品，从《家》到《随想录》，鼓舞了一代又一代的中国青年。他的激昂、热情是不灭的，尽管他的走，标志中国文学一个时代的结束，但他的精神是永远延续的。请未读过巴老书的人们去看看这些宝贵的精神财富吧，去感受这位百岁老人至真至纯的心……

2005-10-20 12:42

看着百度贴吧上各位这么诚心地哀送巴老，我很欣慰。告诉大家，鲁迅是中华魂，巴金是中国二十世纪中国人的良心，现在巴老他走了，希望每一个中国人仍然有自己的良心。巴老也是第一个"文革"之后写忏悔录的人，而且是唯一的一个，巴老凭着自己的良心批判"文革"，希望中国的每一个公民有自己的良心，正确对待历史，不要随着一些骂巴老之流人云亦云！

2005-10-20 16:16

一直很崇敬巴老，这生无缘拜望。让我的人生闪烁巴老的光芒，做一个敢讲真话的人，做一个对自己的祖国和人民有深深的爱的人，无愧今生，也许这也是一种对敬意的表达。

2005-10-22 10:14

中国最后一个真正意义上的文学大家走了，这句话好像很悲哀，但现在市场上充斥着的不是那些所谓的"新人类"文学作品吗？大家早已沉浸在那些风花雪月的垃圾文学作品中，只是在一颗恒星陨落后才恍然大悟似的痛呼，那些尘封已久的《家》《春》《秋》才因主人的飞升而"得道"。可是不到一个月，也许这些阳春白雪的作品真的在无意义的哄抬中成为某些家缠万贯的富翁书架上的木乃伊了！

2005-10-24 19:26

当我看到电视上的报导时，我的泪水模糊了我的双眼。那晚，我的心情久久不能平静，我喜欢巴金爷爷您的作品，可惜您就这么走了，带给我们的是伤心，我们中国就这样失去了一个好作家。不过还是希望您一路走好，希望您在另一个世界过得愉快。

2005-10-26 19:15

人们之所以曾经像崇拜英雄一样的以各种方式向巴老致意，在于他以无畏的勇气，做出了人人想做，人人都觉得应该做，但又人人都没有足够勇气和能力做的事情。"说真话"从来都不是一件容易的事情；在特定的时期、特定的环境中就尤其不是。于是"讲真话"曾经是一件事关生死的天大事情。而当有人以舍生就义的勇气而讲出真话时，其对世道的震撼，当如石破天惊！

2005-10-24 23:23

早前看过他的《家》，深深被吸引。

我并不知道为什么会钟情于《家》，有人说巴金太没有新意了，还写这种旧材料。虽然老师总说题材要新颖，要有时代感，我不会也不敢大胆地否定，更不认为这是错的……评论没有绝对的对。但我认为只要是能打动读者，能很成功地反映一个社会某个阶段的某个特征，引起共鸣，引起社会人们的深思，就足够了。

2005-11-4 22:40

巴金！中国文坛巨匠！一个顶天立地的男儿！了不起的人物！中国乃至全世界的骄傲！

现在，巴老离开了我们，离开了这个深爱他的世界，可是他的灵魂啊，永远不灭的灵魂，是寒夜里的长明灯，鼓励着每一个活着的人！

我们不能像巴老一样伟大，但是我们可以努力让自己的一生变得有意义，对得起自己，更要对得起他老人家对我们新一代的期望！

天堂的路很长，愿巴老一路顺风！

2005-11-26 10:05

编　后　记

一年前,我们怀着无比沉痛的心情送走了巴金先生。在先生逝世期间,海内外几代读者和众多社会团体、媒体,分别以不同的方式表达了对先生的敬仰和哀思,其数量之大和影响面之广难以量计,可以说巴金先生的逝世是2005年度中国文坛的重要文化事件,其影响和意义已经超出了对先生的悼念本身,而成了中国知识分子精神凝聚和反思的一个重要契机。为了长久保留广大读者对巴金先生的深情怀念,保留一份珍贵的当代文学文献,上海巴金文学研究会在先生逝世后即动议编辑、出版《巴金 纪念集》, 历时十个月, 纪念集编选工作总算勉力完成了。现将有关事宜说明如下:

一、从文献保存的角度出发,纪念集尽可能忠实保留各界对巴老的追思、保留逝世期间的"现场情况",为此,所收文稿共分四部分。第一部分"纪事"是选取巴老逝世期间各媒体新闻报道,报道内容有重复但角度不同者分别选入。各报道以事件发生时间先后为排序,而非报道发表时间。第二部分"追思",更多考虑选取与巴老有直接交往、能够提供史实的文章。第三部分为"评说",为学界、读者、媒体等对巴老一生的评说文字。附录部分是广大读者和巴老生前友好表达哀悼的唁电(函)、诗、挽联及留言等。

二、以上文章只是一个粗疏和笼统的分类,各部分文章的次序和作者的排名皆不论先后,只是编者根据内容和编辑需要所列。

三、尽管截稿日期一再推迟,但由于篇幅所限、编者搜求范围所限等原因,仍会有许多文章未能选入,对此遗珠之憾,只有今后以其他方式弥补。

四、入选文章都注明了出处和发表时间,少量未能注明出处的文章为作者直接交纪念集所用的未刊稿。我们尽可能与众多作者取得联系,得到其慷慨允准同意授予版权,少数未能及时联系到的作者,烦请见本书后与我们取得联系。

五、所有入选文章的观点均为作者个人观点,并不代表编选者的观点,因此尽量保留原貌,如因种种原因,少数文章实在不能不删者,敬希作者见谅。但是对于网络留言等因为重复内容过多,编者只能择取有代表性的选入。对于某些报道和文章中所叙内容明显与事实有出入者,编选者以"编者注"的方式加注予以说明。

六、本书的编辑工作由上海巴金文学研究会承担,主持人为陈思和。冯沛龄、李国煣、陆正伟、周立民分头进行资料搜集工作;本书的文章初选工作由李国煣、周立民承担,统稿人为周立民,审定人为陈思和。

七、本书系上海文化发展基金会资助项目,在编选过程中,还得到了以下单位和个人的帮助和支持:上海市作家协会、上海文艺出版社;巴金先生的亲属;上海的徐福生、谢震霖,北京的李存光,四川的龚明德,浙江的梦仪,以及远在法国的刘秉文、俄罗斯的罗季奥诺夫等人。李筱、孙豫苏、周艳梅为装帧设计多有贡献,责任编辑吕晨为全书编辑付出辛苦劳动。对此,编者均表示衷心的感谢!

上海巴金文学研究会

2006年9月1日

图书在版编目(CIP)数据

巴金纪念集/上海巴金文学研究会编. －上海:上海文艺出版社.
2006.10
ISBN 7－5321－3115－7
Ⅰ.巴… Ⅱ.上… Ⅲ.巴金(1904－2005)－纪念文集 Ⅳ.K825.6－53
中国版本图书馆CIP数据核字(2006)第117182号

本书巴金资料图片,由巴金亲属提供:其他现场图片由徐福生、陆正伟、谢震霖、王俊及中国现代文学馆等拍摄。

责任编辑:吕　晨
封面设计:周艳梅

巴金纪念集
上海巴金文学研究会 编
上海文艺出版社出版、发行
地址:上海绍兴路74号
电子信箱:cslcm@publicl.sta.net.cn
网址:www.slcm.com
新华书店 经销 苏州文艺印刷厂印刷
开本850×1168 1/16 印张28.25 插页22 字数741,000
2006年10月第1版 2006年10月第1次印刷
印数:1—3,100册
ISBN 7－5321－3116－5/I·2382 定价:75.00元

告读者 如发现本书有质量问题请与印刷厂质量科联系
T:0512－66063782